워런 버핏 라이브

버크셔 해서웨이 주주총회 33년간의 Q&A 지상 중계

워런 버핏 라이브

University of Berkshire Hathaway

버크셔 해서웨이 주주총회 33년간의 Q&A 지상 중계

대니얼 피컷·코리 렌 편저 | 이건 편역 | 신진오 감수

에프엔미디어

추천사

버핏이 1930년생이니 우리 나이로 꼭 구순에 들었다. 그가 아무리 투자의 대가이자 현인이라 할지라도 인간의 수명이 유한하니 왕성한 투자와 교훈의 말씀을 직접 보고 듣는 것도 그리 오래가지 않을 것이다. 나는 그의 투자 철학과 관련한 수많은 책을 읽었으나, 상업적 목적에 의해 그 진의가 왜곡되거나 완성도가 떨어지는 것이 많았다. 투자서 선택에 엄격하기로 유명한 이건 선생의 수려한 편역으로 버핏과 멍거의 생생한 육성을 들을 수 있다는 것은 투자자로서 감사한 일이다.

김동환(삼프로TV 진행자, 이브로드캐스팅 의장)

지금까지 읽은 버핏 관련 책은 버크셔 주주총회의 줄거리만 밝힌 스포일러였다. 즉시 이 책을 읽어보라! 버핏과 멍거, 버크셔의 모든 것을 집대성한 책이다. 장담하건대, 1회를 보기 시작했다면 단숨에 마지막 회까지 보게 될 것이다.

김철광(유튜브 채널 '김철광TV' 운영자)

투자에 대한 모든 질문과 답이 들어 있는 책이다. 버핏과 멍거의 답변에 고개를 끄덕이다 보면 거인의 어깨 위에서 세계를 보고 있는 자신을 발견하게 된다. 이 책을 제대로 소화한다면 더 이상의 시행착오는 없을 것이다.

김태석(인터넷 투자 카페 '가치투자연구소' 운영자)

투자의 지혜가 쉽고 간결하게 펼쳐진다. 버크셔 주주총회 Q&A 33년 치를 다 읽고 나니, 투자의 본질은 변하지 않는다는 진리를 새삼 깨닫게 된다. 현명한 투자자가 되고 싶은 모든 독자에게 일독을 권한다.

박성진(이언투자자문 대표)

지금까지 나는 버핏의 투자 비법을 밝히기 위해 그의 말 한 마디 한 마디를 추적해왔다. 이 책을 읽으며 큰 선물을 받은 듯한 느낌이 들었다. 그동안 힘들고 어렵게 찾아낸 수많은 퍼즐 조각이 순서대로 맞추어져 있었기 때문이다. 오랫동안 해온 노력의 결과물을 단시간에 얻은 듯했다. 이 책을 읽는 투자자 모두가 워런 버핏의 투자 비법을 손쉽게 얻을 수 있기를 바라고 기대한다.

서준식(숭실대학교 경제학과 교수)

버핏은 1년에 한 번 경매를 통해 최고의 금액을 제시한 사람과 점심 식사를 한다. 참고로 2018년 낙찰 금액은 330만 달러다. 식사만 제공되지 않을 뿐, 이 시대 가장 뛰어난 투자자의 솔직한 답변을 들으며 투자는 물론 삶의 지혜까지 얻을 수 있는 이 책의 가치는 얼마나 될까? 모든 투자자에게 자신 있게 권하고 싶은 책이다.

숙향(《이웃집 워런 버핏, 숙향의 투자 일기》 저자)

책을 다 읽고 난 후, 왠지 유출된 시험 문제 필사본을 훔쳐본 느낌을 받았다. 버크셔 주주총회 Q&A는 과연 지혜의 보고라 할 만하다. 주주총회에 참석해 질의응답을 기록한 두 편저자의 열정에 훌륭한 편역이 더해져 최고의 버핏 책이 나왔다. 버핏 마니아뿐 아니라 투자를 공부하는 투자자라면 반드시 읽고 소화해야 할 책이다.

이은원(《워런 버핏처럼 적정주가 구하는 법》 저자)

자산 운용은 쉽지 않은 과정이다. 시간이 갈수록 사업과 투자는 동일 원리로 움직인다는 것을 체득하게 된다. 중요한 것은, 버크셔 같은 기업의 가치는 언제 어디서나 장기적으로 상승한다는 사실이다. 그래서 버핏의 답변은 내게 중요한 나침반이다. 수많은 구절이 벌써 마음에 담겼다.

장홍래(포컴에셋투자자문 대표)

투자를 넘어 삶의 지혜를 배울 수 있는 책이다. 책을 읽다 보면 마치 버핏, 멍거와 직접 대화하는 느낌까지 든다. 평생 이 책을 곁에 두고 위대한 두 거인과 대화하고 싶다. 버핏, 멍거와 함께하는 투자자라면 누구나 현명하고 성공적인 투자를 할 수 있을 것이다.

정채진(개인 투자자)

버핏의 이름이 높아지다 보니 일단 팔고 보자는 수준 이하의 책이 종종 출간되고 있다. 그러나 이 책은 다르다. 버핏을 논할 자격이 충분한 편저자와 번역가가 나섰기 때문이다. 이들 덕분에 버크셔 주주총회의 하이라이트인 주주총회 Q&A 내용을 속속들이 알 수 있게 되었다. 자본주의와 투자에 관한 통찰력 넘치는 답변이 마치 성경에 나오는 '산상수훈'에 비견할 만하다.

최준철(VIP자산운용 대표)

워런 버핏은 이미 알고 있었다

2017년 발간된 《워런 버핏 바이블》은 버크셔 해서웨이의 주주총회에서 발표한 '주주 서한'의 내용을 다양한 주제에 맞추어 집대성해, 워런 버핏을 추종하는 투자자에게 필독서로 부각되었습니다. 그런데 이번에 발간된 《워런 버핏 라이브》는 1986~2018년 주주총회에서 이루어진 Q&A를 시간의 경과 순서로 고스란히 옮겼기에 훨씬 더 생생합니다.

특히 1997년 외환위기, 2008년 글로벌 금융 위기 같은 역사적 사건이 벌어지기 직전에 열린 주주총회의 Q&A는 '역사의 기록'이라는 면에서 흥미로울 뿐만 아니라 금융시장에 대처하는 투자자의 자세를 일깨워주는 교과서로도 훌륭하다는 생각이 듭니다.

이러한 감동을 느끼게 해주는 대표적인 대목이 1997년 주주총회 Q&A입니다. 당시 버핏은 '주식의 위험'에 대해 이야기하는데, 이 내용은 수출 비중이 높고 경기 변동이 큰 한국의 투자자가 꼭 알아두어야 할 내용을 담고 있다고 생각됩니다.

Q 4. **주식의 위험**을 어떻게 정의하나요?

버핏: 우리는 먼저 사업 위험을 생각합니다. 그레이엄 투자 기법의 핵심은 주식을 기업의 일부로 간주하는 것입니다. 여기 모인 여러분은 기업의 일부를 보유하고 있습니다. 주식 매수 가격이 지나치게 높지만 않으면 투자자는 사업이 잘 돌아갈 때 좋은 실적을 얻게 됩니다. 그래서 우리는 사업 위험을 생각합니다. 사업 위험은 다양한 방식으로 발생할 수 있는데, 자본 구조에서 발생할 수도 있습니다. 막대한 부채를 사용하는 기업에서 문제가 발생하면 대출 기관이 담보권을 행사할 수 있기 때문입니다.

사업의 속성이 매우 위험한 경우도 있습니다. 상업용 항공기 제조 회사가 더 많았던 시절을 생각해봅시다. 찰리와 나는 상업용 항공기 제작이 회사의 생사를 거는 일종의 도박이라고 생각합니다. 고객을 확보하기도 전에 수억 달러를 쏟아부어야 하며 제작 과정에서 문제가 발생하면 회사가 망할 수 있기 때문입니다. 리드타임(lead time: 주문에서 제품 인도까지 걸리는 시간)이 길고 막대한 자본이 투입되는 사업은 본질적으로 위험이 큽니다. (책 79쪽)

1997년 한국이 금융 위기에 직면했던 이유가 여기 다 밝혀져 있습니다. 당시 한국의 기업은 부채 비율이 대단히 높았고 더 나아가 미국의 항공기 제조 회사처럼 '고객을 확보하기도 전에 수억 달러를 쏟아붓는' 공격적인 투자가 일상화되어 있었죠. 물론 이 덕분에 한국이 가파른 성장세를 기록했던 것은 분명한 사실입니다. 그러나 버핏이 지목했던 것처럼, 순풍이 불지 않을 때는 큰 위험에 처할 수도 있습니다.

이 대목에서 한 가지 궁금증이 제기됩니다. 한국 주식시장은 영원히 '위험이 가득한 곳'으로만 남을까요? 이에 대해 버핏은 2006년 주주총회에서 "그렇지 않다"고 이야기합니다.

Q 2. 다시 **투자**를 시작한다면 어떻게 하겠습니까?

버핏: 우리가 처음으로 투자조합을 설립한 날이 1956년 5월 4일이니까 오늘로부터 50년 하고도 이틀 전이로군요. 다시 투자조합을 시작한다면, 찰리는 기업을 인수하는 대신 전 세계 증권에 투자하겠다고 말합니다. 찰리는 우리가 20종목을 발견할 수는 없겠지만, 20종목까지도 필요 없다고 생각합니다. 대박 종목 몇 개면 충분하다는 말입니다. 우리는 중소기업 주식에도 투자할 것입니다.

우리가 기업을 인수하는 과정은 쉽지 않았습니다. 우리는 명성도 없었고, 자금도 100만 달러에 불과했습니다. 찰리는 지능과 열정은 탁월하지만 자본이 많지 않아서 부동산 개발을 시작했습니다. 부동산 분야에서는 수익을 확대할 수 있으니까요.

나라면 서두르지 않고 한 걸음씩 전진하겠습니다. 그러나 기본 원칙은 다르지 않을 것입니다. 내가 3년 전 소규모 투자조합을 시작했다면, 한국에 100% 투자했을 것입니다. (책 220쪽)

흥미롭습니다. 버핏은 왜 한국에 투자하고 싶다고 이야기할까요?

예. 2003~2004년 한국 주식시장의 밸류에이션 매력이 역사상 최고 수준이었기 때문입니다. 신용카드 위기의 충격에서 채 벗어나지 못한 상황이었던 데다 1994년부터 시작된 장기 침체로 인해 주식시장에 관심을 가지는 사람이 아무도 없었습니다. 그러나 수면 아래에서는 큰 변화가 나타나고 있었는데, 버핏은 이에 주목했던 것입니다.

당시 한국 주식시장에서 나타난 가장 큰 변화는 2003년을 고비로 기업의 배당금이 급증했다는 것입니다. 2002년 단 5조 원 배당에 그쳤던 한국 상장 기업이 2003년에는 7조 원, 2004년에는 8조 원으로 증액했죠. 이렇듯 배당금이 증가한 것은 '기업 실적 전망'이 개선되었기 때문입니다.

기업은 아무 때나 배당금을 인상하지 않습니다. 일시적인 이익 개선에 반응해 배당금을 인상했다가 그다음 해에 다시 인하하면 주주는 더 실망해 그 기업의 주식을 팔아치울 것이기 때문입니다. 이러한 요인 때문에 기업은 배당을 신중하게 결정하며, 장기적인 수익 전망 개선이 나타났을 때 비로소 배당을 인상합니다. 따라서 2003~2004년 배당금을 적극 인상하기 시작했을 때는 주식에 대한 관심을 가질 필요가 있었을 것입니다.

순이익 VS. 배당금

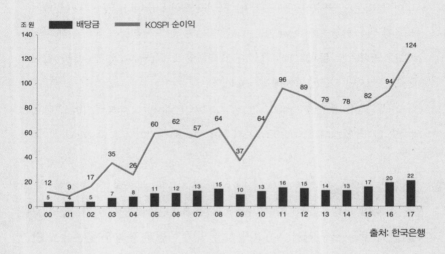

출처: 한국은행

그렇지만 의문이 깔끔하게 해결되지는 않습니다. 2003~2004년처럼 좋은 기업이 싸게 거래될 때 주식을 매입한다면, 매도는 언제 해야 할까요? 서브프라임 모기지 위기가 폭발하기 직전이던 2007년 주주총회에서 버핏은 기업의 이익이 '지속 가능하지 않은 수준'에 도달하면 조심해야 한다고 지적합니다.

Q 19. 기업이 큰 이익을 내고 있는데, **지속 가능한 수준**이라고 보나요?

버핏: GDP 대비 기업 이익 비중이 기록적인 수준입니다. 나도 놀라고 있습니다. 수십 년 동안 일정 범위 안에서 움직이다가 급등했습니다. 차트를 확인해보아야 하겠지만, 제2차 세계대전 이후 1년을 제외하면 GDP 대비 기업 이익 비중이 이렇게 높았던 해는 지난 75년 중 2~3년에 불과했습니다. 나는 지속 가능한 수준으로 생각하지 않습니다. GDP 대비 비중이 8% 이상이면 높은 수준인데, 아직 법인 세율 인상 같은 대응책은 나오지 않았습니다.

회사채 수익률이 4~5%인데도 유형 자산 이익률 20%를 내는 기업이 많습니다. 놀라운 일입니다. 책에는 불가능하다고 쓰여 있습니다. 이는 다시 말해서 노동자 등 다른 사람의 몫이 감소하고 있다는 뜻입니다. 이것이 정치 문제가 될까요? 의회는 이 문제에 매우 신속하게 대처할 수 있습니다. 법인 세율이 전에는 35%였지만 지금은 20%에 불과합니다.

미국 기업은 호황을 누리고 있습니다. 그러나 역사를 돌아보면 이러한 기간은 오래가지 않습니다. 나는 오래가지 않을 것으로 생각합니다. (책 272쪽)

기업의 이익이 급격히 늘어나 더 이상 유지 가능하기 어렵다 싶을 때 의문을 가져야 한다는 버핏의 지적은 핵심을 찌르는 것 같습니다. 특히 저를 포함한 수많은 시장 참가자는 기업의 이익이 이렇듯 놀라운 수준에 도달하면 이를 찬양하기 바쁠 뿐, 버핏처럼 "지속 가능한가"라는 질문을 던지지는 못하죠. 이 외에도 소개하고 싶은 대목이 너무 많지만 본문을 찬찬히 읽어갈 독자들의 몫이라 생각하며 이만 글을 맺을까 합니다. 끝으로 귀한 책 만들어주신 이건 선생님과 에프엔미디어에 감사의 말씀을 전합니다.

홍춘욱(프리즘투자자문 대표)

버핏이 직접 쓴 '워런 버핏 책'은?

《워런 버핏 바이블》에서도 언급했지만, 한 온라인 서점 웹사이트에서 '워런 버핏'으로 책을 검색해보니 470권이 쏟아졌고, '경제·경영' 부문에서만 115권이 나왔다. 이 많은 책 중에서 워런 버핏의 생각을 충실하게 전해주는 책은 얼마나 될까?

유감스럽게도 지금까지 버핏이 직접 쓴 책은 단 한 권도 없다. 대신 그는 두 가지 경로를 통해 해마다 자신의 생각을 전달한다. 하나는 매년 버크셔 해서웨이 연차 보고서에 실리는 주주 서한(http://www.berkshirehathaway.com/letters/letters.html)이고, 또 하나는 버크셔 주주총회로, 2016년부터 인터넷으로 생방송되고 있다(https://finance.yahoo.com/brklivestream).

주주 서한은 버핏이 1년 동안 버크셔를 경영하면서 거둔 성과를 설명하며 자신의 경험과 생각을 공들여 정리한 글로, 전 세계 투자자의 필독서로 꼽히는 보석 같은 자료다. 그리고 주주총회는 버핏이 주주의 다양한 질문에 솔직하게 답하는 자리다. 게다가 찰리 멍거도 그의 옆에 앉아 특유의 재치와 독설로 주주에게 사이다처럼 시원한 깨달음을 안겨준다. 따라서 주주 서한이나 주주총회를 충실하게 반영하지 않았다면 버핏의 생각을 충실하게 전달한 책으로 보기 어렵다. 이러한 면에서 버핏의 생각을 충실하게 전달하고 있는 서적을 꼽는다면 《워런 버핏의 주주 서한》, 《워런 버핏 바이블》, 그리고 이 책 《워런 버핏 라이브》를 들 수 있다.

《워런 버핏의 주주 서한》은 1979~2011년까지 33년분의 주주 서한을 편집한 책이므로 버핏이 직접 쓴 것으로 보아도 큰 무리가 없을 것이다. 다만 가독성을 높이는 편집 과정에서 다소 난해하다는 이유로 보험과 회계 등 일부를 누락시켰고, 2012년 이후 최근 주주 서한을 반영하지 않았다는 점이 아쉬움으로 남는다.

《워런 버핏 바이블》은 2017년에 발표된 주주 서한까지 최신 자료를 반영했고, 2015~2017년 주주총회 주요 Q&A도 실었다. 그리고 보험과 회계 등 다소 난해하더라도 중요하다고 판단되는 내용은 다수 소개했다. 《워런 버핏의 주주 서한》과 중복되는 내용은 그다지 많지 않으므로 이 두 책은 서로 보완 관계라 할 수 있다.

《워런 버핏 라이브》는 1986~2015년의 30년 동안 나온 주주총회 Q&A 중 핵심 내용을 정리한 책이므로 앞의 두 권을 완성하는 완결판이라 할 수 있다(버크셔 주주총회 Q&A를 한데 모아 정리한다는 의미에서 2016~2018년 Q&A도 부록으로 추가했다).

투자자의 로망 버크셔 해서웨이 주주총회

버크셔 주주총회는 오마하의 현인 워런 버핏의 답변에서 지혜를 얻기 위해 전 세계의 투자자가 모여드는 이른바 '주식 투자자의 축제'다. 근래에는 우리나라 투자자의 참석도 증가하고 있는데, 2018년 발간된 무크지 《버핏

클럽》에서 현장 분위기를 생생하게 전해주는 사진과 참석자의 참관기를 접할 수 있다.

주주총회 참석자는 1981년 12명에서 계속 증가해 최근에는 약 4만 명을 넘나들고 있다. 그런데 참석자 수가 증가하면서 버크셔의 사업과 무관한 질문이 많아지는 등 질문의 전반적인 수준이 낮아지자, 버핏은 약 6시간 동안 진행되는 Q&A 구성 방식을 두 차례에 걸쳐 변경했다.

2009년 그는 신문, 잡지, TV를 각각 대표하는 경제 기자 3명으로 1차 패널을 구성해, 이들이 주주에게 받은 이메일 질문 중 가장 흥미롭고 중요하다고 판단되는 것을 선정하게 했다. 그러나 버핏과 멍거는 질문 내용을 미리 파악해 대답을 준비하지 않고 주주총회 현장에서 즉문즉답이 이루어지는 형식을 취하기로 했다. 이 외에 직접 질문을 원하는 주주는 주주총회 당일 추첨으로 선발했다. 이어서 2012년에는 버크셔를 조사하는 애널리스트 3명으로 2차 패널을 구성했다.

이 Q&A 구성 방식은 지금까지 유지되는데, 기자 3명과 애널리스트 3명에게 6개씩 36개, 청중에게 18개, 합계 54개의 질문을 받는다. 그리고 시간이 남으면 청중의 추가 질문을 받는다. 이렇게 기자, 애널리스트, 주주와 함께 6시간에 걸쳐 즉문즉답 형식으로 진행(최근에는 인터넷 방송까지 추가)하는 주주총회는 그 유례를 찾아보기 어렵다.

이 책의 구성 방식

이 책 《워런 버핏 라이브》는 대니얼 피컷과 코리 렌이 편집한 원서 《University of Berkshire Hathaway》를 편역(編譯)한 것이다. 피컷과 렌은 1986~2015년의 30년 동안 버크셔 주주총회에 참석해 기록한 내용을 정리해 이 책을 펴냈다. 이 기간에는 녹음 장비 반입이 허용되지 않았으므로 두 사람은 Q&A를 손으로 정신없이 받아 적을 수밖에 없었다. 따라서 Q&A 내용 중 상당 부분이 누락되거나 왜곡될 수밖에 없다. 그래도 이 두 사람의 수고 덕분에 우리는 과거 버크셔 주주총회 Q&A를 일부나마 책으로 접할 수 있게 되었다. 두 사람의 노고에 깊이 감사한다.

나는 국내 독자에게 유용한 번역서를 만들기 위해 다음과 같이 편역을 시도했다. 첫째, 원서의 내용 중 국내 독자에게 유용성이 높지 않다고 판단되는 부분은 상당량을 과감하게 덜어냈다. 자주 등장하는 중복 Q&A는 가급적 생략하려고 했다. 그러나 버핏의 설명 방식이 달라져 새로운 통찰을 주거나 주주총회 현장 분위기 전달이 필요하다고 판단되는 경우는 예외로 했다. 또한 피컷과 렌은 간혹 Q&A에 대해 논평하는 등 자신의 생각을 덧붙이기도 했는데, 버핏과 멍거가 직접 한 말과 혼선을 일으킬 위험이 있다고 판단되므로 두 사람의 논평은 생략했다. 둘째, 원서에는 포함되지 않았으나 국내 독자에게 유용성이 높다고 판단되는 Q&A는 상당량을 새로 포함했다. 셋째, 두 편저자가 정리한 글이 모호하거나 어색할 때는 주로 주주서한을 참조해 오류를 바로잡거나 버핏이 즐겨 쓰는 표현으로 수정했다. 넷째, 두 편저자의 글은 대부분 간접 화법으로 구성되었으나, 더 간결하고 실감 나게 전달하기 위해 모두 직접 화법으로 전환했다. 버핏과 멍거의 실제 발언과 차이가 있을 수도 있다는 점을 양해해주시기 바란다. 이와 같은 편역 과정에서 번역서의 모습이 원서와 많이 달라졌음을 밝혀둔다.

이 책을 읽는 방법

이 책은 부록 포함 1986~2018년의 33년 동안 버크셔 주주총회에서 진행된 주요 Q&A를 연도별로 정리한 자료집이다. 연도별로 Q&A 개수와 분량이 다른데, 최근 연도로 올수록 개수도 많아지고 분량도 늘어난다. 다루는 주제는 다양하며, 일부는 난해하고 분량도 방대하다. 그러나 질의응답 형식에 구어체 표현이므로 주주 서한보다 대체로 쉬운 편이다.

간혹 어려운 내용이 나오더라도 스트레스 받을 필요는 없다. 흔히 비슷한 Q&A가 여러 번 반복되며, 버핏이 다양한 예를 들어가면서 새로운 방식으로 설명해주기도 하므로 나중에는 '아하! 그러한 뜻이었어?'라며 이해할 수 있기 때문이다. 30여 년 동안 축적된 자료라는 사실을 기억하면서 긴 호흡으로 찬찬히 읽어가는 방식을 추천한다.

이 책은 버핏이 '버크셔 주주'의 질문에 답하는 형식이다. 주주가 아닌 대부분의 독자에게는 '남의 이야기'처럼 들릴 것이고, 일부 독자는 소외감까지 느낄지 모른다. 버핏이 직접 나에게 해주는 말처럼 실감 나게 듣고 싶다면 방법이 있다. 바로 버크셔 주주가 되는 것이다.

현재 버크셔 A주는 30만 달러가 넘어 1주만 사려 해도 3억 원 넘게 들지만, B주는 200달러 수준으로 20여만 원이면 1주를 살 수 있다. 이 돈을 들여 버크셔 주주가 되면 이제 버핏이 하는 말은 동업자인 당신에게 직접 하는 말이 된다. 게다가 B주 1주만 있어도 오마하에서 열리는 주주총회에 참석할 수 있고 버핏에게 직접 질문하는 행운도 잡을 수 있다. 그러나 투자는 반드시 본인의 판단과 책임으로 해야 한다는 점을 꼭 기억하기 바란다.

이 책이 당신 곁에서 항상 지혜와 용기와 위안을 아낌없이 나누어주는 버핏의 분신이 되기를 바라는 마음이다.

이건

목차

주주총회에서 듣는 버핏과 멍거의 이야기

당신과 마찬가지로 나에게도 아버지가 영웅이었습니다. 당신의 아버지 딕은 사고가 건전하고 훌륭한 분이었습니다. 그러한 아버지에게 배우고 영감을 받은 당신은 행운아입니다.

  – 워런 버핏

<small>(피컷 앤드 컴퍼니 뉴스레터 뒷면에 워런 버핏이 직접 쓴 글)</small>

2009년 아버지 딕 피컷Dick Pecaut이 세상을 떠난 뒤, 나는 우리 투자 자문 사 월간 뉴스레터에 아버지에게 바치는 글을 썼다. 며칠 뒤 뉴스레터 한 통이 회신되었는데, 그 뒷면에는 오마하의 현인 워런 버핏의 친필 메모가 적혀 있었다. 버핏은, 동업자 코리 렌Corey Wrenn과 내가 30년 동안 사고방식, 전략, 통찰을 공부했던 롤 모델이다. 버핏이 보내준 짤막한 친필 메모는 아버지의 인생이라는 저작에 훈훈한 각주가 되었다. 아울러 이것은 우리의 투자 자문 활동과 이 책을 인정해주는 근거이기도 하다.

우리는 오래전부터 버크셔 해서웨이에 대한 논평을 썼다. 회장 워런 버핏과 부회장 찰리 멍거에 대해 우리가 분석한 글은 〈뉴욕 타임스New York Times〉, 〈머니 매거진Money Magazine〉, 〈시프 인슈어런스 옵서버Schiff's Insurance Observer〉, 기타 다양한 투자 간행물에 소개되었다. 우리 뉴스레터는 제임스 올러클린James O'Loughlin의 저서 《CEO 워런 버핏The Real Warren Buffett》에서도 언급되었다.

우리는 오래전부터 버크셔 본사에 뉴스레터를 보냈는데, 실제로 누가 읽기나 하는지 알 도리가 없었다. 이번에 버핏의 사려 깊은 회신을 받고 나서 코리와 나는 짜릿한 흥분에 휩싸였다. 세상에나, 버핏이 우리의 뉴스레터를 직접 읽은 것이었다! 가치투자에 대한 우리의 글에 거장이 흥미를 느꼈다는 뜻이다. 그의 회신은 아버지를 잃은 슬픔에 빠진 나에게 가장 위로가 되는 따뜻한 메시지였다. 그에게 한없이 감사한다.

우리가 걸어온 길

1979년 나는 하버드대 철학과를 졸업했다. 학부 기간에 내가 수강한 경제학 과목은 하나뿐이었다. 경제학은 지나치게 이론적이어서 우리 가족 회사에서 실행하는 투자와 전혀 다르다고 생각했기 때문이다.

나의 할아버지, 아버지, 삼촌은 1960년 주식 중개 회사 피컷 앤드 컴퍼니Peacut & Company를 설립했다. 이 회사는 설립 첫날부터 이익을 내면서 앞만 보며 달렸다고, 할아버지는 종종 감탄하면서 말했다. 내가 가족 회사에 처음으로 발을 담근 시점은 1970년대 말이었는데, 여름 방학 아르바이트로 후선 업무를 담당하게 되었다. S&P500 인쇄물 업데이트 등 단순 작업이었다.

당시 회사에는 S&P에서 보내준, 백과사전처럼 알파벳 색인이 붙은 컬러 바인더들이 있었다. S&P는 각 바인더에 맞는 컬러 자료를 매달 우편으로 보내주었다. 녹색은 대기업 주식 자료였고, 노란색은 소기업 자료였으며, 파란색은 채권 자료였다. 따라서 누군가 바인더의 낡은 자료를 새 자료로 교체해야 했는데, 내 몫이었다. 나는 이 자료를 읽으면서 많이 배웠다.

졸업 후 나는 가족 회사에 정규직원으로 입사했다. 그러나 무슨 일을 해야 할지 도무지 알 수가 없었다. 소규모 가족 회사여서 정식 연수 과정이 없었다. 아버지는 회사 현황에 대해서도 좀처럼 말해주는 법이 없었다. 나는 어찌할 바를 몰라 극심한 스트레스에 시달리면서, 시행착오를 통해 배울 수밖에 없었다.

내가 저지른 실수 중 하나가 옵션 트레이딩이었다. 옵션은 승부가 빠르게 결정되므로 흥미진진했다. 단기간에 원금을 세 배로 불릴 수도 있었다. 몇 번만 세 배로 불리면 풍성한 수익으로 한 해를 마무리할 수도 있었다. 나는 옵션 트레이딩 전략을 개발하면서 한 해를 보냈다. 그해 연말까지 나는 약 100달러를 벌었는데, 결과적으로 시간당 겨우 10센트를 번 셈이었다. 확실히 시간 낭비였다. 단기 트레이딩이 체질에 맞는 사람도 있겠지만, 나는 아니었다. 내게는 더 나은 기법이 필요했다.

1982년 나는 존 트레인John Train의 《대가들의 주식투자법The Money Masters》을 읽었다. 존 템플턴, 워런 버핏 등 탁월한 투자가 9명을 소개하는 책이었다. 이 책을 읽고 불현듯 이러한 생각이 떠올랐다. '투자 공부를 다시 해야겠어. 대가의 모든 말과 글을 교재로 삼아 제자가 되어야겠어.' 하버드대 교수에게 배운 것처럼, 투자의 대가에게 배울 생각을 하니 흥분되었다. 가능한 모든 것을 배워 대가처럼 투자하고 싶었다. 이후 나는 투자 공부에 주력했다. 더 많이 공부할수록 현명하게 판단하고 결과적으로 고객에게 도움이 되리라 생각했다.

내가 좋아하는 스승은 존 템플턴(템플턴 그로스 펀드Templeton Growth Fund), 조지 미카엘리스George Michaelis(소스 캐피털Source Capital), 장-마리 이베이야르Jean-Marie Eveillard(퍼스트 이글 글로벌 펀드First Eagle Global Fund), 밥 로드리게스Bob Rodriguez(퍼스트 퍼시픽 어드바이저스First Pacific Advisors), 마티 휘트먼Marty Whitman(서드 애비뉴 밸류 인베스터스Third Avenue Value Investors)이었다. 이들 모두 내게 엄청난 통찰을 안겨주었다.

그러나 누구보다도 많은 가르침을 준 가장 탁월한 스승은 버크셔 해서웨이의 워런 버핏과 찰리 멍거였다. 버핏이야말로 최고의 스승이라고 깨달은 뒤 나는 버크셔 연차 보고서 주주 서한을 모두 탐독했다. 친구로부터 입수한 버핏 투자조합 서한 역시 모두 탐독했다. 정말 좋은 글이었다.

내가 사는 곳에서 버크셔 주주총회가 열리는 오마하까지는 차로 불과 1시간 30분 거리였다. 그러나 주주총회에 참석하려면 주주가 되어야 했다. 나는 조금도 망설이지 않고 버크셔 주식 1주를 2,570달러에 샀다. 이로써 가장 위대한 스승 두 사람으로부터 이후 30년 동안 일류 교육을 받을 수 있는 길이 열렸다.

워런 버핏의 대답

처음으로 참석했던 1984년 주주총회가 아직도 생생하게 기억난다. 오마하 조슬린 미술관에서 열린, 조촐하지만 짜릿한 행사였다. 내가 잘 알고 있는 공인회계사 코리가 입구에서 표를 받고 있었다. 그는 1년 전 버크셔에 입사해 감사실에서 근무하고 있었다.[*]

코리는 대학을 졸업하고 수 시티Sioux City 회계 법인에서 2년 근무했으나, 자신에게 어울리는 평생 직업이 아니라고 판단했다. 그는 다른 일자리를 찾던 중 헤드헌터로부터 버크셔 해서웨이에서 감사실 직원을 찾는다는 말을 들었다. 코리가 물었다. "버크셔 어디라고요?" 헤드헌터가 "워런 버핏이 경영하는 회사 버크셔 해서웨이 말이에요"라고 대답하자, 그가 다시 물었다. "워런 누구라고요?" 그는 워런 버핏이 누구인지 전혀 모르고 있었다. 그래도 그는 제안을 받아들여, 감사실에서 다른 직원 예닐곱과 함께 버크셔 자회사 감사 업무를 맡게 되었다. 그가 버크셔에 취직했다는 사실을 알고 나는 배가 아파 죽을 지경이었다. 그가 버핏으로부터 직접 배우게 된다는 사실이 너무 부러웠다.

주주총회장에 들어간 나는 무대를 바라보았다. 강당에는 주주 약 300명이 있었고, 무대에는 버핏과 멍거가 앉아 있었다. 나는 제대로 배우려면 일어서서 질문을 해야 한다고 생각하면서, 질문할 내용을 여러 페이지에 걸쳐 자세히 적었다.

나는 초조한 마음으로 첫 질문을 던졌다. 두 사람은 탁월한 지성과 명료한 사고로 명확하게 답해주었다. 나는 생각했다. '와! 대답이 환상적이야. 우문현답이네. 내 멍청한 질문에도 대답은 걸작이군.' 나는 또 생각했다. '왜 이제야 여기 왔을까? 진작 올 걸 그랬어!'

그 주주총회에서 나는 버크셔가 웨스코 파이낸셜Wesco Financial 지분 80%

를 보유하고 있으며, 멍거가 웨스코 회장이라는 사실을 알게 되었다. 그래서 나는 패서디나로 날아가 웨스코 주주총회에 참석했다. 규모가 훨씬 작은 행사였다.

내가 처음 참석한 웨스코 주주총회는 참석자가 15명에 불과했는데, 그중 절반이 웨스코 직원이었다. 나는 이번에도 질문을 준비했다. 질문을 세 개 던지고 나니, 내 질문이 너무 많은 듯해서 걱정스러웠다.

두꺼운 렌즈 너머로 청중을 둘러보는 멍거의 눈빛이 인상적이었다. 그는 멍청한 학생에게는 관용을 베풀지 않는 노련한 교수처럼 보였다. 나는 일어서서 더듬거리며 말했다. "질문이 너무 많아서 죄송합니다. 제가 질문을 독식하는 것 같군요. 그럴 생각은 아니었어요."

멍거가 친절하게 말했다. "질문을 하라고 주주총회를 여는 겁니다. 무슨 질문이든 남김없이 답해드리겠습니다. 원하시는 분은 언제든 자리를 뜨셔도 좋습니다. 그러나 저는 여기 남아 답해드리겠습니다." 나는 생각했다. '와! 좋아. 그러면 질문해야지.' 이후 얼마나 질문했는지 모르겠지만, 나는 천국에 온 기분이었다. 그날 나는 탁월한 스승으로부터 원 없이 직접 배울 수 있었다.

버크셔 주주총회는 단언컨대 역사상 최고의 투자가 두 사람이 주주의 질문에 직접 답해주는 연례행사다. 이들이 지혜를 아낌없이 나누어주는 이 주주총회야말로 세계 최고의 강의 시리즈라 할 수 있다.

버크셔 주주총회

내가 처음으로 참석한 1984년 버크셔 주주총회는 참석자가 약 300명에 불과한, 조촐한 행사였다. 그러나 이후 버핏과 멍거가 유명해지면서 참석자 수가 빠르게 증가했다. 2015년에는 참석자가 약 4만 5,000명에 이르는, 주식 투자자의 축제가 되었다.

참석자는 질문할 기회를 얻기 위해 몇 시간씩 줄을 서서 기다리기도 했다. 1984년에는 질의응답 시간이 2시간 30분이었지만 이후에는 6시간이 넘어가는 경우가 많았다. 두 사람의 지혜를 갈구하는 열망이 그토록 크다는 뜻이다.

그러나 질문자 수가 늘어나면서 질문의 수준이 낮아지는 듯했다. 다행히 2009년부터 경제 기자 3명이 주주의 질문을 이메일로 받아 그중에서 주요한 것을 선정했고, 2012년부터는 버크셔 분석 담당 애널리스트 세 사람으로 패널을 구성해서 질문을 받았다. 덕분에 질문의 수준이 높아진 듯하다. 이후 참석자 수는 계속 증가했지만 버핏과 멍거의 통찰과 재치 덕분에 항상 유익하고 재미있는 주주총회가 진행되고 있다.

버크셔에 근무하던 코리는 1992년 피킷 앤드 컴퍼니에 합류한 이후 나와 함께 버크셔 주주총회에 참석했다. 우리는 버핏과 멍거의 말 중 가장 중요하다고 생각되는 내용을 부지런히 받아 적었다. 그리고 사무실로 돌아와 그 메모를 다시 정리했는데, 이 책이 바로 그 결과물이다.

지난 30년 동안 우리가 버크셔 주주총회에 참석해 그 자리에서 오간 질의응답을 정리한 이 책은, 주주총회에 직접 참석하지 못한 투자자에게 값진 자료가 될 것이라 믿는다. 물론 주주총회에 참석한 투자자에게도 당시의 기억을 생생하게 되살려주는 소중한 책이 될 것이다.

이 책의 구성은 단순하다. 독자가 지난 30년 동안 진행된 주주총회 현장에 참석해 버핏과 멍거의 이야기를 듣는 방식이다. 이 책에서 버핏과 멍거는 변화하는 환경에 대응하면서 저지른 실수와 극복한 과제를 진솔하게 설명한다. 독자는 30년 동안 이 두 사람이 버크셔를 거대 기업으로 키워나가는 놀라운 모습을 보게 될 것이며, 이들의 천재성도 발견하게 될 것이다.

여러분도 버핏과 멍거의 지혜에 힘입어 건전한 투자 철학과 투자 원칙을 세우고 장기적으로 훌륭한 성과를 거두시기 바란다.

대니얼 피컷

거시 경제에는
관심이 없습니다

❖

1986년

장소: 조슬린 미술관

참석자: 약 500명

버크셔 주가: $2,475

1964년 $1 → 1986년 $200 (1964년에 버크셔 해서웨이 주식에

1달러를 투자했으면 1986년에 200달러의 가치를 가짐)

1964년 BPS $19.46 → 1986년 $2,073.06 (연 23.3%)

같은 기간 S&P500 수익률 연 8.8%

Q 1. **인플레이션 가능성**을 어떻게 보나요?

버핏: 인플레이션은 경제 현상이 아니라 정치 현상입니다. 정치인이 자제력을 유지하지 못한다면 언젠가 돈을 대량으로 찍어내겠지요. 2년 이내에는 별문제가 없겠지만 이후에는 전례 없는 심각한 인플레이션이 발생할 것입니다.

Q 2. **인플레이션**이 발생하면 어떠한 방식으로 투자할 생각인가요?

버핏: 거시 경제에 관심이 없어서 단지 내재 가치를 근거로 투자를 결정할 뿐입니다. 인플레이션이 발생하더라도 지난 30년 동안 유지한 투자 전략을 변경할 계획은 없습니다.

Q 3. 늘 증권시장보다 **기업 인수 시장**에 기회가 더 많다고 생각하나요?

버핏: 레밍lemming이 떼를 지어 달릴 때는 기업 인수 시장보다 증권시장에서 더 큰 돈을 벌 수 있습니다. 그러나 그러한 때는 흔치 않습니다. 지금은 조금이라도 흥미를 느낄 만한 유가 증권조차 보이지 않습니다.

근사한 그래프의
유혹

❖

1987년

장소: 조슬린 미술관

참석자: 약 500명

버크셔 주가: $2,827

1964년 $1 → 1987년 $229

1964년 BPS $19.46 → 1987년 $2,477.47 (연 23.1%)

같은 기간 S&P500 수익률 연 9.2%

Q 1. **성공에 필요한 덕목**은 무엇인가요?

멍거: 캐피털시티/ABC의 CEO 톰 머피는 겸손하게 해달라고 매일 기도합니다. 나는 겸손하지 않지만, 그동안 워런과 내가 성공한 것은 우리의 능력을 매우 낮게 평가했기 때문입니다. 실제 IQ는 130인데 128이라고 생각하는 사람 A와 실제 IQ는 190인데 240이라고 생각하는 사람 B가 있다면, 나는 A와 동업하겠습니다. B와 동업하면 심각한 곤경에 빠지니까요.

Q 2. 요즘 **펀드 매니저들의 자질**을 어떻게 평가하나요?

버핏: 컴퓨터 산출물이 정확하다고 생각한다면 끔찍한 착각입니다. 소수점 이하 세 자리까지 계산해도, 복잡하기만 할 뿐 정확한 것은 아닙니다. 나는 35년 동안 투자하면서 펀드 매니저의 자질이 향상되는 모습을 본 적이 없습니다. 이들은 전보다 더 똑똑하지도 않고, 침착하지도 않으면서, 일만 더 복잡하게 만들더군요.

멍거: 최악의 실수는 근사한 그래프 때문에 발생합니다. 정말로 필요한 것은 건전한 상식입니다.

Q 3. 최근 보도된 **내부자 거래**에 대해 어떻게 평가하나요?

멍거: 지금까지 SEC(미국증권거래위원회)가 보여준 노고에 갈채를 보냅니다. 카지노 운영자들에게 엄청난 보상이 돌아간다면, 열반에 도달한 문명사회는 절대 아닐 것입니다.

Q 4. 당신이 생각하는 **이상적인 기업**은 어떤 기업인가요?

버핏: 사람들이 습관적으로 사용하는 제품을 1센트에 만들어 1달러에 파는 기업입니다.

터무니없는
지수 옵션

❖

1988년

장소: 조슬린 미술관

참석자: 약 580명

버크셔 주가: $2,957

1964년 $1 → 1988년 $239

1964년 BPS $19.46 → 1988년 $2,974.52 (연 23.0%)

같은 기간 S&P500 수익률 연 9.1%

Q 1. **인플레이션**이 발생할까요?

버핏: 결국 심각한 인플레이션이 발생할 것입니다. 그 시점과 강도는 알 수 없지만 인플레이션은 불가피해 보입니다. 돈을 찍어내기가 너무도 쉽기 때문입니다. 가능하다면 나 역시 돈을 찍어내고 싶습니다. 이는 미국만의 문제가 아닙니다. 세계 어느 나라에서나 대개 인플레이션이 발생합니다.

Q 2. 심각한 인플레이션이 발생한다면 **부동산, 외환, 차입금, 경질 자산**(hard asset: 내재 가치가 있는 유형 자산) 중 무엇이 유리한가요?

멍거: 흔히 사람들은 부동산으로 큰돈을 벌었다고 말하지만 부동산으로 큰돈을 잃은 사람들은 아무 말도 하지 않습니다.

자기 나라 문화를 이해하기도 매우 어려운데 하물며 남의 나라 문화를 이해하기가 쉬울까요? 외환은 다루기 쉬운 자산이 아닙니다.

버핏: 강물이 눈높이까지 차오른다면 그 강은 건너기 어렵습니다. 차입금이 감당하기 어려울 정도라면 위험합니다.

멍거: 반 고흐의 작품이 작년에 4,000만 달러에 거래되었는데, 연 수익률이 13%였습니다. 이보다는 버크셔 주주가 지금까지 얻은 수익률이 훨씬 높습니다.

Q 3. **인플레이션**에 어떻게 대응할 생각인가요?

버핏: 우리가 평소에 사용하던 방식을 그대로 유지할 생각입니다. 우리는 유능하고 정직한 경영자가 운영하는 훌륭한 기업을 적정 가격에 인수합니다. 그리고 그 경영자에게 전권을 주고 간섭하지 않습니다.

인플레이션이 발생하면 우리도 여전히 불리해집니다. 그러나 비교적 적은 자본으로 많은 현금을 창출하고, 가격 결정력이 강하며, 건전하게 경영되는 기업이라면 인플레이션을 잘 극복할 수 있습니다.

Q 4. **지수 옵션**에 대해 어떻게 생각하나요?

버핏: 언제든 두 상품을 연계할 때 차익 거래가 일어납니다. 자본주의에서 차익 거래는 필요하고도 유익한 기능입니다.

멍거: 문제는 '지수 옵션 같은 파생 상품도 필요한가?'입니다. 지수 옵션은 터무니없는 발상입니다.

버핏: 다음과 같은 상상을 해봅시다. 버크셔 주주총회가 진행되던 유람선이 폭풍에 휩쓸려 무인도에 난파했고, 내가 사태 수습을 책임지는 관리자로 선출되었다고 가정합시다. 나는 주주 절반에게 농사를 짓게 하고, 일부는 오두막을 짓게 하며, 창의적인 몇몇 사람에게는 장래에 대비해 기술을 개발하고 도구를 만들게 할 것입니다. 만일 내가 IQ 테스트를 해서 가장 똑똑한 사람 30~40명을 선발해 단말기를 하나씩 지급하고 나중에 섬에서 생산될 식량에 대해 선물 거래를 하게 한다면 어떨까요? 당연히 터무니없는 짓이지요.

Q 5. 조만간 **불황**이 올까요?

버핏: 살아가는 동안 나는 불황을 여러 번 겪을 것입니다. 그러나 내가 경기 예측에 시간을 모두 사용한다면 버크셔 주가는 한 푼도 오르지 않을 것입니다. 경기 예측을 토대로 기업을 마음 내키는 대로 사고팔면 안 됩니다.

Q 6. CD(Compact Disk)가 **월드북**에 악영향을 미치지 않을까요?

버핏: 나는 구식 풍차 애호가입니다. 백과사전은 20년 후에도 거의 바뀌지 않을 것입니다. 자신의 사업이 구식이 된다고 해서 꼭 차세대 사업을 시작

해야 하는 것은 아닙니다.

1930년대 여객 철도 회사 경영자가 선견지명이 있었다면 항공기의 시대를 내다보았을 것입니다. 그러나 항공 산업은 경제성이 형편없었으므로 항공 산업에 진입하는 것은 답이 아니었습니다. 답은 여객 운송 사업에서 완전히 빠져나오는 것이었습니다.

Q 7. 어떤 **책**을 읽어야 하나요?

멍거: 나는 위인전 마니아입니다. 위인전을 통해서 역사적 인물과 친구가 되십시오.

버핏: 말을 걸어도 대답은 안 하겠지만요.

멍거: 위인전을 읽으면 놀라운 경험을 얻게 되고, 사고의 범위가 넓어지며, 더 훌륭한 친구를 사귈 수도 있습니다. 《McDonald's(맥도날드)》와 《The Big Store(대형 매장)》는 사업에 대해 훌륭한 교훈을 줍니다.

과거 사례만 공부해서는
부자가 될 수 없습니다

❖

1989년

장소: 조슬린 미술관

참석자: 약 1,000명

포춘 500 순위: 205위

버크셔 주가: $4,711

1964년 $1 → 1989년 $381

1964년 BPS $19.46 → 1989년 $4,296.01 (연 23.8%)

같은 기간 S&P500 수익률 연 9.4%

Q 1. **미국의 무역 적자**에 대해 어떻게 생각하나요?

버핏: 미국의 무역 적자는 나중에 자산이나 소비재로 상환해야 하는 차용증과 같습니다. 우리는 생산량의 103%를 소비하려고 매년 1,300억 달러에 이르는 차용증을 발행하고 있습니다. 지금은 우리가 소비를 즐길 수 있겠지만 나중에는 커다란 곤경에 처할 수 있습니다.

무역 적자는 매일 토스트를 한 쪽씩 더 먹는 것과 같습니다. 우리는 즉시 소비를 즐길 수 있으며, 하루에 추가로 섭취하는 열량은 100칼로리에 불과하므로 대수롭지 않아 보입니다. 그러나 한 달 후에는 추가로 섭취한 열량이 3,000칼로리로 늘어나 체중이 0.5kg 증가합니다. 이러한 생활이 지속되면 결국 심각한 문제에 직면하게 됩니다.

무역 적자는 우리 농장을 계속해서 조금씩 내주는 것과 같습니다. 외국인이 차용증을 제시하면 미국은 농장을 계속 내주어야 합니다. 페터 미노이트(Peter Minuit: 맨해튼섬을 사들인 네덜란드의 식민지 총독)는 싸구려 장신구를 원주민에게 내주고 맨해튼을 받았습니다. 이제는 우리가 싸구려 장신구를 받고 맨해튼을 내주고 있습니다.

Q 2. 최근의 **차입 매수 열풍**을 어떻게 보나요?

버핏: 벤저민 그레이엄에 의하면, 사람들은 터무니없는 대안보다 괜찮아 보이는 대안을 선택할 때 더 심각한 곤경에 처하기 쉽습니다. 예를 들어 내가 알래스카 해변 부동산을 사라고 권유하면 터무니없는 소리라며 무시할 것입니다. 그러나 플로리다 해변 부동산을 사라고 권유하면 괜찮은 생각이라며 흥미를 느끼는 사람이 많겠지요. 하지만 플로리다 부동산을 샀다가 무일푼이 된 사람이 많습니다.

차입 매수leverage buyout 게임도 마찬가지입니다. 차입 매수 몇 건이 엄청난 성공을 거두자 이 시장이 뜨겁게 달아올랐습니다. 이 과정에서 이른바 창의적 자금 조달creative financing 기법이 개발되었습니다.

멍거: 제로 쿠폰 채권zero coupon bond이나 현물 지급 채권(PIK, Payment-In-Kind: 이자를 현금이 아니라 동종 채권으로 지급하는 채권)을 이용하면, 최후의 날을 뒤로 미룰 수 있을 뿐입니다. 현물 지급 채권을 이용했다면 아르헨티나도 국가 부도를 모면했을 것입니다.

버핏: 이러한 채권은 부도가 많이 나는 편입니다. 그래서 이러한 채권을 떠넘길 봉을 찾느라 시장에서는 늘 바쁘게 움직이지요. 요컨대 차입 매수 정크본드 게임은 결국 문제가 생기게 되어 있어요. 그때는 거리에 유혈이 낭자하겠지요.

Q 3. 유명 식품 **브랜드의 가치**가 높은 이유는 무엇인가요?

버핏: 시즈캔디가 초콜릿 시럽 시장 진출을 시도하고 있지만 한동안 쉽지 않을 전망입니다. 허쉬라는 강력한 경쟁자가 군림하고 있기 때문입니다. 그래서 유명 브랜드의 가치가 그토록 높은 것이겠지요.

예전에는 펩시콜라, 요즘은 체리코크를 50년 동안 매일 다섯 병씩 마시면서 깨달은 사실인데요. 이 분야는 코카콜라와 펩시콜라가 완전히 장악하고 있더군요. 두 회사의 시장 점유율이 70% 이상이고 그마저도 해마다 높아지고 있습니다. 그래서 결국 둘 중 하나에 투자하기로 결정했답니다.

Q 4. **호황과 불황**이 반복되는 이유는 무엇인가요?

버핏: 호황과 불황이 반복되는 것은 최근 실적이 계속될 것이라 생각하기 때문입니다. 혹자는 정크본드에 투자해 지난 30년 동안 재미가 좋았던 점을 들어 앞으로도 유망할 것이라고 주장합니다. 이러한 분석은 수탉이 울

기 때문에 해가 뜬다고 생각하는 것과 같습니다. 갈수록 쓰레기로 전락하는 정크본드에 투자하다가는 인생 끝장나기 십상일 것입니다. 과거 사례만 공부해서 투자해도 부자가 될 수 있다면, 대부호 명단은 사서들이 차지할 것입니다.

전문가에게만 유효한
담배꽁초 투자

❖

1990년

장소: 오르페움 극장

참석자: 약 1,300명

포춘 500 순위: 179위

버크셔 주가: $8,696

1964년 $1 → 1990년 $703

1964년 BPS $19.46 → 1990년 $4,612.06 (연 23.2%)

같은 기간 S&P500 수익률 연 10.2%

Q 1. '담배꽁초 투자' 기법에 대해 어떻게 생각하나요?

버핏: 실적이 형편없는 기업이라도 아주 낮은 가격에 주식을 산다면 이익을 남기고 팔 수 있을지 모릅니다. 이것이 이른바 '담배꽁초 투자' 기법입니다.* 그러나 전문가가 아니라면 추천하지 않습니다. 회사에 문제가 발생하는 즉시 이익을 남기고 팔 기회가 사라질지도 모르기 때문입니다.

---

* 1950년대 중반, 그레이엄-뉴먼 코프의 벤저민 그레이엄과 제리 뉴먼은 주가가 순유동자산가치(Net Current Asset Value: NCAV)에 접근한 버크셔 해서웨이에 주목했다. 당시 그레이엄-뉴먼 코프의 직원이었던 버핏 역시 이를 지켜보았다. 7년 후인 1962년, 버핏은 주가가 7.5달러로 하락한 버크셔의 주식을 사들였다. 당시 버크셔의 주당 순유동자산가치는 10.25달러, BPS는 20.20달러였다. 버크셔의 주가가 계속 순유동자산가치 밑으로 유지되자 버핏은 더 많은 주식을 매수했다. 이것은 그레이엄의 투자 방식이었다. 1989년 버크셔 해서웨이 주주서한에서 버핏은 다음과 같이 이야기했다. "나는 이것을 '담배꽁초 투자' 기업이라고 부릅니다. 길거리에 버려진 꽁초는 하찮은 존재지만 '싼 가격' 덕분에 이익이 나올 수 있습니다." 1962년 당시만 해도 버핏은 버크셔를 인수할 계획이 없었다.

주가가 오르면
우울합니다

❖

1991년

장소: 오르페움 극장

참석자: 약 1,700명

포춘 500 순위: 170위

버크셔 주가: $6,687

1964년 $1 → 1991년 $541

1964년 BPS $19.46 → 1991년 $6,437 (연 23.7%)

같은 기간 S&P500 수익률 연 9.6%

Q 1. **코카콜라의 전망**은 어떤가요?

버핏: 우리는 코카콜라 지분 7%를 보유하고 있습니다. 사장 돈 키오에 의하면, 코카콜라는 지금까지 105년 동안 '소소한 행복simple pleasure'을 판매했으며 현재 170개국에 제품을 공급 중입니다. 앞으로는 해외 시장이 크게 성장할 것입니다. 미국에서는 1인당 1년 소비량이 300개지만 해외에서는 59개에 불과하기 때문입니다.

코카콜라는 소비자 독점력이 세계에서 가장 강력하므로 그 가치가 절대적으로 높은 브랜드입니다.

Q 2. **영구 보유 종목의 기준**은 무엇인가요?

버핏: 캐피털시티/ABC, 코카콜라, 가이코, 워싱턴 포스트는 영구 보유 4대 종목으로, 세 가지 특성을 열거하면 다음과 같습니다.

1) 장기적으로 수익성이 높고 2) 경영진이 유능하고 정직하며 3) 우리가 좋아하는 사업을 하고 있습니다.

우리가 오직 수익성만 추구하는 것은 아닙니다. 좋은 사람과 어울릴 수 없다면 부자가 된들 무슨 소용이겠습니까? 장기간 지속되는 우량 대기업이 15년 전보다 많이 줄어들었습니다.

Q 3. 투자자는 **주가 등락**에 어떻게 반응해야 하나요?

버핏: 주가가 오르면 기뻐하고 주가가 내리면 우울해하는 사람들이 있는데요. 바람직하지 않은 태도입니다. 햄버거를 평생 먹을 사람이라면, 햄버거 가격이 오르는 것이 좋을까요, 내리는 것이 좋을까요? 마찬가지로 주식을 평생 사 모을 사람이라면, 주가가 오르면 우울해하고 주가가 내리면 기뻐해야 합니다.

Q 4. **금융 위기**는 왜 자꾸 발생하나요?

버핏: 금융 위기가 발생하는 데는 이유가 있습니다. 금융회사는 잘못을 저질러도 문제가 되기는커녕 오히려 돈을 법니다. 이 모습을 보며 경쟁사도 아무 생각 없이 잘못을 모방합니다. 이러한 행태가 유행처럼 확산되면 금융시장은 거대한 혼란에 휩쓸리게 됩니다.

멍거: 인터코 파산은 무책임의 극치를 보여주는 사례입니다. 인터코는 부채 비율이 지극히 높아서 처음부터 파산을 면할 길이 없었습니다.

버핏: 보험사 지급 여력 규제 시스템도 개선할 필요가 있습니다. 저축 대부조합이나 은행 업종과 마찬가지로, 현재 시스템은 보험사의 지급 여력이 대폭 손상된 뒤에야 문제를 찾아낼 수 있습니다.

멍거: 퍼스트 이그제큐티브 생명보험은 파산 직전까지 신용 평가 회사로부터 A등급을 받았습니다. 부실한 금융회사가 모두 망하는 것은 아닙니다. 웰스 파고의 칼 라이카르트와 폴 헤이즌 같은 훌륭한 경영자가 있으면 실적이 개선될 수 있습니다. 안타깝게도, 그러한 경영자는 흔치 않습니다.

Q 5. **미디어 산업**의 전망은 어떤가요?

버핏: 미디어 산업은, 주기적인 반등은 있겠지만, 장기 추세는 비관적입니다. 전자 매체와 디렉트 메일DM 등 새로운 광고 매체가 증가하고 있기 때문에 일부 미디어회사의 탁월했던 수익성이 빠른 속도로 악화하고 있습니다.

　다행히 우리가 보유한 미디어회사는 다른 미디어회사보다 사업성이 좋습니다. 그러나 몇 년 전 내가 기대했던 것보다는 훨씬 못합니다.

Q 6. MBA 졸업생에게 **조언**을 부탁합니다.

버핏: 가장 좋아하는 일을 하십시오. 존경하는 사람 밑에서 일하십시오. 그

러면 실패할 수가 없습니다.

Q 7. 두 분은 **하루를** 어떻게 보내시나요?

버핏: 나는 탭댄스를 추면서 출근해, 자료를 많이 읽고, 전화 통화도 합니다. 대충 그렇습니다.

멍거: 나는 한 공군 대위 이야기를 하겠습니다. 그는 제2차 세계대전 당시 파나마에 근무하면서 심심해 죽을 지경이었습니다. 하루는 장교를 시찰하던 장군이 대위에게 무슨 일을 하느냐고 물었습니다. 좌절한 대위는 대답했습니다. "하는 일이 전혀 없습니다." 장군은 그의 부하인 중위에게 똑같이 물었습니다. 중위는 대답했습니다. "대위를 보좌하고 있습니다."

Q 8. **경영자를** 어떤 방법으로 찾아내시나요?

버핏: 투자 대상을 찾거나 경영자를 물색할 때는 크림 스키밍(cream skimming: 가장 좋은 부분만 떠 가는 방법) 기법이 효과적입니다. 농구 코치라면 키가 210cm인 선수부터 영입하려고 할 것입니다. 훌륭한 선수 하나만 있어도 경기의 양상이 달라지니까요.

멍거: 문서 기록만 봐도 인재를 구분해낼 수 있습니다. 한 사람이 장기간 세운 기록을 살펴보면 직접 면담할 때보다 그 사람의 미래 실적을 훨씬 잘 예측할 수 있습니다.

버핏: 그래서 우리는 갓 졸업한 MBA 수료자를 채용하지 않습니다. 업무 실적이 없으니까요.

Q 9. **효율적 시장 가설**Efficient Market Theory은 여전히 틀렸다고 보나요?

버핏: 작년에는 효율적 시장 가설을 보완한 세 교수가 노벨상을 받았습니다.

멍거: 효율적 시장 가설은 잘못된 전제 위에 쌓아 올린 거대한 구조물입니다. 우리 기법이 효과적이라는 사실은 원숭이라도 잘 가르치면 알 수 있습니다. 그런데도 우리 기법을 쓰는 사람은 아무도 없습니다.

Q 10. 어떤 사업이 가장 **유망**하다고 보나요?

버핏: 단기적으로는 모르겠지만 장기적으로는 우리 보험 사업의 전망을 낙관합니다.

멍거: 커다란 시련기가 다가오고 있습니다. 그러나 주가 하락과 자산 부실화는 우리에게 기회가 됩니다.

버핏: 모든 사업 중에서 잠재력이 가장 큰 사업은 보험업이라고 믿습니다.

높은 수익률을 유지할 방법은
이제 없습니다

❖

1992년

장소: 오르페움 극장

참석자: 약 2,000명

포춘 500 순위: 158위

버크셔 주가: $9,068

1964년 $1 → 1992년 $733

1964년 BPS $19.46 → 1992년 $7,745 (연 23.6%)

같은 기간 S&P500 수익률 연 10.4%

Q 1. **기네스 주식 투자**에 대해 설명해주겠습니까?

버핏: 작년 우리는 세계 최대 종합 주류회사 기네스(Guinness PLC: 이후 1997년 그랜드 메트로폴리탄Grand Metropolitan과 합병해 디아지오Diageo가 됨) 주식에 2억 6,500만 달러를 투자했습니다. 코카콜라나 질레트와 마찬가지로 기네스도 전체 이익 중 대부분을 해외에서 벌어들입니다.

멍거: 주류도 지위의 상징이 될 수 있습니다. 기네스 제품은 가격이 높기 때문에 사람들은 품질도 뛰어날 것이라고 인식합니다.

버핏: 투자 은행 서비스와 경영대학원도 가격이 높을수록 품질이 뛰어나다고 인식하는 사람들이 있습니다. 스카치위스키도 마찬가지입니다.

Q 2. **코카콜라**에 대해 어떻게 전망하나요?

버핏: 현재 버크셔 포괄 이익의 약 20%가 해외에서 나오고 있습니다. 이에 대해 기여도가 가장 높은 회사는 코카콜라입니다.

미국인이 매일 마시는 음료는 평균 2*l* 입니다. 1991년에는 그중 25%가 청량음료였습니다. 이는 미국인 한 사람이 1년 동안 마시는 청량음료가 180*l* 이며 그중 42%가 코카콜라 제품이라는 뜻입니다. 세계인의 소비 패턴도 미국인과 놀라울 정도로 비슷해서 청량음료 소비량이 지속적으로 증가하고 있습니다. 그래서 나는 거시 경제 변수에 관심이 거의 없습니다. 훌륭한 기업을 보유하는 것으로 충분하니까요.

코카콜라는 1919년 주당 40달러에 기업을 공개했습니다. 그러나 1920년 설탕 가격이 급등하자 주가가 19.5달러로 폭락했습니다. 이후 70년 동안 전쟁, 불황 등을 거쳤지만, 처음에 40달러였던 주식의 평가액이 지금은 180만 달러로 상승했습니다(연복리 약 16%). 거시 경제 변수를 예측하는 것보다 제품이 오래도록 생존할 수 있는지 판단하는 편이 훨씬 유리합니다.

Q 3. 1991년에는 경영자들이 **수천만 달러에 이르는 보상**을 받아 화제가 되었는데, 어떻게 생각하나요?

버핏: 우리가 경영자에게 보상하는 원칙은 다음과 같습니다.

첫째, 상여금에 상한선을 두지 않습니다. 정말로 훌륭한 실적을 올렸다면 상여금을 아무리 많이 지급해도 문제없습니다. 둘째, 근속 연수나 연령은 성과 보상에 반영하지 않습니다. 셋째, 철저하게 실적을 기준으로 상여금을 지급합니다. 물론 사업의 특성과 사용 자본 규모도 실적 평가에 반영합니다. 실적이 그저 그런 수준인데도 막대한 상여금을 지급하는 일은 없습니다.

Q 4. 이사회가 **CEO를 제대로 견제하는 방법**이 있을까요?

버핏: 회사의 임직원은 모두 CEO로부터 평가받지만 CEO는 평가받지 않는 사례가 많습니다. CEO가 이사회 의장을 겸임하면서 의제를 결정하고 이사회를 소집하면 이사회가 CEO를 제대로 평가하기가 어렵기 때문입니다.

이사회는 CEO의 경영 활동을 과도하게 방해하지 않으면서 적절히 감시하고 경고할 수 있도록 협조적인 관계를 설정해야 합니다. 그 방법 중 하나가 비상임 의장을 두는 것입니다. 그러면 이사회는 CEO를 적절히 감시하고 평가할 수 있습니다.

Q 5. 국채 스캔들로 위기에 빠진 **살로먼 브라더스**를 어떻게 구해냈는지 설명해주겠습니까?

버핏: 시월드 상어 수조에 관한 이야기입니다. 한 가이드가 관광객에게, "이 상어 수조를 헤엄쳐서 건너가는 데 100만 달러의 상금이 걸려 있습니다. 그런데 여태껏 아무도 시도하지 못했답니다"라고 설명했습니다. 이때 갑자

기 첨벙 소리가 났습니다. 한 사내가 무섭게 헤엄쳐서 수조를 건너갔고, 상어는 그 사내의 발뒤꿈치를 할퀴기만 했습니다. 가이드가 찬사를 쏟아냈습니다. "정말 용감하시군요! 사상 최초로 상어 수조를 헤엄쳐 건너셨습니다. 상금 100만 달러를 어디에 쓸 생각인가요?" 사내가 대답했습니다. "나를 수조에 빠뜨린 놈을 찾기 위해 탐정에게 의뢰할 겁니다."

Q 6. 경영대학원의 투자 교육을 어떻게 평가하나요?

버핏: 경영대학원에서 가르치는 투자 과정은 지난 40년 동안 뒷걸음질 쳤다고 생각합니다.

멍거: 교수들이 효율적 시장 가설에 현혹되었기 때문입니다. 망치 든 사람에게는 모든 문제가 못으로 보이는 법입니다.

버핏: 현대 포트폴리오 이론가는 컴퓨터에서 산출되는 방대하고 지저분한 데이터 속에서 답을 찾고 있습니다. 이들은 주식을 사면 기업의 일부를 소유하게 된다는 사실조차 무시하고 있습니다.

찰리와 나는 현대 포트폴리오 이론 연구를 후원해야 하겠습니다. 모든 학교에서 지구가 평평하다고 가르친다면, 해운업자는 사업이 한결 수월해질 터이므로, 평평한 지구 장학 기금을 설립하겠지요.

Q 7. 당신은 언제부터 거시 경제 변수를 무시했나요?

버핏: 내가 컬럼비아 경영대학원을 졸업하던 1951년, 아버지와 스승 그레이엄 두 분 모두 투자를 시작하기에 좋은 시점이 아니라고 조언했습니다. 다우 지수가 막 200을 넘어선 시점이었습니다. 당시 내가 보유한 자금은 1만 달러였는데, 때를 기다렸다면 그 자금은 지금도 여전히 1만 달러에 불과할 것입니다.

멍거: 우리는 해류에 대해 예측하지 않습니다. 누가 해류를 거슬러 헤엄칠 것인지 예측합니다.

Q 8. **성장 투자와 가치투자**를 어떻게 구분하나요?

버핏: 성장 투자와 가치투자를 구분하는 것은 아무 의미가 없습니다. 모든 투자는 가치투자가 될 수밖에 없습니다. 장래에 더 많이 얻으려 하는 투자이니까요. 내재 가치는 기업이 마지막 날까지 창출하는 현금흐름을 적정 금리로 할인한 현재 가치입니다. 내재 가치를 계산하려면 1) 미래 현금흐름을 추정해서 2) 적정 금리로 할인해야 합니다.

기업의 성장은 내재 가치를 높일 수도 있고 낮출 수도 있습니다. 예를 들어 1970년대의 전력회사는 성장을 위해 자본을 투자할 수밖에 없었으므로 수익률이 낮아졌습니다.

미국 항공사의 성장은 투자자에게 사형 선고가 되었습니다. 라이트 형제가 최초로 비행에 성공한 이후 항공사는 해마다 적자를 기록했습니다. 그러한데도 항공사는 투자자에게 해마다 더 많은 돈을 요구해왔습니다. 투자자는 계속 돈을 요구하는 기업이 아니라 돈을 벌어주는 기업을 찾아내야 합니다.

멍거: 항공사를 분석해보면, 고정비가 높은 동질재 산업에서 경쟁하면 어떻게 되는지 알 수 있습니다.

버핏: BPS는 내재 가치 평가에 거의 쓸모가 없습니다. BPS는 기업에 이미 투입된 비용을 기록한 숫자에 불과하니까요. 내재 가치 평가의 핵심은 그 기업의 미래 현금흐름이 얼마인지 알아내는 것입니다.

투자는 이표에 금리가 적히지 않은 영구채를 사는 것과 같습니다. 이표 금리는 우리가 적어 넣어야 하며, 이 금리가 정확해야 현명한 투자가 될 수 있습니다. 이표 금리를 도무지 추정할 수 없다면, 그러한 기업에는 투자하면 안 됩니다.

Q 9. 지난 수십 년 동안 **미국 기업의 ROE 평균**이 약 13%였는데, 향후 수십 년 동안에도 비슷한 수준으로 유지될까요?

버핏: 나는 1977년 〈포춘〉 기고문에서 당시 미국 기업의 ROE 평균이 12%라고 언급했습니다. 이 수준에서 크게 바뀌지는 않을 듯합니다. 그러나 근래에 발표되는 숫자 13%에는 차감할 요소들이 있습니다.

첫째, 미국 기업이 직원에게 퇴직 후에도 제공해야 하는 의료보험 부채가 지난 20년 동안 누적되어 막대한 금액이 되었습니다. 그러나 이 부채는 최근에야 재무상태표에 표시되기 시작했습니다. 따라서 0.25~0.375%p를 차감해야 합니다.

둘째, 스톡옵션 등 경영진에게 제공되는 보상이 GAAP 회계에는 표시되지 않습니다. 따라서 0.25~0.375%p를 차감해야 합니다.

셋째, 연금 적립액이 연금 발생액보다 커서 그 차액을 선급연금원가prepaid pension cost라는 자산 계정에 표시했다면 이는 ROE에 반영할 필요가 없습니다.

종합하면, 미국 기업의 ROE 평균은 12%로 보는 편이 더 정확하다고 생각합니다. 미국 회계에서는 이 숫자를 부풀리는 경향이 있습니다.

멍거: 이 1%p의 차이가 미국 회계의 타락을 보여줍니다. 미국 회계 시스템이 이만큼 도덕적, 지성적으로 타락했다는 뜻이지요.

Q 10. 현재 전반적인 **주가 수준**을 어떻게 평가하나요?

버핏: 우리는 전반적인 주가 수준에 상관없이 투자를 결정합니다. 지금은

주가가 낮은 수준이 아닙니다.

멍거: 지난 12년 동안은 지상 낙원에 사는 기분이었습니다. 그러나 장래에는 수익률이 이렇게 높지 않을 것입니다. 세계 투자 자금의 증가 속도가 예전과 같을 수는 없으니까요.

버핏: 우리가 과거처럼 높은 수익률을 유지할 방법은 없습니다.

평생 8~10개 기업에만
투자해도 충분합니다

❖

1993년

장소: 오르페움 극장

참석자: 약 2,000명

포춘 500 순위: 158위

버크셔 주가: $11,770

1964년 $1 → 1993년 $951

1964년 BPS $19.46 → 1993년 $8,854 (연 23.3%)

같은 기간 S&P500 수익률 연 10.2%

Q 1. **환 위험**을 어떻게 관리하나요?

버핏: 우리가 투자한 몇몇 기업은 전체 이익 중 해외에서 벌어들이는 이익이 큰 비중을 차지합니다. 코카콜라와 기네스는 80%, 질레트는 67%가 해외에서 벌어들이는 이익입니다. 버크셔의 포괄 이익 중 해외에서 창출되는 이익은 20%가 넘습니다.

우리는 영국 기업인 기네스의 환 위험을 헤지hedge하지 않았습니다. 기네스는 여러 나라에서 다양한 통화로 수익을 얻고 있으므로 장기적으로는 환 위험이 상쇄되어 사라지기 때문입니다.

멍거: 일부 대기업에서는 규모의 불경제diseconomies of scale가 나타나고 있습니다. 건물의 한 층을 가득 채운 외환 트레이더가 불필요한 헤징을 하면서 시간과 비용을 낭비하고 있습니다. 버크셔는 단순한 방식을 추구합니다. 그래야 회장이 온종일 연차 보고서를 읽을 수 있으니까요.

Q 2. **자산의 내재 가치**는 어떻게 평가하나요?

버핏: 자산의 내재 가치는, 그 자산에서 창출되는 미래 현금흐름을 적정 금리로 할인한 현재 가치와 같습니다. 대부분 현금흐름에 적용되는 적정 할인율은 장기 국채 수익률이라고 생각합니다. 기업의 현금흐름을 예측하기는 매우 어렵지만 그 대가로 큰 보상을 받을 수 있습니다.

멍거: 애널리스트는 현금흐름을 예측하려고 방대한 과거 데이터를 살펴보지만(IQ가 높을수록 더 많은 데이터를 살펴보지만) 시간 낭비에 불과합니다. 진정한 투자는 패리 뮤추얼 베팅(Pari-Mutuel Betting: 수수료를 공제하고 판돈을 승자에게 모두 배분하는 내기)에서, 예컨대 확률은 50%인데 배당은 3배인 곳에 돈을 거는 것과 같습니다. 가치투자는 '가격이 잘못 매겨진 도박mispriced gamble'을 찾아내는 행위입니다.

버핏: 우리가 경마장의 말을 모두 평가하려 한다면 아무런 우위도 확보하지 못할 것입니다. 평가 대상을 잘 선택해야 우위를 확보할 수 있습니다. 과거 통계나 공식에 의존하면, 실적은 화려하지만 곧 아교 공장에 팔려갈 늙은 말에 돈을 걸기 쉽습니다.

Q 3. 최근 **브랜드 상품**이 노브랜드 상품에 고전한다는 말이 들리던데요?
버핏: 요즘 여러 산업에서 브랜드 상품이 노브랜드 상품에 밀려나고 있습니다. 그러나 모든 브랜드 상품이 곤경에 처한 것은 아닙니다. 담배, 콘플레이크, 기저귀 등 그동안 가격이 지나치게 상승한 브랜드나 마케팅 능력을 소매 업체에 빼앗긴 브랜드가 노브랜드 상품에 고전하고 있습니다.

예컨대 필립 모리스가 말보로의 가격을 계속 인상해 2달러까지 높이자 1달러짜리 노브랜드 담배의 시장 점유율이 대폭 상승했습니다. 이에 대응해 필립 모리스는 최근 말보로의 가격을 대폭 인하했습니다.

반면에 질레트는 훨씬 강력한 해자를 보유하고 있습니다. 질레트 센서 면도날과 싸구려 면도날에 들어가는 비용 차이는 1년에 10달러에 불과합니다. 게다가 고급 기술이 들어간 센서 면도날은 품질이 훨씬 우수합니다 (예를 들어 질레트는 초당 150개 점용접spot welding을 수행하는 레이저 기술을 개발해 센서 면도날에 초소형 스프링을 삽입했습니다).

코카콜라는 판매 가격을 계속 낮게 유지하고 있습니다. 수십 년 전 온스당 0.8센트였던 코카콜라 가격은 지금도 온스당 2센트에 불과합니다. 이렇게 가격이 상승하지 않은 식품은 거의 없습니다. 다시 말하면, 현재 코카콜라는 세계 시장에서 매일 8온스(230cc) 들이 제품 7억 개를 판매하고 있는데, 작년에는 2,500억 개를 판매해 25억 달러의 이익을 얻었습니다. 개당 겨우 1센트를 벌어들인 셈입니다. 이러한 상황이면 샘스콜라Sam's Cola는 운신의 여지가 거의 없습니다. 게다가 코카콜라는 세계 시장에 매우 강력한 인프라까지 구축해놓았습니다.

시즈캔디는 어떨까요? 밸런타인데이에 애인에게 "자기야, 그냥 싼 거로 샀어"라고 말하면서 노브랜드 초콜릿을 선물하는 사람은 거의 없을 것입니다.

Q 4. **파생 상품 시장**이 위험하다고 보나요?

버핏: 파생 상품 거래량이 걱정스러울 정도로 빠르게 증가하고 있습니다. 갑자기 폭발적인 연쇄 반응이 일어나면서 금융시장이 커다란 혼란에 빠질 가능성이 분명히 있다고 생각합니다.

멍거: 이제 장외 파생 상품 시장이 선물시장보다 더 커졌습니다. 온종일 컴퓨터 스크린 앞에 앉아 있는 사람에게 자금이 폭포수처럼 쏟아지고 있으므로, 확실히 이곳에서 난리가 벌어질 듯합니다. 파생 상품 계약이 서로 복잡하게 뒤얽히면서 피라미드처럼 쌓이고 있어 결제가 마비될 위험이 매우 큽니다.

버핏: 살로먼 브라더스도 이러한 위험을 주목하고 있지만 파생 상품 시장 붕괴 위험을 피해 갈 방법은 없습니다.

Q 5. **인플레이션**이 다시 시작될까요?

버핏: 지금은 물가 상승률이 놀라울 정도로 낮지만 언젠가 인플레이션이 다시 시작될 것입니다. 지금은 일시적인 소강상태에 불과합니다.

멍거: 모든 위대한 문명이 언젠가 몰락할 확률은 100%입니다.

버핏: 인플레이션으로부터 혜택을 보는 기업은 없지만 버크셔는 대부분 기업보다 유리한 위치에 있다고 생각합니다.

Q 6. 어떤 **투자서**를 읽어야 하나요?

버핏: 《현명한 투자자》를 읽어보세요. 그러나 이 책에 투자의 비법이 들어 있는 것은 아닙니다.

투자는 그다지 복잡하지 않습니다. 일단 회계는 기업의 언어이므로 배워야 합니다. 성공 투자의 열쇠는 합당한 기질을 갖춘 사람이 올바른 마음 자세로 원칙을 지켜나가는 것입니다. 능력범위circle of competence에서 벗어나지만 않으면 좋은 실적을 얻게 될 것입니다.

멍거: 40개 이상 기업에 투자하면서도 좋은 실적을 내는 사람은 거의 없습니다. 평생 8~10개 기업이면 충분하며 심지어 1개 기업으로도 좋은 실적을 얻을 수 있습니다.

효율적인
비상장 회사 거래 시장

❖

1994년

장소: 오르페움 극장

참석자: 약 3,000명

포춘 500 순위: 158위

버크셔 주가: $16,348

1964년 $1 → 1994년 $1,322

1964년 BPS $19.46 → 1994년 $10,083 (연 23.0%)

같은 기간 S&P500 수익률 연 10.2%

Q 1. **코카콜라 주식**은 안전한가요?

버핏: 보유 기간에 따라 위험이 달라집니다.

트레이딩 목적으로 하루나 일주일 보유할 예정이라면 코카콜라 주식도 매우 위험합니다. 그러나 5년이나 10년 보유할 예정이라면 위험이 거의 없습니다.

Q 2. **상장 회사와 비상장 회사** 중 어느 쪽을 선호하나요?

버핏: 우리는 비상장 회사 인수를 선호하지만 현재 적절한 회사를 찾기가 어렵습니다. 지금은 상장 회사 주식에 기회가 더 많습니다.

비상장 회사는 숫자도 매우 적은 데다가 매물로 나온 기업이 고평가된 편입니다. 그러나 상장 회사 주식은 가격이 심하게 왜곡될 가능성이 더 높습니다. 대부분 투자자는 지식이 매우 얕은 데다가 투자 심리에 쉽게 휩쓸리기 때문입니다. 반면 주요 비상장 회사 소유주는 회사의 실제 가치를 훨씬 잘 파악하고 있습니다.

지금 몇몇 대형 비상장 회사를 놓고 바이아웃 펀드(buyout fund: 부실 기업의 경영권을 인수해 구조 조정 후 다시 매각하는 펀드)와 차입 매수 펀드LBO fund 사이에 치열한 인수 경쟁이 벌어지고 있습니다. 이러한 펀드는 대부분 부채를 활용하므로, 투자에 성공하면 큰 이익을 얻지만 실패해도 자신의 손해가 아닙니다. 따라서 이들은 인수 가격에 대해 크게 걱정하지 않습니다.

비상장 회사를 인수하려는 다른 상장 회사 역시 인수 가격에 대해 걱정하지 않습니다. 경영자 대부분이 대주주가 아니므로 비상장 회사의 ROE 보다는 규모에 더 관심이 많습니다. 이러한 경영자는 신주 발행도 꺼리지 않습니다. 그러나 버크셔는 신주 발행을 좋아하지 않습니다. 단언하건대, 비상장 회사 거래 시장이 주식시장보다 훨씬 더 효율적입니다.

Q 3. **파생 상품**이 위험을 완화해주지 않나요?

버핏: 파생 상품을 만들어낸 취지는 훌륭합니다. 그러나 무지한 사람들이 빌린 돈으로 파생 상품에 투자하면 흥미진진한 결과가 나올 수 있습니다. 비누를 팔던 회사가 파생 상품 거래를 하면 비약적으로 발전한 것처럼 보일 수도 있겠지요(프록터 앤드 갬블은 금리 하락을 예상하고 금리 스와프 계약을 했다가 1억 달러 이상 손실을 보았음 - 역자 주).

Q 4. **대재해**가 발생하면 보험 계약자가 보상을 제대로 받을 수 있을까요?

버핏: 대재해 보험 업계가 혼란에 빠졌습니다. 최악의 시나리오에 대응하는 보험사의 태도는 모래 속에 머리를 파묻은 타조와 다르지 않습니다. 실제 위험 대신 단지 과거 경험만을 근거로 보험 상품을 판매하는 보험사가 너무도 많습니다. 보험사는 대재해에서 발생 가능한 손해 규모를 매우 과소평가하고 있습니다. 예를 들어 LA 지진은 대형 재해였지만 초대형 재해까지는 아니었습니다. 업계에서는 손해액을 45억 달러로 추정했지만 부족해 보입니다. 그런데도 여러 보험사가 추정한 최대 손실액을 이미 초과하고 말았습니다. 반면 버크셔는 대재해 손해액이 80억 달러를 초과할 때만 보험금을 지급하면 됩니다. LA 지진이 초대형 재해였다면 수많은 보험사가 파산했을 것입니다. 만일 허리케인이 롱아일랜드나 마이애미를 강타한다면, 손해 규모는 150~200억 달러에 이르기 쉽습니다. 그러나 보험사들은 이에 대해 충분히 대비하지 못하고 있습니다.

Q 5. 신규 보험사들 탓에 우리 **재보험 사업**이 어려워지지 않을까요?

버핏: 작년 재보험 업계에 자본금 50억 달러가 유입되고 나서 경쟁이 더 치열해지고 있습니다. 이 때문에 단기적으로 보험료가 인하되고 있습니다.

그러나 장기적으로 보면 여전히 낙관적입니다. 새 경쟁자들은 투자자의 압박으로 보험료가 낮아도 보험 상품을 팔아야 하지만 우리는 보험료가 만족스러울 때만 보험 상품을 팔아도 됩니다. 게다가 버크셔는 건전한 재무 구조와 높은 평판 덕분에 막강한 경쟁 우위를 누리고 있습니다.

재보험업의 특성 탓에 보험사들이 집단적으로 어리석은 결정을 내리는 듯합니다. 그러나 자금은 언제든 갑자기 말라버릴 수 있습니다. 썰물이 되어야 누가 벌거벗고 수영하는지 드러나는 법입니다.

Q 6. **경영자**를 어떻게 평가하나요?
버핏: 우리가 경영자를 평가하는 기준은 두 가지로, 1) 사업 실적은 어떠하며 2) 주주를 얼마나 우대하는가입니다.

사업 실적은 경쟁사의 실적과 비교해 평가하며 경영자가 내린 자본 배분 결정도 함께 고려합니다.

훌륭한 경영자는 대개 주주를 우대하지만 부실한 경영자가 주주를 우대하는 사례는 본 적이 거의 없습니다. 훌륭한 경영자를 찾기는 쉽지 않지만 그래도 반드시 해야 하는 일입니다.

멍거: 교장이 졸업생에게 말했습니다. "여러분 중 5%는 범죄자가 될 것입니다. 누가 범죄자가 될지 나는 정확히 알고 있지만 말하지 않겠습니다. 들뜬 분위기에 찬물을 끼얹고 싶지 않으니까요."

Q 7. 당신은 어떤 **일**을 하나요?
버핏: 내가 하는 역할 하나는 훌륭한 경영자를 발굴하고 계속 잡아두는 일입니다. 그 비결은 일해야 하는 이유를 마련해주는 것입니다. 이들은 이미 부자이기 때문이죠.

그래서 경영자가 즐겁고 재미있게 일하도록 여건을 조성하고, 성과에 따라 공정하게 보상하며, 이들이 가장 잘하는 일을 마음껏 하도록 방해하지 않으려고 노력합니다.

멍거: 우리가 받고 싶은 대우를 자회사 경영자에게 해준다는 뜻입니다.

버핏: 내가 하는 역할 또 하나는 자본 배분입니다. 그 외 시간에는 브리지 게임을 즐깁니다.

Q 8. **그린스펀의 조처를** 어떻게 평가하나요?

버핏: 연준 의장 앨런 그린스펀이 취한 조처는 매우 건전했다고 생각합니다. 그의 역할은 잔치 분위기가 무르익기 전에 잔칫상을 치우는 일이니까요. 이는 쉬운 일이 아닙니다. 바람에 기대고 서 있던 사람들은 풍향이 바뀌면 엎어지게 됩니다. 자네는 그린스펀을 어떻게 평가하나, 찰리?

멍거: 괜찮았어.

버핏: 그린스펀이 봉변은 피했습니다.

Q 9. 거시 경제 변수보다 **개별 기업 분석을** 중시하는 이유는 무엇인가요?

버핏: 버크셔는 기업을 인수하고 있습니다. 사람들이 식료품이나 자동차를 싸게 사려고 하듯이 우리도 기업을 싼값에 인수하려고 노력합니다.

우리는 내재 가치를 평가하는 방법을 알고 있습니다. 그러나 시장 흐름을 예측하는 방법은 알지 못합니다. 알지도 못하는 방법(시장 예측)을 이용하려고 아는 방법(내재 가치 평가)을 포기한다면 미친 짓입니다.

멍거: 거시 경제 변수에 대해 우리는 불가지론자입니다. 그래서 우리는 개별 기업 분석에 모든 시간을 사용합니다. 시장 예측보다는 기업 분석에 대해 생각하는 편이 훨씬 효율적이니까요.

Q 10. **위험**을 어떻게 정의하나요?

버핏: 우리는 위험을 손실 가능성으로 정의합니다. 그러나 현대 포트폴리오 이론에서는 위험을 변동성으로 정의하고 베타로 측정합니다. 터무니없는 생각입니다.

예를 들어 대재해 보험 사업을 하면 손실이 발생하는 해도 있지만, 10년 동안 얻는 이익은 더 안정적인 사업에서 얻는 이익보다 많습니다. 월스트리트 사람들은 연 수익률이 20~80%로 변동하는 사업은 연 수익률이 늘 5%인 사업보다 위험하다고 말합니다. 허튼소리입니다. 우리가 위험을 회피하기는 하지만, 그래도 확률 면에서 유리한 쪽을 선택합니다.

멍거: 우리는 현대 포트폴리오 이론을 전혀 들어본 적이 없는 사람처럼 행동합니다. 역겨운 이론이니까요.

Q 11. **누진세**에 대해 어떻게 생각하나요?

버핏: 나는 누진세 제도가 타당하다고 생각합니다. 그러나 소득보다는 소비에 대해 더 급격한 누진세를 적용해야 한다고 생각합니다.

멍거: 소득세율이 일정 수준을 넘어가면 역효과를 낳겠지만 아직은 아니라고 봅니다.

버핏: 부자는 미국에서 매우 좋은 대우를 받고 있습니다. 자신의 조세 부담이 과중하다고 생각한다면 방글라데시로 가서 살아보십시오. 부(富)가 자신의 능력 덕분인지 사회 덕분인지 알게 될 것입니다.

Q 12. **정보 기술 호황**에 어떻게 대응하나요?

버핏: 내가 정보를 얻는 주요 원천은 40년 전과 다름없이 연차 보고서입니다. 내재 가치 평가에는 여전히 '판단'이 중요합니다. 관건은 '신속한' 정보

가 아니라 '좋은' 정보입니다. 나는 우편물과 주식 시세를 3주 늦게 받아도 아무 문제가 없습니다.

Q 13. **독립적 사고**가 왜 필요한가요?

버핏: 풍향계처럼 아무 생각 없이 시장에 휘둘려서는 부자가 될 수 없습니다. 전문가의 예측을 함부로 믿지 마십시오. 이발사에게 이발할 때가 되었는지 물어서는 안 됩니다. 단순한 방식이 좋습니다. 나는 원주율 대신 3을 곱합니다.

멍거: 전문가를 고용하면 어려운 문제를 해결할 수 있다고 믿는 사람이 많은데, 이는 지극히 위험한 생각입니다. 한 건물주는 건물을 짓고 나서 세 가지를 두려워하게 되었습니다. 건축가, 도급업자, 언덕입니다. 투자에는 계층적 사고가 아니라 독립적 사고가 필요합니다.

회계가 복잡한 기업에는
투자하지 않습니다

❖

1995년

장소: 홀리데이 컨벤션 센터

참석자: 약 4,300명

포춘 500 순위: 295위

버크셔 주가: $20,435

1964년 $1 → 1995년 $1,652

1964년 BPS $19.46 → 1995년 $14,426 (연 23.6%)

같은 기간 S&P500 수익률 연 9.9%

Q 1. 투자를 결정할 때 **BPS**도 고려하나요?

버핏: BPS는 거의 고려하지 않습니다. 저평가된 종목을 고르다 보면 대개 저PBR 기업을 선택합니다. 저PBR 투자는 운용 자산 규모가 작을 때 효과적입니다. 그레이엄 방식으로 투자하는 내 친구 월터 슐로스에게 잘 통하는 기법이었습니다.《현명한 투자자》에서 그레이엄은 중요한 개념 세 가지를 설명했습니다. 주식은 기업의 일부로 보아야 하고, 시장을 보는 적절한 관점을 유지해야 하며, 적정 안전 마진을 확보해야 한다는 것입니다.

멍거: 일반적으로 시장을 예측하면 득보다 실이 많습니다. 시장을 예측해서 이득을 얻을 수 있다고 생각하기 때문에 대부분의 사람들이 시장을 예측하려 합니다. 그러나 그 정확성은 믿기 어렵습니다.

버핏: 우리는 주식을 사거나 기업을 인수할 때 시장을 예측해본 적이 없습니다. 시장 예측은 경영자나 이사회가 자신이 하려는 행동을 정당화하는 의식에 불과합니다.

Q 2. **버크셔의 내재 가치**를 평가하려면 어떻게 해야 하나요?

버핏: 버크셔의 내재 가치 평가에 필요한 숫자는 버크셔 연차 보고서에 모두 들어 있습니다. 여기서 버크셔가 보유한 플로트(float: 돈을 먼저 받고 비용은 나중에 지급할 때 형성되는 자금 - 역자 주) 30억 달러에 대해 논의한 페이지가 가장 중요합니다. 버크셔는 내재 가치보다 저평가되어 있습니다.

Q 3. **파생 상품**이 위험을 완화해주지 않나요?

버핏: 파생 상품은 단지 서명만으로 수백만 달러짜리 거래가 순식간에 이루어지므로 비리의 여지가 많습니다. 내가 보기에 파생 상품은 위험을 전가하거나 완화하기보다 오히려 대규모로 발생시킵니다.

멍거: 내가 세상을 관리한다면 옵션 거래소를 모두 없애버릴 작정입니다. 지금 이 세상은 완전히 미쳤습니다.

Q 4. **이상적인 기업**의 특징은 무엇인가요?

멍거: 이상적인 기업을 성에 비유하면, 넓고 튼튼한 해자로 둘러싸였으며 정직한 영주가 지키는 강력한 성입니다. 여기서 해자는 경쟁자의 시장 진입을 방어하는 것으로, 낮은 생산 원가, 강력한 브랜드, 규모의 이점, 기술 우위 등을 가리킵니다. 우리는 코카콜라가 이상적인 기업인지 여부를 판단하는 기준이라고 생각합니다.

버핏: 한 번만 잘하면 되는 사업도 있고 항상 잘해야 하는 사업도 있습니다. 소매업은 항상 공격에 시달리므로 단 하루도 긴장을 늦출 수 없지만 신문사는 처음에 한 번만 잘하면 됩니다. 한 신문 발행인은 '성공 비결이 무엇이냐'는 질문을 받자 "독점과 족벌주의 덕분입니다"라고 대답했습니다.

Q 5. **금융주 투자 비중**이 높은 이유가 무엇인가요?

버핏: 금융업이 본질적으로 매력적인 산업은 아니지만, 지금은 금융업이 통합되는 추세이므로 기민하게 대응하는 대형 금융회사는 초과 수익을 낼 수 있다고 생각합니다. 경쟁이 매우 치열한 대재해 보험 시장에서도 버크셔는 강력한 우위를 확립했습니다. 버크셔는 자기 자본이 130억 달러에 이르지만, 가장 강력한 경쟁자조차 자기 자본이 10억 달러에도 못 미칩니다.

Q 6. 투자에 **회계**가 중요한 이유는 무엇인가요?

버핏: 회계는 기업이 사용하는 언어입니다. 찰리와 나는 경영자들이 회계를 악용해서는 안 된다고 생각합니다.

재무회계기준위원회FASB는 스톡옵션을 비용으로 처리하는 기준을 제안 했으나 경영자들의 반대 로비에 부딪혀 부결되었습니다. 이는 원주율을 편의상 3.20으로 반올림하는 법안을 통과시키려 했던 인디애나주 의회만큼이나 미국 경영자에게 부끄러운 일입니다.

멍거: 부패한 세력이 승리한 사례입니다.

버핏: 회계에 대한 설명이 혼란스러운 기업에는 투자하지 마십시오. 여기에는 십중팔구 경영자의 의도가 담겨 있으며, 경영자의 인품도 드러나기 때문입니다.

Q 7. **배우기**가 어려운 이유는 무엇인가요?

멍거: 아무리 잘 가르친다고 해도 모든 사람이 현명해질 수는 없습니다. 내 자식을 가르치는 일도 무척이나 어려웠습니다. 배워서 남 주는 게 아닌데도 절대 배우지 않겠다는 사람들을 보면 기가 막힐 노릇입니다.

버핏: 버트런드 러셀은 말했습니다. "사람들은 대부분 생각하기를 죽기보다도 싫어한다. 그래서 죽는 사람이 많다."

내재 가치는 미래의 현금흐름을
현재 가치로 할인한 것

❖

1996년

장소: 홀리데이 컨벤션 센터

참석자: 약 5,000명

포춘 500 순위: 292위

버크셔 주가: $32,165

1964년 $1 → 1996년 $2,600

1964년 BPS $19.46 → 1996년 $19,011 (연 23.8%)

같은 기간 S&P500 수익률 연 10.7%

Q 1. 투자하려는 기업의 **경영자**를 어떤 방법으로 평가하나요?

버핏: 정말로 좋은 기업이라면 훌륭한 경영자가 필요 없습니다. 그리고 부실한 기업이라면 경영자가 아무리 훌륭해도 소용없습니다. 미국 기업 경영자의 재능은 천차만별입니다. 포춘 500대 기업 경영자가 올림픽 선수를 선발하는 방식으로 선정되는 것은 아니니까요.

훌륭한 경영자를 선정하는 것은 그다지 어렵지 않습니다. 타율이 3할 5푼인 타자를 선발하면, 우리는 그 타율이 유지될 것이라고 생각합니다. 그러나 타율이 1할 2푼 7리인 타자가 새 배트를 장만했으므로 자신의 타율이 올라갈 것이라고 주장한다면, 우리는 그 말을 믿지 않습니다. 흔히 컨설턴트를 새로 고용한 경영자가 그러한 주장을 합니다. 우리는 먼저 경영자의 능력을 살펴보고 나서 그가 주주를 어떻게 대하는지 알아봅니다. 톰 머피야말로 훌륭한 경영자의 전형입니다.

Q 2. 새로 발행한 **버크셔 B 주식**에 대해서 설명해주기 바랍니다.

버핏: 새로 발행한 버크셔 B 주식의 경제적 지분은 A 주식의 30분의 1이지만 의결권은 200분의 1입니다.

그동안 자산 운용사들은 이른바 '버크셔 주식의 싸구려 복제품'을 만들어 수수료를 잔뜩 붙여 팔려고 했습니다. 그러면 두둑한 보수를 노리는 중개인이 이 상품을 판매하게 되고, 순진한 투자자는 불필요한 비용을 부담하게 되며, 결국 부진한 실적에 실망하게 될 터였습니다. 우리는 자산 운용사들이 이러한 상품을 만들어 팔지 못하게 하려고 B 주식을 발행했습니다.

우리는 시장 수요를 고려해 B 주식을 충분히 공급할 예정이며 매수를 적극적으로 권유하지도 않습니다. 사실 찰리와 나는 B 주식 공모가가 저평가되었다고 생각하지 않습니다. 주식을 신규 상장IPO할 때, 월스트리트 금융회사는 보통 주식 공급량을 제한해 상장 첫날 주가를 띄우려 합니다. 이는 금융회사의 주요 고객이 엄청난 이득을 얻게 하려는 의도입니다. 우리는 사람들이 버크셔 B 주식을 많이 사지 않게 하려고 일종의 역설계(逆設計: reverse engineering)를 했습니다.

멍거: B 주식 발행은 대수로운 일이 아닙니다. 버크셔 유통 주식 수의 약 1%에 불과하니까요.

버핏: 더 보탤 말 없나, 찰리?

멍거: 없어.

버핏: 찰리는 말을 길게 해도 보수가 늘어나지 않거든요.

Q 3. **가이코 인수**에 대해 설명해주겠습니까?

버핏: 우리는 1976년부터 가이코 주식을 사들였습니다. 가이코는 다이렉트 마케팅 기법을 이용해 자동차 보험을 직접 판매하므로 원가 우위가 엄청나게 크다고 생각했기 때문입니다. 이후 가이코는 미국 7위 자동차 보험사로 성장했습니다.

그동안 가이코에 투자했던 4,570만 달러는 1995년 말 평가액이 24억 달러로 불어났습니다. 1995년 우리는 가이코의 나머지 지분을 23억 달러에 인수하기로 합의했습니다.

나는 가이코 인수가 버크셔에 엄청난 이득이라고 믿습니다. 지금까지 원가 절감에 주력하면서 경쟁 우위를 지속적으로 확대해온 탁월한 기업이기 때문입니다. 현재 미국 자동차 보험 시장 점유율이 2.5%에 불과하므로 성장 여지도 막대합니다. 가이코는 이제 버크셔의 완전 소유 자회사가 되었으므로 더 번창할 수 있습니다. 5년 후에는 가이코의 실적에 우리 모두 매우 만족하게 될 것입니다.

Q 4. **플로트**를 쉽게 설명해주겠습니까?

버핏: 플로트는 은행 예금에 비유할 수 있습니다. 사람들이 은행에 예금하면 은행은 이 돈을 투자합니다. 예금의 원가는 고객에게 지급하는 이자에 운영비를 더한 금액입니다. 마찬가지로, 사람들이 장래 재해를 보장받는 대가로 보험료를 납부하면 보험사도 이 돈(플로트)을 투자할 수 있습니다. 그러나 은행 예금과 달리 플로트의 원가는 보험 만기가 되어야 알 수 있습니다. 우리 플로트의 평균 원가는 제로입니다. 게다가 1967년 700만 달러였던 플로트가 이제는 70억 달러로 급증했습니다.

그러나 대부분 보험사는 플로트의 원가가 낮지 않아서 수익성에 그다지 기여하지 못하고 있습니다. 플로트의 원가를 낮추려면 보험사가 올바른 방식으로 운영되어야 하고 경쟁 우위를 극대화할 수 있어야 합니다. 플로트를 낮은 원가로 늘려나가면 매우 중요한 자산이 됩니다.

멍거: 버핏의 투자 비결 중 하나는 지속적인 학습입니다.

Q 5. **버크셔의 내재 가치**는 어떤 방식으로 계산해야 하나요?

버핏: 버크셔의 내재 가치를 계산할 때, 각 자회사의 내재 가치를 평가해 합산하는 방식은 정확하지 않습니다. 버크셔 자회사가 상호 작용하면서 창출하는 가치를 빠뜨리기 때문입니다. 그러므로 버크셔가 창출하는 현금흐름을 계산해 현재 가치로 할인하는 방식이 낫습니다.

예컨대 29년 전 870만 달러에 인수한 내셔널 인뎀너티의 청산 가치만 계산한다면 현재 70억 달러에 이르는 플로트 창출력의 가치가 모두 누락됩니다. 내셔널 인뎀너티의 가치는 인수 당시 내가 생각했던 것보다 훨씬 컸습니다. 이 플로트에 이연 법인세 50억 달러를 더하면 내셔널 인뎀너티의 내재 가치는 청산 가치보다 120억 달러나 늘어납니다.

Q 6. **버핏**이 트럭에 치이면 버크셔는 어떻게 되나요?

멍거: 워런이 죽으면 코카콜라가 콜라 판매를 중단할까요? 질레트가 면도 날 판매를 중단할까요? 버크셔 자회사 역시 본사에서 지속적으로 관여하지 않아도 잘 돌아가도록 구성되어 있습니다. 물론 워런의 자본 배분 기량을 잃게 되어 몹시 애석하겠지만요.

버핏: 언제 들어도 귀가 솔깃해지는 주제군요.

Q 7. **디즈니**에 대해 설명해주겠습니까?

버핏: 우리가 투자한 캐피털시티/ABC가 디즈니에 인수되면서 버크셔가 디즈니의 대주주가 되었습니다. 연예 사업은 경쟁이 치열하지만 마이클 아이스너가 이끄는 디즈니라면 전혀 걱정할 필요가 없다고 생각합니다.

사업의 핵심은 마음 점유율mind share입니다. 디즈니는 수십억 어린이의 마음을 얼마나 차지하고 있을까요? 디즈니의 인지도가 코카콜라를 능가하기는 어렵겠지만 그래도 정상급입니다.

7~8년 주기로 백설공주를 재활용할 수 있다는 점도 유리합니다. 백설공주는 원유를 모두 뽑아 팔아도 7~8년 주기로 다시 원유가 채워지는 거대한 유전과 같습니다.

Q 8. 버크셔가 **음식료 제조업**에 많이 투자하는 이유는 무엇인가요?

멍거: 버크셔의 포트폴리오가 현재와 같은 모습으로 구성된 것은 우리 능력이 부족한 탓입니다.

버핏: 우리는 변화의 방향을 예측하는 능력이 부족합니다. 그래서 청량음료, 캔디, 면도기, 껌 등 변화가 많지 않은 제품에 투자할 때 실적이 훨씬 좋습니다. 음식을 씹는 데는 첨단 기술이 필요 없으니까요. 이러한 기업에 투

자한 덕분에 20년 전 예상했던 것보다 훨씬 좋은 실적을 거두었습니다.

Q 9. **사업 다각화**에 대해 어떻게 생각하나요?

버핏: 우리는 본업에 집중하는 기업을 좋아합니다. 코카콜라와 질레트는 한때 사업을 다각화하다가 집중력을 상실했습니다. 다행히 둘 다 집중력을 회복해 주주에게 수십억 달러를 벌어주었습니다. 가이코는 1970년대 초 집중력을 상실한 탓에 파산 직전까지 갔습니다.

그동안 코카콜라와 질레트는 세계 유통망 확대에 노력을 집중한 덕분에 이제 이익의 80%와 70%가 해외에서 나오고 있습니다.

변동성은
위험이 아닙니다

❖

1997년

장소: 액사벤 콜리세움

참석자: 약 7,700명

포춘 500 순위: 132위

버크셔 주가: $34,159

1964년 $1 → 1997년 $2,761

1964년 BPS $19.46 → 1997년 $25,488 (연 24.1%)

같은 기간 S&P500 수익률 연 11.1%

Q 1. 모든 **정보**를 한꺼번에 체계적으로 다루는 모형이 있나요?

버핏: 대기업 분석의 장점은 학습한 정보가 쌓인다는 사실입니다. 40년 전에 대기업 분석을 시작했다면 그동안 관련 실용 지식이 정말이지 엄청나게 축적되었을 것입니다. 처음에는 정보가 많지 않습니다. 주요 산업이 75개 정도 있을까요? 이러한 산업들이 어떻게 돌아가는지 한 번 파악하고 나면, 매번 다시 파악할 필요가 없고 컴퓨터에서 조회할 일도 없습니다. 그러므로 시간이 흐를수록 유용한 정보가 쌓인다는 이점이 있습니다. 우리는 왜 1988년에 코카콜라 매수를 결정했을까요? 아마도 수십 년 동안 조금씩 쌓이면서 증가하던 정보가 1988년 충분한 양에 도달했기 때문일 것입니다. 바로 이러한 이유로 우리는 많이 바뀌지 않는 기업을 좋아합니다.

Q 2. 기업을 걸러낼 때 어떤 **필터**를 사용하나요?

멍거: 기회비용이 우리가 평생 사용해온 주요 필터입니다. 나를 원하는 구혼자가 둘인데, 한 사람이 다른 사람보다 훨씬 낫다면 나는 훨씬 나은 사람을 선택할 것입니다. 바로 이것이 우리가 주식 매수 기회를 걸러내는 방식입니다. 우리 아이디어는 매우 단순합니다. 사람들은 신비로운 방법을 알려달라고 계속 요청하지만, 우리 아이디어는 모두 매우 단순합니다.

버핏: 우리는 해당 기업이 우리가 이해할 수 있는 기업인지, 경쟁 우위가 지속될 수 있는 기업인지를 즉시 파악합니다. 따라서 대안들 중 상당수를 즉시 고려 대상에서 제외합니다. 사람들은 틀림없이 찰리와 내가 무례하다고 생각할 것입니다. 말 첫마디를 마무리하기도 전에 우리는 "전화해주셔서 고맙지만 관심 없습니다"라고 말하기 일쑤니까요. 장담하건대 만일 설명 중에 솔깃한 내용이 들어 있다면, 첫마디가 끝나기 전에 우리는 두 요소(기업의 이해 가능성과 경쟁 우위의 지속 가능성)가 있는지 파악할 수 있습니다.

때로는 거래 상대만 보고도 이 거래가 성사될 것인지 여부를 알 수 있습니다. 예컨대 현재 진행 중인 경매가 있다면, 우리는 경매에 관해서 이야기하고 싶지 않습니다. 경매에 참여하려는 사람이라면 기업을 낙찰받고 나서 모든 사항을 우리와 다시 협상하고자 할 것입니다. 우리는 온종일 이야기를 듣고 싶지도 않고, 브로커의 보고서도 필요 없습니다. 우리도 바쁜 사람입니다.

멍거: 또 다른 필터는 경영자의 자질입니다. 그런데 사람들은 대부분 자신이 우수한 경영자라고 생각합니다. 세상에는 훌륭한 사람도 많지만 형편없는 사람도 많습니다. 그리고 형편없는 사람에게는 나부끼는 깃발처럼 뚜렷한 신호가 나타납니다. 이러한 사람은 피해야 합니다.

Q 3. **그레이엄·도드와 필립 피셔**가 당신에게 어떤 영향을 미쳤나요?
버핏: 그레이엄·도드와 필립 피셔 어느 쪽을 따랐더라도 좋은 성과가 나왔을 것입니다. 나는 피셔보다 그레이엄에게 받은 영향이 확실히 더 큽니다. 나는 경영대학원에서 그레이엄으로부터 세 가지 기본 아이디어를 배웠습니다. 주식은 기업의 일부로 보아야 하고, 시장을 보는 적절한 관점을 유지해야 하며, 적정 안전 마진을 확보해야 한다는 것입니다. 모두 그레이엄으로부터 직접 배운 내용입니다.

피셔는 내가 훌륭한 기업을 찾아낼 수 있도록 눈을 뜨게 해주었습니다. 훌륭한 기업 발굴에 대해서는 찰리가 피셔보다 더 영향을 주었지만, 피셔는 이 관점을 한결같이 지지했으며 나는 1960년대 초부터 피셔의 책을 읽었습니다. 피셔(1907~2004)는 아직 살아 있고 내게 큰 가르침을 주었지만, 그레이엄(1894~1976)은 세상에 둘도 없는 스승이었습니다.

멍거: 그레이엄은 정말로 엄청난 인물이었습니다. 그의 글은 명쾌했으며,

몇 가지 단순한 아이디어만 철저하게 이해해도 큰 성과를 거둘 수 있다고 거듭 말했습니다. 일부는 내가 직접 배우기도 했지만 워런을 통해서 간접적으로 배운 그레이엄의 아이디어 덕분에 실제로 큰 성과를 거두었습니다.

흥미롭게도 제자였던 워런이 스승 그레이엄을 뛰어넘었습니다(워런은 그레이엄이 컬럼비아대학에서 30년 동안 가르친 학생들 중 최고였습니다). 이는 자연스러운 결과였습니다. 뉴턴은 말했습니다. "내가 다른 사람보다 멀리 볼 수 있었다면, 거인의 어깨 위에 올라선 덕분이다." 워런도 그레이엄의 어깨 위에 올라섰고, 결국 그보다 더 멀리 보았습니다. 마찬가지로 언젠가 우리보다 훨씬 뛰어난 사람이 틀림없이 등장할 것입니다.

버핏: 나는 투자를 그레이엄보다 더 즐겼습니다. 적어도 내가 알기로 그레이엄은 투자 업무를 최우선으로 여기지 않았습니다. 그레이엄이 투자보다 더 관심을 기울인 주제가 아마 10여 개는 될 것입니다. 반면 나는 오로지 투자에만 관심이 있었으므로 내가 투자와 기업에 대해 생각하면서 보낸 시간이 훨씬 많았습니다. 십중팔구 내가 그레이엄보다 기업에 대해 훨씬 많이 알았을 것입니다. 그레이엄은 다른 관심사가 많았지만 나는 투자에만 전념했으므로, 단순히 실적을 비교한다면 적절치 않습니다.

Q 4. **주식의 위험**을 어떻게 정의하나요?

버핏: 우리는 먼저 사업 위험을 생각합니다. 그레이엄 투자 기법의 핵심은 주식을 기업의 일부로 간주하는 것입니다. 여기 모인 여러분은 기업의 일부를 보유하고 있습니다. 주식 매수 가격이 지나치게 높지만 않으면 투자자는 사업이 잘 돌아갈 때 좋은 실적을 얻게 됩니다. 그래서 우리는 사업 위험을 생각합니다. 사업 위험은 다양한 방식으로 발생할 수 있는데, 자본 구조에서 발생할 수도 있습니다. 막대한 부채를 사용하는 기업에서 문제가

발생하면 대출 기관이 담보권을 행사할 수 있기 때문입니다.

사업의 속성이 매우 위험한 경우도 있습니다. 상업용 항공기 제조 회사가 더 많았던 시절을 생각해봅시다. 찰리와 나는 상업용 항공기 제작이 회사의 생사를 거는 일종의 도박이라고 생각합니다. 고객을 확보하기도 전에 수억 달러를 쏟아부어야 하며 제작 과정에서 문제가 발생하면 회사가 망할 수 있기 때문입니다. 리드타임(lead time: 주문에서 제품 인도까지 걸리는 시간)이 길고 막대한 자본이 투입되는 사업은 본질적으로 위험이 큽니다.

동질재 제조업도 위험이 큽니다. 생산 원가가 낮은 경쟁사에 떠밀려 파산할 수 있기 때문입니다. 우리 직물회사는 생산 원가가 낮지 않았습니다. 경영진도 훌륭하고, 모두가 열심히 일했으며, 노동조합도 협조적이었으므로 전반적으로 양호했습니다. 그러나 생산 원가가 낮지 않아 위험한 사업이었습니다. 생산 원가가 더 낮은 경쟁사에 떠밀려 파산할 수 있었기 때문입니다.

우리는 사업의 속성이 본질적으로 위험하지 않으면서 재무 구조도 건전해 사업 위험이 낮은 기업에 주로 투자합니다. 그러나 이러한 기업을 발견하더라도 지나치게 높은 가격을 지불하면 위험합니다. 이때 발생하는 위험은 강세장이 펼쳐져야 자금을 회수할 수 있다는 점에서 원금 손실 위험이 아니라 시간 위험입니다. 그다음에 고려할 위험은 자기 자신에서 오는 위험입니다. 투자한 기업의 펀더멘털에 대해 확신을 유지하지 못하거나 주식시장에 대해 지나치게 걱정할 때 발생하는 위험입니다. 주식시장은 우리가 따라야 하는 스승이 아니라 우리가 부려야 하는 하인입니다. 그러므로 우리는 훌륭한 기업을 보유하면서 주식시장에서 발생하는 위험을 제거해야 합니다.

그러나 변동성은 위험이 아닙니다. 주식시장의 일간 변동성이 0.5%든,

0.25%든, 아니면 5%든 우리는 상관하지 않습니다. 사실은 변동성이 커질수록 시장에서 발생하는 실수도 증가할 터이므로 우리가 버는 돈도 더 많아질 것입니다. 변동성이 진정한 투자자에게는 커다란 이점이 됩니다. 그레이엄은 주식시장을 미스터 마켓에 비유해 설명했습니다. 주식시장에서 산 주식을 비상장 회사의 지분이라고 가정하면, 이 비상장 회사의 친절한 동업자 미스터 마켓은 매일 찾아와서 가격을 제시하면서 똑같은 가격에 당신의 지분을 팔거나 자신의 지분을 사라고 제안합니다.

실제로 비상장 회사에 대해서는 매일 똑같은 가격에 지분을 팔거나 사라고 제안하는 사람이 아무도 없습니다. 그러나 상장 회사에 대해서는 그러한 사람이 있어서 투자자에게 매우 유리합니다. 게다가 그러한 사람이 술고래 조울증 환자라면 더 유리할 것입니다. 그가 제정신이 아닐수록 투자자가 버는 돈은 더 많아질 것입니다. 따라서 투자자라면 변동성을 좋아해야 합니다. 신용거래를 하지 않는 투자자라면, 주가는 거칠게 오르내릴수록 잘못 매겨지기 쉬우므로 변동성을 반겨야 마땅합니다. 실제로 최근 몇년 동안 변동성이 전보다 감소했습니다. 다우 지수 기준으로 보면 변동성이 증가한 것처럼 보이지만 사실은 전보다 훨씬 감소했습니다. 전에는 주가 등락이 정말로 심해서 기회가 더 많았습니다. 찰리?

멍거: 대학교 재무학과에서는 위험조정수익률risk-adjusted return이라는 개념을 만들어냈습니다. 여러분 모두에게 강력하게 충고하는데, 이러한 개념은 철저하게 무시하십시오. 위험은 뭔가 끔찍하게 잘못될 가능성이 크다는 의미로 널리 사용되는 일상 용어입니다. 재무학과 교수들은 변동성과 수학을 뒤섞어 위험조정수익률을 만들어냈고, 내가 보기에 오히려 더 불합리한 개념이 되어버렸습니다. 우리가 이렇게 말해도 교수들의 생각은 바뀌지 않을 것입니다.

버핏: 재무학과 교수들은 변동성이 곧 위험이라고 믿습니다. 이들은 위험을 측정하고 싶지만 방법을 몰라서 변동성이 위험이라고 말합니다. 나는 종종 워싱턴 포스트 주식을 예로 들어 설명합니다. 내가 1973년에 처음 매수한 워싱턴 포스트 주식의 경우 1억 7,000만 달러에 육박하던 시가 총액이 이후 8,000만 달러로 거의 50% 폭락했습니다. 이 주식은 매우 빠르게 폭락해 베타가 증가했으므로, 교수들은 시가 총액이 1억 7,000만 달러일 때 매수하는 것보다 시가 총액이 8,000만 달러일 때 매수하는 편이 더 위험하다고 말했을 것입니다. 나는 25년 전부터 교수들이 그렇게 말하는 이유를 찾고 있었지만 아직도 찾아내지 못했습니다.

Q 5. 투자자는 흔히 **똑같은 실수**를 되풀이하는데, 어떻게 방지할 수 있나요?
버핏: 회사를 완벽하게 이해하고 회사의 장래까지 내다볼 수 있다면 안전 마진이 무슨 필요가 있을까요. 따라서 회사가 취약할수록 더 많은 안전 마진이 필요합니다. 교량의 높이가 15센티미터에 불과하다면 설계 하중이 1만 파운드인 교량 위로 차량 하중이 9,800파운드인 트럭을 운전해 건너가도 아무 문제 없다고 생각할 것입니다. 그러나 그랜드 캐니언을 잇는 교량을 건너간다면, 예컨대 차량 하중 기준을 4,000파운드 이하로 낮추는 것처럼 안전 마진이 더 필요하다고 생각할 것입니다. 안전 마진의 크기는 밑에 깔린 위험의 속성에 좌우됩니다. 현재 우리가 확보하는 안전 마진은 1970년대에 확보하던 안전 마진과 다릅니다.

실수를 피하는 가장 좋은 방법은 남들의 실수를 보고 배우는 것입니다. 패튼 장군은 말했습니다. "조국을 위해 죽는 것은 영예다. 그 영예를 적들이 차지하게 하라." 나도 똑같은 실수를 수없이 되풀이했습니다. 그동안 되풀이한 가장 큰 실수는, 정말로 탁월한 기업인 줄 알면서도 인수 가격을 조금 더 높이지 않은 것입니다. 이 실수의 대가는 수십억 달러에 이른다고 생각하지만 나는 이 실수를 앞으로도 십중팔구 되풀이할 것입니다. 이는 기업이 매력적이며 내가 이해할 수 있는데도 수수방관할 때 발생하는 실수입니다. 나는 빌 게이츠를 만나고도, 잘 모르는 마이크로소프트 주식을 매수하지 않은 것 같은 실수에 대해서는 전혀 걱정하지 않습니다. 우리가 저지른 실수 대부분은 알면서도 투자하지 않아서 발생한 것입니다.

Q 6. 기업의 **내재 가치**를 평가할 때 어떤 원칙을 적용하나요?
버핏: 기업의 향후 100년 현금흐름을 내다볼 수 있어서, 이 현금흐름을 적정 금리로 할인해 현재 가치를 계산하면 내재 가치가 나옵니다. 기업의 현금흐름은 이표가 잔뜩 붙어 있는 100년 만기 채권과 같습니다. 문제는 기업의 현금흐름 이표에는 금리가 적혀 있지 않아 향후 그 금리가 어떻게 될지를 투자자가 추정해야 한다는 점입니다. 특히 첨단 기술 회사 등에 대해서는 이표의 금리가 얼마일지 우리는 전혀 짐작도 못합니다.

반면 우리가 충분히 이해할 수 있는 기업이라면 이표의 금리를 어느 정도는 추정할 수 있습니다. 내재 가치 평가에는 미래 현금흐름 파악이 중요합니다. 어떤 투자든 우리가 지금 현금을 투입하는 것은 나중에 그 자산에서 현금이 회수된다고 기대하기 때문입니다. 투기꾼이라면 그 자산을 더 비싼 가격에 팔아 현금을 회수하려 하겠지만, 우리가 하는 방식은 아닙니다. 추정이 적중하면 많은 수익을 얻겠지만 추정이 빗나가면 수익을 기대할 수 없습니다.

멍거: 투자에 유용한 필터 하나는 기회비용 개념입니다. 대규모로 적용할 수 있는 투자 아이디어 하나가 나머지 아이디어 98%보다 낫다면 그 나머지 아이디어는 걸러내도 됩니다. 이러한 방식은 집중 포트폴리오를 구성하

게 하지만 우리는 걱정하지 않습니다. 우리 방식은 이렇게 매우 단순한데도 왜 모방하는 사람이 많지 않은지 나는 이해할 수가 없습니다. 명문 대학과 유명 기관도 우리를 모방하지 않습니다. 흥미로운 문제입니다. 우리가 옳다면 남들은 틀렸다는 말인데, 왜 틀린 사람이 이토록 많을까요?

버핏: 여러 가지 답이 나올 수 있습니다. 가장 먼저 우리가 자신에게 던져야 할 질문은, "코카콜라나 질레트보다 우선해서 이 기업에 투자하고 싶은가?"입니다. 코카콜라만큼이나 확실한 기업이 아니라면 코카콜라에 투자하는 편이 더 유리할 것입니다. 모든 경영자가 다른 기업을 인수하기 전에 "혹시 자사주 매입을 하거나 코카콜라 주식을 사는 편이 더 유리하지는 않을까?"라고 자문해본다면 기업 인수가 지금보다 훨씬 감소할 것입니다. 우리는 거의 완벽하다고 생각하는 기업을 기준으로 삼아 비교 평가합니다.

Q 7. 탁월한 기업의 **가치 창출** 사례를 설명해주겠습니까?

버핏: 우리는 탁월한 기업에 대해서는 특정 가격을 고집하지 않습니다. 이들은 비범한 경영자가 운영하는 놀라운 기업으로, 평소보다 높은 가격에 거래되고 있습니다. 현재 시점에서 보나 2년 뒤 시점에서 보나 이들은 충분히 그만한 가치가 있습니다.

질레트는 자사주 매입을 하지 않습니다. 코카콜라는 지속적으로 자사주를 매입하고 있습니다. 우리는 자사주를 매입하는, 정말로 훌륭한 기업을 좋아합니다. 문제는 자사주를 매입하는 기업 대부분이 그저 그런 기업이며, 자사주 매입의 목적도 주주의 이익 증진이 아니라는 사실입니다. 회사 자금을 현명하게 사용하기는 쉽지 않지만 코카콜라는 매우 현명하게 사용하고 있습니다. 특히 전 세계 보틀링(bottling: 음료를 병에 담는 작업) 시스템 네트워크 강화 및 확대에 자금을 투입하고 있으며 자사주 매입을 통해 주주의 지분율 확대에도 노력을 기울이고 있습니다.

코카콜라의 보틀링 관련 이야기는 매우 흥미롭습니다. 1880년대 말 에이서 캔들러는 2,000달러에 코카콜라를 통째로 인수했는데, 아마도 세계 역사상 가장 훌륭한 기업 인수 사례일 것입니다. 1889년 채터누가에서 두 사내가 캔들러를 찾아왔습니다. 당시에는 청량음료를 계산대에서 잔으로 판매했는데, 두 사내는 앞으로 보틀링 사업이 유망할 것이라 생각했습니다. 하지만 캔들러는 사업 활성화에 여념이 없을 터이므로, 두 사내는 보틀링 사업을 자신들에게 맡겨달라고 제안했습니다. 캔들러는 보틀링에 대해 깊이 생각하지 않았던지 이들의 제안을 받아들여 계약을 체결했습니다. 결국 두 사내는 미국 거의 전역에서 영구적으로 보틀링 사업권을 획득했고 코카콜라 시럽을 고정 가격에 영구적으로 구입할 권리까지 획득했습니다. 세계 역사상 가장 훌륭한 기업 인수 사례를 만들어냈던 캔들러는 세계 역사상 가장 어리석은 계약 사례까지 만들어냈습니다.

이후 코카콜라의 보틀링 시스템은 유통 채널의 근간을 구성하게 되었고, 계약상 보틀링 사업권을 영구적으로 제공한 데다가 시럽 공급 가격도 고정되었으므로 회사 운영에 제약을 받게 되었습니다. 물론 두 보틀링 사업자는 임종 시점에 자녀와 손자를 불러 모아 다음과 같이 마지막 유언을 남겼을 것입니다. "보틀링 계약을 단 한 글자도 변경해주면 안 돼!"

코카콜라는 수십 년 동안 보틀링 시스템에 전혀 손을 댈 수가 없었으나 로베르토, 돈 키오 등이 20~25년에 걸쳐 합리화 작업을 추진했습니다. 이는 매우 거대한 프로젝트여서 장기간에 걸쳐 엄청난 변화를 일으켰는데, 이것이 이른바 지적 자본intellectual capital의 훌륭한 사례가 되었습니다. 이 프로젝트에서 단기적으로는 성과가 나오지 않는다는 사실을 알고 있었지만, 이들은 반드시 필요한 일이라고 판단해 자본을 투입해서 프로젝트를 완료했습니다. 게다가 이들은 매우 현명하게도 자사주 매입까지 실행했으며 지금 우리가 말하는 동안에도 십중팔구 자사주 매입을 하고 있을 것입니다.

멍거: 나는 코카콜라야말로 미국 기업사에서 가장 흥미로운 사례이므로 훨씬 많이 연구해야 한다고 생각합니다. 코카콜라의 역사에서 우리가 배울 교훈은 수없이 많습니다. 너무 긴 이야기라서 오늘은 이 정도로 마무리하겠습니다.

Q 8. **감량 경영과 외주**에 대해 어떻게 생각하나요?

버핏: 감량 경영과 외주가 필요한가 여부는 산업의 특성에 좌우됩니다. 성장 산업이라면 필요 없겠지만, 사양 산업이라면 최소 투입으로 최대 산출을 추구하는 편이 사회에도 이롭습니다. 그러나 이 과정에서 밀려나는 사람은 사회가 돌보아야 합니다. 다행히 지금은 노동자 중 이 과정에서 밀려나는 사람의 비중이 10년 전보다 많지 않다고 생각합니다.

멍거: 내가 알기로 과도한 감량 경영 때문에 손해 본 기업은 하나도 없습니다. 반면 방만 경영 때문에 망한 기업은 수도 없이 많습니다. 사람들은 요즘 감량 경영을 즐겨 비난하지만 나는 감량 경영이 필요한 처지로 전락한 회사가 비난받아 마땅하다고 생각합니다.

Q 9. **제품 특성과 소비자 심리**를 어떻게 분석해야 탁월한 기업을 찾아낼 수 있나요?

버핏: 소비재를 분석할 때는 현재 그 제품에 관심을 보이는 사람들이 전 세계에 얼마나 있는지, 이들의 태도는 어떠한지를 깊이 생각해야 합니다. 아울러 5년, 10년, 20년 뒤에는 사람들의 태도가 어떻게 바뀔지에 대해서도

깊이 생각해야 합니다.

현재 거의 모든 세계인(아마도 세계 인구의 약 75%)이 코카콜라에 관심을 보입니다. 코카콜라는 거의 모든 세계인에게 의미 있는 브랜드입니다. 반면 RC콜라는 세계인 누구에게도 의미 있는 브랜드가 아닙니다. RC콜라 소유주에게나 의미가 있겠지요. 사람들 모두가 코카콜라를 기억하며 이 기억은 지극히 우호적입니다. 즐거운 경험과 관련된 기억이기 때문입니다. 즐거운 곳에서, 디즈니랜드에서, 야구장에서, 그리고 입가에 미소를 짓게 되는 거의 모든 곳에서 코카콜라를 즐겼다는 뜻입니다. 나는 이러한 곳에 버크셔해서웨이 주주총회도 보태고 싶군요.

이러한 즐거운 기억은 거의 200개 국가 사람들의 마음속 깊이 뿌리내렸습니다. 1년 뒤에는 더 많은 사람들이 기억할 것이며 전반적인 이미지도 약간 달라지겠지요. 10년 뒤에는 조금 더 달라질 것입니다. 결국 관건은 시장 점유율이 아니라 마음 점유율입니다.

마찬가지로 디즈니 역시 수십억 명에게 의미 있는 브랜드입니다. 자녀에게 비디오를 사주려는 부모라면, 매번 1시간 반이나 들여 비디오를 미리 살펴볼까요? 부모가 기억하는 디즈니는 20세기폭스나 파라마운트와 구별되는, 오랜 기간 호감을 느껴온 브랜드입니다. 그리고 디즈니의 활동 덕분에 이 호감은 더욱 커지고 있습니다.

디즈니가 확보한 마음 점유율을 돈으로 사려면 경쟁사는 어떻게 해야 할까요? 방법이 없습니다. 수십억 달러를 들여 광고를 하거나 탁월한 세일즈맨 2만 명을 동원해도 불가능합니다. 문제는 5년, 10년, 20년 뒤의 위상입니다. 인구는 더 증가할 것이며 디즈니의 인지도는 더 높아질 것입니다. 부모는 여전히 자녀에게 비디오를 사주려 할 것이며 자녀는 이 비디오를 좋아할 것입니다. 소비재회사에 대해 우리는 이러한 방식으로 생각하고 있습니다.

찰리와 나는 시즈캔디를 인수할 때도 이러한 식으로 생각했습니다. 밸런타인데이에 애인이 "그냥 싼 거로 샀어"라고 말하면서 평범한 캔디 한 상자를 선물해도 입가에 미소를 지을 사람이 있을까요? 밸런타인데이에는 선물로 시즈캔디를 받는 사람이 수백만 명에 이르며 이들은 머지않아 첫 키스를 하게 됩니다. 따라서 시즈캔디는 아름다운 추억과 함께 마음속에 간직됩니다.

소비재는 이미지가 중요합니다. 그러나 탁월한 제품을 만들어내려면 방대한 인프라가 필요합니다. 나는 만리장성에서도 체리코크를 보았습니다. 이는 사람들이 만리장성에서도 체리코크를 원한다는 뜻입니다. 제2차 세계대전 당시 아이젠하워 장군은 우드러프 사장에게, 미군이 있는 곳이라면 세계 어디에든 코카콜라가 있으면 좋겠다고 말했습니다. 그러자 코카콜라는 세계 곳곳에 보틀링 공장을 세웠습니다.

이러한 놀라운 태도는 특히 미국 제품과 잘 어울립니다. 음악, 영화, 청량음료, 패스트푸드 등 몇몇 미국 제품은 세계인에게 사랑받고 있습니다. 프랑스 회사, 독일 회사, 일본 회사가 세계 청량음료시장의 48%를 차지하는 모습은 도무지 상상할 수 없습니다. 이러한 제품은 미국 문화의 한 부분이며 세계인도 함께 열망하고 있습니다.

현재 코닥이 세계인의 마음에서 차지하는 위치는 20년 전에 못 미칩니다. 후지가 치고 올라와 대등한 자리를 차지했기 때문입니다. 이제 미국인은 이러한 사례를 원치 않습니다. 그래서 코카콜라나 디즈니는 빈틈을 보이지 않습니다. 코카콜라가 광고비를 1,000만 달러 정도 줄이더라도 매출은 조금도 감소하지 않을 것입니다. 어느 광고의 효과인지는 알 수 없지만, 세계인 거의 모두 코카콜라 제품에 대해 들어보았으며 좋은 인상을 간직하고 있다는 점만은 분명합니다. 시즈캔디는 아직 고객 저변이 충분히 확대되지 않았지만 우리가 계속 노력하는 한 시장 지배력을 빼앗기는 일은 없을 것입니다. 사람들이 저가 제품에는 관심을 보이지 않으므로 우리는 가격을 더 인상할 수 있습니다. 청량음료에 대해서도 사람들은 진짜Real Thing를 원하기 때문에 PB 상품은 매출이 감소하고 있습니다.

멍거: 시즈캔디 사례는 우리 모두에게 흥미로운 교훈이라고 생각합니다. 우리가 처음으로 브랜드 가치에 눈을 떠 한 단계 올라선 사례인데, 그 과정은 수월치 않았습니다. 소유주가 매각 가격을 10만 달러만 더 인상했더라도 우리는 시즈캔디를 인수하지 않았을 것입니다. 워런이 당대 최고의 교수에게 배우고 난 후였는데도 말이지요. 우리 마음 자세가 여전히 부족했던 탓에 올바른 결정을 내리기가 쉽지 않았습니다. 다행히 우리는 시즈캔디를 인수했고, 시즈캔디가 성과를 내준 덕분에 우리는 계속 배웠습니다. 이 사례는 결국 지속적인 학습이 가장 중요하다는 사실을 일깨워줍니다. 가끔 사람들은 우리를 '늙어가는 두 경영자'라고 부르지만, 이 세상에 '젊어지는 경영자'도 있나요?

버핏: 우리가 시즈캔디를 인수하지 않았다면 1988년 코카콜라 주식도 매수하지 않았을 것입니다. 따라서 우리는 시즈캔디 덕분에 코카콜라에서 110억 달러가 넘는 이익을 얻을 수 있었다고 생각해야 합니다.

Q 10. **미국 청량음료시장**은 승자 독식 구조인가요, 아니면 3개 회사가 공존할 수 있는 구조인가요?

버핏: 확실히 2개사 이상이 공존할 여지가 있습니다. 코카콜라의 시장 점유율은 거의 해마다 증가할 것이라고 생각합니다. 시장 점유율을 논할 때는 0.1% 단위도 중요합니다. 미국 시장 규모가 100억 상자이므로 1%는 1억

상자에 이릅니다. 지역별로 취향이 다르다는 점도 흥미롭습니다. 닥터페퍼의 시장 점유율은 미네소타보다 텍사스에서 훨씬 높습니다.

청량음료시장에서는 시장을 지배하지 않는 기업도 돈을 벌 수 있습니다. 물론 시장을 지배하는 기업이 돈을 훨씬 많이 벌지만, 승자 독식 구조는 아닙니다. 인구가 10만이나 20만인 소도시에서 두 신문사가 경쟁하는 구도와는 다릅니다.

Q 11. **맥도날드**도 코카콜라나 질레트처럼 시장을 지배할 수 있을까요?
버핏: 연차 보고서에서 나는 코카콜라와 질레트의 기본 사업이 이른바 '필수 소비재 사업'이라고 언급했습니다. 이는 코카콜라의 청량음료와 질레트의 면도기가 필수 소비재에 해당한다는 뜻입니다. 다행히 코카콜라와 면도기는 두 회사의 주력 제품입니다.

식품 사업에서는 코카콜라나 질레트처럼 시장을 완벽하게 지배하기가 거의 불가능합니다. 사람들이 즐기는 식품이 계속 바뀌기 때문입니다. 맥도날드를 좋아하는 사람은 때에 따라 다른 음식을 즐기기도 합니다. 그러나 질레트 센서 플러스로 면도를 시작한 사람이 다른 회사 제품을 사용하는 경우는 드물어 보입니다.

코카콜라는 청량음료시장에서 필수 소비재로 자리를 잡았지만, 이 시장에서 코카콜라처럼 필수 소비재로 자리 잡는 음료는 절대 나오지 않을 것이라고 나는 생각합니다. 심지어 식품시장에서 코카콜라 같은 필수 소비재가 다시 나오는 일도 절대 없을 것입니다. 코카콜라가 현재와 같은 시장 지위에 도달하기까지 111년이 걸렸습니다. 코카콜라의 인프라는 믿기 어려울 정도로 대단합니다. 그래서 나는 맥도날드를 코카콜라와 같은 필수 소비재 유형으로는 간주하지 않습니다.

그렇다고 해서 맥도날드에 투자해도 좋은 실적을 얻을 수 없다는 뜻은 아닙니다. 적정 가격에 매수하면 더 좋은 실적을 얻을 수도 있습니다. 그러나 나는 그 가격을 알지 못하며 아마 찰리도 모를 것입니다. 그래도 찰리에게 말할 기회는 줘야 하겠지요?

멍거: ….

버핏: (손거울로 멍거의 얼굴을 비춰 보면서) 숨은 쉬고 있습니다, 여러분.

Q 12. 맥도날드가 **필수 소비재**가 되기 어려운 이유를 조금 더 자세히 설명해 주겠습니까?

버핏: 면도기 같은 제품은 필수 소비재가 될 수 있지만 특정 식품이 필수 소비재가 되기는 어렵습니다. 현재 질레트 제품을 사용하고 있는 사람은 차세대 제품이 나와도 역시 질레트를 사용하기가 쉽습니다. 지금 (여성을 포함해서) 면도기를 사용하는 사람들 대다수가 질레트에 만족하며 가격도 비싸지 않으므로 다른 제품에 한눈팔 이유가 없습니다.

　반면 패스트푸드는 그 시점에 눈에 띄는 제품을 선택하는 사례가 너무도 많습니다. 편의성이 매우 중요한 변수라는 뜻입니다. 사람들은 맥도날드, 버거킹, 웬디스를 지나치는 시점에 마침 배가 고프면 어느 매장이든 눈에 띄는 매장으로 들어가게 됩니다. 즉 제품 충성도가 식품에 대해서는 잘 유지되지 않습니다. 사람들은 식품을 다양하게 섭취하려고 하니까요(그러나 나는 맥도날드를 매일 먹어도 질리지 않습니다). 그런데 사람들이 청량음료는 다양한 제품을 즐기려 하지 않습니다. 이는 맥도날드의 잘못이 아닙니다. 식품 산업의 특성 탓입니다. 찰리?

멍거: 지금까지 맥도날드처럼 거대한 식당 체인을 구축해서 훌륭하게 운영한 회사는 없었다고 생각합니다. 수많은 식당 체인이 실패했습니다. 이 분

야는 경쟁이 매우 치열합니다.

버핏: 가격에 대한 반응도 민감합니다.

멍거: 금액이 큰 탓도 있습니다. 1년 동안 햄버거에 지출하는 금액이 면도기에 지출하는 금액보다 훨씬 크니까요. 면도기는 저가 제품으로 교체해도 얼마 절약되지 않습니다.

버핏: 그렇습니다. 미국인이 1년 동안 구입하는 센서 엑셀은 평균 27개로, 13일에 한 개 수준입니다. 나는 질레트 이사여서 회사로부터 면도날을 무료로 받으므로 소매 가격을 모릅니다. 그러나 면도날 하나가 1달러라면, 1년이면 27달러가 됩니다. 현재 싸구려 양날 면도날을 사용하는 세계 소비자는 계속해서 더 편리한 제품을 찾게 될 터이므로 질레트가 그 혜택을 누리게 됩니다. 그저 그런 면도기를 사용하면 면도하다가 종종 베이지만 1년에 10~12달러만 더 들이면 베이지 않고 기분 좋게 면도할 수 있습니다. 이미 질레트를 사용하는 사람이라면 이 정도 비용 때문에 저가 제품을 선택할 일은 없습니다.

Q 13. 당신은 겸손하게도 **버크셔의 BPS 증가율** 목표를 15%로 제시했지만 실제로 달성한 증가율은 약 24%였습니다. 이렇게 큰 차이가 나는 이유는 무엇인가요?

버핏: 내가 겸손했다고 생각하지는 않습니다. 큰 차이가 나는 이유 하나는 최근 10~15년 동안 시장이 매우 좋아서 주가가 모두 상승한 것입니다. 이제 우리는 보유 자금이 증가했으므로 향후 실적이 걱정스럽습니다. 운용 자금이 증가할수록 수익률을 높이기는 당연히 더 어려워집니다. 다행히 그동안은 밀물이 들어와 모든 배가 떠올랐으므로 자금이 증가해도 운용하기가 쉬웠습니다. 10년 전에 우리가 예상했던 것보다 운이 좋았던 셈입니다.

지금까지는 이렇게 강력한 순풍 덕에 좋은 실적을 올렸지만 장래에도 이러한 순풍이 불지는 않을 것입니다.

그러나 장담하건대 우리 자금은 더 증가할 것입니다. 향후 10년 동안 버크셔의 BPS를 연 15% 높일 수 있는 거래가 있다면, 찰리와 나는 지금 당장 서명할 것입니다. 하지만 기대 수익률이 15%보다 낮다면, 관심 없습니다. 우리는 향후 10년 동안 배당을 모두 유보하고 수익률 15%를 추구할 것입니다. 그러나 수익률 15%는 틀림없이 상한선이라고 생각합니다. 시장 수익률이 기업의 실적을 밑돌기 시작하면 수익률은 이보다 훨씬 내려갈 수도 있습니다.

멍거: 질문자는 아마도 신흥국 역사상 최고의 경제 성장 기록을 세운 싱가포르에서 오셨기 때문에 연 15% 증가율을 겸손한 수준이라고 언급했을 것입니다. 15%는 겸손한 수준이 아니라 오만한 수준입니다. 오로지 싱가포르 사람만 겸손하다고 말할 수 있습니다.

버핏: 말조심하게, 찰리. 우리 주주들이 버크셔 본사를 싱가포르로 옮기자고 할 수도 있으니까. 우리 주주들은 실적을 원한단 말일세.

운용 자금 규모가 크면 복리 수익률을 높이기 어렵습니다. 누군가 대규모 자금을 운용하면서도 탁월한 수익률을 달성할 수 있다고 약속하면 나는 그 사람을 멀리하겠습니다. 최근 몇 년 동안 일부 자산 운용사의 운용 자산 규모는 엄청나게 증가했습니다. 그동안 버크셔 BPS도 대폭 증가했는데, 여기서 연 15%씩 더 증가하면 엄청난 규모가 됩니다. 우리는 수천 가지 투자 아이디어가 아니라 대박 아이디어가 필요합니다. 지금은 보이지 않지만, 우리는 거대한 투자 아이디어를 계속 탐색할 것이며 가끔씩은 찾아낼 것입니다. 우리가 15%를 초과하는 투자 기회를 찾아낼 것으로 기대한다면, 여러분은 실망하게 될 것입니다. 우리는 여러분을 실망시키고 싶지 않으므로 최대한 현실적인 기대치를 제시하고 있습니다.

Q 14. **버크셔의 무배당 정책**을 모방하는 기업이 적은 이유는 무엇인가요?

버핏: 버크셔의 다른 정책을 모방하는 기업도 많지 않습니다. 그레이엄의 저서를 읽는 사람은 많지만 그 내용을 따르는 사람은 많지 않습니다. 내가 항상 흥미롭게 생각하는 사안입니다. 우리가 배당을 하지 않는 것은 1달러를 유보하면 1달러 이상의 가치를 창출할 수 있다고 생각하기 때문입니다. 즉 배당으로 지급할 때보다 더 많은 가치가 창출되기 때문입니다. 만일 유보로 가치를 더 창출할 수 없다는 결론에 이르면 배당을 지급할 것입니다.

우리 자회사 중 시즈캔디가 흥미로운 사례입니다. 시즈캔디는 사업에서 창출하는 자금을 효율적으로 사용할 방법이 없습니다. 만일 시즈캔디가 독립 회사라면, 연 3,000만 달러씩 벌어들이는 자금을 사업 확장에 효율적으로 사용할 수 없으므로 막대한 배당을 지급할 것입니다. 그러나 우리 버크셔 그룹은 지금까지 각 자회사가 사업에서 창출하는 자금을 그룹 차원에서 효율적으로 사용해왔으며 앞으로도 효율적으로 사용할 가능성이 매우 높다고 생각합니다. 그러나 배당 정책을 결정할 때는 자사주 매입 가능성도 고려해야 합니다. 코카콜라가 배당을 지급하는 대신 그 자금을 자사주 매입이나 보틀링 시스템 발전에 사용했다면 십중팔구 주주에게 더 유리했을 것입니다. 코카콜라는 지금까지도 환상적으로 운영되었지만 배당을 지급하지 않았더라면 더 좋았을 것입니다. 질레트와 디즈니도 마찬가지입니다.

멍거: 이는 주요 대학교의 기업 재무 관리 과목에서 기본적으로 가르치는 내용이 아닙니다. 우리 생각은 이렇게 단순한데 그들의 생각은 왜 그리 복잡할까요? 나는 그들의 사고방식을 이해하려고 노력했지만 이해하기가 어려웠습니다. 결국 나는 그들의 생각이 틀렸다고 결론지었습니다.

Q 15. 현재 미스터 마켓은 **다우 지수**를 약 7,000으로, **S&P500**을 약 800으로 평가하는데 공정하게 평가하면 얼마가 될까요?

버핏: 앞으로도 미국 기업이 지난 2년 동안 벌어들인 이익을 유지할 수 있고 금리도 바뀌지 않는다고 가정하면 다우 지수 7,000과 S&P500 800이 타당하다고 볼 수 있습니다. 그러나 금리가 상승한다면 지수는 당연히 하락할 것입니다. 그리고 고전파 경제학자들은 현재 역사적 고점에 도달한 기업의 ROE가 유지되기 어렵다고 말하는데, ROE가 하락해도 지수는 하락할 것입니다.

간단한 퀴즈를 내겠습니다. 다우 지수의 2년 상승률이 가장 높았던 해는 언제일까요? 사람들 대부분이 모르겠지만, 1933년과 1954년으로 배당을 포함한 상승률이 둘 다 50%를 넘어갔습니다. 이렇게 다우 지수가 폭등했다는 이유로 1955년 3월에는 청문회까지 열렸습니다. 청문회에 증인으로 출석한 나의 스승 그레이엄은 당시 시장에 대해 이렇게 언급했습니다. "지수가 높아 보이며, 실제로도 높지만, 겉으로 보이는 것처럼 높은 것은 아닙니다."

이는 현재 상황에도 잘 들어맞는 표현입니다. 지수는 확실히 높아 보이지만 그동안 이익과 ROE가 대폭 상승했으며 금리도 대폭 하락했습니다. 바로 이러한 펀더멘털이 지금까지 대형 강세장을 이끌었습니다. 그러나 이후 사람들은 펀더멘털을 망각한 채 주가 상승에만 넋을 잃어 매우 위험한 상태에 빠지게 되었습니다.

앞으로 시장 흐름이 어떻게 흘러갈지 나는 전혀 모릅니다. 그러나 1973~1974년처럼 시장 흐름이 반전해 폭락하면 1달러짜리 주식이 20센트에 거래될 수도 있습니다. 간혹 사람들은 시장에서 극단적으로 행동하는데, 냉정을 유지하는 사람에게는 이때가 절호의 기회입니다.

Q 16. 미국 기업의 ROE 평균은 12~13%이지만 S&P500 기업의 ROE는 22%입니다. 이렇게 **높은 수익성**이 유지될 수 있을까요?

버핏: ROE 22%는 장기 금리가 7%이고 저축률이 지극히 높을 때만 유지될 수 있습니다. 그러나 ROE 22%와 장기 금리 7% 사이의 격차는 감소할 것이고, 저축률은 하락할 것이며, 기업 간 경쟁은 더 치열해질 것입니다.

표면 금리가 22%인 영구채가 있다고 가정합시다. 그리고 표면 금리 3분의 1을 배당으로 지급한다고 가정합시다. 그러면 S&P500 기업은 표면 금리 22%를 받아 7%를 배당으로 지급하고 15%는 다시 표면 금리 22%인 영구채에 재투자한다고 볼 수 있습니다. 그러면 S&P500 기업의 현재 가치는 얼마가 될까요? 엄청날 것입니다. 값이 너무 커서 숫자로 표시할 수 없을 것입니다. 할인율보다 높은 복리 수익률이 무한히 이어지기 때문입니다. 약 25년 전 데이비드 듀랜드는 상트페테르부르크의 역설St. Petersburg Paradox을 다룬 논문에서 성장주의 오류Growth Stock Fallacy를 언급하며 할인율보다 높은 성장률이 장기간 이어질 수는 없다고 주장했습니다. 찰리?

멍거: 이렇게 ROE가 높아진 요인은 두 가지라고 생각합니다. 첫째, 자사주 매입이 기업들 사이에서 커다란 유행이 되었습니다. 우리도 이 유행에 미약하나마 일조했다고 생각하며, 자사주 매입은 기업의 의사 결정에 보탬이 되었다고 봅니다. 둘째, 당국의 독점 금지 정책이 대폭 완화되어 기업이 경쟁사를 인수하기가 쉬워졌습니다. 위 두 요인 덕분에 미국 기업의 ROE가 상승했다고 생각하지만, 이러한 상태가 영원히 지속될 수 있다고는 생각하지 않습니다. 미국 경제 성장률은 연 15%에 훨씬 못 미치며 장기적으로 미국 기업의 이익 성장률도 15%에 훨씬 못 미칠 것이기 때문입니다.

나는 지금 수학의 법칙을 초월하는 새로운 시대가 열렸다고 생각하지 않습니다. 여러분 모두 이 사실을 분명히 인식해야 합니다. 왜냐하면 투자 자문업과 주식 중개업 등에 종사하는 모든 전문가는 사람들이 사실이 아닌 것을 사실로 믿을 때 엄청난 이득을 챙길 수 있기 때문입니다. 그뿐이 아닙니다. 이들은 가공할 세일즈 기량으로 막대한 이익을 얻도록 선택적 진화 과정을 거친 사람들입니다. 그래서 나머지 사람들이 더 위험에 처하게 되었습니다.

버핏: 여러분은 이들의 고객으로 선정되었습니다.

Q 17. 미국 경제의 장기 발전에 가장 도움이 되는 **자본이득세율**은 어느 수준이라고 보나요? 그 세율 수준이 사회적으로도 타당하다고 생각하나요?

멍거: 쉽게 얻을 수 있는 답은 두 가지라고 생각합니다. 하나는 수학적 관점으로 도출한 경제에 가장 효율적인 자본이득세율이고, 나머지 하나는 사회적 공정성을 고려한 자본이득세율입니다.

아리스토텔레스는 사람들이 공정하다고 인식할 때 사회 시스템이 원활하게 작동한다고 생각했고, 차별적 보상이 타당하다고 사람들이 인식할 때 사회의 효율성이 높아진다고 생각했습니다.

예컨대 어떤 사람은 주 90시간 택시 운전을 해도 돈을 못 벌 뿐 아니라 의료보험 혜택 등도 받지 못하는데, 어떤 사람은 매년 버크셔 주식 몇 주만 팔아도 컨트리클럽 베란다에서 온종일 빈둥거리며 지낼 수 있는 사회가 있다고 가정합시다. 이러한 사회라면 사람들은 매우 불공정하다고 생각할 것입니다. 게다가 그러한 자본이득세율 구조가 이론상으로는 사회의 경제적 효율성을 높일지 몰라도 실제로는 오히려 역효과를 낳을 것입니다. 나는 자본이득세 부과에 대찬성입니다. 관건은 공정한 세율이 어느 수준인가 하는 것입니다. 나는 지금보다 많이 낮지는 않더라도 약간 낮은 수준이 공정하다고 생각합니다.

버핏: 매년 버크셔 주식을 파는 사람은 찰리인 듯합니다. 질문자(버핏의 지인인 패트릭)는 이러한 문제 해결에 유용한 인식 구조를 내게 알려주었습니다. 그는 다음과 같은 상황을 상상해보라고 말합니다. 당신은 24시간 후 세상에 태어나는데, 당신이 태어나는 사회의 경제 원칙을 지금 결정할 수 있습니다. 그 원칙은 당신은 물론 자녀와 손자에게도 평생 적용됩니다. 그러나 으레 그렇듯이 이러한 문제에는 함정이 숨어 있습니다.

당신이 어떤 모습으로 태어날지 알 수 없다는 점입니다. 흑인일지 백인일지, 남자일지 여자일지, 똑똑할지 멍청할지, 신체가 건강할지 병약할지, 태어나는 곳이 미국일지 아프가니스탄일지 알 수 없습니다. 다시 말해서 당신은 24시간 후 이른바 난소 복권(ovarian lottery: 태어났을 때의 경제·사회적 조건)을 뽑게 됩니다. 이것이 당신에게 일생일대에 가장 중요한 사건입니다. 당신이 어느 학교에 진학하고 얼마나 열심히 노력하느냐 등 온갖 변수보다도 훨씬 중요하다는 말입니다. 이제 공 57억 개가 들어 있는 통에서 하나를 뽑게 됩니다. 그 공이 바로 당신입니다. 이러한 상황이라면 당신은 어떤 사회를 만들고 싶습니까?

아마 두 가지 요소에 주목할 것입니다. 당신은 물론 자녀와 손자 시대에도 상품을 풍족하게 생산하며 생산량도 갈수록 많아지는 시스템을 찾아내려 할 것입니다. 아득한 미래에도 생산량이 계속 증가하는 시스템을 원한다는 말입니다. 그러나 한편으로는 당신이 난소 복권에 당첨되지 않더라도 어느 정도 대우를 받는 시스템을 원할 것입니다. 대부분이 난소 복권에 당첨되지 않을 가능성이 높기 때문입니다.

찰리와 나의 시대에는 미국에서 태어날 확률이 30분의 1 미만이었습니다. 미국에 태어나는 것만으로도 엄청난 행운이었다는 뜻입니다. 아프가니스탄에 태어났다면 우리는 전혀 쓸모없는 존재가 되었을 것입니다. 우리가 무슨 말을 해도 귀 기울이는 사람이 아무도 없을 것입니다. 세상에서 가장 불리한 선택이 되었겠지요. 다행히 우리는 운이 좋았습니다. 게다가 남자가 대우받는 시대에 남자로 태어났습니다. 내가 어린 시절, 여성이 선택할 수 있는 직업은 교사, 비서, 간호사 등에 불과했습니다. 미국 인구의 절반은 수많은 직업에서 배제되었습니다. 게다가 우리는 백인으로 태어났습니다. 우리가 잘나서가 아니라 순전히 우연이었습니다. 게다가 우리는 또 우연히 기업 내재 가치 평가 재능을 타고났습니다. 기업 내재 가치 평가 능력이 세상에서 가장 위대한 재능일까요? 아닙니다. 우연히도 이 시스템에서 엄청나게 보상받는 재능이 되었을 뿐입니다.

여기서 끝이 아닙니다. 빌 게이츠, 앤디 그로브(전직 인텔 CEO), 톰 머피처럼 태어나는 인재가 자신의 재능을 최대한 발휘하게 하는 시스템도 필요합니다. 당신이 평등주의 원칙을 선택해 이러한 인재가 평범한 직업에 종사하게 된다면, 그야말로 어처구니없는 일이 됩니다. 방법은 있습니다. 두 시스템 사이에서 균형을 유지하는 것입니다. 즉 인재가 시장 시스템에서 사람들이 원하는 상품을 대규모로 생산하도록 평생 동기를 부여하는 동시에, 복권에 당첨되지 않은 사람도 단지 불운 탓에 상대적으로 지극히 불우한 생활을 하지는 않게 해주는 것입니다.

이렇게 길게 설명하고 나니 현행 자본이득세율이 거의 적정 수준이라는 생각이 드는군요. 내가 알고 지내는 사람이 모두 부와 재능을 겸비하지는 않았지만, 이들 중에는 부자도 많고 인재도 많습니다. 이들 중 자본이득세율 28% 때문에 자신의 재능을 사용하지 않고 썩히는 사람은 한 번도 본 적이 없습니다. 단순히 시장 시스템 관점에 얽매이지 않고, 사회에 더 많이 기여하면서 28%가 훨씬 넘는 세금을 납부하는 사람도 많습니다. 암 치료법 개발자가 많지 않은 보수를 받으면서 세금을 39%까지 납부하는데, 이러한 나라에서 내가 버크셔 주식을 팔 때 세금 28%를 납부하는 것은 절대 과하지 않다고 생각합니다. 그래서 나는 현행 자본이득세율이 적정 수준이라고 생각합니다.

잘 모르는 기업에는
투자하지 않으면 그만입니다

❖

1998년

장소: 액사벤 콜리세움

참석자: 약 1만 명

포춘 500 순위: 150위

버크셔 주가: $46,080

1964년 $1 → 1998년 $3,725

1964년 BPS $19.46 → 1998년 $37,801 (연 24.7%)

같은 기간 S&P500 수익률 연 11.7%

Q 1. 개인 투자자가 **투자 대상 종목**을 압축하려면 어떻게 해야 하나요?

버핏: 자신이 잘 이해하는 기업인지 생각해보아야 합니다. 가족의 재산 전부를 한 기업에 투자한다고 가정합시다. 그 기업을 잘 모르겠다는 생각이 들면 다른 기업을 찾아보아야 합니다. 투자는 기업의 일부를 사는 것이기 때문입니다. 고속도로 휴게소나 편의점 주식을 매수하려고 한다면 무엇을 생각해보아야 할까요? 경쟁력, 해당 산업에서 차지하는 지위, 매장의 위치, 경영자의 능력 등을 알아보아야 합니다. 찰리와 나는 이해하지 못하는 기업이 많지만, 이들 탓에 밤잠을 설치지는 않습니다. 이해하지 못하는 기업은 투자 대상에서 제외하기 때문입니다. 개인 투자자도 그렇게 해야 합니다.

쇼핑몰을 거닐던 중 눈에 띈 나이키 운동화가 마음에 든다면, 여기서 투자를 시작해도 좋지 않을까요? 컴퓨터로 후보 종목을 압축하는 방법보다 낫지 않을까요?

컴퓨터 화면은 투자자에게 아무것도 알려주지 않습니다. PER 등은 알려줄지 몰라도, 결국 투자자가 기업을 이해해야 합니다. 쇼핑몰에서 발견한 상장 기업을 이해할 수 있고 이 기업에 대해 계속 더 많이 공부할 수 있다면 경쟁사에 대해서도 알아보시기 바랍니다. 코카콜라를 이해하려면 펩시콜라, RC콜라, 닥터페퍼도 이해해야 합니다.

멍거: 코트(Cott: 캐나다 음료회사)에 대해서도 잘 알고 있어야 합니다.

플로트에 좌우되는
기업의 성장

❖

1999년

장소: 액사벤 콜리세움

참석자: 약 1만 5,000명

포춘 500 순위: 112위

버크셔 주가: $70,134

1964년 $1 → 1999년 $5,670

1964년 BPS $19.46 → 1999년 $37,987 (연 24.0%)

같은 기간 S&P500 수익률 연 12.2%

Q 1. **신규 투자자**가 지금 투자한다면 어디가 좋을까요?

버핏: 매우 어려운 질문이군요. 소액 투자자라면 인덱스 펀드에 지속적으로 투자하는 방법이 효과적일 것입니다. 그러나 우리는 현재 보유한 기업들이 마음에 들기 때문에 어느 기업도 포기할 생각이 없습니다.

투자자가 명심해야 할 사항이 있습니다. 기업의 이익이 증가하고 있지만 주가는 더 빠르게 상승하고 있다는 사실입니다. 이러한 추세가 무한히 이어질 수 있을까요? 투자자가 얻는 이익은 기업이 벌어들이는 이익을 초과할 수 없습니다. 정부나 시장은 이익을 창출하지 않으니까요. 농장에서 생산하는 곡물보다 더 많이 수확할 수 있을까요? 투자자의 이익이 기업의 이익보다 많으려면 시장이 마법이라도 써야 합니다. 그러나 시장이 돌아가는 이치를 살펴보면 곧 시장의 한계를 알 수 있습니다.

Q 2. 오늘 투자를 시작해도 **똑같은 방법**으로 하겠습니까?

버핏: 우리는 매우 긴 언덕 꼭대기에서 이 눈덩이를 굴리기 시작했습니다. 내 조언은 아주 일찍 시작하든지, 아주 오래 살라는 것입니다. 투자를 다시 시작해도 똑같을 것입니다. 소기업부터 인수하고 우량 대기업도 인수하겠지요. 또는 기업의 일부인 이른바 주식을 매수할 것입니다.

멍거: 처음에 10만 달러를 모으는 과정이 가장 어려울 것입니다. 합리적인 태도를 유지하면서 소득 중 지출을 대폭 절감하는 방법도 유용합니다.

Q 3. 어떤 기사를 보니 당신은 예컨대 100만 달러 정도의 소액이라면 **수익률 연 50%**도 가능하다고 말했는데, 지금 투자한다면 어디에서 그러한 기회를 찾을 수 있나요?

버핏: 그 기사는 내 말을 잘못 인용했습니다. 내가 참여하는 한 모임에서는

2년마다 약 60명이 모여 예상 수익률을 이야기합니다. 나는 이들 중 6명은 연 50% 수익률을 달성할 수 있다고 생각합니다. 그러나 그러한 수익률 기회가 나오는 곳은 매우 한정되어 있을 것입니다. 가끔은 나도 그러한 기회를 우연히 발견할 때가 있지만, 일부러 찾아다니지는 않습니다. 나는 버크셔가 투자할 수 있는 기회를 찾습니다.

Q 4. 당신은 미국 기업의 ROE 약 13%가 장기간 유지될 수 있다고 말했는데, **경영진이 받아가는 스톡옵션**을 고려해도 가능하다고 생각하나요?

버핏: 질문자는 내 오랜 친구의 아들 존 브란트입니다. 존은 내가 1970년대에 〈포춘〉에 쓴 글을 언급하면서 구조 조정 효과가 포함된 S&P500의 ROE가 엄청나게 높다고 말했습니다.

스톡옵션 효과를 고려하더라도 S&P500 기업의 ROE는 여전히 놀라울 정도로 높습니다. 우리는 향후 5년 동안 발행되는 스톡옵션의 평균 규모와 발행 회사가 떠안는 부담이 얼마나 될지를 생각하고 있습니다. 이것은 결국 주주에게 돌아가는 비용입니다.

이 금액은 손익 계산서에 비용으로 표시되어야 합니다. 회계 법인들도 스톡옵션을 비용 처리해야 한다고 주장했지만 고객 회사들은 이들을 압박해 굴복시켰고 의회까지 설득했습니다. 나는 이 사건이 스캔들이라고 생각합니다. 찰리?

멍거: 회계가 정직하지 않다면 근본적으로 잘못된 것입니다. 바늘 도둑이 소도둑 됩니다. 미국의 회계는 부패했습니다. 부패한 회계를 용인해서는 안 됩니다.

버핏: 이는 선거 제도 개혁과 같습니다. 기존 선거 제도로부터 혜택받는 사람이 많아지면 이 제도를 개혁하기가 어렵습니다. 옵션 회계도 마찬가지입

니다. 스톡옵션이 많지 않았던 20년 전에 개혁이 이루어졌다면 더 좋았을 것입니다.

그렇다고 우리가 스톡옵션에 무조건 반대하는 것은 아닙니다. 스톡옵션이 타당한 경우도 있을 것입니다. 그러나 찰리와 내게는 타당하지 않습니다.

Q 5. **미래 현금흐름**에 어떤 할인율을 적용하나요? 해자의 크기는 어떻게 측정하나요?

버핏: 우리는 미래 현금흐름을 할인해 현재 가치로 환산할 때 모든 기업과 기간에 국채 수익률을 적용합니다. 우리는 럭키 호스슈 컴퍼니(말편자 제조회사)가 벌어들이는 1달러와 인터넷 회사가 벌어들이는 1달러가 똑같다고 생각합니다. 시장에서는 인터넷 회사가 벌어들이는 1달러를 훨씬 높이 평가하지만 말이지요.

가치 평가는 예술입니다. 예컨대 리글리를 생각해봅시다. 이 회사의 매출, 가격, 경쟁, 자금을 활용하는 경영진의 능력 등 온갖 변수가 결합해 기업의 실적과 해자의 크기가 결정됩니다.

훌륭한 해자를 갖춘 기업은 많지 않습니다. 코카콜라는 해자가 훌륭하며, 심지어 용기(容器)마저도 해자를 갖추었습니다. 사람들이 눈가리개를 하고서도 정확하게 알아볼 수 있는 제품이 코카콜라 말고 얼마나 있겠습니까? 코카콜라는 시장 점유율은 물론 마음 점유율도 높습니다. 사람들은 코카콜라를 좋은 이미지와 연상합니다. 10년 뒤에는 코카콜라의 해자가 마음 점유율에 의해서 더 강해질 것입니다.

해자의 넓이가 9미터고 깊이가 5미터라고 알려주는 재무 공식 같은 것은 세상에 없습니다. 그래서 학자들이 미칠 지경입니다. 표준 편차와 베타는 계산할 수 있지만 해자는 이해하지 못합니다. 내가 학자에 대해 너무 지나친 표현을 했나 봅니다.

멍거: 학자에 대한 워런의 표현은 절대 지나치지 않습니다. 학자를 생각하면 나는 롱텀 캐피털 매니지먼트가 떠오릅니다. 왜 똑똑한 사람들이 멍청한 짓을 벌여 손해까지 보는지 모르겠습니다.

버핏: 이제 재무학은 파멸적인 자기 연민에 빠져 세상에서 가장 위험한 세력이 되어버렸습니다. 그런데도 사람들은 비싼 수업료를 지불하면서 자녀를 그러한 학교에 보내고 있습니다!

Q 6. **분식 회계**가 의심되는 기업에 대해 말해주겠습니까?

버핏: 우리는 칭찬 대상의 이름은 밝히지만 비난 대상의 이름은 밝히지 않습니다. 죄는 미워하되 사람은 미워하지 않으려는 의도입니다. 따라서 분식 회계가 의심되는 기업의 이름은 밝힐 수 없습니다. 이름까지 밝히면서 비난하고 돌아다니면 그 비난이 곧바로 돌아오더군요.

멍거: 질문자는 기업명이 아니라 관행을 물어보는 듯합니다.

버핏: 그러면 이야기가 달라집니다. 기업의 잘못된 관행은 장래 실적을 보기 좋게 꾸미려고 이익을 매끄럽게 다듬는 행위입니다. 이제 경영자가 비용 지출 시점을 조작하는 행태는 완전히 유행이 되었습니다.

스톡옵션 비용 처리도 말 그대로 옵션(선택 사항)이 되었습니다. 그러나 스톡옵션을 비용 처리하는 기업은 많이 보지 못했습니다. 나는 스톡옵션을 지금처럼 주석으로 표시하는 방식이 기만적이라고 생각합니다. 기업이 스톡옵션 평가에 불합리한 가정을 적용하기 때문입니다.

경영자들은 이러한 식으로 생각합니다. '다른 기업이 적용하는 가정을 우리가 적용하지 않으면 우리 주주만 손해를 본다.' 그래서 나쁜 관행이 표준 관행으로 자리 잡게 됩니다.

Q 7. **디플레이션도** 투자에 위협이 되나요?

버핏: 우리가 디플레이션을 걱정해야 하는 상황은 상상하기가 어렵군요. 나는 그러한 거시 경제 변수에 대해서는 많이 알지 못합니다. 디플레이션은 보유 현금의 가치를 높여주므로 투자자와 저축자에게는 유리하다고 생각합니다.

사실 나는 디플레이션이 미치는 영향을 알지 못합니다.

Q 8. **효율적 시장 가설**에 대한 논쟁이 앞으로도 계속 이어질까요?

버핏: 일반적으로 시장이 자산군(asset class: 주식, 채권, 현금 등) 평가에는 매우 효율적이지만 세부 기업 평가에도 항상 효율적인 것은 아닙니다. 나는 효율적 시장 가설의 인기가 20년 전 절정에 도달했다고 생각합니다. 당시 학계에서 엄청나게 유행했습니다. 학계에서 실적을 내려면 효율적 시장 가설을 수용할 수밖에 없었습니다. 효율적 시장 가설을 거부하는 사람은 박사 학위 논문조차 쓸 수가 없었으니까요.

요즘은 인기가 20년 전에 못 미치는 듯합니다. 지금도 학계에서 성서처럼 받아들이는지는 모르겠습니다. 요즘 일부 학교의 교과 과정은 실제 기업 평가에 유용합니다. 그러나 재무학에서 정설이 된 이론을 몰아내기는 쉽지 않습니다.

멍거: 보수파 물리학자 역시 자신의 신념을 고수하면서 젊은 물리학자의 연구를 받아들이려 하지 않았습니다. 보수파 물리학자가 마침내 모두 죽고 그들의 가르침이 사라진 뒤에야 젊은 과학자의 연구가 받아들여졌습니다. 효율적 시장 가설도 그렇게 될 것입니다.

버핏: 내게는 아직도 풀리지 않는 수수께끼가 있습니다. 나보다 많이 아는 남들 덕분에 기업의 가치가 항상 완벽하게 평가된다면 나는 할 일이 전혀

없습니다. 그러면 수업 둘째 날에는 교수가 무슨 이야기를 할지 궁금합니다. 수업 첫째 날에 시장이 효율적이어서 모든 평가가 완벽하다고 말했으니 이제 우리는 무엇을 해야 하나요?

Q 9. 세계의 보험사들 사이에서 진행되는 **통합**에 대해 어떻게 생각하나요?
버핏: 보험사 통합은 웃기는 이야기입니다. 그러한 방식으로 문제가 해결되지는 않는다고 생각합니다. 부실 보험사 둘을 통합하면 대형 부실 보험사 하나가 나올 뿐입니다. 특화 사업, 경영 능력, 탁월한 유통망 등을 바탕으로 독점력을 확보하는 보험사가 성공할 것입니다.

가이코는 모든 면에서 원가가 가장 낮은 자동차 보험사입니다. USAA도 영업 방식은 가이코와 매우 비슷하지만 대상 고객의 범위가 훨씬 협소합니다. 가이코는 보험 업계에서 유리한 위치를 확보하고 있는 최고의 자동차 보험사입니다.

Q 10. **해외 투자의 기준**은 무엇인가요?
버핏: 규모가 크지 않은 시장은 투자 대상에서 제외합니다. 우리는 수억 달러 단위로 투자해야 하므로 규모가 작아 제외하는 시장이 많습니다. 투명성도 중요합니다. 그러나 우리가 가치를 평가할 수만 있으면 회계 투명성은 그다지 중요하지 않습니다.

그런데 세계 상장 회사 시가 총액의 53%를 미국 기업이 차지하고 있으므로 미국 시장이 중요하다는 사실을 기억하시기 바랍니다.

Q 11. 경기를 전망할 때 **일본 경제**도 고려하나요?
버핏: 우리는 거시 경제에 그다지 관심이 없습니다. 거시 경제 전망을 잘한

다고 해서 우리가 투자 실수를 피할 수 있다고는 생각하지 않습니다.

1972년 우리가 시즈캔디를 인수한 직후 발생한 사건들을 돌아봅시다. 1973년 아랍이 석유 수출을 금지하면서 1차 석유 파동이 발생했습니다. 이후 인플레이션이 발생했고 정치는 혼란에 빠졌습니다. 1972~1982년 동안 인플레이션이 심해져 우대 금리가 20%에 도달했으며 세계 곳곳에서 분쟁이 이어졌습니다.

우리가 이러한 거시 경제 변수를 모두 내다보았다면 시즈캔디 인수를 포기해 절호의 기회를 날렸을지도 모릅니다. 거시 경제 예측보다는 훌륭한 기업을 알아보는 안목이 더 중요합니다.

Q 12. **코카콜라와 질레트**는 주가가 고점 대비 약 30% 하락했는데, 그래도 여전히 흥미진진한 기업이라고 보나요?

버핏: 우리는 좋아하는 기업 주식을 샀다 팔았다 하지 않습니다. 시점을 선택하기가 매우 어려운 데다가 세금 문제도 있기 때문입니다.

코카콜라와 질레트 둘 다 실망감을 안겨주었지만, 흔히 일어나는 일입니다. 세상만사가 항상 원하는 방향으로 흘러가는 것은 아니니까요. 디즈니도 마찬가지입니다.

나는 코카콜라와 질레트의 사업 추세에 대해 불만이 전혀 없습니다.

Q 13. 버크셔가 가장 낮은 비용으로 **자금을 조달하는 방법**은 무엇인가요? 지금은 채권 발행이 타당한 시점 아닌가요?

버핏: 버크셔에 가장 유리한 자금 조달원은 플로트입니다. 우리 플로트는 저비용이지만, 이렇게 저비용 플로트를 창출하는 보험사는 많지 않습니다. 채권은 우리에게 저비용 자금이 아니므로 발행할 계획이 없습니다.

Q 14. 버크셔의 **S&P500 지수 편입**에 대해 어떻게 생각하나요?

버핏: S&P 관계자들도 유동성 문제만 없다면 버크셔가 지수에 포함되어야 한다고 생각합니다. 이제 인덱스 투자는 10~15년 전에 사람들이 생각했던 것보다 훨씬 인기를 끌고 있습니다. 인덱스 펀드로 유입되는 자금 규모는 계속 증가 중입니다. 버크셔가 S&P500 지수에 포함된다면 곧바로 유통 주식 수의 6~7%에 해당하는 시장가 주문market order이 나오게 되는데, 이는 하루 약 10만 주에 해당합니다. 그러나 좋아할 일이 아닙니다. 주가는 상승하겠지만 아무도 사지 못할 것입니다. 사지도 못할 주식을 지수에 편입하는 것은 옳은 일이 아닙니다. 해결 방법이 한 가지 있습니다. 우리가 주식을 매도해 수요 증가 효과를 상쇄하는 방법입니다. 문제는 단지 지수 편입을 위해 주식을 팔고 싶지는 않다는 점입니다. 어쩌면 호주에서 사용한 방법을 쓸 수도 있을 것입니다. 12개월에 걸쳐 단계적으로 비중을 늘려가는 것입니다. 그러면 시장가 주문이 월 10만 주 정도이므로 대처하기 쉬워집니다. 지금까지는 S&P가 이러한 방법을 써본 적이 없지만, 인덱스 투자가 계속 증가한다면 이러한 방법도 쓰게 될 것입니다.

유의할 사항이 있습니다. S&P500 지수에 편입되고 나서 실적이 악화하는 기업이 많습니다. 지수 편입 직후에 인위적으로 증가하는 주식 수요는 장기간 지속될 수 없기 때문입니다. 따라서 지수 편입 초기 주가가 급등했을 때 공매도하면 돈을 벌 수 있습니다.

멍거: 내 짐작에 버크셔는 결국 S&P500 지수에 편입될 것입니다. 시간은 걸리겠지만 누군가 방법을 찾아낼 것입니다.

Q 15. 버크셔는 **자선 활동**을 얼마나 하고 있나요?

버핏: 우리 연차 보고서에 주주 지정 기부금 프로그램에 대한 설명이 있습

니다. 이 프로그램 외에 우리는 올해 연방 정부에 법인세로 약 26억 달러를 납부했습니다.

우리는 다른 방법으로도 사회에 기여하고 있습니다. 사람들이 원하는 상품과 서비스를 낮은 가격으로 공급하고 있습니다. 가이코가 그러한 예입니다. 가령 가이코가 약 15% 낮은 가격으로 보험 상품을 판매한다면, 우리 수입 보험료 합계가 40억 달러일 경우 우리 고객은 약 6억 달러를 절감하게 됩니다.

소유주의 자산을 우리 마음대로 기부하는 행위는 바람직하지 않다고 생각합니다. CEO가 개인적으로 좋아하는 자선 단체에 회사 자금을 기부해서는 안 됩니다. 우리는 그러한 자선 활동은 하지 않을 것입니다.

멍거: 내 생각은 워런과 조금 다릅니다. 돈을 쌓아두기만 하는 것은 바람직하지 않다는 주주의 말씀에 박수를 보냅니다. 우리가 모범을 보일 필요가 있다고 생각합니다.

Q 16. 버크셔가 **플로트를 창출하는 목적**은 무엇인가요?

버핏: 우리 플로트는 1967년 보험 사업에 진출했을 때 내가 생각했던 것보다 훨씬 빠른 속도로 증가하고 있습니다. 나는 저비용 플로트를 최대한 빠른 속도로 증가시키려고 노력했습니다. 저비용 플로트를 최대한 빠르게 증가시키는 것이 버크셔의 중요한 목표이기도 합니다. 버크셔의 성장은 우리 플로트가 얼마나 증가하느냐에 좌우되기 때문입니다.

Q 17. 버크셔는 왜 **생명 보험 사업**을 기피하나요? 간혹 버크셔 **A주와 B주**가 상대적으로 저평가되는 이유는 무엇인가요?

버핏: 생명 보험 사업에 대해 특별한 편견을 가지고 있는 것은 아닙니다. 사

실은 우리도 제너럴 리를 통해서 생명 보험 사업을 하고 있습니다. 문제는 수익성이 그다지 좋지 않다는 점이며, 결국 다른 사람을 위해서 주식을 운용하게 된다는 점입니다. 우리는 두 가지 역할을 동시에 할 생각이 없습니다. 오로지 버크셔만을 위해서 주식을 운용하고 싶습니다. 가장 좋은 투자 아이디어를, 버크셔가 아닌 다른 사람을 위해서 사용하고 싶지 않다는 말입니다.

간혹 버크셔 A주나 B주가 상대적으로 저평가되는 현상에 대해서 설명한 자료를 얼마 전 우리 웹사이트에 올렸습니다. B주의 가치는 A주의 1,500분의 1을 초과할 수 없다는 점을 명심하시기 바랍니다. 두 주식의 가격이 균형 상태에서 벗어나면 균형 상태를 회복하는 방향으로 차익 거래가 일어날 것입니다.

고평가 주식을 공매도하는 동시에 저평가 주식을 매수하는 차익 거래가 나타날 것입니다. 세금 문제가 발생하지 않으면 나도 직접 차익 거래에 참여할 생각입니다. 내가 알기로 현재 일부 비과세 투자자가 차익 거래에 참여하고 있습니다.

Q 18. 당신은 1960년대에 시장이 고평가되었다고 판단하고 버핏 투자조합을 청산했습니다. 버크셔의 동업자가 100명에 불과하다면, **버크셔도 청산할 생각**이 있나요?

버핏: 버크셔가 유가 증권만 보유하고 있다면 나는 십중팔구 동업자의 의견을 따를 것입니다. 그러나 우리는 훌륭한 자회사를 다수 보유하고 있으므로 지금은 상황이 다릅니다. 당시에는 동업자들의 기대가 매우 높아서 내가 엄청난 압박감을 느꼈습니다. 나는 동업자들을 실망시키고 싶지 않았으므로 투자조합을 청산했습니다.

Q 19. 인터넷 덕분에 AT&T나 노키아 등 통신주의 매출과 이익이 급증하는 추세인데, **통신주에 투자할 생각**이 있나요?

버핏: 흥미롭게도 AT&T를 언급하셨지만, AT&T는 요금을 계속 인상했는데도 장기간 실적이 부진합니다. 통신업을 잘 이해하는 사람은 막대한 돈을 벌 수 있겠지요. 오마하에도 그러한 사람이 많을 것입니다. 그러나 나는 아닙니다.

훌륭한 기업을 찾아낸다고 해서 꼭 큰돈을 버는 것은 아닙니다. 20세기로 접어들 무렵 새로 등장해서 이후 세상의 판도를 바꿔놓은 두 산업이 항공과 자동차입니다. 둘은 훌륭한 산업이었지만 투자 대상으로는 형편없었습니다. 두 산업에 투자된 막대한 자금은 허공으로 사라졌습니다. 이러한 산업에 편승해서 돈을 벌기는 매우 어려웠습니다.

Q 20. **기술 발전**이 투자에 영향을 미친다고 보나요?

버핏: 앨런 그린스펀에 의하면 우리는 측정하기 어려운 요소 덕분에 인플레이션 없는 성장을 구가하고 있습니다. 그 요소에는 십중팔구 기술 발전이 포함될 것입니다. 주식도 그 덕을 보았고 채권도 덕을 보았습니다. 시장을 보면 알 수 있습니다. 사회도 그 혜택을 보고 있습니다.

기술 발전이 우리 사업에 미치는 영향에 대해서 말하자면, 우리는 신중한 입장입니다. 그래서 기술 발전에 의해 비즈니스 모델이 바뀔 위험이 있는 기업은 피하려고 노력합니다.

멍거: 예컨대 강철 앞코 작업화steel toe work shoe라면 기술 발전의 영향을 많이 받지 않을 것입니다.

버핏: 코카콜라 제품의 본질은 지난 50년 동안 바뀌지 않았습니다. 우리는 이러한 원칙을 고수한 탓에 놓친 대박 종목도 많지만, 피한 쪽박 종목도 많

습니다.

땅콩 캔디도 기술 발전의 영향을 많이 받지 않을 것입니다.

Q 21. 10년 후에도 코카콜라가 여전히 탄산음료를 팔듯이 10년 후 **마이크로
소프트** 역시 소프트웨어를 개발한다고 보면, 마이크로소프트도 유망한 투자 후
보가 아닌가요?

버핏: 현재 첨단 기술 회사 주식은 예컨대 1990년대 초 제약회사 주식 가격
으로 살 수가 없습니다. 내가 첨단 기술 주식 하나를 선택해야만 한다면 마
이크로소프트를 선택할 것입니다. 그러나 나는 그럴 필요가 없습니다. 더
박식하고 자신 있는 사람이라면 그러한 투자도 할 수 있고 수익도 얻을 자
격이 있겠지만요.

우리는 확실한 수익을 얻을 수 있다면 대규모 수익 가능성도 포기할 수
있습니다. 1991년 빌 게이츠는 자신이 무인도에 가게 된다면 사두고 싶은
기술주 두 종목을 내게 알려주었습니다. 당시 우리가 두 종목을 매수했다
면 아마 코카콜라에 투자했을 때보다도 많은 돈을 벌었을 것입니다. 그런
데 그는 세 번째 종목으로 코카콜라도 제시했고 우리는 기꺼이 코카콜라를
계속 보유하기로 했습니다. 소프트웨어회사보다는 코카콜라가 10년 후에
도 생존할 가능성이 더 높다고 보았기 때문입니다.

요즘 거래되는 소프트웨어회사 주가에는 몇 년 안에 연 2억 달러 이상
이익이 나올 것이라는 기대감이 반영되어 있습니다. 그러나 이러한 실적을
내는 회사는 많지 않습니다. S&P500 기업 중에서도 이러한 실적을 내는
회사는 10여 개에 불과합니다.

바이오 기업을 돌아봅시다. 성장을 거듭해 1990년대 초 주가에 걸맞은
시가 총액을 달성한 기업이 몇 개나 있나요?

Q 22. 당신은 **다시 태어나도 워런 버핏**으로 태어나고 싶은가요?

버핏: 나는 B 여사로 태어나고 싶습니다. 104세까지 살았거든요.

　나는 하루하루가 즐겁습니다. 25세에 즐거웠듯이 지금도 즐겁습니다. 내가 좋아하는 사람들과 함께 일하고 있습니다. 나는 이대로가 좋습니다. 다른 사람으로 바뀌고 싶어 하는 사람을 나는 이해할 수가 없습니다.

Q 23. **재산 상속**에 대해 어떻게 생각하나요?

버핏: 나는 능력주의가 옳다고 확신합니다. 단지 부모를 잘 만났다는 이유로 인생이 훨씬 유리해져서는 안 된다고 생각합니다. 사람들이 자신의 행동에 따라 보상받아야 사회에도 유리하다고 믿습니다.

멍거: 역사를 돌아보면 막대한 재산을 상속받고서도 성공하지 못한 사람들이 많습니다.

가치투자는 좋은 주식을
끈질기게 보유하는 것입니다

❖

2000년

장소: 시빅 오디토리엄

참석자: 약 1만 명

포춘 500 순위: 64위

버크셔 주가: $56,177

1964년 $1 → 2000년 $4,541

1964년 BPS $19.46 → 2000년 $40,442 (연 23.6%)

같은 기간 S&P500 수익률 연 12.4%

Q 1. 필립 피셔가 제시한 **매도 원칙 두 가지**에 동의하나요?

버핏: 나는 소유주 안내서에서 기업 매각에 대한 생각을 밝혔습니다. 내가 대중의 생각을 좇아 기업을 인수하거나 매각하는 일은 절대 없을 것입니다. 피셔와 달리 나는 일부 주식은 영원히 보유할 수 있다고 생각합니다.

멍거: 우리는 문제 해결이 불가능한 경우를 제외하면 보유 기업을 매각한 사례가 거의 없습니다.

Q 2. **가치주와 성장주**를 어떻게 구분하나요?

버핏: 가치주와 성장주의 차이는 뚜렷하지 않습니다. 기업의 가치는 그 기업이 창출하는 현금의 현재 가치입니다. 그러므로 우리가 가치주와 성장주를 평가하는 방법은 다르지 않습니다. 관건은 '그 기업에서 나오는 가치를 얼마로 판단하느냐'입니다. 우리는 주식을 매수할 때도 전체 기업의 일부를 인수한다고 생각합니다.

세계 최초의 투자 지침은 이솝이 제시한 "손안의 새 한 마리가 숲속의 새 두 마리보다 낫다"입니다. 이솝이 빠뜨린 말은 '숲속의 새 두 마리를 잡는 시점은 언제이고 적용하는 할인율은 얼마인가'입니다. 사람들은 숲속의 새를 성장주로 생각하지만 그 새가 언제 손안에 들어오는지도 파악해야 합니다. 흔히 사람들은 반드시 해야 하는 계산을 빠뜨리기도 합니다.

멍거: 지능적인 투자는 모두 가치투자입니다. 지불하는 가격보다 얻는 가치가 더 많기 때문입니다. 몇몇 훌륭한 기업을 찾아내서 끈질기게 보유하는 투자 방식입니다.

Q 3. **BPS**를 이용해서 내재 가치를 계산할 수 있나요?

버핏: 정말로 훌륭한 기업은 BPS가 필요 없습니다. BPS는 내재 가치를 대

신할 수 없을뿐더러 내재 가치의 대리 지표로도 그다지 유용하지 않습니다. 1965년에는 버크셔의 내재 가치가 BPS보다 낮았지만 지금은 BPS보다 훨씬 높습니다. 버크셔의 내재 가치를 계산할 때 출발점으로 사용하기에는 BPS도 나쁘지 않습니다. 그러나 우리가 일반 주식을 평가할 때는 BPS를 보지 않습니다.

Q 4. **현재 시장**을 어떻게 보나요?

버핏: 현재 엄청나게 저평가된 종목은 보이지 않으며, 설사 보인다 해도 십중팔구 매물이 거의 없을 것입니다.

멍거: 지금은 매우 이례적인 시기입니다. 주거용 부동산과 주식 모두 가격이 급등했습니다.

버핏: 1억 달러도 차입하지 못하는 기업의 시가 총액이 수십억 달러나 됩니다. 1920년대를 포함해도 가장 극적으로 고평가된 시점입니다.

멍거: 600년 만에 최악의 불황이 닥친 1930년대를 포함해서, 현대 자본주의 역사상 가장 극적인 시점이라고 생각합니다. 1930년대만큼이나 '이번엔 다르다'라는 심리가 극심하지만, 그 방향이 반대입니다.

버핏: 결과를 예측하기가 쉽지 않습니다. 작년에 발행 시장에서 무지한 투자자로부터 긁어모은 돈도 틀림없이 사상 최대액일 것입니다.

Q 5. **기술주 투기 광풍**이 부는 시장이 언제 붕괴할까요?

버핏: 언제든 시장에 투기 거품이 형성되면 결국 조정이 이루어졌습니다. 벤저민 그레이엄은 시장이 단기적으로는 인기도를 가늠하는 투표소와 같지만 장기적으로는 실체를 측정하는 저울과 같다고 말했습니다. 단순한 부의 이전만으로는 부가 창출되지 않습니다. 매매 과정에서 발생하는 마찰

비용으로 모조리 사라지기 때문입니다.

네브래스카에서도 농장 가격이 폭등했다가 폭락하자 많은 사람들과 은행들이 거덜 났습니다. 참여하는 사람이 매우 많으면 이들의 착각이 오랜 기간 진실로 통하게 됩니다.

멍거: 끔찍한 과열은 끔찍한 결과를 낳습니다. 폰지 사기는 인터넷의 훌륭한 잠재력과 섞어도 결국 사기입니다. 똥에 건포도를 섞어도 여전히 똥인 것처럼 말이지요.

Q 6. **기술**이 투자에 악영향을 미친다고 생각하나요?

버핏: 우리가 기술주 투자를 종교적 금기처럼 여기는 것은 아닙니다. 단지 장래 모습이 그려지는 기술주를 찾지 못할 뿐입니다. 예컨대 10년 후 숲의 모습이 어떻고 그 숲속의 새가 몇 마리인지 알 수 없다는 말입니다.

나는 인터넷이 버펄로 뉴스에 미치는 영향에 대해서 스탠 립시와 자세한 이야기를 나누었습니다. 인터넷은 추가 비용 없이 뉴스를 전달할 수 있으므로 신문 산업은 극적인 변화를 겪게 될 것입니다. 현재 신문사 인수 가격에는 신문사의 장래 경제성이 제대로 반영되지 않았습니다.

Q 7. 법무부는 **마이크로소프트**를 분할하려고 하는데 이는 현명하지 못한 처사라고 생각합니다. 아주 잘 돌아가는 기업에 굳이 손댈 이유가 있을까요?

버핏: 20년 전만 해도 미국은 세계 산업에서 독일이나 일본에 뒤처졌다는 열등감에 시달리고 있었습니다. 그러나 이제 소프트웨어 분야에서는 미국이 다른 나라를 모두 제쳤습니다. 우리가 압도적으로 앞서고 있으므로 누가 2위인지조차 알아보기 어려울 정도입니다. 소프트웨어는 장차 매우 중요한 섹터가 될 것입니다.

고평가 종목 배후의
작전 세력

❖

2001년

장소: 시빅 오디토리엄

참석자: 약 1만 명

포춘 500 순위: 40위

버크셔 주가: $71,120

1964년 $1 → 2001년 $5,749

1964년 BPS $19.46 → 2001년 $37,920 (연 22.6%)

같은 기간 S&P500 수익률 연 11.8%

Q 1. **변동성**으로 주식의 위험을 측정할 수 있나요?

버핏: 주식의 위험 척도로 변동성을 사용하는 사람은 제정신이 아닙니다. 우리에게 위험이란 1) 영구적인 원금 손실이나 2) 불충분한 수익률입니다. 수익률 변동성이 매우 큰 기업 중에도 훌륭한 기업이 있습니다. 예를 들면 시즈캔디는 매년 2개 분기에 손실이 발생합니다. 그리고 실적이 안정적인 기업 중에도 형편없는 기업이 있습니다.

멍거: 교수들이 어떻게 이러한 터무니없는 사고방식을 퍼뜨릴 수 있는지 이해가 안 됩니다. 나는 이러한 미친 사고방식이 사라지길 수십 년이나 기다렸습니다. 그동안 약해지긴 했지만 아직도 사라지지 않았습니다.

버핏: 누군가 베타 이야기를 꺼내면, 지갑을 닫으세요.

Q 2. 기업이 **예전과 다른 모습**을 보이면 어떻게 하나요?

버핏: 훌륭한 기업이 멍청한 일에 돈을 쓰면 빠져나오는 편이 현명합니다. 기업이 생각을 바꾸도록 설득하는 방법도 있긴 하지만, 바꾸기가 쉽지 않습니다. 누구나 자신의 기질에 잘 맞는 투자 기법을 사용해야 합니다.

Q 3. 얼마 전까지만 해도 사람들은 **켈로그와 캠벨 수프의 해자**가 막강하다고 생각했는데 주가가 폭락했습니다. 어떻게 생각하나요?

버핏: 내가 두 회사의 전문가는 아니지만, 켈로그는 가격을 지나치게 인상한 듯합니다. 켈로그는 제너럴밀스 등 주요 경쟁사에 대해 해자를 보유했다고 생각했지만 사실은 그렇지 않았습니다. 캠벨 수프의 문제는 미국인의 생활 스타일 변화와 더 관련됩니다. 40년 전과 달리 이제 수프는 빈곤층에 어울리는 식품이 되었습니다.

청량음료는 수십 년 동안 수요가 감소하지 않았습니다. 미국인이 소비하는 액체의 30%는 탄산음료고 그중 40%가 코카콜라 제품입니다. 따라서 미국에서 소비되는 액체의 12%는 코카콜라 제품입니다.

커피와 우유 소비는 매년 감소하고 있습니다. 사람들이 탄산음료의 맛을 본 이후에는 선호도 추세가 명확해졌습니다. 이러한 추세는 신흥국에서도 나타날 수밖에 없는데, 현재 신흥국의 코카콜라 제품 소비량은 미국의 2%에 불과합니다. 물론 코카콜라가 가격을 지나치게 인상해서 판을 깰 수도 있겠지요.

코카콜라는 상대 가격 측면에서도 혜택을 보았습니다. 1930년 이후 온스당 원가가 겨우 두 배가 되었을 뿐입니다. 이렇게 가격 인상률이 낮았던 덕분에 1인당 소비량이 대폭 증가할 수 있었습니다.

멍거: 켈로그와 캠벨 수프의 해자가 약해진 것은 월마트와 코스트코 등 소매 업체의 협상력이 강해진 탓이기도 합니다. 월마트와 코스트코의 협상력은 극적으로 강해졌습니다.

버핏: 소매 업체와 유명 제조 업체는 항상 서로 싸웁니다. 1930년대에는 소매 업체 A&P가 유명 제품까지 보유하면서 매우 좋은 실적을 올렸습니다. 이후 일어난 사건도 흥미롭습니다.

Q 4. **공매도**에 대해서 어떻게 생각하나요?

버핏: 공매도는 흥미로운 연구 대상입니다. 공매도 때문에 망한 사람이 많습니다. 공매도를 하면 여러분도 망할 수 있습니다.

극적으로 저평가된 주식보다 극적으로 고평가된 주식이 훨씬 많습니다. 작전 세력에 의해서 주가가 내재 가치의 5~10배로 상승하는 사례는 흔하지만, 주가가 내재 가치의 10~20%로 하락하는 사례는 드물기 때문입니다.

여러분은 공매도가 쉽다고 생각할지 몰라도 사실은 쉽지 않습니다. 고평가 종목의 배후에는 대개 작전 세력이 있습니다. 이들은 보유 주식을 이용해 가치를 부풀릴 수 있습니다. 예를 들어 가치가 10달러인 주식이 100달러에 거래될 때, 이들은 가치를 50달러로 부풀릴 수 있습니다. 그러면 월스트리트에서는 "이 엄청난 가치 창출을 주목하라!"고 말하면서 게임을 진행합니다. 작전 세력의 아이디어가 바닥나기 전에, 공매도자의 주머니가 바닥나기 쉽습니다.

우리가 공매도를 생각했던 종목이 결국은 모두 폭락했지만, 그 과정은 매우 힘들었습니다. 매수 포지션으로 돈을 벌기가 훨씬 쉽습니다. 공매도는 손실 위험이 커서 거액을 걸 수가 없습니다.

멍거: 공매도를 했는데 작전 세력이 주가를 끌어올리면 미치도록 화가 납니다. 살아가면서 그렇게 화낼 필요가 있을까요?

버핏: 버크셔는 규모가 거대하므로 공매도를 절대 하지 않습니다.

Q 5. **공익사업**에 대해서 어떻게 생각하나요?

버핏: 전력 생산은 거대한 사업이므로 우리도 여기에 거액을 투자했습니다.

1935년에 제정된 공익기업지주회사법(Public Utilities Holding Company Act: PUCA)에는 공익기업 지주회사의 활동을 제한하는 규정이 많습니다. 당시에는 지주회사가 저지르던 폐해를 억제하려는 목적이었으므로 타당한 규정이었습니다. 그러나 지금도 이러한 규정이 버크셔의 공익기업 인수를 제한하는 것은 사회에도 이롭지 않다고 생각합니다. 이 법이 없었다면 우리는 지난 몇 년 동안 공익기업을 한두 개 인수할 수 있었습니다.

캘리포니아 전력 위기가 발생한 원인은 규제 완화가 아닙니다. 전력 생산 업체가 전력 공급을 축소해 요금을 인상하고자 했기 때문입니다. 시장에 새로 참여하는 전력 생산 업체의 원가가 기존 원가의 3배라면 전력 요금 인하는 기대하기 어렵습니다. 나는 과거 시스템이 사회에 더 이롭다고 생각합니다.

멍거: 과거 시스템에는 님비 문제가 있었습니다. 불합리하고 이기적인 사람에게 결정을 맡기면 곤경에 빠지게 됩니다. 현재 정유 업계에서도 똑같은 문제가 발생할 수 있습니다.

Q 6. **항공 산업**에 대해 어떻게 생각하나요?

버핏: 관건은 총원가가 아니라 경쟁사 대비 원가입니다. 원가가 지나치게 높은 기업은 결국 망하게 됩니다.

멍거: 항공사 조종사 노조는 정말 강성입니다. 높은 보수를 받는 조종사의 노조가 그렇게 강성이라는 점이 흥미롭습니다. 사업장 폐쇄를 장기간 감당할 수 있는 항공사는 없습니다.

버핏: 장기 파업을 감당할 수 없는 회사는 노조와 치킨 게임을 벌이게 됩니다. 아이러니하게도 회사가 허약하면 회사의 협상력이 더 강해집니다.

Q 7. **패니메이와 프레디맥**에 대해 어떻게 생각하나요?

버핏: 두 회사의 사업 방식을 보면, 회사에 손실을 끼치지는 않을지 몰라도 마음이 편치 않습니다. 우리는 두 회사에 대한 정부의 규제가 증가할까 걱정스러워서 두 회사 주식을 매도한 것이 아닙니다. 오히려 정부 규제가 완화될까 걱정스러웠습니다. 우리는 두 회사의 위험 특성이 바뀌었다고 생각합니다.

멍거: 우리만 그러한지 모르겠지만, 우리는 재무 위험에 매우 예민합니다.

버핏: 금융회사의 재무제표만 보아서는 알 수 없는 사항이 많습니다. 우리는 그러한 사례를 많이 보았으므로 경계를 늦추지 않습니다. 현재 금융회

사가 제대로 굴러가는지 확신할 수 없다는 말입니다. 일부 업종에서는 기업의 문제점을 조기에 발견할 수 있지만 금융회사의 문제점은 흔히 뒤늦게 발견하게 됩니다.

멍거: 금융회사가 좋은 실적을 내려고 노력할 때 우리는 더 불안해집니다.

Q 8. **코카콜라, 이그제큐티브 제트** 등의 구체적인 숫자를 알려주겠습니까?

버핏: 회사마다 특성이 다릅니다. 이그제큐티브 제트 같은 서비스회사는 원가 중에서 인건비와 자본적 지출의 비중이 큽니다. 카펫회사는 원자재 구매 비용의 비중이 크고 인건비는 15%에 불과합니다. 원가는 회사마다 다릅니다. 소매회사의 원가에는 구입 상품과 인건비가 포함되고, 보험사의 원가 중 보상금 비용은 여러 해에 걸쳐 발생할 수 있습니다. 우리는 원가 구조를 이해할 수 있어야 하고, 경영진이 탁월한지, 지속적인 경쟁 우위가 있는지를 알아야 합니다.

Q 9. **기술주 저점 매수**에 대해 어떻게 생각하나요?

버핏: 시가 총액이 보유 현금보다도 적은 기술주가 많긴 하지만, 이들은 계속 지출할 작정이므로 결국 보유 현금이 바닥날 것입니다.

현재 기술주가 전반적으로 저평가되었다는 시각이 있지만 우리 눈에는 그렇게 보이지 않습니다. 대형 제약주는 탁월한 ROE를 기록하고 있지만 기술주는 ROE가 높지 않습니다.

그동안 인터넷 기업은 사람들의 희망을 이용해 돈을 벌어들였습니다. 막대한 자금이 호구의 주머니에서 시장 조성자의 주머니로 넘어갔습니다. 시장이 거대한 함정이 되었습니다.

지난 몇 년 동안 월스트리트는 실적을 분석하는 대신 사람들의 희망과 탐욕을 부채질해 막대한 돈을 벌어들였습니다.

Q 10. 지금까지 버크셔가 저지른 **가장 큰 실수**는 무엇인가요?

멍거: 버크셔 역사상 가장 큰 실수는 기회를 잡지 않았던 것들입니다. 우리는 기회를 보고도 잡지 않은 탓에 수십억 달러에 이르는 손실을 보았습니다. 그런데도 이 실수를 계속하고 있습니다. 전보다 개선되는 중이긴 하지만, 이러한 실수를 절대 벗어나지 못할 것입니다.

실수는 두 종류입니다. 첫째는 수수방관으로, 워런은 "손가락 빨기"라고 부릅니다. 둘째는 대규모로 매수해야 하는데 눈곱만큼만 매수하는 실수입니다.

Q 11. 투자 분야에서 추천하는 **경영대학원**과 교수는요?

버핏: 컬럼비아대학의 브루스 그린월드 교수를 추천합니다. 그의 연구는 실용적입니다. 플로리다대학교와 미주리대학교도 교육 과정이 훌륭합니다.

멍거: 스탠퍼드대학교 잭 맥도널드 교수도 훌륭합니다. 자체적으로 올바른 학파를 형성하고 있습니다. 그러나 워런과 내가 동의하지 않는 내용도 많이 가르칩니다.

공매도는
위험합니다

❖

2002년

장소: 시빅 오디토리엄

참석자: 약 1만 4,000명

포춘 500 순위: 39위

버크셔 주가: $75,743

1964년 $1 → 2002년 $6,123

1964년 BPS $19.46 → 2002년 $41,727 (연 22.2%)

같은 기간 S&P500 수익률 연 11.0%

Q 1. **인덱스 펀드**에 대해서 어떻게 생각하나요?

버핏: S&P500 같은 광범위 인덱스 펀드를 선택하세요. 돈을 한꺼번에 넣지 말고 일정 기간에 걸쳐 나누어 넣으십시오. 존 보글이 쓴 책들을 추천합니다. 이들 책에 알아야 할 내용이 모두 들어 있으므로 펀드 투자자라면 누구나 읽어야 합니다.

멍거: 그러나 일본처럼 시장이 장기간 상승하지 못하면, 인덱스 펀드에 투자해도 좋은 실적을 거두기 어렵습니다.

Q 2. **가치 평가 척도**로 무엇을 사용하나요?

버핏: 한 기업의 S&P500 대비 적정 PER은 ROE와 ROIC에 따라 결정됩니다. 나는 PER 같은 상대 평가 척도 하나만 보지는 않습니다. PER, PBR, PSR이 그다지 유용하다고 생각하지도 않습니다. 사람들은 공식을 원하지만 공식으로 평가하기도 그다지 쉽지 않습니다. 기업을 평가하려면 지금부터 망할 때까지 기업에서 나오는 잉여 현금흐름을 추정하고 여기에 적정 할인율을 적용해 현재 가치로 환산해야 합니다. 현금은 모두 평등합니다. 따라서 기업의 경제성만 평가하면 됩니다.

Q 3. **스톡옵션**에 대해 어떻게 생각하나요?

멍거: 스톡옵션은 사람의 행태에 심각한 악영향을 미쳤습니다. 동기를 부여하려고 60대에 접어든 창업자 겸 CEO에게 대규모 스톡옵션을 제공하는 것은 미친 짓입니다. 60대에 접어든 메이요 클리닉(미국의 유명 종합병원) 의사나 크래버스(미국의 유명 로펌) 변호사가 스톡옵션을 받았다고 일을 더 열심히 할까요?

버핏: 스톡옵션은 개인의 성과와 무관하게 제공되는, 지극히 불안정한 보상

이 될 수 있습니다.

CEO가 회사 자금을 은행에 넣어두기만 해도 회사의 가치는 시간이 흐를수록 상승하므로 스톡옵션에 자본 비용 개념을 반영해야 합니다. 또한 주가가 내재 가치 미만일 때는 스톡옵션을 발행해서는 안 됩니다.

멍거: 옵션이 비용이 아니라는 주장 탓에 무절제한 행태가 넘쳐났습니다. 이 때문에 사람들은 보상이 불공정하다고 인식하게 되었으므로 국가에도 악영향을 미쳤습니다.

버핏: 두둑한 보수를 받는 CEO가 스톡옵션을 비용 처리하지 않으려고 국회의원을 설득하고 있습니다. 수치스러운 일입니다.

이들은 자신이 받는 스톡옵션이 감소할까 두려워서 비용 처리에 반대하고 있습니다. 만일 CEO의 급여를 비용 처리하지 않는다는 규정이 있다면, 장담하건대 이들은 이 규정도 지키려고 투쟁할 것입니다. 스톡옵션을 비용 처리하기만 한다면, 나는 스톡옵션에 반대하지 않습니다.

우리는 일부 기업에 대해서는 보험료로 현금 대신 스톡옵션을 받아줄 수 있습니다. 10년 만기 50% 외가격 옵션까지도 받아줄 생각입니다.

멍거: 스톡옵션은 비용인 동시에 주식 가치 희석에 해당합니다. 이와 다른 주장을 한다면 제정신이 아닙니다. 존 도어(미국 투자가)의 권고를 수용할 바에는 차라리 사창가에서 피아노를 연주하면서 돈을 벌겠습니다.

버핏: 델을 보십시오. 델은 옵션 수백만 건을 매매하고 있지만 사람들은 델이 옵션 평가 방법을 모른다고 말합니다. 허울만 그럴듯할 뿐, 사람들과 단절되어 있습니다.

나는 비상장 회사, 상장 회사, 아파트, 농장 등의 옵션 가격을 계산할 수 있습니다. 모든 옵션에는 가치가 있습니다. 그래서 이 사실을 잘 이해하는 사람은 옵션을 확보합니다.

우리는 블랙숄즈 모형을 맹목적으로 사용하지 않습니다. 우리가 판단합니다. 우리는 어떤 옵션에 대해서든 대가를 치를 용의가 있습니다.

멍거: 블랙숄즈 모형은 단기 옵션에만 적용됩니다. 장기 옵션 평가에 블랙숄즈 모형을 사용하려 한다면 제정신이 아닙니다.

버핏: CEO는 자신이 받는 스톡옵션의 가치를 낮추려고 수단과 방법을 가리지 않습니다. 우리는 그러한 회의에도 참석했습니다. 이들은 옵션 만기가 실제보다 더 짧다고 가정하는 등 다양한 방법을 동원합니다.

멍거: 스톡옵션 관련 사항 모두가 역겹다는 사실만은 변함없습니다.

Q 4. EBITDA에 대해 어떻게 생각하나요?

버핏: 이제 EBITDA(Earnings Before Interest, Taxes, Depreciation and Amortization – 이자, 법인세, 감가상각비, 감모상각비 차감 전 순이익)가 놀라울 정도로 널리 사용되고 있습니다. 사람들이 EBITDA로 재무제표를 분석하고 있습니다.

우리는 EBITDA를 논하는 기업에 투자하지 않을 생각입니다. 모든 기업을 EBITDA 사용 그룹과 비사용 그룹으로 구분한다면, 나는 EBITDA 사용 그룹에서 사기가 훨씬 많을 것으로 추측합니다. 월마트, GE, 마이크로소프트 같은 기업은 연차 보고서에 EBITDA를 절대 사용하지 않습니다.

EBITDA를 사용하는 사람들은 투자자를 속이거나 자신을 속이려는 것입니다. 예를 들어 통신회사는 들어오는 돈을 한 푼도 남김없이 지출합니다. 이자와 세금은 분명히 비용입니다.

Q 5. 엔론과 분식 회계에 대해 어떻게 생각하나요?

멍거: 분식 회계는 문명사회에 대한 저주입니다. 복식 부기는 역사상 가장

위대한 발전의 하나로 꼽을 수 있습니다. 이러한 회계를 사기에 이용한다면 수치입니다. 민주주의에서는 흔히 스캔들이 발생해야 개혁이 이루어집니다. 엔론은 오랜 기간 기업 문화가 타락한 모습을 가장 명확하게 보여주는 사례입니다.

버핏: 이제 사람들이 기업을 더 면밀하게 보게 되었으므로, 엔론도 미국 경제에 기여하긴 했습니다. 엔론 덕분에 회계 법인이 확실히 혜택을 보게 되었습니다. 꼭 필요한 혜택이었습니다.

멍거: 회계 법인 하나는 제외하고요.

버핏: 살로먼이 파산했다면 애석한 일이 되었을 것입니다. 이 문제에 대해서는 찰리와 나의 견해가 다를 수 있습니다. 아서 앤더슨의 무고한 직원 4만 명은 어쩌란 말인가요?

멍거: 나도 매우 불공평하다고 생각합니다. 그러나 파산 없는 자본주의는 지옥 없는 기독교와 같습니다. 통제 시스템이 없어서 이 정도로 망가졌다면 아서 앤더슨 같은 회사는 파산해야 마땅합니다.

버핏: 우리가 끔찍한 잘못을 저질렀을 때 버크셔의 모든 직원이 피해를 입어도 공평할까요?

멍거: 우리가 잘못을 저질러도 버크셔가 망할 수는 없습니다. 그러나 아서 앤더슨은 파트너십이어서 특히 취약했습니다. 파트너십은 고객 선정 등 행동에 더 조심해야 합니다.

Q 6. **석면 채무**에 대해 어떻게 생각하나요?

버핏: 석면은 우리 채무 중 큰 비중을 차지합니다. 석면 피해는 계속해서 폭발적으로 증가하고 있지만 다행히 우리의 채무는 상한액이 설정되어 있습니다. 작년 우리는 석면 피해가 누구의 예상보다도 심각할 것이라고 말했

는데, 실제로 그러했고 앞으로도 계속 그러할 것입니다. 석면 문제와 무관하다고 생각하던 기업 중 석면 문제에 끌려 들어가는 기업도 많습니다.

사실 석면은 버크셔에 기회를 만들어주고 있습니다. 석면 때문에 파산했지만 석면 채무가 없는 기업을 인수할 기회입니다. 석면이 아니었으면 우리는 존즈 맨빌을 인수하지 못했을 것입니다.

석면은 미국 기업계에서 자라나는 종양과 같습니다.

멍거: 석면 때문에 대규모 사기가 벌어지고 있습니다. 실제로 피해가 없는 청구인과 소송 변호사에게 지급되는 보상금이 증가하는 탓에 실제 피해자가 고통받고 있습니다. 대법원은 이 문제를 사실상 의회로 떠넘겼지만 의회는 소송 변호사의 압력 때문에 개입을 기피하고 있습니다. 앞으로 5년 안에 해결책이 나온다면 오히려 놀랄 일입니다. 나는 상황이 더 악화할 것으로 예상합니다.

버핏: 해결책이 있었지만 대법원이 허용하지 않았습니다.

우리는 석면 채무를 피하려고 매우 조심했습니다. 나는 우리 보험 자회사에 대해서는 걱정하지 않습니다.

석면 이외 분야에서도 소송 변호사는 역경에 처한 사람을 이용해서 돈을 벌려고 부자와 함께 소송을 벌이고 있습니다.

Q 7. **공매도**가 위험한가요?

멍거: 공매도는 위험합니다.

버핏: 찰리와 나는 그동안 약 100개 종목을 공매도 후보로 생각했습니다. 우리 생각은 거의 모두 적중했지만 실제로 공매도를 실행했다면 우리는 무일푼이 되었을 것입니다. 거품은 인간의 본성을 이용합니다. 거품이 언제 터질지는 아무도 모르며, 터지기 전에 주가가 얼마나 상승할지도 알 수 없

습니다.

　1950년대 말~1960년대 초에 롱숏long-short 모형을 보유한 A. W. 존스는 유명한 헤지 펀드를 만들어냈습니다. 이들은 시장 중립 펀드였지만 원칙을 지키지 않았고, 결국 문제가 발생했습니다. 그 결과 자펀드 대부분이 망했습니다. 재산을 날리고 자살한 사람도 있고 택시 운전사가 된 사람도 있습니다.

　그레이엄도 공매도에서는 실적이 좋지 않았습니다. 그의 페어 트레이딩(pair trading: 헤지 펀드에서 흔히 사용하는 차익 거래 기법으로, 예컨대 한 업종에서 저평가 종목 하나는 매수하고 고평가 종목 하나는 공매도하는 기법 - 역자 주)은 성공률이 매우 높았지만 마지막 공매도 포지션에서 큰 손실을 보았습니다.

　나도 1954년 공매도를 했다가 큰 손실을 보았습니다. 10년 동안 공매도에 대한 내 예상이 적중했지만 이후 10주 동안 크게 빗나갔습니다. 결국 10년 동안 벌어들인 돈이 10주 만에 모두 날아갔습니다.

　공매도는 정말 어렵습니다. 한다면 소액만 해야 합니다. 모든 기업을 공매도해서도 안 됩니다. 기업 하나만 잘못 골라도 망할 수 있으니까요. 주가가 상승하면 손실 금액이 갈수록 증가합니다.

Q 8. **라슨 절**은 어떻게 인수하셨나요?

버핏: 라슨 절의 소유주 크레이그 폰지오가 내게 전화해 자기 회사의 지속 가능한 경쟁 우위, 재무 특성, 원하는 매각 가격 등을 설명해주었습니다. 며칠 뒤 그가 오전 9시에 찾아왔는데, 10시 30분에 거래가 성사되었습니다. 그 이후로 나는 그를 본 적이 없습니다.

　이 회사는 매출이 3억 달러이고, 세전 이익이 5,000만 달러이며, 고정 자본이 거의 없고, 성장률이 낮으며, 이익을 한 푼도 남기지 않고 모두 분배합니다.

미국에는 약 1만 8,000개 액자 매장이 있는데, 대부분 연간 매출이 수십만 달러에 불과한 영세 업체입니다. 이들은 재고 자산을 많이 보유할 형편이 못 되므로 고객에게 카탈로그를 보여주어 액자를 고르게 합니다. 그리고 오후 3시 이전에 라슨 절로 전화 주문을 넣으면, 그중 85%는 이튿날 액자를 받게 됩니다. 라슨 절과 고객의 관심사는 가격이 아니라 서비스입니다.

라슨 절은 1만 8,000개 액자 매장을 매년 평균 5회 방문합니다. 라슨 절의 유통 시스템은 놀랍습니다. 이 회사와 경쟁하려면 어떻게 해야 할까요? 시장이 크지 않으므로 아무도 경쟁을 원치 않을 것입니다. 그래서 라슨 절의 해자는 막강합니다. 나는 어떤 회사와 제대로 경쟁하려면 비용이 얼마나 들어갈지 항상 자신에게 물어봅니다. 이러한 회사는 잘못될 여지가 없습니다. 이러한 회사를 20개 인수하면 19개는 잘 돌아갈 것입니다.

크레이그는 성사되지도 않을 거래에 시간을 낭비하고 싶지 않아 우리에게 매각하기로 했습니다. 우리에게 오면 성사가 100% 확실해서 이후 인생을 즐길 수 있으니까요.

유감스러운 단 한 가지는 회사의 규모가 작다는 점입니다.

Q 9. 당신은 어떤 방식으로 **피드백**을 받나요?

버핏: 사람들은 새 정보를 입수하면 기존에 내린 결론이 손상되지 않는 방향으로 해석합니다. 이것이 인간의 본성입니다. 그래서 훌륭한 파트너가 꼭 필요합니다. 찰리는 내가 하는 말이라고 해서 무조건 받아들이지는 않습니다. 내 생각이 틀렸을 때 틀렸다고 말해주는 파트너야말로 더없이 소중한 존재입니다.

대부분 기업에서는 조직 구조상 CEO의 신념과 편견이 강화되기 쉽습니다. 직원은 CEO의 생각에 거스르는 대안은 제시하려 하지 않습니다. 오로지 CEO가 원하는 대안만 제시합니다. 이사회도 CEO를 견제하지 않으므로 자기 뜻대로 하는 CEO가 대부분입니다.

피드백 구조는 지극히 중요합니다. 우리 피드백 구조는 매우 훌륭합니다.

Q 10. **9·11 테러**는 미국에 어떤 영향을 미쳤나요?

버핏: 인간의 행동은 발전하지 않고 남을 해치는 능력만 발전했다는 사실을 모두가 실감하게 되었습니다. 9·11 테러는 이 사실을 뼈저리게 깨우쳐주었습니다. 옛날에는 미워하는 사람에게 할 수 있는 행동이 기껏 돌을 던지는 정도였습니다.

미국인을 미워하는 사람은 수없이 많지만, 행동으로 옮기는 사람은 거의 없습니다. 그러나 행동으로 옮기는 사람도 몇 명은 있을 수 있으며, 특히 정신 이상자는 오늘날 미국에 엄청난 해를 끼칠 수 있습니다.

9·11 테러 이전에는 테러 공격 위험에 대해 보험사가 별도로 보험료를 받지 않았습니다. 그러나 9·11 테러 이후에는 테러 공격 위험을 인식하고 이를 보상 대상에서 제외하거나 보험료를 추가로 받고 있습니다.

우리는 테러 관련 새 보험 상품을 대규모로 판매했지만 화학·생물학·방사능 무기로 인한 위험은 거의 보상 대상에서 제외했습니다. 화생방 공격을 제외하면 무역센터 공격이 가장 극적인 피해 사례일 것입니다.

한편 보험 업계는 보상금으로 수백억 달러까지 지불할 수 있지만 수천억 달러는 감당하지 못합니다. 우리는 손해를 수십억 달러까지 감당할 수 있으므로, 화생방을 포함한 보험도 판매하고 있습니다.

대부분 사람들은 모르겠지만, 무역센터 공격에 의해서 산업 재해 보상 보험 역사상 단연 최대 손해가 발생했습니다. 만일 양키 스타디움이 공격

받았다면 산업 재해 보상 보험 손해는 거의 없었을 것입니다. 그러나 무역 센터에서는 사람들이 근무 중이었습니다. 누군가 치명적인 생물학 작용제를 개발해 수많은 대형 건물의 환기 시스템에 동시에 투입했다면 어떻게 되었을지 상상해보십시오. 무역센터에서 발생한 손해는 새 발의 피에 불과할 것입니다.

멍거: 9·11 테러는 허약하고 어리석으며 감상적이었던 우리를 일깨워주었다는 측면에서는 보탬이 되었습니다. 물론 유감스러운 사건이긴 하지만 덕분에 사람들이 더 현실적으로 변했습니다. 예를 들면 우리는 오래전부터 이민 정책을 더 엄격하게 관리해야 했습니다.

버핏: 투자와 보험 영업의 핵심은 현실을 직시하며 원칙을 고수하는 것입니다. 9·11 테러를 통해 이 교훈을 실감하게 됩니다.

아무 의미 없는
애널리스트 보고서

❖

2003년

장소: 시빅 오디토리엄

참석자: 약 1만 9,000명

포춘 500 순위: 28위

버크셔 주가: $72,865

1964년 $1 → 2003년 $5,890

1964년 BPS $19.46 → 2003년 $50,498 (연 22.2%)

같은 기간 S&P500 수익률 연 10.0%

Q 1. 요즘 **기업 인수** 거래가 많았나요?

버핏: 우리는 '거래'라는 용어를 좋아하지 않습니다. 우리는 인수하려는 기업을 단순히 거래 대상으로만 보지는 않으니까요. 우리가 자세히 살펴보는 거래는 1년에 몇 건 정도입니다. 20~40년 전에는 우리가 잘 알려지지 않았던 탓에 인수 제안을 받지 못했지만, 이제는 미국 기업 인수 제안 중 상당수를 받고 있습니다.

기업 인수는 또 다른 기업 인수를 낳습니다. 우리가 실행한 기업 인수가 호평을 받게 되면 다른 인수 제안이 또 들어옵니다. 우리는 가구회사 하나를 인수했는데 이를 계기로 가구회사 넷을 더 인수하게 되었습니다.

기업 인수는 눈덩이와 같습니다. 38년 동안 기업을 인수한 덕분에 이제 버크셔는 높은 산에서 굴러내리는 커다란 눈덩이처럼 많은 눈을 끌어모으고 있습니다.

그러나 외국에는 우리가 잘 알려지지 않은 탓에 외국 기업 인수 기회는 많지 않습니다. 우리가 받는 외국 기업 인수 제안은 주 1회나 월 1회에도 못 미칩니다. 그래도 전체 외국 기업 인수 제안 중 상당수를 받는 것이라면 의미가 있다고 생각합니다.

멍거: 사람들은 우리가 편하게 책상 앞에 앉아 있으면 기업 인수 제안이 잇달아 들어올 것이라 추측합니다. 실제로 몇 년 전까지 벤처 캐피털이 이러한 방식이었습니다. 그러나 우리 방식은 전혀 아닙니다. 우리는 인수할 기업을 찾아 돌아다녔습니다. 지난 20년 동안 우리가 인수한 기업은 1년에 한두 개에 불과했습니다.

버핏: 우리는 여러 기업을 인수할 만큼 자금이 충분하지도 않았습니다. 내셔널 인뎀너티 인수는 우리에게 대단한 거래였습니다. 아직도 눈 덮인 산이 많이 남아 있길 바라는 마음입니다.

멍거: 그동안 우리는 직접 샅샅이 뒤지며 다녔다고 말해도 과언이 아닙니다. 따로 사람을 두지도 않았습니다. 가만 앉아서 제안이 오기를 기다리는 방식은 매우 위험합니다.

Q 2. **투자 지식**을 어떤 방법으로 축적하나요?

버핏: 자료를 많이 읽습니다. 일간 신문, 연차 보고서, 10-K(미국 상장 회사가 SEC에 매년 제출해야 하는 기업 실적 보고서), 10-Q(SEC에 등록된 기업이 제출한, 감사받지 않은 4분기 재무 보고서), 경제 전문지 등을 읽습니다.

다행히 투자 업무를 실행하는 과정에서 지식도 축적되고 유용한 투자 기반도 구축됩니다. 계속 많은 지식을 흡수해야 하니까요. 40~50년 전에는 많은 기업을 방문했지만, 그만둔 지 오래입니다.

멍거: 기본 지식이 많아질수록 새로 습득해야 하는 지식은 감소합니다. 주주총회 기간에 눈을 가린 채 여러 주주를 동시에 상대하는 체스 챔피언은 체스의 기본 지식을 통달했기 때문에 이렇게 할 수 있습니다.

나는 〈월스트리트 저널〉은 구독을 끊기 싫습니다.

버핏: 여러분은 〈버펄로 뉴스〉도 끊기 싫으시죠? 경제 신문도 많이 읽으시기 바랍니다. 〈뉴욕 타임스〉는 비즈니스 섹션이 25년 전보다 훨씬 좋아졌습니다. 〈포춘〉도 읽으십시오.

나는 애널리스트 보고서는 읽지 않습니다. 만일 내가 읽는다면, 연재만화 대신 심심풀이로 읽는 것입니다. 사람들이 애널리스트 보고서를 왜 읽는지 모르겠습니다.

Q 3. **담배꽁초 투자와 우량 기업 투자**에 대해 어떻게 생각하나요?

멍거: 시즈캔디 인수 협상 과정에서 상대가 10만 달러를 더 요구했다면 워

런과 나는 인수를 포기했을 것입니다. 그랬다면 정말 멍청한 짓이 되었겠지요.

버핏: 아이러 마셜은 우리가 미쳤다고 하더군요. 우량 기업이나 인재에 대해서는 제값을 치러야 하는데도 우리가 진가를 모른다고 나무랐습니다. 우리는 비판을 귀담아듣고 생각을 바꿨습니다. 여기서 우리는 건설적 비판을 받아들여 배워야 한다는 소중한 교훈을 얻었습니다. 따라서 버크셔는 시즈캔디 인수 과정에서 받은 건설적 비판을 바탕으로 성장했다고 말할 수 있습니다. 그러나 오늘은 건설적 비판을 더 받고 싶지 않군요.

경영진 평가나 경쟁 우위 분석 등 정성 분석은 가르치고 배우기도 더 어려운데, 왜 정량 분석(예컨대 담배꽁초 투자)에 집중하지 않았을까요? 처음부터 찰리는 정량 분석보다 정성 분석을 훨씬 더 중시했습니다. 찰리는 사고방식이 달랐습니다.

훌륭한 기업을 적정 가격에 사는 편이 더 타당합니다. 그동안 우리는 방향을 이렇게 전환했습니다. 50년 동안 기업을 지켜보면 어떻게 해야 큰돈을 버는지 쉽게 알 수 있습니다.

중요한 아이디어를 새로 얻더라도 과거 아이디어가 곧바로 사라지는 것은 아닙니다. 우리가 담배꽁초 투자에서 우량 기업 투자로 전환할 때는 그 경계가 명확하지 않았습니다. 그러나 세월이 흘러 이제는 전환이 완료되었습니다.

Q 4. 투자에는 어떤 **기질**이 필요한가요?

멍거: 애태우지 않고 느긋한 마음으로 주식을 보유하는 기질이 필요하다고 봅니다.

버핏: 이러한 기질이 없으면 장기적으로 좋은 실적을 내기가 거의 불가능합

니다. 증권시장이 몇 년 동안 문을 닫아도 우리는 걱정하지 않습니다. 시즈 캔디, 딜리 바 등을 계속 만들어 팔면 되니까요.

가격에만 관심을 집중하는 사람은 시장이 자신보다 많이 안다고 가정하는 셈입니다. 실제로 그럴 수도 있습니다. 그렇다면 주식을 보유해서는 안 됩니다. 주식시장은 나의 스승이 아니라 나의 하인이 되어야 합니다.

가격과 가치에 관심을 집중하세요. 주식이 더 싸졌는데 현금이 있다면 주식을 더 사십시오. 주가가 상승하면 우리는 간혹 매수를 중단합니다. 몇 년 전 우리가 월마트 주식을 매수할 때는 주가가 상승한 탓에 80억 달러나 들어갔습니다. 주식을 매수할 때 우리는 주가가 계속해서 하락하기를 바랍니다.

기업에 대한 판단은 100% 적중할 필요도 없고, 20%, 10%, 5% 적중할 필요도 없습니다. 1년에 한두 번만 적중하면 됩니다. 전에 나는 핸디캡 경마(승률이 높은 말에 짐을 더 지우는 경마)를 즐겼습니다. 단 하나의 기업만 깊이 파악해서 판단해도 매우 높은 수익을 얻을 수 있습니다. 누군가 내게 S&P500 기업의 상대 실적을 예상하라고 한다면 나는 잘 해내지 못할 것입니다. 큰 실수만 저지르지 않는다면, 평생 몇 번만 정확하게 판단하면 됩니다.

멍거: 흥미롭게도 대부분 대형 투자 기관은 그렇게 생각하지 않습니다. 이들은 수많은 사람을 고용해 머크와 화이자를 비교 평가하는 등 S&P500 기업을 모조리 평가하면서 시장을 이길 수 있다고 생각합니다. 그러나 이길 수 없습니다. 우리 방식을 채택한 사람은 극소수에 불과합니다.

버핏: 테드 윌리엄스는 저서 《타격의 과학The Science of Hitting》에서, 야구공 크기로 스트라이크존을 나누어 가장 좋은 칸으로 들어오는 공에만 스윙한다고 말했습니다. 투자도 방법은 똑같습니다.

Q 5. 앞으로도 군침 돌 정도로 **매력적인 투자 기회**가 나타날까요?

멍거: 1973년이나 1982년처럼 전반적인 주가가 과연 군침 도는 수준까지 내려갈지는 알 수 없습니다. 우리는 그러한 기회를 다시는 못 볼 가능성이 매우 높다고 생각하지만, 그래도 전적으로 비관할 필요는 없습니다. 우리는 꾸준히 노력할 것입니다.

버핏: 그러한 기회를 만날 가능성이 아주 없는 것은 아닙니다. 향후 시장이 어떻게 될지는 아무도 예측할 수 없습니다. 일본은 10년 만기 채권 수익률이 0.625%입니다. 누가 상상이나 했을까요?

멍거: 일본에서 이러한 일이 발생하는 것을 보면 미국에서도 비슷한 일이 발생할 수 있습니다. 두둑한 보수를 받는 투자 자문사도 향후 실적이 부진해질 수 있습니다.

버핏: 시장 혼란이 사회에는 나쁠지 몰라도 우리에게는 좋은 투자 기회가 될 수 있습니다.

작년에는 정크본드시장에 좋은 기회가 있어 몇몇 종목에 투자했습니다. 그런데 지금 매주 수십억 달러에 이르는 자금이 정크본드시장으로 몰려들고 있습니다. 세상은 예나 지금이나 다르지 않습니다.

Q 6. **투자자의 기대 수준**이 지나치게 높다고 보나요?

버핏: 주식 투자자의 기대 수익률이 지나치게 높습니다. 1999년 갤럽 조사에 의하면, 인플레이션이 낮은데도 주식 투자자의 기대 수익률이 15%나 되었습니다. 인플레이션이 낮으면 GDP 성장률은 얼마나 될까요? 인플레이션이 2%이고 실질 성장률이 3%라면, GDP 성장률은 5%가 됩니다. 이 정도가 기업의 성장률이며, 여기에 배당을 더해도 연 6~7% 정도입니다. 그러나 여기서 마찰 비용 1.5%를 차감해야 합니다. 사람들은 내지 않아도

되는 마찰 비용을 많이 냅니다. 이렇게 나오는 4.5~5.5%도 나쁘지 않은 실적입니다.

멍거: 나는 워런보다 약간 더 부정적입니다.

버핏: 실적이 이 정도에 그친다고 세상이 끝나는 것은 아닙니다. 투자 수익률 5~6%가 조물주의 뜻인지는 알 수 없지만, 지나치게 높거나 낮은 수준은 아니라고 생각합니다. 인플레이션이 낮을 때는 꽤 괜찮은 실질 수익률입니다. 그러나 인플레이션이 심해지면 실질 수익률이 매우 낮아지거나 심지어 마이너스가 될 수도 있습니다.

멍거: 나나 이코노미스트나 별 도움이 되지 않을 것입니다. 일자리가 중국으로 넘어가도 이코노미스트는 원가가 낮아지므로 걱정할 필요가 없다고 말합니다. 소위 전문가라는 사람이 이러한 소리나 하면서 돈을 받고 있습니다. 그러나 일자리가 모두 중국으로 넘어가면 어떻게 될까요?

버핏: 이코노미스트도 모조리 중국에 넘겨야 할지 모르겠습니다.

Q 7. **최소 기대 수익률**이 얼마인가요?

버핏: 10%입니다. 기대 수익률이 10% 미만이면 금리가 6%든 1%든 주식을 사지 않습니다. 10%는 자의적인 숫자이지만, 세금을 차감하면 그다지 높은 수익률이 아닙니다.

멍거: 우리는 장래 기회비용을 생각합니다. 워런은 장래에 높은 수익률로 투자할 기회가 있다고 확신하기 때문에 기대 수익률 10% 미만으로는 투자하려 하지 않습니다. 향후 금리가 1% 수준에 머물 것으로 보인다면 우리는 마음을 바꿀 것입니다. 우리의 최소 기대 수익률에는 미래 기회비용 추정치가 반영되어 있습니다.

버핏: 현재 수익률이 1.5%인 우리의 현금성 자산 160억 달러를 수익률이

5%인 20년 만기 채권에 투자하면 당기 이익이 대폭 증가할 것입니다. 그러나 우리는 더 좋은 투자 기회를 찾을 수 있다고 확신하기 때문에, 원금 손실이 발생할 위험이 있는 장기 채권을 보유하고 싶지 않습니다.

Q 8. **내재 가치**를 어떻게 평가하나요?

버핏: 내재 가치는 대단히 중요하지만 매우 모호하기도 합니다. 우리는 장래 모습을 매우 정확하게 예측할 수 있는 기업에 대해서만 내재 가치 평가를 시도합니다. 예를 들어 가스 파이프라인 회사라면 잘못될 가능성이 많지 않습니다. 물론 경쟁자가 시장에 진입하면 불가피하게 가격을 인하해야할 수도 있지만, 이러한 요소도 이미 반영했다면 내재 가치는 하락하지 않습니다. 최근 우리는 가스 파이프라인 회사를 분석하면서, 다른 가스 운송 수단으로부터 가격 인하 압박을 받을 것이라고 생각했습니다. 그러나 이회사는 원가가 가장 낮아서 다른 가스 파이프라인 회사의 진입은 위협이되지 않는다고 생각했습니다. 내재 가치를 제대로 평가하려면 가격 하락 등의 요소도 고려해야 합니다.

기업을 인수할 때 우리는 이 기업의 미래 현금흐름을 추정해서 인수 가격과 비교합니다. 이 추정치를 확신할 수 있어야 하며 인수 가격도 타당해야 합니다. 그동안 인수한 기업의 실적은 우리 기대를 뛰어넘는 경우가 더많았습니다.

나는 투자 은행이 만든 자료 중, 향후 기업의 이익이 감소할 것이라고 예측한 자료를 본 적이 없습니다. 그러나 실제로는 이익이 감소하는 기업이 많습니다. 우리는 덱스터 슈를 인수할 때 이러한 잘못을 저질렀습니다. 당시 세전 이익이 4,000만 달러였는데, 나는 이익이 더 증가할 것으로 예측했습니다. 완전한 착각이었습니다.

포춘 500대 기업 중 20%는 5년 후 이익이 대폭 감소할 것입니다. 그러나 그 20%가 어느 기업인지는 모릅니다. 어떤 기업의 추정치를 합리적으로 산출할 수 없으면 다음 대안으로 넘어가야 합니다.

Q 9. 맥도날드나 월그린(미국 최대 약국 체인) 같은 자본 집약적 기업의 **미래 잉여 현금흐름**은 어떻게 추정하나요? 이들 기업에도 같은 할인율을 적용하나요?

버핏: 우리는 모든 증권에 똑같은 할인율을 적용합니다. 하지만 일부 기업에 대해서는 현금흐름을 더 보수적으로 추정합니다. 금리가 1.5%에 불과하더라도 수익률이 2~3%인 곳에는 투자하지 않습니다. 우리가 생각하는 최소 기대 수익률은 국채 수익률보다 훨씬 높습니다. 우리는 영원히 보유할 기업에 투자하므로, 금리가 지금처럼 항상 낮게 유지될 것이라고 가정하지 않습니다.

Q 10. **경쟁 우위**를 상실했다가 회복하는 기업도 있나요?

버핏: 기업이 경쟁 우위를 상실했다가 회복하는 사례는 많지 않습니다. 부실 기업을 인수해서 우량 기업으로 탈바꿈시키길 좋아하는 친구가 있습니다. 그에게 지난 100년 동안 부실 기업이 우량 기업으로 전환된 사례가 얼마나 있는지 물어보았더니 많지 않았습니다.

곤경에 처해도 경쟁 우위를 상실하지 않는 기업도 있습니다. 가이코는 1970년대 중반 곤경에 처했지만 비즈니스 모델이 손상되지 않았습니다.

펩시는 제2차 세계대전 이후 원가가 상승해 경쟁 우위를 상실했지만 변신에 성공했습니다. 질레트는 1930년대에 저가 면도기에 경쟁 우위를 상실했지만 회복했습니다.

그러나 일반적으로 기업이 경쟁 우위를 상실하면 회복하기가 매우 어렵습니다. 패커드 자동차는 싸구려 제품을 한 해 판매하고 나서 다시는 고급 이미지로 회복하지 못했습니다. 백화점 중에도 똑같은 사례가 있습니다. 싸구려 제품을 판매하면 매출을 늘릴 수 있을지 몰라도, 고급 제품을 다시 판매하기가 어려워집니다.

Q 11. 투자를 잘하려면 **옵션**도 알아야 하나요?

버핏: 찰리와 나는 옵션에 대해 평생 생각하고 있습니다. 아마 찰리는 초등 학교 시절부터 옵션에 대해 생각했을 것입니다. 블랙숄즈 공식은 이해할 필요가 전혀 없지만, 옵션의 유용성, 가치, 발행 비용은 여러분도 이해해야 합니다. 매우 따분한 주제이더라도 말이지요.

우리가 주택을 팔면서 장래 주택 가격 상승분에 대해 옵션을 요구했다고 가정합시다. 이 옵션은 가치가 있을까요?

옵션은 모두 가치가 있습니다. 그래서 약삭빠른 사람은 공짜나 헐값에 옵션을 확보합니다. 블랙숄즈 모형은 옵션의 시장 가격을 추정하려고 개발 한 공식입니다. 여기에는 해당 자산의 과거 변동성을 중심으로 다양한 변 수가 포함되는데, 과거 변동성은 가치 평가에 유용한 척도가 아닙니다. 이 러한 과거 변동성을 베타라고 부릅니다(전문가는 단순한 변수에도 복잡한 그리스 어 이름을 즐겨 붙인답니다). 버크셔 주식은 변동성이 매우 낮지만 그렇다고 변 동성 높은 주식보다 옵션 가치가 낮은 것은 아닙니다.

찰리도 말했듯이, 평가 기간이 길어지면 블랙숄즈 공식에서 어이없는 값이 나올 수 있습니다. 작년 우리는 블랙숄즈 공식을 사용하는 상대와 대 규모 계약을 체결해 1억 2,000만 달러를 벌었습니다. 우리는 상대가 기계 적으로 블랙숄즈 공식을 사용하면 매우 기쁩니다. 100번 중 99번은 상대 의 계산이 정확하겠지만, 우리는 그 99번은 그냥 넘어가고 계산이 부정확한 1번에 대해서만 거래할 수 있으니까요.

멍거: 블랙숄즈 공식은 아무것도 모릅니다. 가치는 전혀 모르고 가격만 아는 사람이라면 90일 만기 옵션의 가치는 블랙숄즈 공식을 이용해서 꽤 정확하게 추정할 수 있습니다. 그러나 장기 옵션의 가치를 추정할 때 블랙숄즈 공식을 이용하는 것은 미친 짓입니다. 예컨대 코스트코는 행사 가격 30달러와 60달러에 스톡옵션을 발행했는데, 블랙숄즈 공식에 의하면 행사 가격 60달러짜리 스톡옵션의 가치가 더 높았습니다. 제정신이 아닙니다.

버핏: 우리는 제정신이 아닌 상대를 좋아합니다. 누구든 3년 만기 옵션을 다양하게 제안할 사람을 데려오면, 돈을 드리겠습니다.

옵션에는 가치가 있습니다. 작년 우리는 채권 4억 달러를 판매할 때 옵션을 발행했습니다. 우리는 무엇을 내주는지 알고 있었습니다. 그 채권은 표면 금리가 마이너스였지만, 옵션은 가치가 있었습니다.

다른 기업은 임직원에게 상여금을 옵션으로 지급하지만, 우리는 상여금을 현금으로 지급합니다. 우리도 상여금을 비용으로 처리하지 않으면 좋겠습니다. 다른 기업은 왜 상여금을 비용으로 처리하지 않을까요? 경영자가 간절히 원하기 때문입니다. 이들은 옵션에 대해서는 주석에서 밝히고 있지 않느냐고 주장합니다. 아예 모든 비용을 손익 계산서에서 제외하고 주석에 포함시키든지요. 그러면 손익 계산서는 단 두 줄이면 충분하네요. 윗줄에 매출액을 적고 아랫줄에 같은 금액으로 당기 순이익을 적으면 되니까요.

머리 좋은 사람이 돈을 벌려고 무슨 짓을 하는지 보면 기가 막힙니다. 찰리의 이론에 의하면, 이는 단지 돈 때문이 아니라 주로 자존심 때문입니다.

멍거: 이러한 이야기는 이제 지겹습니다. 너무 오래 다룬 주제입니다. 회계 조작은 문명사회를 타락시킵니다. 공학 기술을 잘못 적용해 교량을 건설하는 것과 같습니다. 평판 좋은 사람조차 옵션이 비용이 아니라고 말하는 모

습은 너무나 충격적입니다.

버핏: 회계 법인도 오락가락합니다. 1993년 옵션 비용 처리에 반대했던 4대 회계 법인이 입장을 번복했습니다. 어떻게 이러한 일이 가능한지는 모르겠지만, 그래도 번복했다니 다행입니다.

Q 12. **보고 이익**을 어떻게 조정하나요?

버핏: 일반회계원칙GAAP에서는 영업권을 상각하라고 요구했지만 우리는 무시했고, 주주에게도 무시하라고 말했습니다. 우리는 영업권 상각 요구가 자의적이라고 생각했습니다.

우리는 기업이 연금에 대해 어리석은 가정을 세운 탓에 가공 이익을 기록하게 되었다고 생각했습니다. 그래서 우리는 GAAP 이익보다 더 유용하다고 생각되는 데이터가 있으면 기꺼이 알려드리고자 합니다.

감가상각이 비용이 아니라고 생각한다면, 제정신이 아닙니다. 감가상각비를 무시할 수 있는 사업도 몇 개 떠올릴 수 있지만, 많지는 않습니다. 심지어 우리 가스 파이프라인 회사에도 감가상각비는 현실적인 비용입니다. 파이프라인도 유지 관리가 필요하며, 100년이 걸릴지는 모르지만 더 이상 쓸 수 없게 되기 때문입니다.

감가상각비는 플로트와 정반대입니다. 플로트는 (보험료는 먼저 받고 보험금은 나중에 지급하기 때문에) 일시적으로 보유하는 남의 돈입니다. 반면 감가상각비는 우리가 먼저 지급하고 나중에 비용으로 처리하는 우리 돈입니다. 감가상각비를 비용으로 여기지 않는 경영자는 그것이 비용에서 제외되길 꿈꾸는 사람입니다. 그런데도 은행은 비용으로 여기지 말라고 권유합니다. 그래서 감가상각비를 비용에서 제외하는 회계 지표는 속임수에 가깝다고 보아야 합니다.

사람들이 내게 EBITDA가 포함된 자료를 보내주겠다고 하면, 나는 자본적 지출이 있는 경우라면 보내달라고 말합니다. 자본적 지출이 감가상각비보다 훨씬 적은데도 건전성이 유지되는 회사는 거의 없습니다.

감가상각비가 비용이 아니라는 말은 최악의 허튼소리입니다. 그러나 투자자는 모두가 그 허튼소리를 배웠습니다. 감가상각비는 현금이 발생되지 않는 비용이 아니라, 현금이 발생되는 비용입니다. 현금을 먼저 지출하고 나중에 기록하는 비용입니다.

올해 버크셔는 자본적 지출이 감가상각비보다 많을 것입니다.

멍거: 여러분은 'EBITDA 이익'을 볼 때마다, '뺑튀기 이익'으로 바꿔 읽으시기 바랍니다.

Q 13. **회계에 관한 책을** 추천해주겠습니까?

버핏: 회계 서적을 읽은 지 오래되었습니다. 버크셔 연차 보고서와 회계 스캔들 관련 잡지 기사 등을 읽어보시기 바랍니다. 각종 숫자가 만들어지는 과정 등도 알아둘 필요가 있습니다. 기업 관련 기사와 연차 보고서를 많이 읽으십시오. 연차 보고서를 읽어도 이해가 되지 않는다면 십중팔구 독자가 이해하는 것을 경영자가 원치 않기 때문입니다. 그러한 회사에는 실제로 문제가 있기 마련입니다.

멍거: 워런에게 좋은 회계 서적을 추천해달라는 말은, 좋은 호흡법 서적을 추천해달라는 말과 같습니다. 먼저 부기(簿記)의 기본 원리부터 공부하십시오. 회계에 정말로 박식해지고 싶으면 많은 시간을 투입해야 합니다.

Q 14. **자산 운용 업계의 투자 원칙에** 대해 어떻게 생각하나요?

멍거: 우리 투자 원칙은 저평가 종목이 나타날 때까지 기다리는 것입니다.

내가 다른 펀드 매니저처럼 벤치마크 대비 실적으로 평가받아야 하고, 운용 자금을 모두 투자해야 하며, 사사건건 간섭을 받아야 한다면 마치 족쇄를 찬 것처럼 끔찍한 기분이 될 것입니다.

버핏: 나도 그러한 방식은 질색입니다. 1956년 버핏 투자조합을 시작했을 때, 나는 '내가 할 수 있는 일은 무엇이고, 할 수 없는 일은 무엇인지' 정리한 기본 원칙을 나누어주었습니다. 할 수 없는데도 그 일을 해야 한다면 생각만 해도 끔찍합니다.

멍거: 오늘날 자산 운용업 종사자는 할 수 없는 일도 하는 척해야 하고, 좋아하지 않는 일도 좋은 척해야 하는 게 일반적입니다. 이렇게 사는 방식이 끔찍해 보이기는 하지만, 대신 보수는 두둑하답니다.

Q 15. **통신 산업**에 대해 어떻게 생각하나요?

버핏: 나는 통신회사의 미래상을 상상할 수 없으므로 가치를 어떻게 평가해야 할지 전혀 모르겠습니다. 통신회사가 어떤 일을 하는지만 간신히 이해하는 정도입니다. 내게 정보를 주시면 그에 대해 언급할 수는 있겠지만, 통신회사의 이익이 얼마나 될지는 알지 못합니다. 찰리, 자네는 통신회사에 대해서 좀 아나?

멍거: 자네보다도 모른다네.

버핏: (멍거를 바라보며) 곤란하게 됐네.

10~20년 후에도 사람들은 코카콜라를 마시고, 질레트 면도기를 사용하며, 스니커즈 초코바를 먹을 것이므로 나는 이들 회사의 이익이 얼마나 될지 대충 알 수 있습니다. 그러나 통신회사에 대해서는 전혀 알지 못하고, 알고 싶지도 않습니다. 나 말고 누군가가 돈을 벌겠지요.

내가 뭔가를 알지 못한다고 걱정하지 않습니다. 내가 아는 게 확실한지가 걱정스럽지요.

멍거: 지금까지 버크셔는 확실한 곳에 투자해서 돈을 벌었습니다.

버핏: 통신회사의 정크본드라면 우리도 매수할 수 있고, 실제로도 보유하고 있습니다. 우리는 근사한 실적을 기대하고 있지만, 정크본드는 문제가 드러난 기업의 채권이므로 손실도 각오하고 있습니다. 일부 기업에는 경영 문제도 있습니다. 우리는 상당한 손실도 각오하고 있지만, 지금까지는 큰 손실을 본 적이 없습니다. 이는 표준 미달 위험을 인수하는 보험 사업과 같습니다. 사고가 더 많은 대신 보험료를 더 받는 셈입니다.

그러나 사업의 15%가 엉망진창이 될 회사에는 투자하지 않습니다. 수익을 예측할 수 있는 기업이 많지 않으므로, 우리는 예측 가능한 소수에 집중적으로 투자합니다.

비록 레벨 3 자산(Level 3 assets: 부실 자산)으로 분류되는 기업이지만, 사람들이 정직해서 자금을 과도하게 차입했다고 인정합니다. 나는 이들과 함께 일해본 적도 없고 기술에도 문외한이지만, 관계자에 대해서는 압니다. 우리가 평소에 하는 투자와 다르지만, 투자하게 되어서 기쁩니다.

Q 16. **매클레인을 인수한 이유가 무엇인가요?**

버핏: 어제 우리는 월마트로부터 매클레인을 인수하기로 했다고 발표했습니다. 월마트는 매각하기로 한 두 기업의 가격을 발표했습니다. 하나는 소형 화물 운송 회사로, 15억 달러였습니다. 매클레인 가격은 14억 5,000만 달러로 보도되었습니다.

매클레인은 편의점, 패스트푸드 레스토랑, 월마트, 영화관 등에 제품을 공급하는 도매회사입니다. 올해 매출은 약 220억 달러가 될 것입니다. 1990년부터 월마트가 보유한 이 회사는 탁월한 경영자 그래디 로지어가 운영하면서 30억 달러였던 매출이 220억 달러로 증가했습니다.

월마트가 매클레인을 매각하려는 데에는 충분한 이유가 있습니다. 자신이 지극히 잘하는 사업에만 전념하려는 것입니다. 1주일 전 골드만삭스가 우리에게 인수를 제안했습니다. 양쪽 모두에 타당한 거래입니다. 매클레인은 월마트의 부업에 불과했습니다. 그런데 일부 소매상은 매클레인이 주요 경쟁자의 자회사라는 이유로 거래하기를 꺼렸습니다. 조만간 매클레인은 이러한 소매상의 마음을 돌려 고객으로 확보하게 될 것입니다.

지난 목요일, 월마트를 대표해 CFO가 오마하를 방문했습니다. 우리는 한 시간 만에 협의를 마치고 악수했습니다. 월마트와 악수하면 거래가 완료된 것입니다. 규제 당국의 검토가 필요하긴 하지만, 몇 주 후에는 매클레인이 우리 자회사가 될 것으로 확신합니다.

매클레인은 현재 미국의 12만 5,000개 편의점 중 3만 6,000개에 제품을 공급하며, 대형 체인점 점유율은 58%에 이릅니다. 매장당 연간 제품 공급 규모는 약 30만 달러입니다. 매클레인은 1만 8,000개 패스트푸드 레스토랑에도 제품을 공급하는데, 주로 얌! 브랜즈(YUM! Brands: 타코벨, 피자헛, KFC)가 운영하는 레스토랑입니다.

매클레인은 힘든 사업을 하고 있습니다. 한편에는 허쉬와 마스(M&M's 등을 생산하는 제과회사) 등 유명 브랜드 제조 업체가 있고 반대편에는 세븐일레븐 등 강력한 소매 업체가 있으므로, 세전 수익률 1%를 벌어들이려면 열심히 일해야 합니다.

Q 17. **클레이턴 홈즈**를 인수한 이유가 무엇인가요?

버핏: 클레이턴 홈즈는 조립 주택 건축회사입니다. 이 거래는 특이한 방식으로 이루어졌습니다. 테네시대학 학생 약 40명이 해마다 오마하를 방문

합니다. 이들은 몇 군데를 견학하고 나서 나와 두 시간 동안 질의응답 수업을 합니다. 수업이 끝나면 이들은 내게 축구공이나 농구공을 선물로 주곤 했습니다. 작년에는 마침 빌 게이츠도 오마하에 있었습니다.

올해에는 수업이 끝나자 내게 책을 주었는데, 클레이턴 홈즈의 설립자 짐 클레이턴의 자서전이었습니다. 책에는 그의 근사한 서명까지 들어 있었습니다. 짐은 내가 존경하는 인물이라고 학생들에게 말해주었습니다. 나는 책을 읽고 나서 짐의 아들 케빈 클레이턴에게 전화해, 아버님의 책을 정말 재미있게 읽었다고 말했습니다. 그리고 회사를 매각하려고 한다면 우리가 관심 있다고 밝히고, 내가 생각하는 인수 가격을 알려주었습니다. 몇 번 더 통화를 하고서 우리는 거래를 했습니다. 버크셔는 흔히 이러한 방식으로 기업을 인수합니다.

조립 주택 산업은 심각한 곤경에 빠졌습니다. 신용 거래에 광분한 탓에 큰 문제에 직면했습니다. 콘세코 보험사와 조립 주택 건축회사 오크우드는 파산했습니다. 조립 주택 산업은 매출 채권 증권화 능력을 상실한 채 망해가고 있습니다. 올해 신규 주택이 16만 채 공급되었지만 9만 채가 압류되어 수요를 위축시키고 있습니다. 그러나 원래 재무 상태가 건전한 클레이턴은 버크셔의 후원까지 받고 있으므로 오히려 호시절을 맞이하고 있습니다. 조립 주택은 신규 주택의 약 20%를 차지하는 대규모 산업입니다. 건축 비용이 제곱피트당 30달러에 불과하므로, 가격 경쟁력이 있습니다.

지금은 경쟁사들이 업계 대표 주자로 인정하는 클레이턴조차 자금을 조달하기 어렵습니다. 대출회사가 타격을 입었기 때문입니다. 클레이턴은 올해 초 대출 채권을 증권화했지만, 이후에는 위험을 더 많이 떠안을 수밖에 없었습니다.

현재 조립 주택 산업에서는 모두가 손실을 보고 있지만 클레이턴은 이익을 내고 있습니다. 클레이턴의 주택 대부분은 회사가 보유한 직판점을 통해 판매되고 있습니다. 판매 이익은 직판점 경영자와 클레이턴이 50 대 50으로 나눕니다. 이는 몇 년 전까지 조립 주택 산업에서 진행되던 판매 방식과 다릅니다. 당시에는 딜러가 평면도를 제시하면 조립 주택 회사가 주택 가격의 130%를 대출해주었으므로, 딜러는 지불 능력이 없는 사람에게도 주택을 판매했습니다. 참사를 피할 수 없는 시스템이었습니다. 현재 클레이턴에서는 계약금이 부족해서 발생하는 문제는 딜러가 책임지므로, 딜러는 무리해서 판매할 이유가 없습니다.

짐 클레이턴은 저서《First A Dream(처음에는 꿈이었다)》에서 직장 생활 중처음으로 판매한 주택에 대해 말하며, 금융 속임수가 난무하는 온갖 부정행위에 대해 설명합니다. 지금 조립 주택 건설 업체와 금융회사는 이렇게 저지른 부정행위에 대해 그 대가를 혹독하게 치르고 있습니다. 이러한 오점 탓에 현재 증권화가 가능한 회사는 클레이턴 하나뿐이지만, 버크셔가지원하지 않으면 원하는 만큼 증권화할 수 없습니다. 클레이턴은 업계 대표 주자로 올바른 시스템과 보상 체계를 갖추고 있습니다. 우리는 대출 채권을 증권화하지 않고, 포트폴리오로 유지할 계획입니다.

판매 과정에서 큰 이익을 내는 회사는 경계해야 합니다.

Q 18. 패니메이, 프레디맥 등 **부채 비율이 높은 금융 기관**에 대해 어떻게 생각하나요?

버핏: 나는 패니메이의 CEO 프랭크 레인즈를 깊이 존경합니다. 그는 패니메이에서 훌륭한 역할을 해냈습니다. 과거 패니메이, 프레디맥, 저축 대부조합의 문제는 자산과 부채가 심각하게 불일치했다는 점입니다. 문제는 모기지 금리 선택권에 있었습니다.

주택 소유자는 금리가 유리할 때 고정 금리 주택 담보 대출을 30년 동안 유지할 수 있고, 금리가 불리해지면(시장 금리가 하락하면) 30분 만에 조기 상환하고 다시 대출받을 수 있습니다. 이는 차입 자금을 대규모로 운용하는 금융 기관에 심각한 문제가 됩니다. 그러므로 금융 기관은 자산과 부채의 듀레이션을 최대한 일치시킬 방법을 찾아야 합니다. 아울러 거래 상대의 금리 선택권에 대응할 방안도 마련해야 합니다. 그러나 쉬운 일이 아닙니다. 패니메이와 프레디맥은 이러한 위험을 완화하려고 다양한 방법으로 노력하고 있으며, 잘 수행하고 있습니다. 우리가 해도 더 잘하지 못할 정도입니다. 그러나 완벽하지는 않습니다. 나라면 금리 선택권을 축소하려 노력하고, 거래 상대 위험에 유의할 것입니다.

실제로 사람들을 파멸로 몰고 가는 것은 발생이 거의 불가능해 보이는 5~6시그마 사건들입니다. 금융시장에서 개발되는 각종 모형은 희귀 사건을 제대로 반영하지 못하므로, 실제로 희귀 사건이 발생하면 모형은 무용지물이 됩니다. 그래서 호가가 사라지거나 시장이 문을 닫으면 일부 금융 기관은 파산하게 됩니다. 파생 상품은 이러한 사건의 발생 가능성을 높이고 그 피해를 확대합니다.

누군가 금융시장에서 정확한 숫자를 제시하면, 조심해야 합니다.

롱텀 캐피털 매니지먼트는 한 가지 자산 유형에서 문제가 발생하자 다른 자산 유형에서도 문제가 발생했으며, 다른 금융 기관에서도 모두 문제가 발생했습니다. 결국 미국 금융 시스템의 안정성이 위협받게 되었고, 연준은 꿈에도 생각하지 못했던 시장 개입을 할 수밖에 없었습니다.

멍거: 거래 상대 위험에 대한 워런의 말에 동의합니다. 장담하건대, 패니메이와 프레디맥은 거래 상대의 채무 불이행 위험을 매우 과소평가했습니다.

버핏: 그래도 패니메이와 프레디맥이 보증회사 등 다른 금융 기관보다는 거

래 상대 위험에 잘 대응하고 있다고 생각합니다.

이러한 상황에 대처하는 최선의 방법은 남에게 의존하지 않는 것입니다. 이것이 버크셔가 선택한 방법입니다. 찰리와 나는 매우 부유하므로 밤잠을 설칠 필요가 없습니다.

Q 19. 사이프레스 가든스(플로리다 소재 식물원)를 지키기 위한 **자선 행사**에 당신 조카 지미 버핏이 참석하면 좋겠는데, 권유해줄 수 있나요?

버핏: 자선 행사 참여를 권유하면 그들의 입장이 난처해지므로 그러한 권유는 하지 않습니다. 친구가 자선 행사에 참여하더라도, 내가 권유해서인지 아니면 자신이 원해서인지 나는 전혀 알지 못합니다.

멍거: 행운아에게는 사회 환원 의무가 있습니다. 나처럼 살아 있는 동안 많이 기부하느냐, 워런처럼 죽을 때 많이 기부하느냐는 개인의 취향입니다. 온종일 돈을 요구하는 사람은 질색입니다. 워런도 마찬가지입니다.

버핏: 내가 쌍둥이 형제와 함께 엄마 배 속에 있다고 가정합시다. 이때 지니가 나타나서 말합니다. "너희 둘은 24시간 후 태어나는데, 하나는 오마하에, 하나는 방글라데시에 태어날 것이다. 어느 곳에 태어날지는 너희 둘이 경매로 선택해라. 죽을 때 재산을 사회에 환원하는 비율이 높은 사람이 오마하에 태어나게 된다." 나는 100%에 낙찰될 것이라고 생각합니다. 내가 "나는 자본 배분을 잘합니다"라고 말하면서 방글라데시에서 돌아다니는 모습을 상상해보십시오. 나는 오래 버티지 못할 것입니다.

우리는 50 대 1로 불리한 확률을 극복하고 미국에서 태어났습니다. 따라서 우리는 행운아이며, 내 재산은 사회에 환원되어야 합니다. 단지 부자 아버지를 운 좋게 만났다는 이유로 내 자녀들이 100년 후에도 부유하게 살아서는 안 됩니다.

Q 20. 경영자에게 기대하는 자질이 무엇인가요?

버핏: 우리는 기업에 열정적인 경영자를 찾습니다. 우리는 그동안 운이 무척 좋아서, 내가 버크셔를 사랑하듯 자기 회사를 사랑하는 경영자들을 찾았습니다. 만일 내가 참견해서 일을 망치려고 하면, 이들은 참견하지 말라고 단호하게 말할 사람들입니다. 이들은 버크셔 소속이지만 자기 회사는 빈틈없이 지켜냅니다.

투자 은행에서 보내준 책자를 보면, 누군가 몇 년 전에 인수했다가 팔려고 내놓은 기업 매물이 나옵니다. 그들에게 기업은 고깃덩이에 불과합니다. 이러한 기업의 재무제표가 조작되지 않았을 확률이 과연 얼마나 될까요?

나는 자기 기업을 깊이 사랑하는 사람을 찾습니다. 기업에 대한 열정에 대해서 버크셔 경영자들을 따라잡을 사람은 아무도 없을 것입니다.

멍거: 경영자의 열정과 타고난 능력 중 중요한 것이 뭐라고 봅니까? 버크셔에는 자기 회사에 열정적인 사람이 그득합니다. 능력보다 열정이 더 중요하다고 생각합니다.

버핏: 경영자가 무능한 기업이라면 우리의 관심을 끌지 못했겠지요. 그러한 기업이라면 경영자가 열정적이라도 이미 걸러졌을 겁니다. 하지만 보수만 챙기려는 경영자도 걸러내야 합니다. 보수를 챙기려고 회계까지 조작하는 경영자도 많습니다.

Q 21. 투자할 때 경영자 면담을 꺼리는 이유가 무엇인가요?

버핏: 우리는 거의 모든 정보를 공개 자료에서 얻기 때문입니다. 예를 들어 나는 짐 클레이턴의 저서를 읽고 나서 그의 회사를 인수했습니다. 회사 평가에 필요한 정보가 저서에 충분히 들어 있었으니까요. 우리는 경영자 면

담이 그다지 유용하지 않다고 생각합니다. 경영자들은 오마하를 방문해 온 갖 이야기를 늘어놓으며 우리의 투자를 받으려 합니다. 하지만 그러한 일은 절대 없습니다. 우리는 경영자보다 숫자에서 훨씬 많은 정보를 파악합니다. 남들이 하는 예측 따위는 전혀 관심이 없고 듣고 싶지도 않습니다.

Q 22. 어떤 사람이 **성공**한 사람이라고 생각하나요?

버핏: 내가 대학생에게 늘 하는 말이 있습니다. 내 나이가 되었을 때, 사랑받고 싶은 사람에게 사랑받고 있으면 성공한 것이라는 말입니다. 찰리와 내가 아는 사람 중에는, 자신의 이름을 딴 건물이 있을 만큼 온갖 영예를 얻었는데도 아무에게도 사랑받지 못하는 사람이 있습니다. 심지어 존경은 받을지언정 사랑을 받지는 못하더군요.

찰리와 나는 사랑을 100만 달러에 살 수만 있다면 얼마나 좋겠냐고 말합니다. 그러나 사랑을 받으려면 사랑스러워야 합니다. 다른 방법은 없습니다. 남에게 사랑을 베풀면 더 많은 사랑을 항상 돌려받게 됩니다. 반대로 남에게 사랑을 베풀지 않으면 돌려받는 사랑도 없습니다. 사람들은 누구나 코카콜라 CEO였던 돈 키오를 사랑합니다. 남들로부터 사랑받는 사람 중에 성공하지 못한 사람은 제가 아는 한 없습니다. 또 남들로부터 사랑받지 못한 사람 중에 성공한 사람도 제가 아는 한 없습니다.

멍거: 한 영화회사 간부가 죽자 그의 장례식에 수많은 사람이 왔습니다. 그러나 이들은 단지 그가 죽었는지 확인하러 온 것이었습니다. 장례식에서 목사가 말했습니다. "이제 누구든 나와서 고인에 관한 미담을 말씀해주시기 바랍니다." 마침내 한 사람이 나와서 말했습니다. "그래도 고인이 그의 형만큼 못된 사람은 아니었습니다."

버핏: 이곳에 있는 분 대부분과 내가 면담한 대학생 대부분이 부자가 될 것

입니다. 그러나 친구가 없는 분도 나올 것입니다.

Q 23. 사람들은 **멍거**가 버핏을 크게 깨우쳐주었다는데, 어떻게 생각하나요?

멍거: 내가 워런을 크게 깨우쳐주었다고 말하는 사람들이 있는데, 근거 없는 믿음이라고 생각합니다. 워런은 그럴 필요가 없는 사람입니다. 그러나 지금 우리는 5년 전보다 지식이 더 풍부합니다.

버핏: 찰리와 나는 1959년부터 어떤 방식으로든 파트너였습니다. 우리는 잡화점에서도 함께 일했는데, 몸 쓰는 일은 좋아하지 않는다는 결론에 함께 도달했습니다.

　우리는 다툰 적이 한 번도 없습니다. 찰리의 말을 해석할 줄만 알면 다툴 필요가 없습니다. 내가 찰리에게 물었을 때 "아니야"라고 대답하면, 우리는 보유 자금을 모두 투자합니다. 그가 "지금까지 들어본 말 중 가장 멍청한 소리야"라고 대답하면, 우리는 적당한 규모로 투자합니다. 그의 대답을 잘 해석하면 많은 지혜를 얻게 됩니다.

Q 24. 당신은 투자조합을 운영할 때 연 6%를 초과하는 이익에 대해 25% **성과 보수**를 받았는데, 버크셔에서는 왜 성과 보수를 받지 않나요?

버핏: 나는 오히려 많은 돈을 내고서라도 이 일을 할 생각입니다. 나는 이미 돈이 많은데 내가 좋아하는 사람들과 함께 일하면서 보수를 받을 이유가 있나요? 버핏 투자조합을 운영하던 시절에는 돈이 필요했지만 이제는 성과 보수가 전혀 필요 없습니다.

　버크셔는 원래 투자조합이 보유한 회사였으므로 내가 버크셔에서도 보수를 받는다면 이중 보수가 됩니다. 내가 버크셔 이익 중 일부를 가져간다면 내 재산은 더 커지겠지만, 나는 현재 방식이 좋습니다.

멍거: 카네기는 보수를 거의 받지 않는다는 사실에 항상 긍지를 느꼈습니다. 록펠러와 밴더빌트도 마찬가지였습니다. 과거에는 이러한 사고방식이 보편적이었습니다. 이들 모두 자신이 재단 설립자라고 생각했습니다. 양심적인 사람이라면 성과 보수를 받기 위해 남들을 실망시키지 않을 성과를 내려는 압박감을 느낍니다. 나는 성과 보수의 부담이 없어서 마음이 편합니다. 우리는 버크셔에서 성과 보수를 받는 대신 주주로서 다른 주주와 이해관계를 정확하게 일치시켰는데, 이 방식이 엄청나게 유리했습니다.

버핏: 빌 게이츠도 보수를 적게 받습니다. 그는 실적이 나쁜 해에 자신의 보수를 90%까지 줄이기도 했습니다. 스톡옵션도 받은 적이 없습니다. 스티브 발머도 그렇게 했다고 생각합니다. 이들은 주주를 이용해서 부자가 된 것이 아니라 주주와 함께 부자가 되었습니다.

Q 25. **소득 격차 확대** 문제에 대해 어떻게 생각하나요?

버핏: 전반적으로 미국인의 소비 생활이 전보다 개선되었지만, 10년 전보다는 크게 개선되지 않았습니다. 소득 격차가 확대되고 있다는 말은 옳습니다. 우리는 미국인의 전반적인 소비를 예측해 투자 대상을 선택하지는 않습니다.

장기적으로 보면 미국인의 생활 수준은 틀림없이 개선될 것입니다. 20세기 100년 동안 미국인의 1인당 소득은 7배 증가했습니다. 전에는 소득 대비 장거리 전화 요금이 부담스러울 정도로 비쌌습니다. 미국인의 생활 수준은 세월이 흐를수록 향상될 것입니다. 그러나 우리가 미래 예측을 매우 좋아하는 것은 아닙니다.

1분기에 캔디, 가구 등 우리 소비재 사업은 매우 부진했습니다. 심각한 수준은 아니지만, 지난 2년 동안 침체기였다고 생각합니다. 정부는 GDP

성장률이 2%라고 언급하지만, 인구증가율이 1%라는 점을 기억하시기 바랍니다. 중요한 것은 1인당 GDP입니다. GDP에는 공항 보안 검색 요원의 소득도 포함됩니다. 우리가 원치 않는 상품이나 서비스도 GDP에 포함된다는 말입니다. 전쟁이 벌어져서 항공기가 격추되었을 때 우리가 생산하는 대체 항공기도 GDP에 포함됩니다. 지난 3년 동안 바람직한 GDP는 전혀 증가하지 않았습니다. GDP의 질에 대한 논의는 많지 않습니다.

멍거: 소득 격차를 논할 때 빠뜨리면 안 되는 중요한 사실이 있습니다. 가난한 사람이 계속해서 가난에서 벗어나지 못하면 이들은 크게 분노합니다. 그러나 듀퐁 가족이 몰락하고 팸퍼드 셰프 가족이 성공한다면 좋은 일입니다. 이렇게 계층 이동이 활발하게 이루어지면 사람들은 시스템이 공정하다고 생각합니다.

버핏: 지금 우리는 계층 이동을 좋아하지 않습니다. 30~40년 전에는 좋아했지만 말이죠.

시장 예측은
미친 짓입니다

❖

2004년

장소: 퀘스트 센터

참석자: 약 2만 명

포춘 500 순위: 80위

버크셔 주가: $84,378

1964년 $1 → 2004년 $6,821

1964년 BPS $19.46 → 2004년 $55,824 (연 21.9%)

같은 기간 S&P500 수익률 연 10.4%

Q 1. **지속적인 학습**을 어떻게 실천했나요?

버핏: 건전한 투자의 기본 원칙은 지속적으로 학습할 필요가 없었습니다. 벤저민 그레이엄의 원칙을 여전히 사용하고 있으니까요. 그러나 우량 기업 발굴에 관해서는 찰리와 필립 피셔의 영향을 많이 받았습니다. 그리고 세월이 흐를수록 기업 경영에 대해 더 많이 배웠습니다.

사고 체계는 대부분《현명한 투자자》에서 배울 수 있습니다. 이후 실제로 사업을 하면서 깊이 생각해보면 사업을 이해할 수 있습니다. 여기에 적절한 기질까지 갖추면 성공할 수 있습니다.

멍거: 나는 워런을 수십 년 동안 지켜보았습니다. 그는 지속적으로 많이 배웁니다. 워런은 페트로차이나 같은 기업을 외면할 수도 있었지만 지속적인 학습을 통해 능력범위를 확대한 덕분에 이 같은 기업에도 투자할 수 있었습니다.

지속적으로 학습하지 않으면 남들에게 추월당합니다. 그리고 기질만으로는 충분치 않습니다. 매우 오랜 기간 호기심이 많아야 합니다.

우리는 독서를 많이 합니다. 독서를 많이 하지 않는데도 지혜로운 사람을 나는 보지 못했습니다. 그러나 독서만으로는 부족합니다. 아이디어를 고수하면서 실행에 옮기려면 기질이 있어야 합니다. 사람들 대부분은 아이디어를 고수하지 못하거나, 고수하더라도 실행에 옮기지 못합니다.

버핏: 열쇠는 IQ가 아니라 투자 사고방식이며 여기에 적절한 기질까지 갖추어야 합니다. 자신을 제어하지 못하는 사람은 재앙을 맞이합니다. 찰리와 나는 그러한 사례를 보았습니다. 1990년대 말에는 사람들 모두가 투자에 다소 미친 상태였습니다. 어떻게 그러한 일이 자꾸 벌어질까요? 사람들은 역사에서 배우지도 못할까요? 우리가 역사에서 배운 것은, 사람들이 역사에서 배우지 못한다는 사실입니다.

Q 2. 기업을 평가할 때 **성장률**에 대해 어떻게 생각하나요?

버핏: 장기 성장률이 할인율보다 높으면 수학적으로 그 가치는 무한대가 됩니다. 이것이 30년 전 듀랜드가 제시한 상트페테르부르크의 역설입니다.

경영자 중에는 자기 회사의 가치가 무한하다고 생각하는 사람도 있습니다. 그러나 높은 성장률이 무한히 지속된다고 가정하면 매우 위험합니다. 그렇게 가정했다가 막대한 돈을 날린 투자자들이 있습니다. 50년 전 일류 기업들을 찾아보십시오. 장기간 성장률 10%를 유지한 기업이 얼마나 있나요? 성장률 15%를 기록한 기업은 매우 드뭅니다.

찰리와 나는 고성장률을 추정하는 경우가 거의 없습니다. 그래서 간혹 좋은 기회를 놓칠 수도 있지만, 그래도 우리는 보수적으로 추정합니다.

멍거: 성장률 추정치가 매우 높아서 기업의 가치가 무한하다는 평가가 나오면, 더 현실적인 성장률로 대체해야 합니다. 다른 방법이 뭐가 있겠어요?

Q 3. **파생 상품**이 금융 위기를 부를 것으로 보나요?

버핏: 파생 상품에 의해 금융 위기가 발생할 확률이 매우 높다고는 생각하지 않지만, 확률이 없다고도 생각하지 않습니다.

프레디맥 같은 기업은 참으로 특이합니다. 이 기업을 분석하는 애널리스트가 수십 명이나 있었고, 감독 기관도 있었고, 의회가 법으로 감독 위원회까지 두었고, 현명하고 우수한 두 이사 마티 리보위츠와 헨리 카우프만이 있었고, 감사도 있었습니다. 그런데도 프레디맥은 단기간에 이익을 무려 60억 달러나 부풀렸습니다. 대부분 파생 상품으로 부풀렸습니다. 이제 다시 주석을 읽고 전화 회의를 청취해도 이 사실을 알아채기는 어려울 것입니다. 결국 60억 달러가 부풀려졌지만, 그들이 마음먹었다면 120억 달러도 가능했을 것입니다.

파생 상품은 많은 손해를 끼칠 수 있습니다. 투자회사 A와 투자회사 B가 복잡한 파생 상품 거래를 완료한 당일, 양쪽 모두 이익이 발생했다고 기록할 수도 있습니다. 이러한 거래는 매일 규모가 증가하고 있습니다.

내가 아는 대형 금융회사 경영자들은 이러한 파생 상품 거래를 이해하지 못합니다. 우리도 파생 상품 포지션을 다소 보유한 제너럴 리의 실태를 파악하려고 했으나 실패했습니다.

오래전 위기에 처했을 때 살로먼에도 문제가 많았지만 지금 금융 시스템의 문제는 훨씬 심각합니다. 1991년 정부는 살로먼을 파산시키려던 계획을 취소했지만, 만일 예정대로 강행했다면 어떻게 되었을까요? 살로먼이 다른 금융회사와 체결한 파생 상품 계약의 명목 가치 1.2조 달러가 부실화했을 것입니다. 일본과 영국 계좌를 포함해 온갖 종류의 거래에 결제 불이행이 발생했을 것입니다. 살로먼은 독일의 대형 예금 은행으로부터 자금을 차입하기도 했습니다. 따라서 온갖 문제가 발생했을 것입니다. 이미 시스템의 레버리지가 높은 상태였으므로 크지 않은 압박으로도 붕괴할 수 있었습니다.

사람들이 이해하지 못하는 거래가 많으면 외생적 사건으로도 커다란 문제가 발생할 수 있습니다. 우리도 파생 상품을 이용하고 있으며(우리가 담보를 받는 입장입니다) 그동안 돈을 벌었습니다. 그러나 10년 안에 파생 상품에 의해 커다란 문제가 발생할 것으로 예상됩니다.

멍거: 사람들은 어떤 결과가 빚어내는 다른 결과에 대해 생각하지 않습니다. 사람들은 먼저 금리 변동을 막으려고 헤지를 하는데, 이 과정이 매우 어렵고 복잡한 탓에 보고 이익이 불안정해집니다. 그래서 이번에는 새 파생 상품을 이용해 보고 이익을 매끄럽게 안정시킵니다. 이제 실적은 거짓말이 되고,《이상한 나라의 앨리스》에 등장하는 '미친 모자 장수의 다과회'가 되

어버립니다. 수준 높은 대기업에서 흔히 벌어지는 일입니다.

이제는 누군가 나서서 "우리는 하지 않겠소. 너무 어렵단 말이오"라고 말해야 합니다. 완전히 미친 사람들과 회계사들이 벌인 일이니까요.

버핏: 장난을 치고 싶으면 대형 금융회사 주주총회에 가서 복잡한 거래의 세부 사항에 대해 질문해보십시오. 대답을 못할 것입니다. 그러나 그 거래를 한 트레이더는 틀림없이 두둑한 보수를 받고 있을 것입니다. 위험을 떠안고 돈을 벌 수 있다면, 똑똑한 사람은 주저 없이 위험을 떠안으려 할 것입니다.

파생 상품은 위험을 분산하려고 개발한 상품이며 일각에서는 지금도 그렇게 주장합니다. 평소에는 이 말이 옳을지 모르지만 위험이 몇몇 기관에 심하게 집중되면 어떻게 될까요? 환 위험 헤지에는 대부분 파생 상품보다 코카콜라 주식이 낫습니다. 파생 상품 탓에 시스템 위험이 전반적으로 훨씬 커졌습니다.

제너럴 리가 맺은 파생 상품 계약은 우리가 판매하는 대재해 보험과 성격이 전혀 다릅니다. 우리 재보험 사업에서는 다른 보험사가 감당하지 못하거나 기피하는 위험을 인수하고 있습니다. 반면 파생 상품 사업은 타당성이 없었다고 생각합니다.

멍거: 둘은 근본적으로 다릅니다. 파생 상품 계약에는 한 당사자의 신용 등급이 하락하면 담보를 제공해야 한다는 조항이 들어 있습니다. 이는 추가증거금 청구와 같아서 파산을 부를 수 있습니다. 자신을 보호하려고 불안유발 요소를 도입한 셈입니다. 그들이 만들어낸 시스템이 얼마나 끔찍한지 아무도 모르는 듯합니다. 그야말로 미친 시스템입니다.

버핏: 버크셔가 당시 AAA등급이었던 제너럴 리를 인수하지 않았다면, 9·11 테러 이후 제너럴 리는 심각한 재정난에 빠질 수 있었습니다. 제너럴

리는 신용 등급이 하락해 담보를 제공해야 했으므로 막대한 현금이 필요했을 것입니다.

파생 상품은 지속되기 어려운 시스템입니다. 주요 금융 기관 CEO 다수가 파생 상품을 제대로 이해하지 못합니다. 막대한 추가 증거금을 단 하루라도 납부하지 못하면 즉시 파산하게 됩니다. 1987년 한 시카고 증권회사에 거액의 송금이 지연되어 하마터면 대형 사고가 발생할 뻔했습니다.

Q 4. 의회의 **회계 관련 법률**에 대해 어떻게 생각하나요?

버핏: 의회는 회계 관련 법률을 제정해서는 안 됩니다. 수치스럽게도 10년 전 의회는 대기업의 요청에 따라 아서 레빗(Arthur Leavitt: SEC 의장)을 압박해 스톡옵션 비용 처리 법안을 철회하게 했습니다. 이 때문에 1990년대 말에 회계 악습이 급증했습니다.

상원은 88 대 9의 표결로, 정확한 비용 처리보다 주가 부양이 중요하다는 의사를 밝혔습니다. 대형 회계 법인도 모두 대기업의 견해를 지지했으므로 대기업은 보고 이익을 높일 수 있었습니다. 그러나 지금은 회계 법인이 태도를 완전히 바꾸어 스톡옵션 비용 처리를 지지하고 있습니다. 그 절충안으로 기업들은 스톡옵션을 비용 처리하는 방법과 비용을 주석에 표시하는 방법 중 하나를 선택하게 되었는데, S&P500 기업 중 498개가 후자를 선택했습니다. 여러분은 의원들에게 편지해 재무회계기준위원회FASB가 당신들보다 더 잘 안다고 말해주시기 바랍니다.

구글에서 'Indiana pi'를 검색하면, 흥미로운 사례가 나옵니다. 1897년 인디애나주 의회는 원주율을 편의상 3.20으로 반올림하는 법안을 표결에 부쳤습니다. 이 법안을 인디애나주 하원에서는 통과시켰지만 상원에서는 몇몇 사람이 노력해 간신히 부결시켰습니다. 1993년 미국 상원은 자신도 전혀 모르는 스톡옵션 법률을 변경함으로써 인디애나주 의회가 세운 부끄러운 기록을 무색하게 했습니다. 큰손 후원자들이 지구가 평평하다고 말했다는 이유로 상원의원 88명도 지구가 평평하다고 선언했기 때문입니다.

멍거: 상원의원 88명은 인디애나주 하원의원보다 훨씬 엉망이었습니다. 인디애나주 하원의원은 멍청하기만 했는데, 상원의원 88명은 멍청한 동시에 부도덕했습니다. 잘못인 줄 알면서도 강행했으니까요.

Q 5. **정크본드**에 투자해본 경험이 있나요?

버핏: 정크본드에 투자할 때 우리는 이해할 수 있는 채권만 집중적으로 매수했습니다. 당시에는 시장 수익률이 무려 30~40%였습니다. 우리는 정크본드를 주식처럼 생각했습니다. 그런데 12개월도 지나기 전에 시장 수익률이 6%로 급락하며 정크본드 가격이 폭등했습니다. 그동안 별다른 사건이 없었는데도 이렇게 되었으니, 놀라운 일입니다. 가격은 항상 사람들을 놀라게 합니다.

Q 6. 드물게 발생하는 **시장의 광기**에 대해 어떻게 생각하나요?

버핏: 보험 사업에서 우리는 저확률 사건에 대해 다른 사람보다 훨씬 많이 생각합니다. 그리고 자연재해보다 금융 분야의 거대 사건에 대해 더 많이 생각합니다. 금융시장의 취약성을 깊이 분석해 대비책을 수립하며 우리가 커다란 수익 기회를 잡을 수 있을지도 생각합니다.

멍거: 정크본드 시장 수익률이 일시적으로 35~40%까지 올라간 것은 정말 이상한 일입니다. 가격이 바닥까지 떨어졌을 때 시장은 완전히 아수라장이었습니다. 이러한 모습을 보면 주식시장에도 대형 위기가 다가오는 모습이 쉽게 그려집니다.

버핏: 2002년에는 똑똑한 투자자가 수없이 많았고, 자금도 풍족했으며, 모두가 수익을 원했는데도 정크본드 가격은 폭락했습니다. 이례적인 일이지요. 당시 정크본드 가격을 폭락시켰던 사람들과, 최근에 시장 수익률 6%까지 가격을 급등시키며 정크본드를 사들인 사람들이 같은 사람들일까요?

월스트리트에는 돈과 인재가 넘쳐나지만, 증권 가격이 엄청나게 오르내립니다. 아파트 등 다른 자산의 가격은 그렇지 않은데 말이지요. 최소한 이러한 광기에 휘말려 손해 보는 일은 없어야 합니다. 광기를 이용해서 수익을 내면 더 좋고요.

Q 7. **자사주 매입과 배당**에 대해 어떻게 생각하나요?

버핏: 원칙은 단순하지만, 실천이 항상 쉬운 것은 아닙니다. 주주가 내재 가치를 추정할 수 있도록 회사가 정보를 충분히 제공했는데도 주가가 내재 가치보다 훨씬 낮다면, 회사는 자사주를 매입해 회사의 내재 가치를 대폭 높일 수 있습니다. 워싱턴 포스트가 그렇게 했고, 텔레다인은 자사주를 90%나 매입했습니다.

지금은 자사주 매입이 유행입니다. 말은 안 하지만 자사주를 매입하는 것은 근본적으로 주가가 하락하지 않길 바라기 때문입니다. 그러나 이러한 자사주 매입은 주주에게 불리할 때가 많습니다. 주가가 저평가되었을 때는 잉여 현금으로 자사주를 매입해도 좋겠지만, 고평가되었을 때는 단 한 주도 매입하면 안 됩니다.

잉여 현금을 주주에게 돌려주고 싶으면 이렇게 말해야 합니다. "주가가 저평가되었으므로 자사주 매입을 통해 잉여 현금을 돌려드리겠습니다."

배당에는 기대라는 문제가 따릅니다. 배당에 의지하는 투자자가 많기 때문에 배당을 매년 변경하는 상장 회사는 많지 않습니다(비상장 회사나 버크셔 자회사는 배당을 매년 변경하는 사례도 많습니다). 따라서 상장 회사가 배당 정책을 수립한 뒤에는 충분히 시간을 두고 숙고한 다음 변경해야 합니다.

멍거: 상장 회사 배당 총액과 주식 매매 수수료 및 운용 보수 총액이 거의 일치하므로, 실제로 주주 주머니에 들어가는 배당은 제로인 셈입니다. 이러한 모습을 보면 미국은 참으로 이상한 나라입니다.

버핏: 1999년 내가 〈포춘〉에 쓴 글('Mr. Buffett on the Stock Market')에서도 마찰 비용이 상장 회사 배당 총액과 같다고 밝혔습니다.

기업은 배당을 지급해야 합니다. 시즈캔디의 예를 들어보겠습니다. 시즈캔디는 재투자를 통해 성장시킬 방법이 없으므로 이익의 대부분을 배당해야 이치에 맞습니다. 그러나 경영진은 대체로 배당을 일정하게 유지하길 원하기 때문에 다소 보수적인 수준으로 배당을 지급합니다.

우리는 버크셔에 대해서도 똑같이 생각합니다. 잉여 현금을 충분히 활용할 수 없다고 생각되면 우리도 배당을 지급할 것입니다. 그러나 우리는 잉여 현금을 활용할 기회가 있다고 생각하고 있으며, 이는 무리가 아닙니다.

멍거: 우리가 잉여 현금을 주주에게 돌려주기로 결정했을 때 우리 주식이 저평가되지 않았다면, 십중팔구 배당을 지급할 것입니다. 그러나 너무 성급하게 기대하지는 마십시오.

Q 8. 자회사 관련 **석면 피해 보상**에 대해 설명해주겠습니까?

멍거: 석면 피해자는 폐암의 일종인 중피종에 걸렸습니다. 중피종은 석면에 노출되었을 때만 걸려 사망에 이르는 끔찍한 암입니다. 그런데 다른 사람들도 보상금을 청구했습니다. 매일 담배를 두 갑씩 피워서 폐에 반점이 생긴 사람들이었습니다. 이들은 변호사를 고용했고, 변호사가 동원한 의사는 폐의 반점이 모두 석면에 의해서 발생했다고 증언했습니다. 변호사가 의사

에게 효과적으로 뇌물을 제공하고 나면 수많은 가짜 피해자를 이러한 소송에 참여시킬 수 있습니다.

그러나 자금이 부족했으므로, 진짜 석면 피해자는 보상금을 충분히 받지 못했습니다. 남부 주의 배심원은 대기업이라면 모두 증오합니다. 변호사는 진짜 석면 피해자의 돈을 훔쳐 가짜 피해자에게 주고 있습니다. 완전히 미친 시스템입니다. 그러나 연방 제도 탓에 막을 방법이 없습니다. 대법원은 나서지 않겠다고 했습니다.

존즈 맨빌이 파산할 때 설립된 맨빌 트러스트가 석면 피해 채무를 전담하고 있습니다. 버크셔가 지급한 존즈 맨빌 인수 대금은 맨빌 트러스트로 입금되어 석면 피해 보상금으로 사용되고 있습니다. 존즈 맨빌이 석면을 마지막으로 판매한 시점이 35년 전이었는데도 작년 신규 보상금 청구인 수가 사상 최고를 기록했습니다.

사람들을 돈으로 매수하려는 시도는 불을 휘발유로 끄려는 시도와 같습니다. 변호사는 워드 프로세서로 수많은 청구인을 손쉽게 만들어낼 수 있습니다. 그러나 청구인에게 가는 돈은 25%에 불과하고 나머지는 변호사와 의사에게 갑니다. 이 문제는 오로지 대법원이나 의회가 나서야 바로잡을 수 있습니다. 사람들은 대법원이 개입을 거부했다고 말하지만 나는 대법원이 겁먹고 꽁무니를 뺐다고 말하겠습니다. 의회는 정치 상황을 고려하면서 아직 개입하지 않고 있습니다.

여기서 중요한 교훈을 얻게 됩니다. 범죄자가 큰돈을 벌고 나면 엄청난 정치 권력을 획득하므로 아무도 제지할 수가 없습니다. 따라서 해결책은 재빨리 싹을 자르는 방법뿐입니다. 이 문제는 쉽게 해결할 수 있습니다. 이러한 소액 청구는 모두 지급을 거절하겠다고 발표하는 것입니다.

버핏: 우리 자회사 존즈 맨빌의 행태는 비난받아 마땅합니다.

멍거: 존즈 맨빌의 행태는 미국 기업사에서 최악에 속합니다. 이들은 석면이 사람에게 해롭다는 사실을 알고서도 돈을 더 벌려고 이 사실을 숨겼습니다.

버핏: 우리는 이 문제와 무관합니다. 수십억 달러를 보유한 맨빌 트러스트는 거의 20년째 활동하고 있습니다. 작년 청구인 수가 사상 최고를 기록한 것은 신규 피해자가 나타났기 때문이 아닙니다. 맨빌 트러스트가 꿀단지가 되었기 때문입니다. 그러나 청구인이 받는 보상금은 청구액의 겨우 5%이므로, 진짜 중환자에게는 푼돈에 불과합니다. 이러한 방식은 옳지 않습니다.

　의회 상정안에 대해 우리는 결국 지지하지 않았습니다. 우리가 원하던 답이 아니었습니다. 대법원이 몸을 사리면서 남긴 이 문제는 수십 년 동안 지속될 것입니다.

멍거: 그래도 자기 이익만 챙길 생각이라면 위증죄에 유의하십시오. 석면 피해 보상 후에도 살아남은 회사는 셋뿐이므로 수십 년 전에 사용한 제품을 설명하려면 세 회사 중 하나를 기억해야 합니다. 개업 변호사들은 이러한 식으로 위증을 시킵니다.

Q 9. **투자 은행**이 수상한 사람과 기꺼이 거래하는 행태를 어떻게 보나요?

멍거: 실상은 기막힙니다. 살로먼은 적어도 다른 투자 은행 못지않게 합리적이고 기강이 있는 회사였지만, 막판에는 별명이 부도 수표The Bouncing Check였던 로버트 맥스웰에게도 거래를 구걸할 지경이었습니다. 이 정도면 투자 은행으로서 정도를 벗어났다고 보아야지요.

버핏: 비행이 드러나자 자살한 그의 시체가 수면에 떠오른 날, 우리는 계약대로 그의 계좌로 송금했지만 그는 우리에게 송금하지 않았습니다. 우리는 그의 아들에게 대금을 회수하러 영국으로 갔고, 상황은 엉망이었습니다.

당연한 업보였습니다.

투자 은행 임직원은 맥스웰과 거래를 몇 건 더 하면 수입을 크게 늘릴 수 있습니다. 그러므로 투자 은행은 임직원이 함부로 의심스러운 거래를 하지 못하도록 통제해야 합니다.

멍거: 놀라운 경험이었습니다. 버크셔가 최대 주주였으므로 워런, 루 심프슨, 나 모두 이사회에 있었습니다. 우리는 "이러한 사람과는 거래하지 마세요"라고 말했습니다. 하지만 그들은 인수 위원회에서 이미 승인한 사안이라고 말하면서 우리를 무시했습니다.

버핏: 그는 '사기꾼'이라는 네온사인을 달고 다니는 전과자였습니다. 그는 자기가 버크셔 주식을 대량으로 보유하면서 막대한 돈을 벌었다고 주장했지만 나는 주주 명부에서 그를 찾을 수가 없었습니다. 증권회사 명의로 보유할 수도 있겠지만 그 정도 규모라면 내가 발견했을 것입니다.

Q 10. 회계사의 **조세 회피 서비스**에 대해 어떻게 생각하나요?

버핏: 유명 회계 법인이 제공하는 조세 회피 서비스는 정말 역겹습니다. 바로 이러한 서비스 때문에 중산층이 부담할 세금이 부당하게 늘어나는 겁니다.

버크셔는 국가 재정에 크게 기여하고 있습니다. 연차 보고서에도 밝혔듯이, 작년에 우리만큼 세금을 납부한 기업이 540개만 있으면 더 이상 누구도 법인세, 개인소득세, 사회보장세 등을 낼 필요가 없을 정도입니다. 우리는 보유 비과세 채권에 대해서도 자본 이득이 발생하면 세금 34%를 모두 납부하고 있습니다.

멍거: 한 일류 회계 법인 관계자가 내게 말하길, 자기들은 최상위 고객 20명에게만 조세 회피 서비스를 제공하므로 발각될 염려가 없어 다른 회계 법인보다 낫다고 하더군요. 일류 회계 법인조차 사기성 조세 회피 서비스를

제공하기 시작했다는 뜻입니다.

버핏: 변호사는 이러한 서비스가 문제없다는 의견서를 작성해주고 있습니다. 이러한 변호사도 빠뜨려선 안 되겠죠.

일류 회계 법인(버크셔 담당 회계 법인 제외) 관계자가 우리 사무실로 찾아와 20개 역외 신탁을 설립하는 기밀 유지 협약을 체결하자고 제안했습니다. 이는 복잡한 거래를 광범위하게 확산해 국세청이 전체 자금 흐름을 파악하지 못하게 하려는 의도였습니다. 이러한 행위 탓에 나머지 사람들이 세금을 더 부담하게 됩니다. 내가 예전에 파멜라 올슨(재무부 세무 담당 차관보)에게 다소 고약하게 군 적이 있기는 하지만, 이러한 서비스의 문제점을 파헤치는 그녀의 노고에 박수를 보냅니다.

Q 11. **대재해 보험료**를 어떻게 책정하나요?

버핏: 핵심 변수들을 최대한 현실적으로 평가하려고 노력합니다. 오류가 발생하더라도 손실이 나지 않도록 말이죠. 이렇게 평가 작업이 마무리되면 안전 마진이 충분한지 확인합니다.

지진 보험료를 책정할 때는 지난 100년 동안 발생한 주요 지진의 횟수를 살펴봅니다. 그동안 26회 발생했으므로 향후 100년 동안 30~32회 발생할 것으로 가정합니다(50회까지 가정하지는 않습니다. 그러면 보험을 전혀 판매할 수가 없으니까요). 이렇게 산출된 보험료가 100만 달러면 안전 마진을 추가해서 보험료를 120만 달러로 책정합니다.

멍거: 도서《딥 심플리시티Deep Simplicity》를 이용하면 지진이 규모별로 어떻게 구성될지 예측할 수 있습니다. 멱법칙(冪法則, power law)에 의해 규모별 지진의 수를 알 수 있는데, 규모가 작은 지진은 많고 규모가 큰 지진은 적습니다. 이렇게 멱법칙을 적용하면 손해액 추정치를 계산할 수 있습니다.

버핏: 진도 9.0짜리 지진은 1,000년에 한 번만 발생하므로 보장받기가 어렵습니다. 투자 분야에서도 그렇게 희귀한 기회가 나타날 수 있는데, 지나치게 어렵다고 판단되면, 건너뛰면 됩니다.

Q 12. **보험 사기**에 대해 어떻게 생각하나요?

버핏: 보험 사기는 다양한 분야에서 많이 발생합니다. 자동차 보험사에는 보험 사기 전담 부서도 있습니다.

누적 금액 기준으로 보면 다른 어떤 보험 상품보다 산업 재해 보상 보험에서 우리가 입은 손실이 가장 큽니다. 고전을 면치 못했지요. 우리는 캘리포니아에 산업 재해 보상 보험의 소규모 직판 조직을 두었고 제너럴 리에서 재보험을 판매했는데, 그야말로 피바다였습니다. 보험료로는 손실을 감당할 수 없었습니다. 특히 직판 분야에서 보험 사기가 많이 발생했습니다. 캘리포니아 소재 보험사를 포함해 산업 재해 보상 보험을 판매한 보험사는 후회하고 있습니다. 이 상품으로는 돈을 벌지 못했습니다.

멍거: 보험 사기 탓에 사업이 중단되고 회사가 곤경에 처하면, 직원이 고객을 괴롭히는 것은 인간의 본성입니다.

버핏: 주로 의사, 변호사 등이 보험사를 상대로 보험 사기를 저지르고 있습니다. 물론 그 반대의 보험 사기는 많지 않습니다.

Q 13. 훌륭한 **투자 자문사**는 어떻게 찾나요?

버핏: 어려운 질문이군요. 1970년대 초 투자조합을 청산하면서 고객에게 돈을 돌려주자, 그 돈을 어떻게 해야 하느냐고 물어왔습니다. 나는 대단히 유능하고 정직하다고 생각하던 두 사람을 추천했습니다. 버크셔 이사회에 합류한 샌디 가츠먼과, 세쿼이아 펀드를 운용하던 빌 루안이었습니다. 이

들은 우리와 동년배였으므로, 이들이 올린 실적과 그 실적을 달성한 방법을 내가 알고 있었습니다. 이는 매우 중요한 사항입니다. 나는 요즘 활동하는 펀드 매니저를 알지 못하므로, 아무도 추천할 수 없습니다.

내가 당시 추천한 사람이 둘뿐이었다는 사실을 보면, 훌륭한 사람을 찾기가 어렵다는 점을 알 수 있습니다. 요즘 기관을 돌아다니면서 영업하는 사람은 유능하거나 정직하지 않을 성싶습니다.

지난주 신문에서 구글을 설립한 두 사람이 새로 얻은 엄청난 재산 때문에 골치가 아플 것이라는 기사를 읽고 나서 나는 하마터면 위로 카드를 보낼 뻔했습니다. 이들에게는 큰 문제가 없습니다. 두 사람은 똑똑하니까요. 두 사람에게 문제가 있다고 설득해서 서비스를 팔아야 하는 사람이 큰 문제입니다. 투자자에게는 이러한 사람의 도움이 전혀 필요 없습니다. 자기들 말을 듣지 않으면 곤경에 처한다고 말하는 이른바 전문가는 단지 영업을 하는 사람들입니다.

가축 사육장에서 중개상으로 일하던 처남이 생각납니다. 내가 물었습니다. "도대체 어떻게 팔기에 목장 주인이 육류 가공 업체에 직접 넘기지 않고 자네를 통하게 되었나?" 그가 대답했습니다. "워런, 관건은 '어떻게 파느냐'가 아니라, '어떻게 말하느냐'일세."

멍거: 뮤추얼 펀드는 연 2% 운용 보수를 챙기고, 중개인은 사람들이 펀드를 갈아타게 하면서 연 3~4% 판매 보수를 추가로 챙깁니다. 불쌍한 대중은 전문가에게 형편없는 상품을 사고 있습니다. 정말 역겨운 일입니다. 우리는 사람들에게 가치를 제공하는 쪽에 서고 싶습니다. 그러면서도 돈을 벌 수 있다면, 우리도 미국에서 투자 자문업을 할 수 있겠지요.

버핏: 헤지 펀드 투자자는 전체로 보면 실적이 좋지 않을 것입니다. 요즘 헤지 펀드가 한창 인기입니다. 특히 엄청난 보수가 눈에 띕니다. 세상 사람들

이 헤지 펀드에 운용 보수 2%와 성과 보수까지 지급하고, 실적 나쁜 헤지 펀드들이 조용히 사라지면, 투자자의 전반적인 실적은 좋지 않을 것입니다. 물론 일부 투자자는 실적이 좋겠지요.

멍거: '보수를 이중으로 부과해도 문제를 삼지 않으니 삼중으로 부과해야겠어!' 이렇게 생각하는 사람에게 투자를 맡기는 이유가 대체 뭡니까?

버핏: 보수 수준을 보면 사람들의 사고방식을 알 수 있습니다. 보수가 과도하다면 불공정한 계약입니다. 실제로 헤지 펀드 매니저가 받는 보수는 표준 보수의 4배입니다. 이들이 자기 돈을 헤지 펀드에 넣지 않을 거라고 장담합니다.

한때 찰리와 내가 운영했던 투자조합도 헤지 펀드의 일종으로 간주할 수 있습니다. 비슷한 점들이 있으니까요. 그러나 우리 사고방식이 현재 헤지 펀드 매니저와 같았다고 생각하지는 않습니다.

펀드 오브 펀드는 겹겹이 쌓이는 비용이 정말이지 믿기 어려울 정도입니다. 회사 명칭에 '헤지 펀드'를 집어넣는다고 해서 그 회사 사람이 천재가 되는 것은 아닙니다. 그런데 이들은 마케팅을 잘합니다. 사실 마케팅만 잘하면, 나머지 일은 잘할 필요가 없습니다.

Q 14. **뮤추얼 펀드 스캔들**에 대해 어떻게 생각하나요?

멍거: 최근 뮤추얼 펀드 매니저 상당수가 뇌물을 받고 투자자를 배신한 것으로 밝혀졌습니다. 펀드 매니저를 선택하기가 훨씬 어려워졌습니다. 말하자면, 누군가 "당신 어머니를 살해하고 보험금을 타서 나눕시다"라고 제안하자, "좋소. 나도 보험금이 필요하오"라고 대답한 꼴입니다.

버핏: 게다가 이들은 이미 부자였습니다.

멍거: 그런데도 이들은 억울하다고 생각합니다.

버핏: 펀드 투자자도 업계의 운용 실태를 제대로 알고 있어야 합니다. 미국 자산운용협회The Investment Company Institute는 자화자찬하면서 규제 당국과 친하게만 지낼 뿐 아무 일도 하지 않고 있었습니다. 결국 내부 고발자가 제보하자 엘리엇 스피처 검찰총장이 뮤추얼 펀드 스캔들을 폭로했습니다. 이 스캔들은 이미 수백 명이 알고 있었지만 모두 수수방관했으므로 오랜 기간 진행되었습니다.

Q 15. **뮤추얼 펀드 회사**를 설립할 계획은 없는지요?

버핏: 이해 상충이 매우 많아집니다. 우리도 막대한 자금을 운용하고 있으므로 동시에 두 가지 역할을 할 수가 없습니다. 뮤추얼 펀드 회사를 설립해 내가 매수한 주식을 뮤추얼 펀드에도 집어넣을 생각은 전혀 없습니다. 그동안 뮤추얼 펀드 회사를 설립하라는 권유를 많이 받았고, 설립한다면 펀드 판매는 전혀 문제가 없을 것입니다. 그러나 설립하고 나서 펀드를 어떻게 운용해야 할지 나는 전혀 모르겠습니다. 자네는 아나, 찰리?

멍거: 몰라.

그래서 우리는 설립하지 않습니다. 그러나 다른 사람들은 운용에 대해 신경 쓰지 않는 듯합니다.

Q 16. 콜라는 건강에 해롭다고 하는데요. 그러한 콜라를 생산하는 **코카콜라**에 투자해도 정말 괜찮을까요?

버핏: 나는 오래전부터 코카콜라를 매일 다섯 캔씩 마시고 있지만 건강이 아주 좋습니다.

우리는 경영진까지 만나보고 아주 훌륭한 기업을 인수할 기회가 있었는데도 포기한 적이 있습니다. 경영진은 훌륭했지만 그 사업은 하고 싶지 않았습니다. 그러나 그 회사 주식에 투자할 수는 있습니다.

내가 어떤 회사의 사업을 지지하지 않더라도 그 회사 주식이나 채권에 투자할 수는 있습니다. 그러나 그 회사를 인수해서 관리하고 싶지는 않습니다.

소매회사는 모두 담배를 판매하지만, 소매회사 인수는 꺼리지 않습니다.

멍거: (버핏을 바라보며) 하지만 담배 제조 회사는 인수하지 않겠다는 말이지?

버핏: 그렇지. 이렇게 기준을 정한 이유는 설명할 수 없지만, 그 기준을 따르고 있습니다. 나는 RJR(RJ레이놀즈: 미국 2위 담배회사) 채권을 보유한 적도 있고 앞으로도 보유할 수 있지만 회사를 인수할 생각은 없습니다. 전에도 이러한 사례가 있었습니다.

멍거: 우리가 오랜 기간 고민한 끝에 내린 결정은 아니고요. 우리가 도덕적으로 완벽하다고 주장하는 것도 아닙니다. 그러나 합법적이더라도 우리가 손대지 않는 분야가 많습니다. 그러한 사업은 하지 않을 것입니다. 현재 미국에는 교도소에 가지만 않으면 무엇이든 상관없다는 문화가 있습니다.

버핏: 햄버거를 먹거나 코카콜라를 마시는 것은 선택의 문제입니다. 원하는 음식을 마음대로 먹으면서 75세까지 사는 인생과 브로콜리와 당근만 먹으면서 85세까지 사는 인생 중 어느 쪽이 나을까요? 내 생각은 여러분도 아실 겁니다.

나는 홀푸드 마켓(Whole Foods Market: 유기농 식품 전문 슈퍼마켓)이라면 근처에도 가본 적이 없습니다.

멍거: 내가 즐겨 쇼핑하는 곳은 코스트코입니다. 고급 마블링 필레 스테이크가 있으니까요. 밀가루 음식이나 먹고 당근 주스로 씻어 내리는 식생활에는 전혀 관심이 없습니다.

버핏: 음식에 대해서는 찰리와 나의 의견이 항상 일치한답니다.

Q 17. 내셔널 인뎀너티를 인수한 이유가 무엇인가요?

버핏: 보험 사업에 동기 부여를 잘못하면 엄청난 손해를 볼 수 있습니다.

과거에 내셔널 인뎀너티의 소유주 잭 링월트는 해마다 15분가량은 좌절감에 사로잡혀 회사를 팔아치우고 싶다고 짜증을 내고는 했습니다. 나는 찰리에게 다음에 링월트가 좌절감에 사로잡히면 내게 데려오라고 말했습니다. 결국 우리는 1967년 700만 달러에 내셔널 인뎀너티를 인수했습니다.

수입 보험료가 해마다 감소하는 모습을 계속 지켜보는 상장 보험사가 미국에 몇 개나 있을까요? 정년퇴직한 직원은 있을지 몰라도, 우리는 직원을 한 명도 해고하지 않았습니다. 보험 판매 실적이 부진하다는 이유로 해고하면, 직원은 회사에 손해를 끼치면서라도 보험을 판매하게 됩니다. 따라서 우리는 보험 판매 실적이 부진해도 해고하지 않겠다고 직원에게 말해줄 수 있어야 합니다.

다른 보험사는 이러한 방식을 수용하기 어려울 것입니다. 그러나 우리는 비용률 상승은 감수할 수 있어도 손해 보면서 보험을 판매할 수는 없습니다.

1986년 우리 비용률(이 값이 100 미만이면 보험 영업 이익을 가리키고, 100 초과면 보험 영업 손실을 가리킵니다)은 69.3%에 불과했습니다. 지난 몇 년 동안 매출을 계속 늘려오다가 그해 사상 최대 매출을 기록한 덕분입니다. 우리는 매출이 많은 해에는 막대한 돈을 벌고, 매출이 적은 해에는 조금 벌었습니다. 이러한 방식으로 영업하는 보험사는 우리뿐입니다. 매출이 부진할 때는 비용률이 상승합니다.

우리가 인수하던 시점에 내셔널 인뎀너티는 별다른 저작권이나 특허권도 없는 무명 기업이었지만, 원칙을 준수한 덕분에 누구도 흉내 낼 수 없는 실적을 내고 있었습니다. 자동차회사나 철강회사라면 이러한 방식으로 경영할 수가 없습니다. 그러나 보험사는 이러한 방식이 최선입니다.

멍거: 이러한 방식은 우리만 사용하고 있지만, 내가 보기에 옳은 방식은 이 것뿐입니다. 버크셔에는 이러한 방식으로 운영되는 자회사가 많습니다. 지 배 주주가 되어야 가능한 방법입니다. 위원회가 이러한 결정을 내리기는 어려우니까요.

Q 18. **홈서비스**를 키우는 이유가 무엇인가요?

버핏: 홈서비스는 성장할 것입니다. 홈서비스가 보유한 지역 부동산회사 15~16개는 모두 지역 브랜드를 갖고 있습니다. 경영자들이 소유주라고 생 각하면서 회사를 운영한다는 점에서 버크셔와 비슷합니다. 그러나 유명한 경영진이 이끄는 센던트와 달리 전국 브랜드는 없습니다.

앞으로 10년 동안 우리는 부동산 중개회사를 다수 인수할 것입니다. 홈 서비스는 훌륭한 경영진이 이끄는 훌륭한 기업입니다. 작년에는 500억 달 러에 이르는 부동산 거래에 참여했는데, 이 금액은 전국 부동산 거래액의 극히 일부에 불과합니다. 우리는 캘리포니아, 미네소타, 네브래스카에서 높은 점유율을 유지하고 있습니다.

부동산 중개업은 좋은 사업이지만, 경기 변동의 영향을 많이 받습니다. 지금은 경기가 매우 좋습니다. 어려운 시기도 오겠지만, 우리는 계속 인수 할 생각입니다. 이 사업이 얼마나 커질지는 알 수 없지만 계속 성장하면 가 구점 등도 인수하게 될 것입니다. 새집을 마련하는 사람은 누구나 가구를 많이 구입하니까요.

홈서비스의 중개 수수료는 지속될 수 있다고 생각합니다. 배리 딜러(미국 사업가)는 렌딩트리(개인 대 개인 대출회사)의 공간 활용에 관심이 있으며, 인터 넷은 부동산 중개업을 포함해 모든 사업에 위협이 되고 있습니다. 그러나 부동산 직거래(For Sale By Owner: FSBO)는 50년 전부터 지금까지 이어지고 있지만 중개 수수료에 큰 영향을 미치지 못했습니다. 나는 30년 후에도 부동산 거래 대다수는 지금처럼 중개업소 시스템을 통해서 이루어질 것으로 추측합니다.

멍거: (버핏을 바라보며) 자네도 오마하에서 부동산 거래 방식을 극적으로 바꾸려 하다가 자빠졌잖아. 자회사인 오마하 월드-헤럴드에서 매물 등록 사업을 가져오려 했다가 실패했지.

Q 19. 왜 **애널리스트와 기관 투자가**를 만나지 않나요?

버핏: 나는 투자자 소수를 따로 만나는 방식에 동의하지 않습니다. 그러한 식으로 만나면 다른 모든 사람과 만나야 합니다. 그래서 우리는 연차 보고서를 통해 사업 정보를 최대한 전하려고 노력합니다.

소수를 따로 만나는 방식은 우리 기질에도 맞지 않습니다. 기업은 애널리스트 면담에 많은 시간을 소비합니다. 우리 강점 하나는 그러한 면담을 하지 않는 것입니다. 시간이 매우 많이 드는 데다가, 투자자 일부에게만 유리하기 때문입니다. 우리는 평등주의자입니다.

멍거: 우리는 현재 주주에게 만족하므로 새 주주를 끌어올 생각이 없습니다. 현재 주주를 자회사 경영자와 만나게 해주고 싶지만, 우리는 경영자에게 모든 시간을 사업에 전념하게 해주겠다고 약속했습니다. 우리는 경영자의 회사 운영을 절대 방해하지 않습니다. 원치 않는 활동에 시간 25%를 낭비하지 않게 돼서 매우 행복하다고 내게 말하는 경영자가 많습니다.

버핏: 우리는 스스로 "우리가 주주라면 알고 싶은 정보를 주주에게 충분히 전달하고 있는가?"라고 물어봅니다. 그러한 정보를 우리 연차 보고서에 모두 담으려고 정말로 노력합니다. 그래서 중요한 정보라면 무엇이든 연차 보고서에 포함합니다.

워싱턴 포스트의 주주총회는 매우 유용합니다. 특정 기사에 대해 불평하는 주주가 매우 많아 주주총회가 해학이 되었기 때문입니다. 그러나 우리는 주주총회를 6시간 진행하고 공들여 연차 보고서를 작성하면 필요한 정보를 충분히 전할 수 있다고 생각합니다.

우리는 다음 분기나 내년 실적을 걱정하는 주주를 원치 않습니다. 버크셔를 평생 투자처로 생각하는 주주를 원합니다. 그러나 농장을 보유하듯 주식을 사서 평생 보유하려고 생각하는 투자자는 비교적 소수에 불과합니다.

Q 20. 버크셔의 보상 방식에 대해 설명해주겠습니까?

버핏: 버크셔에서 일하면 높은 보수를 받을 수 있지만 성과가 있어야 합니다. 실적이 평균에 불과한데도 높은 보수를 받는 사람은 버크셔에 없습니다.

미드아메리칸 경영자들은 능력이 탁월합니다. 핵심 경영자 데이비드 소콜과 그레그 에이블은 높은 보수를 받습니다. 나는 2분 만에 보상 계획을 개략적으로 메모해서, 미드아메리칸 동업자 월터 스콧에게 보여주었습니다. 그가 보고 나서 좋다고 했으므로 두 경영자와 이야기를 진행했습니다. 이후 변경된 사항은 하나뿐이었습니다. 초안에서는 CEO 데이비드 소콜에게 더 지급하려고 했는데, 그가 50 대 50으로 똑같이 나누자고 했습니다.

찰리와 나는 2분이면 보상 계획을 만들어냅니다. 그다지 복잡한 일은 아니지만 사업을 이해해야 가능합니다. 한 가지 공식을 일률적으로 적용하면 터무니없는 방식이 됩니다. 시즈캔디의 척 허긴스는 30년째 똑같은 방식으로 보상받고 있습니다. 가이코에서는 토니 나이슬리를 포함한 모든 임직원의 보상이 두 가지 변수에 따라 결정됩니다.

우리는 인사부도 없고, 법무팀도 없으며, 보상 컨설턴트도 고용하지 않습니다. 기득권 탓에 회의가 많아지고 일만 복잡해지기 때문입니다.

지상파 방송국 같은 사업은 멍청한 조카에게 경영을 맡겨도 엄청난 ROE가 나옵니다(멍청한 조카가 방송국에 들어오지 못하게만 하면 됩니다). 그러나 다른 사업은 정반대입니다.

우리는 사용 자본에 대해서도 비용을 부과합니다. 핵심 지표를 측정해 최소 기준을 설정하고 그 기준을 초과해 창출하는 가치에 대해서만 보상합니다. 수익률이 낮아 보여도 이 방식으로 합니다. 지상파 방송국이 여러 개라면, 원숭이에게 경영을 맡겨도 세전 이익률 35%가 나올 터이므로 35%를 초과하는 실적에 대해서만 보상해야 합니다. 최소 기준을 10%나 15%로 설정하면 바보짓입니다. 나쁜 경영자는 그렇게 하려고 하겠지만 결국 훌륭한 경영자에게는 충분한 보상을 해주어야 합니다.

우리 보상 방식은 정교한 절차를 따르는 다른 기업과 매우 다릅니다. 다른 기업은 대개 보상 위원회를 만들어, 도베르만처럼 사나운 사람 대신 치와와처럼 온순한 사람으로 자리를 채웁니다. 나는 그동안 참여한 19개 이사회 중 한 곳에서만 보상 위원회에 들어가게 되었는데, 나중에 회사는 이 결정을 후회했습니다. 내가 보상 계획에 반대했기 때문입니다. 그러나 눈치 빠르고 고귀한 두 사람이 찬성했으므로 결국 보상 계획은 통과되었습니다. 나는 "이 CEO는 멍청하기 때문에 현재 보수의 절반만 받아도 충분합니다"라고 말하는 보상 컨설턴트를 본 적이 없습니다.

이사회와 CEO 사이에서 진행되는 CEO 보상 협상은 불공평할 수밖에 없습니다. CEO에게는 피 같은 자기 돈이지만 이사회에는 남의 돈이기 때문입니다. 보상 컨설턴트는 이사들에게 비교 대상 CEO 중 상위 25%가 받는 보상을 정리한 자료를 건네줍니다. 이런 식이면 CEO 보상이 계속 증가해, 머지않아 터무니없는 금액이 됩니다. 지금 다소 변화가 있긴 하지만, CEO들이 주도하는 변화는 아닙니다.

멍거: 나는 보상 컨설턴트를 고용하느니 차라리 독사를 내 셔츠 속에 집어 넣겠습니다.

Q 21. 버크셔는 왜 **주식 분할**을 하지 않나요?

버핏: 주요 기업 중 버크셔 주주가 가장 훌륭하고 주식 회전율도 가장 낮습 니다. 왜 그럴까요? 자기 선택 과정 덕분입니다. 주가가 수천 달러라서 투 자하고 싶지 않다고 말하는 사람은 십중팔구 우리 주주만큼 현명하지도 않 고, 우리 주주로서 어울리지도 않습니다.

우리는 그동안 주식 분할을 하지 않았기 때문에 가장 훌륭한 주주를 끌 어 모을 수 있었습니다. 이들은 모두 주가가 9만 달러냐 9달러냐는 중요하 지 않다고 생각합니다.

멍거: 주식의 높은 유동성이 자본주의 발전에 크게 기여했다는 말은 헛소리 입니다. 유동성 탓에 증시 과열이 빚어지기도 하므로, 유동성은 기여도 하 지만 손해도 끼칩니다.

남해회사 거품South Sea Bubble 사건 이후 영국은 유통주 발행을 금지했는 데도 잘 굴러갔습니다. 유동성이 문명 발전에 크게 기여한다고 생각한다면 유동성 낮은 부동산은 손해를 끼친다고 생각해야 하겠지요.

버핏: 버크셔 주식도 하루에 5,000만 달러는 거래되므로 매도하기 어려운 사람은 극소수에 불과할 것입니다.

멍거: 가치가 매우 높은데도 보유하기 싫다는 사람이 늘어나는 탓에 유동성 이 쟁점인 것입니다.

Q 22. **시장 예측**에 대해 어떻게 생각하나요?

멍거: 사람들에게는 미래를 알고자 하는 강한 욕구가 항상 있습니다. 옛날

에 왕들은 사람을 고용해서 양의 창자를 보고 미래를 예측하게 했습니다. 미래를 아는 척하기만 하면 항상 돈벌이가 되고는 했습니다. 왕들이 양의 창자로 미래를 예측하려던 옛날과 마찬가지로, 시장 예측가의 말에 귀 기울이는 행위는 지금도 여전히 미친 짓입니다. 그러나 이러한 미친 짓이 끝없이 반복되고 있습니다.

Q 23. 경영자가 **부정직한 사람**인지 알아내려면 어떻게 해야 하나요?
멍거: 버니 에버스(월드컴의 전임 회장)와 켄 레이(엔론의 전임 CEO)는 사기 솜씨가 서툴러서 쉽게 알아낼 수 있었습니다. 이들은 거의 사이코패스였습니다. 그러나 로열 더치 셸 같은 회사라면 문제를 알아내기가 훨씬 어렵습니다.
버핏: 찰리와 나도 로열 더치 셸에서는 문제를 감지하지 못했을 것입니다. 우리는 아직도 엑슨이 발표하는 실적이 정확할 것으로 기대하고 있으므로 여전히 정신을 못 차리는 셈이지요. 1990년대 말에는 경영자들이 줄지어 원칙을 무시했습니다. 지금도 도덕성이 개선되기보다 타락하는 경영자가 더 많아서 전반적으로 군중의 도덕성 수준을 따라가고 있습니다.
멍거: 한 가지 양해를 구합니다. 어젯밤 내가 현대 재계의 거물 아먼드 해머에 대해 언급하면서, 그는 입을 열면 거짓말이고 입을 닫으면 도둑질이라고 말했습니다. 이 말은 단순한 재담이 아니라 오래전부터 악덕 자본가를 묘사하는 말이었습니다.

Q 24. **성공과 행복의 열쇠**는 어디에 있나요?
멍거: 위험한 경주나 마약 등은 피하고 좋은 습관을 개발하세요.
버핏: 나는 재정난에 빠진 사람들에게 매일 편지를 받습니다. 건강 문제로 재정난에 빠진 사람도 많지만 부채 탓에 빠진 사람도 많습니다. 이들은 착

한 사람들이지만 실수를 저질렀습니다. 이들이 회복하기는 어려울 터이므로 나는 파산 보호 신청을 하고 새로 시작하라고 말합니다. 이들 대부분은 훨씬 일찍 그렇게 하는 편이 나았습니다.

멍거: 나쁜 사람을 피하세요. 특히 사악하고 매력적인 이성을 피하십시오.

버핏: 나쁜 사람과 어울리면 물들기 쉽습니다. 함께 어울리고 싶은 좋은 사람을 보면서, 마음에 드는 자질을 모방하려고 노력하세요. 함께 어울리고 싶지 않은 나쁜 사람을 보면서, 마음에 들지 않는 행동을 중단하세요.

멍거: 바뀐 행동 탓에 동료 집단으로부터 인기를 다소 잃더라도 개의치 마십시오.

버핏: 한 노부인은 103세가 되어서 좋은 점이 무엇이냐는 질문을 받자 "또래들의 압력이 없어서 좋다오"라고 대답했습니다.

Q 25. **밤잠**을 설치지 않으려면 어떻게 해야 하나요?

버핏: 가장 확실하게 자신을 보호하는 방법은 부채를 사용하지 않는 것입니다. 금융시장에서는 불리한 사건이 발생하지 않는다고 장담하지 못합니다. 부채를 사용하면 똑똑한 사람도 큰 손실을 볼 수 있습니다. 물론 위기 기간에도 포지션을 견뎌낼 수 있으면 문제없습니다. 그러나 부채가 있을 때는 똑똑한 사람조차 큰 손실을 볼 수 있습니다. 부채를 사용하지 않고 내재 가치에 비해 지나치게 비싸게 투자하지 않으면 금융 위기가 와도 큰 손실을 피할 수 있습니다. 여유 자금이 있으면 금융 위기는 절호의 매수 기회가 됩니다.

버크셔는 어떤 금융 위기도 견뎌낼 수 있는 놀라운 포지션을 유지하고 있습니다. 우리는 장의사처럼 전염병이 퍼지기를 바라지는 않지만, 그러한 상황이 오면 우리는 과거에도 유리했고 앞으로도 유리할 것입니다. 지난

30~40년 동안 우리는 주위 환경 탓에 피해를 입은 적이 한 번도 없습니다.

Q 26. 당신의 **연봉**은 주식 1주당 10센트(총 10만 달러)에 불과한데요. 주당 25센트까지 인상하자고 해도 반대할 주주는 없을 것 같습니다.

버핏: 나는 돈을 내고서라도 이 일을 하고 싶습니다. 내 연봉이 인상된다고 더 나아질 게 있을까요? 나는 지금도 SS등급을 받고 있습니다. 내가 연봉을 더 받는 대신 지금보다 더 일한다면 가족이 화를 낼 것입니다.

Q 27. **필립 피셔**에 대해서 설명해주겠습니까?

버핏: 필립 피셔는 위대한 분이었습니다. 한 달 전에 돌아가셨는데, 90세가 훨씬 넘었습니다. 첫 번째 저서는 1958년 출간된《위대한 기업에 투자하라 Common Stocks and Uncommon Profits》였습니다. 그의 두 번째 저서도 훌륭했습니다.

두 책에는 값진 정보가 고스란히 담겨 있습니다(나는 그를 한 번 만났습니다). 그레이엄이 그랬듯이, 피셔도 그의 정수를 책에 담았습니다. 글이 매우 명확해서 그를 만날 필요도 없었습니다.

1962년 나는 그를 만난 시간이 정말로 즐거웠습니다. 뉴욕으로 가 그를 방문했습니다. 내가 멀리 오마하에서 찾아왔으므로 한 번은 만나줘야 한다고 생각했나 봅니다. 필립은 나를 친절하게 대해주었습니다. 나는 찰리를 1959년에 만났습니다. 찰리도 원칙이 비슷했으므로, 나는 양쪽에서 비슷한 원칙을 배웠습니다.

멍거: 내가 좋아하는 사람이 나와 같은 의견이면 항상 즐겁습니다. 그래서 피셔는 내게 즐거운 추억입니다. 훌륭한 투자 대상은 찾기 어려우므로 몇몇 종목에 집중해야 한다는 원칙이, 내게는 확실히 좋은 아이디어로 보입

니다. 그러나 투자 업계 사람 중 98%는 그렇게 생각하지 않습니다. 우리 집중 투자는 성과가 좋았습니다.

Q 28. **핵 공격 발생 확률**이 얼마나 될까요?

버핏: 사람들은 최근 발생하지 않은 사건에 대해서는 확률을 과소평가하고 최근 발생한 사건에 대해서는 확률을 과대평가하는 경향이 있습니다.

계산은 어렵지 않습니다. 문제는 '가정이 정확한가'입니다. 매년 핵 공격 발생 확률이 10%라면, 향후 50년 동안 핵 공격이 발생하지 않을 확률은 0.5%에 불과합니다. 그러나 매년 핵 공격 발생 확률이 1%라면 향후 50년 동안 핵 공격이 발생하지 않을 확률은 60%입니다.

기업 평가 척도는
가격 결정력

2005년

장소: 퀘스트 센터

참석자: 약 1만 9,000명

포춘 500 순위: 12위

버크셔 주가: $88,006

1964년 $1 → 2005년 $7,114

1964년 BPS $19.46 → 2005년 $59,734 (연 21.5%)

같은 기간 S&P500 수익률 연 10.4%

Q 1. 좋은 **투자 기회**를 잡으려면 어떻게 해야 하나요?

버핏: 그레이엄은 말했습니다. "다른 사람의 생각과 일치해야 내 판단이 옳은 것은 아니다. 내 데이터와 추론이 옳다면, 내 판단이 옳은 것이다." 데이터를 입수하면 그 데이터가 무슨 의미인지 스스로 생각해야 합니다. 다른 사람의 견해에 의지해서는 안 됩니다.

우리는 중요하면서도 알 수 있는 문제에 관심을 집중해야 합니다. 내일 우리가 핵 공격을 받을 것인가는, 중요하긴 해도 알 수 없는 문제입니다. 그러한 문제에 관심을 집중해서는 안 됩니다.

《현명한 투자자》 8장에서 그레이엄이 말했습니다. "시장은 스승이 아니라 하인이다. 시장이 멍청한 짓을 벌일 때가 시장을 이용할 기회다. 시장은 단지 가격만 제시한다. 시장을 이용할 기회가 보이지 않으면 그날은 놀면서 보내고 이튿날 다시 살펴보라. 십중팔구 다른 가격을 제시할 것이다."

롱텀 캐피털 매니지먼트 사건이 터졌을 때, 우리는 일요일에도 많은 전화를 받았습니다. 일요일에도 전화가 몰려오면 거액을 벌 수 있습니다. 사람들이 심각한 곤경에 처했다는 뜻이니까요. 우리는 일요일에 전화를 받는 입장이 되어야지, 전화를 거는 처지가 되어서는 절대 안 됩니다.

당시 30년 만기 국채 최근물on-the-run과 경과물off-the-run issue 사이의 스프레드가 전례 없이 30bp나 벌어졌습니다. 어떤 상황에서도 투자할 태세를 갖추고 있으면 이러한 기회를 이용할 수 있습니다. 문제를 정확하게 파악하고 시장을 하인으로 삼는다면 기회를 놓칠 리가 없습니다.

멍거: 그러나 여러분 중 일부는 기회를 놓칠 것입니다.

Q 2. 버크셔도 투자할 때 **자산 배분**을 하나요?

멍거: 버크셔는 자산 배분 공식 같은 것을 사용하지는 않습니다. 우리는 오

로지 좋은 기회를 탐색하며, 인위적인 제한을 두지 않습니다. 그러한 면에서 우리는 현대 포트폴리오 이론을 완전히 무시합니다. 틀렸다고 생각하니까요.

버핏: 전체 자산 중 미국 자산 비중이 80%를 훨씬 초과합니다.

멍거: (버핏을 바라보면서) 자산 배분이란 걸 실제로 한 적이 있었나?

버핏: 한 번도 안 했지.

만약에 정크본드 저평가 상태가 더 오래갔다면 우리는 70억 달러가 아니라 300억 달러를 투자했을 것입니다.

Q 3. **뉴욕 증권 거래소와 아키펠라고의 합병**을 어떻게 보나요?

버핏: 나는 뉴욕 증권 거래소NYSE가 비영리 기관으로 유지되는 편이 바람직하다고 생각합니다. 지난 몇 세기 동안 뉴욕 증권 거래소는 역할을 매우 훌륭하게 수행했습니다. 세계에서 가장 중요한 기관 중 하나였습니다.

잦은 매매는 성공 투자에 도움이 되지 않습니다. 미국 투자자에게는 구식 증권 거래소가 낫습니다. 뉴욕 증권 거래소의 거래량이 두 배로 늘어난다면, 미국 투자자의 형편은 전보다 어려워질 것입니다. 그러나 뉴욕 증권 거래소는 자사의 이익을 위해 거래량 증대 방안을 찾는 데 몰두할 겁니다.

매매에는 마찰 비용이 수반됩니다. GM이나 IBM은 자사 주식의 회전율이 상승해도 이익이 증가하지 않지만, 뉴욕 증권 거래소는 이익이 증가합니다.

멍거: 전적으로 동감입니다. 뉴욕 증권 거래소 CEO와 이사들이 솔선수범 의무를 망각한 탓에 우리가 길을 잃었다고 생각합니다. 이미 카지노가 되어버린 미국 증권 거래소를 더 큰 카지노로 만들어서는 안 됩니다.

1학년 담임 선생이 교실에서 간음하거나 술을 마시면 안 되듯이 증권 거래소도 부도덕한 본보기를 보여서는 안 됩니다. 나는 간담이 서늘할 지경입니다.

버핏: 갑자기 1학년 교실에 가보고 싶군요.

Q 4. **실수**를 피하려면 어떻게 해야 하나요?

버핏: 첫 단계는 함정을 알아보는 것입니다. 찰리가 저서 《Poor Charlie's Almanack(가난한 찰리의 연감: 멍거가 존경하는 벤저민 프랭클린의 자서전 Poor Richard's Almanack을 모방한 제목 - 역자 주)》에서 다양한 함정을 소개하고 있으므로 읽어보시기 바랍니다. 우리는 이러한 함정에 좀처럼 빠지지 않는 성향을 가지고 있습니다. 전보다 덜 **빠진다**는 말이지, 아예 안 **빠진다**는 뜻은 아닙니다.

멍거: 큰 부자가 되기 위해 완벽한 지혜를 갖출 필요까지는 없습니다. 장기적으로 평균보다 조금만 더 나으면 됩니다.

버핏: 곰에게 쫓겨 달아나던 두 사내 이야기가 떠오릅니다. 한 사내가 다른 사내에게 말했습니다. "내가 곰보다 더 빨리 달릴 필요는 없어. 자네보다 빠르기만 하면 돼!"

멍거: 피터 카우프만이 편집한 책입니다. 그가 출간 아이디어를 제시하자 워런이 열광했습니다. 책 제목이 우스꽝스럽지요. 이 간단한 책에 나오는 내용을 모두 이해하면 게임에서 훨씬 앞서갈 수 있습니다.

버핏: 선풍적인 인기를 얻은 책입니다. 인생에 대해 많이 배우고 돈도 벌 겁니다.

Q 5. 어떤 기업이 **훌륭한 기업**인가요?

버핏: 최고의 기업은 지속적으로 재투자하지 않아도 이익이 유지되는 기업

입니다. 반면 최악의 기업은 적자 사업에 계속해서 돈을 퍼부어야 하는 기업입니다.

지역에서 최고로 인정받는 외과 의사는 최고의 기업입니다. 이익을 재투자할 필요가 없습니다. 교육 과정을 마쳤으니까요. 인플레이션이 발생해도 외과 의사의 수익력은 유지됩니다.

멍거: 훌륭한 기업을 평가하는 척도는 무한한 가격 결정력입니다.

버핏: 우리는 무한한 가격 결정력을 보유한 기업을 인수하고 싶습니다. 시즈캔디를 인수할 때 나는 자신에게 물어보았습니다. "사탕의 가격을 파운드당 10센트 인상하면 매출이 급감하게 될까?" 그 대답은 "절대 아니다"였습니다. 기업의 장기 경쟁력은 가격 인상 과정에서 겪는 고통의 양으로 평가할 수 있습니다.

대표적인 사례가 신문입니다. 지역을 지배하던 신문은 해마다 광고료와 구독료를 인상했지만, 거의 '식은 죽 먹기'였습니다. 시어스, JC페니, 월마트 등 대형 광고주를 잃을 걱정도 없었고 독자를 잃을 걱정도 없었습니다. 그래서 신문 인쇄 용지 가격이 오르든 내리든, 광고료와 구독료를 해마다 인상했습니다.

그러나 신문이 이제는 가격 인상에 대해 고심하고 있습니다. 독자가 다른 매체로 가버릴지 모르기 때문입니다. 세상이 바뀌었습니다.

가격 움직임만 지켜보아도 그 기업의 경제성이 얼마나 튼튼한지 파악할 수 있습니다. 맥주 산업은 가격을 인상할 수 있지만 시간이 갈수록 전보다 어려워지고 있습니다.

Q 6. **회계**가 파생 상품에 악용되는 사례가 있나요?

버핏: 회계 기법을 악용해 손해액 준비금을 과소계상해서는 안 됩니다. 롱

테일 보험(사고 발생 후 보험금 정산에 오랜 기간이 걸리는 보험)에서 이렇게 손해액 준비금을 과소계상하는 경향이 있는데, 특히 CEO가 스톡옵션을 보유했거나 은퇴를 앞둔 경우에 더 심합니다.

파생 상품 거래에서는 당사자 양쪽 모두 이익이 발생했다고 평가하기도 합니다. 특히 성과급을 받는 트레이더가 그렇게 합니다.

우리는 제너럴 리 파생 상품 계약 청산 작업을 3년째 진행 중입니다. 이 작업이 얼마나 복잡한지 믿기 어려울 정도입니다. 대부분 계약이 시가 평가 기준이어서 사람들은 며칠이면 청산 작업이 완료될 것으로 생각하지만, 천만의 말씀입니다.

어떤 규제 당국이나 감사도 대규모 파생 상품 포지션을 전혀 이해하지 못할 것입니다.

멍거: 어리석고 부정직한 회계사가 램프에서 불러낸 지니('알라딘과 요술 램프'에 나오는 요정)는 파생 상품 장부를 완전히 엉망으로 만들어놓았습니다. 이 과정에서 이득을 챙긴 사람이 있으므로, 이제 지니를 다시 램프로 집어넣기는 불가능합니다.

버핏: 아침에 토스트를 준비하는 주부라면 파생 상품 시장 붕괴를 걱정할 일이 없겠지요. 파생 상품 시장 이해관계자는 힘이 매우 강합니다. 누군가 파생 상품 시장 문제를 바로잡으려 한다면, 그의 인생이 파란만장해질 것입니다.

Q 7. **미국 금융 시스템**에는 어떤 위험이 있나요?

버핏: 달러의 가치가 하락하겠지만 나라가 망할 정도는 아닙니다. 10~20년 뒤 미국 시민 대부분은 생활 수준이 향상될 것입니다.

미국 정치 지도자가 걱정스럽긴 하지만, 피터 린치의 말이 생각납니다.

"어떤 멍청이라도 경영할 수 있는 회사에 투자하라. 조만간 멍청이가 경영할 테니까." 미국은 지금까지 온갖 못된 대통령을 뽑았지만 여전히 잘 굴러가고 있습니다. 지난 100년 동안 미국의 1인당 실질 GDP는 무려 7배로 증가했습니다.

물론 과중한 소비자 부채와 무역 적자 탓에 금융시장이 어려워질 수도 있지만(이때가 훌륭한 투자 기회죠) 미국은 망하지 않을 것입니다.

결국 미국은 잘 굴러가겠지만 대혼란이 발생할 가능성이 큽니다.

멍거: 우리는 거시 경제를 제대로 예측한 적이 별로 없습니다. 그러나 대혼란 가능성은 분명히 있습니다.

버핏: 막대한 금융 자산이 일촉즉발 상태로 맞물려 있으므로 대혼란이 발생할 수 있습니다. 사람들은 단기간에 초과 수익을 내려는 투자 전문가에게 막대한 자금을 맡겼습니다. 이들의 행동은 서로 독립적인 것처럼 보이지만 사실은 독립적이지 않습니다. 이들 모두 동시에 출구로 몰려들 수 있습니다. 이들이 주식을 매도하려면 매수할 사람을 찾아야 합니다. 화재가 발생한 극장에서 좌석을 팔아넘기려면 그러한 좌석이라도 살 사람을 찾아야 합니다.

멍거: 지금은 헤지 펀드의 레버리지도 훨씬 높아졌습니다.

버핏: 내가 아는 사람은 대출금이 전혀 없는 주택과 500만 달러를 보유하고 있었습니다. 그러나 그는 용돈을 벌고 싶어서 기술주 거품 절정기에 인터넷 주식 풋옵션을 매도했습니다. 그는 집과 돈을 모두 날리고서 지금은 음식점에서 일하고 있습니다.

정부는 사람들이 주식시장에서 손쉽게 도박을 하도록 허용하고 있는데, 현명한 처사가 아닙니다.

더 씹어줄 대상이 남아 있나요? 한 사람도 빠뜨리고 싶지 않군요.

Q 8. **글로벌 금융 시스템**에는 어떤 위험이 있나요?

버핏: 미국의 무역 수지 적자는 6,180억 달러고 경상 수지 적자는 이보다 더 큽니다. 이렇게 적자 규모가 커서 상황이 더 악화할 수 있으며 이러한 상태가 오래갈수록 그만큼 더 나빠질 것입니다. 대부분 이코노미스트는 소프트랜딩이 유력하다고 말하지만 그것이 어떤 모습일지는 언급하지 않습니다. 실제로 어떤 숫자가 나올지가 매우 중요합니다. 폴 볼커는 소프트랜딩에 대해서도 우려한다고 밝혔습니다.

외환, 주식, 채권, 캐리 트레이드(carry trade: 저금리 통화를 차입해 고금리 통화 자산에 투자하는 기법) 등에 투입되어 일촉즉발 상태로 맞물린 자금의 규모가 사상 유례없이 큽니다. 사람들(이른바 '전자 소 떼electronic herd')이 잠든 사이 누군가 버튼을 눌러 수십억 달러를 매도할 수도 있습니다. 현재 그러한 일이 발생할 가능성이 사상 최고 수준이라고 생각합니다.

롱텀 캐피털 매니지먼트 같은 외생적 사건이 발생하면(실제로 발생할 것입니다) 사람들이 일제히 달아날 수 있습니다. 그러면 달러를 보유한 사람은 달러를 처분할 수가 없습니다. 달러를 지불하고 받는 자산이 달러 표시 자산이기 때문입니다. 이는 사상 최고로 위험한 상황이며 대처하기도 어렵습니다. 그러나 그 시점은 예측할 수 없습니다.

막대한 무역 적자가 심각한 결과를 불러올 것입니다. 그러나 지난 대통령 선거전에서는 어느 후보도 이에 대해 언급하지 않았습니다. 당연합니다. 미국인 90%가 경상 수지를 제대로 이해하지 못하므로 3분 안에 설명할 수가 없기 때문입니다. 아침에 토스트를 만드는 미국 주부에게 무역 수지 적자는 강 건너 불입니다.

멍거: 미국이 금융 문제에 제대로 대처하지 못하는 모습이 혐오스럽습니다. 소비자 신용을 보면, 상황이 훨씬 악화할 수 있습니다.

버핏: (멍거를 바라보며) 어떻게 끝날까?

멍거: 끝이 안 좋을 걸세.

버핏: 미국은 엄청나게 부유한 가족에 비유할 수 있습니다. 현관에 앉아 농장을 바라보면 너무나 넓어서 끝이 보이지 않습니다. 그런데도 매년 농장 생산량보다 6%를 더 소비합니다. 그 대가로 매년 농장 일부를 팔거나 담보 대출을 받습니다. 그래도 농장의 끝이 보이지 않으므로 문제의 심각성을 깨닫지 못합니다. 우리는 여전히 부유하고 다른 나라는 기꺼이 우리 농장을 사거나 대출을 해줍니다. 다른 나라는 열심히 일하면서 매년 우리의 소중한 자산을 조금씩 가져갑니다.

우리는 이자를 지급해야 합니다. 이러한 상태로 오랜 세월이 흐르면 우리 자녀가 이자를 지급하게 됩니다. 지금 우리가 다른 나라에 지급하는 이자가 하루에 20억 달러입니다.

어떤 요인에 의해서 위기가 발생할까요? 나는 모릅니다. 티핑 포인트(tipping point: 작은 변화가 누적되어 갑자기 상황이 바뀌는 순간)에 도달할 수도 있고 외생적 사건이 벌어질 수도 있겠지요. 그러나 달러 가치가 상승하는 시나리오는 상상하기 어렵습니다.

멍거: 반론도 있습니다. 장기적으로 미국의 파이가 30% 증가한다면 외국인이 10%를 가져가도 상관없다는 말입니다. 그러나 극단적인 논리여서 동의하지 않습니다. 미국에서 제조업은 모두 사라지고 헤지 펀드만 남으면 어쩌겠습니까?

버핏: 미국이 독립전쟁을 하는 대신 매년 GDP의 3%를 영국에 지급하기로 했다고 상상해봅시다. 1776년에는 훌륭한 결정처럼 보였을지 모르지만 후손에게는 훌륭한 결정이 아니었습니다. '대표 없이는 과세도 없다!(No taxation without representation: 조세법정주의)'라는 원칙에도 어긋납니다.

Q 9. **보험 위험**을 어떻게 관리하나요?

버핏: 상관관계를 분석합니다. 예를 들어 우리가 캘리포니아에서 보험 상품을 대규모로 판매했는데, 대형 지진이 발생하면 내셔널 인뎀너티와 가이코는 물론 시즈캔디와 웰스 파고도 손실을 볼 수 있습니다. 우리가 전에 보유했던 프레디맥도 타격을 입겠지요. 나는 이러한 상관관계에 대해 많이 생각합니다. 최악의 시나리오를 생각하는 것이 내 역할이니까요. 하지만 어떤 일이 발생해도 우리는 문제없습니다.

가장 유력한 대재해는 허리케인입니다. 롱아일랜드에는 보험에 가입된 자산이 엄청나게 많습니다. 롱아일랜드에 마지막으로 대형 허리케인이 닥친 시점은 1930년대였으며 지금도 당시 기준으로 보험료가 산정되고 있습니다. 그러나 발생 가능한 사건은 언젠가 발생하는 법입니다. 미국 역사상 가장 강력한 지진은 미주리주 뉴마드리드에서 발생한 진도 9.0짜리 지진이었습니다.

버크셔의 역할은 최악의 상황에 완벽하게 대비하는 것입니다. 몇 년 전까지만 해도 우리는 보험 계약서의 보상 대상에서 화생방 공격에 의한 손실을 제외하지 않았습니다. 엄청난 위험을 떠안은 셈입니다. 그러나 지금은 제외했습니다. 우리는 25억 달러를 초과하는 손해에 대해 5억 달러까지 보상하는 보험 상품을 주요 국제공항에 판매할 때도 화생방 공격에 의한 손해는 제외했습니다. 게다가 기업 휴지 손해 상한액이 16억 달러이므로 고객의 재산 피해가 9억 달러를 초과할 때만 보험금을 지급하게 됩니다.

우리는 전미대학체육협회NCAA 농구 4강전 취소(시간 변경이나 연기는 제외)에 대해 보상하는 보험 상품을 판매할 때에도 화생방 공격에 의한 손해는 제외했습니다. 실제로 4강전이 취소되었다면 우리는 7,500만 달러를 지급했을 것입니다. 그래미상 시상식 행사에 대해서도 비슷한 방식으로 보험 상품을 판매했습니다. 위험에 대해 적정 보험료만 받는다면 우리는 큰 손실을 보아도 상관없습니다. 화생방 공격에 의한 손해는 우리가 판매하는 거의 모든 보험 상품에서 보상하지 않습니다. 우리는 별도로 보험료를 받을 때만 화생방 공격에 의한 손해도 보상합니다.

멍거: 우리는 발생한 적이 없는 사건에 대해 더 걱정합니다. 18미터짜리 해일이 캘리포니아를 덮친다고 생각해보십시오. 상상할 수 있나요?

버핏: 화생방 공격 위험을 축소하기 위해 우리처럼 대응하는 보험사가 또 있나요? 우리처럼 적극적으로 대응하는 보험사는 없습니다. 우리는 매일 아마겟돈을 생각한답니다.

작년에 돌아가신 고모는 버크셔 주식이 전 재산이었습니다. 우리가 10만 달러를 더 벌거나 수익률을 조금 더 높이려고 위험을 더 떠안는다면, 이러한 투자자는 우리가 미쳤다고 여길 것입니다. 내가 운용 보수 2%와 성과 보수 20%를 받는다면 위험을 더 떠안을지도 모르겠지만 말이지요.

Q 10. **주택 가격 거품** 가능성을 어떻게 보나요?

버핏: 미국인은 주택 소유욕이 매우 강합니다. 실제로 주택 소유는 많은 사람에게 가장 좋은 투자가 되었습니다. 만일 주택 가격이 거품이어서 그 거품이 터진다면 버크셔 자회사 중 일부가 영향을 받을 것입니다. 그러나 우리가 거액을 투자할 기회도 됩니다.

우리는 외환 등 거시 변수 예측으로는 큰돈을 벌지 못했습니다. 대신 페트로차이나 같은 저평가 주식을 사서 벌었습니다.

25년 전 네브래스카 농장 가격에도 거품이 끼었습니다. 사람들은 "현금은 쓰레기야"라고 말하면서 현금을 기피했습니다. 1980년 여기서 30마일 북쪽에 있는 농장이 에이커당 2,000달러에 거래되었는데, 나는 나중에 에

이커당 600달러에 샀습니다. 사람들은 미쳤고, 그 후유증은 컸습니다. 대공황에서도 살아남았던 은행을 포함해서 많은 은행이 파산했습니다.

주택 가격이 어떻게 될지는 나도 모릅니다. 현재 자기 집에서 사는 사람은 행태가 다를지도 모릅니다. 그러나 주택 가격이 건설 원가나 인플레이션보다 훨씬 많이 상승하면 문제가 발생할 수 있습니다.

멍거: 캘리포니아 일부와 워싱턴 D.C. 교외 지역은 거품이 끼었습니다.

버핏: 나는 캘리포니아 라구나 비치 주택을 350만 달러에 팔았습니다. 건물 가치는 약 50만 달러에 불과했으므로 대지 가치가 300만 달러였습니다. 에이커당 가치로 환산하면 6,000만 달러이므로 어디와 비교해도 매우 환상적인 가격이었습니다.

멍거: 웨스코 이사가 내게 말해주었는데, 평범한 이웃의 집이 최근 2,700만 달러에 팔렸습니다. 요즘 주택 가격에 엄청난 거품이 끼고 있으므로 그 후유증이 심각해질 수 있습니다.

버핏: 주택 가격이 상승 중인데도 기존 관행과 반대로 대출 조건은 오히려 완화되고 있습니다. 그러나 대출 과정이 탈(脫)중개화Disintermediation된 탓에 대출 채권 매수는 전혀 관심이 없습니다. 대출 조건이 완화되면서 주택 가격이 급등하고 있습니다.

달아오른 네브래스카 농장에 기름을 부은 주체는 은행입니다. 전통적으로 보수적이었던 은행마저 미쳐버렸습니다. 은행 관계자는 농장을 사서, 안정적 소득이 아닌 매매 차익을 얻어야 한다고 말했습니다. 다시 말해서 이들은 '더 멍청한 바보 찾기' 게임을 벌였습니다.

다른 나라는 저축을 하고 있습니다. 미국에 매일 20억 달러씩 투자하고 있습니다. 외국인이 미국을 깊이 신뢰해 투자를 원한다고 말하는 사람도 있지만, 헛소리입니다. 외국인은 투자할 수밖에 없어서 투자하는 것입니다.

멍거: 대출 조건 완화가 확실히 주택 가격 급등을 부추기고 있습니다.

버핏: 다음 상황을 상상해봅시다. 오마하 인구가 고정되어 있고, 새로 짓는 주택도 없지만, 매년 모두가 자기 집을 팔고 옆집으로 이사 간다고 가정합시다. 첫해에는 주택 가격이 10만 달러입니다. 둘째 해에는 주택 가격이 15만 달러로 급등합니다. 그러나 패니메이와 프레디맥이 보증해 대출을 제공하고 이 대출 채권을 아시아 투자자에게 판매합니다. 오마하 사람들은 가구당 5만 달러씩 소득을 얻습니다. 셋째 해에는 주택 가격이 20만 달러로 급등하며 똑같은 과정이 되풀이됩니다.

위 상황은 순수한 가정이므로 실제로는 발생하지 않을 것입니다. 그러나 이 상황의 일부 양상은 실제로 발생할 수 있습니다.

멍거: 어느 경제에나 폰지 효과(Ponzi effect: 주가 상승 → 투자 증대 → 주가 상승 → 투자 증대)는 있습니다. 위 상황에도 폰지 효과가 있습니다. 버크셔 같은 기업이라면 부동산을 보유한 C 회사(미국 내국세법Subchapter C에 따라 회사의 이익에 법인세가 부과되는 회사)가 매우 불리합니다.

이때 부동산에 투자하는 것은 거품 그 자체를 보유하는 행위입니다. 부동산을 보유한 내 친구들은 가장 나쁜 부동산을 매각하면서도 상상 이상으로 좋은 가격을 받고 있습니다.

버핏: 내 재산 중 버크셔 주식을 제외하면 남는 재산은 1% 미만입니다. 나스닥 지수가 고점을 기록했을 때 내 재산을 거의 모두 리츠(REITs, 부동산투자신탁)에 투자한 상태였는데, 거래 가격이 청산 가치에도 못 미쳤습니다. 지금 리츠는 매우 매력적입니다. 특히 심하게 소외당했던 5~6년 전과 비교하면 그렇습니다. 사람들이 옹호할 때보다 경멸할 때 주목하는 편이 좋습니다.

멍거: 리츠는 회계가 사기입니다.

버핏: 그 문제만 제외하면 우리는 리츠를 좋아합니다.

Q 11. **펀드 매니저**라는 직업에 대해서 어떻게 평가하나요?

멍거: 펀드 매니저는 외과 의사보다 못한 직업이라고 생각합니다. 미국의 GDP와 지적 수준을 고려할 때, 펀드 매니저라는 직업의 높은 인기가 마음에 들지 않습니다. 이러한 현상은 나라에도 좋은 일이 아니며 그 끝도 좋지 않을 것입니다.

자본주의 역사상 종잇조각 매매에 지금처럼 많은 사람이 몰려든 시대는 일찍이 없었습니다. 그리고 종잇조각 매매를 생업으로 삼으려는 고학력자의 비중이 지금처럼 높았던 적도 일찍이 없었습니다. 이러한 현상을 보면 소돔과 고모라가 떠오릅니다.

버핏: 지금 보이는 현상의 축소판이 과거에도 있었는데, 주식시장에 매우 나쁜 전조였습니다.

멍거: 이렇게 터무니없는 현상이 만연하면, 악순환을 거쳐 광란 사태가 펼쳐집니다.

과거 이러한 현상이 발생했을 때 그 후유증이 심각했습니다.

Q 12. **금융회사**는 어떻게 분석해야 하나요?

버핏: 금융회사는 다른 회사보다 분석하기가 어렵습니다. 금융회사는 자신이 원하는 대로 실적을 발표할 수 있습니다. '식은 죽 먹기'죠. 예컨대 은행의 이익은 대출과 충당금에 좌우됩니다. 충당금은 조작하기가 쉽습니다. 예를 들어 WD-40(윤활 방청제 제조사)이나 벽돌회사의 재무제표는 분석하기가 쉽습니다. 그러나 특히 파생 상품 포지션이 있는 금융회사는 분석하기가 어렵습니다.

패니메이와 프레디맥 등 정부 지원 기업GSE 이사회 구성원은 고급 금융 전문가였으며 부주의하지 않았는데도, 기업에서 진행되는 속임수를 찾아내지 못했습니다. 찰리와 내가 살로먼 이사였을 때 찰리는 감사 위원회 소속이었는데, 수천 건에 이르는 거래를 검토하기는 불가능했습니다. 보험사와 은행 등 금융회사는 평가하기가 어려워서 더 위험하다는 사실을 누구나 인정해야 합니다.

그러나 가이코는 통계가 매우 정확하므로 평가하기 쉽습니다. 쇼트테일 보험(short tailed: 사고 발생 후 보험금 정산이 비교적 단기간에 마무리되는 보험)이어서 석면 같은 위험이 없습니다.

나는 신용 평가 회사를 비난하지 않습니다. 유명 회계 법인도 속임수를 찾아내지 못했으니까요.

멍거: 일이 복잡하면 속임수와 실수가 많은 법입니다. 강에서 모래를 준설해서 판매하는 회사보다 속임수와 실수가 많을 수밖에 없습니다. 정부 지원 기업을 포함해 금융회사는 항상 그렇습니다. 금융회사에서 발표하는 숫자가 정확하길 기대한다면, 번지수가 틀렸습니다.

Q 13. **자동차 산업**을 어떻게 전망하나요?

버핏: GM과 포드 등 미국 자동차회사가 고전 중인데도 여전히 속수무책인 것은 현재 경영진 탓이 아닙니다. 수십 년 전 체결한 계약 탓에 원가가 구조적으로 높아졌기 때문입니다. 그래서 지금 외국 자동차회사와 경쟁하기가 매우 어렵습니다.

GM과 포드는 철강을 장기 계약 방식으로 구매하지 않습니다. 그런데도 종업원 연금과 의료비에 대해서는 장기 계약을 체결했습니다. 그 결과 연금과 의료비가 다른 자동차회사보다 훨씬 높아져 경쟁하기 어려워졌습니다.

GM은 한때 50%였던 시장 점유율이 25%로 떨어졌습니다. 시장 점유율이 50%로 유지되었더라도 여전히 고전했을 것입니다. 내가 GM의 CEO가 되더라도 뾰족한 수가 없을 것입니다. 1965년 뉴욕 시장 선거에서 실제로 당선되면 무엇을 하겠느냐는 질문을 받았을 때 빌 버클리(Bill Buckley: 미국 작가)가 한 말이 떠오릅니다. "먼저 재검표를 요구하겠습니다." 나도 GM의 CEO가 되면 똑같이 말할 것입니다.

전미자동차노동조합UAW은 "계약을 체결했습니다. 괜찮은 조건입니다"라고 발표했습니다. GM은 연금 기금으로 900억 달러를 적립했고 의료비로 200억 달러를 적립했는데, GM의 시가 총액은 140억 달러에 불과합니다. 이러한 상태는 유지될 수가 없습니다. 조처가 필요합니다.

만일 철강 비용으로 자동차 대당 2,000달러를 추가로 지급해야 한다면, 모두가 위기라고 인식해 신속한 문제 해결을 요구할 것입니다. 그런데도 지금은 아무런 요구가 없습니다. 이는 이전 경영진이 회계를 무책임하게 처리한 결과이기도 합니다. 1960년대에는 연금 비용에 대해 발생주의 회계를 적용할 필요가 없었으며, 1980년대 말이나 1990년대 초까지는 의료비에 대해서도 발생주의 회계를 적용할 필요가 없었습니다. 그러나 이러한 비용은 매우 현실적인 비용이었습니다.

멍거: 워런의 예측은 매우 낙관적인 편입니다. 아직 결과가 모두 나타나지 않았다고 해서 문제를 가볍게 보면 안 됩니다. 42층에서 창문으로 뛰어내린 사람이 20층을 지나갈 때까지 무사하다고 해서 아무 문제 없다고 보면 안 되는 것과 마찬가지입니다.

내가 미국 대통령이거나, 미시간 주지사거나, GM CEO라면 더는 기다리지 않겠습니다. 구해주러 올 사람이 아무도 없으므로 지금 당장 문제에 대처할 것입니다.

Q 14. **페트로차이나**에 투자한 과정이 어떻게 되나요?

버핏: 몇 년 전 페트로차이나에 4억 달러를 투자했는데, 내가 중국 주식에 투자한 첫 번째 사례였습니다.

연차 보고서를 읽어보니, 세계 석유 생산량에서 차지하는 비중이 3%로 엑슨모빌 생산량의 약 80%였습니다. 작년 이익은 120억 달러였는데, 이 정도 실적을 기록한 미국 기업은 5개에 불과합니다.

매수 시점에는 시가 총액이 약 350억 달러였으므로 작년 이익의 3배에 불과했습니다. 부채 비율도 그다지 높지 않았으며 이익의 45%를 현금으로 배당한다고 발표했으므로 배당수익률이 15%였습니다.

중국 정부의 지분이 90%고 우리 지분이 1.3%이므로, (농담조로) 우리가 중국 정부와 손잡고 의결권을 행사한다면 이 기업을 함께 지배할 수 있을 것입니다.

안타깝게도 우리가 매수한 주식은 중국 정부가 보유한 주식과 종류가 달라서 지분 1.3%를 확보했을 때 신고할 수밖에 없었습니다. 우리는 더 매수하고 싶었지만 지분을 신고한 직후 주가가 급등했습니다.

멍거: 이러한 저평가 종목을 항상 발견할 수 있으면 좋겠습니다. 그러나 현실은 그렇지 않습니다.

버핏: 나는 단지 연차 보고서만 읽었을 뿐 경영진을 만난 적도 없고 경영진의 발표를 들어본 적도 없습니다. 나는 내 사무실에 가만히 앉아서 4억 달러를 투자했는데, 오늘 평가액이 12억 달러입니다.

페트로차이나에 투자할 때 러시아의 대형 석유회사 유코스와 비교해보았습니다. 가격도 페트로차이나가 훨씬 싸고 경제 환경도 중국이 낫다고 생각했습니다. 물론 세법이나 소유권 변경 위험이 있었지만 그래도 가격이 터무니없이 쌌습니다.

Q 15. 앞으로는 인터넷에 의해서 **주택 매매 방식**이 바뀌지 않을까요?

버핏: 앞으로도 주택 매매 방식은 크게 바뀌지 않을 것이라고 생각합니다. 동의하지 않는 사람도 있겠지만, 인터넷이 주택 매매 방식을 바꿔놓을 것으로는 생각하지 않습니다. 대부분 사람들에게 주택 매매는 가장 중대한 의사 결정이므로 사람들은 앞으로도 부동산 중개인과 일대일로 만나려 할 것입니다. 또한 부동산 중개업은 현지에서 실행되는 사업이므로 우리는 현지에 기반을 유지하고 있습니다.

5~10년 뒤에는 우리 사업 규모가 틀림없이 훨씬 커질 것입니다. 향후 얼마나 많은 기업을 인수하느냐에 좌우되겠지만, 우리는 기업 인수와 유지에 능하답니다.

멍거: 부동산 중개 기업 인수와 부동산 매입 중에서 선택한다면, 우리는 부동산 중개 기업 인수를 확실히 선호합니다.

Q 16. **앤하이저부시 투자 과정**이 어떻게 되나요?

버핏: 대개 실제로 매수 결정에 걸리는 시간은 약 2초입니다. 앤하이저부시의 경우는 다릅니다. 나는 연차 보고서를 받아보려고 25년 전 앤하이저부시 100주를 샀습니다(실명으로 주식을 보유하면 연차 보고서를 조금 더 빨리 받게 됩니다). 그래서 나는 이 회사 연차 보고서를 25년 동안 읽었습니다. 최근에는 맥주 매출에 변동이 없습니다. 대신 와인과 증류주 매출이 증가하고 있으며 밀러 매출이 어느 정도 살아났습니다. 앤하이저부시의 이익은 거의 변동 없이 일정하게 유지되고 있습니다. 회사는 시장 점유율 유지에 비용을 더 지출해야 했으며 간혹 할인 판매도 해야 했습니다. 앞으로는 지난 몇 년보다도 확실히 더 재미없는 기간을 보내게 될 것입니다.

맥주 산업은 지난 50년 동안 매력적이었습니다. 전에는 오마하도 양조

타운이었으며, 스토르츠 맥주회사의 점유율이 50%였지만, 내셔널 브랜드에 인수되었습니다.

앤하이저부시는 오랜 기간 강한 경쟁력을 유지할 것입니다. 맥주 소비가 미국에서는 크게 증가하지 않겠지만 세계적으로는 매우 많은 곳에서 인기를 끌고 있으며, 앤하이저부시가 매우 강력한 지위를 확보하고 있습니다. 당분간 이익이 크게 증가할 전망은 아니지만 그래도 우리는 만족합니다.

멍거: 우리가 우량 기업 주식을 사들일 기회는 흔치 않습니다. 다소 불만스러워도 감수해야 합니다.

버핏: 사실입니다.

다른 품목에서는 브랜드 없는 상품이 성공하는 사례가 많지만 맥주는 브랜드 없이 성공하는 사례를 보기 어렵습니다. 1인당 맥주 소비량은 변동이 없습니다.

미국인이 매일 마시는 액체는 약 1,800cc입니다. 그중 약 27%가 탄산음료고(코카콜라 300cc 포함) 맥주가 약 10%입니다. 스타벅스도 훌륭한 회사지만 커피 소비는 시간이 흐를수록 계속 감소하고 있습니다.

멍거: 전에는 맥주 양조회사가 수백 개 있었습니다. 거대 기업이 맥주 산업을 지배하는 추세는 영원히 이어질 듯합니다.

버핏: 전에는 슐리츠가 1위 브랜드였습니다. 맥주의 역사를 다루는 훌륭한 책도 있습니다.

Q 17. 패니메이와 프레디맥의 **부실화 원인**은 무엇인가요?

버핏: 패니메이와 프레디맥 등 정부 지원 기업은 빠르게 성장할 수밖에 없었습니다. 투자자는 정부 지원 기업에 평균 25bp에 불과한 수수료만 지급하면 3,000마일 떨어진 곳의 담보 대출 채권을 아무 걱정 없이 인수할 수

있었습니다. 정부 지원 기업의 보증은 정부의 보증으로 간주되었으니까요.

이후 정부 지원 기업의 부채 비율이 급증했습니다. 이들은 저금리로 자금을 조달할 수 있었으므로, 막대한 캐리 트레이드 포지션을 구축했습니다. 그러나 이들은 계속해서 고성장을 달성할 수 있다는 착각에 빠져 이성을 잃고 말았습니다. 무모한 짓이었습니다.

30초 안에 상환할 수 있는 사람에게 30년 만기 대출을 해주면, 그 위험을 제대로 관리할 방법이 없습니다. 그래서 이들은 먼저 포트폴리오를 확대했고 이어서 회계를 조작했습니다.

유능한 감사와 이사가 있었는데도 이들이 수십억 달러나 왜곡할 수 있었다는 사실은 지금도 믿기 어려울 정도입니다. 두 회사가 EPS를 높이는 과정에서 현재 보유하게 된 대출 채권은 1.5조 달러이며 이제 연방 정부도 곤란한 처지가 되었습니다. 지금까지 두 회사의 행태는 역사상 최대 규모의 헤지 펀드와 같았습니다.

이제 정부가 보증을 남발한 결과가 나타나고 있습니다. 의회는 이 문제에 관심을 집중해야 합니다. 두 회사를 폐쇄할 수는 없더라도 자본 규제와 자본 비율을 강화할 수는 있습니다. 장기적으로 사업 규모를 축소할 수도 있습니다. 담보 대출 보증 회사는 많습니다. 정부 지원 기업의 사업 규모를 축소하더라도 세상이 끝나는 일은 절대 없습니다.

멍거: 두 회사가 세일즈맨의 언변에 넘어가 파생 상품 포지션을 키운 것도 문제의 원인이라고 생각합니다. 나는 파생 상품 회계에 오류가 많으며 아직도 치러야 할 대가가 많이 남았다고 믿습니다.

버핏: 패니메이와 프레디맥의 시가 평가 오류가 각각 90억 달러와 50억 달러라면 지미 스튜어트가 출연한 '멋진 인생It's a Wonderful Life'은 요원하다고 봐야겠지요.

Q 18. **버크셔**는 어떤 경우에 잘못될 수 있나요?

버핏: 우리는 사업에 대해서는 걱정하지 않습니다. 훌륭한 경영자가 운영하는 훌륭한 기업을 다양하게 보유하고 있으니까요. 그러나 종업원이 18만 명에 이르므로 어디에선가 문제가 발생할 수밖에 없습니다. 우리는 올바른 방식으로 동기를 부여하려고 노력 중이며, 실제로 그렇게 하고 있습니다.

예를 들어 나는 넷젯을 이용할 때 아무리 바빠도 조종사에게 "바쁘니까 서둘러주시게"라고 말하지 않습니다. 조종사가 서두르느라 비행 전 체크리스트 등을 건너뛰어서는 절대 안 되니까요.

다른 기업도 종업원에게 항상 동기를 부여하고 있습니다. 이들은 분기 실적 달성에 노력을 집중하도록 종업원에게 동기를 부여하고 있지만, 그래서는 안 됩니다. 우리 경영자는 분기 목표를 설정하지 않습니다. 나도 다음 분기 실적이 어떻게 될지 모릅니다. 나는 실적에 대해 몸짓으로라도 잘못된 신호를 보내지 않으려고 조심합니다.

특히 보험사는 원하는 실적을 얼마든지 만들어낼 수 있습니다. 준비금이 440억 달러에 이르므로 준비금을 조정하면 원하는 실적을 손쉽게 만들어낼 수 있습니다. 만일 내가 월스트리트 사람들에게 어떤 분기 실적을 제시한다면, 우리 경영자는 자신의 성과급이 분기 실적에 연동되지 않더라도 나를 실망시키지 않으려고 어떤 방법으로든 그 실적을 달성할 것입니다.

멍거: 현대 자본주의에서 마음에 안 드는 요소가 기대치 게임expectations game 입니다. 둘은 먼 친척 정도가 아니라 친형제입니다.

버핏: 누군가 예측한 대로 정확하게 실적을 달성했다면 그는 자신을 속였거나 남을 속인 것입니다. 이 과정에는 자존심이 개입됩니다. CEO가 공개적으로 약속하면, 회사 사람 모두 이 사실을 알게 됩니다. 그러면 사람들은 원치 않는 일에 대해서도 재정적, 심리적 압박을 받게 됩니다. 이는 끔찍한 실

수입니다.

Q 19. **이사회 구성**에는 다양성이 중요하다는데, 어떻게 생각하나요?

멍거: 우리 생각은 다릅니다. 우리는 다양한 분야에서 이사를 선임해 해마다 10~20만 달러를 지급해야 한다고 생각하지 않습니다. 우리 이사는 모두 부유하고, 버크셔 주식을 보유 중이며, 회사로부터 임원배상책임보험 혜택도 받지 않고 있습니다. 우리 시스템이 널리 확산되어 다른 회사가 앞질러가는 모습을 보고 싶군요.

버핏: 이사회의 실제 문제는 지나치게 평범하다는 점입니다. 2할 4푼짜리 타자가 너무 많습니다. 기업은 이사회가 평균 수준보다 조금만 높으면 만족합니다. 인간의 본능이 강력하게 작용하고 있습니다.

이사 중에는 이사 보수가 수입의 대부분을 차지하는 사람이 많습니다. 이들은 다른 이사회에도 추천받고 싶어 하므로 CEO가 불편하게 받아들일 말은 좀처럼 하지 않습니다. 이사회가 이러한 평범함을 극복하기는 어렵습니다.

찰리와 나는 여러 이사회에 참여했는데, 이사회의 인내심에는 한계가 있으므로 듣기 싫어하는 소리는 몇 번에 나누어서 해야 합니다. CEO의 생각을 뒤집기는 어려워서 결국 이사회가 굴복하게 됩니다. 간혹 이사회가 공격할 때도 있지만 대개 효과가 없습니다.

우리 이사회 구성원은 진짜 주인입니다. 이들은 여러분처럼 자기 돈으로 주식을 샀습니다. 반면 다른 이사회에서는 이사에게 주식과 스톡옵션을 나눠 주기도 합니다.

독립성이란 결국 마음 자세의 문제입니다. 나는 우리 이사회가 미국에서 최고라고 생각합니다. 그러나 체크리스트를 기준으로 이사회를 평가하는 사람이라면 동의하지 않겠지요.

멍거: 이사 보수 연 15만 달러가 꼭 필요한 사람은 독립적일 수 없습니다. 새 법에 의하면 독립 이사가 다수여야 하는데, 이는 전형적인 정부 간섭입니다.

버핏: 나는 19개 이사회에 참여했지만 돈이 필요한 이사가 기업 인수나 CEO의 보상에 반대하는 모습을 본 적이 없습니다. 그러한 이사는 주인처럼 행동할 수 없습니다.

멍거: 급여가 필요한 사람에게는 공직을 맡기면 안 된다는 말이 있습니다.

버핏: 이사 한 사람은 경영자 보상안에 감히 의문을 제기했다는 이유로 보상 위원회 두 곳에서 쫓겨났습니다. 그들은 그레이트데인이나 도베르만 대신 치와와를 원했던 것입니다. 보상 위원회 친구들을 모욕하려는 뜻은 없습니다.

멍거: 자네는 개를 모욕했다네.

Q 20. 향후 시장 전망과 그에 따른 **투자 계획**은 어떠한가요?

버핏: 나는 시장 흐름에 상관없이 기업을 계속 인수할 생각입니다. 물론 낮은 가격을 원하지만요. 우리는 시장 예측을 잘 못합니다. 그래서 찰리와 나는 시장 예측에 시간을 쓰지도 않습니다. 그러나 어느 주식과 기업에 가치가 있는지는 압니다. 세상일에는 좋은 일도 있고 나쁜 일도 있습니다. 나는 한 요소에만 지나치게 집중하다가 큰돈을 잃는 사람들을 보았습니다. 우리는 거시 경제 변수 때문에 매수를 포기한 적이 없습니다.

　매우 드물긴 하지만, 상황이 극단적일 때는 향후 5~10년 시장 흐름을 어느 정도 정확하게 예측할 수도 있습니다. 1969년과 1974년이 그러한 경우였습니다. 그러나 대부분 기간은 그렇지 않습니다. 분명히 말하는데 여러분은 내가 〈포춘〉에 글('Mr. Buffett on the Stock Market')을 썼던 1999년보다 지금 돈을 더 많이 벌 수 있습니다.

향후 20년 투자할 대상으로 수익률 4.5%짜리 장기 채권과 주식 중 하나를 골라야 한다면 주식을 선택하겠습니다. 그러나 세후 수익률 6~7%나 두자리 수익률을 기대하는 사람은 실망하게 될 것입니다. 나는 지금이 거품기간이나 저평가 기간이라고 생각하지 않습니다. 몇 년 안에, 어쩌면 그보다 훨씬 빨리 여러분은 현재 대안보다 지극히 유리하게 투자할 기회를 얻게 될 것입니다.

Q 21. 당신은 탁월한 경영자를 어떤 방식으로 찾아내나요?
버핏: MBA 학생을 평가해서 장차 최고의 펀드 매니저가 될 사람을 가려내기는 어렵습니다. 이는 골프 연습장에서 스윙하는 사람을 지켜보는 방식으로 최고의 골퍼를 가려내기 어려운 것과 같습니다. 우리는 실적이 없는 사람 중에서 슈퍼스타 경영자를 찾아내려고 시도한 적이 없습니다. 대신 10~50년 동안 타율 3할 5푼을 기록한 사람을 찾습니다. 우리는 이들이 앞으로도 단지 평소 실력을 발휘할 것이라고 가정합니다. 경기에 뛰어난 사람을 찾아내서 경기를 계속하게 할 뿐이지요.

나는 경영자가 사업을 시작한 나이와 사업 성공 사이의 상관관계 분석 자료를 본 적이 있습니다. 젊은 나이에 사업을 시작한 경영자의 실적이 가장 좋았습니다. 물론 노력을 통해서 능력을 키울 수도 있지만 선천적 요소가 중요합니다. 나는 4~5년 전보다 이러한 믿음이 더 강해졌습니다. 찰리는 사업에 관해 멍청한 소리를 한 적이 없습니다. 내 생각에 반대할 때만 제외하면 말이죠. 가이코의 토니 나이슬리 역시 사업에 관해 멍청한 소리를 한 적이 없습니다.

멍거: 지능도 중요하고 기질도 중요합니다. 예를 들어 릭 게린은 똑똑한 데다가 투자 방식도 옳았으므로 나는 그가 크게 성공할 줄 알았습니다.

버핏: NCAA 농구 4강전 취소 확률 계산에 흥미를 느끼는 사람도 있습니다. 나는 출판업자가 될 수도 있었겠지만 아버지가 원치 않았으므로 투자 업계로 진출했습니다.

Q 22. **경영자**도 투자를 배워야 하나요?

멍거: 경영자가 투자를 배우면 경영을 더 잘하게 됩니다. 그래서 경영자도 투자를 배워야 합니다.

버핏: 찰리 말이 옳습니다. 경영자도 투자를 배워야 합니다. 내가 잘 아는 CEO 중에는, 예컨대 코카콜라와 질레트를 분석하고 선택하는 작업이 싫어서 투자를 자산 운용사에 맡기는 사람이 있습니다. 투자 은행 관계자가 찾아와 환상적인 슬라이드로 근사한 프레젠테이션을 해주면 그 CEO는 한 시간 만에 30억 달러짜리 기업을 인수하려고 합니다. 자기 계좌로는 1만 달러짜리 투자도 망설이면서 무려 수십억 달러짜리 기업은 기꺼이 인수하려 합니다. 본질적으로는 둘 다 똑같은 일인데 말이죠.

Q 23. **빌 게이츠의 도움**을 받아 기술주에 투자하면 어떤가요?

버핏: 찰리와 나는 우리가 이해하는 동시에 5년, 10년, 20년 후 모습을 예측할 수 있는 기업에 투자합니다. 빌 게이츠가 우리 이사회에 있어도 이러한 원칙은 바뀌지 않습니다. 나는 그의 투자 아이디어에 항상 귀를 기울이고 있으며 실제로 겹치는 부분도 매우 많습니다.

나는 그를 처음 만났을 때 마이크로소프트 주식을 사지 않은 것이 여전히 후회스럽습니다.

Q 24. **미국의 미래**를 여전히 낙관하나요?

버핏: 나는 미국의 미래를 엄청나게 낙관합니다. 1790년 인구는 미국이 390만, 중국이 2억 9,000만, 유럽이 1억 9,000만이었습니다. 이후 여건은 모두 비슷했지만 215년 뒤 미국이 세계 GDP의 30%를 차지하고 있습니다. 세계 역사상 최대 성공 신화 중 하나입니다.

멍거: 나는 미국이 문명 발전 단계의 정점에 도달했거나 근접했다고 믿습니다.

버핏: 내 생각은 다릅니다. 20~30년 뒤에는 누가 옳은지 밝혀지겠지요.

미국의 성공은 비밀이 아닙니다. 그러나 미국의 상대적 중요도는 갈수록 감소할 것입니다. 다른 나라가 미국의 모범 관행을 파악하면서 채택하고 있습니다. 하지만 미국이라는 성채도 계속 성장할 것입니다. 다른 나라가 성장하고 부유해지는 편이 미국에도 좋습니다. 나는 다른 나라가 미국을 먹이 삼아 성장한다고 생각하지 않습니다.

멍거: 50~100년 뒤 미국이 몇몇 아시아 국가에 크게 뒤처지는 3등 국가가 되더라도 나는 놀라지 않을 것입니다. 내가 내기를 한다면, 세계에서 가장 성공하는 지역은 아시아가 될 것이라는 데 걸겠습니다.

Q 25. **공립 학교 교육**에 대해 어떻게 생각하나요?

버핏: 공립 학교 제도는 처녀성과 비슷한 점이 많습니다. 지킬 수는 있지만, 한번 무너지면 복구가 안 되니까요. 공립 학교 제도가 성공하려면 부유한 사람이 참여해야 합니다. 나는 존 월튼(월마트 설립자의 아들), 빌 게이츠, 테드 포스트먼(IMG CEO) 같은 사람이 공립 학교 문제에 참여했다는 사실을 높이 평가합니다.

화생방 무기 문제 다음으로 시급한 과제가, 우리 교육 시스템이 모든 어린이에게 양질의 교육을 제공하는지 확인하는 일입니다. 학군이 수천 개나 있고 노조도 많으므로, 이 문제를 다루기는 쉽지 않습니다.

중요한 문제 하나는, 많은 지역에서 부유층이 공립 학교를 기피한다는 점입니다. 만일 내가 동네 골프 코스를 이용한다면 그 코스 관리 및 유지 실태에 관심이 많을 것입니다. 학교도 마찬가지입니다. 지금은 교육 제도가 이중으로 운영되고 있습니다.

나는 공립 학교 제도가 매우 중요하다고 믿습니다.

멍거: 내가 만난 사람은 아내가 지역 학교에서 8학년을 가르치고 있습니다. 그의 말에 의하면, 8학년인데도 읽지 못하는 학생이 매우 많습니다. 그러나 학업 부진아 방지No Child Left Behind 제도 탓에 그의 아내는 교과서 내용을 직접 녹음해서 학생에게 들려주는 방식으로 부진아를 지도하고 있습니다. 이는 학업 부진아 방지가 어느 정도 성공한 사례이기도 하지만, 실패한 사례이기도 합니다. 8학년 학생이 읽지 못하는 문제를 우리 사회가 바로잡기는 매우 어려우니까요. 이러한 문제가 발생하도록 방치했다는 사실 자체가 매우 심각한 실패 사례입니다.

버핏: 빌 루안은 어린이 읽기 교육에 탁월한 프로그램을 개발했습니다. 이 프로그램은 10년째 사용되고 있는데, 아이들의 반응이 뜨겁습니다.

미국이 성공한 주요 이유는 다른 나라보다 기회가 균등했다는 점입니다. 부유한 집 아이는 훌륭한 학교에서 친절한 교사로부터 세심한 교육을 받고, 불우한 집 아이는 문제아가 많은 학교에서 불친절한 교사로부터 형식적인 교육을 받는 식이어서는 안 됩니다. 1인당 GDP가 4만 달러에 육박하는 나라의 교육 제도가 이렇게 망가져서는 안 됩니다.

소규모 투자조합을 시작한다면
한국에 100% 투자하겠습니다

❖

2006년

장소: 퀘스트 센터

참석자: 약 2만 4,000명

포춘 500 순위: 13위

버크셔 주가: $88,710

1964년 $1 → 2006년 $7,171

1964년 BPS $19.46 → 2006년 $70,281 (연 21.4%)

같은 기간 S&P500 수익률 연 10.3%

Q 1. 최근 **기업 인수 시장 현황**이 어떤가요?

버핏: 러셀(운동복 제조 회사)은 2개월이면 인수가 마무리될 것입니다. 비즈니스 와이어(기업 뉴스 전문 매체) 인수에 대해서는 연차 보고서에서 설명했습니다. CEO 캐시가 내게 보낸 편지가 계기였습니다. GE CEO 제프 이멜트가 메디컬 프로텍티브(의료 사고 보험회사) 매각을 원한다는 사실을 알고, 나는 인수하겠다고 제안해 계약을 체결했습니다.

그러나 기업 인수 경매에는 참여하지 않았습니다. 간혹 보내주는 홍보 책자를 보면, 예측 자료가 정말 어이없습니다. 그래서 자료에 서명이 없는 듯합니다. 홍보 책자에 나온 기업이 예측 실적을 달성할 것인지에 대해 나는 투자 은행 경영진과 기꺼이 내기라도 하겠습니다.

우리는 자기 회사를 사랑하는 소유주가 세금이나 가족 문제로 회사 매각을 고려할 때 우리에게 전화해주길 바라고 있습니다. 이들은 자신이 매우 아끼는 운영 방식이나 기업 문화는 그대로 유지하면서 소유 구조만 변경하고자 합니다.

이스카 소유주들은 지분 19%를 계속 보유 중입니다. 이들은 버크셔야말로 자기 회사와 직원에게 가장 훌륭한 모회사이며 성장 기회도 가장 많다고 생각합니다. 여러분이 이 40억 달러짜리 거래에 대한 기사를 얼마나 읽었는지 모르지만, 양쪽 모두 투자 은행에 대한 언급이 전혀 없었을 것입니다.

멍거: 투자 은행의 사고방식은 정말 흥미롭습니다. 이 '조력자'는 돌아다니면서 인수를 권유합니다. 이들은 인수가 성사되길 바라면서 이후 가까운 장래에는 다시 매각하길 바랍니다. 우리와는 정반대입니다. 우리는 영속적인 관계를 수립하려고 합니다. 나는 장기적으로 자꾸 뒤집는 방식보다 우리 시스템이 낫다고 생각합니다.

버핏: 인수시장에 조력자가 너무 많아 서로 부대낄 정도입니다. 이들이 거

래를 자꾸 뒤집으면서 벌어들이는 돈조차 자신의 기대에는 못 미칠 것입니다. 그렇다면 보수를 자꾸 더 부과해야 하겠지요.

멍거: 워런이 투자 은행 관계자에게 어떤 방식으로 돈을 버느냐고 묻자 그가 대답했습니다. "매출 기준으로도 받고, 순이익 기준으로도 받고, 거래자 양쪽에서 받고, 중간에서도 받습니다."

몇 년 전 오리엔탈 트레이딩을 발견했는데, 다시 매물로 나온 줄 모르고 있었습니다. 어느 사모 펀드가 인수했다가 다시 매각하는 듯합니다. 일상적인 거래 방식이지요. 사모 펀드는 항상 전략적 인수자에게 신속하게 매각하려고 합니다. 그러면 매우 비싼 가격을 제시할 수 있으니까요. 누군가 내게 전화해서 우리를 적절한 전략적 인수자라고 말하면 나는 찰리보다도 신속하게 전화를 끊어버립니다.

인수시장에는 기업을 인수하자마자 맵시 있게 단장해서 다시 매각하는 사람도 있습니다. 펀드 A가 매각한 기업을 펀드 B가 인수해 다시 펀드 C에 매각하는 식입니다. 아이러니하게도 한 연금 기금이 세 펀드에 동시에 투자하기도 합니다. 이 연금 기금은 기업을 서로 인수했다가 매각하는 펀드 매니저 모두에게 비용을 대주는 셈입니다.

멍거: 1930년대에는 부동산을 담보로 제공하면 그 시장 가격 이상을 차입할 수 있었습니다. 지금 사모 펀드 시장이 그러한 모습이라고 생각합니다.

Q 2. 다시 **투자**를 시작한다면 어떻게 하겠습니까?

버핏: 우리가 처음으로 투자조합을 설립한 날이 1956년 5월 4일이니까 오늘로부터 50년 하고도 이틀 전이로군요. 다시 투자조합을 시작한다면, 찰리는 기업을 인수하는 대신 전 세계 증권에 투자하겠다고 말합니다. 찰리는 우리가 20종목을 발견할 수는 없겠지만, 20종목까지도 필요 없다고 생

각합니다. 대박 종목 몇 개면 충분하다는 말입니다. 우리는 중소기업 주식에도 투자할 것입니다.

우리가 기업을 인수하는 과정은 쉽지 않았습니다. 우리는 명성도 없었고, 자금도 100만 달러에 불과했습니다. 찰리는 지능과 열정은 탁월하지만 자본이 많지 않아서 부동산 개발을 시작했습니다. 부동산 분야에서는 수익을 확대할 수 있으니까요.

나라면 서두르지 않고 한 걸음씩 전진하겠습니다. 그러나 기본 원칙은 다르지 않을 것입니다. 내가 3년 전 소규모 투자조합을 시작했다면, 한국에 100% 투자했을 것입니다.

멍거: 투자 대상을 발견하면 다른 모든 대안과 비교해보아야 합니다. 이것이 바로 기회비용입니다. 1학년 경제학 시간에 배우는 내용이지요. 기회비용만 포함되었더라도, 현대 포트폴리오 이론이 이 정도로 엉망이 되지는 않았을 겁니다.

버핏: 정말 그렇습니다.

멍거: 워런은 한국에 100% 투자했을 것이라고 말하지만, 100%까지는 아니었을 겁니다. 훌륭한 투자 대상을 다수 찾아내기는 어렵습니다. 대신 훨씬 좋은 투자 대상 몇 개를 찾아내서 투자하십시오.

Q 3. **능력범위**에 대해서 설명해주겠습니까?

버핏: 5년 뒤에도 모습이 거의 바뀌지 않을 기업이라면 우리는 자신 있게 내재 가치를 평가할 수 있습니다. 사업은 바뀌더라도 펀더멘털은 바뀌지 않는 기업이지요. 이스카는 5년 뒤 규모가 훨씬 커지고 실적도 좋아지겠지만 펀더멘털은 그대로일 것입니다. 반면에 통신회사는 얼마나 많이 바뀌었는지 생각해보십시오.

찰리는 우리 서류함이 세 종류로, 미결 서류함, 기결 서류함, '너무 어려움'이라고 쓴 서류함(완벽한 기회가 올 때까지 기다려야 하는 자료 – 역자 주)이라고 말합니다. 우리가 모든 일을 다 잘할 필요는 없습니다. 100미터 달리기 선수가 올림픽에서 투포환까지 할 필요는 없습니다.

IBM 설립자 톰 왓슨은 말했습니다. "나는 천재가 아닙니다. 내가 잘 아는 분야는 극히 일부일 뿐입니다. 나는 그 일부를 벗어나는 일이 없습니다." 버크셔에도 이러한 경영자가 많습니다. 레저용 자동차 분야에서 포리스트 리버 CEO 피트 리글과 경쟁하려 해서는 안 됩니다. 그에게 처절하게 패배할 테니까요. 하지만 그도 보험 사업에 대해서는 한 마디도 하지 않습니다.

나는 인텔이 탄생하는 현장에 있었습니다. 인텔 창업자의 한 사람인 밥 노이스와 함께 그리넬대학 이사회에서 활동했는데, 그리넬대학은 인텔이 창업하던 시기에 30만 달러를 투자했습니다. 나도 투자하려면 할 수 있었지만, 당시 5년 후 인텔의 모습을 전혀 상상할 수 없었고, 지금도 마찬가지입니다. 같은 업계 사람조차 상상할 수 없습니다. 예측하기가 지극히 어려운 기업도 있기 마련입니다.

멍거: 한 외국 특파원이 나와 잠시 이야기하더니 물었습니다. "똑똑해 보이지도 않고 능력도 신통치 않은 듯한데, 이유가 뭐죠?"

버핏: 나 말인가, 자네 말인가?

멍거: 나는 대답했습니다. "우리는 우리가 무엇을 잘하는지 누구보다도 잘 압니다." 강점 파악은 매우 중요합니다. 강점을 알지 못한다면 능력이 없는 셈입니다.

Q 4. 투자에 **확신**이 얼마나 중요한가요?

버핏: 투자자는 IQ가 높을 필요도 없고 아주 똑똑할 필요도 없습니다. 롱텀

캐피털 매니지먼트 사람과 2002년 정크본드에 투자한 사람을 보면 알 수 있습니다.

모두가 겁에 질려 얼어붙었을 때 과감하게 행동에 나서는 확신만 있으면 됩니다. 감정을 따르지 말고 이성을 따라야 한다는 사실은 누구나 알고 있지만, 모두가 이성을 따를 수 있는 것은 아닙니다.

멍거: 우리가 젊었던 시절에는 투자 업계에 똑똑한 사람이 그다지 많지 않았습니다. 당시 은행 신탁부 사람을 보면 알 수 있습니다. 지금 사모 펀드 업계에는 똑똑한 사람이 많습니다. 지금 위기가 발생한다면 이를 기회로 삼아 즉시 거액을 투자하는 사람이 훨씬 많을 것입니다.

버핏: 그러나 2002년에는 이러한 사람들이 기회를 잡지 못했습니다.

멍거: 예컨대 지금 이 강당에서 화재로 혼란이 발생하면, 사람들 대부분은 이상하게 행동합니다. 이때 지혜롭게 행동하면 큰돈을 벌게 됩니다.

버핏: 3년 전에는 재무제표가 건전한데도 PER이 3배에 불과한 기업이 한국에 많았습니다.

멍거: 한국이 큰 혼란에 빠졌기 때문이죠.

버핏: 4~5년 전 일입니다. 기회는 이미 지나갔습니다.

멍거: 그러한 사례는 20개가 넘지 않습니다.

버핏: 그러한 사례를 20개 이상 알고 있어도 나는 공개하지 않으렵니다.

Q 5. **에탄올 분야 투자**를 어떻게 생각하나요?

버핏: 찰리와 나는 에탄올 사업에 대해 평가할 만큼 잘 알지 못합니다. 그동안 우리에게 에탄올 사업을 제안하는 사람이 많았지만, 에탄올 공장의 경제성을 파악하려면 정부 정책 등 수많은 변수를 예측해야 합니다. 게다가 에탄올은 현재 투자자의 관심을 끌어모으는 인기 분야입니다. 경험을 돌아

보면, 우리는 인기가 높아서 자금 조달이 쉬운 분야에는 참여하지 않았습니다.

내 동생이 네브래스카 에탄올 이사회에 있는데, 그가 나보다 부자가 되면 에탄올에 대해 다시 생각해보겠습니다.

에탄올 사용량은 확실히 증가할 것입니다. 그러나 일반적으로 카길이나 아처 대니얼스 미들랜드 같은 농산물 가공 회사의 유형 자산 이익률은 높지 않았습니다. 에탄올은 예외가 될 수도 있겠지만 에탄올 공장이 과연 경쟁 우위를 확보할 수 있을지는 의문입니다.

멍거: 나는 에탄올을 워런보다도 더 나쁘게 봅니다. 내 열역학 지식에 의하면, 에탄올 생산에는 엄청난 화석 연료 에너지가 들어갑니다. 에너지 문제 해결에 오히려 걸림돌이 됩니다.

Q 6. **원자재시장**을 어떻게 보나요?

버핏: 밀, 옥수수, 대두 등 농산물 가격에는 거품이 끼었다고 보지 않습니다. 그러나 금속과 석유는 가격이 엄청나게 상승했습니다. 대부분 가격 추세가 그렇듯이, 처음에는 펀더멘털이 흐름을 주도하다가 이후 투기가 주도하게 됩니다. 구리 가격은 사람들이 공급 부족을 걱정하자 급등했습니다. "똑똑한 사람이 시작한 일을 바보가 마무리 짓는다"라는 속담이 떠오릅니다. 어떤 자산이든 처음에는 펀더멘털이 가격 흐름을 주도하지만 나중에는 투기가 흐름을 지배합니다.

상승 추세가 형성되고 이웃이 큰돈을 벌었다는 소문이 들리면 사람들은 질투심에 눈이 멀어 충동을 따르게 됩니다. 주택은 물론 원자재시장에서도 이러한 모습이 나타나고 있습니다. 술잔치가 끝나갈 무렵에는 소란이 극에 달합니다.

그러나 원자재 잔치가 언제 끝날지는 아무도 모릅니다. 은이 1.60달러일 때는 거들떠보지도 않다가, 이제는 세상 사람 모두가 지켜보고 있습니다. 내 짐작에 지금 구리 가격은 펀더멘털보다 투기가 주도하는 듯합니다.

멍거: 도대체 원자재에 대해 얼마나 잘 알면 우리가 은 거래에서 그렇게 벌 수 있을까요?

버핏: 일찍 샀지만 서둘러 파느라 겨우 몇 푼 벌었을 뿐입니다. 투기 잔치가 언제 끝날지 우리는 전혀 모릅니다.

투기 잔치는 신데렐라의 무도회와 같습니다. 무도회가 시작될 때는 술도 넘치고 만사가 순조롭게 진행됩니다. 자정이 되면 마차와 말이 호박과 생쥐로 돌아갈 줄 알지만 말이지요. 그러나 화려한 분위기에 매료된 나는 댄스를 한 번 더 즐기려 하고, 다른 사람도 모두 더 즐기려 합니다. 사람들 모두 자정 직전에 빠져나올 수 있다고 생각합니다.

지금 구리 시세에서도 똑같은 일이 벌어지고 있습니다. 1999년 기술주가 그러했고 1950년대 우라늄 주식이 그러했습니다. 무도회는 끝이 다가올수록 더 재미있고, 벽에는 시계도 없습니다. 그러나 갑자기 괘종 소리가 12시를 알리면서 모든 마차와 말이 호박과 생쥐로 돌아갑니다.

우리도 한때 은을 많이 보유했지만 지금은 없습니다. 처음에 나는 은 생산량과 재생량을 모두 더해도 공급이 수요(소비)보다 1억 온스나 부족하다고 판단했습니다. 이제는 은 수요가 대폭 감소했습니다(사진 분야에서도 수요가 감소했지만, 사진은 어차피 재생이 많이 되는 분야이므로 수급에 미치는 영향이 상쇄됩니다). 은은 여전히 공급이 부족한 상황이지만 이미 생산된 양이 많아서, 다른 분야에서 수요가 대폭 감소하면 공급이 수요를 초과할 수도 있었습니다. 그래서 1980년대 초 헌트 형제가 은 사재기를 시도한 시점에는 실제로 공급이 수요를 초과했습니다.

순수 은광(銀鑛)은 거의 없으므로 생산량을 늘리기가 어렵습니다(은 대부분은 다른 광산에서 부산물로 생산됩니다). 나는 은 공급이 부족할 것으로 생각했으면서도 너무 일찍 매도했습니다.

기업은 해마다 이익이 쌓이므로 계속 보유해도 좋지만 원자재는 수급 변화를 기대할 수밖에 없으므로 매우 불리합니다.

멍거: 우리가 산출물도 없는 원자재만 보유했다면 현재 위치까지 오지 못했을 것입니다. 실패는 널리 알리고 성공은 숨기는 것이 좋은 습관입니다.

버핏: 그렇다면 우리는 알릴 것이 많습니다!

Q 7. **공매도**는 사악한 행위인가요?

버핏: 공매도가 사악하다고 볼 이유는 없습니다. 공매도 투자자 중에는 주가 하락을 조장하는 사람이 있습니다. 그리고 이들 중 일부는 부적절한 방법을 동원하기도 합니다. 그러나 순매수 투자자 중에도 주가 상승을 유도하는 사람이 있으며 일부는 부적절한 방법을 동원하기도 합니다. 그러므로 나는 공매도 투자자에 대해 불만스러워할 이유가 없습니다. 나는 버크셔 주식 공매도 투자자에 대해서도 불만이 없습니다. 단지 내 주식을 빌려주고 대여 수수료를 받고 싶을 뿐입니다.

공매도를 생업으로 삼는 것은 금전적으로나 심리적으로나 매우 어렵다고 생각합니다. 주식을 20달러에 매수하면, 손실은 20달러까지만 발생합니다. 그러나 주식을 20달러에 공매도하면, 손실은 무한대가 될 수 있습니다.

아시다시피 우리 친구 중에도 노골적으로 공매도를 주장하는 사람이 있습니다. 나는 그 친구에 대해서도 큰 불만이 없습니다. 누구든 버크셔 공매도를 원한다면, 건투를 빕니다.

공매도 잔고short interest가 많은 기업 중에는 나중에 사기 행위가 적발되는 기업이 많았습니다. 그동안 나는 공매도 대상으로 약 100개 종목을 생각했는데, 실행했다면 거의 모두 성공했을 것입니다. 그러나 실행 시점을 선택하기가 매우 어려워 나는 큰돈을 벌지도 못했을 것이고 기회비용은 엄청나게 컸을 것입니다. 사기를 벌이는 기업은 십중팔구 솜씨가 탁월해 오랜 기간 사람을 속일 수 있습니다. 나는 공매도 펀드에 투자할 생각이 전혀 없습니다. 비윤리적이라고 보기 때문이 아니라 장기적으로 수익성이 좋을지 의심스럽기 때문입니다.

멍거: 한 기업을 깊이 분석해 사기를 알아내고 공매도했는데, 이후 주가가 3배 상승해 내 공매도 포지션을 반대 매매 당하고 사기꾼이 내 돈으로 파티를 즐긴다면, 이렇게 분통 터지는 일이 세상에 또 있을까요? 왜 그런 험한 꼴을 당하려고 하나요?

Q 8. **파산 절차**를 개선해야 한다고 보나요?

버핏: 우리는 파산 상태였던 프루트 오브 더 룸을 인수했고, 파산 기업의 정크본드에도 투자한 적이 있습니다. 프루트 오브 더 룸 인수를 시작할 때는 먼저 채권을 매수했습니다.

멍거: 나는 파산 절차 대부분이 매우 잘못되었다고 생각합니다. 심지어 법원이 파산 절차를 맡으려고 보수까지 제시하는 상황입니다. 변호사 등에게 높은 보수를 지불하는 절차를 개발하면 파산 사건을 많이 맡을 수 있으니까요. 그 절차를 보면 매우 화가 나므로 나는 가급적 관심을 두지 않습니다. 늙은 나이에 소화 불량으로 고생하고 싶지 않거든요.

버핏: 우리는 엔론 관계 회사인 오스프리의 채권을 대량 매수했습니다. 오스프리는 복잡한 상황이었는데, 우리는 3배가 훨씬 넘는 수익을 올렸습니다. 그러나 벌링턴과 시텔 등 다른 상황에서는 경쟁자가 우리보다 더 높은

가격을 제시하고 채권을 매수했습니다. 덕분에 시텔 채권 전액의 지급을 보증했던 우리는 무사히 빠져나올 수 있었습니다.

크고 복잡한 거래에서는 늘 가격 오류가 발생합니다. 하지만 최근에는 가격 오류가 고평가 쪽으로 발생하고 있습니다. 지금은 이 분야를 지켜보는 사람이 많아서 수익 잠재력이 높지 않지만 다시 좋은 기회가 올 것입니다. 향후 10~15년 동안 우리는 파산 분야에서 큰 거래를 하게 될 듯합니다.

멍거: 이스턴 항공 파산 사례가 기억납니다. 법원은 종업원과 지역 사회를 보호하려고 선순위 채권자를 부당하게 대했습니다. 법원은 법률에 근거해서는 절대 내릴 수 없는 판결을 내렸습니다. 판결에는 매우 흥미로운 역학 관계가 작용합니다.

버핏: 한 판사는 펜 센트럴 사건이 지나치게 복잡하다고 말하면서 신속한 해법을 내놓았습니다. 그 해법이 효과는 있었지만, 책에 나오는 방식은 아니었습니다. 판사는 자기가 원하는 대로 할 수 있습니다.

신시내티 사건이 생각납니다. 신시내티로 가는 길에 내가 찰리에게 물었습니다. "판사가 가진 권한이 얼마나 되지?"

멍거: 그래서 내가 대답했지요. "자기가 갖고 있다고 생각하는 만큼이지."

Q 9. 버크셔가 받는 **보험료와 위험**에 대해 설명해주세요.

버핏: 자동차 보험 분야에서는 수입 보험료 증대보다 시장 점유율 증대를 우선하는 정책을 펴므로 평균 보험료를 다소 인하했습니다. 우리가 시장을 주도하는 재보험 분야는 변화가 많습니다. 멕시코만 연안 해상 위험(유정 굴착 장치 등)에 대한 보험료는 당연히 극적으로 인상되었습니다. 이러한 위험에 대한 보험료 합계는 25억 달러였고 보험금 합계는 150억 달러였으므로 보험료가 지나치게 낮았습니다.

지난 몇 년 동안 우리는 대재해 보험 판매 규모 세계 1위였으며 올해도 1위가 될 것으로 확신합니다. 그동안 보험료가 대폭 상승하긴 했지만 위험은 더 증가했는지도 모릅니다. 미국 역사상 최악의 허리케인이 발생한 지난 2년의 경험이 과연 지난 100년보다 더 중요한 기준이 될 것인지 우리는 알지 못합니다. 여기에는 두 가지 생각이 있습니다. 지난 2년을 이상치(異常値)로 간주하는 것은 분명히 어리석은 생각입니다. 그동안 대기 조건과 수온이 바뀌었습니다. 이 때문에 허리케인의 빈도와 강도가 달라질 수 있습니다. 지난 2년이 타당한 기준이라면 현재 우리가 받는 보험료는 지나치게 낮습니다.

기후 변화가 지속되어 허리케인이 지난 2년보다 더 강해질 가능성도 있습니다. 이 대목에서 카오스 이론chaos theory이 등장하는데, 여기서는 투입물과 산출물의 관계가 비선형적입니다. 매우 무서운 시나리오를 떠올릴 수 있습니다.

우리는 손해를 견뎌낼 수 있으므로 특정 지역에서 특정 한도까지 기꺼이 보험을 판매할 것입니다. 우리는 재무 구조가 건전하고 적정 보험료를 받고 있으므로, 큰 손해도 감당할 수 있습니다. 우리는 수많은 변수를 고려합니다. 동전을 던지거나 주사위를 굴리는 방식이 아닙니다.

3분기에는 우리가 강풍 위험에 많이 노출되지만 2년 전보다는 적습니다. 특정 지역의 보험료는 상승하고 있습니다. 만일 보험료가 작년 수준으로 다시 내려간다면 우리는 판매량을 대폭 줄일 것입니다.

우리는 모형을 신뢰하지 않습니다. 모형 개발자는 아무것도 모릅니다. 모형은 장난감입니다. 우리는 추정을 하는 대가로 돈을 받습니다. 그러나 오랜 세월이 흘러야 우리가 옳은지 알게 됩니다. 올해 손해가 적더라도 우리가 옳은지 알 수 없습니다.

보험은 우리가 여전히 좋아하는 사업입니다. 만일 손해액이 2,500억 달러에 이르는 초대형 재해가 발생한다면 우리는 아마 100억 달러를 지불하게 될 것입니다. 우리는 아무 문제 없이 지불할 수 있지만 다른 보험사는 다수가 곤경에 처할 것입니다. 5~10년 후에는 우리가 옳은지 알게 됩니다.

멍거: 과거 우리 평균 실적은 매우 훌륭했습니다. 우리는 막강한 자본력을 이용해 남들이 꺼리는 변덕스러운 시장에서 경쟁해야 합니다.

버핏: 우리 플로트가 미국 손해 보험 산업에서 차지하는 비중이 10%에 육박하므로 현재와 같은 증가 속도를 유지할 수는 없습니다. 그래도 플로트는 여전히 매력적입니다. 나는 세계적 유행병 같은 위험도 의식하고 있으며 매일 제안을 받고 있습니다.

우리는 200억 달러나 500억 달러가 넘는 사건에 대해서도 생각합니다. 관건은 우리가 받는 보험료가 충분한지 판단하는 일입니다. 결과는 30년 후에 알게 됩니다. 30년 후 우리가 부자라면 우리 판단이 옳았다는 뜻입니다. 올해 큰 손해가 발생하더라도 우리 판단이 틀렸다는 뜻은 아닙니다. 10년 후에는 허리케인 손해가 얼마나 될까요? 나는 모릅니다. 그러나 매일 계속 생각해볼 것입니다.

멍거: 열역학 법칙에 의하면, 수온이 상승하면 기상 에너지도 증가합니다.

버핏: 수온이 1~2% 상승하면 손해는 100% 이상 증가할 수도 있습니다. 이것이 우리가 하는 게임입니다. 그러나 보험료가 마음에 들지 않으면 우리는 자리를 기꺼이 남에게 내주고 빠져나갈 수 있습니다.

Q 10. **주택시장**의 현황과 전망은 어떤가요?

멍거: 조립식 주택 담보 대출 과정에서 발생하던 악성 비리가 이제는 재래식 주택 담보 대출 과정에서도 발생하고 있습니다. 미국 주택시장에서 터

무니없는 대출이 대폭 증가하고 있습니다. 조립식 주택시장이 끔찍한 후유증에 시달렸듯이 재래식 주택시장 역시 심각한 후유증에 시달릴 것으로 추측됩니다.

버핏: 금융 기관의 최근 10-Q를 보면 연체 이자가 급증하는 모습이 눈에 들어옵니다. 어리석은 대출을 하면 반드시 후유증에 시달리게 됩니다. 사람들은 전염병에 걸리고서도 증세가 심각해질 때까지 깨닫지 못할 수 있습니다. 1980년대에는 상업용 부동산에서 부실 대출이 증가한 탓에 정리신탁공사가 설립되었습니다. 부동산 개발 회사는 대출을 받을 수만 있으면 무슨 건물이든 지으려 합니다.

멍거: 부실 대출을 조장한 회계도 한심합니다. 회계 분야 종사자는 계속해서 망신을 당하고 있습니다.

버핏: 20년 전 우리도 캘리포니아에서 부동산을 개발했습니다.

멍거: 원금과 이자 정도만 회수했지요.

버핏: 과장이 아닙니다. 우리가 매각한 가격이 500~600만 달러였습니다. 개발 완료 시점이 나빴습니다. 지금 시세는 어느 정도라고 보나, 찰리?

멍거: 1억 달러.

버핏: 일부 지역은 부동산 시세 등락이 엄청났습니다. 우리 부동산 중개 회사 자료를 보면, 모든 지역이 침체 상태이고 가장 과열되었던 지역이 가장 극적으로 침체했습니다. 투기 목적으로 거래되었던 고가 부동산이 최악입니다.

담보대출 27만 달러를 받아 30만 달러짜리 주택을 구입한 사람은 주택 시세가 다소 하락해도 계속 거주하면서 원리금을 상환합니다. 그러나 투기 목적으로 주택을 구입한 사람은 종종 터무니없는 가격에 주택을 매도하려 하므로 시세가 큰 폭으로 오르내립니다. 주식은 매일 거래가 이루어지므로, 주가가 하락하면 사람들은 손실이 발생했다고 인정합니다. 그러나 주택은 매일 거래가 이루어지는 것이 아니므로 사람들은 주택 시세가 붕괴한 다음에도 물정 모르는 매수자에게 비싼 가격에 매도하려는 희망을 버리지 않습니다.

플로리다주 데이드 카운티와 브로워드 카운티는 콘도의 평균 시세가 50만 달러입니다. 얼마 전까지만 해도 매달 콘도 매물 3,000건이 나와 2,900건이 팔렸습니다. 지금은 등록된 콘도 매물이 3만 건이고 팔리는 매물은 매달 2,000건에 불과합니다. 수급 상황이 완전히 바뀌었습니다.

실제로 거품이 상당한 수준입니다. 고가 주택을 중심으로 시세가 대폭 하락하지 않는다면 오히려 이상할 것입니다.

멍거: 맨해튼 고가 아파트에도 거품이 끼어 있습니다. 그러나 오마하 주택 시세는 합리적인 수준입니다.

Q 11. **자산 운용 업계** 전반에 대해 어떻게 생각하나요?

멍거: 조력자(helpers: 사기꾼을 뜻함)가 확실히 많지요. 이곳 주주총회장에는 훌륭한 분들이 오시므로 이분들을 보고 전체를 평가하면 안 됩니다.

워런의 발자취를 좇는 가장 좋은 방법은 기대 수준을 낮추는 것입니다.

버핏: 출산은 산부인과 의사에게 맡기는 편이 좋습니다. 파이프에서 물이 새면 배관공을 불러야 합니다. 전문가 대부분은 일반인이 손수 할 때보다 문제를 잘 해결해줍니다. 그러나 투자 전문가는 그렇지 않습니다. 매년 140조 달러에 이르는 보수를 받으면서도 말이지요. 자산 운용 업계 말고는 이러한 분야가 없는 듯합니다. 자네 생각은 어떤가, 찰리?

멍거: 동감일세.

버핏: 자산 운용 업계는 계속 비대해지고 있습니다. 보수를 높일수록 이들

의 수입이 늘어납니다. 이러한 사업이 수지맞는 사업입니다. 나는 학생에게 강연할 때 아주 좋은 사업을 열거해보라고 합니다. 그 대답 하나가 경영대학원 운영입니다. 수업료가 높을수록 명문으로 인정받기 때문입니다. 수업료가 2만 달러인 경영대학원에는 아무도 가려고 하지 않지만, 4만 달러인 경영대학원에는 누구나 가고 싶어 하니까요.

자산 운용 업계에는 운용 보수를 과도하게 받는 펀드 매니저가 많습니다. 물론 그 값을 하는 펀드 매니저도 있습니다. 사모 펀드의 표준 관행인 운용 보수 2% + 성과 보수 20%를 받는 펀드도 있는데, 이들은 성과 보수를 못 받게 되면 펀드를 청산했다가 나중에 다시 설정하기도 합니다. 연 성장률이 몇 %에 불과한 경제 환경에서, 이렇게 과도한 보수를 부담하고서도 초과 수익을 내기는 어렵습니다. 문제는 '실적이 이례적으로 뛰어난 펀드를 어떻게 찾아내느냐'입니다. 펀드를 권유하는 자산 운용사는 저마다 이례적인 펀드라고 주장합니다.

장담하건대, 운용 자산 규모가 5억 달러 이상인 사모 펀드를 어떤 방식으로 선정하더라도, 이들의 보수 차감 후 실적은 S&P500을 따라가지 못할 것입니다.

자산 운용사의 과거 실적은 물론 펀드 매니저까지 잘 안다면, 간혹 훌륭한 펀드를 찾아낼 수 있습니다. 그러나 대규모 연기금은 대개 세일즈 능력이 가장 좋은 자산 운용사에 운용을 맡기기 쉽습니다.

멍거: 자산 운용사가 연기금 관리자를 접대하는 행위는 범죄로 간주해야 하며, 관리자가 접대받는 행위 역시 범죄로 간주해야 한다고 생각합니다.

흥미롭게도, 요즘 자산 운용 업계는 카지노 업계와 개념상 똑같은 이점을 누리고 있습니다. 사모 펀드가 보수를 챙기는 방식은 몬테카를로 도박장 딜러의 방식과 매우 비슷합니다.

버핏: 더 씹어줄 대상이 또 있나요?

Q 12. 신문 등 **대중 매체**를 어떻게 보나요?

버핏: 사람들은 항상 정보와 오락을 원하지만, 50~60년 전에는 선택 대안이 지금보다 훨씬 적었습니다. 그러나 세월이 흐르고 기술이 발전하면서 정보와 오락을 즐기는 다양한 방법이 개발되었습니다. 그런데 우리 눈은 여전히 두 개뿐이고 하루는 24시간뿐입니다. 일반적으로 대중 매체 사이의 경쟁이 치열해지면 이들의 수익성은 악화할 수밖에 없습니다.

ROIC로 보면 신문은 여전히 수익성이 좋습니다. 그러나 20~30년 전에 비하면 전망은 그다지 밝지 않습니다. 구독자가 감소 추세이므로 장기적으로 경제성이 악화할 수밖에 없습니다. 사람들은 건전한 경쟁이 신문 업계에도 바람직하다고 말하지만 사실은 그렇지 않습니다.

정부가 방송사 인가를 내주던 시절, GM, 포드 자동차, 질레트 등이 수억 명에게 광고하려면 3대 방송사를 이용할 수밖에 없었습니다. 그러나 이제는 다른 방법도 많습니다. 장기적으로 대중 매체의 실적이 전반적으로 좋아지는 모습은 상상하기가 어렵습니다. 초기에 프로 미식축구협회NFL를 인수한 방송사가 있었다면 예외가 되었을지 모르지요.

우리는 월드북 백과사전을 여전히 보유 중입니다. 한때 600달러에 30만 세트가 판매되기도 했던 책입니다. 문제는 이제 종이책이 없어도 사람들이 똑같은 정보를 얼마든지 얻을 수 있다는 사실입니다. 종이책의 가치가 사라진 것이 아니라 사람들에게 대안이 생겼기 때문입니다. 이러한 상황은 바뀌지 않을 것입니다.

멍거: 월드북의 장래가 과거보다 훨씬 어둡다는 점은 너무도 분명합니다.

버핏: 연간 이익이 1억 달러인 두 회사 중 하나는 이익이 매년 5%씩 감소하

고 하나는 매년 5%씩 증가한다면 각각 PER 몇 배에 인수하겠습니까? 그렇다고 신문 업계의 이익이 매년 5%씩 감소한다는 뜻은 아니지만, 인구가 증가하는 지역에서조차 5년 후 신문 구독자나 광고 지면이 증가할 것으로는 생각되지 않습니다.

신문사의 이익이 감소한다고 생각하면 현재 신문사의 PER 배수는 마음이 불편할 정도로 높습니다. 현재 주가에는 연 5~6% 이익 감소가 반영되지 않았습니다. 이러한 상황을 제대로 인식하지 못하는 신문사 소유주는 다른 신문사를 과도한 가격에 인수할 위험도 있습니다. 신문을 사랑하고 신문 없이는 못 사는 소유주가 그러한 실수를 저지르겠지요. 나는 신문 5종을 날마다 읽습니다. 찰리도 마찬가지입니다. 그러나 사람들은 신문 없이도 잘 지낼 수 있습니다. 신문시장이 축소되는 속도는 다소 빨라지고 있습니다. 신문 구독자 수는 노인이 사망하면 어김없이 감소하지만, 청년이 사회에 진출해도 전혀 증가하지 않습니다. 신문은 선순환의 고리가 끊어졌는데도, 이 사실이 주가에 반영되지 않았습니다.

우리는 신문을 사랑한 나머지 신문사야말로 완벽한 독점력을 확보한 최고의 기업이라고 생각했습니다. 그러나 우리 생각이 틀렸습니다.

멍거: 나는 더 심각한 착각에 빠진 적이 있습니다. GM이 완벽한 독점력을 확보했다고 한때 생각했답니다.

그래도 대처 방법이 있습니다. 너무 어려운 문제가 나타나면 '너무 어려움' 서류함에 넣어두고 쉬운 문제부터 풀어나가는 방법입니다. 이보다 더 쉬운 방법이 있을까요?

버핏: 가장 이해하기 쉬운 비즈니스 모델입니다.

흥미롭게도 신문사 소유주와 투자자는 자신의 눈앞에서 진행되는 변화조차 보려고 하지 않습니다. 신문사의 경제성은 이미 오래전부터 악화하고 있습니다. 1975~1980년까지는 지역을 독점하는 신문사를 인수하면 실패할 수가 없었습니다. 그러나 지금은 아닙니다.

멍거: 기술이 바뀌지 않았다면 대중 매체는 여전히 수익성이 좋을 것입니다. 전성기의 지상파 방송국은 누가 운영해도 잘 굴러갔을 것입니다. 톰 머피가 운영했다면 더할 나위가 없었겠지만 멍청이가 운영했어도 좋은 실적이 나왔을 것입니다. 다행히 이스카가 만드는 카바이드 절삭 공구에는 이러한 대체재가 없습니다.

Q 13. **이스카를 인수한 이유**는 무엇인가요?

버핏: 우리가 인수한 이스카는 탁월하게 경영되는 대기업입니다. 나는 지난 10월까지만 해도 회사 이름조차 들어보지 못했는데, 에이탄 베르트하이머로부터 1.5페이지짜리 편지를 받았습니다. 간혹 어떤 편지를 읽어보면 그 사람의 인품과 지성이 눈앞에 펼쳐지는 느낌이 옵니다. 그래서 나는 에이탄 등 이스카 경영진을 오마하에서 만났습니다. 이어서 찰리도 이들을 만났습니다. 그리고 어제 우리는 계약서에 서명해 결실을 맺게 되었습니다. 믿기 어렵겠지만 찰리도 나만큼이나 열광적이었습니다.

멍거: 이 회사는, 시작은 매우 초라했지만 지금은 이 분야에서 세계 최고의 기업이 되었습니다. 규모는 최대가 아니지만 그래서 성장의 여지가 있습니다. 이 회사 경영진의 자질은 단연 탁월합니다. 게다가 젊습니다. 정말로 훌륭한 기업이어서 우리도 배울 바가 많습니다.

버핏: 에이탄과 경영자 두 분은 일어서 주시기 바랍니다. 제이콥 하파즈는 사장 겸 CEO이고, 대니 골드먼은 CFO입니다. 이분들을 잘 봐두십시오. 버크셔에 크게 기여할 분들입니다.

에이탄 베르트하이머: 오마하 날씨가 아름답습니다. 우리는 가족을 새 안식

처로 데려왔습니다. 5,000명이 넘는 직원과 그 가족을 데려왔습니다. 우리는 이스카의 장래에 대해 오랜 기간 고민했습니다. 그러던 중 누가 내게 "버크셔에 대해 들어보았나?"라고 물었습니다. 우리는 버크셔도 이스카와 마찬가지로 기업 문화가 건전한 가족 기업이라는 사실을 알게 되었습니다. 그리고 버크셔 경영진은 우리가 20~25년 함께 일하고 싶은 젊은 분들이었습니다. 우리는 워런과 찰리로부터 매우 흥미로운 교훈을 얻었고, 덕분에 생존했습니다.

제 가족을 소개하겠습니다. 우리는 절삭 공구, 자동차, 세탁기, 코카콜라 병의 주형 등을 제작합니다. 우리 제품을 구매해주시고 새 제품을 시험해주시는 고객 여러분께 감사드립니다. 우리는 항상 경쟁력을 유지하려고 노력합니다.

이 사람이 제이콥입니다. 사실 내 역할은 제이콥을 방해하지 않는 것입니다. 친절하게도, 제이콥은 여러 해 전 나를 해고해주었습니다.

이스카는 34년 전에 설립되었습니다. 우리는 세계 61개국에서 사업을 하고 있습니다. 여기 오신 모든 주주의 기대에 부응하기 위해서 열심히 노력하겠습니다. 미래를 생각하면서 좋은 성과를 달성하겠습니다. 해가 길어지고 들판이 푸르러지는 시기에 해마다 오마하를 방문하고 싶습니다.

버핏: 이스카 인수는 중요한 거래입니다. 우리는 40억 달러를 지불하고 지분 80%를 인수했습니다. 이스카는 우리가 처음으로 인수한 외국 기업입니다.

5~10년 뒤에 돌아보면, 이스카 인수는 버크셔 역사에서 매우 중요한 사건으로 인식될 것입니다.

Q 14. **넷젯**의 현황은 어떤가요?
버핏: 넷젯은 빠르게 성장하는 중이지만 지금까지는 우리 비용이 더 빠르게

증가하고 있습니다. 넷젯은 서비스가 최고이고, 대형 항공기를 제공하는 유일한 회사이며, 전 세계에 서비스를 제공하는 유일한 회사입니다. 나는 우리가 규모의 경제를 달성했다고 생각했으나 실제로는 규모의 불경제 상태였습니다. 그래도 이 사업에 통달한 리치 산툴리가 하루 16시간씩 일하면서 대처하고 있습니다. 이 사업에 대해 내가 리치만큼 신뢰하는 사람은 아무도 없습니다. 비싼 연료 가격은 고객에게 전가되지만 우리 사업에도 영향을 미칩니다. 나는 머지않아 수익이 나올 것으로 생각하지만 지금까지는 내 생각이 빗나갔습니다.

넷젯은 훌륭한 기업입니다. 대형 항공기를 원하는 고객은 거의 모두 우리를 찾아옵니다. 작년에 우리는 요금을 충분히 받았지만 비용을 통제하지 못했습니다. 여러 해 전 넷젯을 비싼 가격에 인수해서 아직 이익을 내지 못한 것은 내 책임입니다.

레이시온의 연차 보고서를 보니, 이 회사도 전용기 대여 시장에서는 거액의 손실을 보았지만 자사 항공기를 판매하고 있으므로 상관하지 않는 듯합니다.

멍거: 넷젯과 경쟁사 사이의 서비스 품질 격차는 엄청납니다. 예를 들어 넷젯 조종사는 증상을 알아보려고 실제로 산소 차단 시험까지 받습니다. 그러나 이 시험은 비용이 많이 들기 때문에 생략하는 회사도 많습니다. 넷젯은 과할 정도로 서비스 품질을 고집합니다. 이러한 방식이 결국은 보상받을 것이라고 나는 생각합니다.

Q 15. **살로먼** 탓에 세계 금융 위기가 발생할 뻔했다는 말이 사실인가요?

버핏: 어떤 요인에 의해서 금융 위기가 발생할지 파악하기는 쉽지 않습니다. 누군가 불이 났다고 소리칠 때 출구로 몰려드는 사람이 얼마나 될지 알

수 없으니까요.

롱텀 캐피털 매니지먼트 사건이나 2002년 정크본드 사건이 어떻게 되었는지 보십시오. 한때 혼란스러웠지만 거의 모두 종료되었습니다.

1991년 8월 중순 일요일, 살로먼에 있던 우리는 30분 이내에 연방 법원 판사에게 파산 서류와 열쇠를 넘겨주어야 하는 상황이었습니다. 변호사는 파산 서류 초안을 작성하고 있었습니다. 다행히 파산 보호 신청을 지시했던 재무부가 결정을 번복했습니다.

만일 살로먼이 파산 보호 신청을 하게 되었다면 어떤 일이 벌어졌을까요? 공교롭게도 같은 날 고르바초프가 행방불명이 되었고 다우 지수는 수백 포인트 폭락했습니다. 이튿날 일본 시장이 열렸을 때 살로먼이 증권 양도 등을 이행하지 못했다면 어떤 일이 벌어졌을까요? 게다가 살로먼이 보유한 파생 상품 계약은 무려 6,000~7,000억 달러 규모였습니다.

멍거: 엄청난 혼란이 발생했을 것입니다. 매우 교훈적이면서 흥미로운 이야기가 있습니다. 당시 재무장관은 닉 브래디였습니다. 그는 체이스 가족과 맺은 오랜 인연 때문에 버크셔 주식을 보유한 우리 주주였습니다. 그는 버크셔에 대해 잘 알고 있었고 워런을 신뢰했습니다. 나는 이 사실이 영향을 미쳤다고 생각합니다.

그날 일이 다른 방향으로 흘러갔으면 어떻게 되었을지 상상만 해도 끔찍합니다.

버핏: 시작할 때 여러분께 킴 체이스를 소개해드렸습니다. 그의 아버지가 닉 브래디에게 (30대였던) 나를 소개해주었습니다. 1991년 재무장관이었던 브래디는 당일 아침 살로먼에 사형 선고를 내렸지만 다행히 결정을 번복했습니다. 만일 번복하지 않았다면 우리는 파산 보호 신청을 했을 것이고 우리는 데이지-체인(daisy-chain: 여럿이 연쇄적으로 연결되는)형 공황의 연구 사례

가 되었을 것입니다.

지금 벌어지는 사건에 비하면 아무것도 아니었지만, 우리가 자발적으로 되고 싶은 사례는 아니지요.

Q 16. 버크셔가 **대성공을 이룬 비결**은 무엇인가요?

멍거: 버크셔가 지금까지 달성한 실적을 향후에도 기대해서는 안 됩니다. 그동안 버크셔의 실적은 매우 이례적이어서 세계 역사에서도 전례를 찾아보기 어려울 정도입니다. 시작할 때 작았던 재무상태표가 이제는 엄청난 규모가 되었습니다.

이렇게 오랜 기간 이례적인 실적이 나온 원인은 무엇일까요? 10세부터 온갖 책을 읽는 학습 기계였던 한 명의 소년 덕분이라고 나는 주장합니다. 그는 일찌감치 이 먼 여정을 시작했습니다. 그가 지금까지 내내 학습하지 않았다면 지금 우리 실적은 환영에 불과할 것입니다. 사람들 대부분이 은퇴하는 나이를 넘긴 이후에도 그의 실력은 실제로 개선되었습니다. 사람들 대부분은 지속적인 학습을 시도조차 하지 않습니다.

우리 실적은 학습 기계가 비상한 집중력을 발휘해 장기간 노력한 결과입니다. 우리 시스템을 모방하는 사람이 지금보다 더 늘어나야 합니다. 한 영감탱이가 다른 영감탱이에게 경영권을 넘겨주는 시스템은 절대 올바른 시스템이 아닙니다.

버크셔의 문화는 매우 건강하므로 우리가 떠난 뒤에도 지속될 것입니다. 버크셔의 인재들이 장기간에 걸쳐 훌륭한 실적은 자주 내겠지만 탁월한 실적은 거의 내지 못할 것입니다. 보유 자금이 너무나 많기 때문입니다. 핵심은 실수를 피하는 것입니다. 우리는 사용하는 수단도 올바르고 기준도 올바릅니다. 버크셔는 매우 합리적인 곳입니다.

Q 17. **버크셔의 가치를** 어떻게 평가하나요?

버핏: 나는 여러 가지를 생각합니다. 버크셔가 보유한 자산, 버크셔가 시도하는 사업, 버크셔가 효율적으로 사용하는 추가 자본 등을 생각합니다. 버크셔가 우량 기업을 계속 인수할 수 있을지도 생각합니다. 버크셔 평가에 필요한 정보는 모두 연차 보고서에서 찾을 수 있습니다. 그러나 소수점 이하 4자리까지 계산하려고 하지는 마십시오. 찰리와 내가 각각 평가해도, 대충은 비슷하겠지만 일치하지는 않을 것입니다.

10년 후 버크셔의 가치는 이익 규모, 이익의 질, 보유 유동 자산에 좌우될 것입니다. 우리는 계속 노력하고 있지만 규모가 거대합니다. 우리가 과거처럼 엄청난 실적을 반복해서 올리기는 쉽지 않겠지만, 적정 실적은 가능할 것으로 기대합니다.

멍거: 손쉬운 방법으로 신속하게 평가해보십시오. 평가하기 쉬운 현금과 투자부터 살펴보세요. 보험 사업이 매우 흥미로우므로, 현금이 어떤 식으로 사용되는지 보십시오.

버핏: 이제 우리는 어떤 경우에도 홈런을 치지 못할 것입니다. 버크셔가 정상적으로 보유하는 현금은 대략 1년 이익에 해당하는 100억 달러 수준입니다. 우리는 대재해 보험 사업을 하고 있으므로, 보유 현금이 바닥나는 일은 없어야 합니다. 보유 현금이 일시적으로는 100억 달러 밑으로 내려갈 수 있지만, 400억 달러를 넘을 필요도 없습니다. 우리가 좋아하는 곳에 잉여 현금을 마음껏 투자할 수 있다면 정말 기쁘겠습니다.

10-Q에 의하면 금융 자회사 보유분을 제외하고 우리가 보유한 현금은 370억 달러입니다. 여기서 이스카 인수에 40억 달러를 지출했고 다른 일에도 지출하고 있습니다.

지출을 계속 늘려서 보유 현금을 100억 달러까지 낮추면 정말 좋겠습니다. 그래서 우리는 이 작업에 모든 시간을 투입하고 있습니다. 현재 현금을 150억 달러까지 지출하는 아이디어가 하나 있지만 확률이 낮습니다. 공익 사업 분야에서 대안을 더 찾아보려고 합니다.

우리는 잉여 현금 보유를 싫어하지만 멍청한 투자는 더 싫어합니다. 한번 저지르면 영원히 되돌릴 수 없기 때문입니다. 지금 보유 현금이 너무 많아서 불편하긴 하지만 그래도 멍청하게 투자하는 것보다는 훨씬 낫습니다.

장담할 수는 없지만, 3년 뒤에 우리 보유 현금은 대폭 감소하고 수익력은 훨씬 증가할 것으로 기대합니다. 우리는 40억 달러를 단기 채권에 묻어두는 대신 이스카에 투자하게 되어 정말 기쁩니다. 보유 현금에 대해 여러분도 불만스럽겠지만 우리도 불만스럽습니다. 우리 모두 현금 보유가 내키지 않습니다.

우리는 세계 최대 대재해 보험사이며 보유 유동성이 막대하기 때문에 고객이 우리에게 옵니다. 그러나 우리 현금은 필요 이상으로 많습니다.

우리는 퍼시피코프 인수에도 35억 달러를 지출했습니다. 내년에는 우리 현금이 감소하길 바랍니다.

멍거: 10년 전 버크셔의 상황과 비교해보십시오. 당시에도 현금을 활용하기가 매우 어려웠지만 이후 훌륭한 기업을 다수 인수했습니다. 지금도 우리는 상황을 그다지 비관하지 않습니다.

Q 18. 당신이 떠나도 버크셔에 큰 **변화**가 없을까요?

버핏: 우리가 떠난 뒤에도 아무 변화가 없겠지만, 보유 기업을 버크셔에 매각하려는 소유주가 느끼는 기분은 예전 같지 않겠지요. 한동안 그러한 전화가 오지 않을 수도 있습니다. 하지만 그러한 기간도 지나갈 것입니다. 이 사회가 선정한 버크셔 경영자는 경이적인 인물이고 버크셔는 여전히 유례

없는 기업일 터이니까요.

내가 죽고 나서 1년 뒤, '버크셔: 1년 후'라는 제목으로 부정적인 기사가 나올 수 있지만, 그러한 기사도 점차 사라지고 내 후계자는 자신만의 방식으로 버크셔를 이끌어갈 것입니다. 그러나 기업 문화에는 함부로 손대지 않을 것입니다. 그는 매우 똑똑하며 우리 기업 문화는 여전히 건강할 것이니까요. 특정 소유주에게 버크셔는 유례가 없는 기업입니다. 훌륭한 안식처를 제공해 문제를 해결해줄 수 있는 유일한 모회사이기 때문입니다.

멍거: 내 후계자는 버핏으로부터 마지막 한 방울까지 계속 짜내길 바랍니다.

버핏: 낮은 보수로요!

버크셔 경영이나 승계에 더 좋은 방법이 있다면 우리는 그 방법을 선택할 것입니다. 그러나 그러한 방법은 없다고 생각합니다. 우리 후계자는 사업을 잘 알고 어떤 기업을 인수해야 하는지도 잘 압니다. 또 어떤 기업을 피해야 하는지도 잘 아는데, 이것도 마찬가지로 중요합니다. 기업 승계가 이루어지면 버크셔는 전보다 더 강해질 것입니다. 버크셔가 한 개인에 좌우되지 않는다는 사실을 사람들이 깨달을 것이기 때문입니다.

월마트는 샘 월튼이 죽은 뒤에 오히려 더 강해졌습니다. 우리는 주주 서한과 주주총회에서 우리 기업 문화를 명확하게 밝히려고 노력합니다. 우리는 우리 문화에 공감하면서 평생 우리와 함께하겠다고 약속하는 경영자가 합류하길 바랍니다. 그러한 경영자가 합류한 뒤에도 우리는 일관된 모습을 보여줄 것입니다. 그들은 우리 문화의 위력을 알게 될 것입니다.

우리 문화에 공감하지 않아서 합류하지 않는 사람도 많습니다. 부조화는 좋을 리가 없으니까요. 다행히 우리 문화는 명확해서 부조화 사례가 거의 없습니다. 버크셔에는 문화에 대한 정규 교육 과정이 없습니다. 정말로 필요가 없기 때문입니다.

내가 오늘 밤 죽더라도 승계 후보자가 3명 있습니다. 누가 승계하더라도 조금도 주저하지 않고 우리 문화를 이끌어갈 것입니다.

멍거: 워런은 75세가 될 때까지 문화에 대한 신념을 유지했는데, 그가 문화 승계를 소홀히 할 것이라고 생각하나요? 더 중요한 일이 어디 있나요? 사람은 결국 죽습니다. 버크셔의 촛불 하나가 꺼진다고 너무 걱정할 필요 없습니다.

우리는 경영자를 육성하지 않고 발굴합니다. 에베레스트산이 앞에 서 있다면, 천재가 아니어도 그 산이 높다는 사실은 알 수 있습니다.

Q 19. **차기 최고 투자 책임자**CIO는 누가 되나요?

버핏: 주주 서한에서도 언급했지만, 내 뒤를 이을 펀드 매니저를 찾고 있습니다. 우리는 이미 발생한 사건에서 배울 뿐 아니라 아직 발생하지 않은 사건까지 상상할 수 있는 사람을 찾습니다. 이것이 우리가 보험과 투자에서 하는 역할입니다. 매우 똑똑한 사람은 많지만 발생하지 않은 사건까지 생각하는 사람은 드뭅니다.

인원은 한 사람 이상입니다. 둘이나 셋이 될 수도 있습니다. 우리가 가르칠 사람이 아니라 이미 방법을 아는 사람을 찾습니다.

지금까지 접수된 지원자는 600~700명인데, 어떤 사람은 네 살짜리 아들을 추천했습니다. 훌륭한 분들의 조언도 많이 들어보았지만, 관건은 '과연 1,000억 달러를 운용할 수 있느냐'입니다. 우리는 거액을 시장 수익률보다 약간 높게 운용할 수 있는 사람을 찾습니다. 나는 '약간 높게'라고 표현했는데, 거액을 운용하면서 S&P500보다 연 10%p 높은 수익을 낼 방법은 없기 때문입니다. 절대 불가능합니다. 그러나 연 몇%p 높은 수익은 가능합니다.

어떤 숫자에도 0을 곱하면 0이 됩니다. 따라서 한 해 실적이 0이라면 나머지 해의 실적이 아무리 좋아도 소용없습니다. 그래서 우리는 이미 발생한 위험은 물론 아직 발생하지 않은 위험까지 내다볼 줄 아는 사람을 찾고 있습니다. 100번의 판단 중 99번은 훌륭했지만 100번째에서 실수해 빈털터리가 된 사람을 찰리와 나는 보았습니다.

우리는 각 후보에게 약 50억 달러씩 맡기고 1,000억 달러를 운용하듯이 일정 기간 운용해보라고 말할 것입니다. 이후 한동안 이들을 지켜보며 평가하고 나서 포트폴리오 전부를 한 사람이나 몇 사람에게 넘겨줄 것입니다.

멍거: 모차르트를 찾아간 청년 이야기가 떠오릅니다. 그가 "교향곡을 쓰고 싶습니다"라고 말하자, 모차르트는 "자네는 너무 어려"라고 대답했습니다. 그가 "하지만 선생님도 어렸을 때 교향곡을 쓰셨잖아요"라고 말하자, 모차르트는 "그래. 하지만 나는 아무에게도 조언을 구하지 않았다네"라고 대답했습니다.

버핏: 나는 1969년 버핏 투자조합을 청산하기로 결심했을 때, 나를 대신할 투자 전문가를 준비해두었어야 했습니다. 그래서 돈을 다시 맡기려는 내 고객에게 추천해야 했습니다. 실적이 훌륭한 투자 전문가는 매우 많았지만, 나는 찰리, 샌디 가츠먼, 빌 루안을 선정했습니다. 찰리는 고객을 더 받을 생각이 없었고, 개인 계좌는 샌디 가츠먼이 받아주었는데 고객이 매우 행복해했습니다. 빌 루안은 별도 펀드를 설립했는데, 이 펀드도 실적이 매우 좋았습니다.

내가 선정한 세 사람은 운용 방식이 보수적이어서 실패할 위험이 전혀 없었습니다. 이들은 투자 능력도 훌륭할 뿐 아니라 책임감도 강해서 고객을 공정하게 대우했습니다. 이들은 나와 동년배여서 대하기가 편했습니다. 지금 나는 젊은 세대 중에서 사람을 찾아야 하지만 아는 사람이 많지 않습니다.

1979년 나는 가이코의 펀드 매니저로 루 심프슨을 선택했습니다. 전에 만나본 적이 없었지만, 그를 만나보니 나쁜 실적은 절대 내지 않으면서 초과 실적을 낼 사람이 분명했습니다.

나는 후계자를 찾아야 하며, 찾아낼 것입니다.

Q 20. 이사 선출에 상대 다수 득표제 대신 과반 득표제를 도입하면 **지배 구조가 개선**되지 않을까요?

멍거: 그렇게 한다고 해서 이사회의 윤리 의식이 제고될 것으로는 생각하지 않습니다. 그렇게 유행하는 제도를 도입한다고 이사회의 문제점이 개선될까요?

버핏: 이사회라는 조직에는 사업 집단의 속성도 있고 사교 집단의 속성도 있습니다. 관건은 '스스로 주인처럼 생각하는가, 사업을 깊이 파악하고 올바른 결정을 내리는가'입니다. 우리는 여러 이사회에 참여해보았지만 투표 방식에 따라 이사회의 행태가 달라지는 경우를 본 적이 없습니다. 그러나 이사가 사업에 정통하면서 주인처럼 생각하면 이사회의 행태가 엄청나게 달라집니다.

기업 지배 구조에는 온갖 스타일이 있지만, 이사회의 핵심 역할은 CEO를 올바르게 선출하고, 그가 도를 넘지 않도록 견제하며, 주요 기업 인수에 대해 독립적으로 판단하는 일입니다. 똑똑한 CEO조차 정당한 이유 없이 무리해서 기업 인수를 추진하는 경향이 있으니까요. 그동안 이사들은 이 세 가지 역할을 제대로 수행하지 못했습니다.

기업 지배 구조를 개선하는 유일한 방법은 대주주가 이러한 문제에 관심을 집중하는 것입니다. 이들이 다른 문제에 관심을 집중하면, 일을 즐기면서 신문에 이름을 올릴 수는 있겠지만 기업 지배 구조는 개선되지 않습니다. 그러나 최대 주주가 "이 보상 계획은 이해할 수가 없습니다"라고 말하면서 이사 표결을 보류하면 상황이 달라집니다.

일부 대기업이 심지어 의결권 행사까지 외주를 준다는 사실을 알고 나는 경악했습니다. 이들이 스스로 주인처럼 생각하지 않는 탓에 결국 그 대가를 모두 우리가 치르게 됩니다.

변화를 일으키려면 소액 주주 연합체가 아니라 대주주들이 행동에 나서야 합니다.

Q 21. **경기 순환 기업의 경영자는** 어떤 방식으로 보상하나요?

버핏: 훌륭한 질문입니다. 구리 가격이 파운드당 3.5달러로 급등하면 얼간이도 구리 광산을 경영해서 떼돈을 벌 수 있습니다. 그러나 내 생애 대부분 기간에 그러했듯이 구리 가격이 파운드당 80~90센트라면 누가 경영해도 구리 광산은 고전을 면치 못합니다.

버크셔는 매우 다양한 자회사를 보유하고 있습니다. 경영하기 쉬운 자회사도 있고 경영하기 어려운 자회사도 있습니다. 우리의 보상 시스템도 매우 다양합니다. 사람들에게 원하는 보상 시스템을 선택하라고 하면 높은 보수가 보장되는 시스템을 선택할 것입니다.

우리가 구리 광산을 통째로 보유하고 있다면 구리의 시장 가격이 아니라 구리의 생산 원가를 기준으로 보상할 것입니다. 구리의 시장 가격은 경영진이 통제할 수 없지만 구리의 생산 원가는 경영진이 통제할 수 있으니까요. 생산 원가는 등락도 심하지 않을 것입니다. 보상의 기준은 경영진이 통제할 수 있는 요소가 되어야 합니다. 따라서 경영진이 통제할 수 있는 요소가 무엇인지 파악해야 합니다.

가이코에서는 경영진과 직원의 보상 기준이 두 가지로, 신규 계약의 증가와 기존 계약의 수익성입니다(신규 계약은 초기 비용이 높지만 중요하므로, 초기 비용에 대해 불이익을 주지 않습니다).

석유회사라면 유가가 아니라 석유 시추 원가를 기준으로 보상할 것입니다. 유가는 경영진이 통제할 수 있는 요소가 아니라고 생각하며 실제로 의회 청문회에서도 경영진이 그렇게 말했기 때문입니다. 석유회사는 낮은 원가로 석유를 찾아내서 추출해야 하므로 나는 장기 시추 원가를 측정할 것입니다. 시추 원가는 회사마다 차이가 큽니다.

멍거: 버크셔처럼 공정한 보상 시스템을 갖추기는 어렵지 않습니다. 실제로 우리처럼 공정한 보상 시스템을 갖춘 상장 회사는 많습니다. 그러나 약 절반은 경영진이 과도하게 보상받는, 극도로 불공정한 시스템입니다. 우리는 이러한 문제를 개선하려고 노력했지만 지금까지 효과가 전혀 없었습니다.

버핏: 우리가 보유한 자회사는 68개이며 나는 경영자 40명에 대한 보상을 책임지고 있습니다. 다행히 지난 40년 동안 보상에 불만을 품고 회사를 떠난 경영자는 한 사람도 없었습니다. 우리는 보상 컨설턴트를 고용한 적이 없습니다. 자회사에서는 고용했을지도 모르지만, 내게 이실직고할 정도로 어리석지는 않겠지요. 보상은 난해한 첨단 기술이 아닙니다. 보상 시스템이 복잡하고 혼란스러우면 그 시스템을 운용하는 사람에게만 유리할 뿐입니다. 나도 보상 위원회에 들어간 적이 있는데, 어떤 일이 있었는지 찰리가 잘 압니다.

멍거: 우리는 살로먼의 최대 주주였으므로 둘 다 이사가 되었고 워런은 보상 위원회에 들어갔습니다. 성과급 지급 시기가 오자 질투의 광풍이 불었습니다. 워런은 약간 더 합리적인 보상안을 제시했지만 부결되었습니다.

버핏: 찰리는 탐욕이 아니라 질투라는 표현을 사용했습니다. 우리 경험을

돌아보면, 실제로 사람을 자극하는 요소는 질투입니다. 상여금 200만 달러를 받고 행복해하던 사람이, 동료가 210만 달러를 받은 사실을 알면 비참해집니다.

찰리는 7대 죄악 중 질투가 가장 무익하다고 지적합니다. 비참한 마음에 잠도 못 자니까요. 과식에는 긍정적인 면이라도 있습니다. 나는 한때 과식하면서 즐거운 시간을 보냈습니다. 그러나 우리가 성욕에 빠질 일은 없을 것입니다.

SEC 역시 보상이 더 투명해지길 바라는데, 좋은 생각이지만 공염불에 그칠지도 모릅니다. 한 CEO가 보수 삭감분을 다른 방식으로 보상받는다면 다른 CEO 역시 그러한 방식을 원할 테니까요.

원자재보다는 기업에
투자하는 것이 유리합니다

❖

2007년

장소: 퀘스트 센터

참석자: 약 2만 7,000명

포춘 500 순위: 12위

버크셔 주가: $110,089

1964년 $1 → 2007년 $8,900

1964년 BPS $19.46 → 2007년 $78,008 (연 21.1%)

같은 기간 S&P500 수익률 연 10.4%

Q 1. **새로 투자를 시작하는 사람**에게 조언을 부탁합니다.

버핏: 읽을 수 있는 책은 모두 읽어야 합니다. 나는 열 살에 오마하 시립 도서관에 있는 투자 서적을 모두 읽었고 일부는 두 번 읽었습니다. 서로 맞서는 다양한 사고를 접하면서 그중 어느 것이 타당한지 판단해야 합니다. 그다음에는 물속으로 뛰어들어야 합니다. 소액으로 직접 투자해보아야 한다는 말입니다. 계속 모의 투자만 한다면 연애 소설만 읽는 셈이지요. 조만간 자신이 투자를 즐기는지 알게 됩니다. 시작은 빠를수록 더 좋습니다.

나는 19세에 《현명한 투자자》를 읽었습니다. 나는 76세인 지금도 그 책에서 배운 사고 프로세스로 투자하고 있습니다. 나는 지금도 눈에 보이는 책은 모조리 열정적으로 읽고 있습니다. 나처럼 로리머 데이비드슨 같은 인물을 만날 기회가 있다면 절대 놓치지 마십시오. 내가 네 시간 동안 그에게 배운 내용이, 대학이나 대학원에서 배운 어떤 과목보다도 소중했습니다.

멍거: 버크셔 이사 샌디 가츠먼은 훌륭한 대형 투자회사를 경영하고 있습니다. 그가 직원을 채용하는 방식이 주목할 만합니다. 그는 인터뷰에서 "당신은 어떤 종목을 보유하고 있으며 보유하는 이유는 무엇입니까?"라고 질문합니다. 관심 가는 종목이 없어서 보유 종목이 없다고 대답하면 그는 다른 일자리를 찾아보라고 말합니다.

버핏: 찰리와 나는 매우 다양한 방법으로 돈을 벌었습니다. 그중 일부는 30~40년 전에는 전혀 예상하지 못했던 방법이었습니다. 세부 지침을 세워둘 수는 없지만 다양한 시장과 다양한 증권 등을 보면서 다양한 사고를 축적해둘 수는 있습니다. 비결은 우리가 몰랐던 사실을 알게 되었다는 점입니다. 우리는 계속 살펴보았습니다. 롱텀 캐피털 매니지먼트 위기가 발생했을 때는 좋은 기회가 왔다고 생각하며 매일 8~10시간씩 자료를 읽고 생각했습니다. 우리는 경험을 축적해야 했습니다. 그래도 우리가 모든 기회

를 찾아낼 수는 없지요. 그래서 놓친 기회도 많습니다.

하지만 거액을 잃어서는 안 되므로 일종의 원칙이 필요합니다. 우리 투자 아이디어가 남들의 투자 아이디어보다 수익이 더 높지는 않았지만 손실은 확실히 적었습니다. 우리는 2보 전진했다가 1보 후퇴한 적이 한 번도 없습니다. 몇 분의 1보만 후퇴했습니다.

멍거: 젊은 시절에는 시장이 비효율적이라고 생각해야 합니다. 그러나 한 제약회사의 파이프라인이 다른 제약회사의 파이프라인보다 나을 것이라고 짐작해서는 안 됩니다.

버핏: 시장에 다른 경쟁자가 거의 없을 때 실적을 내기 쉽습니다. 정리신탁공사가 대박 기회를 보여준 대표적인 사례입니다. 정리신탁공사는 부동산을 수천억 달러 규모로 보유하고 있었지만 자금이 없었으므로 부동산을 서둘러 처분하고자 했습니다. 그러나 다른 투자자는 큰 손실을 본 탓에 자금이 없었습니다.

간혹 투자 기회가 부족하다고 느낄 때도 있겠지만, 평생 투자 기회가 부족하지는 않을 것입니다.

Q 2. **변동성**에 대해서 어떻게 생각하나요?

버핏: 변동성은 위험이 아닙니다. 문제는 변동성에 대해 글을 쓰거나 가르치는 사람이 위험을 제대로 이해하지 못하고 있다는 사실입니다. 베타가 수학적으로는 근사한 개념이지만 잘못 사용되고 있습니다. 과거 변동성에 따라 위험이 결정되지는 않습니다.

네브래스카에 있는 농장을 생각해봅시다. 농장 가격이 에이커당 2,000달러에서 600달러로 하락하면 농장의 베타는 급등합니다. 따라서 경제학 이론에 의하면, 내가 600달러에 농장을 사면 큰 위험을 떠안게 됩니다. 그러나 사람들 대부분은 이러한 주장이 터무니없다고 생각할 것입니다. 그 가격에는 농장이 거래되지 않으니까요. 하지만 주식은 오르내리면서 계속 거래되므로, 주식 애널리스트는 과거 변동성을 이용해 온갖 위험을 측정합니다. 그러나 변동성이라는 개념이 교수에게는 유용할지 몰라도 투자자에게는 무용지물입니다.

위험은 경제성 낮은 기업에서 사람들이 자신도 모르는 일을 벌일 때 발생합니다. 기업의 경제성을 이해하고 그 기업 사람도 알면 투자 위험이 크지 않습니다.

멍거: 교수가 가르치는 내용 중 50% 이상이 헛소리입니다. 문제는 이들의 IQ가 높다는 사실입니다. 우리는 매우 똑똑한 사람이 매우 어리석게 행동한다는 사실을 일찌감치 파악했으며 이러한 사람을 피하려고 누가 무슨 이유로 어리석은 행동을 하는지 알고 싶었습니다.

버핏: 우리 보험 사업은 대재해 한 건에서 60억 달러나 손실을 보아도 장기적으로는 위험하지 않습니다. 룰렛 소유주는 가끔 건 돈의 35배를 지급해야 하지만 아무 문제 없습니다. 우리는 룰렛을 다수 보유하고 싶습니다.

Q 3. **포트폴리오**를 얼마나 자주 점검하나요?

버핏: 내 인생을 둘로 구분해보면, 돈보다 아이디어가 많았던 기간이 있습니다. 이때는 어느 종목을 매도해 어느 종목을 매수할지 생각하면서 끊임없이 포트폴리오를 점검했습니다.

지금은 아이디어보다 돈이 많아서, 현금이 필요하지 않으면 주식 매도를 고려하지 않고 있습니다. 그러나 우리가 보유한 모든 기업에 대해 정보는 항상 수집하고 있습니다. 이는 지속적인 프로세스여서, 일간, 주간, 월간 실적 등은 생각하지 않습니다.

거대 기업 인수 자금으로 200~400억 달러가 필요해 주식 100억 달러
어치를 매도해야 한다면 우리는 매일 수집한 정보를 이용해서 매도 종목을
선택할 것입니다.

멍거: 워런은 투자 초창기에도 가장 좋아하는 종목에 대해서는 매도를 전혀
고려하지 않았습니다. 별도로 관리했지요.

버핏: 특정 종목에 대해서는 추가 매수를 고려하고 있으며, 실제로 추가 매
수를 하고 있습니다. 매력적인 종목은 여건이 되는 대로 추가 매수를 합니
다. 2007년 말 포트폴리오를 보면 일부 종목은 수십억 달러나 증가했습니
다. 우리가 좋아하는 종목은 가격이 하락하면 더 매수할 것입니다.

간혹 시장에 주식 매물이 부족해질 때도 있고, 우리 보유 지분이 특정 기
준을 초과해 지분 변동 보고 의무가 발생하기도 하며, 보유 지분이 10%를
초과해 단기 매매 제한 규정short-swing rule을 적용받기도 합니다.

멍거: 대형 포지션 확보는 생각보다 쉽지 않습니다. 코카콜라를 매수할 때
는 우리가 거래량의 30~40%를 계속 사들였는데도 포지션 확보에 오랜 기
간이 걸렸습니다. 그러나 이러한 문제가 있는 현재 상황이, 이러한 문제가
없던 과거보다 더 마음에 듭니다.

버핏: 우리는 시장에 큰 영향을 미치지 않으면서 매수할 수 있는 물량이 일
간 거래량의 20%라고 생각합니다. 즉 우리가 50억 달러를 매수하려면 시
장 거래량이 250억 달러가 되어야 한다는 뜻인데, 이렇게 거래량이 많은
종목은 흔치 않습니다.

Q 4. 향후 주식의 **기대 수익률**은 어느 정도인가요?

버핏: 내가 버핏 투자조합을 청산하던 시점에는 이후 10년 동안 주식의 수
익률과 지방채의 수익률이 비슷할 것으로 예상했는데, 내 예측이 대체로

적중했습니다. 지금은 그렇지 않습니다. 내가 채권을 보유한다면 모두 단기물로 보유할 생각입니다. S&P500과 20년 만기 채권 중 하나를 선택해야 한다면 나는 망설이지 않고 S&P500을 선택하겠습니다. 그러나 보수가 비싼 펀드는 선택하지 않겠습니다.

3년 후 S&P500이나 채권 가격이 어떨지는 우리도 전혀 가늠하지 못합니다. 그러나 20년 후를 본다면 우리는 주식을 보유하겠습니다.

멍거: 우리는 머지않은 장래에 시장이 붕괴할 것으로 생각합니다.

버핏: 물론 지난 세기에 시장이 붕괴할 것이라고 말했어도 적중했을 것입니다. 시장 붕괴는 항상 일어나니까요. 그러나 주식은 지금까지도 실적이 여전히 좋습니다. 우리는 주가가 더 하락하길 기대하면서 빈둥거리는 대신 우량주를 매수할 생각입니다. 따라서 언제든 좋은 기회가 보이면, 가급적 대규모로 주식을 매수하고자 합니다.

Q 5. 당신은 1999년 〈포춘〉 기고문('Mr. Buffett on the Stock Market')에서 17년 단위로 **시장 흐름**을 설명했는데, 후속 기고문을 쓴다면 어떤 말을 하겠습니까?

버핏: 17년이라는 숫자에 어떤 신비한 요소가 있는 것은 아닙니다. 분석 기간에 17년 단위가 두 번 들어가기에 재미있게 표현했을 뿐입니다. 공교롭게도 매미의 수명 역시 17년이지요.

1999년(기술주 거품이 절정이었던 해), 시장에 대한 사람들의 기대는 비현실적으로 높았습니다. 이전 17년 동안 경험한 실적을 바탕으로 추정했기 때문입니다. 이후 사람들은 실망할 수밖에 없었지요.

지금 후속 기고문을 쓴다면, 나는 기대 수익률이 4.75% 이상이라고 말하겠습니다. 얼마나 더 높을지는 모르지만, 더 높은 것만은 확실합니다. 주식에 대해 크게 기대하지는 않지만 그래도 채권보다는 낫다고 생각합니다.

멍거: 기고문 발표 이후 주식 수익률이 매우 저조했으므로 지금까지는 워런의 예측이 적중했습니다. 나는 지금도 기대 수준을 다소 낮춰야 한다고 봅니다.

버핏: 예측이 매일, 매주, 매달 적중하기는 어렵습니다. TV에 빈번하게 출연하는 사람들을 보면 알 수 있습니다. 가끔은 세상사가 완전히 꼬여버리기도 합니다. 이러한 상황에 적응하기는 매우 어렵습니다. 만일 우량주를 보유하고 있다면, 대부분 기간에 계속 보유하면서 내재 가치에 비해 주가가 극단적으로 고평가되었을 때는 매도하고, 1970년대 초처럼 지나치게 저평가되었을 때는 추가로 매수해야 합니다.

Q 6. 현재 **사모 펀드 열풍**이 거품이라고 보나요?

버핏: 현재 우리가 사모 펀드와 경쟁을 벌이는 탓에 기업을 인수하기 어려워져서, 사모 펀드에 대해 언급한 적이 있습니다. 사업의 특성 덕에 사모 펀드의 거품은 쉽게 터지지 않을 것입니다. 이들은 기업을 인수해서 5~10년 동안 보유하며, 실적을 매일 공개하지도 않습니다. 실적이 공개되기까지 여러 해가 걸리므로 투자자는 떠날 수가 없지요. 유가 증권에 대한 신용 매수와는 다릅니다. 그러나 하이 일드 채권과 우량 채권 사이의 수익률 차이가 확대되면, 사모 펀드 열풍도 식을 것입니다. 그러면 사모 펀드의 기업 인수 활동도 둔화하겠지만, 투자자가 자금을 회수하지는 않을 것입니다.

사모 펀드 열풍에는 다른 요인도 있습니다. 사업가가 사모 펀드 200억 달러를 모집해서 연 2% 보수를 받으면 매년 4억 달러를 벌게 됩니다. 그러나 그가 조달한 자금을 다 투자하지 않았으면서도 뻔뻔하게 사모 펀드를 새로 모집할 수는 없습니다. 그래서 그는 무리해서라도 서둘러 투자하고, 새 펀드를 모집해 또 보수를 받으려고 합니다. 이러한 사모 펀드와 기업 인수 경쟁을 벌일 수는 없습니다. 우리는 자기 자본을 투입해서 영원히 보유할 기업을 인수하려고 하니까요. 사모 펀드에 투자한 사람이 환상에서 벗어나려면 오랜 기간이 흘러야 할 것입니다.

멍거: 환상에서 벗어나면 사모 펀드에 대한 투자자의 혐오감도 오랜 기간 이어지겠지요.

버핏: 절대적인 낙관론이군요.

Q 7. **신뢰할 수 있는 사람과 신뢰할 수 없는 사람**을 어떻게 구분하나요?

버핏: 금융 거래에 이용당한 사람들이 계속해서 내게 편지를 보내줍니다. 애석한 일입니다. 단지 마찰 비용과 허튼소리 수준이어서 사기에 해당하지 않는 사례도 많습니다. 찰리와 나는 기업을 인수할 때나 사람을 선택할 때 운이 매우 좋았습니다. 운이 지극히 좋았지요. 그러나 우리가 걸러낸 사람도 많습니다. 사람의 진심은 드러나게 되어 있습니다. 평소 그가 무엇을 중시하고 어떤 이야기를 하는지 곁에서 살펴보면 그가 어떤 사람인지 알 수 있습니다. 우리가 기록한 타율은 상상을 초월하는 수준이었습니다. 10할은 아니었지만 9할은 넘었습니다.

멍거: 믿기 어려울 정도로 좋은 제안을 받으면 깊이 의심합니다. 어떤 사람은 물에 잠긴 콘크리트 교량에 대해서만 화재 보험을 판매하는 회사를 인수하라고 제안하더군요. 남의 지갑을 그냥 뺏는 양아치나 그러한 짓을 하지요. 우리는 그러한 기업은 가까이하지 않습니다.

버핏: 특정 역할을 해낼 수 있느냐고 물을 때 웃으면서 "식은 죽 먹기죠"라고 대답하는 사람이 있습니다. 그러나 사실은 식은 죽 먹기가 아닙니다. 우리는 지원하는 사람 중 90%를 걸러냅니다. 아마 우리 판단이 종종 틀릴 것입니다. 그러나 중요한 것은 우리가 선택하는 사람입니다. 1970년대 버핏

투자조합을 청산하던 무렵, 실적이 훌륭한 펀드 매니저는 수백 명이나 있었지만 믿고 돈을 맡길 만한 인물로 내가 고객에게 추천한 사람은 셋뿐이었습니다. 나는 찰리, 샌디 가츠먼, 빌 루안을 추천했습니다. 세 사람 중 누구의 실적이 가장 좋을지는 내가 알 수 없었지만 세 사람 모두 합당한 보수만 받으면서 고객의 돈을 탁월하게 관리하리라는 점만은 확신했습니다. 나는 언제든 부당한 보수를 챙기는 사람을 발견하면 곧바로 걸러냅니다.

Q 8. 동업에 대한 철학이 궁금합니다.

버핏: 보통 우리는 다른 기업과 동업하지 않습니다. 어떤 거래가 마음에 들면 우리가 모두 하려고 합니다. 우리는 자금이 많으므로 동업자의 자금은 필요 없습니다. 우리는 누군가에게 의존하는 거래도 원치 않으므로 동업자의 지식도 필요 없습니다. 예외가 있긴 하지만 극소수에 불과합니다. 찰리, 생각나는 동업 사례가 있나?

멍거: 루카디아와 동업한 사례가 있습니다. 그러나 루카디아가 우리에게 가져온 거래였습니다.

버핏: 맞습니다. 훌륭한 동업자였지요. 자기들의 거래에 참여해달라고 우리에게 요청했습니다. 우리도 그들과 똑같은 조건으로 참여했습니다. 보통 우리는 다른 기업과 동업하지 않지만, 마음에 드는 거래를 가져오면 루카디아와 또 동업하고 싶습니다. 매우 훌륭한 동업이었습니다.

Q 9. 투자에 적용하는 최소 기대 수익률이 있나요?

버핏: 통상 우리는 최소 기대 수익률을 사용하지 않습니다. 최소 기대 수익률에 대해 이야기할 때마다 찰리는 내가 스프레드시트를 준비하지 않았다고 일깨워주지만, 나는 머릿속으로 계산합니다.

우리는 국채보다 수익률이 높은 자산을 사려고 합니다. 문제는 국채보다 얼마나 높으냐가 되겠지요? 우리는 국채 수익률이 2%일 때 수익률이 4%인 기업을 사려고 하지는 않습니다.

나는 매일 찰리에게 전화해서 "우리 최소 기대 수익률이 얼마지?"라고 물어보지도 않습니다. 우리는 '최소 기대 수익률'이라는 용어를 사용해본 적도 없습니다.

멍거: 최소 기대 수익률이라는 개념 자체가 전혀 의미가 없습니다. 그런데도 사람들은 이러한 용어를 사용하면서 심각한 잘못을 저지르고 있습니다. 투자 대안 각각에 대해 수익률을 따져야 하는 것이지, 특정 개념으로 이들을 일괄 판단할 수는 없습니다.

최소 기대 수익률을 사용하면 오히려 대안을 합리적으로 비교하기가 어려워집니다. 내게 수익률 8%의 확실한 대안이 있을 때 누군가 수익률 7%짜리 대안을 제안하면 나는 즉시 거절합니다. 신부 통신 판매 회사에서 에이즈 걸린 신부를 보내주겠다고 제안하는 셈이니까요. 나는 그러한 대안 검토에 단 한 순간도 낭비하고 싶지 않습니다. 세상만사에는 기회비용이 발생합니다.

버핏: 나는 19개 이사회에 참여하면서, 내부 수익률(Internal Rate of Return: IRR) 예측 발표를 수없이 보았습니다. 이사회가 그 자료를 모두 불태워버렸다면 그 회사 형편이 훨씬 나아졌을 것입니다. 내부 수익률은 CEO가 원하는 대로 만들어집니다. 조작된다는 말이지요.

멍거: 내가 아는 젊은 친구는 투자자에게 비상장 회사 지분을 판매하고 있습니다. 이러한 분야에서는 수익률을 예측하기가 어렵습니다. 내가 그에게 "예상 수익률로 얼마를 제시하나?"라고 묻자 그는 "20%요"라고 대답했습니다. 내가 "어떻게 산출한 수익률이지?"라고 묻자 그가 대답했습니다. "더

낮은 수익률을 제시하면 돈을 맡기려는 사람이 아무도 없거든요."

멍거: 거액에 대해 20% 수익을 내는 사람은 세상에 하나도 없습니다. 연기금 등 투자자는 놀라울 정도로 잘 속아 넘어갑니다. 너무도 절실하게 원하기 때문에 전혀 터무니없는 소리까지 믿으려 하거든요.

Q 10. 기업을 어떤 기준으로 **평가**하나요?

버핏: 우리는 잘 이해할 수 있는 기업을 좋아합니다. 경쟁력이 취약한 기업은 가격을 깎아주더라도 사지 않습니다. 우리는 훌륭한 기업을 사고 싶습니다. ROE가 장기적으로 높으며 경영진이 유능하고 정직한 기업을 사고 싶다는 말입니다. 1달러짜리 기업을 40센트에 사고 싶지만 훌륭한 기업이라면 1달러에 가까운 금액이라도 기꺼이 지불하겠습니다.

우리는 덩치가 큰 기업, 즉 규모가 큰 기업을 찾습니다. 몸무게가 300파운드냐 320파운드냐는 중요하지 않습니다. 덩치가 크면 됩니다.

우리는 과거 실적이 아니라 미래 실적이 좋을 때만 보상받습니다. 과거는 미래를 통찰할 수 있을 때만 유용합니다. 그러나 간혹 통찰이 불가능할 때도 있습니다. 가끔 우리는 기업을 실제 가치의 4분의 1 가격에 사기도 했지만 최근에는 한국을 제외하면 그러한 기회를 발견하지 못했습니다.

멍거: 안전 마진이란 지불하는 가격보다 더 많은 가치를 얻는다는 뜻입니다. 가치를 얻는 방법은 많습니다. 고등학교 대수학(代數學)과 같습니다. 이것을 할 수 없다면 투자하지 마십시오.

내재 가치와 안전 마진을 산출하는 데 컴퓨터에서 간단하게 기계적으로 뽑아내는 기법은 없습니다. 그러한 기법이 존재한다면 누구든 버튼만 누르면 부자가 되겠지요. 그래서 여러 모형을 이용해야 합니다. 아무도 하루아침에 골종양 병리학자가 될 수 없듯이 아무도 하루아침에 훌륭한 투자자가 될 수 없다고 생각합니다.

버핏: 당신이 어떤 농장을 사고 싶어서 계산해보니 에이커당 70달러를 벌 수 있다고 가정합시다. 그러면 에이커당 얼마를 지불하겠습니까? 농사가 더 잘되어서 수확량이 증가할 것이라고 가정하겠습니까? 농산물 가격이 상승할 것이라고 가정하겠습니까? 수익률 7%를 원한다면 에이커당 1,000달러까지 지불할 수 있습니다. 판매 가격이 800달러라면 사겠지만 1,200달러라면 사지 않을 것입니다.

당신이 농장을 사기로 했다면 "나는 콩을 재배해서 X달러를 벌려고 농장을 샀습니다"라고 말할 것입니다. TV 보도나 친구의 말을 듣고서 농장을 사지는 않을 것입니다. 주식도 마찬가지입니다. 메모장을 꺼내 이렇게 쓰십시오. "내가 GM을 주당 30달러에 산다면 유통 주식이 6억 주이므로 180억 달러를 지불해야 한다." 이어서 왜 사려고 하는지 답해보십시오. 만일 답할 수 없다면 당신은 GM의 사업성을 파악하지 못했다는 뜻입니다.

우리는 기업의 경쟁력과 경제성을 파악하고서 미래를 내다보아야 합니다. 하지만 그렇게 할 수 없는 기업도 일부 있습니다. 기원전 600년경 이솝은 "손안의 새 한 마리가 숲속의 새 두 마리보다 낫다"고 말하면서 투자 개념을 제시했습니다. 우리는 숲속에 새가 있다고 얼마나 확신하는지 자신에게 물어보아야 합니다. 정말로 두 마리가 있을까? 더 있지는 않을까? 우리는 장래를 내다보면서 어느 숲을 살 것인지만 선택하면 됩니다.

현금 창출력과 재투자도 대단히 중요합니다. 버크셔의 가치를 높여주는 요소가 바로 현금 창출력입니다. 그리고 1달러를 재투자해서 1달러 이상을 벌 수 있다고 생각하면 우리는 이익을 유보해서 재투자합니다.

90만 달러나 130만 달러를 지급하고 맥도날드 체인점을 열고자 한다면 사람들이 계속 햄버거를 먹을 것인지, 맥도날드가 체인점 계약을 변경하지는 않을지도 생각해보아야 합니다. 자신이 하는 일이 무엇인지, 그 일이 자신의 능력범위 안에 있는지도 알아야 합니다.

멍거: 우리는 모든 기업의 가치를 정확하게 추정하는 시스템이 없습니다. 그래서 거의 모든 투자를 '너무 어려움' 서류함에 넣어두고 쉬운 투자 몇 건부터 샅샅이 살펴봅니다.

버핏: 우리는 2미터 높이 장애물은 피하고 30센티미터 높이 장애물만 골라서 넘습니다.

Q 11. 어떻게 하면 **파생 상품이 주는 피해**를 완화할 수 있나요?

버핏: 우리는 파생 상품의 위험성을 경고해 피해를 완화하려고 노력했습니다. 그러나 파생 상품이 본래부터 나쁜 상품은 아닙니다. 우리가 보유한 파생 상품은 60종목 이상이며, 곧 열리는 버크셔 이사회에서 논의할 예정입니다.

파생 상품은 갈수록 창의적인 방식으로 빠르게 확산하고 있습니다. 이러한 파생 상품에 의해서 금융 시스템에 보이지 않는 레버리지가 도입되었습니다. 1930년대에 정부는 레버리지가 증시 대폭락을 불러온 위험 요소라고 판단하고, 연준이 증거금 비율을 결정하게 했습니다. 이후 수십 년 동안 연준은 증거금 비율을 높이거나 낮추면서 레버리지를 신중하게 관리했습니다. 그러나 파생 상품이 도입되자 증거금 비율 규제는 무용지물이 되어버렸습니다. 이 규제는 아직 남아 있지만 구시대의 유물에 불과합니다. 파생 상품이 불러오는 위험이 언제 심각해지고 언제 사라질지 우리는 도저히 알 수 없습니다. 그러나 파생 상품은 계속 증가해 마침내 매우 불쾌한 사건을 일으킬 것이라고 나는 믿습니다.

그 사례 하나가 1987년 10월 검은 월요일입니다. 포트폴리오 보험에 의

해서 주가가 폭락한 터무니없는 사건입니다. 대규모 손절매 주문이 기계적으로 자동 실행되었기 때문이지요. 사람들은 막대한 대가를 치르고서 손절매 주문 방법을 다시 배웠습니다. 기관이 한꺼번에 손절매 주문을 쏟아내면 불에 기름을 붓는 효과가 발생합니다. 포트폴리오 보험은 계속해서 매도를 부르는 파멸의 기계를 만들어냈습니다.

지금도 똑같은 일이 벌어질 수 있습니다. 수십억 달러에 이르는 대형 펀드가 한 가지 자극에 똑같이 반응할 수 있기 때문입니다. 무질서한 상태에서 복잡한 거래가 대규모로 이루어지고 있는데도 사람들은 이 문제를 인식하지 못하고 있습니다. 대형 펀드는 똑같은 이유로 대량 매도에 나설 수 있습니다. 언젠가 대혼란이 발생할 것입니다. 언제 어떤 일로 대혼란이 발생할지 누가 알겠습니까? 대공 암살이 제1차 세계대전을 부를 줄 누가 알았겠습니까?

멍거: 결함투성이 회계가 위험을 키우고 있습니다. 가공 이익을 기준으로 막대한 성과급을 받는 사람은 기존 방식을 고수할 것입니다. 문제는 회계 전문가 대부분이 자신의 잘못을 깨닫지 못하고 있다는 사실입니다. 한 회계 전문가는 이제 포지션이 시가 평가(時價評價)되므로 회계가 개선되었다고 말하면서 "실시간 정보를 원치 않으세요?"라고 내게 물었습니다. 나는 시가 평가로 원하는 만큼 이익을 만들어낼 수 있게 되면 사람들의 터무니없는 행태가 나타날 것이라고 대답했습니다. 그러자 그는 "당신은 회계를 정말 모르시는군요"라고 말했습니다.

버핏: 우리는 이전 경영진과 감사가 '시가 평가'한 파생 계약 포지션을 청산하는 과정에서 4억 달러에 이르는 손실을 보았습니다. 감사를 비난하려는 뜻이 아닙니다. 어떤 감사라도 똑같은 말을 했겠지요. 우리 포지션을 감사에게 떠넘기지 못한 점이 아쉬울 뿐입니다.

매입 채무가 15달러인 세탁소가 있다고 가정합시다. 이 세탁소 장부에는 매입 채무 15달러가 표시되고 거래 회사의 장부에는 매출 채권 15달러가 표시되므로 둘을 더하면 제로가 됩니다. 그러나 미국에는 대형 회계 법인이 4개뿐이므로 거래 관계가 있는 두 회사를 한 회계 법인에서 감사하는 경우도 많습니다. 장담하건대 시가 평가한 두 회사의 포지션을 더하면 제로가 되지 않을 것입니다.

우리가 보유한 파생 상품 계약은 60건 이상인데, 단언컨대 거래 상대방은 우리와 다른 방식으로 평가할 것입니다. 우리는 평가액을 높일 이유가 없습니다. 우리 보수는 달라지지 않으니까요. 우리가 포지션을 100만 달러로 평가하면 상대방은 마이너스 100만 달러로 평가해야 합니다. 하지만 실제로는 절대 그렇지 않을 것입니다. 감사는 양 회사의 파생 상품 포지션을 확인해서 시가 평가 합계액이 제로가 되도록 해야 합니다. 그러나 그렇게 하지 않습니다.

멍거: 확신하건대 이 때문에 수많은 문제가 발생할 것입니다. 이 문제는 계속 이어져서, 마침내 대단원의 막을 내릴 것입니다.

Q 12. 인플레이션에 대한 방어책으로 **금속 투자**를 고려한 적이 있나요?
버핏: 우리는 금속 투자가 인플레이션에 대한 방어책이라고 보지 않습니다. 통화로 조개껍데기가 사용되든 지폐가 사용되든, 최선의 방어책은 자신의 수익력입니다. 일류 외과 의사나 교사는 수익력이 높아서 아무 문제도 없을 것입니다. 인플레이션을 방어하는 차선책은 금속이나 원자재가 아니라 훌륭한 기업을 보유하는 방법입니다.

코카콜라나 스니커즈 초코바처럼, 사람들이 계속 사 먹는 제품을 생산하면서 자본 투자도 많이 필요하지 않은 회사가 인플레이션 시대에 가장 좋은 투자 대상입니다. 그러나 인플레이션 시대는 좋지 않습니다. 버크셔는 훌륭한 기업을 보유하려고 노력하지만, 인플레이션율이 높을 때는 낮을 때만큼 좋은 실적을 내지 못할 것입니다. 그래도 대부분 기업보다는 실적이 좋을 것입니다.

원자재에 대해서는 별다른 의견이 없습니다. 우리가 석유 주식을 보유한다면, 현재 가격 대비 가치가 높다고 생각하기 때문입니다. 유가가 상승한다고 생각하면 우리는 원유 선물을 매수할 수도 있습니다. 실제로 매수한 적도 한 번 있습니다.

우리는 포스코가 세계 최고의 철강회사라고 생각합니다. 우리는 PER 4~5배에 매수했는데, 재무상태표에 부채가 없었고 생산 원가도 낮았습니다.

자본 투자가 아주 적은 기업도 찾아보십시오. 시즈캔디는 자본 투자를 많이 할 필요가 없습니다. 규모는 작지만 훌륭한 회사입니다. 규모만 제외하면 철강회사나 석유회사보다 훨씬 좋은 회사입니다. 규모를 키울 수 있다면 우리는 무슨 일이든 할 수 있습니다. 우리는 원자재 관련 기업을 선호하는 편이 아닙니다. 오히려 다소 기피하는 편입니다.

멍거: 우리는 원자재가 아닌 기업에 투자할 것이며 이 방법이 장기적으로 더 유리할 것입니다.

Q 13. **이사회의 역할**은 무엇인가요?

버핏: 대기업의 운영 방식을 보는 기자와 주주의 관점은 십중팔구 다소 삐딱합니다. 오랫동안 이사 대부분이 화분 같은 장식물이었으니까요. 경영진은 주요 안건이 있어도 이사회에서 논의하려 하지 않았습니다. 찰리와 나 역시 주요 안건에 영향을 거의 미치지 못했다고 증언할 수 있습니다.

20~30년 동안 일해서 CEO 자리에 오른 사람이라면 이사회의 지시를 받고 싶지 않겠지요. 지금은 이사회의 진행 방식이 다소 바뀌었습니다.

압도적으로 가장 중요한 이사회의 역할은 올바른 CEO를 선택하는 일입니다. 당신이 캐피털시티 이사인데 톰 머피를 고용했다면 역할을 완수한 셈입니다.

두 번째로 중요한 이사회의 역할은 CEO가 도를 지나치지 않도록 견제하는 일입니다. 이사회는 기업 인수에 대해 독립적으로 판단해야 합니다. CEO가 남의 돈을 써서 기업을 키우고 싶어 하는 것은 자연스러운 현상입니다. 그래서 이사회는 대개 기업 인수가 이미 완료된 다음에야 이 거래에 대해 알게 됩니다. 나는 "이러한 기업 인수는 말도 안 됩니다"라고 말하는 투자 은행 경영진을 한 번도 본 적이 없습니다.

중요한 인수 거래는 이사회가 경제성을 평가하고 논의할 수 있는 좋은 기회입니다. 그러나 CEO는 성사되길 바라는 거래만 이사회에 가져오므로, 속임수도 불사합니다.

멍거: 나는 미국에서 성사되는 대기업 인수 거래는 대체로 주주에게 손해라고 생각합니다.

버핏: 주식 교환 방식 인수 거래에서 대부분 CEO는 회사가 받는 가치만 생각할 뿐 지불하는 가치는 생각하지 않습니다. 그러나 지불하는 가치도 반드시 생각해야 합니다. 나는 이사회에서 회사가 받는 가치와 지불하는 가치를 저울질하며 토론하는 모습을 본 적이 없습니다. 회사가 지불하는 가치가 더 크다면 그러한 거래는 하면 안 됩니다! 내가 버크셔 지분 2%를 지불하면서 덱스터 슈를 인수한 것은 버크셔 역사상 가장 멍청한 거래 중 하나였습니다. 당시 버크셔의 지분 2%가 아니라 현재 버크셔의 지분 2%를 생각해보십시오!

멍거: 다행히 워런은 좋은 결정도 많이 했습니다.

버핏: 좋은 결정도 하지 못했다면 여러분 중 절반은 이 자리에 없을 것입니다. 덕분에 실수도 가려졌지요.

한번은 우리가 보유한 은행이 더 작은 은행을 인수하려고 했습니다. 주식을 보유한 더 작은 은행 CEO는 높은 가격과 다양한 조건을 요구했으며, 인수 마지막 단계에서 조건 하나를 추가했습니다. "이렇게 멍청한 거래를 다시는 하지 않겠다고 약속해주어야 합니다."

내가 참여한 이사회 중에는 훌륭한 이사회도 있었습니다. 최고는 아마도 데이터 도큐먼트라는 지역 회사 이사회였습니다. 이사 모두가 재산의 상당 비중을 이 회사 주식으로 보유하고 있었으며 모든 결정을 사업적 관점에서 내렸습니다. 반면에 요즘 대부분 이사회는 인수를 검토할 때 서둘러 투자은행 경영진을 불러들입니다. 나는 이들이 항상 어떤 말을 하는지 압니다. "정말 좋은 거래입니다."

버크셔 이사는 거의 모두 버크셔 주식을 많이 보유하고 있습니다. 모두 시장에서 산 주식입니다. 그래서 주주와 똑같은 입장입니다. 버크셔는 이사에게 임원배상책임보험도 제공하지 않습니다. 진정한 주주 이사회입니다.

Q 14. **데이트레이딩**에 대해 어떻게 생각하나요?

버핏: 연준의 발표 등을 근거로 시장에 대한 관점을 수시로 바꾸는 사람들이 있습니다. 매일이나 매분 행동이 바뀌는 사람들을 나는 '전자 소 떼'라고 부릅니다. 과거 40%였던 주식 회전율은 100%를 넘어갔고, 채권 회전율 역시 극적으로 상승했습니다. 높은 회전율이 꼭 나쁜 것은 아니지만 투자의 성격이 완전히 달라지고 그 결과도 달라집니다. 회전율이 높은 사람은 남들보다 앞서려고 매일 뉴스나 남들을 지켜보면서, 남이 주식을 매도

할 것이라고 생각되면 자기가 더 빨리 매도하려고 합니다.

찰리와 내가 살로먼에 있을 때 사람들은 6시그마 사건 이야기를 많이 했습니다. 그러나 실제 시장과 인간 행동에 대해서라면 6시그마는 아무 의미도 없습니다. 1998년과 2002년에 일어난 사건을 보십시오. 사람들이 매일 시장을 이기려고 시도한 결과입니다.

버핏 투자조합을 설립할 때 나는 동업자들에게 실적 보고를 1년에 한 번만 하겠다고 말했습니다.

멍거: 시장 붕괴 확률을 시그마로 논하는 것은 미친 짓입니다. 이들은 시장의 확률이 정규 분포Gaussian distribution라고 생각합니다. 계산하기도 쉽고 가르치기도 쉽기 때문입니다. 그러나 시장이 정규 분포라고 생각할 바에는 차라리 이빨 요정을 믿는 편이 낫습니다. 한번은 내가 대학교수에게 왜 아직도 낡은 방식으로 가르치느냐고 물었더니, 그가 대답했습니다. "가르치기 쉽거든."

버핏: 오랜 기간 고등 수학을 배우고 나서, 고등 수학이 무익하거나 심지어 유해하다고 알게 되면 큰 충격에 빠집니다. 그러나 바꾸기 어려워서, 사람들은 계속 고등 수학을 가르칩니다.

Q 15. **공매도**에 대해 어떻게 생각하나요?

버핏: 주가를 조작하는 행위가 아니라면, 나는 공매도 투자자에게 문제가 있다고 생각하지 않습니다. 사람들이 버크셔 공매도를 원한다면, 나는 환영합니다. 사실 나는 버크셔 주식을 대여해주고 추가 소득을 올리고 싶습니다. 이들은 장래에 버크셔를 매수할 수밖에 없습니다. 버크셔 매도 포지션을 유지하고 싶은 사람이 있다면 매우 오랜 기간 유지할 수 있습니다. 그들을 위해서 특별 모임이라도 주선해드릴 생각입니다.

일반적으로 공매도 투자자는 마음고생이 더 심합니다. 주식시장에는 낙관론자가 더 많으니까요. 공매도로는 생계유지도 어렵습니다. 사기성 주식이나 과대 포장된 주식을 찾아내기는 매우 쉽지만 그 주식의 하락 시점을 알기는 어렵습니다. 주가가 내재 가치의 5배까지 상승한 주식이라면 10배까지 상승할 수도 있습니다.

나는 공매도가 세상을 위협한다고 생각하지도 않습니다. 당신 주식을 공매도하려는 사람이 많으면 당신은 비싼 수수료를 받고 대여해줄 수 있습니다. 우리 USG 주식이 그러한 경우였습니다. 한 대형 증권회사가 주식 대여를 요청했으므로 우리는 높은 수수료를 받고 기꺼이 대여해주었습니다. 심지어 우리는 수수료를 계속 받으려고 그 증권회사가 일정 기간 주식을 억지로 보유하게 했습니다.

멍거: 공매도는 결제 절차가 정말 엉망입니다. 문명사회에 해가 될 정도입니다. 마치 원자력 발전소 관리가 엉망인 것과 같습니다.

버핏: (멍거를 바라보면서) GM 1,000주를 샀는데 내 계좌에 주식이 들어오지 않으면 어떻게 되는 거지?

멍거: 개인 투자자라면 기다리는 수밖에 없다네. 파생 상품 거래도 결제 절차가 엉망이야.

버핏: 3주가 지나도록 주식이 안 들어와도 소송을 제기할 수 없는 건가?

멍거: 소송을 해도 법원에서 주식 증서를 찾아주지는 못할 걸세.

Q 16. 업무용 제트기는 **주주 자금 남용** 아닌가요?

버핏: 그래서 우리는 자가용 제트기 사용을 강력하게 지지합니다.

찰리는 한때 버스 여행을 했는데, 그것도 경로 우대 할인이 될 때만 했습니다. 최근 내가 망신을 주자 결국 찰리가 넷젯 분할 소유권 1개를 구입했습니다. 나는 2개를 보유 중이고요. 우리가 업무용 제트기를 사용해야 버크셔의 실적이 더 좋아집니다. 업무용 제트기가 없었다면 나는 인수할 기업을 찾아 수천 마일을 열심히 돌아다니지 않았을 것입니다. 업무용 제트기는 소중한 사업 수단입니다.

물론 업무용 제트기도 오용될 수 있습니다. 한번은 우리가 투자한 회사의 CEO가 업무용 제트기를 타고 오마하로 나를 만나러 왔습니다. 그는 아이다호 식품점 체인에서 제품 시험을 했는데, 그곳에는 그의 별장도 있었습니다. 하지만 그와 다르게 우리는 적절하게 사용했으므로 업무용 제트기는 버크셔에 소중한 자산이 되었습니다.

멍거: 경영자가 권력을 남용하는 기업은 투자자를 실망시키게 됩니다. 사람들이 많이 기억하는 로마 황제 마르쿠스 아우렐리우스는 권력을 남용하지 않았습니다. 지도자의 월권을 막는 가장 좋은 방법은 모범적인 행동 사례를 만들어내는 것입니다.

Q 17. **서브프라임시장**을 어떻게 보나요?

버핏: 서브프라임시장에서 대출회사, 중개업자, 건설회사 등은 사람들을 부추겨 무리해서 집을 사게 했습니다. 이제 사람들이 그 대가를 치르게 될 것입니다. 관건은 '이러한 문제가 확산하느냐'입니다. 실업률과 금리가 상승하지 않는다면 이 요소만으로 경기가 침체하지는 않을 것입니다.

10-Q와 10-K를 읽어보니, 초기에는 할부금을 소액만 내다가 나중에 거액을 내는 대출이 많습니다. 이는 어리석은 대출이자 어리석은 차입입니다. 지금 할부금의 20~30%밖에 상환하지 못하는 사람은 나중에도 110%를 상환하지 못하기 때문입니다. 이러한 사람들과 기관들은 주택 가격이 계속 상승한다고 확신하고 있습니다. 그러나 주택 가격 상승세가 중단되

면, 조립 주택 시장에서도 보았듯이 주택 매물이 대량으로 공급됩니다. 그러면 주택시장에서 고통받는 사람들이 많아집니다. 그러나 이 때문에 경기가 심하게 침체할 것으로는 생각하지 않습니다.

멍거: 회계사가 금융회사에 회계상 이익을 허용한 탓에 많은 사람이 죄를 짓고 어리석은 행동을 하게 되었습니다. 제정신인 사람이라면 아무도 그러한 식으로 허용하지 않았을 것입니다. 회계사가 일을 게을리하면 어처구니없는 사건이 벌어집니다.

적격 빈곤층에 대출을 해주면 국익에 도움이 됩니다. 그러나 부적격 빈곤층이나 무리해서 투자하는 부유층에 대출을 해주면 곧바로 문제가 발생합니다. 어떻게 그러한 잘못을 저지르고서도 아침마다 사악하고 어리석은 자신의 얼굴을 보면서 면도를 했을까요?

버핏: 지난 몇 달 동안 매우 흥미로운 통계가 나왔습니다. 심지어 1회나 2회 할부금조차 내지 못한 사람이 많았습니다. 일어나서는 안 되는 일이 발생했습니다. 조립 주택 섹터에서도 이러한 일이 있었습니다. 6,000달러를 받아야 하는 사람에게 계약금 3,000달러만 지급해도 되면, 장담하건대 많은 비리가 발생합니다.

증권화 때문에 문제가 커졌습니다. 월스트리트 회사들이 대출을 대규모로 묶어 팔아버리자 지역 은행들은 수수방관했습니다.

부동산시장이 회복되려면 2년 이상 지나야 할 것입니다. 일부 지역은 누적된 주택 재고가 엄청납니다. 주택이 잘 팔릴 것이라고 확신했던 사람들은 곤경에 처할 것입니다.

Q 18. **도박 산업을** 어떻게 보나요?

버핏: 어떤 도박 종목을 추천해야 할지는 모르겠지만 법적으로 보면 도박회

사의 미래는 매우 밝을 것입니다. 사람들은 주식 투자는 물론 도박을 하려는 욕구도 매우 강합니다. 데이트레이딩은 도박과 매우 유사합니다. 사람들은 도박을 좋아합니다. 미식축구가 지루할 때 몇 달러를 걸면 경기를 더 즐기게 됩니다. 인간의 도박 성향은 엄청납니다.

도박이 네바다주에서만 합법이었을 때는, 도박을 하려면 그리로 가든가 법을 위반해야 했습니다. 그러나 지금은 여러 주에서 도박을 합법화하고 있습니다. 도박하기가 쉬워질수록 도박하는 사람들이 증가할 것입니다. 오래전 나는 슬롯머신을 사서 우리 집 3층에 놓아두었습니다. 나는 10센트 동전이라면 아이들이 달라는 대로 얼마든지 주었는데, 해 질 녘에는 모두 내 손에 들어왔습니다. 나는 아이들에게 교훈을 주고 싶었던 것입니다. 그래서 내 슬롯머신은 배당률이 형편없었지요.

사람들은 항상 도박을 원합니다. 고상하게 표현하자면 도박은 무지한 사람에게 부과하는 세금입니다. 여러분이 도박을 하면 나 같은 사람은 세금을 내지 않습니다. 도박을 하지 않는 사람에게는 세금이 경감된다는 말입니다. 정부가 시민을 섬기지 않고 이러한 식으로 등쳐먹는 모습을 보면 역겹습니다. 정부는 사람들이 사회 보장 연금을 도박으로 쉽게 탕진하지 못하도록 규제해야 합니다. 정부는 더 노력해야 합니다. 이 밖에도 도박이 사회에 끼치는 폐해는 다양합니다.

멍거: 카지노는 사람의 심리를 교묘하게 이용합니다. 그중에는 무해한 방법도 있지만 극심한 피해를 입히는 방법도 많습니다. 버크셔 포트폴리오에는 도박회사가 많지 않습니다.

Q 19. 기업이 큰 이익을 내고 있는데, **지속 가능한 수준**이라고 보나요?
버핏: GDP 대비 기업 이익 비중이 기록적인 수준입니다. 나도 놀라고 있습

니다. 수십 년 동안 일정 범위 안에서 움직이다가 급등했습니다. 차트를 확인해보아야 하겠지만, 제2차 세계대전 이후 1년을 제외하면 GDP 대비 기업 이익 비중이 이렇게 높았던 해는 지난 75년 중 2~3년에 불과했습니다. 나는 지속 가능한 수준으로 생각하지 않습니다. GDP 대비 비중이 8% 이상이면 높은 수준인데, 아직 법인 세율 인상 같은 대응책은 나오지 않았습니다.

회사채 수익률이 4~5%인데도 유형 자산 이익률 20%를 내는 기업이 많습니다. 놀라운 일입니다. 책에는 불가능하다고 쓰여 있습니다. 이는 다시 말해서 노동자 등 다른 사람의 몫이 감소하고 있다는 뜻입니다. 이것이 정치 문제가 될까요? 의회는 이 문제에 매우 신속하게 대처할 수 있습니다. 법인 세율이 전에는 35%였지만 지금은 20%에 불과합니다.

미국 기업은 호황을 누리고 있습니다. 그러나 역사를 돌아보면 이러한 기간은 오래가지 않습니다. 나는 오래가지 않을 것으로 생각합니다.

멍거: 제조업이나 소매업이 아니라 금융업에서 많은 이익을 내고 있습니다. 은행이나 투자 은행으로 막대한 돈이 흘러들어가고 있습니다. 전례 없는 일입니다. 지금처럼 극심한 적은 없었다고 생각합니다.

버핏: 우리는 은행을 보유하기도 했고 은행에 투자하기도 했습니다. 지금 회사채 수익률이 4~5%인데도, 유형 자산 이익률 20%를 초과하는 은행이 수없이 많습니다. 20년 전에 이러한 일이 가능하냐고 누군가 내게 물었다면 나는 불가능하다고 대답했을 것입니다. 이러한 실적은 레버리지 덕분입니다. ROA 1.5%에 레버리지가 15배이면 ROE 22.5%가 나옵니다. 그렇더라도 모두가 이러한 식으로 사업을 하면 ROA가 1%로 하락할 터인데 아직은 그러한 모습이 나타나지 않았습니다.

멍거: 과도하게 증가한 소비자 대출도 한 가지 원인입니다. 이렇게 소비자

대출이 과도하게 증가한 나라는 심각한 결과를 맞이했습니다. 예를 들어 한국은 2~3년 동안 극심한 고통을 겪었습니다. 지금은 과욕을 부릴 때가 아니라고 생각합니다.

버핏: 한국은 주가가 최저 수준으로 폭락했습니다.

Q 20. **경영자**는 얼마나 중요한가요?

버핏: 우리는 경영자를 한 번도 만나보지 않고 투자한 사례가 많습니다. 1분기에 매수한 주식 50억 달러도 대부분 그러한 경우입니다. 대신 10-K 등 자료를 많이 읽습니다.

그러나 기업을 통째로 인수할 때는 경영자에 대해 깊이 관심을 기울이며, 특히 인수 이후에도 과거처럼 경영할 사람인지 검토합니다. 이에 대해 지금까지는 운이 좋았습니다.

하지만 유가 증권에 투자할 때는 주로 연차 보고서를 읽습니다. 최근 찰리와 나는 한 석유회사의 매우 흥미로운 연차 보고서를 읽었습니다. 이 회사는 가장 중요한 척도인 MCF(가스 100만 세제곱피트)나 석유 100만 배럴당 시추 비용에 대해 제대로 논의하지 않았으며 간혹 언급할 때도 그 태도가 정직하지 않았습니다. 이로부터 경영자에 대해 많이 파악할 수 있습니다. 1년에 한 번조차 주주에게 제대로 설명하려 하지 않는 경영자라면 의심스러울 수밖에 없습니다. 그러나 지극히 훌륭한 기업이라면 경영자가 이러한 사람이더라도 망할 리 없다고 생각했으므로 우리는 그 회사 유가 증권을 거리낌 없이 매수했습니다.

멍거: 매우 훌륭한 기업은 무능한 경영자가 맡아도 잘 굴러갈 수 있습니다. 그러나 매우 부실한 기업은 유능한 경영자가 맡아도 잘 굴러가지 않습니다. 아무리 훌륭한 경영자도 직물회사 같은 부실한 회사를 맡아 우량 회사

로 만드는 경우는 매우 드뭅니다. 워런 같은 사람을 또 찾으려 해서는 안 됩니다.

버핏: 내가 직물 사업에서 벗어나기까지 20년이 걸렸습니다. 누가 내게 부실한 회사를 맡아달라고 부탁하면 거절할 생각입니다. 너무 어려우니까요. 세계 최고의 경영자도 문제를 해결하지 못합니다. 지금 미국 최고의 CEO를 내게 맡기면서 포드 자동차를 경영하라고 해도 나는 하지 않을 것입니다.

Q 21. 10세 소년이 **돈을 버는 최선의 방법**은 무엇인가요?

버핏: 내가 10세 시절에 많이 생각했던 주제군요. 신문을 배달하기에는 너무 어린 듯합니다. 나는 신문 배달로 자본의 절반을 모았습니다. 나는 혼자 할 수 있어서 신문 배달을 좋아했습니다. 12~13세에는 질문자도 신문 배달을 할 수 있습니다. 나는 고등학교를 졸업할 때까지 20가지 사업을 시도해보았습니다. 가장 좋은 사업은 핀볼 기계 사업이었지만 지금은 추천하지 않겠습니다.

사업 성공과 다양한 변수(학점, 부모, MBA 학위 등) 사이의 상관관계를 분석한 연구를 보았더니, 상관관계가 가장 높은 변수는 처음 사업을 시작한 나이였습니다. 운동 경기와 음악에서도 처음 시작한 나이가 가장 중요했습니다.

사람들이 하기 싫어하는 분야를 찾아보십시오. 이리저리 알아보고 다른 어린이들이 무엇을 하는지도 살펴보세요. 신문 배달도 좋습니다. 빚이 있는 사람이라면 하루 1.5시간 더 일해서 빚을 갚을 수 있습니다.

멍거: 내가 어린 시절에 읽은 《바빌론 부자들의 돈 버는 지혜The Richest Man in Babylon》에서는 소득의 일부만 지출하고 남은 돈을 투자하라고 했습니다. 나는 그대로 실천했는데, 과연 효과가 있었습니다. 나는 지능도 복리로 늘려야겠다고 생각하고 하루 중 가장 좋은 시간을 내 지능 개발에 투자했습

니다. 그러면 세상에서 나머지 시간을 내 뜻대로 살아갈 수 있다고 생각했습니다. 이기적인 생각처럼 들리겠지만 효과가 있었습니다. 매우 믿을 만한 사람이 되면, 원하는 어떤 일을 해도 좀처럼 실패하지 않을 것입니다.

Q 22. 대규모 신용 축소 가능성이 어느 정도라고 보나요?

버핏: 2002년 정크본드 위기와 1974년 주식시장에서 대규모 신용 축소가 발생했습니다. 나는 신용 축소가 발생하거나 연준이 브레이크를 밟는 일은 없을 것으로 생각합니다. 그러나 외생적 사건으로 시스템이 충격을 받으면, 신용 스프레드가 크게 벌어져 주가가 폭락할 수 있습니다. 이는 버크셔에 좋은 기회가 됩니다. 보유 자금을 이용할 수 있으니까요.

과거에는 신용 축소가 발생하면 주변에 자금이 없었습니다. 30~40년 전 우리는 시카고에서 은행을 인수하려 했지만 자금을 전혀 차입할 수 없었습니다. 쿠웨이트만 디나르(dinar: 쿠웨이트, 알제리, 튀니지, 리비아, 이라크, 요르단 등에서 쓰는 화폐 단위)로 우리에게 자금을 빌려주려고 했습니다. 말 그대로 신용 축소였습니다. 바로 이러한 상황에 대처하려고 연준이 설립되었습니다. 우리 시스템에서 신용 축소가 발생해서는 안 됩니다. 나는 연준이 고의로 신용 축소를 일으키지는 않을 것으로 생각합니다.

멍거: 2002년 신용 축소가 발생했던 짧은 기간에 우리는 30~40억 달러를 벌었습니다. 투자 업계는 갈수록 경쟁이 치열해지고 있습니다. 이제 대규모 신용 축소가 발생한다면 세상은 정말 엉망이 될 것입니다. 특히 지금처럼 무절제한 행태 끝에 신용 축소가 발생한다면 우리가 원치 않는 법이 제정될 것입니다.

버핏: 조너선 앨터는 대공황을 다룬 저서(《The Defining Moment》)에서, 미국이 붕괴 직전에 이르자 루스벨트 대통령은 즉시 어떤 법이라도 통과시키려

했다고 설명합니다. 이는 좋은 사례였습니다. 은행이 문을 닫아서 사람들이 임시 지폐를 사용할 지경이었으니까요.

1998년 롱텀 캐피털 매니지먼트 사건이 터지자 연준이 계획하지 않은 신용 축소가 발생했습니다. 가장 안전한 금융 상품에 투자한 사람조차 공황 상태에 빠졌습니다. 100년은커녕 10년도 지나지 않은 사건입니다. 똑똑한 부자가 많았는데도, 남들이 공포에 휩쓸리는 모습을 보고 따라서 공포에 휩쓸렸습니다. 역사는 똑같은 모습은 아니더라도 비슷한 모습으로 반복됩니다. 우리도 비슷한 역사를 다시 경험하게 될 것입니다.

Q 23. **지구 온난화**에 대해 어떻게 생각하나요?

버핏: 지구 온난화가 심각해질 가능성이 크다고 생각합니다. 관련 증거가 많으므로 문제가 안 될 확률이 99%라고 말한다면 어리석은 대답입니다. 이번에는 비가 오기 전에 방주를 만들어야 합니다. 어느 쪽으로든 틀릴 수 있다면 지구를 위해 지나칠 정도로 조심하는 편이 낫습니다. 안전 마진을 확보해 하나뿐인 지구를 지켜야 합니다.

내셔널 인뎀너티도 대재해 보험 판매를 줄였지만 제너럴 리는 지구 온난화 관련 보험 판매를 더 줄였습니다. 지구 온난화에 의한 기후 변화로 대형 폭풍의 빈도와 강도가 변할 것인지 우리는 숙고 중입니다. 대기에 어떤 문제가 있는지는 몰라도 우리는 해마다 위험이 증가 중이라고 생각합니다.

지구 온난화 탓에 예상 손해가 2배, 3배, 4배, 5배로 증가할 수 있습니다. 버크셔의 실적 걱정에 잠 못 잘 정도는 아니지만 숙고할 필요는 있습니다.

멍거: 식물은 이산화탄소를 먹습니다. 일반적으로 말해서 지구 온도가 조금 더 올라가면 식물에게는 더 쾌적한 환경이 될 것입니다. 기후 변화가 사람들을 캘리포니아 남부에서 사우스다코타로 줄지어 이주하게 할 정도는 아

닐 것입니다. 전 인류에 재앙이 될지는 분명치 않지만, 혼란이 고통스럽긴 하겠지요.

버핏: (멍거를 바라보며) 자네는 해수면이 15~20피트 상승해도 문제가 없다고 생각하는 건가?

멍거: 시간은 충분하므로 우리는 이러한 변화에 적응할 수 있습니다. 지구 온난화가 인류에 완전한 재앙이 될 것으로는 생각하지 않습니다. 마약 하는 언론학 전공 학생이나 완전한 재앙으로 생각하겠지요.

버핏: 2004년과 2005년에 닥친 허리케인의 빈도와 강도는 이전 세기에 전혀 예상하지 못한 수준이었습니다. 당시 5등급 허리케인 두 개가 해안선을 덮쳤다면 피해가 훨씬 더 심각했을 것입니다.

나는 카트리나보다 더한 허리케인도 올 수 있다고 생각합니다. 내가 허리케인 관련 변수(약 50개)를 모두 알지는 못하지만, 허리케인이 더 악화하기 쉽다는 점만은 알고 있습니다. 이러한 사실을 고려하면 몇 년 전 가격으로 보험을 판매하는 것은 미친 짓입니다.

비전문가를 위한
인덱스 펀드

❖

2008년

장소: 퀘스트 센터

참석자: 약 3만 1,000명

포춘 500 순위: 11위

버크셔 주가: $141,685

1964년 $1 → 2008년 $14,454

1964년 BPS $19.46 → 2008년 $70,530 (연 20.3%)

같은 기간 S&P500 수익률 연 10.3%

Q 1. **다시 태어난다면** 어떤 일을 하고 싶나요?

버핏: 인생은 열정적으로 살아야 합니다. 나는 다시 태어나도 똑같은 일을 할 것입니다. 내가 즐기는 일이니까요. 평생 활력 없이 살아간다면 끔찍한 잘못입니다. 셜리 매클레인(미국 배우)은 달리 말하지만, 인생은 한 번뿐입니다. 주식 중개인이었던 우리 아버지의 서가에는 투자 서적들이 꽂혀 있었습니다. 나는 〈플레이보이〉보다도 투자 서적에 더 흥분했습니다. 아버지가 목사라고 해도 내가 성경에 그 정도로 열광하지 않았을 것입니다. 의무감으로 하는 일에는 현실적일 수밖에 없으니까요.

나는 학생들에게 동경하는 조직에서 근무하거나 존경하는 사람 밑에서 일하라고 말합니다. 그러자 내가 만난 경영대학원생 대부분은 자영업을 하겠다고 하더군요. 나는 그레이엄 밑에서 일할 때 급여에 대해 한 번도 물어보지 않았습니다. 배우자를 올바르게 선택하십시오. 찰리가 하는 농담이 있습니다. 20년 동안 완벽한 여자를 찾아다니던 사내가 마침내 그러한 여자를 찾았습니다. 그러나 안타깝게도 그 여자 역시 완벽한 남자를 찾고 있었습니다. 열정적으로 살아가는 사람에게 운이 따르면, 그는 행복은 물론 좋은 성과까지 얻게 됩니다.

멍거: 소질이 있는 분야에서 열정을 발휘해야 합니다. 워런이 발레에 열광했다면 우리는 그의 이름을 투자 분야에서 들어보지 못했을 것입니다.

버핏: 아니면 발레 분야에서 이름을 날렸을지도 모르지요.

Q 2. **소수 종목에 집중 투자**하면 불안하지 않나요?

버핏: 자기 돈으로 투자할 때 확신하는 종목을 발견하면, 한 종목에 순자산의 75%를 투자해도 문제가 없습니다. 그러나 한 종목에 순자산의 500% 이상을 투자한다면 문제가 있습니다. 나는 개인 재산의 75%를 한 종목에

투자한 적이 여러 번 있습니다. 그렇게 하지 않으면 오히려 잘못이라고 생각했습니다. 그러한 기회는 흔치 않습니다. 언론도 알려주지 않고 친구들도 말해주지 않습니다. 75%가 과도한 집중 투자는 아니겠지, 찰리?

멍거: 나는 가끔 재산의 100% 이상을 한 종목에 투자했습니다.

버핏: 찰리는 노름판의 물주였군요. 롱텀 캐피털 매니지먼트는 순자산의 25배를 투자했다가 몰락했습니다. 여기 모인 주주 중에는 재산의 90% 이상을 버크셔에 투자한 사람도 있습니다. 2002년에는 정크본드 중에도 집중 투자할 만한 종목이 있었습니다. 1974년에는 캐피털시티가 그러한 종목이었습니다. 주가가 보유 부동산 가치의 3분의 1이었고, 경영진은 최고였으며, 사업도 잘 돌아가고 있었으니까요.

우리가 코카콜라를 매수했을 때, 순자산의 100%를 투입했더라도 위험에 처하지 않았을 것입니다.

멍거: 경영대학원 기업 금융 시간에 학생들은 분산 투자야말로 대단한 비법이라고 배웁니다. 그러나 사실은 그 반대입니다. 아무것도 모르는 투자자라면 분산 투자를 해야 하지만, 전문가가 분산 투자를 한다면 미친 짓입니다. 투자의 목적은 분산 투자를 하지 않아도 안전한 투자 기회를 찾아내는 것입니다. 일생일대의 기회가 왔을 때 20%만 투자한다면 합리적인 선택이 아닙니다. 그러나 그렇게 좋은 기회에 실제로 충분히 투자하는 사례는 매우 드뭅니다.

Q 3. 투자조합 서한을 보면, 1964년부터 **페어 트레이딩**을 한 듯하네요?

버핏: 우리가 그렇게 일찍 페어 트레이딩을 시작했는지 미처 몰랐습니다. 벤저민 그레이엄은 1920년에 페어 트레이딩을 했습니다. 그는 거래 5건 중 4건에서 성공했지만, 마지막 거래에서 하마터면 망할 뻔했습니다.

우리는 시장에 대해 매도 포지션을 잡으려고 대학에서 주식을 빌렸습니다. 고평가된 종목을 공매도한 것이 아니라 시장 전반에 대해 매도 포지션을 잡았습니다. 컬럼비아대학교 재무 담당자가 "어떤 종목을 빌려드릴까요?"라고 물었을 때, 내가 "모두 빌려주세요. 모두 공매도 하려고요"라고 대답하자 그는 뜻밖이라는 표정이었습니다. 그러나 별일 아니었습니다.

1960년대에는 우리가 그러한 거래로 돈을 좀 벌었을지 모르지만, 요즘은 하지 않습니다. 저평가된 기업에 투자하고 있다면 공매도는 필요 없습니다. 요즘은 130/30(매수 포지션 130% + 매도 포지션 30%)을 추천하는 사람이 많지만 그다지 좋은 방법으로는 보이지 않습니다.

멍거: 우리는 롱숏 전략이 아닌 우량주 투자를 통해서 돈을 벌었습니다.

Q 4. **군중 심리**에서 벗어나려면 어떻게 해야 하나요?

멍거: 레밍이 되기 싫다는 말이군요.

버핏: 나는 11세에 투자를 시작했습니다. 나는 눈에 띄는 책을 모조리 읽으면서 8년 동안 기술적 분석 분야에서 방황했습니다. 그러다가 《현명한 투자자》를 읽었는데, 8장과 20장을 추천합니다. 두 챕터만 제대로 이해하면 레밍이 되지 않을 것입니다. 나는 1950년에 읽었지만 지금도 여전히 훌륭한 책입니다. 이 책을 따르면 실적이 나쁠 수가 없습니다. 《현명한 투자자》가 주는 교훈은 크게 세 가지입니다.

- 주식을 기업 일부에 대한 소유권으로 생각하라.
- 시장을 나의 주인이 아니라 나의 하인으로 삼아라.
- 항상 안전 마진을 확보하라.

버크셔의 주주들은 주식이 기업 일부에 대한 소유권임을 잘 이해하고 있습니다.

Q 5. 경영진도 만날 수 없고, 연차 보고서도 읽을 수 없고, 주가도 모르고, **재무제표**만 볼 수 있다면 어느 항목에 주목하겠습니까?

버핏: 투자는 장래에 더 많은 돈을 벌려고 현재 돈을 투입하는 행위입니다. 일단 주가는 무시합시다. 우리가 농장을 산다면 면적당 수확량이 얼마인지 생각할 것입니다. 자산에 주목한다는 말입니다. 우리가 어떤 회사를 정말로 깊이 파악하고 있다면 당시 그 회사의 재무제표를 보고 장래의 재무제표를 예상할 수 있습니다. 자신이 과연 그 정도로 회사를 파악하고 있는지 스스로 물어보십시오. 나는 그러한 방식으로 투자했습니다. 나는 내가 잘 이해하는 회사를 내재 가치의 40%에 사면 안전 마진이 확보된다고 생각했습니다. 내가 기업의 특성을 잘 이해하지 못하면 재무제표는 그다지 소용이 없습니다. 나는 경영진을 만나보지 못하고 투자한 경우가 대부분입니다. 나는 기업을 전반적으로 이해하고 나서 재무제표에서 세부 사항을 확인합니다.

멍거: 우리는 현금이 넘쳐나는 기업을 선호합니다. 건설 장비 회사는 그 반대입니다. 1년 내내 열심히 사업을 해도 현금이 없습니다. 그러한 회사는 기피 대상입니다. 우리는 연말에 현금을 지급하는 기업이 좋습니다.

버핏: 아파트 주소를 알면 월세를 알 수 있고 부동산의 가치를 평가할 수 있습니다. 나는 재무제표를 보지 않고 매수한 사례가 많습니다. 그러나 경제성이 나쁜 기업이라면 경영진이 아무리 훌륭해도 소용없으므로 투자하지 않을 것입니다.

Q 6. 어떻게 해서 **작은 기업**을 거대 기업으로 키웠나요?

버핏: 한때 작은 기업이었던 버크셔가 거대 기업으로 성장하는 과정에는 오랜 시간이 걸렸습니다. 이것이 복리의 속성입니다. 하루나 일주일로는 불

가능합니다. 찰리와 나는 버크셔를 순식간에 4배로 키우려 해본 적이 없습니다. 우리가 이해하고 좋아하는 일을 꾸준히 계속하다 보니 어느 순간 거대 기업이 되었습니다.

　마법은 없습니다. 몇 주 만에 돈을 몇 배로 불릴 수 있으면 얼마나 좋겠습니까? 우리는 똑같은 일을 오래도록 계속했습니다. 몇 년 뒤에는 자회사가 몇 개 늘어날 것입니다. 실적이 나빠지는 자회사도 일부 있겠지만 대부분 실적이 좋아질 것입니다. 우리는 아무 일 없이 가만있어도 행복합니다. 집시 로즈 리(스트립쇼로 유명한 미국 여배우)는 "전보다 겨우 2인치 내렸을 뿐"이라고 말했습니다. 우리는 2년마다 모든 면에서 올라가길 바랍니다.

멍거: 소기업 대부분은 대기업이 되지 못합니다. 이것이 세상의 이치입니다. 대기업 대부분은 실적이 평범해지거나 부실해집니다. 이것도 세상의 이치입니다. 기업은 대부분 사라집니다. 우리가 새로 만든 기업은 아지트 자인이 경영하는 재보험사 단 하나입니다. 작은 기업 하나를 처음부터 새로 만들어서 거대 기업으로 키웠습니다. 단 한 번 해냈습니다. 우리는 한 가지만 잘합니다.

버핏: 아지트가 없었다면 불가능했을 것입니다.

멍거: 지금까지 최고의 투자는 아지트를 발굴해준 회사에 지급한 수수료였습니다.

버핏: 우리 재보험사는 지방채 보증 사업에 진출했습니다. 아지트가 회사를 세우고 인가를 받아 경영했습니다. 2008년 1분기 우리 수입 보험료가 4억 달러였습니다. 우리 실적이 어느 회사보다도 많았으며 아마 나머지 모든 회사의 실적 합계보다도 많았을 것입니다. 계약이 278건이었는데, 29~30명이 한 사무실에서 모두 처리했습니다.

　흥미롭게도 거의 모든 고객이 AAA등급인 다른 보험사로부터 이미 보증을 받고 있었습니다. 따라서 지방채가 부도나더라도 다른 보험사가 지급하지 못할 때만 우리가 지급하게 되어 있었습니다. 게다가 다른 보험사는 보증 수수료를 1% 받았지만 우리는 2.25%를 받았습니다. 이로부터 2008년 보험사가 받은 AAA등급이 허울뿐이라는 것을 알 수 있습니다. 아지트는 놀라운 일을 해냈습니다. 우리는 디트로이트 하수도회사 두 곳의 채권을 보증했는데, 두 채권은 다른 보험사에서 보증해준 채권보다 높은 가격에 거래되었습니다. 아지트의 성과를 축하합니다.

Q 7. 옵션으로 **주식 포지션**을 잡기도 하나요?

버핏: 주식 포지션을 잡으려면, 옵션이 아니라 주식을 사거나 팔아야 합니다. 우리는 코카콜라 풋옵션을 매도한 적이 한 번 있지만 그래도 단순히 주식을 매수하는 편이 대개 낫습니다. 옵션을 이용하면 주식을 더 싸게 살 수도 있습니다. 그런데 다섯 번 중 네 번은 싸게 살 수 있지만 한 번은 매수 기회를 놓칠 수 있습니다. 우리는 옵션을 이용해서 포지션을 잡아본 적이 거의 없습니다. 그리고 보도 자료에 나왔듯이 우리는 주식의 장기 풋옵션을 매도했을 뿐 복잡한 기법은 사용하지 않았습니다.

멍거: 내 기억으로는 당국이 옵션 거래소 설립을 검토할 때 반대한 사람은 워런 혼자였습니다. 워런은 서한을 보내, 이러한 식으로 증거금 비율 규제를 폐지하면 누구에게도 이롭지 않으며 나라에도 유익하지 않다고 주장했습니다. 나는 워런이 전적으로 옳다고 항상 생각했습니다. 금융시장을 도박판으로 만들어 물주를 살찌워서는 안 됩니다.

버핏: 한번은 시카고 경영대학원 학생이 대학원 교육의 문제점이 무엇이냐고 내게 물었습니다. 옵션 가격 결정 모형 수업은 전적으로 시간 낭비입니다. 필요한 과목은 1) 기업의 가치를 평가하는 법과 2) 주식시장의 등락을

바라보는 법 둘뿐입니다. 교수는 학생이 모르는 공식을 가르치면서 시간을 때우고 있습니다. 그러나 그러한 공식은 성공적인 투자와 아무 상관이 없습니다. 중요한 것은 기업을 적정 가격에 매수하는 것입니다.

성경을 4개 언어로 읽고 거꾸로도 읽을 수 있는 사람이라면 성경이 결국 10계명으로 요약된다는 말은 하고 싶지 않을 것입니다. 성직자는 설교를 오랜 기간 하고 싶어 합니다. 우리는 시장으로부터 영향받지 않는 확고한 사고방식을 갖춰야 합니다.

Q 8. **채권 가격**이 폭락했는데, 이 기회를 이용할 생각인가요?

버핏: 채권시장이 큰 혼란에 빠졌습니다. 여기 비과세 MMF 호가 데이터가 있습니다. 1등급 지방채 가격이 7일마다 바뀌고 있습니다. 로스앤젤레스 카운티 미술관 채권 수익률이 1월 24일 3.1%, 1월 31일 4.1%, 2월 7일 8%, 2월 14일 10%였습니다. 2월 21일에는 다시 3%로 하락했고 지금은 4.2%입니다. 밸런타인데이(2월 14일)에는 수익률이 훨씬 높았습니다.

씨티그룹 매수 호가도 7일마다 바뀌고 있습니다. 똑같은 중개인이 똑같은 시점에 똑같은 종목에 대해 제시하는 호가가 페이지마다 다릅니다. 1페이지 매수 호가는 11%인데 다른 페이지 매수 호가는 6%입니다. 1974년에도 이러한 모습이 나타났고 1998년 롱텀 캐피털 매니지먼트 사건 이후에도 그랬습니다. 부수입을 올리기 좋은 시점입니다. 우리는 난해한 증권 경매에 40억 달러를 투자했습니다. 여기서 몇 달 동안 부수입을 올릴 것입니다. 우리가 찾아내지 못한 기회도 있을 것입니다. 시간을 충분히 들이면 여러분도 가격 오류를 찾아낼 수 있습니다. 우리는 시간이 충분치 않아서 더는 찾을 수가 없습니다.

멍거: 흥미롭게도 이러한 기회는 나타났다가 금방 사라집니다. 어떤 멍청이

가 보유 자금 20배 규모의 지방채를 매수했습니다. 그러나 증거금 부족으로 지방채가 모두 강제로 반대 매매가 되면서 가격이 갑자기 왜곡되었습니다. 극심한 가격 혼란이 발생했지만 이 혼란을 이용할 기회는 금방 사라졌습니다. 이러한 기회를 이용하려면 단호하고도 신속하게 판단해야 합니다. 1년에 한 번 찾아오는 물고기를 개울에서 기다리는 사람의 태도여야 합니다.

버핏: 2002년 정크본드시장에 그러한 기회가 있었습니다.

멍거: 매우 큰 혼란은 1세기에 두 번 발생합니다.

버핏: 우리에게는 기회가 4~5번뿐이라는 뜻이지요.

Q 9. 미국 달러에 대해 **환 헤지**를 해야 한다고 생각하나요?

버핏: 나는 환율 변동이 매우 크지 않을 것으로 생각하기에 외국 기업에도 기꺼이 투자하고 있습니다. 원하면 환 헤지를 할 수도 있지만 전반적으로 미국은 달러 약세 정책을 추구하고 있습니다. 나는 앞으로 10년 동안 달러 약세를 예상하므로 해외 소득에 대해 환 헤지가 필요 없다고 생각합니다.

내가 오늘 화성에서 지구에 투자하려고 10억 화성 달러를 가져왔다면 이 돈을 미국 달러로 환전하지 않을 것입니다. 나는 외국에서 벌어들이는 이익에 대해 걱정하지 않습니다. 우리가 보유한 코카콜라 2억 주에서 나오는 이익이 6억 달러이고 그중 5억 달러가 외국에서 벌어들이는 이익입니다. 나는 장기적으로 환차익을 기대하므로 환 헤지를 하지 않습니다.

멍거: 보탤 말 없습니다.

Q 10. 금융회사 **재무제표의 정확성**이 개선되려면 무엇이 필요할까요?

버핏: 매우 어려운 질문이군요. 나는 지금도 공정 가치 평가fair value accounting 를 지지합니다. 물론 공정 가치는 사용하기가 어렵지만 단지 사용하기 쉽

다고 취득 원가를 써서야 되겠습니까? 최적 추정치 대신 의미 없는 가격으로 공공연히 평가하면 문제가 더 많다고 생각합니다. 부채 담보부 증권(Collateralized Debt Obligation: CDO)은 관련 서류가 방대합니다. 표준 주택 증권만 해도 수천 개 담보 대출로 구성되며 다양한 트랑슈(tranches: 분할 발행 채권)도 있습니다. CDO 중 후순위 트랑슈를 묶어 분산 투자를 하려고 한다면 처음부터 큰 실수를 저지르는 셈입니다. 더없이 멍청한 짓이지요. CDO를 이해하려면 1만 5,000페이지를 읽어야 하고 CDO 중 한 증권을 평가하려면 75만 페이지를 읽어야 합니다. 그러나 공정 가치 평가를 선택하면 이러한 어리석은 일을 피할 수 있습니다. 복잡한 금융 상품에 대해서는 나도 평가하는 방법을 모릅니다. 찰리는 살로먼에서 평가가 무려 2,000만 달러나 잘못된 증권도 발견했습니다.

멍거: 미국 산업 내부에서는 추한 일이 많이 진행되고 있습니다. 아인 랜드(Ayn Rand: 급진적 자본주의를 선호한 소설가)의 작품에 중독된 사람이 많은 모양입니다. 이들은 자유 시장에 도끼 살인마가 등장해도 훌륭한 발전으로 간주할지 모릅니다. 나는 앨런 그린스펀이 전반적으로 역할을 잘 수행했다고 생각하지만, 그도 아인 랜드에 중독된 듯합니다. 자유 시장에서 발생하는 것은 무엇이든 문제없다고 생각하니까요. 그러나 일부는 금지해야 합니다. "이것은 위험을 분산하는 금융 혁신"이라는 말을 금지했다면, 우리 형편이 훨씬 나아졌을 것입니다.

Q 11. **투자 은행**은 업무가 복잡해 CEO가 위험을 파악하기 어려운가요?
버핏: 대단히 훌륭한 질문입니다. 투자 은행 대부분에서 십중팔구 그렇습니다. 그러나 내가 무척 존경하는 CEO 몇 사람은 그렇지 않습니다. 제너럴 리는 파생 상품 계약이 2만 3,000건이었는데, 내가 지금까지 그 일에만 매

달렸더라도 아직 전혀 이해하지 못하고 있을 것입니다.

나는 이들 파생 상품 계약을 줄이는 정도가 아니라 완전히 없애고 싶습니다. 나는 버크셔의 최고 위험 책임자Chief Risk Officer입니다. 위험 관리에서 문제가 발생하면, 나는 위원회에 맡길 수가 없습니다. 대형 투자 은행과 대형 상업 은행은 규모가 매우 커서 원하는 방식으로 효과적으로 경영하기가 어려울 것입니다. 그래서 위험을 못 볼 수도 있습니다. 65세에 은퇴하는 62세 CEO라면, 50년에 한 번 발생하는 위험에는 관심이 없을 것입니다. 그러나 나는 모든 위험을 걱정합니다.

흔히 CEO는 그러한 일이 진행되는지 몰랐다고 말합니다. 그러한 일이 진행되는지 알고 있었지만 내버려 두었다고 인정하기보다 몰랐다고 말하는 편이 쉬우니까요. 당국에서 내게 조언을 구한 적이 있습니다. 언론에서는 잘 이해하지 못하는 내용입니다. 연방주택기업감독청OFHEO은 200명이 패니메이와 프레디맥 두 기관만 감독하는 연방 규제 기관이었습니다. 그런데도 패니메이와 프레디맥은 세계 역사상 최대 규모의 회계 사기 두 건을 저질렀습니다. 연방주택기업감독청 책임자는 위험 감지 DNA를 보유한 사람이어야 했습니다. 미국에는 위험이 지나치게 커서 관리하기 어려운 기업이 있습니다. 이러한 기업이 대마불사면 흥미로운 정책이 펼쳐지게 됩니다.

멍거: 비리 기업을 대마불사가 되도록 방치한다면 미친 짓입니다. 금융 산업에는 알고리즘 트레이딩을 하면서 탐욕과 과신에 휩쓸리는 미친 문화가 있습니다. 파생 상품 거래를 과도하게 허용해 금융 시스템의 결제 위험을 키우는 것도 미친 짓입니다. 재무상태표 자산 모두가 '확인 전까지만 유효한' 자산입니다. 제너럴 리는 이 자산이 4억 달러였습니다. 심지어 마약 사업을 해도 마약이 유효하다는 점을 입증해야 합니다. 우리 파생 상품 거래

는 미친 문화이며 사악한 문화입니다. 회계 분야 사람들은 우리 기대를 저버렸습니다. 이제는 회계 기준을 공학 기준처럼 취급해야 합니다.

버핏: 살로먼은 국외로 도피한 마크 리치(온갖 범죄를 저지른 사업가)와 거래하고 있었는데, 거래를 계속 유지하고 싶다고 말했습니다. 결국 살로먼은 우리가 단호하게 지시한 다음에야 거래를 중단했습니다. 베어스턴에 대한 연준의 조치는 옳았다고 생각합니다. 내버려 두었다면 베어스턴은 일요일 밤지급 불능에 빠져 파산 절차에 들어갔을 것입니다. 베어스턴이 맺은 파생상품 계약은 14.5조 달러였는데, 그 거래 상대방들이 부동산 관련 채무를 확정하려면 파생 상품 계약을 청산해야 했습니다. 제너럴 리는 그러한 계약이 4억 달러였는데도 청산에 4~5년이 걸렸습니다. 베어스턴은 4~5시간 만에 청산해야 했으므로 보기에도 딱한 상황이었습니다.

법정에서 두 증인이 말했습니다. "신용 대출은 못 받을 줄 알았지만 담보 대출까지 못 받을 줄은 몰랐습니다." 세상 사람들이 당신에게 꼭 대출을 해주어야 하는 것은 아닙니다. 사람들이 대출을 해주려 하지 않으면, 금리 0.1% 차이는 중요하지 않습니다. 사람들이 대출을 해주려 하느냐는 결국 사람들이 당신을 어떻게 평가하느냐로 요약됩니다. 대출을 받아야 하는 처지라면, 매일 아침 일어나서 사람들이 자신을 어떻게 평가하는지 돌아보아야 합니다.

Q 12. **과거 금융 위기**로부터 무엇을 배울 수 있나요?

버핏: 과거 금융 위기는 모두 조금씩 다르지만, 모두 비슷한 측면도 있습니다. 이번 금융 위기는 주거용 부동산에 대한 담보 대출에서 시작되었습니다. 한 분야에서 발생한 문제가 다른 분야로 확산되었습니다. 주거용 부동산 분야에서 형성된 거품은 다른 분야의 수없이 나쁜 관행과 결함에 광범

위하게 영향을 미쳤는데, 내 평생 처음 보는 수준이었습니다. 그러나 불가사의한 현상은 아니었습니다. 이러한 어리석은 일이 조만간 똑같은 모습으로 되풀이되지는 않을 것입니다. 그러나 변형된 모습으로 다시 발생할 것입니다. 인간은 어리석은 존재이기 때문이죠. 아이들이 이빨 요정을 믿듯이, 뭔가를 믿으려는 원초적 욕구가 때로는 거대 규모로 발생하기도 합니다. 그 해결 방법은 나도 모릅니다.

멍거: 이번 금융 위기는 유난히 어리석은 사례였습니다. 인터넷 거품 시절에 파산한 웹밴(인터넷으로 주문받은 식료품을 배달해주는 유통회사)조차 주택 금융 회사보다는 똑똑했습니다. 웹밴 사람들은 다시 볼 수 있지만 금융 위기 관련 정치인은 평생 다시 보고 싶지 않습니다.

Q 13. 당신이 **내재 가치를 평가할 수 있는 기업**의 범위가 어디까지인가요?

버핏: 우리는 파악할 수 있는 기업인지를 즉시 판단합니다. 그러고서 시간을 낭비하지 않으려고 판단 결과를 곧바로 상대에게 말해주는데, 이 때문에 우리를 무례하다고 평하는 사람도 있습니다. 우리는 이야기를 조금만 들어보아도 유망한 투자 기회인지 금방 알 수 있습니다. 긴 이야기를 끝까지 들어보더라도 우리가 모르는 내용이 많을 터이므로 굳이 다 들으려 하지 않습니다. 그래서 5분 만에 판단을 내립니다.

우리는 많은 산업에 대해 알고 있지만 우리가 이해하지 못하는 내용도 있습니다. 물론 지식의 범위를 넓히고 싶습니다.

우리가 5분 만에 판단하지 못하는 사항이라면 5개월 동안 연구해도 판단하지 못합니다. 전화로 인수 제안을 받거나 신문이나 10-K 보고서에서 발견한 기업의 가격이 내재 가치보다 훨씬 낮으면 우리는 곧바로 인수 절차에 들어갑니다.

멍거: 우리는 많은 사안에 관해서 매우 이례적으로 쉽고 빠르게 판단할 수 있습니다. 몇 개 요소만 보기 때문입니다. 창업하는 사람이 아니라면 인생을 복잡하게 살 필요가 없습니다. 인생에서 온갖 복잡한 일들을 걸러내도 들여다볼 일이 여전히 많으니까요.

버핏: 상대가 처음 던지는 한두 마디에도 많은 의미가 담겨 있습니다. 우리가 시간을 많이 낭비하긴 하지만, 아무 때나 낭비하는 것은 아닙니다.

Q 14. 제약회사 **파이프라인의 가치**를 어떻게 평가하나요?

버핏: 제약회사에 투자할 때는 우리도 파이프라인의 가치를 알지 못합니다. 게다가 5년 후에는 파이프라인의 가치도 바뀌겠지요. 화이자와 머크 등 어느 제약회사의 대박 가능성이 더 큰지도 알지 못합니다. 그러나 우리는 적정 가격에 매수한 제약회사가 많으므로 전반적으로 좋은 실적이 나올 것으로 기대합니다.

제약회사는 매우 중요한 일을 하고 있습니다. 나는 제약회사 파이프라인의 잠재력을 알지 못하므로 종목군으로 접근하는 방식이 타당합니다. 그러나 은행에 투자할 때는 개별적으로 접근합니다. 당신도 합리적인 가격에 제약회사 주식을 매수하면 5~10년 후에는 십중팔구 괜찮은 실적을 얻을 것입니다.

멍거: 약리학(藥理學)에 대한 우리 지식을 이제 당신이 독점하게 되었군요.

버핏: 해가 저물 무렵에는 찰리가 예민해진답니다.

Q 15. **크래프트**는 어떤 특성 때문에 우량 기업인가요?

버핏: 대형 식품회사 대부분은 유형 자산 이익률이 높아서 우량 기업입니다. 훌륭한 자산과 강력한 브랜드를 보유한 미국 기업과 경쟁하기는 쉽지

않습니다.

코카콜라를 생각해보십시오. 코카콜라는 매일 15억 개가 팔립니다. 코카콜라는 1886년 이후 모든 사람의 마음속에서 유용성, 행복, 상쾌함을 떠오르게 합니다. 코카콜라와 정면 대결을 벌이기는 사실상 불가능합니다. 크래프트는 다를지도 모르겠습니다. 그러나 쿨에이드라면 나는 경쟁하고 싶지 않습니다. 세계인의 마음속에 RC콜라를 심기는 대단히 어렵습니다. 브랜드는 약속입니다. 코카콜라는 약속을 지킵니다. 버진콜라도 이례적인 약속을 제시하고 지키려고 했으나 실패했습니다. 경쟁사가 어떤 약속을 제시해도 소용이 없었습니다.

코카콜라 CEO 돈 키오는 이유를 알 것입니다. 코카콜라보다 2센트 싸다고 다른 콜라를 선택할 사람이 있을까요? 우리는 한 분야를 지배하는 브랜드 제품을 매우 좋아합니다. 크래프트 브랜드도 켈로그와 크게 다르지 않습니다.

가격도 중요한 요소입니다. 지나치게 높은 가격만 치르지 않으면 실적이 좋을 것입니다. 하지만 대박이 터지지는 않을 것입니다. 강력한 브랜드의 가치는 가격에 이미 반영되어 있기 때문입니다.

Q 16. 버크셔의 **CIO 후보 4명**을 어떤 기준으로 선발하셨나요?

버핏: 그 기준은 2006년 주주 서한에 나와 있습니다. 실적도 중요하고 기질도 중요합니다. '유례없는 위험'까지도 인지해서 피하는 유전적 감각을 갖춘 사람이 필요합니다. 요즘 은행이 사용하는 모형으로는 위험을 감지할 수 없기 때문입니다. 그러면 치명적 손실도 피하기 어렵습니다. 그래서 분석 능력도 필요하지만 새로운 가능성과 위험도 감지해낼 수 있어야 합니다. 이러한 능력을 갖춘 사람은 드물지요.

찰리와 나는 사람들이 상상도 못하는 청천벽력 같은 사건의 발생 가능성에 대해서도 오랜 시간 생각합니다. 그래서 놓치는 기회도 많습니다. 하지만 남의 돈을 운용할 때는 필수적인 자세라고 생각합니다. 2006년 주주 서한을 다시 읽어보시기 바랍니다.

멍거: 아시겠지만, 버크셔는 위험을 몹시 싫어합니다. 그래서 합리적인 사람이 우리 신용을 걱정할 만한 행동은 하지 않습니다. 그리고 사람들이 우리 신용을 걱정하게 되더라도 몇 달 정도는 우리가 신경 쓰지 않아도 되도록 처신합니다. 우리는 이러한 방식으로 숨 쉬듯 위험에 대해 이중으로 대비합니다.

이를 대신하는 기업 문화가 이른바 최고 위험 책임자를 두는 방식입니다. 그러나 흔히 최고 위험 책임자는 회사가 잘못 돌아가고 있을 때도 단지 사람들의 마음만 편하게 해주는 사람에 불과합니다. 사람들은 고등 수학에 능통한 박사인 최고 위험 책임자를 델포이 신탁(the Delphic oracle: 난해한 신탁으로 유명)처럼 철석같이 신뢰합니다. 그러나 그가 무리해서 만든 시스템은 현실을 제대로 반영하지 못하는 탓에 실제로 극한 상황이 벌어지면 무용지물이 되고 맙니다. 사람들은 위험을 평가했다고 확신하지만 자기기만에 불과합니다.

버핏: 우리는 내일 당장 세상이 바뀌더라도 아무 문제가 발생하지 않는 방식으로 버크셔를 운영합니다. 우리는 남에게 의지하지 않습니다. 남에게 의지하면 99% 확률로 추가 수익을 얻을 수 있겠지만 우리 마음이 불편해집니다. 약간의 추가 수익을 얻으려고 파멸, 수치, 궁핍의 위험을 떠안아야 할까요? 이미 근사한 수익을 얻고 있는데 추가 수익이 왜 필요한가요? 위험 관리는 남에게 맡길 수 없습니다. 위험 관리를 다른 기관에 맡기려 해서는 안 됩니다.

Q 17. 버크셔는 지난 12개월 동안 상장 주식을 대규모로 매수했는데, **장기 수익률 7~10%**를 기대하나요?

버핏: 네, 그렇습니다. 배당 포함 세전 수익률 10%를 달성할 수 있다면 우리는 매우 만족할 것입니다. 이보다 약간 낮아도 만족할 듯합니다. 장래 버크셔의 수익률이 과거보다는 확실히 낮아질 것입니다. 현재 우리 투자 대상은 시가 총액 100억 달러 이상인 주식이지만 실제로 우리 실적에 영향을 미치려면 시가 총액이 500억 달러 이상이어야 합니다. 이러한 대형주도 수익률 기여도는 높지 않습니다. 예를 들어 시가 총액이 100억 달러인 주식을 5% 매수하면 5억 달러인데 주가가 두 배로 뛰면 세금을 제하고 3억 2,500만 달러를 벌게 됩니다. 그러나 버크셔의 BPS 증가율은 0.2%에도 못 미칩니다.

우리는 때때로 근사한 수익 기회를 발견하지만 버크셔의 BPS 증가율에 미치는 영향은 크지 않습니다. 우리가 장래에도 과거 실적을 유지할 것으로 기대하는 사람이라면 버크셔 주식을 매도해야 합니다. 그래도 웬만한 실적은 유지될 것입니다.

멍거: 워런이 하는 약속은 철석같이 믿어도 됩니다. 우리는 장래 수익률이 낮아지더라도 만족하며, 여러분도 이러한 자세를 수용하시기 바랍니다. 아니면 여러분이 시간을 들여서 버크셔보다 더 유리한 투자 대상을 찾아내는 방법도 있습니다. 우리 투자 대상은 매력도가 그다지 높지 않다고 보니까요. 우리는 경영진이 훌륭한 대기업이나 거대 기업 주식을 즐겨 매수하고 있습니다. 이는 훌륭한 공식이므로 장기적으로 좋은 성과가 나올 것입니다.

Q 18. 경영자가 **과도하게 보상받는 문제**를 바로잡으려면 어떻게 해야 하나요?

버핏: 주주가 할 수 있는 일은 많지 않습니다. 그러나 대형 자산 운용사 몇

개가 함께 힘을 모으고 언론이 가세하면 크게 영향을 미칠 수 있습니다. 거물은 난처한 상황에 처하고 싶어 하지 않으며 이사회도 사태를 주목할 것입니다. 하지만 언론이 가세하려면 이슈가 필요합니다. 대형 자산 운용사가 행동에 나서려면 어떤 유인책이 필요한지는 나도 모르겠습니다. 이러한 기관이 사용하는 체크리스트는 터무니없으니까요. 그레이엄은 투자자가 양 떼와 같다고 한탄했습니다. 소액 주주가 편지를 쓰는 방법도 있습니다. 탐욕스러운 경영자에게 실질적으로 압박을 줄 수 있습니다.

멍거: 영국에서는 소득 세율을 최고 90%까지 높였으므로 고소득이 사실상 불가능해졌습니다. 그러나 역효과도 나타나고 있습니다. 질투의 정치는 경제를 망가뜨립니다.

경영자에게는 과도한 보상을 자제하는 도덕적 의무가 있다고 생각합니다. 장군과 대주교가 과도한 보상을 받지 않듯이 대기업 경영자 역시 과도한 보상을 자제할 수 있어야 합니다. 그렇긴 해도 실행하기는 매우 어렵습니다.

버핏: 질투는 모든 죄악 중 가장 어리석은 죄악입니다. 질투하는 사람은 기분이 상하지만 그 상대가 되는 사람은 아무렇지 않거나 기분이 좋을 수도 있기 때문입니다. 질투는 대안 목록에서 제외하십시오. 차라리 과식이 낫습니다. 일시적인 부작용은 있겠지만요. 성욕에 대해서는 찰리에게 마이크를 넘기겠습니다.

Q 19. **기부**는 어떤 기쁨을 주며, 기부에는 어떤 함정이 있나요?

버핏: 나는 내게 꼭 필요한 것을 포기한 적이 없습니다. 그런데 사람들은 자신의 생활에 영향을 미칠 만큼 무리한 금액을 기부하기도 하더군요. 나는 단 한 푼도 그러한 식으로는 기부하지 않았습니다. 나는 오래 살았으므로

재산을 모으기에 매우 유리했습니다. 그래서 필요한 돈이 아니라 남아도는 돈을 기부하고 있습니다. 내가 하는 기부도 유용하긴 하겠지만 필요한 돈을 기부하는 사람처럼 어려운 일을 하는 것은 아닙니다. 내 누이 도리스는 돈은 물론 시간까지 들여 남들을 돕고 있습니다. 이를테면 누이는 소매고 나는 도매입니다. 우리는 개인적으로 관심 있는 분야에 기부해야 합니다. 기부에 우선순위를 매기지는 않겠습니다.

멍거: 기부에는 함정도 있습니다. 극단적인 정치 이념에 사로잡힌 사람은 어리석은 기부를 많이 하기 쉽습니다.

버핏: 찰리를 잘 따라다니면 인생의 밝은 면을 보게 됩니다.

Q 20. 두 분은 정신적으로나 육체적으로나 **건강**을 어떻게 유지하나요?

버핏: (시즈캔디 하나를 집어 들면서) 우선 시즈캔디, 마스, 코카콜라로 균형 잡힌 식사를 합니다. 찰리와 나부터 모범적인 자세를 보여야 하겠지요? 우리는 매일 좋아하는 일을 합니다. 게다가 자기 일을 사랑하는 사람과 함께 일한답니다.

우리는 원치 않는 일을 억지로 하는 법이 없습니다. 매일 내가 좋아하는 일을 합니다. 여러모로 축복받은 생활이지요. 불쾌할 일이 전혀 없습니다. 찰리는 84세이고 나는 77세입니다. 우리는 기력이 다소 떨어지고 있지만, 여전한 척하고 있습니다. 인생의 부정적인 면은 볼 이유가 없습니다. 미친 짓이니까요. 우리는 복이 넘칩니다. 대략 그 정도입니다.

멍거: 우리가 날씬한 몸매로 마라톤을 권장하는 포스터에 등장하면 좋겠지만, 여러분도 아시다시피 우리는 건강이나 식사 원칙에 큰 관심이 없습니다. 나는 생활 방식을 바꿀 생각이 없습니다.

버핏: 우리는 아침에 일어나서 잠자리에 들 때까지 훌륭한 사람과 어울립니

다. 편견이겠지만, 우리는 세상에서 가장 좋은 나라에 살고 있습니다. 우리가 할아버지의 잡화점에서 벗어나지 못했다면 정말 끔찍했겠지요.

멍거: 급여를 스스로 결정할 수 있는 사람이 모범을 보이려면 과도한 급여는 삼가는 편이 좋습니다.

버핏: 1,000만 달러를 지급해야 누군가를 회사에 잡아둘 수 있다면 뭔가 문제가 있다는 뜻입니다.

Q 21. 당신은 누구의 **영향**을 가장 많이 받으셨나요?

버핏: 아버지가 가장 많이 가르쳐주었습니다. 배우자 선택도 중요합니다. 벤저민 그레이엄과 데이비드 도드도 위대한 스승이었습니다. 책도 무섭게 읽었습니다. 벤저민 프랭클린을 좋아하는 찰리와 잡화점을 운영하시던 할아버지의 영향도 받았습니다.

누구에게나 가장 중요한 일은 자녀를 가르치는 것입니다. 부모는 자녀에게 위대한 존재니까요. 시간은 되돌릴 수 없습니다. 한번 놓치면 두 번째 기회가 없다는 말입니다. 말이 아니라 행동으로 가르치세요. 자녀는 학교 선생님보다 부모로부터 더 많이 배우게 될 것입니다. 의식주 등 모든 것을 대주십시오. 자녀가 대학원에 진학할 때도 마찬가지입니다. 시간은 되돌릴 수 없습니다. 말 대신 행동으로 가르치십시오.

멍거: 사람마다 배우는 방식이 다릅니다. 나는 책으로 배웠습니다. 나는 말로 배우는 것보다 책으로 배우는 편이 낫습니다. 책이 내 천성에 잘 맞아서 원하는 내용을 빠르게 배울 수 있습니다. 나는 이렇게 책이 잘 맞는 사람과 기꺼이 교류합니다.

버핏: (찰리를 바라보면서) 자네 아버지로부터 더 많이 배우지 않았나? 책을 읽기 전에는 아버지의 영향이 더 컸을 텐데?

멍거: 아버지의 영향도 컸습니다. 아버지는 항상 자기 몫 이상으로 일과 위험을 떠안았습니다. 그러한 모습이 소중한 교육이었지요. 그러나 온갖 개념은 책에서 배웠습니다. 저자도 어떤 면에서는 내게 아버지 같은 존재입니다.

버핏: 독서를 계속하면 많이 배우게 됩니다. 책 20권을 읽으면 엄청나게 많이 배울 수 있습니다. 부모를 잘 만나는 것은 커다란 행운입니다. 배우자를 잘 만나는 것도 큰 행운이어서, 능력이 배가됩니다.

Q 22. 조용하고 **내성적인 사람**이 남 앞에 나서려면 어떻게 해야 하나요?

버핏: 나는 사람들 앞에서 발표하는 수업은 모두 피해 다녔습니다. 사람들 앞에서 발표해야 하는 상황이 오면 나는 몸이 아팠습니다. 그래서 데일 카네기 자기 계발 과정에 등록했습니다. 나는 수표 100달러를 보내고 나서 집으로 돌아와 지급을 정지시켰습니다. 그러나 결국 현금 100달러를 들고 가서 데일 카네기 과정을 수강했습니다.

나는 사람들 앞에 서야 한다고 생각했으므로 이후 오마하대학교에서 강의를 시작했습니다. 말과 글 소통 능력은 엄청나게 중요한데도 사람들은 충분히 배우지 못하고 있습니다. 소통을 잘하면 엄청나게 유리해집니다. 소통 능력을 키우는 환경 속에 억지로라도 몸을 던져야 합니다. 비슷한 사람들 앞에서 소통을 시작하면 한결 쉽습니다. 데일 카네기 과정에서는 테이블 위에 올라서게 하더군요. 말이 너무 길어졌습니다. 내성적인 사람이 남들 앞에 나서게 돕는다면 매우 값진 일입니다.

멍거: 어리석고 하찮은 것 대신 쉽고 중요한 것을 가르치는 선생을 만나야 합니다.

버핏: 찰리가 명단을 열거하지는 않겠지요?

Q 23. 저의 네 **자녀가 남에게 뒤지지 않으려면** 어떻게 해야 하나요?

버핏: 그냥 버핏 가족처럼 살아가면 됩니다. 우리는 항상 분수에 맞는 생활을 지지한답니다. 자녀는 나중에 소득이 대폭 증가할 것이며 부모의 생활 방식을 따라갈 것입니다. 생활비는 생활 수준을 개선하는 경우에만 늘려야 합니다. 자녀에게 지나치게 엄격하면 자녀가 나중에 미쳐버릴 수도 있습니다.

내가 저축하라고 권유하지 않는 사람도 많습니다. 퇴직 연금에 가입 중이면서 사회 보장 연금 대상자이고 다소 여유 자금도 있다면, 나중에 20피트나 30피트짜리 요트를 장만하려고 자녀를 디즈니월드에 데려가는 행복까지 포기할 필요가 없습니다. 지금 소비해야 더 유리한 경우도 있답니다. 105% 지출은 확실히 문제가 있지만, 5% 저축보다 10% 저축이 반드시 더 좋은 것은 아닙니다. 자신에게 충실하게 살아가야 합니다. 지나친 절약은 권하지 않습니다. 이웃과 사는 방식이 다르다고 해서 더 좋은 사람이 되는 것도 아니고 나쁜 사람이 되는 것도 아닙니다.

멍거: 자녀에게 가장 좋은 것은 교육입니다.

Q 24. 저는 플로리다 지역 전문 대학에서 재정 독립과 경제적 자유를 위한 투자를 가르치고 있는데, **무엇을 더 가르쳐야 할까요?**

버핏: 당신이 가르치는 학생을 지금 당장 모두 고용하고 싶군요! 가장 중요한 투자는 자신에게 하는 투자입니다. 잠재 능력을 완벽하게 개발하는 사람은 거의 없습니다. 16세인 당신이 부모로부터 받은 자동차 1대를 평생 사용해야 한다고 가정합시다. 당신은 이 차를 어떻게 다룰까요? 사용 설명서를 다섯 번쯤 읽겠지요. 항상 차고에 보관하면서 엔진 오일도 두 배나 자주 교환하고 차에 녹이 슬지 않도록 자주 닦을 것입니다. 나는 학생에게 자

신의 정신과 육체는 하나뿐이라고 말하면서 이러한 자동차처럼 다루라고 말합니다.

나이 50~60에 습관을 바꾸기는 쉽지 않습니다. 무엇이든 학생이 정신과 육체에 하는 투자는 다 좋으며 특히 정신에 대한 투자가 좋습니다. 그 보상은 놀랍습니다. 가장 훌륭한 자산은 자기 자신입니다. 사람은 누구나 놀라울 정도로 자신이 원하는 사람이 될 수 있습니다. 나는 대학에서 강의할 때 평생 소득을 공유할 급우 한 명을 선택해보라고 말합니다. 학생들은 IQ가 가장 높은 사람이 아니라 가장 유능한 사람과 함께하고자 합니다. 이러한 사람이 함께 일하기도 편하고, 마음도 넓으며, 시간도 잘 지키고, 공을 다투지도 않습니다. 이렇게 훌륭한 습관을 들여야 합니다. 훌륭한 리더는 주위에 사람이 자발적으로 모이기 때문에 유능해집니다.

멍거: 구체적인 제안을 하나 하겠습니다. 나는 학생이 기업이나 금융회사의 농간에 넘어가지 않는 방법을 가르쳐주고 싶습니다. 치알디니가 새 저서를 냈습니다. 《설득의 심리학 2Yes!》인데, 《설득의 심리학Influence》보다는 못하지만 두 권 모두 강의 목록에 포함하시라고 추천합니다.

Q 25. 30세인 전업 투자자가 18개월분 생활비를 확보한 상태에서 100만 달러를 **투자**한다면 구체적으로 어떻게 투자해야 할까요?

버핏: 모두 저비용 인덱스 펀드에 넣으세요. 뱅가드 펀드가 비용도 낮고 믿을 만합니다. 당신이 투자 전문가가 아니라면 스스로 아마추어라고 생각해야 합니다. 대형 강세장에 매수하지만 않으면 장기적으로 인덱스 펀드의 수익률이 채권 수익률보다 높을 것입니다. 나라면 인덱스 펀드에 묻어두고 일터로 돌아가겠습니다.

멍거: 자칭 전문가라는 사람 대다수는 전문가 행세를 하면서 노름판의 물주

방식으로 금융 시스템에서 이익을 챙기고 있습니다. 진짜 투자 전문가가 될 가망이 없다면 인덱스 펀드에 넣으세요.

버핏: 당신에게 인덱스 펀드에 넣으라고 조언하는 사람은 아무도 없을 것입니다. 그러한 조언은 돈벌이가 안 되니까요. 하지만 인덱스 펀드에서 좋은 수익을 얻을 것입니다. 특별히 기여하는 것도 없으면서 그 이상을 기대해서야 되겠습니까?

Q 26. 금세기에 **석유**가 고갈될까요?

버핏: 석유는 고갈되지 않을 것입니다. 세상일은 그러한 식으로 돌아가지 않습니다. 어느 시점까지는 일간 생산 능력이 안정적으로 유지되다가 이후 완만한 하락세가 시작될 것입니다. 고갈 양상과 하락 곡선이 있긴 합니다. 현재 일간 생산량은 8,600만 배럴로 사상 최고 수준입니다. 내 계산으로는 우리 생산량이 과거 어느 때보다도 생산 능력에 근접했습니다. 즉 우리 잉여 생산 능력이 전보다 대폭 감소했다고 생각합니다. 석유 생산량 정점이 언제 오든, 5년 후든 10년 후든, 세상은 그러한 상황에 적응할 것이며 그 과정에서 수요가 점점 감소할 것입니다.

나는 석유가 얼마나 남아 있는지 모르지만, 아직도 많이 남아 있다고 생각합니다. 장래에는 석유 탐사 기술이 더 발전하겠지만, 절대로 매장량을 모두 찾아내지는 못할 것입니다. 석유는 매우 소중한 자원이므로 탐사에 대한 정치적 고려 사항이 엄청나게 많을 것입니다. 단기간에 세상 사람이 석유 사용을 중단하게 할 방법은 없습니다.

멍거: 앞으로도 200년 동안 인구가 증가하면서 성장세가 세계 전역으로 확산한다면, 석유, 석탄, 우라늄이 고갈되어 태양 에너지를 사용해야만 할 것입니다. 이 과정은 다소 고통스럽겠지요. 세상 사람이 탄화수소를 이러한

식으로 빠르게 소진하는 것은 어리석은 일입니다. 지금은 대체 에너지가 매우 드문 데다가 한계가 있으니까요. 그러면 어떻게 해야 했나요? 1930년대에 중동 석유를 모두 미국으로 가져와 땅에 묻어야 했습니다. 지금은 그렇게 하고 있나요? 아닙니다. 정부 정책이 합리적이지 않습니다. 우리 문명이 계속 발전하려면 이제는 태양 에너지를 사용해야만 합니다.

버핏: (멍거를 바라보면서) 25년 후에는 석유 생산량이 증가할까, 감소할까?

멍거: 감소하겠지.

버핏: 실제로 감소한다면 심각한 문제입니다. 올해 중국이 생산하는 자동차가 약 1,000만 대이므로 25년 후에는 훨씬 증가하겠지요.

Q 27. **미국의 정치와 선거**에 대해 어떻게 생각하나요?

버핏: 정치는 어렵습니다. 빌 버클리는 선거에서 당선되면 무엇을 하겠냐는 질문을 받자 "재검표를 요구하겠습니다"라고 대답했습니다. 실제로 정치인은 온갖 방식으로 정책을 악용합니다. 후보자는 셈이 매우 빠른 사람이니까요.

정치 과정은 링컨-더글러스 논쟁(Douglas-Lincoln debate: 주로 노예 제도에 관한 7차례 토론회)처럼 훌륭한 견해가 오가는 토론이 아닙니다. 나는 현재 후보자가 연단에서 하는 말이 걱정스럽지만 당선 후에는 일을 더 잘할 것이라고 생각합니다. 미국은 누가 대통령에 당선되더라도 잘 돌아가는 나라입니다. 우리가 즐겨 투자하는 기업과 같아서 멍청이가 경영을 맡더라도 잘 돌아가는 우량 기업이라는 말입니다. 나는 세 후보자 모두 매우 훌륭하다고 생각합니다. 이들이 출마한 동기가 이들의 성명서보다 훌륭합니다. 아이오와주에서 에탄올에 대해 반대하면, 용감하다는 칭찬은 받겠지만 표는 받을 수 없습니다.

멍거: 엔론 사태로 나라가 충격에 빠지자 정치인은 사베인스-옥슬리법 (Sarbanes-Oxley Act: 회계 부정을 강력하게 처벌하는 법)을 통과시켰습니다. 지금 우리는 코끼리를 향해 장난감 총을 쏘고 있습니다. 단언하건대 강력한 규제는 수정되어 구멍이 뚫릴 것입니다. 인간의 본성은 항상 비리를 저지르고 합리화하는 쪽으로 끌리기 때문입니다. 그러므로 우리는 오랜 기간 혼란을 겪을 것입니다.

버핏: 나는 돈을 내면서라도 버크셔 회장 자리를 유지하고 싶습니다. 만일 내가 이 자리에 당선되려고 선거 운동을 벌인다면 내가 하는 대답이 달라질 것입니다. 당연히 나는 선거 운동 과정에서 타락해갈 것입니다. 요즘 석유 산업과 대두가 호황입니다. 식품 가격이 상승한다는 이유로 어느 후보자가 농부에게 초과 이익세를 부과하자고 제안하겠습니까? 그러면 엑슨에 대한 초과 이익세 부과는 어떨까요? 상황 윤리와 정책 수립은 유권자에 크게 좌우됩니다. 내가 대통령이 되고자 한다면 내 행동이라고 다를까요? 세 후보자 중 누가 백악관에 입성하더라도 직무를 잘 수행할 것입니다. 이들 모두 미국을 위해 최선을 다할 것으로 생각합니다.

Q 28. **신용 부도 스와프**(Credit Default Swap: CDS)시장에서 서브프라임 사태보다 심각한 사태가 발생하지는 않을까요?

버핏: CDS시장의 명목 가치는 약 60조 달러입니다. 이중 계산이 많다는 점을 고려해도 틀림없이 막대한 규모입니다. CDS는 기업의 부도에 대비하는 스와프나 보증 거래입니다. 우리는 파생 상품 두 종류를 판매했고 하이 일드 지수 관련 스와프에 대해 지급을 보증했습니다. 우리는 상당한 수익을 거둘 전망입니다. 물론 기업 부도율이 상승하겠지만 이는 보험료에 이미 반영되어 있습니다. CDS시장이 과연 대혼란에 빠지게 될까요? 십중팔구

아닐 것입니다. 만일 베어스턴이 파산했다면 대혼란에 빠졌겠지요. 대출이 부실화하면 대출 기관이 손실을 보게 되지만 CDS 계약에 따라 당사자 사이에서 곧바로 현금이 오가는 것은 아닙니다.

나는 거래 상대방이 대규모 부도를 내는 일은 없을 것으로 생각합니다. 우리는 최근 위기에서 부도에 대비해 막대한 담보를 확보해두었습니다. 페어팩스 파이낸셜은 CDS 거래로 10억 달러를 벌었습니다. 이는 누군가 10억 달러를 잃었다는 뜻입니다. CDS는 변동성이 가장 큰 상품이었는데도 시스템에서는 실제로 아무 문제가 없었습니다. 언젠가 연준이 시장에 개입하게 되더라도 CDS 탓은 아닐 것입니다. 누군가는 CDS에서 큰 손실을 보겠지만 누군가는 큰 이익을 볼 것입니다. 만에 하나 베어스턴 같은 기관이 파산하거나 핵 공격이 발생해 시스템이 하룻밤 사이에 붕괴하면 거래가 중단되고 담보 부족 문제가 발생하겠지요. 그러면 대규모 CDS 포지션에 의해 심각한 혼란이 발생할 수 있습니다.

멍거: CDS시장도 엉망이 될 수 있을까요? 물론 있습니다. 그러나 빈민가 부랑자에게 주택을 마구 안겨준 모기지시장만큼 어리석은 시장은 아닙니다. 일각에서 1억 달러 채권 손실에 대해 30억 달러짜리 CDS 계약을 맺는 문제는 있습니다. 소액의 손실을 이용해서 거액을 벌어들이려는 유인이 있다는 말입니다. 막대한 보험금을 타내려고 알지도 못하는 사람 이름으로 생명 보험에 가입하는 행위도 불법이었습니다. 우리는 왜 규제 없는 시장에서 막대한 돈을 걸려고 했을까요? 이 분야에는 미치광이 규제 당국과 경영자가 많기 때문입니다.

버핏: 찰리가 보이지 않는 손에 1승을 거두었습니다.

어제 치른 가격은
중요하지 않습니다

❖

2009년

장소: 퀘스트 센터

참석자: 약 3만 5,000명

포춘 500 순위: 13위

버크셔 주가: $96,629

1964년 $1 → 2009년 $7,812

1964년 BPS $19.46 → 2009년 $84,487 (연 20.3%)

같은 기간 S&P500 수익률 연 8.9%

Q 1. 2,600만 달러짜리 펀드 운용을 시작한다면 **운용 방식**을 어떻게 바꾸겠습니까? 보유 종목은 몇 개로 하고 회전율은 어느 정도로 하겠습니까? 일부 종목에서 50% 손실이 발생하면 어떻게 하겠습니까?

버핏: 가장 좋아하는 종목 6개를 보유하겠습니다. 50% 손실이 발생해도 운용 방식은 바꾸지 않을 것입니다. 손실과 운용 방식은 아무 상관이 없으니까요. 우리는 가격을 보면서 그 종목의 가치를 생각할 것입니다. 그리고 내가 이해하는 몇 종목을 계속 보유할 것입니다.

멍거: 버핏은 당신에게 사고방식을 바꾸라고 말한 것입니다.

Q 2. **현금흐름 할인 모형**에 대해 어떻게 생각하나요?

버핏: 투자는 장래에 더 많은 돈을 벌려고 현재 돈을 투입하는 행위입니다. '손안의 새 한 마리'는 기원전 600년경 이솝이 제시한 개념입니다. 그는 박식한 인물이었지만 옛날 사람이어서 한계가 있었지요. 관건은 숲속에 있는 새가 몇 마리인가, 할인율은 얼마인가, 그 새를 잡을 수 있다고 얼마나 확신하는가 등입니다. 이것이 우리가 하는 일입니다. 컴퓨터나 계산기를 동원해야 계산할 수 있는 투자라면, 해서는 안 됩니다. '너무 어려움'에 해당하기 때문입니다. 우리는 확실한 곳에만 투자해야 합니다. 컴퓨터가 없어도 명확하게 파악할 수 있어야 합니다.

멍거: 내 최악의 판단 중 일부는 정밀 분석에서 비롯되었습니다. 고등 수학을 사용하면서 정확성을 과신한 탓이었습니다. 경영대학원에서도 고등 수학을 사용하는데, 뭔가 있어 보이려는 의도입니다.

버핏: 교수는 단지 '손안의 새 한 마리'만 아는 것처럼 보여서는 안 됩니다. 그래서는 종신 재직권을 받을 수 없으니까요. 정확성 과신은 완전히 미친 짓입니다. 1998년에 발생한 롱텀 캐피털 매니지먼트 사건이 그러한

사례입니다. IQ가 높은 사람이 아니면 일으킬 수 없는 사건이지요. 작년 9월 시장에서도 표준 편차 계산이 불가능했습니다. 사람들의 행동은 수학의 법칙을 따르지 않습니다. 고등 수학이 유용하다는 생각은 끔찍한 착각입니다. 고등 수학에 의존하면 엉뚱한 길로 들어설 수 있으므로 건드리지 마십시오.

Q 3. **벤저민 그레이엄**이라면 파생 상품을 어떻게 생각할까요?

버핏: 그레이엄도 파생 상품을 좋아하지 않을 것입니다. 위험이 급증해서 부담스러우니까요. 하지만 가격이 잘못 책정된 파생 상품이 있다면, 적당히 이용할 것입니다. 남들 탓에 곤경에 처하지 않도록 유의하면서 말이지요. 1929년 대공황 이후 의회는 증권 신용 거래가 위험하다고 판단해 증거금 비율을 연준이 결정하게 했습니다. 그러나 파생 상품이 등장하자 이 결정은 웃음거리가 되었습니다. 파생 상품은 결제 기간이 더 길다는 점도 위험 요인입니다. 갤브레이스 저서 《대폭락 1929The Great Crash》를 읽어보십시오.

멍거: 더 심각한 문제도 있습니다. 파생 상품 딜러는 두 가지 면에서 유리한데, 1) 카지노 딜러와 같은 이점이 있고 2) 고객의 포지션을 다 아는 상태에서 게임에 참가합니다. 불공정 거래입니다. 이러한 일이 증가해서는 안 됩니다. 감소해야 합니다.

Q 4. 2003~2008년 동안 버크셔 주가는 유보 이익만큼도 상승하지 못했습니다. **배당 정책**을 변경할 생각이 없는지요?

버핏: 2008년 말에 우리가 버크셔를 매각했다면 유보 이익을 건지기는커녕 손실이 발생했을 것입니다. 우리는 BPS를 내재 가치의 대리 지표로 사용하고 있습니다. S&P500 지수 상승률 대비 버크셔 BPS 증가율로 우리

실적을 측정하고 있는데, 5년 단위로 평가하면 S&P500보다 우리가 항상 높았습니다.

멍거: 나는 50년에 한 번 발생하는 이상한 현상에 대해서는 그다지 관심이 없습니다. 웰스 파고 같은 우량 기업은 이러한 난관을 극복하고 훨씬 강한 기업이 될 것입니다.

버핏: 시장이 공포에 휩쓸리자 웰스 파고 주가가 9달러 밑으로 떨어졌습니다. 비즈니스 모델도 훌륭하고 사업 현황 역시 더없이 좋은데도 말이지요. 한 학생이 한 종목에 가진 돈을 모두 투자해야 한다면 어느 기업을 선택하겠냐고 물었을 때, 나는 9달러에 웰스 파고를 선택하겠다고 대답했습니다. 2년 뒤에는 웰스 파고가 과거 어느 때보다도 훨씬 좋아질 것입니다. 그럴 리는 없겠지만, 주식을 대규모로 발행하지 않는다면 말이지요.

공포나 증거금 부족 탓에 주식을 팔아야 하는 처지가 되어서는 절대 안 됩니다. 25달러에 사고 나서 더 좋아졌는데 왜 9달러에 팔아야 합니까? 미치지 않았다면 말입니다. 여기서 30분 거리에 내 농장이 있습니다. 농장 주인은 농장 가격을 매일 알아보지 않습니다. 농장을 대하듯이, 자산의 가격이 아니라 자산의 가치를 보십시오. 사람들은 실적이 아니라 주가로 기업을 평가하지만, 《현명한 투자자》 8장을 읽어보십시오. 가격을 매일 보면 불리해집니다.

Q 5. **인플레이션**이 현재 청소년 세대에게도 영향을 미칠까요? 그러면 인플레이션에 어떻게 대비해야 하나요?

버핏: 인플레이션은 현재 청소년 세대에게도 영향을 미칠 것입니다. 장기적으로 보면 틀림없이 인플레이션이 발생할 것이며 악영향을 미칠 것입니다. 폴 볼커는 연방공개시장위원회에 인플레이션 목표 2%를 제시했지만, 일

단 시작되면 인플레이션을 막기는 쉽지 않습니다. 현재 정책은 인플레이션을 부를 수밖에 없습니다. 인플레이션은 대외 부채의 부담을 줄이는 대표적인 방법이니까요.

정부의 세수가 감소하고 있습니다. 정치인은 세금을 더 거둬야 한다고 말하지만 누가 세금을 더 내겠습니까? 실제로 세금을 내는 사람은 장래에 가치가 떨어진 달러를 보유하게 되는 사람입니다. 예컨대 중국인처럼 현재 채권을 매수하는 사람들이지요. 이것이 경기 부양책의 대가입니다. 가장 쉽기 때문에 가장 유력한 방법입니다. 인플레이션에 대응하는 최선책은 자신의 수익력을 키우는 것입니다. 차선책은 추가 자본이 필요 없는 코카콜라 같은 우량 기업을 보유하는 것이고요.

멍거: 장차 뇌 전문 외과 의사가 되고, 국채 대신 코카콜라 주식을 사세요.

Q 6. 1~2년 뒤 **주거용 부동산시장**을 어떻게 전망하나요?

버핏: 잘 모릅니다. 나는 많은 데이터를 보고 있는데, 지난 몇 달 동안 캘리포니아에서 75만 달러 이하 중저가 주택 거래가 확실히 증가했습니다. 그러나 주택 가격은 아직 반등하지 않았습니다. 고전을 면치 못하는 지역도 많을 것입니다. 부동산 중개 데이터를 보면 캘리포니아 지역 75만 달러 이하 중저가 주택은 그동안 가격이 대폭 하락하고 나서 안정권에 접근하는 모습입니다. 지금은 신규 주택 담보 대출 조건도 전보다 훨씬 좋아졌습니다. 금리도 낮고 상환하기도 쉽습니다. 최근까지는 주택 공급량이 연 130만 채였으나 경기 침체 기간에는 감소하는 경향이 있습니다. 연간 공급량이 200만 채에 이르면 문제가 심각해질 것입니다.

현재 시장에 남아도는 주택 재고량은 약 150만 채입니다. 지금은 신규 주택 착공 건수가 연 50만 채이므로 연 70~80만 채씩 주택 재고가 감소해

2년 뒤에는 재고가 소진될 것입니다. 재고를 없애는 방법은 두 가지입니다. 하나는 남아도는 주택을 폭파하는 방법입니다. 이때는 내 집 대신 찰리네 집을 폭파하기 바랍니다. 나머지 하나는 파는 방법입니다. 플로리다 남부 지역은 장기간 고전할 것입니다. 단기간에 회복되지는 않겠지만 그래도 언젠가 회복될 것입니다. 향후 주택 가격은 안정될 것이고 그러면 신규 주택 착공 건수가 연 100만 수준으로 회복될 것입니다.

멍거: 내가 오마하에 거주하는 청년이라면 내일 주택을 사겠습니다.

버핏: 현재 미국 주택은 약 8,000만 채고 담보 대출을 받지 않은 주택은 약 2,500만 채입니다. 상황이 개선되는 중입니다.

Q 7. 최근 중국의 **비야디**(BYD)에 투자한 것은 가치투자가 아닌, 벤처 캐피털이나 하는 투기처럼 보이는데요?

버핏: 모든 투자는 가치투자가 될 수밖에 없습니다. 장래에 더 많이 얻으려고 하는 투자니까요.

멍거: 비야디는 벤처 캐피털이 초기 단계에 투자하는 회사가 아닙니다. 비야디 설립자는 43세입니다. 이 회사는 처음부터 충전식 리튬 배터리를 생산하는 주요 제조 업체였습니다. 이후 휴대 전화 부품을 생산하는 주요 업체로 입지를 확보했습니다. 최근에는 자동차 산업에 진출해 재빠르게 주요 경쟁사를 제치고 중국 베스트셀러 자동차 모델을 만들어냈습니다. 이미 입증된 기업이므로 투기가 아닙니다. 기적을 만들어낸 기업입니다.

이 회사는 일류 공대 졸업생 1만 7,000명을 채용했고 이들이 대박을 터뜨렸습니다. 배터리는 미래 세계에 절대적으로 필요한 제품입니다. 나는 워런과 내가 미쳤다고 생각하지 않습니다. 이들은 자동차 앞 유리와 타이어를 제외하고 모든 부품을 만듭니다. 버크셔가 비야디와 인연을 맺게 된 것은 특전입니다. 틀림없이 대단한 성과가 나올 것입니다. 나는 왕촨푸가 이끄는 중국 공학자 1만 7,000명을 깊이 신뢰합니다. 비야디는 매출 40억 달러짜리 소기업이지만 야망은 대기업 수준입니다.

버핏: 비야디 투자는 찰리의 아이디어였고 아일랜드 은행 투자는 내 아이디어였습니다.

Q 8. 버크셔는 **무디스** 주식을 보유하고 있으면서 왜 무디스에 영향력을 행사하지 않았나요?

버핏: 나는 신용 평가 회사가 곤경에 빠진 결정적인 이유가 이해 상충이라고 생각하지 않습니다. 5년 전에는 신용 평가 회사를 포함해 거의 모든 사람이 주택 가격은 절대 하락할 리가 없다고 생각했습니다. 주택 가격은 무조건 상승할 수밖에 없다고 믿었다는 거지요. 규모가 20조 달러에 이르는 주택시장에도 거품이 형성되면 다양한 사건이 벌어질 수 있다는 사실을 이들은 전혀 생각하지 못했습니다.

사람들은 엄청난 규모로 부채를 일으켰습니다. 그러나 거품이 터지기 시작하자 주택 가격은 가파르게 하락했습니다. 만일 당시에 신용 평가 회사가 주택시장을 비관적으로 평가했다면 오히려 비난받았을 것입니다. 의회의 각종 위원회에서 신용 평가 회사의 삐딱한 태도를 반(反)미국적이라고 비판했을 것입니다. 결국 신용 평가 회사와 미국인은 심각한 실수를 저질렀고, 의회와 규제 당국 역시 심각한 실수를 저질렀습니다.

나는 무디스에 전화를 한 번도 걸지 않았습니다. 우리는 주식을 투자한 기업에 영향력을 행사하려고 하지 않습니다. 지금까지 그러한 시도를 해서 성공한 적도 거의 없습니다. 그래도 신용 평가 회사는 여전히 우량 기업입니다. 적은 인원으로도 잘 굴러가며 자본도 필요 없으므로 펀더멘털이 훌류한 사업입니다. 매출이 한동안 과거 수준에는 못 미치겠지만 말이죠. 우리는 신용 분석을 외부에 위탁하지 않으므로 신용 평가 회사가 제시하는 신용 등급을 보지 않습니다.

멍거: 신용 평가 회사는 고등 수학을 이용하는 모형을 구축해서 원하던 결론을 만들어냈습니다. 망치 든 사람에게는 모든 문제가 못으로 보이는 법입니다.

버핏: 신용 평가 회사는 자신이 만들어낸 결론을 무비판적으로 받아들였습니다. 어리석게도, 다른 사람도 모두 그렇게 했습니다. 나는 자회사 경영자에게 2년마다 보내는 서한에서 "남들도 다 그렇게 하니까"라는 변명은 버크셔에서 통하지 않는다고 밝힙니다. 그러나 우리는 살로먼이 마크 리치와 거래하는 것을 막지 못했습니다. 잘나가는 경쟁사가 하는 거래를 우리만 못하게 말리기는 정말 어렵습니다.

Q 9. 주가가 9달러로 폭락했을 때 웰스 파고는 **저평가 우량주**였습니다. 그러나 AIG, 아일랜드 은행, 패니메이, 워싱턴 뮤추얼은 아니었습니다. 당신은 어떻게 구분해냈나요?

버핏: 아일랜드 은행에 대해서는 내 판단이 완전히 빗나갔습니다. 중요한 것은 주가 9달러가 아니라 비즈니스 모델이었습니다. 누구한테 속은 것도 아니고 온전히 나의 실수였습니다. 이들의 토지 개발 대출에 관심을 기울여야 했습니다.

웰스 파고는 대형 은행 중에서 경쟁력이 가장 뛰어납니다. 워싱턴 뮤추얼에는 주택 가격이 계속 상승하지 않으면 곤경에 처한다는 신호가 많이 나타났습니다. 이들은 부채를 사용하지 말아야 했습니다. 10-K와 10-Q를 읽어보면 알 수 있습니다. 웰스 파고와 워싱턴 뮤추얼은 비교가 불가능합니다. 은행업은 정말 다른데도 사람들은 주의 깊게 들여다보지 않습니다.

구리 생산 원가가 파운드당 2.5달러인 업체와 파운드당 1달러인 업체가 있다고 가정합시다. 구리 가격이 1.5달러로 하락하면 한 업체는 망하지만 다른 업체는 멀쩡합니다. 웰스 파고가 상각한 예금 6억 달러는 실제로 손실이 아니었는데도 아무도 알아차리지 못했습니다. 그러나 패니메이와 프레디맥은 분명히 문제가 있었습니다. 투자 은행은 우리에게 매수를 권유했지만, 매우 심각한 문제가 있음을 우리는 금방 알아차렸습니다. 많은 시간을 들여 분석하지 않으면 금융 기관을 파악할 수 없습니다. 코카콜라나 전력회사는 파악하기가 쉽지만 은행은 그렇지 않습니다.

멍거: 회계 관행이 은행의 부실 대출을 허용한 측면이 있습니다. 은행은 일반회계원칙GAAP에 따라 보수적인 정책을 부실한 정책으로 전환하면서 이익을 늘릴 수 있습니다.

버핏: 제너럴 리의 파생 상품 포지션을 청산하는 과정에서 4억 달러 이상이 들어갔습니다. 파생 상품은 온갖 숫자가 쏟아져 나오는 블랙박스였습니다. 노련한 투자자가 아니면 파악하기가 어렵습니다.

멍거: 회계가 역할을 잘 해냈다면 새로운 규제를 많이 도입할 필요가 없었습니다. 회계사는 부끄러운 줄 알아야 합니다.

Q 10. 보도에 의하면 웰스 파고 회장 딕 코바체비치는 **부실 자산 구제 프로그램**(Troubled Asset Relief Program: TARP)을 터무니없는 정책이라고 평가하면서 TARP 펀드를 거부했는데, 어떻게 생각하나요?

멍거: 정부는 70년 만의 최대 금융 위기에 대처하고 있으므로 모든 당사자와 완벽하게 합의하기가 어렵습니다. 물론 정부 정책이 다소 어리석을 수도 있지만, 이러한 난국에 지나치게 엄격한 잣대로 평가하는 것은 온당치

않습니다. 기업의 신용도가 하락하는데도 부채의 시장 평가액이 감소했다는 이유로 회계 이익이 증가한다면, 이는 미친 짓입니다.

버핏: 지난 9월 중순에는 금융 시스템이 완전히 붕괴할 뻔했습니다. 기업 어음 시장은 얼어붙었고 MMF는 1,000억 달러가 환매(還賣)되었습니다. 지옥의 문이 열리고 있었으므로 신속한 대처가 필요했습니다. 나는 하루 20시간씩 일하면서 대처하는 정책 당국자를 칭찬했습니다. 뱅크 오브 아메리카가 인수하지 않았다면 메릴 린치는 파산했을 것입니다. 터무니없는 정책이라고 평가한 딕 코바체비치의 심정은 충분히 이해합니다. 당국자는 일요일에 전화해, 영문도 모르는 그에게 이튿날 워싱턴 D.C.로 오라고 했습니다. 그리고 한 시간 안에 TARP 펀드 인수 계약서에 서명하게 했습니다. 비상사태에서는 이러한 식으로도 일이 진행됩니다.

전체적으로 보면 당국의 조처는 훌륭했습니다. 웰스 파고는 대형 은행 중에서 남다른 우위를 확보한 우량 은행입니다. JP모간 웹사이트에서 CEO 제이미 다이먼의 주주 서한을 읽어보시기 바랍니다. 내가 지금까지 읽어본 주주 서한 중 최고입니다. 길지만 읽을 만한 가치가 있습니다. 금융 위기에 대해서 탁월하게 설명했습니다.

Q 11. **가이코의 광고비 이익률**을 계산할 수 있나요?

버핏: "광고비의 절반은 낭비인데, 어느 쪽 절반이 낭비인지 모를 뿐이다"라는 말이 있습니다. 가이코의 광고비는 8억 달러로, 자동차 보험 1위 스테이트 팜과 2위 올스테이트보다 많습니다. 우리는 광고비를 계속 늘려나갈 것입니다. 가이코를 이용하면 보험료를 절감할 수 있다는 사실을 모든 미국인에게 알리고 싶기 때문입니다. 우리는 모든 사람의 마음을 사로잡고 싶습니다. 브랜드는 약속입니다. 가이코의 가치는 매년 증가하는 이익보다

훨씬 많이 증가합니다.

멍거: 가이코가 대규모 광고를 중단하게 되면 이익이 그만큼 증가할 것입니다.

버핏: 가이코는 광고를 통해서 비용 이상의 가치를 얻고 있습니다. 광고비 이익률이 그대로 유지된다면 나는 20억 달러라도 지출하겠습니다. 우리는 사람들이 필수적으로 가입해야 하는 저렴한 보험을 판매하고 있습니다.

Q 12. **버크셔 주가**가 사업 실적보다 더 하락했는데 어떻게 생각하나요?

버핏: 정확하게 지적하셨습니다. 우리는 버크셔의 내재 가치가 주가보다 높다고 생각합니다. 작년과 올해 보험 영업 이익을 제외하면 우리 이익이 평균 미만이지만, 전반적으로 보면 실적이 양호합니다. 몇몇 자회사는 고전 중이지만 실적이 매우 좋은 자회사도 많습니다. 버크셔가 벌어들이는 이익의 원천은 두 가지로 구분할 수 있습니다. 투자와 비보험업입니다. 우리는 장기적으로 두 원천 모두 성장시키고자 합니다. 내재 가치 대비 버크셔 주가는 2007년 말보다 2008년 말에 더 싸졌습니다. 다른 기업도 대부분 그렇습니다. 우리는 영업 이익 증대에 노력을 집중하고 있습니다. 금융계에서는 모든 부문이 다른 모든 부문으로부터 영향을 받습니다.

멍거: 작년에는 대규모 플로트 사업도 실적이 저조했습니다. 그런데도 작년 최고가에 버크셔 주식을 1만 주 매수한 기관도 있습니다. 장기적으로 보면 조달 원가가 마이너스인 플로트는 엄청난 강점이 될 것입니다. 우리 손해 보험 사업은 십중팔구 업계 최고입니다. 우리 전력 사업과 이스카 역시 최고입니다. 우리는 대단한 기업을 다수 보유하고 있습니다. 최고의 기업을 수집하기는 절대 쉽지 않은데도 우리는 해냈습니다. 버크셔와 같은 지위를 차지하기가 쉽다고 생각하는 사람은, 나와 전혀 다른 세상에 사는 사람입니다.

버핏: 보험업은 놀라운 사업입니다. 2008년 9월 금융 위기가 닥치자 엄청

난 충격에 사람들의 행태가 달라지기 시작했습니다. 보석, 카펫, 넷젯 등 모두 실적이 악화했습니다. 그러나 가이코는 전화통에 불이 날 지경이었습니다. 비용을 절감하려고 수천 명이 가이코 웹사이트를 방문했습니다. 비용 100달러 절감도 사소한 일이 아니니까요. 2008년에 보험 계약자 66만 5,000명이 증가했고, 2009년 1~4월 동안에만 50만 5,000명이 증가했습니다.

가이코는 저렴한 자동차 보험을 판매하면서 시간이 흐를수록 가치가 대폭 증가하고 있습니다. 토니 나이슬리가 경영권을 넘겨받을 때 2~5%였던 시장 점유율이 지금은 8%로 증가했습니다. 현재 가이코는 미국 3위 자동차 보험사이며 펀더멘털이 훌륭하므로 순위가 더 상승할 수 있습니다.

Q 13. CIO 후보 4명의 2008년 투자 실적이 어떤가요?

버핏: 우리 CIO 후보는 4명으로, 일부는 버크셔에서 근무 중이고 일부는 외부에서 활동 중입니다. 우리는 1명 이상을 선발할 예정입니다. CEO 후보는 3명으로, 모두 버크셔에서 근무 중이며 이사회에서 선발할 예정입니다. 2008년에는 S&P500이 37% 하락했는데, CIO 후보 모두 초과 수익을 내지 못했습니다. 모두 실적이 부진했으며 나도 마찬가지였습니다.

멍거: 작년에는 내가 아는 똑똑한 펀드 매니저 모두 실적이 엉망이었습니다.

버핏: 장기적으로는 4명 모두 초과 실적을 내고 있습니다. 지난 10년 실적이 지수보다 다소 높거나 훨씬 높았으며 향후 10년 동안에도 초과 실적을 낼 것으로 추측합니다. 다만 작년에는 이례적인 변수가 많았습니다. 후보자 명단에는 아직 변화가 없습니다. 내가 오늘 밤 급사하더라도 이사회는 누가 새 CEO가 될지 알고 있습니다. 새 CIO는 이사회가 새 CEO와 협의해 선정할 것입니다. CIO 선정보다는 CEO 선정이 더 중요합니다.

멍거: 거시 경제 변수에 따라 주식을 매매하는 CIO는 원치 않습니다.

버핏: 그러한 사람이라면 후보에서 제외할 것입니다.

Q 14. **버크셔의 신용 등급**이 AAA에서 강등되었는데, 어떻게 생각하나요?

버핏: 우리 신용 등급이 AAA로 회복되려면 시간이 걸릴 것입니다. 곤경에 처한 신용 평가 회사도 회복하려면 시간이 걸리기 때문입니다. 우리 신용 등급 강등이 조달 금리에 미치는 영향은 미미합니다. 나는 AAA등급을 무척 자랑스럽게 여겼는데, 강등되리라고는 생각하지 못했습니다. 이제는 뽐내기가 어려워졌지만 그래도 보험 업계에서 우리보다 신용 등급이 높은 회사는 없습니다. 우리는 마음속으로 신용 등급이 여전히 AAA라고 여기기 때문에 채무 이행을 신성한 의무로 여깁니다. 신용 평가 회사가 경영진의 채무 이행 의지를 제대로 계량화하지 못한다고 생각하니 화가 납니다.

멍거: 적어도 신용 회사가 상당히 독립적임은 밝혀졌습니다(무디스가 자사의 대주주인 버크셔의 신용 등급을 강등한 것 - 역자 주). 무디스가 이번에는 우리 등급을 내렸지만 다음에는 올릴 것입니다. 우리는 그럴 자격이 있고 무디스는 똑똑하기 때문입니다.

버핏: 나와 의견이 일치하지 않으면 찰리는 이렇게 말합니다. "워런, 잘 생각해보면 내 말에 동의하게 될 거야. 자네는 똑똑하고 나는 옳으니까."

신용 평가 회사는 종종 신용 등급 조정의 근거로 CDS 프리미엄을 사용하지만, CDS 프리미엄은 신용과 무관한 요소에 좌우될 수 있습니다. 예를 들어 버크셔가 기관 A에 주식 풋옵션을 매도했다고 가정합시다. 버크셔는 프리미엄을 받는 대신 재무상태표에 부채가 증가합니다. 반면 기관 A는 프리미엄을 지급하는 대신 자산이 증가합니다. 이후 두 기관 모두 옵션을 시가 평가합니다. 시황이 기관 A에 유리해지면, 기관 A는 평가 이익을 얻습니다. 이때 기관 A의 감사는 버크셔에서 CDS를 매수해 평가 이익을 지키라고 기관 A에 충고합니다. 만일 기관 A가 매수한 주식 풋옵션 규모가 크면, CDS 매수 규모도 커야 하므로 이 과정에서 CDS 프리미엄이 상승하게 됩니다. 그러나 전후 사정을 모르는 제3자에게는 버크셔의 위험이 증가한 것처럼 보일 것입니다. 요컨대 버크셔의 위험이 전혀 증가하지 않아도 버크셔 CDS 프리미엄은 상승할 수 있습니다.

Q 15. 버크셔 **자회사의 해고와 고용 보장**에 대해서 어떻게 생각하나요?
버핏: 경기는 언제든 극적으로 변할 수 있습니다. 종신 고용은 자칫 종신 해고로 이어질 수 있습니다. 가이코는 약 1,000명을 고용합니다. 해고에 반대하는 사람도 있지만, 경기가 급변하면 기업은 비즈니스 모델을 변경하는 편이 낫습니다. 그러지 않으면 뒤늦게 비즈니스 모델 변경을 강요당할 수 있습니다. 우리는 이러한 문제가 있는 사업을 피하고 싶지만 간혹 피할 수 없는 경우도 있습니다. 직물 사업에서는 결국 모든 사람을 해고했습니다. 때로는 우리가 창조적 파괴의 희생자가 되기도 합니다.
멍거: 우리 사업 중에는 고통 분담 모형도 있지만 실행하기가 항상 쉬운 것은 아닙니다. 벤저민 프랭클린은 "빈 자루는 똑바로 서지 못한다"라고 말했습니다. 생명을 구하려면 팔다리를 잘라내야 할 때도 있습니다.

Q 16. 버크셔 주식을 계속 보유하는 대신 그 주식을 매도해 **버크셔가 보유한 종목을 사는 방법**은 어떤가요?
버핏: 〈아웃스탠딩 인베스터 다이제스트〉에서 그러한 방법을 잘 다룹니다. 직접적인 접촉을 통해서도 배울 수 있습니다. 나는 우리 동업자가 주주총회에 참석해 우리 제품을 살펴보는 모습이 마음에 듭니다. 하지만 세금 혜

택을 받는 사람도 우리처럼 플로트로 주식을 매수할 수는 없습니다. 당신이 우리를 모방해서 주식을 매수할 수는 있지만 우리가 매수하는 기업을 모두 매수할 수는 없을 것입니다.

멍거: 크게 성공한 투자자를 모방하는 방식은 대개 매우 좋습니다.

버핏: 젊은 시절에는 나도 대가를 모방했습니다.

Q 17. 어떻게 하면 주주가 **경영자 보상**에 영향을 미칠 수 있나요?

버핏: 사람들은 (혈세로 파산을 면하고서도 과도한 보너스 잔치를 벌인) AIG에 대해 격분했습니다. 그러나 법으로 보상을 막을 수는 없습니다. 클린턴 행정부 초기에는 급여 상한선을 설정하는 법을 만들었지만 뜻밖의 결과가 나타났습니다. 경영자는 온갖 비생산적인 방식을 동원해서 자신의 급여를 대폭 높였고 이 과정에서 주주의 부담이 오히려 더 증가한 것입니다.

6대 자산 운용사가 터무니없는 경영자 보상에 반대한다는 뜻만 명확하게 밝히면 이러한 행태를 바꿀 수 있습니다. 거물의 행태를 바꾸려면 이들을 난처하게 만들면 됩니다. 신문에 이름이 거론되고 싶은 경영자는 없습니다. 그러나 지금은 경영자가 아무런 제약도 받지 않고 있습니다. 각 기업의 보상 위원회가 컨설턴트를 고용하면 컨설턴트는 경영자 급여 인상을 권고합니다. 그래서 경영자 보상이 단계적으로 인상됩니다. 일종의 명예 제도로, 주주는 명예를 얻고 경영자는 높은 보상을 얻는 방식입니다.

멍거: 그러한 경영자는 유리 집에 살면서 함부로 돌을 던지는 사람과 같습니다. 약이 병보다 해로울 때도 있습니다.

Q 18. 사람들의 **금융 지식**을 높이려면 교과 과정을 어떻게 개선해야 할까요?

버핏: 현재 세대는 문제가 있다고 생각합니다. ABC 방송이 금융 지식에 관

한 새 프로그램을 준비 중입니다. 신용카드와 계산기가 널리 사용되는 세상에서는 금융 지식을 전파하기가 어렵습니다. 그래도 장기적으로는 진전이 있습니다. 우리는 학생에 대한 금융 교육을 추천하는데, 이점이 많기 때문입니다. 버크셔 연차 보고서도 도움이 되길 바랍니다.

그러나 사람들은 어리석은 짓을 합니다. 1952년 신혼여행 시절, 나는 21세였고 아내는 19세였는데, 우리는 라스베이거스 플라밍고 호텔에 묵었습니다. 그런데 수천 마일 떨어진 곳에서 온, 잘 차려입은 사람들은 어리석게도 도박만 하고 있었습니다.

이 세상에는 기회가 넘칩니다. 나는 21세부터 네브래스카대학에서 금융을 가르쳤습니다.

멍거: 우리는 복권, 고금리 신용카드 대출 등 도박이 합법화된 세상에서 살고 있습니다. 이 세상은 잘못된 방향으로 흘러가고 있습니다. 고금리 신용카드 대출을 쓰는 사람에게 고급 금융 교육은 불가능하다고 생각합니다.

버핏: 18%짜리 신용카드 대출을 쓴다면 결과가 좋을 수 없습니다. 신용카드회사에는 좋겠지만요. 그들은 그들의 길로 가고 우리는 우리의 길로 가게 됩니다. 우리는 저평가된 투자 기회를 탐색합니다.

Q 19. 대공황 기간에 그랬듯이 정부가 **경기 부양책**으로 국가 인프라에 자금을 투입해서 일자리를 창출하는 편이 낫지 않을까요?

멍거: 내가 대답하지요. 동의합니다.

버핏: 나도 확실히 동의합니다. 대공황 기간에는 놀라운 일이 많이 이루어졌습니다. 1930년대는 우리의 목표이자 모델이 되어야 합니다. 누구나 알다시피 우리는 이 사례를 지혜롭게 이용해야 합니다. 금융 위기에 신속하게 대응해야 하니까요. 그러나 연방 정부가 대규모 프로젝트를 실행할 때

면 상당수의 더러운 인간이 항상 끼어듭니다. 우리 정치 시스템에서는 각 의원이 개입하는 선심성 지역 개발 사업을 배제하기 어렵기 때문입니다. 그래서 부속 법안을 보면 슬퍼집니다. 미국 대중이 나서지 못할 때는 정부가 나서야 합니다. 그러면 성과가 나올 것입니다.

멍거: 미국 전력망은 대폭 개선할 필요가 있습니다. 그러면 버크셔 자회사에도 유리하겠지만, 그러한 목적으로 하는 말은 아닙니다. 틀림없이 미국에 유용할 것입니다.

Q 20. 최근 **주가 폭락**이 얼마나 심각한 수준이라고 보는지요?

버핏: 1974년에는 금리가 지금보다 훨씬 높았지만 PER이 약 4배에 불과해서 주식이 훨씬 저평가되었습니다. 내 경험으로는 1974년이 주식 매수 최고의 기회였습니다. 최근 주가 폭락이 그 정도는 아니지만 나는 주식은 물론 채권도 매수했습니다. 나는 내재 가치가 여전한 기업을 싸게 매수할 때 기분이 좋습니다. 제값의 절반에 살 수 있으면 더없이 좋지요.

멍거: 지금은 1973~1974년과 다릅니다. 당시 나는 투자할 시점이라고 생각했지만 돈이 없었습니다. 세상사가 흔히 그렇듯이 말이지요. 그래도 나라면 1973~1974년 같은 기회가 올 때까지 기다리지 않겠습니다.

버핏: 내가 어제 치른 가격은 중요하지 않습니다. 우리는 바닥에서 사려고 하지 않습니다. 불가능하니까요. 나는 버크셔를 생각하면서 내 시간의 99%를 보냅니다. 우리는 좋은 기회에 훌륭한 회사채를 매수했습니다. 기회가 오면 우리는 망설이지 않습니다.

멍거: 기회는 간혹 예상 못한 곳에 숨어 있습니다.

주가는 주식의 가치에 대해
아무것도 알려주지 않습니다

❖

2010년

장소: 퀘스트 센터

참석자: 약 4만 명

포춘 500 순위: 11위

버크셔 주가: $99,238

1964년 $1 → 2010년 $8,022

1964년 BPS $19.46 → 2010년 $95,453 (연 20.2%)

같은 기간 S&P500 수익률 연 9.3%

Q 1. **골드만삭스**가 SEC로부터 고소당했는데, 버크셔에 어떠한 영향을 미치게 될까요?

버핏: SEC는 골드만삭스가 '애버커스'라는 부채 담보부 증권 상품을 판매하면서 주요 정보를 투자자에게 공개하지 않았다는 이유로 소송을 제기했습니다(골드만삭스는 애버커스에 포함되는 서브프라임 모기지 선정 작업을 헤지 펀드 매니저인 존 폴슨에게 일임했는데, 그는 서브프라임 모기지 매도 포지션을 보유하고 있었으므로 투자자와 이해가 충돌하는 입장이었다. 나중에 골드만삭스는 SEC와 투자자에게 5억 5,000만 달러를 지급하기로 합의했다 – 역자 주). 나는 이 거래의 특성을 잘못 보도한 사례가 많다고 생각하므로 먼저 이 거래에 대해서 설명하겠습니다. 이 애버커스 거래로 여러 당사자가 손해를 보았습니다. 골드만삭스가 본 손해는 약 9,000만 달러인데, 팔다 남은 금융 상품에서 모두 발생했습니다. 이 거래에서 최대 손해를 본 당사자는 대형 은행 ABN AMRO로, 지금은 스코틀랜드 왕립은행에 합병되었습니다. ABN AMRO는 ACA 파이낸셜 개런티의 지급 보증을 해주었다가 손해를 보았습니다.

그동안 버크셔는 지급 보증을 해주고 많은 돈을 벌었습니다. 가끔 손해를 보기도 했지만요. ABN AMRO는 17bp를 받고 9억 달러를 지급 보증했는데, 이는 보험료 약 160만 달러를 받고 9억 달러의 지급을 보증했다는 뜻입니다. 나로서는 동의하기 어려운 어리석은 결정입니다. 채권 보증 회사는 처음에 지방채에 대해서만 지급 보증을 해주었습니다. 그러나 치열한 경쟁 탓에 수익성이 악화하자, 이들은 '구조화 금융 상품structured financial product' 보증 사업에도 진출했습니다. 이들은 메이 웨스트가 스스로 인정했던 행동을 했습니다. "나는 백설공주였지만 눈발처럼 방황했다네." 반면 버크셔는 지방채 보증 사업은 했지만 구조화 금융 상품에는 진출하지 않았습니다.

우리는 다양한 주(州)가 발행한 지방채 82억 5,000만 달러의 지급을 보증했는데, 그중 텍사스와 플로리다 지방채 비중이 가장 컸습니다. 주 정부가 채권 원리금을 지급하지 못하면 우리가 10년 동안 원리금을 대신 지급하기로 하고 보험료로 1억 6,000만 달러를 받았습니다. 이 보험 상품을 매수한 기관은 리먼인데, 아마 다음과 같은 이유로 매수했을 것입니다.

　1) 보유한 지방채의 손실을 방지함

　2) 지방채 매도 포지션을 창출함

　3) 지방채를 보유한 고객이 손실을 방지함

　4) 고객이 지방채 매도 포지션을 창출함

　　리먼이 보험 상품을 매수한 이유가 무엇인지는 우리의 관심사가 아닙니다. 우리 역할은 채권을 평가해서 적정 보험료를 산정하는 일입니다.

　　애버커스 거래에 참여할 때 ACA 역시 채권을 평가해 적정 보험료를 산정해야 했습니다. ACA는 채권 120종목 중 80종목을 선택해서 지급을 보증했습니다. 그러나 지급 보증 직후 주택시장 거품이 붕괴한 탓에 모든 채권 가격이 곧바로 폭락했습니다. 애버커스 채권에 대한 실사 및 분석 작업은 별도의 ACA 팀이 담당하고 있었고, 보험료 산정에 무관심한 애버커스 거래 담당자는 어리석은 결정을 하고 말았습니다.

　　아이러니하게도 SEC가 골드만삭스를 고발한 덕분에 우리가 이득을 보게 되었습니다. 우리는 표면 금리 연 10%인 골드만삭스 우선주 50억 달러를 보유 중인데, 골드만삭스는 언제든 액면가의 110%에 이 우선주를 조기 상환할 수 있습니다. 그러면 우리는 현재 초저금리 상황에서 연 10%(연 5억 달러)에 달하는 이자를 안겨주던 우선주를 내주어야 합니다. 연 이자 5억 달러는 초당 15달러에 이르는 엄청난 금액입니다. 틱, 틱, 틱, 틱 소리가 날 때마다 15달러씩 이자가 들어오고 있습니다. 밤에 잠자는 동안에도 틱, 틱,

틱, 틱 소리가 날 때마다 15달러씩 이자가 들어옵니다. 나는 이 소리가 중단 되지 않기를 바랍니다. 고맙게도 정부는 자본이 충분해질 때까지 우선주를 계속 보유하라고 골드만삭스에 요구했습니다. 덕분에 골드만삭스의 조기 상환권 행사 시점이 연기될 전망입니다. 나는 골드만삭스 우선주에 애정을 느낍니다. 틱, 틱, 틱, 틱.

나는 SEC의 주장만으로는 골드만삭스가 세계적인 명성을 상실하거나 사기가 저하되지 않을 것으로 봅니다. 그러나 이후 골드만삭스에 더 심각한 문제가 드러난다면 다시 살펴볼 것입니다. 내가 골드만삭스에 주고 싶은 좌우명이 있습니다. "일은 바르게, 빠르게, 솔직하게 끝내라." 이러한 상황에서 골드만삭스에 가장 중요한 행동은 '바르게'입니다.

멍거: 이 사건에 대해 SEC 위원 5명 중 2명은 골드만삭스 고발에 반대했고 3명은 찬성했습니다. 나는 이 사건을 버핏보다 더 심각하게 평가하지만, 내가 위원이라면 고발에 반대했을 것입니다. 어떤 사업이 합법적일지라도 윤리 기준에 못 미친다면 그 사업은 거절해야 합니다. 그런데도 수많은 지저분한 고객이 제안한 지저분한 거래를 모든 투자 은행이 수락했습니다.

버핏: 버크셔가 골드만삭스와 첫 인연을 맺은 시점은 44년 전입니다. 이후 우리는 골드만삭스를 통해서 가장 많은 기업을 인수했습니다. 골드만삭스는 버크셔의 성장에 크게 기여했습니다. 우리는 골드만삭스를 통해서 주식 매매도 많이 했습니다. 우리와 주식을 매매할 때 골드만삭스는 신인(信認) 의무를 지지 않으므로 자사의 포지션을 공개할 필요가 없습니다. 그러나 기업 인수에 대해서는 이야기가 전혀 달라집니다.

1967년, 버크셔는 다이버시파이드 리테일링을 통해서 채권을 발행했습니다. 버크셔 최초의 채권 발행으로, 표면 금리 8%짜리 채권 550만 달러였습니다. 당시 묘석 광고(증권 발행 광고)를 보면 이 채권 발행의 주간사가 뉴

욕 시큐리티즈와 퍼스트 네브래스카 시큐리티즈로 나옵니다. 그러나 550
만 달러 발행이 어려운 상황이었으므로 우리는 골드만삭스와 키더 피바디
에 도움을 요청했습니다. 두 기관은 각각 35만 달러를 인수했으므로 이 채
권 발행에서 최대 인수자가 되었습니다. 하지만 두 기관은 소기업 채권 발
행에 참여한 사실을 수치로 여겼으므로 기관명을 묘석 광고에 올리지 말아
달라고 요청했습니다. 그래도 나는 당시 이들의 도움을 잊지 않고 있습니
다. 나는 버크셔를 도와준 사람들을 오래도록 기억합니다.

골드만삭스는 애버커스 거래에 대해서 SEC로부터 소송 경고장을 받았
지만, 대부분 이사회는 사안이 중대하다고 판단하지 않는 한 이 사실을 공
개할 필요가 없다고 생각합니다. 나 역시 애버커스 거래가 중대한 사안이
라고 생각하지 않습니다. 그러나 제너럴 리 경영진이 소송 경고장을 받았
을 때, 버크셔는 이 사실을 공개했습니다.

멍거: 나도 애버커스 거래가 중대하다고 생각하지 않습니다. 모든 정보를
공개해야 한다면 보고서가 한없이 길고 복잡해질 것입니다.

버핏: 골드만삭스의 CEO 로이드 블랭크페인의 사임에 대해서는 전혀 생각
해보지 않았습니다. 그러나 만에 하나 후임자를 선정해야 할 경우, 그에게
쌍둥이 형제가 있다면 그를 선정하겠습니다.

멍거: 월스트리트에는 내가 다시는 보고 싶지 않은 사람이 많지만 로이드
블랭크페인은 아닙니다.

버핏: 찰리가 그러한 사람 명단을 열거하기 전에 다음 질문으로 넘어갑시다.

Q 2. **그리스 국가 채무** 문제가 어떤 영향을 미칠까요?
버핏: 버크셔는 다양한 통화로 자산(뮤닉 리, 콜론 리)과 부채(런던 로이즈)를 보
유하고 있습니다. 나는 환 위험을 걱정하지 않습니다. 버크셔는 특정 통화

의 환 위험에 과도하게 노출되지 않았으니까요. 그러나 그리스가 채무를 이행하지 못하면 세계 경제가 큰 타격을 입을 수 있습니다.

멍거: 지금은 그리스가 '흥미로운 문제'이긴 하지만, 우리는 통화의 상대 가치를 알 수 없다는 입장입니다. 제2차 세계대전 이후 미국은 독일과 일본의 재건을 도와주었는데, 이는 매우 현명한 판단이었습니다. 현재 세계 각국 정부의 신용도는 과거만 못합니다. 정부가 파산하면 문명이 큰 위험에 처하게 됩니다. 미국의 신용도 역시 내 평생 가장 취약한 상태입니다.

버핏: 미국과 일본처럼 정부가 자국 통화로 부채를 일으킬 수 있는 국가는 통화를 더 발행해서 부채를 상환하면 되므로 절대 부도가 나지 않습니다. 인플레이션은 발생하겠지만 부도는 나지 않습니다. 그러나 라틴 아메리카 국가처럼 신용도가 낮은 국가는 다른 나라 통화로 부채를 일으킬 수밖에 없습니다. 그리스도 20년 전에 시작된 유로 실험에 포함된 국가라서 자국 통화를 발행할 수 없습니다. 그리스는 유로의 강도를 확인하는 실험 사례가 될 것입니다. 이 영화가 어떻게 끝날지는 알 수 없지만 긴박한 드라마가 되겠지요. 어느 국가든 GDP의 10%에 이르는 재정 적자가 장기간 유지될 수는 없습니다. 이렇게 막대한 재정 적자를 세계가 어떤 방식으로 해소할 수 있을지 나는 모르겠습니다.

멍거: 실제 재정 적자는 '재원 없는 공약unfunded promises' 탓에 통계 수치보다 훨씬 크다는 점을 명심해야 합니다. 경제 성장이 중단된다면 결국 문제가 터지겠지요.

Q 3. **인도**에 투자할 생각이 있나요?

버핏: 인도 보험사에 대한 투자는 정부 규제 탓에 제약이 있습니다. 내년 3월 나는 이스카의 인도 사업을 살펴보러, 이스카 관계자와 함께 인도를 방문할

계획입니다. 직접적으로든 주식을 통해서든 인도에 투자할 가능성이 없지는 않습니다.

멍거: 인도의 문제는 정부가 상당히 무능하다는 점입니다. 중국 정부는 인도 정부보다 유능하므로 중국이 인도보다 훨씬 빠르게 성장할 것입니다. 나는 인도를 좋아하지만 무능한 정부는 좋아하지 않습니다.

버핏: 우리는 인도에서 사업할 방법을 찾아내야 합니다. 나는 중국과 인도 양국에서 보험 사업에 투자하고 싶지만, 관건은 법입니다. 세상 어디에나 운전자는 많지만, 중국과 인도 모두 보험사에 대한 외국인 지분을 24.9%로 제한하고 있습니다. 우리는 가이코의 경우처럼 지분을 100% 확보하려고 노력 중입니다. 가이코는 2%였던 시장 점유율이 근래에 8.5%로 상승했습니다. 가이코는 미국에서 벌일 사업이 여전히 많습니다. 우리는 캐나다로 사업 확장 타당성을 검토해보았지만 미국에도 여전히 사업 기회가 매우 많아서 보류했습니다.

20년 후 미국, 중국, 인도 모두 생활 수준이 향상될 것입니다.

Q 4. **금융 위기 이후 인플레이션 가능성**을 어떻게 보나요?

버핏: 내 편견일지 모르지만, 금융 위기에 대한 정부의 조처 탓에 심각한 인플레이션의 가능성이 커졌다고 생각합니다. 내가 태어난 이후 달러의 가치는 90% 이상 하락했습니다. 금융 위기 기간에 정부는 막대한 부채를 일으켰는데, 원래의 금융 위기 해결보다 이 부채 문제 해결이 더 어려울지 모르겠습니다. 나는 2009년 8월 〈뉴욕 타임스〉 기명 논평 페이지에 'The Greenback Effect(달러 효과)'라는 제목으로, GDP 대비 과도한 적자 탓에 인플레이션이 발생할 것이라고 썼습니다. 내기를 한다면 나는 장차 인플레이션이 발생한다는 쪽에 걸겠습니다. 나는 기명 논평 페이지 내내 경고 신

호를 보냈습니다.

인플레이션을 평가하는 단일 척도는 없습니다. 하지만 인플레이션은 일단 시작되면 저절로 강해질 수 있습니다. 1970년대에 발생한 인플레이션은 폴 볼커가 강력한 조처를 한 뒤에야 억제되었다는 사실을 기억하시기 바랍니다. 우리는 1970년대의 인플레이션을 다시 보게 될지도 모릅니다. 인플레이션이 얼마나 가속화할지 예측하기는 매우 어려울 것입니다. 그러나 이러한 추세가 필연은 아닙니다. 우리는 정책을 통해서 진행 방향을 바꿀 수 있습니다.

멍거: 수익력을 보유한 기업이라면 인플레이션을 어느 정도 방어할 수 있습니다.

버핏: 인플레이션이 화폐의 가치를 떨어뜨릴 수는 있지만 재능을 빼앗아갈 수는 없습니다.

Q 5. **금융 위기**는 우리가 어리석은 탓에 발생하나요?

버핏: 우리는 간혹 금융 위기에 휩싸입니다. 이는 IQ의 문제가 아닙니다. 인류의 광기를 막을 방법은 없습니다. 하지만 어린 시절의 금융 교육은 매우 유용합니다. 그래서 나는 초등학생의 금융 지식을 높여주는 '백만장자 비밀 클럽Secret Millionaire's Club' 만화 제작에 참여하고 있습니다. 이 만화를 통해 어린이의 2~5%가 건전한 금융 습관을 익히도록 도울 수 있다면 성공입니다. 벤저민 프랭클린도 이러한 금융 습관을 가르쳤습니다. 부모도 자녀에게 건전한 금융 습관을 가르친다면 매우 좋은 일입니다.

멍거: 젊은이에게 책임감을 가르치는 측면에서 보면 맥도날드가 대학보다 더 크게 기여했습니다. 맥도날드는 주변인을 고용하고 훈련해 훨씬 더 수준 높은 업무를 수행하게 했습니다. 맥도날드는 우리 사회의 고용 문화 발

전에 크게 기여했습니다.

Q 6. 버크셔는 **비리**에 어떻게 대처하나요?

버핏: 버크셔 사업부에서 비리가 드러나면 경영진이 곧바로 조사에 착수합니다. 버크셔에는 직통 전화가 설치되어 있으며 비리를 발견하면 직통 전화로 보고하라고 직원에게 권장합니다. 어떤 비리든 혐의가 나타나면 즉각 조사가 시작됩니다.

멍거: 버크셔는 대부분 기업보다 비리에 대해 관심도 더 많고 대응도 더 빠릅니다.

버핏: 버크셔는 자회사 CEO에게 정기적으로 서한을 발송합니다. 이 서한에서는 유사시 그를 대신할 인물을 추천해달라고 요청하고 돈 때문에 평판을 그르쳐서는 안 된다는 점을 일깨웁니다. 그리고 윤리적으로 문제가 될 만한 소지가 혹시라도 있을 수 있다면 내게 전화하라고 말합니다. 버크셔는 임직원이 26만 명에 이르므로 비리가 발생할 수밖에 없습니다. 그래도 나는 버크셔의 평판을 지키기 위해서 무슨 일이든 할 것입니다.

멍거: 버크셔는 훌륭한 평판을 쌓았습니다. 무조건 돈만 벌려고 하지 않았기 때문입니다. 우리는 공정하게 벌었을 때만 칭찬합니다. 이러한 철학을 주주가 받아들이면 큰 힘이 됩니다.

Q 7. **BNSF와 미드아메리칸 에너지**는 수익성이 어떤가요?

버핏: BNSF와 미드아메리칸 에너지는 둘 다 규제 산업에 속한 자회사입니다. 그동안 철도회사는 (부채 포함) ROIC가 10.5%인 비즈니스 모델에 잘 적응했습니다. 이는 과도한 추세가 아닙니다. 철도회사는 인프라 개선에 지속적으로 투자해야 하기 때문입니다. 인프라 투자는 국가와 철도회

사 양쪽의 공동 관심사입니다. 이를 위해서는 철도회사의 투자에 대해 적정 수익률을 허용해주어야 합니다. 전력회사에 대해서는 일반적으로 ROE 11~12%를 허용하고 있습니다. 침체기에도 전력 수요는 급감하지 않으므로 전력회사의 수익률은 대개 안정적이지만, 철도회사의 수익률은 침체기에 하락하기가 쉽습니다.

멍거: 철도회사는 규제 산업에서 크게 성공한 사례입니다. 지난 30~40년 동안 철도회사는 철로를 신설하고 새 열차를 도입해 운송 거리와 운송 중량을 두 배로 늘리는 등 효율성을 높였습니다. 현명한 규제 당국과 경영진 덕분에 철도회사는 잘 적응할 수 있었습니다. 항상 그러한 것은 아니지만, 철도는 기존 시스템이 우리 모두에게 효과적이었습니다.

Q 8. **파생 상품**은 위험 관리에 유용하지 않나요?

멍거: 나는 파생 상품의 역할이 과대평가되었다고 생각합니다. 파생 상품이 위험 관리에 편리하기는 하지만, 대부분 파생 상품은 공인 거래소에서 상품 및 통화 거래 용도로만 사용되어야 한다고 생각합니다. 파생 상품이 세상에서 모두 사라진다면 세상이 더 안전해질 것입니다!

버핏: BNSF 같은 회사는 파생 상품을 이용해 연료비를 관리하려고 합니다. 버크셔는 장기간 경쟁 우위를 확보한 기업만을 대상으로 거래하므로 헤지 거래가 필요하지 않다고 생각합니다. 하지만 BNSF나 미드아메리칸이 헤지 거래를 원한다면 허용할 생각입니다.

존 메이너드 케인스는 1935년 저서《고용, 이자, 화폐의 일반 이론The General Theory of Employment, Interest and Money》12장에서 말했습니다. "기업 활동이 안정적일 때는 투기자가 일으키는 거품이 무해할 수 있다. 그러나 기업 활동이 투기의 소용돌이에 휩싸였을 때는 상황이 심각하다."

나는 S&P500 지수에 대한 파생 상품이 케인스가 경고했던 투기를 불러왔다고 믿습니다. 1982년 의회가 이러한 파생 상품을 검토 중일 때, 나는 딩겔 의원에게 서한을 보내 주식시장에서 투기가 증가할 것이라고 경고했습니다. 주식시장이 도박장에 가까워질 것이라고 말했습니다. 그런데 주식시장이 도박장으로 바뀌면 더 재미있을 것이라고 말하는 사람이 많았습니다.

1982년 〈포춘〉 인터뷰에서도 나는 공개적으로 표명했습니다. 내 판단으로는 파생 상품 계약의 95% 이상이 속성상 도박이 확실하며 자본시장에 무익하다고 말이지요. 게다가 S&P500 파생 상품은 이익의 60%를 장기 투자로 인정받기 때문에 일반 주식 투자보다 세금 면에서도 유리합니다. 하지만 실제 보유 기간은 대부분 10분 이하이므로 터무니없는 세금 혜택입니다.

멍거: 이 세금 혜택은 공정하지도 않고 합리적이지도 않습니다. 사람들이 무관심할 때 소규모 집단의 로비가 얼마나 효과적인지를 보여줄 뿐입니다. 소시지와 법률은 만들어지는 과정을 보지 않는 편이 낫습니다.

버핏: 1929년 시장 붕괴 이후 미국인은 주식 매수 증거금 비율 10%가 경제를 위협한다고 판단하고 증거금 비율을 연준이 결정하게 하는 법을 통과시켰습니다. 그러면 1982년 미국인은 무엇을 했나요? S&P500 파생 상품을 승인해 사람들에게 매우 낮은 증거금 비율로 엄청난 도박을 하도록 허용했습니다. 미친 짓입니다. 주식시장에서 증거금 비율이라는 안전망을 제거했는데도 말 한마디 하는 사람이 없습니다. 나는 금융 시스템에 위협이 되는 조직에 대해서는 레버리지를 제한해야 한다고 생각합니다. 그리고 개인의 투기에 대해서도 과도한 레버리지는 막아야 한다고 생각합니다. 1934년 미국인은 레버리지가 위험하다고 판단했고 나는 지금도 위험하다고 생각합니다. 그런데도 우리는 S&P500 파생 상품으로 도박을 허용해 과거에 만

든 법을 완전히 무효화했습니다.

Q 9. 자산 운용 업계는 치열한 경쟁 탓에 투자 기회가 감소하는 듯한데, **펀드 매니저**가 추구할 만한 직업이라고 보나요?

버핏: 1달러짜리 지폐를 50센트에 살 기회는 감소했을지 몰라도, 운용 자산 규모가 크지 않다면 투자 기회는 항상 존재합니다. 찰리가 경영하는 데일리 저널이 그러한 사례입니다. 데일리 저널은 현금 약 1,500만 달러를 장기간 보유하고 있었습니다. 2009년 데일리 저널 연차 보고서에 의하면, 금융 위기가 발생하자 찰리는 1,500만 달러를 주식에 투자해 6개월 만에 4,500만 달러로 불렸습니다. 투자자는 다가오는 기회에 항상 준비가 되어 있어야 합니다.

  자산 운용사는 종종 자산 운용보다 자산 확대를 중시하는 탓에 고객과 이해관계가 충돌합니다.

멍거: 자산 운용 업계는 정도(正道)를 선택해야 합니다. 그러면 부대낄 일이 없습니다.

Q 10. 향후 주식의 **10년 수익률**을 어떻게 전망하나요?

버핏: 내가 2008년 10월에 주식을 매수한 것은 성급한 감이 있지만, 그래도 현금과 채권보다는 주식이 훨씬 낫다고 생각했습니다. 단기적으로는 어떨지 모르지만 10~20년을 내다보면 주식이 현금과 채권보다 낫다고 여전히 생각합니다. 나는 현금과 채권은 좋게 보지 않으니까요. 주식은 적어도 적정 수익은 안겨줄 것입니다.

멍거: 나쁜 대안 중에서 그래도 주식이 최선이라고 생각하면 기분이 좋아집니다. 앞으로 장기간 기대되는 수익은 평범한 수준에 그칠 것이라고 생각

합니다. 수익률에 대한 기대 수준을 낮춰야 합니다. 그러나 버크셔는 가격이 적정하면서 경쟁력 있는 기업을 탐색할 것이며, 결국 찾아내게 될 것입니다.

Q 11. **신용 평가 회사**의 실적을 어떻게 전망하나요?

버핏: 신용 평가 회사는 추가 자본이 거의 필요 없으면서 가격 결정력이 막강하므로 비즈니스 모델이 탁월합니다. 신용 평가 회사 역시 다른 금융회사와 마찬가지로 투기 광풍에 굴복하고 말았지만 그래도 세상에는 신용 평가 회사가 필요합니다. 대중과 다르게 생각하기는 쉽지 않습니다. 신용 평가 회사 역시 전국 주택 가격 폭락을 내다보지 못한 탓에 지금 강한 반발에 직면했습니다. 그래도 새로운 규제에 의해 사업이 강제로 개편되는 상황이 아니라면 수익성은 여전히 양호하게 유지될 것입니다.

버크셔는 신용을 직접 분석하므로 신용 평가 회사가 제시하는 신용 등급을 보지 않습니다.

멍거: 신용 평가 회사는 미국에서 장기간 건설적인 역할을 수행했습니다. 그러나 시대의 어리석은 흐름에 함께 휩쓸렸습니다. 신용 평가 회사는 학계의 터무니없는 모형을 과신한 탓에 금융 위기의 중대한 원인을 제공했습니다.

Q 12. **금융 위기**의 근본적인 원인이 무엇일까요?

멍거: 금융 위기는 진정성 부족에서 비롯되었습니다. 진정성이야말로 돈을 버는 가장 중요하면서도 가장 쉬운 방법입니다. 하느님이 존재한다면 리슐리외 추기경(소설 '삼총사'에서 악당으로 묘사되었던 실존 인물)은 큰 벌을 받을 것입니다. 하느님이 존재하지 않는다면 별일 없겠지만 말이죠.

버핏: "남들 모두 그렇게 하던데요"라는 말이 가장 고질적인 변명입니다. 기업이 스톡옵션을 비용으로 처리하지 않던 관행이 대표적인 사례입니다. 기업의 집중 로비 끝에, 재무회계기준위원회는 스톡옵션을 비용으로 처리해야 한다던 당초 입장에서 물러서서, 대신 스톡옵션을 주석으로 표시하는 방식도 허용하기로 했습니다. 그러자 S&P 500대 기업 중 498개 기업이 스톡옵션을 비용으로 처리하지 않았는데, "남들 모두 그렇게 했기" 때문입니다. 상황 윤리가 판치고 있습니다.

또 다른 사례는 EPS를 반올림하려고 소수점 4자리 이상 계산하는 기업의 관행입니다. 실적 목표가 있으면 경영진은 장기 성장에 주력하는 대신 단기 목표를 달성하려는 유혹에 빠지기 쉬우므로 우리 버크셔는 실적 목표를 두지 않습니다.

멍거: 대부분 악행은 악의가 아니라 잠재의식에서 비롯됩니다. 그래서 악행을 근절하기가 매우 어렵습니다. 금융 위기 기간에 금융회사는 주택 담보 대출을 보유하는 대신 곧바로 상품화해서 팔아넘겼으며 아무 책임도 지지 않았습니다. 그래서 이들은 자신의 부도덕한 행위를 깨닫지 못했고 아무도 사죄하지 않았습니다.

Q 13. 금융 위기가 발생했을 때 저는 두려움에 휩쓸려 **매수 기회**를 잡지 못했는데, 어떻게 하면 남들이 두려워할 때 탐욕스러워질 수 있나요?

버핏: 남들이 두려워할 때 자신도 두려워지는 것은 자연스러운 현상입니다. 하지만 그래서는 큰돈을 벌 수 없습니다. 주식 중개인에게 보태줄 뿐입니다. 그러나 주가를 매일 보지 않는다면 두려움에 빠지지 않을 것입니다. 농장을 보유한 사람은 얼마에 팔 수 있는지 매일 가격을 알아보지 않습니다. 우리는 주가가 하락하면 주식을 더 매수합니다.

멍거: 사람들은 역경을 극복하고 나서 더 용감해집니다. 쉬운 일부터 시작해 실패를 경험하시기 바랍니다.

버핏: 주가가 아예 나오지 않으면 오히려 나을 것입니다. 주가는 주식의 가치에 대해서 아무것도 알려주지 않습니다. 중요한 것은 좋은 기업을 좋은 가격에 사서 오랫동안 잊고 지내는 것입니다.

Q 14. **태양광 발전의 전망**은 어떤가요?

멍거: 태양광 발전은 필수이므로, 태양광 발전의 시대가 다가오고 있습니다. 나는 태양 전지판 가격이 계속 하락한다고 예상해 우리 집 태양 전지판 설치를 계속 미루고 있습니다.

버핏: 자네 나이가 86세니까 오래 미루면 안 될 텐데?

멍거: 나는 늘 장기적 관점이잖아. 자네를 몹시 그리워할 걸세.

남편이 아내에게 물었습니다. "내가 무일푼이 되더라도 여전히 나를 사랑하겠소?" 아내가 대답했습니다. "물론이죠. 항상 당신을 사랑할 거예요. 몹시 그리워하면서 말이죠."

에탄올은 엄청나게 어리석은 아이디어입니다. 정치인이 우리를 실망시키는 또 다른 사례지요. 그러나 우리는 태양광 발전으로 미국에 방대한 전력망을 구축해 에너지 문제를 해결할 것입니다.

버핏: 보탤 말 없습니다.

Q 15. 당신은 TV 방송국과 종종 **인터뷰**를 하는데, 그렇게 시간을 배분하는 것이 버크셔 주주에게도 최선일까요?

버핏: 십중팔구 아니겠지요. 그러나 나는 매주 12시간씩 저녁에 온라인 체스를 하는 등 다른 활동도 많이 하는데, 이렇게 쓰는 시간도 버크셔 주주에

게 최선은 아닐 겁니다. 하지만 나는 TV 방송을 통해서 소통하는 방식이 인쇄 매체보다 낫다고 믿습니다. 인쇄 매체를 통하면 편집 과정 탓에 내 생각이 정확하게 전달되지 않을 수도 있거든요.

로이드 블랭크페인은 농담 삼아 "골드만삭스는 하느님의 일을 하고 있다"고 말했습니다. 그러나 인쇄 매체는 그의 농담을 진담으로 받아들였습니다. 장담컨대 블랭크페인은 자신의 말을 취소하고 싶었을 것입니다. 이제 나는 TV 인터뷰를 선호합니다. 내가 한 말 그대로 영원히 기록되거든요. 하지만 TV 인터뷰에 대해서도 조심해야 합니다. BNSF 인수에 관해서 찰리 로즈와 TV 인터뷰를 한 적이 있습니다. 인터뷰 중에는 그레이스 켈리와 마릴린 먼로가 기차를 타고 가는 장면도 나옵니다. 나는 그레이스 켈리와 마릴린 먼로도 함께 넘겨주었다면 BNSF에 더 높은 가격을 치렀을 것이라고 농담했습니다. 그런데 인터뷰 분량이 예정보다 6분을 초과한 탓에, 그레이스 켈리와 마릴린 먼로가 기차를 타고 가는 장면은 삭제되고 내 농담만 남았습니다. 내가 호색가처럼 보였겠지요.

Q 16. 당신은 어떤 **주주**를 원하나요?

버핏: 버크셔는 상장 회사이므로 누구든지 주식을 살 수 있습니다. 그러나 우리는 버크셔가 어떤 회사인지 주주에게 정확하게 알려야 합니다. 어떤 음식점이 프랑스 음식을 제공한다고 광고하고서 실제로는 햄버거만 판다면 고객이 불만을 품고 떠나갈 것이라고 필립 피셔는 말했습니다. 버크셔는 분기마다 실적을 들여다보는 투자자가 아니라 우리처럼 생각하는 주주를 원합니다. 자신이 동업자라고 생각하는 버크셔 주주야말로 최고입니다.

멍거: 버크셔는 우연의 산물입니다. 처음에 가족과 친구의 자금을 운용하던 회사가 상장 회사로 바뀌었는데도 주주를 여전히 가족처럼 대하고 있습니

다. 만일 우리 주주가 6개월마다 실적을 들여다보면서 비현실적인 기대만 하는 기관 투자가라면, 우리는 주주를 가족처럼 대하지 못할 것입니다.

버핏: 다행히 버크셔에는 IR 부서가 없습니다. 항상 새로운 주주를 끌어모으려고 애쓰는 것보다 우리 경영 스타일에 어울리는 주주를 유지하는 편이 훨씬 낫습니다.

Q 17. 어떻게 하면 기업의 가치를 잘 평가해서 적정 **안전 마진**을 확보할 수 있나요?

버핏: 나는 투자를 시작할 때 내재 가치 평가에 대해 전혀 알지 못했습니다. 그레이엄이 투자 방법을 가르쳐주었지만 그렇게 투자할 기업은 씨가 말라 버렸습니다. 5~6년 전에는 그레이엄의 투자 방법을 적용할 만큼 저평가된 한국 주식을 발견해 약 20종목에 분산 투자했습니다. 이후에는 찰리가 튼튼한 경쟁 우위를 확보한 기업에 투자해야 한다고 가르쳐주었습니다.

우리가 모든 기업을 다 평가할 줄 알아야 하는 것은 아닙니다. 관건은 능력범위를 키우는 것이 아니라 자신의 능력범위를 정확하게 파악하는 것입니다. 10~20년 후의 모습을 이해할 수 있는 기업 몇 개만 평가할 수 있으면 됩니다. 그러한 기업을 적정 안전 마진에 매수하면 좋은 실적이 나올 것입니다. 자신의 한계를 인식해 바보짓만 피하면 됩니다.

멍거: 기업의 내재 가치를 잘 평가하고 싶으면 많이 생각하고, 배우고, 훈련해야 합니다. 세상은 변하므로 우리는 계속 배워야 합니다. 경험이 쌓이면 완전히 실패하는 일은 절대 없을 것입니다. 가치가 서서히 상승하는 모습을 끈질기게 지켜보는 기질도 필요합니다. 나는 어린 시절부터 내재 가치를 평가했습니다. 내가 지켜본 친구 하나는 빈둥거리면서도 큰돈을 벌었습니다.

버핏: 자네의 이상형이군! 그 친구는 어떻게 했나?

멍거: 그 친구는 죽은 말을 수거해서 재활용했는데, 경쟁이 전혀 없었습니다. 나는 이러한 사업이 최고라는 사실을 곧 깨달았습니다.

Q 18. 두 분이 청중이라면 어떤 **질문**을 하겠습니까?

멍거: 버크셔는 첨단 신기술에 좀처럼 투자하지 않으므로, 나라면 비야디 투자에 대해 질문하겠습니다. 투자는 자신의 학습 역량을 보여줍니다. 비야디 투자는 그동안 성과가 매우 좋았으며 세계의 주요 문제 해결에도 기여할 것입니다. 잘 훈련된 비야디 사람과 인연을 맺게 되어 기쁩니다.

나는 BNSF에 대해서도 질문할 것입니다. BNSF 인수는 BNSF 주주에게 더 유리한 거래였지만 버크셔 주주에게도 만족스러운 거래가 될 것입니다. BNSF와 미드아메리칸 인수를 통해서 버크셔는 상당한 공학 기술을 확보했습니다.

버핏: 나라면 버크셔에서 창출하는 현금을 앞으로도 장기간 계속 사용할 수 있는지 질문하겠습니다. 10~15년 뒤에는 버크셔가 창출하는 막대한 자금을 효율적으로 사용하기가 대단히 어려울 것입니다. 자금 일부는 여전히 투자할 수 있겠지만 한계가 있습니다. 따라서 언젠가 창출 자금의 100%를 사용하지 못하게 될 것입니다. 그때는 주주에게 가장 유리한 방법을 찾을 것입니다.

Q 19. **재산을 모으는 좋은 방법**은 무엇인가요?

버핏: 재산을 모으는 최선의 방법은 자신의 열정을 따르는 것입니다. 우선 자신이 하는 일을 사랑해야 합니다. 내가 주식 중개인의 아들로 태어난 것은 뜻밖의 행운이었습니다. 덕분에 나는 일찌감치 투자 서적을 읽을 수 있었습니다.

네브래스카 퍼니처 마트를 경영하는 로즈 블럼킨(B 여사)도 자신의 열정을 따른 인물입니다. 여사는 미국으로 이주한 이후 평생 학교를 하루도 안 다녔지만 자신이 하는 일을 사랑했습니다. 여사는 500달러로 시작한 사업을 매출 4억 달러짜리 대기업으로 키웠습니다. 저녁 식사 초대를 받아 집에 가보니, 모든 가구에 녹색 가격표가 붙어 있더군요. 여사는 이러한 분위기가 편안하다고 말했습니다. 여사의 뜨거운 열정이 기적을 일궈낸 것입니다.

Q 20. 당신이 일과 인생에 공통으로 적용하는 **원칙**은 무엇인가요?
멍거: 실용주의입니다. 효과도 좋고 우리 기질에도 잘 맞습니다. 아주 단순하지만 인생의 근본 알고리즘입니다.

Q 21. **칠레 지진**이 미국에서 발생하면 버크셔에 어떤 영향을 미칠까요?
버핏: 칠레 지진과 같은 지진이 캘리포니아를 덮칠 때 손해가 얼마나 발생할지는 모르겠습니다. 칠레 지진 피해의 40%는 쓰나미에서 발생했고 60%는 지진에서 발생했습니다. 캘리포니아에서 강진이 발생하면 손해가 최대 1,000억 달러에 이를 수 있습니다. 손해 대부분은 지진에 이은 화재에서 발생합니다. 보험 용어로는 '지진 후 화재Shake and Bake'라고 표현합니다. 그러나 어떠한 일이 발생하더라도 버크셔는 비용을 충분히 감당할 수 있으므로 걱정할 필요 없습니다. 어떤 대재해가 발생하더라도 버크셔는 수익력이 막강해서 보험금을 충분히 지급할 수 있습니다. 2,500억 달러 규모의 대재해가 발생한다면, 그중 버크셔의 몫은 대개 3~4%이므로, 예상 최대 손해액은 100억 달러입니다.

주식 투자는
최선의 선택

❖

2011년

장소: 퀘스트 센터

참석자: 약 4만 명

포춘 500 순위: 7위

버크셔 주가: $120,475

1964년 $1 → 2011년 $9,739

1964년 BPS $19.46 → 2011년 $99,860 (연 19.8%)

같은 기간 S&P500 수익률 연 9.4%

Q 1. **데이비드 소콜**은 버크셔가 인수하려는 기업 루브리졸의 주식을 사전에 매입했습니다. 왜 그를 즉시 파면하는 등 더 단호하게 대응하지 않았나요?

버핏: 당시 루브리졸을 대리하는 투자 은행은 씨티와 에버코어였습니다. 1월 14일~3월 14일 동안 나는 소콜이 씨티와 접촉하는 조짐을 발견하지 못했습니다. 그러나 실제로 그는 지난해 10월 이미 씨티와 접촉해서 버크셔의 인수 후보 기업에 대해 이야기를 나누었습니다. 버크셔가 루브리졸을 인수하기로 했다는 발표가 나오자 존 프로인드가 내게 축하한다고 전화했습니다. 그는 수십 년 동안 버크셔의 거래를 담당한 씨티 직원입니다. 그는 씨티 인수팀이 그동안 소콜과 함께 작업을 진행했으며 이 거래가 성사되어 자랑스럽다고 말했습니다. 나는 이 소식을 처음 듣는 순간 문제를 직감했습니다. 그래서 버크셔 CFO 마크 햄버그에게 확인해보라고 했습니다. 소

콜은 루브리졸 주식 매입 시점과 보유 수량을 즉시 밝혔습니다. 이어서 씨티의 작업에 참여했는지 물었습니다. 그러나 소콜은 전화번호를 얻으려고 씨티를 방문했을 뿐이라고 사실을 축소해서 대답했습니다.

루브리졸은 위임장 권유 신고서(proxy statement: 주주에게 의결권 대리 행사를 권유할 때 제공해야 할 정보를 기술한 문서)를 작성하게 되어 있었습니다. 나는 프로인드로부터 들은 이야기가 있으므로 위임장 권유 신고서가 나오길 기다렸는데, 실제로 소콜이 씨티 작업에 참여했다는 정보가 다수 들어 있었습니다. 그래서 버크셔의 법무 법인과 루브리졸의 변호사가 만나 소콜 관련 사실을 확인했습니다. 이들은 주식 매입 및 씨티와의 관련성에 대해 소콜에게 3회 이상 질문했습니다.

당시 아시아 출장 중이었던 나는 귀국하는 즉시 이사회를 소집할 작정이었습니다. 그 무렵 소콜로부터 사직서가 도착했습니다. 그가 스스로 사직해서 소송이나 퇴직 수당 문제는 없을 터이므로 비용은 절감되겠다고 생각했습니다.

나는 소콜의 사직을 주주에게 알려야 한다고 생각해 소콜의 공로를 치하하는 보도 자료 초안을 작성했습니다. 찰리와 우리 법무 법인은 보도 자료에 문제가 없다고 말했습니다. 소콜은 사전 매입 이유(버핏의 후계자가 될 가망이 사라졌기 때문)를 제외하면 다른 내용은 정확하다고 말했습니다. 그래서 그 부분을 삭제하고 다시 소콜의 확인을 받았습니다.

나중에 루브리졸 위임장 권유 신고서에서 발견한 사실인데, 루브리졸이 기업 매각에 관심 있다는 사실을 소콜은 이미 알고 있었습니다. 소콜은 CNBC와 인터뷰할 때도 이 사실을 밝히려 하지 않았습니다. 그사이 버크셔는 SEC 집행부 책임자에게 소콜의 주식 사전 매입 관련 상세한 정보를 제공했습니다. 우리는 그 시점까지 발생한 일을 SEC가 정확하게 파악할 수 있도록 매우 신속하게 조치했습니다. 나는 소콜이 사직했으므로 이후 소송 가능성은 거의 없다고 생각했습니다. 그리고 소콜에게 매우 불리한 정보도 SEC에 제공했습니다.

　그러나 사람들은 내가 격분하지 않았다고 속상해합니다. 이 점에 대해서는 잘못을 인정합니다. 그동안 소콜이 버크셔에 크게 기여했으므로 나는 그의 긍정적인 측면에 초점을 맞추었던 것입니다. 나는 소콜이 그러한 행동을 한 것이, 내 후계자가 될 가망이 사라졌기 때문이라고는 생각하지 않습니다. 그는 후계자 자리를 기대하지 않았습니다. 나는 상황을 파악하고 나서 신속하게 대응했습니다. 즉시 SEC 집행부 책임자에게 전화해 불리한 증거를 제공했고 일반 대중에도 공개했습니다. 분노하지 않은 점은 내 잘못으로 인정합니다.

멍거: 우리 보도 자료에 다소 부족한 점이 있었습니다. 사안이 복잡했는데도 대중과 주주의 반응을 예상하지 못했습니다. 그래도 분노한 상태로 판단을 내려서는 안 됩니다. 톰 머피는 캐피털시티 사람들에게 항상 이렇게 말했습니다. "당신은 누군가에게 '뒈져버려'라고 언제든 말할 수 있습니다. 그렇게 말하는 편이 정말로 좋다고 생각한다면 말이죠." 이 사례에서 기억해야 할 점은 한 사람의 선행과 과오입니다.

버핏: 찰리가 보도 자료를 승인했다는 사실에 놀라지 마십시오. 찰리와 나는 50년 동안 함께 일했는데도 다툰 적이 한 번도 없거든요.

Q 2. 만일 앞으로 50년을 더 산다면 당신은 어느 **섹터**를 능력범위에 추가하고 싶은가요?

버핏: 앞으로 50년을 더 산다는 가정이 마음에 드는군요. 나는 기술 섹터처럼 규모가 큰 섹터를 선택하겠습니다. 그러나 기술 섹터가 크긴 하지만 유

망 종목을 찾아내기는 매우 어렵습니다. 기술회사의 수준이 천차만별이기 때문이죠.

멍거: 나는 에너지 섹터나 기술 섹터를 선택하겠습니다. 하지만 이러한 섹터는 버핏과 내가 전문 지식을 쌓기에 적합한 분야가 아닙니다. 우리가 지식을 쌓는 동안 이 섹터는 이미 다른 모습으로 발전할 테니까요.

Q 3. **루브리졸이 보유한 해자**는 무엇인가요?

버핏: 데이비드 소콜로부터 루브리졸 투자 아이디어를 들었을 때, 처음에는 내가 이 회사에 대해 전혀 모른다고 생각했습니다. 나는 화학 첨가제를 절대 이해하지 못할 것이라고 생각했는데, 이는 중요한 문제가 아니었습니다. 중요한 것은 경제성을 파악하는 일이었습니다. 회사의 해자는 견고한가? 진입 장벽은 높은가? 화학 분야에 대해서는 찰리가 훨씬 해박하므로 나는 찰리와 상의해보겠다고 대답했습니다. 며칠 뒤 찰리에게 말했더니 자기도 그 회사는 이해하지 못한다고 말했습니다.

소콜은 루브리졸의 CEO 제임스 햄브릭과 만나서 들은 이야기를 내게 전해주었습니다. 이후 나는 2월에 햄브릭과 점심을 하면서 내용을 다시 확인할 수 있었습니다. 덕분에 나는 산업의 동태, 회사의 발전 과정, 화학 첨가제의 역할 및 석유회사와의 관계 등을 잘 이해할 수 있었습니다. 석유회사는 루브리졸에 기유(基油)를 판매하는 공급자인 동시에 화학 첨가제를 구매하는 최대 고객이었습니다. 석유회사는 대부분 화학 첨가제 사업을 중단했으므로 남아 있는 화학 첨가제 회사는 둘뿐이었습니다. 즉 이 시장은 장기간 통합 과정을 거쳤습니다.

나는 기업을 분석할 때마다 진입 장벽이 얼마나 높은지 살펴봅니다. 1972년 시즈캔디를 인수할 때 나는 자문해보았습니다. "1억 달러가 있다면 내가 시장에 진입해서 시즈캔디와 대결을 벌일 수 있을까?" 나는 불가능하다고 결론지었습니다. 그래서 시즈캔디를 인수했습니다. 만일 대결할 수 있다고 판단했다면 인수하지 않았을 것입니다. 나는 코카콜라에 투자할 때도 나 자신에게 똑같은 질문을 던졌습니다. "1,000억 달러가 있다면 내가 콜라회사를 세워서 코카콜라와 대결을 벌일 수 있을까?"

몇 년 전 리처드 브랜슨은 버진콜라로 대결을 시도했습니다. 브랜드는 일종의 약속이 되어야 합니다. 콜라회사를 세울 경우, 나는 약속할 자신이 없었습니다. 나는 소콜에 이어 햄브릭을 만나고 나서도 이 화학 첨가물 시장에 경쟁자가 진입할 여지가 남아 있다고 생각했습니다. 그러나 루브리졸은 원가가 비교적 낮은 데다가 서비스도 훌륭하고 전체 시장 규모가 100억 달러에 불과해서 해자가 견고하다고 판단했습니다.

루브리졸은 보유 특허도 수없이 많지만 특히 고객과 긴밀한 관계를 유지하고 있습니다. 고객이 신형 엔진을 개발하면 루브리졸도 여기에 적합한 화학 첨가제를 개발합니다. 이제 나는 이해한다고 생각합니다. 화학 첨가제에 대해서는 여전히 조금도 이해하지 못했지만 사업의 경제성에 대해서는 이해할 수 있었습니다. 이스카 사람들에게 설명을 들었을 때와 똑같은 기분이었습니다. 땅속에서 캐낸 텅스텐을 가공해 소형 초경공구(超硬工具)에 장착하는 사업에서 경쟁 우위를 확보하고 있다는 말을 처음에는 이해할 수가 없었습니다. 그러나 한동안 들여다보고 나서 나는 이스카에 견고한 경쟁 우위가 있다고 판단했습니다.

찰리와 나는 루브리졸에 대해서도 똑같은 판단을 내렸습니다. 루브리졸은 시장 점유율 1위고, 사업에 지속성이 있으며, 장기적으로 사업성이 매우 좋다고 판단했습니다. 회사는 엔진이 더 오래, 더 부드럽게 돌아가게 해줍니다. 금속과 금속이 힘을 주고받는 곳에는 항상 윤활유가 필요하므로 윤활유 수요는 계속 이어질 것입니다. 나는 루브리졸이 매우 오랜 기간 시장을 지배할 것으로 생각했습니다.

하지만 찰리나 나나 정확하게 이해하지는 못한 상태였습니다. 이 무렵 소콜이 햄브릭으로부터 들은 이야기를 내게 전해주었습니다. 이는 루브리졸이 이미 오래전부터 전 세계 투자자에게 널리 알리던 내용이었습니다. 그러나 나는 그동안 관심을 전혀 기울이지 않았던 것이지요. 이때 그 설명을 듣고서 나는 이해했다고 생각했고 지금도 이해한다고 생각합니다. 나는 루브리졸을 인수하면 버크셔에 매우 좋을 것이라고 생각했습니다. 그래서 이렇게 혼란스러운 와중에도 바로 어제 햄브릭을 만났습니다. 루브리졸은 버크셔가 이상적인 안식처라고 생각하며 매우 열광적으로 버크셔의 자회사가 되고자 합니다.

멍거: 이스카와 루브리졸은 겉모습은 달라도 성격은 비슷한 회사입니다. 둘이 보유한 시장은 매우 작아서 합리적인 경쟁자라면 진입할 이유가 없습니다. 이러한 회사를 매각하려는 분은 워런에게 전화하십시오.

Q 4. 저는 연차 보고서에서 제공하는 정보를 이용해 **버크셔의 가치**를 추정합니다. 영업 이익을 7%로 할인한 값(주당 영업 이익 6,300달러 ÷ 7% = 9만 달러)에 주당 투자액(9만 5,000달러)을 더하면 추정 가치 18만 5,000달러가 산출됩니다.

버핏: 나는 주당 투자액과 세전 영업 이익이 중요한 숫자라고 생각하므로 연차 보고서에 공개하고 있습니다. 버크셔의 영업 이익은 시간이 흐르면 거의 틀림없이 증가하겠지만 현재 주당 투자액은 지난 연말과 거의 같습니다. 나는 두 숫자 모두 늘리려고 합니다. 그러나 주된 목표는 영업 이익을 늘리는 것입니다. 버크셔의 내재 가치는 범위로 추정해야 합니다. 특정 숫자 하나로 추정하는 것은 터무니없기 때문입니다. 찰리와 내가 각각 내재

가치 범위를 추정해도 차이가 날 것입니다.

버크셔 주가가 저평가되었다고 생각할 때 내가 보내는 신호를, 여러분은 한두 번 받아보았을 것입니다. 2000년에 기꺼이 자사주를 매입하겠다고 발표한 사례가 그러한 신호입니다. 자사주 매입 발표 직후 주가가 급등했으므로 이 신호는 자멸적 신호가 되었습니다. 반면 미국 기업 대부분은 자사주를 비싼 가격에 매입합니다. 나는 현재 버크셔 주가가 고평가되었다고 생각하지 않습니다. 최근 한 거대 국제 기업이 버크셔와 거래를 하려고 했습니다. 그러나 거래 규모가 매우 커서 우리가 주식을 발행해야 하는 상황이었습니다. 나는 거래를 하지 않았습니다. 버크셔의 가치가 주가에 충분히 반영되지 않은 상태에서 주식을 발행하면 버크셔 주주에게 불리하다고 생각했기 때문입니다.

멍거: 방금 한 주주가 두 요소를 이용해서 가치를 추정했는데, 정확한 선택이었습니다. 최근에는 버크셔가 거래를 보류했지만 장래에는 좋은 거래를 하게 될 것입니다.

Q 5. **미국의 부채**가 심각한 수준인데도 미래를 계속 낙관할 수 있나요?

버핏: 나는 여전히 미국에 열광적입니다. 1776년 이후 미국은 세계 역사상 가장 이례적인 경제 성장기를 누리고 있습니다. 나는 1930년에 태어났습니다. 하지만 그 이후 일어날 일을 알았더라면 나는 어머니 배 속에서 나오려 하지 않았을 것입니다. 다우 지수가 381에서 42로 폭락했고, 은행 4,000개가 파산했고, 실업률이 25%에 이르렀고, 황진(黃塵)과 메뚜기 떼가 세상을 휩쓸었습니다. 그러나 1930년 이후 미국의 생활 수준은 6배나 상승했습니다. 우리 자본주의 시스템은 훌륭하게 작동하고 있습니다. 물론 가끔 망가져서 문제를 일으키기도 합니다.

결혼하기 전에 장인이 내게 말했습니다. "나라가 망하겠지만 자네 탓은 아닐세. 민주당이 미국을 공산 국가로 만들어가고 있어." 1951년에는 아버지와 그레이엄 두 분 모두 다우 지수가 200을 넘어섰으므로 주식 투자를 자제하라고 내게 경고했습니다. 비관론은 항상 존재합니다. 미국은 남북 전쟁을 치렀고 경기 침체를 15회나 경험했습니다. 미국이 계속 번영할 수 없는 이유는 앞으로도 항상 줄줄이 열거될 것입니다. 그러나 자본주의는 놀라울 정도로 강력해서, 과거에 경기 침체를 극복해주었듯이 미래에도 경기 침체를 극복해줄 것입니다.

2008년 가을, 우리 정부는 재정 정책과 통화 정책을 총동원해야 했습니다. 하지만 미국 경기 침체 중 절반은 재정 정책과 통화 정책이 확립된 시점인 1900년 이전에 발생했습니다. 미국의 전성기는 아직 끝나지 않았습니다. 중국 등 다른 나라는 자본주의 시스템을 이용해 미국을 따라오고 있습니다. 앞으로도 100년 중 15~20년은 틀림없이 나쁠 것입니다. 그래도 지금보다는 훨씬 나을 것입니다.

멍거: 세상은 계속 굴러갈 것입니다.

버핏: 이 정도면 찰리에게는 극단적으로 낙관적인 표현입니다.

Q 6. **인플레이션 환경**에서는 어떤 기업이 가장 유리한가요? 시즈캔디와 코카콜라처럼 유형 자산 이익률이 높고 가격 결정력이 강한 기업인가요? 아니면 전력회사와 철도회사처럼 경질 자산이 많은 기업인가요?

버핏: 인플레이션에 대한 최선의 방어책은 자체 수익력입니다. 예를 들어 의사의 진료 서비스에 대한 수요는 항상 존재하므로 의사는 서비스 가격을 올릴 수 있습니다.

인플레이션 환경에서 가장 불리한 기업은 막대한 매출 채권과 재고 자산을 보유해야 하는 기업입니다. 나는 막대한 자본적 지출이 필요한 기업을 좋아하지 않습니다. 전력회사는 자본적 지출이 많은데도 수익은 채권처럼 상한선이 정해져 있습니다. 따라서 인플레이션 기간에는 채권처럼 실적이 나쁠 수밖에 없습니다.

인플레이션 환경에 이상적인 기업의 예가 바로 시즈캔디입니다. 추가로 자본을 투입할 필요는 거의 없으면서 가격은 쉽게 올릴 수 있으니까요. 우리가 인수한 시점에 시즈의 캔디 생산량은 1,600만 파운드(7,260톤)였고 매출은 2,500만 달러였습니다. 현재 시즈의 캔디 생산량은 75% 증가했지만 매출은 10배 넘게 증가해 3억 달러를 기록했습니다. 게다가 그동안 추가로 투입한 자본은 3,000만 달러에 불과합니다. 시즈는 매출 채권이 거의 없고 재고 자산 회전율이 높습니다. 인플레이션에 가장 유리한 기업은 자본적 지출이 많지 않으면서 가격을 쉽게 올릴 수 있는 기업입니다.

멍거: 이 사실을 우리가 항상 알고 있는 것은 아닙니다.

버핏: 가끔 잊어버린다는 뜻이지요.

멍거: 그래서 계속 공부해야 합니다.

버핏: 나는 사업을 하기 때문에 투자를 더 잘할 수 있고, 투자를 하기 때문에 사업을 더 잘할 수 있습니다.

멍거: 우리 철도회사와 전력회사는 자본 집약적 기업이지만 세계 일류입니다. 세계 일류 기업에는 그만한 가치가 있습니다.

버핏: 우리가 430억 달러에 인수한 BNSF는 철로 2만 2,000마일, 기관차 6,000대, 교량 1만 3,000개를 보유하고 있습니다. 인플레이션 기간에는 그 대체 가치가 극적으로 상승할 것입니다. 미국에는 항상 철도가 필요하므로, 훌륭한 자산입니다.

내가 1977년 〈포춘〉에 쓴 글 'How Inflation Swindles the Equity

Investor(인플레이션이 주식 투자자에게 사기 치는 방식)'는 이렇게 끝납니다. "인플레이션 기간에 무력한 모든 대안 중에서 그래도 주식이 십중팔구 최선이다. 적정 가격에 산 주식이라면."

Q 7. 버크셔가 투자한 **웰스 파고와 US뱅코프의 수익성 전망**이 어떤가요?

버핏: 웰스 파고와 US뱅코프 둘 다 미국 일류 대형 은행이라고 생각합니다. 그러나 앞으로는 대출이 감소할 터이므로 미국 은행의 수익성이 전반적으로 대폭 하락할 것입니다. 대출 감소가 은행에는 나쁜 일이겠지만 사회에는 좋은 일입니다. 실제로 대출을 현명하게 실행하는 은행은 많지 않으니까요.

앞으로는 은행의 ROA와 ROE가 하락할 것입니다. 그래도 웰스 파고와 US뱅코프의 실적은 여전히 매우 좋을 것이라고 생각합니다. 나는 더 끔찍한 금융 위기도 목격했습니다. 웰스 파고의 존 스텀프는 말했습니다. "과거 방식도 매우 효과적인데 왜 은행은 굳이 새로운 방식을 찾아내서 손실을 보는지 알 수가 없군요." 나는 웰스 파고에 만족해서 주식을 더 매수했습니다.

멍거: 우리는 합리적인 경영자 밥 윌머스가 이끄는 M&T 뱅크에도 투자하고 있는데, 그동안 실적이 훌륭했습니다.

버핏: 모두 윌머스의 주주 서한을 읽어보시기 바랍니다. 은행 업계에 대한 통찰을 안겨주는 JP모간 제이미 다이먼의 주주 서한도 추천합니다.

멍거: 은행 업계에서 나온 연차 보고서 중 M&T 뱅크의 보고서가 최고였습니다.

Q 8. 당신은 왜 금 등 **원자재**에 투자하지 않나요?

버핏: 수십 년 전에는 금과 버크셔 A주의 가격이 매우 비슷했습니다. 그러

나 지금은 금보다 A주 가격이 엄청나게 높습니다. 투자 대상 자산은 대개 세 가지로 분류됩니다.

1) 채권, 현금, MMF 등 화폐 관련 자산

(주머니에서 지갑을 꺼내면서) 여러분은 지금 역사적인 사건을 목격하고 있습니다. 나는 지갑 꺼내기를 정말 싫어하거든요. (1달러짜리 지폐를 보면서) 여기에는 "우리는 신을 믿는다In God We Trust"라고 쓰였는데, "우리는 정부를 믿는다In Government We Trust"라는 표현이 더 적합합니다. 화폐 관련 자산에 투자한다면, 이는 정부가 올바르게 행동할 것으로 믿는다는 뜻입니다. 만일 짐바브웨에서 화폐 관련 자산에 투자했다면 실적이 좋지 않았을 것입니다. 그러나 세월이 흐름에 따라 거의 모든 화폐의 가치가 하락했습니다. 일반적으로 화폐 관련 자산에 투자하는 것은 타당하지 않습니다.

2) 금처럼 산출물이 없는 자산

현재 세상에 있는 금을 모두 한곳에 모으면, 한 변의 길이가 약 20미터인 정육면체를 만들 수 있습니다. 사다리를 타고 올라갈 수 있는 높이입니다. 이 금덩어리를 쓰다듬고, 광내고, 쳐다볼 수는 있지만 이 외의 다른 용도는 없습니다. 이렇게 금처럼 다른 용도가 없는 원자재를 사고 나면 누군가 더 비싼 가격에 사주길 바라는 수밖에 없습니다. 나는 은을 산 적이 있는데, 은은 어느 정도 산업적 용도라도 있었습니다. 내 매수 시점이 겨우 13년 빗나가기는 했지만요.

3) 농장과 기업처럼 산출물이 나오는 자산

찰리와 내가 매력을 느끼는 자산입니다. 여기서는 농장과 기업에서 장기간 나오는 산출물이 기대를 충족하느냐에 따라 투자의 성패가 결정됩니다. 이러한 자산이라면 매일 형성되는 가격에 대해 걱정할 필요가 없습니다. 대신 기업의 실적을 지켜보면 됩니다.

프루트 오브 더 룸에는 유감스러운 일이지만, 최근 면화 가격이 두 배로 급등했습니다. 그러나 장기적으로 보면 원자재 투자는 성과가 좋지 않았습니다. 원자재 가격이 상승할 때는 짜릿한 쾌감을 느낄 수 있지만 원자재 투자로 모은 재산은 오래가지 않습니다. 나라면 산출물 없는 원자재 대신 건전한 기업에 투자하겠습니다.

멍거: 사람들에게는 별난 심리가 있습니다. 세상이 망해갈 때만 가격이 상승하는 자산을 사려고 하니까요. 금은 미국을 떠나갈 사람만 보유하면 됩니다. 나머지 사람들은 버크셔 주식을 보유하는 편이 낫습니다.

버핏: 매년 1,000억 달러 상당의 금이 생산되며, 현재 세계 모든 금의 가치는 8조 달러입니다. 이 돈이면 2조 달러에 미국의 농경지 10억 에이커(약 4조 제곱미터)를 보유하면서 4조 달러에 엑슨모빌 10개를 사들이고도 2조 달러가 남습니다.

멍거: 8조 달러짜리 금덩어리를 지키려면 군대를 동원해야 할 겁니다.

버핏: 금에 투자한 사람은 누군가가 더 비싼 가격에 금을 사주어야만 돈을 벌 수 있습니다. 배당도 없고 이자도 없으니까요. 종종 그렇듯이 금에 대한 투자 심리가 급격히 식어버리면 빈털터리가 될 수도 있습니다. 장기적으로 보면 금, 은, 면화에 대한 투자는 성과가 좋지 않았습니다. 따라서 인플레이션에 대응하는 더 현명하고 안전한 전략은 부채가 거의 없고, 제품 가격을 인상할 수 있으며, 오랜 기간 배당을 많이 지급한 기업에 집중적으로 투자하는 것입니다.

Q 9. **달러 약세**에 대해 어떻게 생각하나요?

버핏: 달러의 구매력도 틀림없이 감소할 것입니다. 작년 우리는 두 통화에 대해 매도 포지션을 잡아 약 1억 달러를 벌었습니다. 그러나 몇 년 전에 그

랬던 것처럼 통화에 또 거액을 투입하지는 않을 것입니다. 달러 약세를 이용하려고 우리는 코카콜라 같은 기업을 보유하고 있습니다. 코카콜라는 전체 이익 중 80%를 달러 이외의 통화로 벌어들이고 있습니다.

가파르게 진행되는 달러 약세가 걱정스럽긴 합니다. 1930년 1달러의 구매력이 지금은 0.06달러에 불과할 정도입니다. 나는 인플레이션을 싫어하지만, 그래도 미국은 지금까지 인플레이션에 잘 적응했습니다.

멍거: 세상이 어느 방향으로 갈지는 아무도 모르지만 그럭저럭 굴러갈 것입니다. 그리스는 시스템이 제 기능을 하지 못하는데도 관광 산업으로 오래도록 유지되고 있습니다. 위대한 문명에는 몰락의 흔적도 많습니다.

버핏: 앞으로도 미국에서 인플레이션이 많이 발생하겠지만, 지금도 미국에서 태어나는 편이 여전히 낫습니다.

Q 10. **버크셔 주식과 펀드** 중 어디에 투자해야 하나요?

버핏: 적극적 투자자가 아니라면, 장기간에 걸쳐 인덱스 펀드에 정액매수적립식dollar cost averaging으로 투자해야 합니다. 하지만 나라면 지금 인덱스 펀드 대신 버크셔 주식을 보유하겠습니다.

멍거: 나는 인덱스 펀드보다 버크셔 주식을 훨씬 더 좋아합니다. 내가 인덱스 펀드를 보유해야 한다면 무척 불만스러울 것입니다. 버크셔 주식이 매우 훌륭한 투자이긴 하지만, 기대 수익률은 낮추는 편이 좋습니다.

버핏: 찰리의 아내는 결혼할 때 찰리에 대한 기대 수준을 낮춘 덕분에 실망하지 않았습니다.

Q 11. 미국은 왜 다른 나라보다 경기가 더 **침체**했을까요?

버핏: 지금 미국 정부는 통화 정책 및 재정 정책에 전력을 기울이고 있습니

다. 벤 버냉키는 장기간 저금리가 유지될 것이라고 말했는데, '장기간'이 어느 정도의 기간이냐는 질문을 받자 그냥 '장기간'이라고 대답했습니다. 문제는 현재 미국 정부가 GDP의 15%를 세금으로 징수해서 GDP의 25%를 지출한다는 사실입니다. 그래도 미국 경기는 자연스러운 자본주의 정책을 통해서 회복될 것입니다.

부동산시장이 무모한 공급 과잉 상태에서 벗어나 정상으로 돌아오면 고용도 대폭 개선될 것입니다. 그러면 건설 부문 일자리뿐 아니라 건설과 간접적으로 연결된 분야에서도 일자리가 증가할 것입니다. 예컨대 (지금은 종업원이 수천 명 감소한) 쇼 인더스트리 같은 카펫 제조 회사나 가구점에서도 일자리가 증가할 것입니다.

이제는 신규 주택 수보다 가구 수가 더 빠르게 증가하고 있으므로, 올해 말이면 부동산시장이 회복될 것으로 생각합니다.

현재 경기 회복에 속도가 붙고 있으며 지난 경기 침체 이후 회복세가 뚜렷해졌습니다. 이러한 추세는 철도 차량 주간 적재량에서도 나타납니다. 21만 9,000량(輛)까지 올라갔던 적재량이 경기 침체기 바닥에는 15만 1,000량까지 감소했다가 지금은 약 19만 량을 유지하고 있습니다. 버크셔 자회사 중 몇몇은 기록을 세우는 중인데, 전자 부품 유통 회사 TTI와 절삭 공구 제조 회사 이스카 등입니다.

멍거: 우리는 금융계의 끔찍한 방종 탓에 엄청난 혼란을 겪고서도 제대로 깨닫지 못하고 있습니다. 금융시장 붕괴는 터무니없는 탐욕 탓에 발생합니다. 금융계 인력을 대폭 삭감해야 합니다. 단기 매매를 하지 못하도록 세법도 개정해야 합니다. 알고리즘을 이용한 컴퓨터 선행 매매를 막고 증권 거래 빈도를 부동산 거래 수준으로 낮춰야 합니다. 미국 인재의 25%가 금융계로 몰리는 현실이 마음에 들지 않습니다. 금융계가 뉘우칠 줄

모르는 탓에 데이비드 소콜이 영웅처럼 보이는 것입니다. 헤지 펀드 매니저에게 적용되는 세율이 택시 운전사보다 낮다는 사실이 말이나 됩니까?

Q 12. 중국 자동차회사 **비야디**는 최근 생산이 지연되고 있는데, 그래도 주가가 여전히 매력적인가요?

버핏: 비야디 전문가 찰리에게 마이크를 넘기겠습니다.

멍거: 비야디는 우리가 지분 10%를 인수했을 때보다 주가가 상승했으므로 지금은 당시만큼 매력적이지 않습니다. 비야디처럼 빠르게 성장하는 기업에는 생산 지연 등 사소한 문제가 발생하는 법입니다. 비야디는 매년 매출 2배 신장을 추구했으며, 초기 5년 동안에는 목표를 달성했습니다.

버핏: (입이 귀에 걸리도록 웃으면서) 보탤 말 없습니다.

Q 13. 작년에 어떤 **교훈**을 얻었나요?

멍거: 나는 《0과 1로 세상을 바꾸는 구글, 그 모든 이야기In The Plex》를 읽었습니다. 매우 흥미로웠으며 엔지니어링 문화가 마음에 들었습니다. 이 책에서 배운 내용을 써먹을 수 있을지는 의문이지만, 구글에 대해 배우는 과정이 즐거웠습니다. 우리가 잠자리에 들 때는 아침에 일어났을 때보다 더 현명해져야 합니다.

버핏: 나는 다음 보도 자료를 찰리에게 맡겨야겠다는 교훈을 얻었습니다.

멍거: 나는 그 망할 보도 자료를 고스란히 승인했습니다. 앞으로도 내가 수정할 것으로 기대하는 주주는 크게 실망할 것입니다.

Q 14. **파산에 직면한 거대 기업**을 혈세로 구제해야 한다고 생각하나요?

버핏: 세상에는 정부가 구제해야 하는 기관이 여전히 있습니다. 유럽에는

구제해야 하는 국가도 있고요.

프레디맥과 패니메이는 정부에서 차입한 자금을 아직 상환하지 못했습니다. 둘 다 대마불사입니다. 그러나 차입금을 상환한 크라이슬러에 대해서는 경의를 표합니다. 나는 정부가 자동차회사에 자금을 빌려줄 때 회의적이었습니다. 그러나 자동차회사를 구제한 정부의 결정은 옳았습니다.

기업은 대마불사가 되려고 하는 경향이 있으므로 이를 막는 제도를 도입해야 합니다. 기업이 구제받으면 그 기업 CEO와 배우자는 무일푼이 되어야 합니다. 이사는 5년분 보수를 반납하게 해야 합니다. 금융 시스템의 부채 비율도 낮춰야 합니다. 낮추지 않으면 10년 뒤에는 다시 대마불사 기업이 나타날 것입니다.

멍거: 과거 공황과 불황은 항상 월스트리트에 투기와 악행이 파도처럼 몰려올 때 시작되었습니다. 최근 금융 위기에서는 향후 문제를 막으려고 새 규제를 도입하는 과정에서 1930년대와 같은 대공황이 발생할 수도 있었습니다. 장래에도 금융 위기가 한두 번 발생할 것으로 예상되는데, 국가가 위기를 막지 못한다면 정말로 한심한 일입니다. 피리로 뱀 부리는 장사꾼에나 어울릴 사람들이 요즘 금융계와 경제계로 몰려들고 있습니다.

Q 15. 최근 워싱턴 포스트 이사직을 사임했는데, **워싱턴 포스트 주식**을 매도할 계획인가요?

버핏: 매도할 계획이 전혀 없습니다. 도널드 그레이엄은 조언이 필요하면 언제든 내게 전화할 수 있습니다. 다만 이제 내 나이 80이므로 이사회 때문에 출장 다니는 대신 버크셔에서 시간을 더 보내고 싶습니다. 그러나 워싱턴 포스트와 그 경영진에 대한 나의 열의는 항상 그대로입니다. 이제는 워싱턴 포스트가 나를 전보다 훨씬 싼 비용으로 이용할 수 있습니다.

멍거: 나는 코스트코를 높이 평가하기 때문에 이사직을 유지하고 있습니다. 그러나 수많은 회사에 이사로 참여하는 것은 철새나 할 짓입니다.

코스트코는 세계 유통 업계에서 도덕성이 가장 뛰어난 회사입니다. 회사가 원가 우위로 얻은 이익을 모두 고객에게 돌려줍니다. 그래서 고객 충성도가 대단히 높습니다. 한국의 한 매장은 매출이 4억 달러에 이릅니다. 코스트코는 올바른 경영진, 종업원, 도덕성, 성실성을 모두 갖춘 보기 드문 기업입니다. GM처럼 한때 크게 성공하다가 나중에 주주를 거덜 낸 기업이 흔하지요. 경영대학원에서는 GM의 역사를 가르치는 편이 좋습니다. 경쟁이 치열한 산업에서 노조까지 강하면 회사가 망한다는 교훈을 학생이 배우게 되니까요. 그러나 기업의 역사를 가르치려는 경영대학원이 없습니다. 한때 하버드에서 가르치다가 다른 과목으로 교체했습니다. IBM도 흥미로운 사례가 될 수 있습니다.

버핏: 최근 찰리와 내가 항공기에서 납치당했습니다. 납치범이 죽기 전에 마지막 소원을 말하라고 하더군요. 찰리가 말했습니다. "그림과 도표까지 이용해서 코스트코의 장점에 대해 강연하게 해주시오." 납치범이 내게 소원을 묻기에 나는 말했습니다. "나를 먼저 죽여주시오."

Q 16. **현금흐름 장기 예측**을 어떻게 하나요?

버핏: 투자에서는 성장도 중요하지만, 수익성 있는 성장에 주목해야 합니다. 코카콜라는 지난 125년 동안 성장을 거듭해 지금은 200개국에 진출했습니다. 나는 성장률이 높은 회사를 좋아하지만 가격만 합리적이라면 저성장 기업도 마다하지 않습니다.

멍거: 경영대학원에서는 먼 장래까지 예측하라고 가르치지만 장기 예측은 득보다 실이 많습니다. 장기 예측은 정확도가 매우 부족하니까요.

버핏: 우리가 스콧 페처를 인수하기로 했을 때 중개인이 보수 200만 달러를 받게 되어 있었습니다. 중개인은 양심의 가책을 느꼈던지 자신이 작성한 페처의 성장성 예측 자료를 제공하겠다고 했습니다.

멍거: 나는 그 자료를 안 받는 조건으로 200만 달러를 지급하겠다고 말했습니다.

버핏: 투자 은행이 작성한 자료는 하나같이 모두 성장한다고 예측합니다. 이발사에게 이발할 때가 되었는지 물어서는 안 됩니다.

Q 17. 앞으로도 **중국 기업**에 투자할 생각인가요?

버핏: 중국 등 외국 기업에 투자할 것입니다. 그러나 외국 기업에 적용되는 세법, 관세, 정부 정책에 대해서는 잘 알지 못합니다. 나는 몇 년 전 페트로차이나 주식을 매수했습니다. 불확실성을 고려하더라도 매우 싸 보였기 때문입니다. 게다가 페트로차이나는 연차 보고서에서 이익의 45%를 배당으로 지급하겠다고 발표했는데, 실제로 그렇게 했습니다. 나는 러시아보다 중국에 투자할 때 마음이 더 편안합니다.

멍거: 버핏은 세계 곳곳에서 신규 기업을 즐겨 탐색합니다. 중국에는 세후 이익이 30억 달러에 이르는 비상장 회사도 있더군요. 그러나 처음 보는 기업을 평가할 때는 신중해야 합니다. 여름에 서부에 다녀온 교수가 학생에게, 인디언은 항상 한 줄로 걸어 다닌다고 말했습니다. 그 사실을 어떻게 알았느냐는 질문이 나오자 그는 말했습니다. "서부에서 인디언 한 사람을 보았는데, 한 줄로 걸어 다니더군요."

Q 18. 380억 달러에 이르는 **버크셔의 현금**을 어떤 형태로 보유하나요?

버핏: 현재 단기 자금 운용 수단은 모두 형편없습니다. 버크셔는 기업 어음

이나 MMF에 전혀 투자하지 않습니다. 현금을 모두 단기 국채로 보유하고 있습니다. 지금은 수익률이 사실상 제로여서 화가 납니다. 그러나 언제든 현금화할 수 있으므로 잠시 넣어두기에는 적당합니다. 덕분에 금융 위기가 확산되던 2008년 9월에도 리글리와 65억 달러짜리 거래를 완결할 수 있었습니다.

멍거: 사람들은 단기 자금 운용 수익률을 0.1%라도 더 높이려고 안간힘을 씁니다. 그러나 현금이 있어야 좋은 기회를 잡을 수 있습니다. 우리는 언제든 현금을 동원할 수 있었으므로 파이프라인회사를 1주일 만에 인수했습니다.

버핏: 우리는 세상이 공포에 질려 꼼짝 못할 때도 손쉽게 현금을 동원해서 훌륭한 거래를 체결할 수 있습니다. 예를 들어 버냉키가 패리스 힐튼과 함께 남아메리카로 도주해도 버크셔는 거래를 완결할 수 있습니다.

Q 19. 현재 청년 실업률이 높습니다. **사업을 시작하는 청년**에게 어떤 조언을 해주겠습니까?

버핏: 데일 카네기 강좌를 통해 소통 기술을 개선하라고 권하고 싶습니다. 운이 좋으면 자신이 좋아하는 분야에서 일을 시작할 수 있습니다.

멍거: 경제학은 어려운 분야이므로 성급하게 뛰어들지 않는 편이 좋습니다. 학생은 먼저 쉬운 분야를 통달하기 바랍니다.

Q 20. **부동산시장**을 어떻게 전망하나요?

버핏: 단기적으로 보면 부동산시장 상황은 끔찍합니다. 쇼, 마이텍, 존즈 맨빌, 애크미 브릭 등 버크셔의 부동산 관련 사업을 보면 그렇습니다. 반등 기미가 전혀 없습니다. 그래도 버크셔는 부동산 관련 사업에 대한 투자를 중

단하지 않았습니다. 최근 앨라배마 최대 벽돌회사를 인수했습니다. 향후 가구 증가율이 회복되면 우리는 다시 주택을 건설하게 될 것입니다. 결국 주택시장은 정상화될 것이고 버크셔는 막대한 돈을 벌 것입니다. 부동산 산업은 여전히 꼼짝 않고 있지만, 연말이나 내년에는 상황이 개선될 것으로 예상합니다.

멍거: 부동산은 경기의 영향을 많이 받는 사업입니다. 최근 앨라배마 벽돌 회사 인수에 참여한 회사는 버크셔뿐이었습니다. 사람들은 경기 순환형 기업을 싫어하지만, 우리는 사업성만 좋으면 마다하지 않습니다.

버핏: 시즈캔디는 1년 중 8개월은 적자를 기록합니다. 그러나 버크셔는 크리스마스 대목이 사라질까 봐 걱정한 적이 없습니다. 우리는 기업의 향후 20년 실적을 생각합니다. 20년 중 3~4년은 실적이 나쁠 것입니다. 충분히 싼 가격에 산다면, 경기 순환형 기업이더라도 장기적으로 좋은 실적이 나옵니다.

신규 상장 주식에는
투자하지 않습니다

❖

2012년

장소: 센추리링크 센터(과거 명칭은 퀘스트 센터)

참석자: 약 3만 5,000명

포춘 500 순위: 7위

버크셔 주가: $114,813

1964년 $1 → 2012년 $9,282

1964년 BPS $19.46 → 2012년 $114,214 (연 19.7%)

같은 기간 S&P500 수익률 연 9.2%

Q 1. 당신의 후계자는 버크셔의 **최고 위험 책임자**CRO로서 합당한 지식과 기질을 갖춘 사람이 될 것으로 보나요?

버핏: 위험 관리는 함부로 위임할 수 없는 막중한 책임이므로 버크셔의 차기 CEO도 최고 위험 책임자를 겸해야 합니다. 위험 관리 책임을 위험 관리 위원회에 위임한 기업은 대개 심각한 곤경에 처했습니다. 버크셔의 차기 CEO도 나처럼 최고 위험 책임자를 겸할 것이며 위험 관리 책임을 자본 배분 책임 못지않게 중시할 것입니다. 기업 대부분이 떠안는 기본 위험은 과도한 부채입니다. 보험사 경영자는 보험의 개별 위험은 물론 누적 위험까지도 정확하게 평가하고 있는지 확인해야 합니다.

멍거: 미국 기업은 위험 관리 책임을 위임하고 있으며, 경영대학원은 가우스 곡선과 VaR(Value at Risk) 모형 등 위험 평가 모형을 가르치고 있는데, 이루 말할 수 없이 어리석은 생각입니다.

버핏: 동감입니다. 소수점 이하 여덟째 자리까지 계산하면 위험 평가가 정확하다는 착각만 안겨줄 뿐입니다. 가우스 곡선은 증권시장의 위험 평가에 적합한 수단이 아닙니다. 버크셔는 미술 전공자에게 위험 관리를 맡기지 않습니다.

내가 GE, 뱅크 오브 아메리카, 골드만삭스 등과 우선주 및 워런트 맞춤형 거래를 했듯이 내 후계자도 이러한 거래를 할 수 있을 것입니다. 아울러 대기업 인수 거래도 신속하게 추진할 수 있을 것입니다. 뱅크 오브 아메리카에 워런트 거래를 제안할 때, 나는 CEO 브라이언 모이니헌을 만나본 적이 없었습니다. 하지만 버크셔에 막강한 자금력과 거래 실행력이 있다는 사실을 그는 알았습니다. 내가 떠난 뒤에도 버크셔는 막강한 자금력과 거래 실행력을 계속 보유할 것입니다.

그런데 GE, 뱅크 오브 아메리카, 골드만삭스 등과 실행한 맞춤형 거래가 버크셔의 실적에 크게 기여하지는 않았습니다. 그 중요도는 코카콜라에 대한 장기 투자에 미치지 못했습니다. 그리고 이들 맞춤형 거래에서 창출된 누적 가치는 가이코, BNSF, 이스카 등 대기업 인수에 비해 하찮은 수준이었습니다. 버크셔는 막대한 현금을 보유하고 있으므로 여전히 대기업을 인수할 수 있습니다.

멍거: 버크셔 이사회도 위험 관리에 힘을 보탤 것입니다. 이사 월터 스콧은 위험 관리 분석력이 탁월합니다. 이사 샌디 가츠먼은 한 직원이 "왜 나를 해고했습니까?"라고 항의하자 "나처럼 부유한 늙은이를 불안하게 하니까"라고 대답했습니다.

Q 2. **중국 기업**에 어떤 조언을 해주겠습니까? 중국에도 코카콜라처럼 훌륭한 기업이 등장할까요?

멍거: 나는 중국 기업에 별다른 조언을 하지 않습니다. 중국 기업이 처음에는 고전했지만 지금은 매우 잘하고 있습니다. 오히려 우리가 중국 기업으로부터 조언을 받아야 할 처지입니다. 버크셔는 다른 기업에 조언을 거의 하지 않습니다.

버핏: 버크셔가 투자한 4대 종목은 현재 시가 총액이 500억 달러이며 일부는 25년째 보유 중입니다. 하지만 내가 이들 기업의 CEO와 이야기하는 것은 1년에 평균 2회가 넘지 않습니다. 컨설팅은 우리 사업이 아닙니다. 우리 조언에 따라 기업의 성패가 좌우된다고 생각한다면 컨설팅 사업을 해야겠지요.

멍거: 어느 기업이라고 밝힐 수는 없지만, 중국에는 이미 훌륭한 기업들이 있습니다.

버핏: 중국에는 미국 기업을 압도할 만큼 거대한 기업이 있습니다.

Q 3. **경영대학원**의 투자 교육을 어떻게 평가하나요?

버핏: 경영대학원의 투자 교육 중에는 터무니없는 내용이 많습니다.

멍거: 경영대학원 교육 과정은 심각한 범죄를 방불케 하는 수준이었지만 이제는 개선되고 있습니다.

버핏: 계속 유행을 따라간다는 점에서 경영대학원 교육은 더없이 어리석습니다. 수학에 기초한 교육 방식이 많은데, 이러한 방식이 유행하면 경영대학원은 따라갈 수밖에 없습니다. 유행을 거스르면 구식처럼 보일 테니까요.

그러나 투자는 복잡하지 않습니다. 다음 두 과목이면 충분합니다.

1) 기업 가치 평가 방법

2) 시장을 보는 방법

위 두 과목이 현대 포트폴리오 이론이나 옵션 가격 결정 이론보다 훨씬 낫습니다. 기업을 평가해서 그 가치보다 싸게 사면 돈을 법니다. 경영대학원은 이 간단한 이치를 더 복잡하게 만들려고 애씁니다.

멍거: 회계도 터무니없습니다. 회계사는 깊이 생각하기 싫어서 옵션 가격 결정 표준 모형을 원했습니다. 그래서 결국 그러한 모형을 갖게 되었지요!

Q 4. 최근 **전립선암**에 걸렸다는 소식을 들었는데, 어떠신지요?

버핏: 아주 좋습니다! 하루하루 더 즐겁게 지내고 있습니다. 면역 체계도 양호하고, 식사도 잘하고 있습니다. 보다시피 시즈 땅콩 캔디와 체리코크를 계속 먹고 있습니다. 나를 돌봐주는 의사 4명 중에는 버크셔 주주도 있습니다. 가족과 함께 의사를 만나 치료 방법을 논의했습니다. 방사선 치료법을 쓰면 입원할 필요도 없고, 생존율이 99.5%라고 합니다.

멍거: 내가 더 위중한 전립선암에 걸렸을 때는 아무도 관심이 없더니만, 버핏에게 쏟아지는 관심을 보니 열 받는군요! 아무튼 전립선암이 버크셔에

미치는 영향은 전혀 없다고 말할 수 있습니다.

버핏: 동의합니다.

Q 5. 당신이 나처럼 다시 **26세가 된다면**, 어떤 분야에 투자하겠습니까?

버핏: 나는 과거와 똑같은 방식으로 투자하겠습니다. 다만 내게는 공인된 투자 실적이 있으므로 곧바로 자본을 조달해 기업을 통째로 인수할 수 있 겠지요. 사모 펀드는 매각하려고 기업을 인수하지만, 버크셔는 계속 보유 하려고 기업을 인수합니다.

Q 6. 버크셔 주식이 **저평가**되는 이유는 무엇인가요?

버핏: 버크셔 역사상 주식이 대폭 저평가되었다고 생각한 적이 4~5회 있 습니다. 어떤 주식이든 가끔 고평가될 때도 있고 저평가될 때도 있습니다. 2000~2001년에는 버크셔 주식이 매우 저평가되었습니다. 이렇게 주식이 가끔 저평가되는 덕분에 찰리와 나는 부자가 되었습니다. 《현명한 투자자》 8장과 20장에 바로 이러한 내용이 나옵니다. 미스터 마켓은 이상하게 행동 하는 조울증 환자입니다. 그는 실수가 잦습니다. 우리는 미스터 마켓이 우 리의 스승이 아니라 하인이라는 사실을 명심해야 합니다. 우리는 그를 이 용해야 합니다. 주가는 구조적으로 잘못 매겨질 수밖에 없습니다.

지난 47년 동안 버크셔 주가는 대체로 내재 가치와 비슷한 수준으로 유 지되었습니다. 그러나 향후 20년 동안은 가끔 내재 가치보다 훨씬 고평가 되거나 저평가될 것입니다. 다른 주식도 마찬가지입니다. 투자자는 기업의 가치에 근거해서 판단을 내려야 합니다. 주식에 투자하면 대부분 기간에 별다른 일을 하지 않고서도 돈을 벌 수 있습니다. 그러나 농장 등 다른 곳에 투자하면 편안하게 앉아서 돈을 벌 수 없습니다. 미스터 마켓처럼 행동하지 않으면, 주식 투자는 승산이 매우 높은 게임입니다.

멍거: 우리와 같은 관점에 더 빨리 도달할수록 여러분은 더 부유해질 것입니다.

Q 7. 당신이 주목하는 **거시 경제 변수**는 무엇인가요?

버핏: 나는 지난 53년 동안 기업을 인수하거나 주식을 매수하면서 거시 경제 변수가 두려워 투자 결정을 바꾼 적은 한 번도 없습니다. 주요 뉴스에서 뭐라고 떠들든, 시장이 무엇을 두려워하든 나는 개의치 않습니다. 기업이 마음에 들고 가격이 적당하면 그 기업을 인수합니다. 2008년 8월 금융 위기가 한창일 때 나는 〈뉴욕 타임스〉에 내가 주식을 사는 이유를 설명했습니다. 주요 뉴스가 아니라 내재 가치에 주목해야 합니다.

멍거: 기회를 잡으려면 시장이 공황에 빠졌을 때 유동성을 확보하고 있어야 합니다.

버핏: 투자의 첫 번째 원칙은 반드시 현금을 확보해두는 것입니다. 그래야 내일도 투자할 수 있으니까요. 데일리 저널을 경영하던 찰리는 주식시장이 공황에 빠지자 오랜 기간 보유하던 현금으로 주식을 매수했습니다. 그는 매수 종목을 내게도 알려주지 않더군요.

Q 8. 지난 5년 동안 **경쟁 우위가 가장 강화된 버크셔 자회사**는 어디인가요?

버핏: 우리 철도 자회사 BNSF는 지난 15~20년 동안 경쟁 우위가 극적으로 강화되었습니다. 이제는 철도 사업의 효율성이 향상되었으므로 PER 6배 정도로는 철도 사업 자산을 확보할 수 없습니다. BNSF의 가치는 우리가 인수한 가격보다 수십억 달러 높아졌습니다. 가이코도 5~10년 전보다 경쟁 우위가 대폭 강화되었습니다. 1995년에는 자동차 보험 시장 점유율이 2%

였지만 지금은 10%입니다. 가이코의 CEO 토니 나이슬리가 경쟁력을 극대화했습니다. 미드아메리칸은 1999년 주당 34달러에 인수했는데 지금은 회사의 가치가 주당 250달러로 평가됩니다. 이스카도 지극히 잘 돌아가는 자회사입니다.

멍거: 버크셔는 고민이 전혀 없습니다.

버핏: 버크셔의 기업 인수 타율은 80%입니다. 실수는 주로 산업의 장래성을 잘못 평가할 때 발생했습니다. 그래도 우리가 인수한 거대 기업은 성과가 매우 좋았습니다. 제너럴 리도 지금은 잘 돌아갑니다. 아지트 자인 홀로 머리를 써서 100억 달러가 넘는 기업을 만들어냈습니다.

멍거: 버핏이 세상을 떠나도 버크셔의 행운은 끝나지 않을 것입니다.

Q 9. 버크셔 자회사의 내재 가치와 적정 PER을 알고 싶습니다.

버핏: 가이코와 제너럴 리는 평가 기준이 다를 수밖에 없습니다. 가이코는 대규모 보험 영업 이익을 창출하고 있으며 성장성도 높으므로, BPS에 플로트를 더한 값보다 내재 가치가 훨씬 높습니다. 우리 비보험 자회사와 비슷한 기업이라면, 나는 PER 9~10배에 기꺼이 인수할 생각입니다.

멍거: 다른 회사는 인수 대상 기업을 평가할 때 EBITDA를 사용하는데, 듣기도 싫은 용어입니다. 정말로 결정적인 비용조차 무시한 이익이 무슨 의미가 있겠습니까?

Q 10. 당신 개인 계좌로는 JP모간을 보유하면서 버크셔는 JP모간을 보유하지 않는 이유가 무엇인가요?

버핏: 나는 웰스 파고를 더 좋아하며, 최고의 아이디어는 항상 버크셔에 적용하기 때문입니다. 내 재산의 98.5%가 버크셔 주식이므로 나는 항상 버

크셔를 우선적으로 생각합니다. JP모간보다 웰스 파고가 더 이해하기 쉬워서, 작년은 물론 올해 1분기에도 우리는 웰스 파고를 더 매수했습니다. 내가 버크셔 자금을 운용하지 않는다면, 내 개인 계좌로 웰스 파고도 대량 보유할 것입니다.

멍거: 나는 분산 투자에 관심이 없습니다. 버크셔가 기업을 인수하면서 자연스럽게 이루어지는 분산 투자를 제외하면 말이지요. 나는 장기 투자를 선호합니다.

Q 11. 당신이 버크셔에서 떠나면, 직원도 같이 떠나거나 헤지 펀드가 버크셔를 인수하려 하지 않을까요?

버핏: 기존 경영자가 버크셔에서 떠나는 일은 없을 것입니다. 이들은 현재 하는 업무를 사랑하므로, 돈을 조금 더 벌려고 떠나지는 않을 것입니다. 버크셔 경영자 대부분은 지금 당장이라도 은퇴할 수 있지만 일이 재미있어서 계속 일하는 사람들입니다. 나는 81세인데도 여전히 일이 매우 재미있습니다. 우리 경영자도 마찬가지입니다. 내 후계자도 이 사실을 잘 압니다. 그리고 버크셔는 규모가 매우 커서 헤지 펀드가 인수하기 어려울 것입니다. 나는 아직도 지분 약 20%를 보유 중이며 10년 후에는 의결권 비중이 훨씬 더 늘어날 것입니다. 따라서 헤지 펀드가 버크셔를 인수할 가능성은 매우 낮습니다. 후계자에 대해서도 걱정할 필요 없습니다. 여러모로 나보다 나을 것입니다.

멍거: 버크셔가 처음 시가 총액 2,000억 달러에 도달하기는 쉽지 않았습니다. 그러나 버크셔의 문화를 고려하면 시가 총액 2,000억 달러가 더 늘어나기는 매우 쉽습니다. 버크셔의 문화가 바뀌길 바라는 사람은 아무도 없을 것입니다.

버핏: 버크셔는 시가 총액 4,000억 달러에 도달할 준비가 되어 있습니다.

Q 12. **쇠퇴하는 기업**은 어떻게 평가하나요?

멍거: 가치가 성장하는 기업보다 못하다고 봐야겠지요.

버핏: 일반적으로 쇠퇴하는 기업은 멀리하는 편이 좋습니다. 나는 쇠퇴한다고 생각되는 기업은 피합니다. 신문사라면 적정 가격에 인수하기도 하지만, 버크셔에 돈을 벌어주는 업종은 아닙니다. 한 모금 남은 담배꽁초를 줍는 일은 버크셔에 시간 낭비일 뿐입니다. 우리도 쇠퇴하는 기업에 투자한 적이 있지만, 그래도 성장 기업에 투자하는 편이 낫습니다. 실제로 우리는 처음에 직물회사, 백화점, 신발회사 등 쇠퇴하는 기업에 투자했습니다.

멍거: 우리는 쇠퇴하는 기업을 고르는 데 국가 대표 선수입니다. 블루칩 스탬프도 쇠퇴하는 기업이었습니다. 그러나 이렇게 쇠퇴하는 기업에서 나오는 자금으로 버크셔는 거액을 벌었습니다. 하지만 이러한 방식을 반복할 생각은 없습니다.

버핏: 동감입니다. 우리가 600만 달러를 투자했던 다이버시파이드 리테일링(Diversified Retailing)은 회사명과 달리 매장이 하나뿐이었습니다. 당시 투자 손실액은 600만 달러였지만 현재 가치로는 300억 달러에 이릅니다. 우리가 초창기에는 자학적이었던 모양입니다.

멍거: 무식하기도 했고요!

Q 13. 어리석거나, 일시적 유행이거나, **오래가지 못할 기업**은 어디인가요?

멍거: 그러한 기업은 많습니다!

버핏: 우리는 이해하지 못하는 기업을 멀리합니다. 우리는 10년 뒤에도 실적과 경쟁력이 유지된다고 합리적으로 믿을 만한 기업에 투자하려고 합니

다. 가격이 터무니없이 비싼 기업은 고려 대상에서 제외합니다. 그래서 버크셔의 매수 후보가 되는 기업은 소수에 불과합니다. 지난 30년 동안 버크셔는 신규 상장 주식을 매수해본 적이 없습니다. 주식 물량을 내놓는 기존 대주주에게 가장 유리할 때 시장에 상장됩니다.

멍거: 신규 상장 주식에는 수수료가 7%나 부과되므로 매력이 없습니다.

버핏: 신규 상장 주식과 비슷한 투자 기회라면 수없이 많습니다. 그래서 나는 단 5초도 허비하지 않습니다. 나는 수많은 필터를 통과한 기업에 대해서만 투자를 고려합니다. 누군가 권유하는 기업이 필터를 통과하지 못하면, 단 몇 분 안에 설명을 중단시킨 사례도 많습니다. 십중팔구 내가 무례하다고 생각했겠지요. 하지만 찰리는 더 무례하답니다. 투자에서는 여러 가지를 잘하지 않아도 됩니다. 그래서 투자가 좋은 것이지요. 우선 큰 손실을 피해야 합니다. 재산의 대부분을 날려서는 절대 안 됩니다.

Q 14. 버크셔의 **BPS 증가율과 S&P500 지수의 상승률을 비교하는 방식**에는 문제가 있지 않나요?

버핏: 버크셔의 '주가 상승률'과 S&P500 지수의 상승률을 비교하면 버크셔가 훨씬 유리해질 것입니다. 버크셔의 'BPS 증가율'보다 35% 높아질 터이니까요. 아니면 버크셔의 BPS 증가율을 S&P500 'BPS 증가율'과 비교할 수도 있지만 이렇게 해도 버크셔가 훨씬 유리해집니다. 실적 평가 기준을 어떻게 바꾸더라도 버크셔에 유리해지므로 결국 현재 실적 평가 기준이 버크셔에 가장 불리한 방식입니다.

멍거: 버크셔 주가는 장기적으로 BPS를 따라갑니다. (버핏을 바라보면서) 자네는 실적을 스스로 과소평가한다고 비난받은 셈이군. 괜찮아, 그 정도는 참을 수 있어.

Q 15. 어떤 경우에도 반드시 보유하겠다는 최소 기준 금액으로서 **현금 200억 달러**는 매직 넘버인가요?

버핏: 현금 200억 달러가 매직 넘버는 아닙니다. 위험 관리에 매직 넘버는 없습니다. 다른 기업이 흔히 말하는 시그마도 마찬가지입니다. 버크셔는 최악의 상황을 생각하고 거기에 막대한 안전 마진을 보탭니다. 다시 처음부터 시작할 마음은 전혀 없으니까요. 지극히 보수적으로 들리겠지만 나는 버크셔 주주 6,000명을 생각해야 합니다. 없어도 되는 돈을 벌려고 피 같은 돈을 걸지는 않을 것입니다. 근래에 우리는 9·11 테러와 2008년 금융위기를 경험했으며 장래에도 비슷한 사건을 경험하게 될 것입니다. 나는 그러한 시기에도 발 뻗고 자고 싶으며 보유 현금으로 투자하고 싶습니다. 그래서 버크셔는 지극히 보수적인 태도를 유지할 것입니다.

멍거: 매우 똑똑한 사람이 멍청한 짓을 벌이는 데는 이유가 있습니다. 망치든 사람에게는 모든 문제가 못으로 보이기 때문입니다.

버핏: 위험 관리를 하려면 금융시장의 역사를 알아야 합니다. 그러나 역사를 모르는 사람이 많습니다. 1962년 나는 7달러를 들여 내 사무실 복도에 금융시장의 역사적인 사건을 담은 사진을 줄지어 걸었습니다. 사진 중에는 나중에 시장 붕괴로 이어진 1901년 5월 노던 퍼시픽 주식 매점(買占) 사건도 있습니다. 당시 추가 증거금을 요청받고 뜨거운 맥주 통에 뛰어들어 자살한 사람도 있었습니다. 그도 뜨거운 맥주 통에서 생을 마감하고 싶지는 않았겠지요. 금융시장은 시그마와 아무 상관이 없습니다.

멍거: 위험 모형에 의존하다가 잘못된 가정을 확신하는 사례가 많습니다. 이제 가우스 곡선을 버리고 팻 테일fat tail 곡선(꼬리가 뚱뚱한 곡선)을 사용해야 합니다. 하지만 문제는 꼬리가 얼마나 뚱뚱한지를 여전히 모른다는 사실입니다.

Q 16. 버크셔 펀드 매니저가 받는 **보상 기준**은 어떻게 되나요?

버핏: 작년에 우리는 토드 콤즈와 테드 웨슐러 두 사람을 펀드 매니저로 채용했습니다. 이들은 실적이 뛰어나고, 총명하고, 인품이 훌륭하고, 평생을 버크셔에 헌신할 각오입니다. 버크셔는 급여로 각각 100만 달러를 지급하고, 3년 단위 S&P500 대비 초과 이익의 10%를 추가로 지급합니다. 두 사람의 실적 평가에는 자신의 실적 80%와 다른 사람의 실적 20%가 반영됩니다. 루 심프슨에게 적용된 보상 기준도 이와 똑같았습니다.

두 사람은 원하면 부하 직원을 채용할 수도 있습니다. 올해는 작년보다 증가한 27억 5,000달러씩 각각 운용하게 됩니다. 두 사람은 신규 종목에 투자하려고 할 때 나와 상의할 필요가 없습니다. 다만 버크셔의 다른 활동과 충돌하지 않도록 내게 종목명만 알려주면 됩니다. 두 사람이 운용하는 포트폴리오 규모가 작은 관계로 투자 종목의 시가 총액 규모에 구애받지 않기 때문에 나보다 다양한 종목에 투자할 수 있습니다.

둘 다 좋은 성과를 낼 것입니다. 작년에는 토드가 S&P500보다 훨씬 높은 실적을 기록했습니다.

멍거: 우리 보상 기준을 그대로 적용하면 자산 운용사 중 90%는 굶어 죽을 것입니다. 두 사람이 다른 회사로 옮기면 돈은 더 많이 벌겠지만 근무 환경은 더 나빠질 것입니다. 버크셔에서는 코카콜라를 공짜로 마실 수 있거든요.

Q 17. 버크셔는 어떤 방식으로 **실수**를 최소화하나요?

버핏: 우리는 앞으로도 실수를 계속 할 것입니다. 그러나 뜻밖에 큰 실수를 저지르지 않으려고 항상 최악의 상황을 생각합니다. 금융시장의 역사를 공부하면서 다른 사람이 저지른 큰 실수를 끊임없이 분석하면 실수를 줄일 수 있습니다. IQ 180인 사람보다 인간의 행태를 이해하는 사람이 낫습니다.

Q 18. 버크셔는 **진입 장벽**을 어떻게 구축하나요?

멍거: 우리는 진입 장벽을 직접 구축하는 대신, 돈 주고 삽니다.

버핏: 일부 업종에는 진입 장벽이 없습니다. 이러한 업종에 속한 기업이라면 거들떠보지도 마십시오. 막강한 진입 장벽을 갖춘 대표적인 기업이 코카콜라입니다. 내게 100~200억 달러를 주면서 코카콜라와 경쟁하라고 해도 나는 할 수가 없습니다. 리처드 브랜슨은 버진콜라로 코카콜라와 경쟁하려고 했지만 이제는 버진콜라 소식이 들리지 않습니다. 버진콜라가 무슨 약속을 했는지도 모르겠고요. 철도회사도 진입 장벽이 높습니다. 철도를 또 깔려고 하는 사람은 아무도 없으니까요.

멍거: 경쟁자가 단 하나만 있어도 망하는 사업이 있답니다.

Q 19. **가이코의 가치**가 그토록 높은 이유는 무엇인가요?

버핏: 저비용 플로트를 잘 사용하기 때문입니다. 가이코의 높은 성장률과 매우 높은 보험 영업 이익률은 끝없이 이어질 것입니다. 이는 서비스 원가가 낮은 데다가 규모의 경제를 누리기 때문입니다. 원가 우위를 확보하면 항상 유리합니다. 가이코는 통계 모형을 이용해서 1,000만 보험 계약으로부터 좋은 실적을 거두고 있습니다. 가이코의 CEO 토니 나이슬리는 훌륭한 보험 영업 실적을 유지하면서도 시장 점유율을 5배로 늘렸습니다. 반면에 아지트는 거래를 할 때마다 뛰어난 솜씨를 발휘해야 합니다. 아지트는 대규모 거래 고객을 발굴할 수 있고 모든 거래에서 노련하게 가격을 책정할 수 있어 막대한 경제적 영업권을 보유한 인물입니다.

우리 보험 사업은 마이너스 금리로 막대한 플로트를 창출하고 있습니다. 고객이 버크셔에 700억 달러를 맡기면서 이자까지 주는 셈이니 매우 즐거울 수밖에 없습니다.

멍거: 지금은 저금리 상황입니다. 전에는 아지트가 거액의 플로트를 창출하면 버핏이 그 돈으로 20% 수익을 내곤 했습니다.

버핏: 지금은 저금리 탓에 우리가 보유한 현금성 자산 200억 달러에서 수익이 나오지 않습니다. 버냉키 때문에 버크셔의 정상 수익력이 축소되었습니다.

누구에게나 찾아오는
4~5회의 투자 기회

❖

2013년

장소: 센추리링크 센터

참석자: 약 4만 5,000명

포춘 500 순위: 5위

버크셔 주가: $134,102

1964년 $1 → 2013년 $10,841

1964년 BPS $19.46 → 2013년 $134,973 (연 19.7%)

같은 기간 S&P500 수익률 연 9.4%

Q 1. 지난 몇 년 동안 **버크셔의 BPS 증가율**이 S&P500지수 상승률에 못 미친 이유가 무엇인가요?

버핏: 2013년에도 주식시장이 강세를 유지한다면 5년 단위 실적 기준으로는 처음으로 버크셔의 BPS 증가율이 S&P500 상승률에 뒤처지게 될 것입니다. 기쁜 일은 아니지만 실망할 일도 아닙니다. 일반적으로 주식시장이 약세인 해에는 버크셔의 실적이 S&P500보다 좋고 강세인 해에는 버크셔의 실적이 S&P500보다 나쁩니다. 내재 가치의 대리 지표로 BPS를 사용하더라도 BPS와 내재 가치 사이에는 상당한 차이가 있습니다. 예를 들어 올해 가이코의 보험 계약자가 100만 명 증가한다면, 버크셔의 기업 가치는 10억 달러가 증가하지만 BPS는 한 푼도 증가하지 않습니다. 이스카 같은 대기업을 인수할 때도 회계가 왜곡되어 BPS와 내재 가치의 차이가 벌어집

니다. 장기적으로 버크셔의 BPS 증가율이 S&P500지수 상승률을 능가하지 못한다면 여러분은 인덱스 펀드에 투자하는 편이 낫습니다.

멍거: 버크셔는 장기간 매우 좋은 실적을 유지할 것입니다. 나는 3~5년 정도에는 큰 관심이 없습니다. 버크셔의 자회사는 여전히 탄력을 유지하고 있습니다. 그러나 규모가 증가한 탓에 실적이 과거 수준에는 미치지 못할 것입니다. 버크셔는 성장세가 둔화하고 있지만 여전히 매우 만족스러운 수준입니다. 나는 89세여서 아직 젊지만 언제든 노년기를 맞이할 수 있으므로 노년기에 잘 대비하려고 합니다.

Q 2. **이스카의 경쟁 우위**는 무엇인가요?

버핏: 탁월한 인재와 놀라운 열정입니다. 1951년 세스 베르트하이머는 25세에 이스라엘에서 사업을 시작했습니다. 그는 중국에서 수입한 원자재로 제품을 만들어 GM과 보잉 등에 판매했습니다. 이스라엘 기업이었으므로 지리적 이점도 없었습니다. 경쟁 우위는 고객 만족을 끊임없이 추구하는 탁월한 인재들이었습니다. 이스카는 세계 최고 수준의 기업입니다. 우리가 이스카와 인연을 맺은 것은 행운입니다.

멍거: 이스카의 로봇 및 컴퓨터 활용 기술은 놀랍습니다.

Q 3. 비까지 오는 추운 날씨였는데 센추리링크 센터 문을 일찍 열어주셔서 감사합니다. 당신이 떠난 뒤에도 **버크셔의 기업 문화**가 유지될 수 있을까요?

버핏: 우리 자회사 중에 코트를 판매하는 회사가 있었다면 센추리링크 센터 문을 일찍 열어드리지 않았을 것입니다.

나는 버크셔의 기업 문화에 대해 걱정하지 않습니다. 나보다 더 똑똑하고 열정적인 사람이 후계자가 될 터이니까요. 승계는 이사회를 열 때마다 가장 중요하게 다루는 주제입니다. 내 후계자에 대해 이사회는 만장일치로 의견을 모았습니다. 지금까지 버크셔의 기업 문화는 해가 갈수록 더 강해 졌습니다. 버크셔 경영자는 모두 우리의 독특한 기업 문화를 신뢰합니다. 우리 기업 문화는 지금까지 독특했으며 앞으로도 독특할 것입니다. 사람들은 자발적으로 버크셔를 선택해서 합류했습니다. 그러나 우리 신체가 외부 조직을 거부하듯이 버크셔는 적합하지 않은 사람을 거부할 것입니다.

멍거: 여러분은 버핏과 내가 떠난 뒤 버크셔 주식을 팔아버리는 바보짓 따위는 하지 마십시오.

버핏: 이하동문입니다.

Q 4. 거래 구조가 다소 불리한데도 **하인즈**를 인수한 것은 주식시장 전망이 어둡기 때문인가요?

버핏: 전혀 그렇지 않습니다. 하인즈 인수는 내가 공항에서 호르헤 파울로 레만을 만났을 때 이미 결정되었습니다. 레만과 나는 둘 다 질레트의 이사여서 서로 잘 압니다. 레만이 거래 구조 주요 조건 합의서를 보내왔을 때 나는 전적으로 공정한 거래라고 생각해 단 한 글자도 변경하지 않았습니다. 하인즈를 우리가 단독으로 인수했다면 더 비싼 가격을 치렀을 것입니다. 그러나 3G 캐피털 경영진은 이례적으로 멋지고 훌륭한 사람들이었습니다. 나는 하인즈도 좋았고 거래 구조도 마음에 들었습니다. 보통주라서 투자 수익률은 우선주보다 못하겠지만, 부채 비율도 더 낮아집니다. 현재 버크셔는 자금이 남아도는 상태이므로 기꺼이 3G 캐피털에 자금을 제공하기로 했습니다.

멍거: 질문자가 세운 가정은 전적으로 틀렸습니다.

버핏: 이제 깨달으셨겠지요.

Q 5. 버크셔가 **보험 사업에서 추구하는 목표**는 무엇인가요?

버핏: 우리 목표는 보험시장 점유율 확대입니다. 버크셔가 로이즈 시장(런던 금융가 시티오브런던에 위치한 보험시장)에 참여하는 비율은 7.5%이며 우리가 여기서 주요 시장을 확보할 가능성이 꽤 있습니다. 게다가 AIG 임원 출신 네 사람이 버크셔를 대신해 상업용 특종 보험(commercial casualty insurance: 손해 보험 중 화재, 해상, 자동차, 보증 보험을 제외한 모든 형태의 보험으로, 상해 보험, 배상 책임 보험, 도난 보험 등의 보험)을 판매할 예정입니다. 이들은 전에도 우리에게 진출을 제안했는데, 이제는 우리가 상업용 특종 보험 시장에 본격적으로 진출할 시점이 온 듯합니다. 장기적으로는 이 신사업에서 매출 수십억 달러가 나올 수 있습니다. 적임자는 물론 자본까지 갖추었으므로 버크셔는 이상적인 여건을 확보했습니다.

멍거: 일반적으로 재보험은 사업성이 좋지 않습니다. 그러나 버크셔의 재보험은 아지트 자인이 주도하면서 큰 수익을 내는 매우 독특한 사업입니다.

버핏: 우리 사업은 대규모 위험을 떠안는 1차 보험 사업이 될 것입니다.

Q 6. 프로그레시브(자동차 보험사)는 **스냅샷 보험**(차 내부에 특별한 장치를 설치해 운전자의 운전 습관을 파악한 후 모범 운전자에게 보험료 할인 혜택을 제공)으로 보험료 종량제를 도입했습니다. 가이코는 왜 이러한 기법을 도입하지 않나요? 스냅샷 보험을 이용하면 우량 고객은 보험료를 30%나 할인받을 수 있다던데요.

버핏: 자동차 보험의 핵심은 운전자의 사고 확률을 평가하는 것입니다. 가이코는 다양한 변수를 평가해서 보험료를 책정하고 있습니다. 예를 들어 가이코는 내 나이 또래보다 16세 소년의 사고 확률이 더 높다고 평가합니다. 16세 소년은 옆 좌석에 앉은 여자 친구의 관심을 끌려고 무리하다가 사고를 내기 쉽습니다. 그러나 나는 그럴 일이 없지요. 가이코는 프로그레시

브의 스냅샷 기법을 예의주시하고 있지만, 현재 평가 중인 변수만으로도 보험료 책정을 매우 잘하고 있습니다. 가이코는 경쟁사보다 낮은 가격에 보험을 판매할 수 있으며 나는 가이코의 보험 영업에 만족합니다.

나는 프로그레시브의 보험료 책정 기법이 가이코보다 낮다고 생각하지 않습니다. 프로그레시브의 설립자 피터 루이스는 빨간 머리 고객 탓에 처음으로 손해가 발생하자 한동안 빨간 머리 고객에게는 보험을 판매하지 않았습니다. 가이코는 프로그레시브와는 다른 방식으로 수많은 변수를 분석합니다. 가이코는 훨씬 많은 신규 고객을 확보하고 있으며 보험료도 쌉니다.

멍거: 경쟁사의 별난 짓까지 무턱대고 모방할 필요는 없지요.

버핏: 내가 보험 사업을 시작한다면 가이코를 모방할 것입니다. 나는 올해 가이코가 신규 계약자 100만 명을 확보할 것으로 기대합니다. 이는 보험 업계 순증 고객의 3분의 2에 해당합니다. 가이코의 CEO 토니 나이슬리에 대해서는 아무리 칭찬해도 부족할 정도입니다.

Q 7. SEC는 기업 정보를 **소셜 미디어**를 통해서도 공개하도록 허용했는데, 어떻게 생각하나요?

버핏: SEC가 실수했다고 생각합니다. 공정 공시의 핵심은 정확한 정보가 모두에게 동시에 공개되는 것입니다. 예를 들어 새로운 정보가 발표되었는지 확인하려면 수시로 웰스 파고 웹사이트에 들어가야 하고, 누군가는 나보다 10초 먼저 새 정보를 입수할 수도 있다면 무척 난감할 것입니다. 우리는 앞으로도 비즈니스 와이어를 통해 정보를 계속 공개할 것이며 이 자회사를 매각할 생각이 없습니다. 비즈니스 와이어의 CEO 캐시 탐라즈를 복제할 수 있으면 좋겠습니다. 그녀는 우리가 제공하는 정보를 모든 투자자

에게 동시에 정확하게 전달합니다.

멍거: 트위터는 전염병 같은 매체라서 질색입니다.

Q 8. 더그 카스(초청 패널로, 버크셔 주식을 공매도한 헤지 펀드 매니저): 요즘 버크셔는 대기업을 비교적 높은 가격에 인수하는 듯합니다. 전에는 가젤(중소형 성장주)을 사냥하다가 지금은 코끼리(거대 기업)를 사냥하고 있습니다. 그 결과 **버크셔 주식**이 시장 지수를 닮아가는 것으로 보입니다.

버핏: 이제 규모가 커진 탓에 버크셔의 실적이 과거만 못하다는 점은 두말할 여지가 없습니다. 그러나 2008년처럼 험악한 시장에서는 규모가 크면 유리합니다. 우리는 전보다 높은 가격에 기업을 인수하기도 하지만 우량 기업에 대해서만 그렇습니다. 우리 수익률이 과거보다는 낮아졌지만, 그래도 여전히 만족스러운 수준을 유지할 것입니다.

멍거: 버크셔는 규모가 커져서 초창기처럼 높은 수익률을 낼 수 없습니다. 다른 대기업을 보아도 실적이 과거만 못합니다. 그러나 버크셔는 경영 시스템이 훌륭해서 여전히 좋은 실적을 낼 수 있다고 생각합니다.

버핏: 나는 하인즈 등 지난 5년 동안 우리가 인수한 기업에 만족합니다. 현재 버크셔가 보유한 자회사 중에는 포춘 500에 포함될 만한 대기업이 8개나 있습니다.

Q 9. 달러가 **준비 통화**reserve currency의 지위를 잃을 것으로 보나요?

버핏: 나는 모릅니다. 그러나 설사 지위를 잃더라도, 수십 년 뒤에나 잃게 될 것입니다.

멍거: 준비 통화 발행국은 이점을 누립니다. 과거에는 영국이 이점을 누렸고 지금은 미국이 누리고 있습니다. 그러나 달러가 결국 준비 통화의 지위

를 잃게 되더라도 미국에 매우 심각한 문제가 되지는 않을 것입니다. 케인스는 말했습니다. "장기적으로는 우리 모두 죽는다"라고요. 위대한 문명국 모두 결국은 자리를 내주었습니다.

Q 10. 당신은 1999년 〈포춘〉 기고문에서, 기업의 이익이 **GDP의 6%**를 초과하면 경기가 매우 좋은 것이라고 썼습니다. 현재는 GDP 대비 기업 이익이 10% 수준인데, 어떻게 평가하나요?

버핏: 현재 GDP 대비 기업 이익은 경제 환경과 미국의 역사에 비추어 보면 매우 이례적인 수준입니다. 이는 현재 법인 세율이 미국 기업의 국제 경쟁력을 저해하지 않는다는 뜻입니다. 경기 침체 이후 미국 기업은 매우 좋은 실적을 기록하고 있습니다. 앞으로 미국 기업이 이러한 이익 수준을 유지할 수 있을지 지켜보는 것도 흥미로울 것입니다. 그런데 2008년 이후 기업 이익은 회복되었지만 고용은 회복되지 않았습니다. 이에 대해 공개 토론이 많이 벌어질 것입니다. GDP 대비 기업 이익은 다소 하락할 듯하지만, GDP가 성장할 터이므로 걱정할 필요는 없습니다.

멍거: GDP 대비 기업 이익이 6% 수준까지 하락해도 나는 놀라지 않을 것입니다. 몇 년 전 버핏이 쓴 글이 절대 법칙이 되는 것은 아닙니다. 그리고 다른 나라는 법인세를 인하하고 있으므로 미국 기업은 상대적으로 높은 법인세 탓에 불리해진다고 생각합니다. 미국 법인세도 인하되길 바랍니다.

버핏: 찰리는 공화당을 지지하고 나는 민주당을 지지한답니다.

Q 11. 버크셔는 지역 신문과 오리엔탈 익스프레스 같은 **소기업**을 계속 인수하고 있는데, 이 때문에 나중에 후계자가 경영하기 어려워지지 않을까요?

버핏: 후계자는 보고 체계를 적절하게 정비할 것입니다. 후계자는 버크셔의

주력 사업을 매우 잘 파악하고 있으므로, 보고 체계를 조금만 변경해도 이익 규모가 500~1,000만 달러에 불과한 소기업 관리 문제가 해결될 것입니다.

멍거: 버크셔의 권한이 중앙에 집중되어 있다면 수많은 자회사를 관리하기가 어려울 것입니다. 그러나 버크셔는 '통제권을 포기할 정도로' 권한이 분산되어 있습니다. 이러한 시스템에서 자회사가 아무리 늘어난들 무슨 상관이겠습니까?

버핏: 버크셔는 인수 대상으로 순이익이 7,500만 달러 이상인 기업을 찾고 있습니다. 가장 좋은 인수 대상은 버크셔 자회사의 협력 업체입니다. 그리고 이스카나 마몬의 잔여 지분을 인수할 수 있다면, 우리는 더 애쓰지 않고서도 수익력을 높일 수 있습니다. 버크셔는 앞으로 더 잘될 것입니다.

Q 12. 연준은 매달 **850억 달러에 이르는 채권**을 매수하고 있는데, 나중에 어떤 영향을 미칠까요?

버핏: 찰리에게 마이크를 넘기겠습니다.

멍거: 모르겠습니다.

버핏: 보탤 말 없습니다.

멍거: 풀었던 유동성을 모두 회수하기는 쉽지 않을 것입니다.

버핏: 연준의 대차대조표가 3.4조 달러까지 급증했는데, 이는 우리가 가본 적이 없는 길입니다. 채권은 매수보다 매도가 항상 더 어렵습니다. 이렇게 막대한 유동성이 풀렸는데도 은행은 유동성을 묵혀두고 있습니다. 웰스 파고도 우량 기업의 자금 수요가 부족한 탓에 대출을 못하고 있습니다.

　나는 버냉키를 깊이 신뢰하지만 그는 위험을 떠안고 있습니다. 그가 연준을 떠나면 차기 연준 의장이 위험을 넘겨받아 유동성을 회수하게 될 것입니다. 아직은 조짐이 없지만 통화 팽창 정책은 인플레이션을 유발할 수 있습니다. 연준은 십중팔구 완만한 인플레이션을 기대했을 것입니다. 아직 인플레이션 조짐이 나타나지 않자 일부 연준 위원은 실망하고 있으니까요. 연준이 유동성 공급 규모를 축소하기 시작하면 세상 사람 모두 주목하게 될 것입니다. 그러면 모든 자산의 가치가 다시 평가될 것입니다.

멍거: 이렇게 초저금리가 지속되자 거시 경제학자들이 놀라고 있습니다. 저금리 탓에 일본에서는 침체가 20년이나 이어졌습니다. 대규모 화폐 발행에 대해서는 신중을 기해야 합니다. 인플레이션에 대해 더 유의해야 합니다. 유동성은 회수하기가 쉽지 않아서 세계 경제가 시달리게 될 것입니다.

Q 13. **제로 금리**는 버크셔에 어떤 영향을 미치나요?

버핏: 중력이 사과를 끌어당기듯 금리는 자산 가격을 끌어당깁니다. 금리는 우주 만물에 영향을 미치지요. 제로 금리는 버크셔에 유리하게 작용했습니다. 하인즈 인수 자금을 더 낮은 금리로 조달할 수 있었으니까요. 연준이 자산 가격을 높이려 한다면 저금리를 장기간 유지할 것입니다. 이제 30년 만기 채권의 수익률이 2.8%에 불과하므로 주택을 구입하는 편이 더 유리해졌습니다. 그러나 나중에 당국이 통화를 환수하기는 쉽지 않을 것입니다. 연준이 매월 채권 850억 달러를 매도한다고 발표하면 어떤 일이 벌어질지 알 수 없습니다. 요즘 연준을 지켜보는 것은 흥미진진한 영화를 보는 것과 같습니다. 연준이 채권 매수 규모를 축소하기 시작할 때 어떤 일이 벌어질지 예측할 수 없기 때문입니다.

멍거: 이러한 초저금리가 장기간 유지되지는 않을 것입니다. 저금리는 버크셔가 보유한 플로트와 현금에 악영향을 미칩니다.

버핏: 우리가 1분기 말에 보유한 현금은 480~490억 달러였는데, 국채로

보유 중이어서 한 푼도 벌지 못했습니다. 우리는 수익률을 높이려고 만기를 늘리는 법이 절대 없으니까요. 금리가 5% 수준으로 돌아오면 보유 현금에서 10~20억 달러를 벌 수 있습니다. 금융 위기 이후 연준의 유동성 공급 정책 덕분에 미국은 큰 혜택을 보았지만 향후 유동성 회수 정책도 순조로울지는 의문입니다.

Q 14. **상업용 특종 보험사 인수**도 고려하나요?

버핏: 상업용 특종 보험사 중에는 인수할 만한 대기업이 많지 않습니다. 인수 가격도 매우 비싸서 기존 기업을 인수하는 것보다 버크셔가 설립하는 편이 훨씬 유리합니다. 기존 보험사의 나쁜 관행에 물들 염려도 없고요. 그래서 설립하는 편이 낫다고 생각합니다. 최근 버크셔에 합류한 전직 AIG 임원들처럼 적절한 인재를 확보할 수 있다면 말이죠. 조만간 우리는 훌륭한 상업용 특종 보험사를 보유하게 될 것입니다.

Q 15. **비트코인**에 대해 어떻게 생각하나요?

버핏: 나는 비트코인에 대해 알지 못합니다.

멍거: 나는 비트코인이 세계 통화universal currency라고는 전혀 생각하지 않습니다.

버핏: 버크셔는 보유 현금 중 한 푼도 비트코인에 투자하지 않았습니다.

Q 16. **팸퍼드 셰프**는 허벌라이프 같은 다단계 마케팅 회사가 아닌가요?

버핏: 나는 허벌라이프에 대해 전혀 알지 못합니다. 다단계 마케팅 회사의 제품은 여러 단계의 유통 업자를 거쳐 판매됩니다. 예컨대 회사가 제품을 레벨 A 유통 업자에게 판매하면, 이들은 레벨 B 유통 업자에게 판매하는

식입니다. 그러나 팸퍼드 셰프는 제품을 최종 소비자에게 판매하므로 그 구조가 다단계 판매 방식과는 거리가 멉니다. 팸퍼드 셰프가 매주 파티를 수천 건 열면 사람들이 제품을 사서 이용하는 방식이니까요. 사람들의 꿈과 희망을 이용해서 피라미드 사기를 치는 기업에 대해서는 SEC가 철저하게 조사해야 합니다.

멍거: 진짜 사기꾼이라면 냄비 대신 약을 팔겠지요.

Q 17. 당신이 떠난 후에는 기업을 인수하기 어려워져 **버크셔의 실적**이 저하되지 않을까요?

버핏: 시장이 위기에 처할 때 내 후계자는 지금보다 더 많은 자금을 보유하게 될 것입니다. 이 자금으로 후계자는 매력적인 거래들을 성사할 것입니다. 자금시장이 경색되어 기업이 자금난에 처하게 되면 이들은 버크셔에 긴급 지원을 요청할 것입니다. 2008년에는 골드만삭스와 GE가 긴급 지원을 요청했고 우리는 유리한 조건으로 거래를 성사했습니다. 이러한 일은 또 발생할 것입니다. 썰물이 빠져나가면 누가 벌거벗은 채 수영하는지 드러나므로 그는 버크셔에 지원을 요청하게 됩니다. 내가 떠난 뒤에도 버크셔 브랜드는 매력적인 수익을 계속 창출할 것입니다.

멍거: 버크셔 초창기에는 버핏 같은 가치투자자가 드물어 매력적인 수익을 얻을 수 있었습니다. 지금 버크셔는 우리처럼 우량 기업을 인수하는 경쟁자가 드물어서 매력적인 수익을 얻고 있습니다. 우리가 과거 방식에 안주할 것으로 기대한다면, 터무니없는 생각입니다.

Q 18. **시즈캔디** 소유주가 회사를 매각한 이유는 무엇인가요?

버핏: 가족이 사망했기 때문입니다. 찰리가 인수하자고 설득한 덕분에 우리

가 인수하게 되었습니다.

멍거: 우리는 팔기 싫어하는 소유주에게 팔라고 종용하지 않습니다.

Q 19. **버크셔의 경쟁 우위**는 무엇이라고 보나요?

멍거: 남들이 미쳐버릴 때도 우리는 제정신을 유지할 수 있다는 점입니다. 버크셔는 자회사가 계속 증가하고 있으므로 권한 분산이라는 황금률을 계속 적용하고 있습니다. 권한을 분산하는 미국 기업은 거의 없으므로 이것도 우리의 경쟁 우위입니다. 주주와 동업자 관계를 잘 유지하는 것도 경쟁 우위고요.

버핏: 기업 매각을 생각하던 한 소유주는 경쟁사나 사모 펀드에는 매각하고 싶지 않았습니다. 종업원을 공정하게 대우해주지 않으리라 생각했기 때문입니다. 그가 전화할 곳은 버크셔밖에 없었습니다. 소중한 종업원을 온전히 지켜줄 곳은 버크셔뿐이었으니까요. 이것도 우리의 경쟁 우위입니다.

Q 20. 석탄 수송량이 감소 중인데 BNSF는 석탄 운반용 선로를 재활용할 수 있나요? 그리고 원유 수송량은 증가할 여지가 있나요?

버핏: 철도 수송이 중단되면 일부 선로를 못 쓰게 될 것입니다. 석탄 사용량은 주로 천연가스 가격에 좌우됩니다. 처음에 나는 원유 수송량 증가가 일시적인 현상이라고 생각했습니다. 그러나 이제는 장기간에 걸쳐 막대한 원유가 철도로 수송될 것으로 생각합니다. 원유 수송 속도는 파이프라인보다 철도가 빠릅니다. 원유 가격은 수시로 바뀌므로 철도를 이용하면 더 유연하게 대처할 수 있습니다.

매트 로즈(BNSF의 CEO): 석탄 선로 독점 사업권 문제도 해결될 전망입니다. 현재 BNSF는 원유 적하 철도역 10개를 확보해 30개 목적지로 수송하고 있으며, 30개 목적지를 추가하려고 협의 중입니다. 현재 BNSF의 하루 원유 수송량은 65만 배럴이고 연말에는 75만 배럴로 증가할 전망이며 향후 120~140만 배럴까지 증가할 것으로 예상됩니다.

Q 21. **할리데이비슨**과 거래하게 된 이유를 설명해주기 바랍니다.

버핏: (농담조로) 2014년 할리데이비슨 회사채 만기가 도래하면 할리데이비슨에서 내게 이메일을 보내도 못 받은 척할 생각입니다. 2008년 회사채시장이 경색되었을 때 우리는 유리한 조건으로 할리데이비슨 회사채를 인수했습니다. 이제는 만기가 얼마 남지 않았습니다. 이렇게 수지맞는 거래는 한동안 찾아보기 어렵겠지만 장래에 또 기회가 올 것입니다. 당시 이 회사채를 인수할 때 나는 할리데이비슨이 파산하지 않을 것으로 생각했습니다. 고객이 회사 브랜드를 가슴에 문신으로 새길 정도라면 망할 리가 없다고 보았습니다.

Q 22. **토드 콤즈와 테드 웨슐러**는 어떤 방식으로 투자하나요?

버핏: 우리 펀드 매니저 토드 콤즈와 테드 웨슐러는 2013년 3월 31일 추가 운용 자금을 10억 달러씩 받았습니다. 나는 두 사람이 거래를 마친 뒤 그 결과만 볼 수 있습니다. 일부 제약이 있긴 하지만 이들은 직접 투자를 결정합니다. 예컨대 버크셔는 아메리칸 익스프레스 주식을 대량으로 보유 중이므로 이러한 종목은 추가로 매수할 수 없습니다.

두 사람은 나라면 매수하지 않을 종목도 매수할 수 있으며 포지션 규모도 원하는 대로 가져갈 수 있습니다. 보유 자금을 모두 한 종목에 투자해도 나는 상관하지 않습니다.

멍거: 보탤 말 없습니다.

Q 23. 당신은 매일 **업무** 20개를 열거한 목록을 작성하고 여기서 상위 5개 업무에 집중한다고 들었습니다.

버핏: (웃으면서) 나는 그러한 목록을 작성해본 적도 없고 매일 우선 순위를 정하지도 않습니다. 찰리와 나는 좋아하는 것을 즐기면서 단순하게 살고 있습니다. 예를 들어 둘 다 매일 독서를 많이 합니다.

멍거: 매일 의사 결정을 많이 하려면 피곤하지요. 그래서 우리는 의사 결정에 시간을 낭비하지 않고 무의식적으로 처리합니다. 연료로 카페인(코카콜라)과 설탕(시즈캔디)을 대량으로 섭취하면서 말이지요. 우리가 영양에 관한 책을 내면 베스트셀러가 될 겁니다. 버핏은 카페인과 설탕 덕분에 의사 결정을 많이 해도 절대 지치는 법이 없습니다.

Q 24. 〈오마하 월드-헤럴드Omaha World-Herald〉를 인수했는데, 이러한 **신문사**보다 수익률이 더 높은 투자 기회는 없었나요?

버핏: 우리는 이 신문사의 무형 자산도 상각하게 되므로 높은 투자 수익을 얻게 됩니다. 장기적으로는 이익이 감소하겠지만 세후 수익률이 10% 이상 나올 것으로 기대합니다. 현재 버크셔의 세후 이익 합계가 1억 달러에 이르므로 이 신문사가 큰 도움은 되지 않겠지만 다행히 큰 관심을 기울일 필요도 없습니다. 그리고 이익이 감소 추세라는 사실을 고려해서 매우 낮은 가격에 인수했습니다.

멍거: 자네가 좋아하는 이른바 예외에 해당한다는 말이지?

Q 25. 당신이 버크셔를 떠난 뒤에는 후계자가 버크셔를 **분할**하는 편이 합리적이지 않을까요? 헨리 싱글턴이 죽기 전에 텔레다인을 분할한 것처럼 말이지요.

버핏: 버크셔는 유능한 자회사 경영자에게 권한이 분산되어 있으므로 십중

팔구 경영하기 가장 쉬운 회사일 것입니다. 버크셔는 분할하면 오히려 실적이 악화하므로 내가 떠난 뒤에도 큰 변화가 없을 것으로 생각합니다.

멍거: 싱글턴은 천재였습니다. 그는 텔레다인을 복합 기업으로 설립해 매우 합리적으로 키워나갔습니다. 그러나 버크셔와 달리 중앙 집권 방식으로 경영했습니다. 나중에 싱글턴은 잔여 기업을 버크셔에 매각하고 대금을 버크셔 주식으로 받으려 했지만 버핏이 수용하지 않았습니다. 그는 천재였지만 실적은 버크셔에 못 미쳤습니다.

버핏: 버크셔와는 달리 싱글턴은 자사주를 노련하게 관리했습니다. 고평가되었을 때는 유상 증자를 했고 저평가되었을 때는 매입을 했습니다.

멍거: 나는 우리 시스템이 더 마음에 듭니다.

Q 26. **미국의 경쟁력**을 저해하는 가장 심각한 요소는 무엇인가요?

버핏: 건강 관리 비용입니다. 대부분 국가는 GDP에서 차지하는 건강 관리 비용의 비중이 9.5~11.5%지만 미국은 17.5%입니다. 이는 미국의 경쟁력을 저해하는 중대한 문제입니다. GM은 차 1대당 추가되는 건강 관리 비용이 1,500달러나 되어서 토요타와 경쟁하기가 어렵습니다. 그래도 전반적으로는 미국이 경쟁력을 잘 유지하고 있습니다.

멍거: 과도하게 부풀어 오른 증권시장과 파생 상품 시장도 미국의 경쟁력을 저해하는 요소입니다. 수많은 인재들이 파생 상품 분야로 몰려가는 모습을 보면 정말이지 역겹습니다.

Q 27. 버크셔 종업원 30만 명에게 **건강 보험 개혁법**(Affordable Care Act: ACA)이 적용되면 어떤 영향을 받나요?

버핏: 나는 정말 모르겠습니다. 우리 자회사는 70개가 넘으며, 최근 인수한

소형 신문사 몇 개를 제외하면 모두 종업원에게 건강 보험을 제공하고 있습니다. 건강 관리 비용이 전체 비용에서 차지하는 비중은 매우 커서, 일부 자회사는 10~12%에 이르기도 합니다. 건강 관리는 본사에서 총괄적으로 관리하는 방법도 검토하고 있습니다. 건강 보험 개혁법은, 우리는 물론 경쟁자에게도 똑같이 적용됩니다. 현재 버크셔는 건강 관리 비용을 본사에서 통제하지 않습니다.

멍거: 우리는 의사 결정이 현장에서 이루어지길 바랍니다.

Q 28. 버크셔는 경쟁이 치열한 **태양광 발전** 분야에 투자하고 있는데, 타당성이 있나요?

멍거: 자신 있게 말할 수 있는데, 향후 태양광 발전은 건물 옥상보다 사막에서 더 많이 진행될 것입니다(버크셔는 사막 지역에서 태양광 발전 프로젝트 진행 중). 흐린 날에도 건물 옥상에서 태양광 발전이 가능하다는 주장은 허튼소리에 불과합니다.

우리 태양광 발전 프로젝트는 수익성도 좋을 것입니다.

그레그 에이블(미드웨스턴 에너지 CEO): 우리 태양광 발전은 여러 가지 보호를 받는 옥상 태양광 발전에 대해서도 여전히 원가 경쟁력이 있습니다. 확신하건대, 미드웨스턴 시스템은 고객과 버크셔 주주 모두에게 소중한 자산입니다.

Q 29. 핌코의 빌 그로스는 버크셔와 자신의 성공이 **시운 덕분**이라는 글을 썼는데, 어떻게 생각하나요?

버핏: 내가 미국에서 남자로 태어난 것은 엄청난 이점이었습니다. 시점도 더할 수 없이 좋았지요. 아버지는 주식 중개인이었는데, 1929년 주가가 폭

락하자 할 일이 별로 없었습니다. 게다가 당시에는 TV도 없었으므로 내가 생기게 되었지요. 1929년 주가 폭락은 내게 엄청난 행운이었습니다. 이후 수십 년 동안 사람들은 주식을 거들떠보지도 않았습니다. 2000년 기술주 거품 붕괴나 2008년 금융 위기 이후와 비슷했습니다. 그러나 나는 오늘날 미국에서 태어나는 아이들이 부럽습니다. 세계 최고의 행운아들이니까요. 열정을 지닌 사람이라면 투자 분야에서 매우 좋은 실적을 거둘 기회가 있습니다. 지금 우리는 과거보다 훨씬 잘살고 있습니다.

멍거: 초창기에 버핏이 직면한 경쟁은 요즘처럼 강하지 않았습니다. 실제로 버핏은 시운을 타고나서 확실히 유리했습니다. 2008~2009년 금융 위기 기간에 버핏은 이 유리한 기회를 이용했지만 IQ 높은 투자 전문가 다수는 이 기회를 놓쳤습니다.

(버핏을 바라보면서) 우리가 처음 만났을 때 자네는 투자 기회가 너무 많아서 허우적거리고 있었지. 이제 우리는 기회를 기다려야 하는 처지일세.

버핏: (웃으면서) 이제 돈은 넘치는데 투자 아이디어는 바닥났어!

Q 30. 두 분은 과거로 돌아가 **젊은 자신**을 만나게 된다면 어떤 조언을 하고 싶은가요?

멍거: 항상 합리적으로 생각하라고 말해주렵니다.

버핏: 흥미를 느끼는 분야에서 일하라고 조언하지요.

멍거: 우리는 둘 다 버핏 잡화점에서 일을 시작했는데, 버핏의 할아버지가 소유한 상점이었는데도 승진할 수가 없었습니다.

버핏: 다행히 이후 찰리와 나는 정말로 좋아하는 일을 발견했습니다. 버크셔 경영이 너무도 재미있어서 심지어 죄송스러울 지경입니다.

멍거: 우리는 경영을 죄송스러울 정도로 즐겼으므로, 속죄하는 뜻으로 그동

안 번 돈을 모두 자선 단체에 기부하고 있습니다.

Q 31. 버크셔가 **합리적인 기업**이라고 보세요?

버핏: 버크셔는 이례적으로 합리적인 기업입니다. 지금까지 버크셔를 오랜 기간 경영했지만 외부로부터 비합리적인 선택을 강요받은 적이 없습니다. 보험 사업은 합리적이어야 합니다. 월스트리트는 단기 실적 목표를 부당하게 설정해놓고서도 매출을 늘려 목표를 충족시키라고 다른 보험사를 압박합니다. 그러나 과거 버크셔는 보험료가 불리할 때 매출을 80%나 축소한 적도 있습니다. 외부로부터 압박받지 않는다면 이렇게 해야 마땅합니다. 멍청한 보험 사업은 절대 하고 싶지 않으니까요. 특히 대재해 보험은 가격이 적절해야 합니다. 버크셔는 합리성을 벗어나기가 오히려 더 어렵습니다.

멍거: 보험 매출을 80%나 축소하기는 매우 어렵습니다. 그러나 사람들이 미쳐갈 때는 과감하게 축소해야 합니다.

버핏: 1990년대 말 인터넷 광풍이 불 때 사람들은 유혹을 뿌리치지 못한 채 이성을 잃고 시류에 편승했습니다. 버크셔는 외부로부터 시류에 편승하라는 압박을 받지 않습니다.

멍거: 남을 부러워한들 무슨 소용이 있겠습니까?

Q 32. **헤지 펀드**가 보험 업계에서 새로운 경쟁자로 등장하고 있는데, 어떻게 생각하나요?

버핏: 우리는 무모한 경쟁은 하지 않습니다. 지난 몇 년 동안 헤지 펀드가 보험 업계에 진출했습니다. 이들은 본사가 버뮤다에 있어서 미국 세금을 피할 수 있습니다. 헤지 펀드가 보험 상품 판매를 시작하면 단기적으로 보험료가 인하될 수 있습니다. 전에도 그러한 적이 있지요.

버크셔는 보험 영업 이익이 가능할 때 보험 사업을 합니다. 우리는 투자든 보험이든 무작정 남을 따라가는 법이 없습니다. 무모한 경쟁은 역겨우니까요. 다행히 제철소와 달리 보험업은 고정비 부담이 크지 않습니다. 그래서 버크셔는 보험료가 적정 수준으로 회복될 때까지 기다립니다.

멍거: 우리는 이러한 까칠한 기법을 이용해 보험 사업을 세계 최고 수준으로 키워냈습니다. 우리 방식을 바꿀 이유가 없지요. 버크셔는 보험 사업에서 세계 최고의 인재들을 보유하고 있습니다.

버핏: 우리는 대박을 터뜨렸습니다!

Q 33. **여성의 역할**에 대해 어떻게 생각하나요?

버핏: 최근 나는 〈포춘〉 기고문에서, 지금까지 여성은 남성과 동등한 대우를 받지 못했다는 견해를 밝혔습니다. 이후 세월이 흐르면서 많은 개선이 이루어졌습니다. 그러나 워싱턴 포스트 CEO 캐서린 그레이엄은 매우 총명했는데도, 자신의 능력을 여전히 믿지 못했습니다. 그녀가 워싱턴 포스트를 이끄는 동안 주가가 40배나 상승했는데도 사람들이 여성은 남성만큼 경영을 잘할 수 없다고 말했기 때문입니다. 여성은 안팎의 장애물을 모두 극복해야 했습니다. 다행히 이러한 장애물이 허물어지기 시작했습니다. 이제 미국은 여성의 재능을 활용하면서 올바른 방향으로 나아가고 있습니다. 여성은 미국을 번영으로 이끄는 열쇠입니다.

Q 34. **도드-프랭크법**이 버크셔의 보험 사업에 영향을 미치나요?

버핏: 미치지 않습니다. 보험 사업은 이미 많은 규제를 받고 있기 때문입니다. 도드-프랭크법은 소형 은행보다 주로 대형 은행의 BIS 비율을 규제하므로 우리가 투자한 대형 은행의 ROE가 영향받을 것입니다. 이제 BIS 비

율이 상승한 덕분에 미국 은행 시스템은 지난 25년 중 어느 때보다도 건전해졌습니다. 많은 부실 채권이 사라졌으므로 이제 미국 은행은 대단히 건전해졌습니다. 다음에 거품이 붕괴한다면 그 원인은 미국 은행 시스템이 아니라 다른 부문일 것입니다. 우리가 투자한 은행에서 기대되는 수익이 과거 수준에는 미치지 못하겠지만 나는 마음이 매우 편안합니다.

멍거: 나는 장기적으로 은행 시스템을 그다지 낙관하지 않습니다. 투자 은행을 모방하려는 은행이 많아질수록 우리의 삶은 어려워질 것입니다.

Q 35. 헤지 펀드의 수익률에 대해서는 여전히 회의적인가요?

버핏: 나는 헤지 펀드와 10년짜리 내기를 벌였습니다. 헤지 펀드에는 높은 보수가 부과되므로 나는 헤지 펀드가 S&P500 인덱스 펀드보다 10년 투자 수익률이 낮을 것이라는 쪽에 돈을 걸었습니다. 지금까지 누적 수익률이 헤지 펀드는 0.1%이고 S&P500 인덱스 펀드는 8.6%입니다. 더 자세한 내용은 웹사이트 롱벳Longbets.org을 참조하시기 바랍니다.

Q 36. 일을 잘 해내려면 무엇이 중요한가요?

버핏: 어떤 일을 잘하려면, 그 일을 사랑해야 합니다. 나는 우리 자회사와 경영자에 대해 생각하는 시간이 즐겁습니다. 이들은 나의 분신(分身)입니다. 실적은 재무제표에 표시되지만, 재무제표를 바꾼다고 실적이 달라지지는 않습니다. 버크셔 일에 대한 나의 열정과 집중력은 조금도 감소하지 않았습니다.

멍거: 초창기에는 아메리칸 익스프레스에 대해서 버핏이 지금처럼 많이 알지 못했습니다. 그래서 더 집중적으로 조사했습니다. 지식은 누적됩니다.

버핏: 그렇습니다. 1951년 내가 가이코에 대해서 배운 내용은 지금도 유용

합니다. 과거에 내가 아메리칸 익스프레스에 관해서 얻은 지식도 여전히 유용합니다. 당시 나는 허츠 CEO와 함께 골프를 쳤는데, 그는 렌터카 고객 다수가 아메리칸 익스프레스를 사용하는 탓에 이 카드의 수수료를 깎거나 대체할 방법이 없다고 불평을 늘어놓더군요. 나는 이 말을 듣고 아메리칸 익스프레스야말로 내가 찾던 기업임을 깨달았습니다.

Q 37. 당신이 주식 투자에 사용하는 5대 **정량 분석 요소**는 무엇인가요?

버핏: 나는 항상 주식보다는 기업에 주목합니다. 여러 기업에 대한 지식을 쌓아가면 가치를 평가하기가 쉬워집니다. 내가 주목하는 변수는 기업의 유형에 따라 다릅니다. 기업에 따라서 더 깊이 분석해야 하는 특정 변수가 달라집니다. 예컨대 우리가 농구 선수를 모집한다면 키가 165인 사람보다는 210인 사람을 먼저 찾아보아야 합니다.

나는 욕조에 앉아 있는 동안 뱅크 오브 아메리카 투자 아이디어가 떠올랐는데, 당시 욕조는 중요한 변수가 아니었습니다. 나는 지난 50년 동안 은행을 분석했는데, 내가 은행 평가에 사용하는 척도는 제조 업체 평가에 사용하는 척도와 다릅니다. 어느 곳에나 들어맞는 평가 척도는 존재하지 않습니다. 예를 들어 코카콜라 같은 브랜드는 지역 확장성이 좋지만 시즈캔디는 그렇지 않습니다.

2011년 뱅크 오브 아메리카는 루머에 시달리면서 주가가 하락했습니다. 나는 그때가 뱅크 오브 아메리카에 투자할 좋은 기회이며 우리가 투자하면 뱅크 오브 아메리카에도 도움이 된다고 생각했습니다. 그래서 나는 일면식도 없는 브라이언 모이니헌에게 전화를 걸었습니다. 투자를 하려면 5~10년 후 그 회사의 모습을 잘 그려낼 수 있어야 합니다. 당시 나는 아메리칸 익스프레스의 장래 모습을 잘 그려낼 수 있다고 생각했습니다.

멍거: 나는 주식을 평가할 때 비율 분석을 사용하지 않습니다. 그보다는 기업이 어떤 방식으로 돌아가는지를 파악해야 합니다.

버핏: 나도 주식을 평가할 때 컴퓨터로 필터링하는 방식은 쓰지 않습니다. 우리는 기업을 통째로 인수한다고 생각하면서 주식을 평가합니다. 그래서 먼저 5~10년 후 기업의 모습이 어떠할 것이며 그 모습을 얼마나 확신할 수 있을지 생각합니다. 이어서 우리가 받는 가치보다 가격이 충분히 낮아서 적정 안전 마진을 확보할 수 있는지 따져봅니다.

멍거: 나는 15년 후 BNSF의 경쟁 우위가 어떻게 될지 알고 있습니다. 그러나 15년 후 애플의 경쟁 우위가 어떻게 될지는 알지 못합니다.

버핏: 우리는 BNSF와 가이코의 경쟁 우위가 유지된다고 100% 확신합니다.

멍거: 정량 분석으로는 경쟁 우위를 파악하기가 어렵습니다.

버핏: 내가 정량 분석만 했다면 지금과 같은 실적을 내기 어려웠을 것입니다.

멍거: (버핏을 바라보며) 지금보다 부진했겠지!

Q 38. 핌코의 빌 그로스는 **장래 시장 수익률**이 과거보다 훨씬 낮아진다고 보는 이른바 '뉴 노멀New Normal'을 지지했는데, 당신도 동의하나요?

버핏: 나는 거시 경제 예측에 관심이 없습니다. 투자를 결정할 때 아무도 제대로 알지 못하는 정보는 참고하지 않습니다. 알지도 못하는 이야기를 하면서 시간 낭비할 필요가 있나요? 나는 빌 그로스를 좋아하지만 그의 예측에는 관심이 없습니다. 다만 전반적으로 미국은 계속해서 잘 굴러갈 것으로 생각합니다.

5~10년 후 BNSF가 운송하는 화물은 지금보다 많을 것이고 버크셔가 보유한 자산의 대체 가치도 훨씬 상승할 것입니다. 자신이 아는 것을 무시한 채 알지도 못하는 예측에 의존하는 것은 옳지 않습니다. 다만 훌륭한 기

업을 적정 가격에 사서 보유하면 좋은 실적이 나온다는 점만은 확실하게 말할 수 있습니다.

멍거: 뉴 노멀이 걱정스럽다면 몇 년 더 긴 안목으로 계획을 세우십시오. 지난 10년과 비슷한 모습이라면 상황이 악화할 수도 있겠지요.

Q 39. 우리 **프루트 오브 더 룸**과 길단 사이의 경쟁이 더 치열해지고 있습니다. 어떻게 생각하나요?

버핏: 프루트 오브 더 룸은 계속 원가 절감과 브랜드 구축에 노력을 집중해야 합니다. 기준 소매가격도 낮게 유지해서 고객을 계속 만족시켜야 합니다. 지난 10년 동안 노브랜드 속옷은 경쟁에서 밀려 손실을 보았습니다. 그러나 프루트 오브 더 룸은 브랜드 인지도도 높고 원가 경쟁력도 강합니다. 앞으로 5~10년 동안 프루트 오브 더 룸은 남성 및 소년 속옷 시장을 지켜낼 것으로 기대합니다. 수월한 사업은 아니지만 상당히 좋은 실적을 예상합니다.

멍거: 버크셔가 판매하는 제품은 수없이 많으므로 모든 시장에서 승리하지는 못할 것입니다.

Q 40. 초창기에 쓴 **투자조합 서한**을 공개할 생각이 있나요? 추천할 만한 훌륭한 투자서가 있나요?

멍거: 투자조합 초기에 우리는 집중 투자를 했는데, 당시 보유한 종목을 공개해도 사람들은 대부분을 알아보지 못할 것입니다.

버핏: 그동안 내가 보유한 종목은 대략 400~500개인데 그중 실제로 돈을 벌어준 종목은 10개에 불과합니다. 나는 11세가 될 때까지 오마하 도서관에 있는 투자서를 모두 읽었습니다. 특히 벤저민 그레이엄의 《현명한 투자

자》는 주식과 시장 보는 방법을 깨우쳐주었으므로 내 투자 철학의 기반을 세워주었습니다. 그레이엄은 주식을 기업의 일부로 보아야 하며 시장에 휘둘리지 말고 시장을 이용해야 한다고 말했습니다. 필립 피셔의 책《위대한 기업에 투자하라》도 훌륭한 가르침을 주었는데, 이 꽃 저 꽃 옮겨 다니는 투자가 아니라, 수십 년 계속 보유할 만한 기업에 투자하라고 말했습니다. 나는 독서를 즐기지만 이 두 권을 읽지 않았다면 내 인생은 지금과 다른 모습이 되었을 것입니다.

Q 41. 레그 메이슨(미국 자산 운용사)의 빌 밀러: 이제 항공 산업은 4대 항공사 체제로 통합되어 수익률이 상승하면서 잉여 현금흐름도 창출하고 있습니다. 주요 항공사와 제휴하면 **넷젯**에도 유리하지 않을까요?

버핏: 주요 항공사와 제휴해도 넷젯에 유리해진다고는 생각하지 않습니다. 프레디맥과 패니메이 사례를 돌아보면 항공 산업이 통합되더라도 나머지 항공사가 바보짓을 벌일 가능성은 여전히 남아 있습니다. 콜라 산업에 남아 있는 경쟁자는 코카콜라와 펩시코뿐인데도 둘은 가끔 터무니없는 가격 경쟁을 벌입니다.

물론 일부 산업에서는 통합 과정을 거쳐 살아남은 기업의 수익성이 개선되기도 합니다. 그러나 항공 산업의 추가 좌석당 추가 비용은 매우 낮지만 고정비 부담이 매우 큽니다. 노동 집약적, 자본 집약적 동질재 산업이지요. 항공 산업은 처음부터 투자자에게 죽음의 덫이었습니다. 라이트 형제가 처음으로 비행기를 띄웠을 때 누군가 격추했더라면 투자자는 막대한 돈을 날리지 않았을 것입니다. 항공사가 단 하나만 남고 규제마저 없다면 훌륭한 사업이 될 수도 있겠지요. 그러나 지금 나는 항공 산업에 대해 여전히 회의적입니다.

멍거: 철도 산업은 통합 과정을 거쳐 훌륭한 산업이 되었습니다. 워런과 나는 이 사실을 뒤늦게 깨달았지만 말이지요. 항공 산업에 대해서는 빌 밀러의 견해가 옳을 수도 있지만 나는 이 문제를 세 서류함 중 '너무 어려움'에 넣어둘 것입니다.

버핏: 우리는 변화도 빠르지 않고 경쟁도 치열하지 않은 사업을 좋아합니다.

멍거: 철도회사를 신설하기는 어렵지만 항공사를 신설하기는 쉽습니다.

버핏: 그동안 우리는 항공 산업에 진출하라는 제안을 수십 건이나 받았습니다. 항공 산업은 왠지 매력적으로 보이지만 그 실적은 비참합니다. 수많은 항공사가 파산했고 US에어는 두 번이나 파산했습니다.

Q 42. **자사주 매입을 결정하는 기준**은 무엇인가요?

버핏: 자사주 매입을 결정하는 기준은 내재 가치가 되어야 합니다. 우리는 버크셔의 BPS를 내재 가치로 대신 사용해도 괜찮다고 생각합니다. 우리 정책은 주가가 BPS의 1.2배 이하일 때 자사주를 매입하는 것입니다. 그러나 버크셔는 항상 상당한 현금을 보유하고자 하며 현재는 약 200억 달러를 보유하려고 합니다. 다음에는 기존 사업 유지에 필요한 현금을 재투자합니다. 이후에도 남는 현금으로는 버크셔의 주당 가치를 높여주는 기업을 인수합니다.

그 이후에도 현금이 남고 버크셔 주가가 내재 가치보다 훨씬 낮다면 자사주를 매입할 것입니다.

멍거: 우리 같은 구두쇠가 BPS의 1.2배에 자사주를 기꺼이 매입하려는 것은, 이 가격에도 많이 남기 때문입니다.

버핏: 우리는 자사주 매입을 많이 하지 못했습니다. 최근 몇 년 동안 버크셔 주가가 내재 가치의 적정 범위 안에서 움직였기 때문입니다. 그러나 내재

가치보다 훨씬 내려가면 자사주를 매입할 것입니다.

Q 43. 멍거 씨는 **오마하 본사** 근처로 이사할 생각이 없나요?

멍거: 없습니다. 전화로도 충분하니까요.

버핏: 멍거는 남의 생각을 훤히 들여다봅니다. 전화조차 필요 없어요.

멍거: 가끔 회의하러 와서 오마하의 달라진 모습을 보면, 립 밴 윙클(20년 동안 잠을 자다 깨어난 소설 속의 인물)이 된 기분입니다.

Q 44. **지구 온난화**는 버크셔에 어떤 영향을 미칠까요?

버핏: 나도 기온이 훨씬 상승했다고 생각하며 지구 온난화 가능성도 어느 정도 있다고 봅니다. 그러나 해마다 우리 보험료 산정 방식을 바꿔야 할 정도는 아니라고 생각합니다. 버크셔는 대재해나 자연재해 보험료를 산정할 때 대체로 비관적 관점을 유지합니다. 그러나 지금은 우리 보험료 산정 변수에 지구 온난화가 포함되지 않습니다.

멍거: 나는 칼텍(캘리포니아 공과대학교)에서 기상학을 공부했는데, 탄소 가격제carbon pricing가 매우 비현실적이라고 생각합니다. 사람들의 습관을 바꾸려면 탄소세carbon tax가 나을 것입니다. 유럽은 자동차 연료에 높은 세금을 부과하는데 이것이 올바른 정책입니다. 미국도 자동차 연료에 대한 세금을 높여야 합니다.

Q 45. 더그 카스(헤지 펀드 매니저): **공매도**는 버크셔의 가치를 높여줄 수 있는 투자 수단입니다. 과거 토드 콤즈도 공매도를 했습니다.

멍거: 토드 콤즈는 큰 성공을 거두고 나서 공매도를 중단했습니다.

카스: 내게 1억 달러를 맡겨주면 공매도로 수익을 내서 자선 단체에 기부하

겠습니다.

멍거: 당신의 제안을 거절합니다.

버핏: 우리도 공매도를 많이 해보았지만 실패했습니다. 공매도로 많은 돈을 벌 수 있더라도, 버크셔는 남에게 고통을 안기면서 돈을 벌고 싶지 않습니다.

Q 46. **하인즈 인수 가격**이 얼마였나요?

버핏: (웃으면서) 기업을 인수할 때 우리는 대개 가격이 너무 비싸다고 생각합니다. 그러나 매우 훌륭한 기업에 대해서는 군말 없이 그 가격을 지불합니다. 장기간 계속해서 훌륭한 실적을 내주는 기업이라면 그 가격도 헐값이지요. 훌륭한 기업은 장기간 수익률이 높고 추가 자본에 대해서도 높은 수익률이 나오는 기업입니다. 이러한 기업이야말로 최고의 기업이지만 흔치 않습니다. 이러한 기업이라면 다소 무리해서라도 사야 합니다. 시즈캔디가 그 대표적인 사례입니다.

이렇게 훌륭한 기업에 투자할 기회는 기업 인수 시장보다 주식시장에 더 많습니다. 주식시장에서는 간혹 '갑작스러운 시장 붕괴flash crash'가 발생하기 때문입니다. 우리는 훌륭한 기업을 인수해서 영원히 보유하는 방식을 좋아합니다.

멍거: 이러한 기업을 인수하려면 끊임없이 공부해야 합니다.

Q 47. 나는 86세 퇴역 군인입니다. 당신의 검소한 생활을 높이 평가하지만, 건강을 위해서 햄버거는 그만 드시길 바랍니다. 16조 달러에 이르는 부채를 짊어진 **오바마 정부**를 지원하려면 어떻게 해야 할까요?

버핏: (농담 삼아) 먼저 부채 16조 달러에 대해 부시도 어느 정도 책임이 있다고 보아야 하겠지요. 오랜 경험을 통해서 깨달았는데, 정치 토론은 아무 소

용이 없더군요. 어떤 내용이든 사람들 절반은 찬성하고 절반은 반대하니까요. 그러나 당시 우리는 일생일대의 공황에 직면했으므로 막대한 재정 적자에도 불구하고 경기 부양책은 필요했다고 봅니다. 패니메이와 프레디맥이 파산하고 GE가 마지막으로 우리에게 구원을 요청하던 시점에는 상황이 정말 암담했습니다. 경기 부양책을 지속하는 것도 문제지만 이 정책을 중단할 때 발생하는 경기 위축은 더 심각한 문제입니다.

멍거: 전적으로 동감입니다.

버핏: 부시는 당시 공황 상태를 이렇게 표현했습니다. "돈을 풀지 않으면, 월가가 망한다If money doesn't loosen up, this sucker is going down." 그래서 양당 지도자는 함께 공황 극복에 필요한 정책을 내놓았습니다. 제2차 세계대전 직후에는 미국의 부채가 GDP에서 차지하는 비중이 지금보다 높았지만 이후 미국은 만족스러운 성과를 유지했습니다. 지금 상황이 당시만큼 심각한 수준은 아닙니다. 논란은 많겠지만 우리는 잘 극복해낼 것이며 10~20년 후에는 지금보다 나아질 것입니다.

멍거: 현재 실행 중인 경기 부양책은 매우 혼란스럽습니다. 만일 혼란스럽게 느끼지 않는다면 제대로 이해하지 못하기 때문입니다. 그리고 한 가지 비율로는 예측이 불가능하므로 GDP 대비 부채 비율에 지나치게 의존해서는 안 됩니다. 장부에 표시된 부채보다 장부에 표시되지 않은 부채가 더 위험합니다. GDP 성장률이 연 2%가 되면 중요한 문제들은 해결됩니다. 그러나 연 2% 성장률을 달성하려면 적절한 정책이 필요합니다.

Q 48. **벤자민 무어**는 경쟁력이 저하하면서 시장 점유율이 하락하고 있는 것이 아닌가요?

버핏: 전체 페인트시장에서 차지하는 비중이 비교적 작은 고급 페인트 시장

에서 이 회사는 시장 점유율을 유지하고 있습니다. 벤자민 무어는 딜러 시스템을 사용 중인데, 대형 매장도 벤자민 무어 제품을 판매하고 싶어 했습니다. 그러나 이는 딜러에 대한 배신이 되므로 거절했습니다. 벤자민 무어에는 딜러 시스템이 잘 맞았습니다. 이전 경영진은 딜러 시스템을 없애려다가 교체되었습니다.

멍거: 그렇습니다. 벤자민 무어에는 딜러 시스템이 잘 맞았습니다.

버핏: 벤자민 무어의 시장 점유율이 대폭 상승할 것으로는 기대하지 않지만, 수익성은 여전히 좋습니다.

멍거: 내일이라도 벤자민 무어 같은 기업을 5개쯤 더 사고 싶습니다.

Q 49. **미국 20대 기업의 수익률**이 인덱스 펀드의 수익률을 초과할까요?

버핏: 십중팔구 매우 비슷할 것입니다. 우리는 투자하려는 기업에 대해 전문가가 되어야 합니다. 주식은 장기적으로 높은 수익을 안겨주지만 아마추어 투자자는 종종 엉뚱한 시점에 흥분합니다. 아마추어 투자자는 인덱스 펀드를 사는 편이 무난합니다.

멍거: 자신의 능력범위를 파악하는 것이 중요합니다. 자기가 많이 안다고 착각하면 위험해집니다.

Q 50. **당신이 기부하는 버크셔 주식**이 주가에 영향을 미치지 않을까요?

버핏: 나는 해마다 보유 주식의 4.75%를 자선 단체에 기부합니다. 이는 버크셔 시가 총액의 1% 미만이므로 얼마 안 되는 규모입니다. 자선 단체가 이 주식을 매도하더라도 버크셔 주가에 미치는 영향은 크지 않을 것입니다. 버크셔 주식의 하루 거래 대금은 평균 4~5억 달러여서 연간 약 1,100억 달러인데, 내가 매년 기부하는 주식은 약 20억 달러에 불과하기 때문입니다.

멍거: 20억 달러가 노인에게는 정말 하찮은 금액이지요.

버핏: 20억 달러를 기부하면, 내 금고에 안전하게 보관하는 것보다 다른 사람에게 훨씬 쓸모가 있지요.

Q 51. 당신은 외국에서도 **투자 기회**를 찾을 생각인지요? 경기 흐름은 어떻게 보나요?

버핏: 돈 벌 기회가 있다면 버크셔는 어느 곳이라도 찾아갈 것입니다. 그러나 수많은 기업이 미국에 있으므로 버크셔는 기회 대부분을 미국에서 찾아낼 것입니다. 지난 4년 동안 미국 경기가 완만한 회복세를 보였습니다. 호경기까지는 아니지만 불안한 상태에서는 벗어났습니다. 약 1년 전에는 주택의 공급 과잉 상태도 해소되어 가격이 다소 상승했습니다. 경기는 계속해서 완만하게 회복될 전망입니다. 경기가 갑자기 상승하지는 않겠지만 추락하지도 않을 것입니다. 사람들은 놀라운 투자 기회를 평생 4~5회 정도 맞이하게 됩니다. 이때는 자금력과 강인한 정신력을 갖추고 신속하게 대응해야 합니다.

Q 52. 나는 **투자 실적**이 없지만 남의 돈을 받아 운용하고 싶습니다. 어떻게 하면 좋을까요?

버핏: 최대한 서둘러서 공인 투자 실적을 쌓으십시오. 버크셔의 펀드 매니저를 선발할 때 나는 신뢰할 수 있고 이해할 수 있는 투자 실적을 살펴보았습니다. 남의 돈을 받으려면 자격을 갖춰야 합니다. 자신의 실적이 건전한 사고를 바탕으로 달성한 실적이라고 설명할 수 있어야 합니다.

멍거: 그래서 대부분은 가족과 친구의 돈으로 시작합니다. 운용 보수도 적정 수준이어야 합니다.

버핏: 버크셔에서 토드와 테드가 받는 보수가 헤지 펀드처럼 기본 보수 2%와 성과 보수 20%라면, 이들은 돈을 땅에 묻어두더라도 각각 1억 2,000만 달러씩 벌 것입니다.

멍거: 헤지 펀드는 이상한 보수 체계로 사람들을 착각에 빠뜨립니다.

Q 53. 버크셔의 재보험 사업을 이끄는 **아지트 자인**의 특별한 역량은 무엇이며 그가 당신의 후계자가 될 것인지 알고 싶습니다.

버핏: 두 번째 질문에 대해서는 답하지 않겠습니다. 아지트가 없으면 재보험 사업은 오랜 기간 제대로 굴러가지 않을 것입니다.

멍거: 아지트가 없다면 우리는 현재와 같은 실적을 유지하지 못할 것입니다.

버핏: 다른 자회사 경영자에 대해서도 똑같이 말할 수 있습니다. 아지트는 1985년부터 20년 동안 버크셔에서 일했는데, 그가 1965년부터 일했다면 이미 온 세상이 우리 소유가 되었을 것입니다.

Q 54. 당신이 떠난 뒤에는 **하워드 버핏**이 버크셔의 비상임 의장이 될 예정인데, 그는 경영과 투자 경험이 부족하지 않나요?

버핏: 하워드는 버크셔의 차기 CEO 선정 과정에서 문제가 발생할 때 역할을 담당하게 됩니다. 하워드의 역할은 경영이나 투자가 아니라 버크셔의 기업 문화를 보호하는 것입니다. 이는 막중한 책무입니다. 이사회가 CEO를 교체해야 할 때 비상임 의장이 지원해주면 큰 힘이 됩니다. 그동안 버크셔의 기업 지배 구조는 엄청나게 개선되었습니다. 적어도 연 1회 CEO 없이 이사회를 열도록 되어 있으니까요. 이사회도 사회 집단이어서, CEO가 참석하면 CEO의 결점을 논의하기가 어렵습니다.

멍거: 하워드가 있으면 멍거 가족도 훨씬 안심이 됩니다. 이사회가 보유한

버크셔 주식 규모가 막대하고 이 중 상당량이 자선 단체로 가게 되어 있으므로 하워드는 막중한 책임감을 느낄 것입니다. 10개 분야 중 9개 분야를 잘 해내는 CEO에게도 심각한 결함이 있을 수 있습니다.

버핏: (농담조로) 유순하던 사람이 세상을 물려받고 나서도 여전히 유순할 거라고 생각하는 것은 아니겠지요?

멍거: 캘리포니아의 어떤 CEO는 기업을 인수하고 나서, 자기가 앉은 자세로 걸어 다닐 수 있는 유일한 사람이라고 말했다는군요.

Q 55. 사람들은 **저금리 환경**에 어떻게 대처해야 할까요?

버핏: 저금리 환경 탓에 현금을 보유 중인 사람은 혹독한 상황에 직면하고 있습니다. 구매력 손실이 엄청나므로 연준의 저금리 정책에 막대한 피해를 보고 있습니다. 단기 금리가 겨우 0.25%여서 채권에 100만 달러를 투자해도 연간 소득이 2,500달러에 불과합니다. 은퇴 후 이자 소득이 이렇게 쪼그라들 줄은 전혀 예상하지 못했을 것입니다. 따라서 주식을 사서 기업의 일부를 소유하는 편이 채권에 투자하는 것보다 타당하다고 생각합니다. 몇 년 전 주식시장이 폭락해 연준이 장기간 저금리를 유지하겠다고 발표했을 때 주식을 샀다면 훨씬 더 타당했겠지요. 저금리가 사람들에게 심각한 악영향을 미치고 있습니다. 그러나 생산적 자산을 보유한 사람은 혜택을 보고 있습니다.

멍거: 금융 위기 직후 연준의 정책은 누군가에게 피해를 줄 수밖에 없었는데, 저축하는 사람들이 만만한 상대였습니다.

Q 56. **IBM이 보유한 경제적 해자**에 대해 설명해주기 바랍니다.

버핏: IBM의 경제적 해자에 대해서는 코카콜라나 리글리, 하인즈만큼 잘

이해하지 못합니다. 그러나 IBM 포지션에 대해서는 편안하게 생각합니다. IBM이나 마이크로소프트 같은 회사가 성공하지 못할 이유는 전혀 없습니다. 나는 IBM의 재무 정책을 좋아하며 장기적으로 높은 성과가 나올 것이라고 믿습니다. 다만 연금 채무가 많다는 점이 다소 아쉽습니다. 연금 채무는 연금 자산보다 더 확정적이기 때문입니다.

멍거: 일본 생명 보험 회사는 금리를 3% 지급하기로 약정했지만 지금은 지급하지 못하고 있습니다. 다행히 버크셔의 생명 보험 사업은 규모가 매우 작습니다.

버핏: 선택권option은 남에게 주는 것보다 내가 보유하는 편이 항상 유리합니다. 그러한 면에서, 현재 주택 구입자에게는 30년 만기 주택 담보 대출이 유리해 보입니다. 생명 보험 회사는 심각한 문제에 직면하고 있습니다.

Q 57. 당신의 투자 철학 중 85%는 벤저민 그레이엄의 영향이고 15%는 필립 피셔의 영향이라고 말했습니다. 그리고 **투자 규모**가 작으면 50% 수익도 가능하다고 말했습니다.

버핏: 투자 규모가 100만 달러에 불과하다면 수익률이 높은 소규모 투자 기회를 찾아낼 수 있습니다. 그러나 버크셔는 매년 유입되는 현금이 120~140억 달러에 이르므로 이러한 소규모 투자는 고려하지 않습니다.

멍거: (웃으면서) 나는 이제 그러한 문제를 풀지 않아도 되니까 마음이 편합니다. 지금은 소득세 이연에서 발생하는 플로트에서도 많은 수익을 얻을 수 있으니까요.

Q 58. **신흥 시장**이나 중국 투자에 대해서 어떻게 생각하나요?

버핏: 아직 신흥 시장이나 특정 국가에 대한 투자를 시작하지 않았습니다.

신흥 시장 투자는 내가 잘하는 분야가 아닙니다. 나는 미국에 투자할 수만 있다면, 크게 아쉬울 것이 없습니다.

멍거: 세계를 국가나 지역으로 구분하는 것은 금융회사가 투자 상품을 판매해서 수수료를 벌어들이는 용도 외에는 쓸모가 없습니다.

버핏: 투자자는 가격이 매력적인 우량주만 찾으면 됩니다.

Q 59. **주택 가격 거품** 현상이 또 나타날까요?

버핏: 현재 시장은 주택 가격 거품과 거리가 멉니다. 전에는 거품이 형성될 때 온 나라가 광기에 휩싸였습니다. 의회는 패니메이와 프레디맥에 해서는 안 될 일을 하라고 권장했습니다. 당시 투기꾼이 돈을 버는 동안 신중론자는 바보 취급을 당했습니다. 사람들은 이웃이 돈 버는 모습을 보고 나서 시류에 편승했습니다. 사람들은 거대한 착각에 빠져버렸습니다.

　이러한 현상은 다시 일어나겠지만, 현재 주택시장에서 일어나지는 않을 것입니다. 저금리 환경을 고려해서 지금이라도 주거용 주택을 구입하시기 바랍니다.

멍거: 지난번 주택 가격에 거품이 형성되었을 때 시장은 갈수록 과열되었는데도 정부는 시장에 물 대신 기름을 부어 사태를 악화시켰습니다.

버핏: 사람들은 똑같은 실수를 되풀이합니다. 주택 가격 거품도 금융 위기의 한 원인이었지만, 실제 원인은 사람들이 동시에 겁에 질려 MMF마저 환매하려고 몰려들었던 것입니다. 사람들은 대개 집단적으로 탐욕에 휩쓸렸다가 한 사람씩 천천히 정신을 차리게 됩니다. 찰리와 나는 군중에 휩쓸리지 않습니다. 우리는 주가 폭락을 매수 기회로 삼지만 차입금까지 동원해서 매수하지는 않습니다. 주택시장이 붕괴한 원인은 차입금을 동원한 주택 구입이었습니다.

Q 60. **유럽 기업**도 인수할 생각이 있나요?

버핏: 우리는 유로존(유로화를 사용하는 유럽 연합 국가들)에서도 투자 기회를 찾고 있습니다. 작년 우리 자회사가 유럽에서 농기구 협력 회사를 약 1억 달러에 인수했습니다. 유럽이 없어지지 않는 한 현재의 위기는 기업 인수 기회가 될 수 있습니다. 유로화는 설계 과정에 중대한 결함이 있었습니다. 유럽 경제 중 통화만 통합되었을 뿐 나머지는 통합되지 않았기 때문입니다.

멍거: 유럽 연합이 그리스의 가입을 받아준 것은 쥐약을 휘핑크림으로 사용한 것과 같습니다.

Q 61. **소셜 미디어**는 버크셔에 어떤 영향을 미치나요?

버핏: 청중 중 절반은 답을 나보다 더 잘 알 것입니다. 인터넷에 의해서 가이코의 사업 방식이 대폭 바뀌었습니다. 우리는 고객의 목소리에 귀를 기울여야 합니다. 고객이 인터넷으로 보험에 가입하고 싶어 하면 우리는 인터넷으로 보험을 판매해야 합니다. 우리 사업 방식은 놀라울 정도로 빠르게 바뀌었습니다. (농담조로) 버크셔에서 소셜 미디어 관리를 찰리와 내가 담당하게 된다면, 이는 끔찍한 실수가 될 것입니다.

멍거: 안타깝게도 10대들이 소셜 미디어에 장난삼아 올린 기록들은 영원히 지워지지 않습니다. 한때의 무지와 어리석음은 덮어주어야 하는데 말이지요. 그리고 여러 작업을 무리해서 한꺼번에 처리하면, 제대로 되는 게 하나도 없기 마련입니다.

버핏: 뻔한 답변에 모두들 짜증 나죠?

Q 62. 어떻게 하면 **분식 회계**를 식별할 수 있나요?

버핏: 어떤 보험사가 신주를 발행한 직후 손해액 준비금을 축소했는데 수상

하더군요. 주식을 발행하면서 숫자를 조작하면 재무제표에 드러납니다. 분식 회계 기법은 수없이 많은데, 특히 금융 기관이 많이 사용합니다.

멍거: 착각을 일으켜 뜻하지 않게 사기를 치는 사람도 있습니다.

버핏: 요즘 나오는 재무제표가 20~30년 전만큼 유용한지 의문입니다.

멍거: 대형 은행의 재무제표는 주석과 난해한 표현이 너무 많아서 이해하기 어렵습니다. 은행 자산이라면 대개 확인된 자산만 가치가 있습니다.

버핏: 살로먼 브라더스는 재무상태표를 맞추려고 자본 40억 달러에 땜질용 숫자plug numbers를 끼워 넣은 적이 있습니다. 이 땜질용 숫자는 1억 8,000만 달러까지 불어났는데도 아서 앤더슨은 발견하지 못했습니다.

멍거: 회계에서는 기묘한 일이 벌어질 수 있습니다. 이탈리아 어느 우체국에서는 우편물이 너무 많이 쌓이자 트럭에 실어 내다 버렸습니다. 회계도 이러한 식이지요.

버핏: (멍거를 바라보며) 어느 나라인지는 밝히지 말게.

멍거: (킬킬거리며) 이탈리아였습니다.

Q 63. **남아프리카**에도 투자할 생각인가요?

버핏: 우리가 이해할 수 있는 기업이라면 못 할 이유 없지요.

멍거: 어떤 사람은 남아프리카 소형 은행을 골고루 사 돈을 벌었습니다.

버핏: 그러나 우리가 전문적으로 쓰는 방식은 아닙니다.

Q 64. 요즘 진행되는 세대 간 부의 이전이 사상 최대 규모입니다. 전에 **상속**에 대해 언급했을 때, 자녀들이 무슨 일이든 할 수 있지만 놀고먹지는 못할 만큼만 재산을 물려주겠다고 했지요?

버핏: '막대한 유산'보다 '부모의 처신' 탓에 파멸하는 자녀가 더 많습니다.

유산보다 부모의 처신이 더 중요하다는 말입니다. 나는 자녀에게 물려줄 유산 규모를 이미 알려주었습니다. 부모 사망 후 유서를 읽어봐야만 자녀가 유산을 알 수 있다면, 이는 미친 짓이라고 생각했거든요. 부모는 자신이 죽기 전에 자녀가 유서를 읽고 이해하게 해야 합니다. 내 재산은 모두 자녀에게 물려주는 것보다 사회에 환원할 때 더 유용하다고 믿습니다.

멍거: 유산을 자녀들 사이에 고르게 분배하지 않을 생각이라면 죽기 전에 유서를 공개하면 안 됩니다.

Q 65. 버크셔 A주를 분할할 계획이 있나요?

버핏: 버크셔 B주를 발행했으므로 A주는 사실상 주식 분할이 되었습니다. 그리고 BNSF 인수 후 B주는 1,500 대 1로 분할되었습니다. 주식 분할을 원하면 버크셔 A주 주주는 언제든지 A주를 B주로 전환할 수 있습니다.

멍거: 주식 분할을 기대하면서 가슴 졸일 필요 없습니다.

수익률보다 중요한
마음의 평화

❖

2014년

장소: 센추리링크 센터

참석자: 약 4만 명

포춘 500 순위: 5위

버크셔 주가: $177,953

1964년 $1 → 2014년 $14,386

1964년 BPS $19.46 → 2014년 $146,386 (연 19.4%)

같은 기간 S&P500 수익률 연 9.8%

* 버크셔 홍보 영화의 한 장면 – 2034년 주주총회의 모습: 버크셔 주가는 1,900만 달러(약 215억 원)에 이르고, 103세가 된 버핏이 5년 후 은퇴하겠다고 약속한다.

Q 1. 주주 제안: 회사는 필요 이상의 자금을 보유 중이고 주주들은 버핏 같은 억만장자가 아니므로 이사회는 매년 상당액의 **배당 지급**을 검토한다.

버핏: 올해 위임장 권유 신고서에는 위와 같은 주주 제안이 포함되어 있습니다. 이 안건에 대한 A주 주주의 투표 결과를 보면 찬성 1.1%, 반대 97.1%, 기권 1.8%입니다. 내 의결권을 제외해도 A주 주주 중 찬성은 2.5%에 불과하고, 반대가 93.4%, 기권이 4.2%입니다. 내가 투표 결과를 조작했다고 생각하지는 않으시겠지요? B주 주주의 투표 결과를 보더라도 찬성은 2.0%에 불과하고, 반대가 97%이며, 기권이 1.1%입니다. 놀랍게도 "배당을 지급하지 마세요"라고 말한 주주가 45배나 많았습니다. 우리 주주는 버크셔가 창출하는 현금을 배당으로 지급할 때보다 재투자할 때 훨씬 더 많은 가치가 창출된다고 믿는다는 뜻입니다. 지난 연차 보고서에도 썼지만, 배당이 필요한 주주는 보유 주식 일부를 팔아 스스로 배당을 창출하는 방법이 있습니다(2012년 주주 서한). 나의 버크셔 이사 재선임에 반대한 주주는 3%였는데, 배당에 반대한 주주 비율보다 더 높습니다.

Q 2. 버크셔는 코카콜라의 지분 9%를 보유한 대주주입니다. 당신은 **코카콜라가 제안한 스톡옵션 보상 계획**이 과도해 보인다고 지적한 바 있습니다. 그러면 코카콜라의 스톡옵션 보상 계획에 대해서 왜 반대하지 않고 기권했나요? 버핏답지 않은 이상한 행동으로 보입니다.

버핏: 그렇게 이상해 보이는 행동이 흔히 버핏다운 행동이랍니다. 펀드 매

니저 데이비드 윈터즈는 내가 스톡옵션 보상 계획에 반대하지 않았다고 공개적으로 비난하면서, 이 때문에 주식 가치가 16%나 희석되었다고 주장했지만, 그의 계산은 매우 부정확합니다. 나는 보상 계획이 과도하다고 믿기 때문에 코카콜라의 CEO 무타르 켄트에게 비공식적으로 기권 의사를 표명했습니다. 이러한 방식으로 의사를 표명하는 편이 효과적이고 코카콜라의 보상 관행에 미치는 영향도 크다고 믿었기 때문입니다.

나는 코카콜라와 전쟁을 벌이고 싶지도, 윈터즈가 계산한 매우 부정확한 희석 효과를 지지하고 싶지도 않습니다. 코카콜라는 주기적으로 자사주를 매입하고 있으며 이 과정에서 희석 효과가 상당 부분 완화됩니다. 향후 자사주 매입과 절세 효과를 고려하면, 현재 보상 계획에서 비롯되는 희석 효과는 윈터즈가 계산한 16.0%가 아니라 2.5%가 될 것입니다. 코카콜라가 보상 계획 중 스톡옵션 행사 제한 기간을 위임장 권유 신고서에 기재된 4년보다 더 늘린다면, 희석 효과는 더 완화될 것입니다.

멍거: 나는 버핏이 상황에 전반적으로 매우 잘 대처했다고 생각합니다.

버핏: 찰리 멍거를 부회장에 유임하겠습니다! 나는 이 문제를 사전에 멍거와 논의했는데, 버크셔의 의결권 행사에 대해 의견이 일치했습니다.

Q 3. 작년 버크셔는 3G와 제휴해 하인즈를 공동으로 인수했습니다. 버크셔는 주로 자금을 제공했고, 3G는 하인즈의 경영권을 인수해 대규모 해고를 포함한 구조 조정을 담당했습니다. 버크셔는 단독으로 기업을 인수하면 대개 기존 경영진이 과거 방식대로 기업을 계속 경영하게 합니다. 당신은 이러한 기업 인수 전략이야말로 버크셔의 '중대한 기업 자산'이라고 선언했습니다. 기업 소유주가 훌륭한 기업을 버크셔에 매각하고자 했으니까요.

버핏: 버크셔의 전략과 3G의 전략은 그다지 어울리지 않습니다. 3G는 기

업 경영 능력이 탁월합니다. 그러나 3G는 경영 스타일이 버크셔와 달라서 두 회사의 전략을 융합하려 하면 좋은 성과가 나오지 않을 것입니다. 3G는 훌륭한 동업자이므로 장래에도 우리는 3G와 제휴할 기회가 많을 것입니다. 특히 초대형 인수 거래에서 또 제휴할 가능성이 높습니다.

멍거: 버크셔는 과잉 인력 보유 정책을 채택한 적이 전혀 없습니다.

버핏: 특히 본사에서는 전혀 없습니다! 그러나 인력을 감축하라고 자회사에 강요하지는 않습니다. 대신 우리 본사가 솔선수범해서 조직을 날씬하게 운영하고 있습니다.

멍거: 과잉 인력에 대해서는 단 한 푼도 지출할 필요가 없습니다.

Q 4. 현재 미국 **경제 정책**이 잘못된 방향으로 진행되고 있습니다. 당신이 말하면 대통령도 귀를 기울일 터이므로, 경제 정책의 방향을 바로잡으라고 대통령에게 조언해주기 바랍니다.

버핏: 내가 주선할 테니 당신이 직접 오바마 대통령에게 말하십시오. 사실 나는 경제 정책의 방향이 잘못되었다는 말씀에 동의하지 않습니다. 현재 미국 기업은 실적이 매우 좋습니다. 기업의 이익만 보아도 알 수 있습니다. 세계인은 미국 기업의 탁월한 유형 순자산 이익률을 부러워하고 있습니다. 법인세가 GDP에서 차지하는 비중은 4%에서 2%로 감소했습니다. 과거 50%까지 기록했던 법인 세율도 훨씬 낮아졌습니다.

멍거: 이 질문에는 답변하지 않겠습니다.

Q 5. 최근 5년 실적을 보면 **버크셔의 BPS 증가율**이 S&P500보다 낮았습니다.

버핏: 나는 버크셔의 실적 평가 척도를 바꾼 적이 없습니다. 2012년 연차 보고서에서 나는 시장이 계속 강세를 유지하면 2013년에는 처음으로 버

크셔의 5년 단위 BPS 증가율이 S&P500에 뒤처지게 될 것이라고 언급했습니다. 그리고 실제로 그렇게 되었습니다. 버크셔의 실적은 강세장에서는 시장보다 나쁘고, 약세장에서는 시장보다 좋을 것입니다. 5년 연속 강세장이 이어진다면, 버크셔의 실적은 S&P500에 뒤처질 것입니다. 거듭 말하지만 우리 실적이 강세장에서는 S&P500보다 나쁘고, 횡보장에서는 비슷할 것이며, 약세장에서는 좋을 것입니다. 그러나 시장 주기 단위로 보면 버크셔는 언제나 S&P500을 능가할 것입니다.

멍거: S&P500의 수익률은 세전 기준이지만 버크셔의 BPS 증가율은 세후 기준입니다. 버핏은 터무니없이 어려운 기준을 설정했는데도 장기간에 걸쳐 여전히 초과 실적을 내고 있습니다. 이러한 실적을 낙제점이라 부른다면, 나는 낙제점을 더 받고 싶습니다!

Q 6. 현재 버크셔의 주가가 내재 가치 대비 **저평가 상태**인데, 일부 사업부를 분사해 저평가 상태를 축소할 생각이 있나요?

버핏: 그럴 생각은 전혀 없습니다! 현재 버크셔의 BPS와 내재 가치 사이에 커다란 괴리가 있다는 점은 인정합니다. 구체적으로 예를 들면, 가이코의 장부 가액은 약 10억 달러지만 내재 가치는 200억 달러에 육박한다고 믿습니다. 게다가 장래에는 내재 가치가 더 증가할 것입니다. 이러한 괴리를 축소하는 방법 한 가지는 주가가 BPS의 1.2배 이하일 때 자사주를 매입하는 것입니다. 1.2배 이하면 헐값이니까요. 그러나 내재 가치를 과학적으로 계산하는 것은 아니라서, 찰리와 내가 각자 계산하면 1% 정도가 아니라 5%까지도 차이가 날 수 있습니다.

나는 주주 여러분이 내재 가치를 스스로 추정할 수 있도록 주요 사업부에 대한 정보를 계속 제공할 것입니다. 소규모 사업부는 내재 가치에 큰 영향을 미치지 않습니다. BPS와 내재 가치 사이의 괴리가 큰 부문은 보험, 철도, 공익(전력)사업입니다. 버크셔 주가가 BPS의 1.2배 이하라면 내재 가치보다 훨씬 낮은 수준입니다. 그러나 코카콜라 같은 회사가 스톡옵션에 의한 희석 효과를 완화하려고 자사주를 매입하더라도 내재 가치가 1달러인 주식을 1.10달러에 매입한다면 타당하다고 보기 어렵습니다.

멍거: 다른 회사 주주와 달리 우리는 버크셔 주가가 내재 가치보다 대폭 상승하길 바란 적이 없습니다. 따라서 우리가 더 유리한 위치에 있습니다. 사실 주가가 내재 가치보다 대폭 상승하길 바라는 것은 과도한 희망 사항입니다. 그러나 언젠가는 우리가 원하든 말든 버크셔 주가가 내재 가치보다 상승할 것입니다.

버핏: 고평가된 주식으로 다른 기업을 인수하려고, 언론 플레이를 통해 자사 주가를 최대한 띄우려는 기업도 있습니다. 그러나 이러한 방식으로 사기를 치는 경영자는 종종 자사의 실적도 속입니다. 나는 이러한 게임을 하고 싶지 않습니다. 찰리가 비리 기업을 열거하기 전에 서둘러 다음 질문으로 넘어갑시다.

Q 7. 버크셔는 어떤 방법으로 **피인수 기업 경영자의 신뢰**를 얻나요?

버핏: 우리는 약속을 지킵니다! 우리는 기업을 인수할 때 대규모 손실이나 노동 문제가 발생하지 않는 한 기업을 매각하지 않겠다고 경영진에게 약속합니다. 소유주가 확신할 수 있도록 이 약속을 '버크셔 소유주 안내서'에도 명시했습니다. 버크셔가 종업원을 절대 해고하지 않겠다고 약속할 수는 없지만, 기업을 매각하지 않겠다고 약속할 수는 있습니다. 지난 수십 년 동안 버크셔가 처분해야만 했던 기업은 기존 직물회사를 포함해서 몇 개에 불과합니다.

버크셔는 49년 동안 경영자의 신뢰를 얻어왔으며 경쟁 상대가 거의 없는 수준입니다. 특히 사모 펀드는 우리의 경쟁 상대가 되지 못합니다. 회사의 장래를 걱정하는 경영자는 회사가 사모 펀드 손에 해체되기를 원치 않습니다. 경영자는 버크셔가 회사를 유지하고 성장시켜줄 것을 신뢰하며, 이 신뢰는 버크셔만의 특별한 자산이며 인수시장에서 버크셔의 경쟁 우위 요소가 됩니다. 실제로 우리는 이 방식을 원하며, 이 방식은 앞으로도 계속 좋은 성과를 낼 것입니다.

멍거: 이 방식은 지금까지 성과가 좋았으며 계속 유지될 것입니다.

버핏: 찰리는 말만 앞세우는 사람이 아닙니다.

Q 8. **하워드 버핏**은 코카콜라의 이사로 활동하면서 과도한 보상 계획을 지지했습니다. 당신이 떠나고 나서 하워드가 버크셔의 기업 문화를 지켜낼 수 있을지 의문입니다.

버핏: 나는 그동안 여러 이사회에서 활동하면서 동의하지 않는 보상 계획과 기업 인수에 대해서도 찬성표를 던졌습니다. 이사회는 회사의 한 부분이지만 사회 구조이기도 해서 때로는 이사가 경영진의 결정에 반대하기가 어렵습니다. 보상 위원회가 보상 계획을 이사회에 보고하면 이사회는 결정권을 보상 위원회에 위임합니다. 따라서 이사회가 위원회의 결정에 반대하는 일은 거의 없습니다. 대개 이사는 유쾌한 분위기에서 1년에 4~6회 활동하고 20만 달러를 받으며 명성까지 얻게 되므로 실제로 독립적이라고 보기 어렵습니다.

나는 19개 이사회에서 활동했는데, 도베르만(군용·경찰견)보다는 코커스패니얼(사냥·애완견) 같은 이사를 원하더군요. 이사회에서는 사회적 역학 관계가 중요합니다. 하워드는 버크셔의 비상임 의장이 될 것이며 CEO를 선임하지 않고 보수를 받지도 않을 것입니다. 그는 이사회가 필요하다고 판단할 경우 CEO 교체에 힘을 보탤 것입니다. 요컨대 하워드는 이사회에서 추가 안전벨트의 역할을 맡을 것이며 이 역할을 완벽하게 수행할 것입니다.

멍거: 살로먼 이사회에서 활동할 때 버핏은 반대한다고 온종일 부르짖어 결국 보상 계획을 부결시켰습니다. 하워드에 대해서 걱정할 필요 없습니다.

버핏: 식사할 때 계속 트림을 하는 사람은 머지않아 홀로 식사하게 될 것입니다.

멍거: 나는 더 많은 사람의 비위를 건드렸지만 반대했던 것을 후회하지 않습니다.

Q 9. 현재 버크셔는 고자본 기업을 보유하고 있는데, **버크셔의 자본 비용**을 알고 싶습니다.

버핏: 버크셔는 시가 총액이 3,000억 달러가 넘는 거대 기업이라 수익률을 높이기 어렵다는 사실에는 의문의 여지가 없습니다. 따라서 과거처럼 높은 ROE는 기대할 수 없습니다. 우리는 차선책으로 벌어들일 수 있는 수익률이 자본 비용이라고 생각하며, 최선책으로 이 수익률을 능가하려고 합니다.

멍거: 나는 사람들이 자본 비용을 제대로 논의하는 모습을 본 적이 없습니다.

버핏: 장기적 관점에서 중요한 평가 기준은 '버크셔가 유보한 1달러로 시장 가치를 1달러 넘게 창출하느냐'입니다. 버크셔가 투자한 수십억 달러가 장기적으로 그 이상의 가치를 보유하게 된다면 우리는 계속 투자를 할 것입니다. 최근 우리는 캐나다 송전회사를 30억 달러에 인수했는데, 당시에는 우리에게 가장 좋은 투자 기회였습니다. 장래에는 이 회사의 가치가 더 높아질 것으로 나는 믿습니다. 대부분 CEO는 자본 비용만 열심히 계산하지요.

멍거: 경영대학원 교수가 가르치는 자본 비용은 대개 쓸모가 없습니다. 우

리가 옳고 그들은 틀렸습니다.

버핏: 나는 찰리와 잘 어울립니다.

Q 10. 훌륭한 기업 **네브래스카 퍼니처 마트**(NFM)를 매우 싼 가격(EPS의 2배, BPS 의 85%)에 인수했다고 알고 있는데, 설명을 부탁합니다.

버핏: 그렇게 싸게 샀으면 좋았겠지만, BPS보다 낮은 가격도 아니었고 세 후 이익의 11~12배 수준이었습니다. 우선 NFM의 지분 80%를 6,000만 달러에 인수했는데, 싼 가격은 아니었습니다. 하지만 내가 지금까지 만나 본 최고의 가족이 운영하는 훌륭한 기업이었습니다. 당시 다른 독일 회사 도 NFM을 인수하려 했습니다. 글을 읽을 줄도 모르는 B 여사는 NFM을 훌 륭한 기업으로 키워냈습니다. 나는 그녀를 절대적으로 신뢰했으므로 NFM 을 인수할 때 실사를 요구할 필요도 없었습니다.

싼 가격에 가구를 사려는 분들은 주주 할인 주간에 NFM을 이용하시기 바랍니다. 작년 주주총회 세일 기간에는 매출이 7% 증가해 4,000만 달러 기록을 달성했는데, 이는 대부분 가구 매장의 월간 매출을 넘어서는 금액 입니다. 조만간 NFM은 댈러스에 대지 약 180만 제곱미터, 건평 약 17만 제곱미터짜리 새 매장을 개설합니다. 댈러스 NFM의 매출은 세계 주요 대 형 가구 매장 매출의 두 배가 넘을 전망입니다.

Q 11. 당신은 부인의 수탁자에게, 유산의 10%는 단기 국채에 넣고 90%는 뱅 가드 S&P500 인덱스 펀드에 넣으라고 당부했습니다. 장래 **인덱스 펀드의 수익 률**이 버크셔 주식보다 높을 것으로 예상하나요?

버핏: 내 버크셔 주식은 내가 죽은 후 12년에 걸쳐 모두 자선 재단에 전달 됩니다. 나는 자선 재단 수탁자에게 수익률을 극대화하려면 꼭 필요한 경

우에만 주식을 매도하라고 조언했습니다. 이는 내가 죽은 후 적어도 12년 동안은 버크셔의 실적을 낙관한다는 뜻입니다. 반면 아내의 수탁자에게 한 당부는 아내의 수익률 극대화가 아니라 100% 마음의 평화입니다.

멍거: 버핏은 재산을 분배하는 방식이 독특합니다. 그는 자신이 원하는 방식대로 재산을 분배할 자격이 있습니다. 자신이 돈을 벌게 해준 사회에 돈을 환원한다는 점에서 워런은 진정한 실력자입니다. 나는 워런을 친구로 두어서 기쁩니다.

Q 12. **BNSF의 실적**이 유니언 퍼시픽에 뒤처지고 있습니다. 최근에는 서비스에도 문제가 있고요.

버핏: 서비스에 문제가 있었다는 점은 의심할 여지가 없지만, 최근 운송량은 BNSF가 더 많았습니다. BNSF는 장래 서비스 문제를 방지하려고 유니언 퍼시픽보다 자본적 지출을 더 많이 하고 있습니다. 바켄 셰일 오일 덕분에 BNSF의 운송량이 대폭 증가했거든요. BNSF의 CEO 매트 로즈가 지난 겨울 혹한과 관련된 문제에 대해 설명해주기 바랍니다.

매트 로즈: 지난겨울과 같은 혹한은 본 적이 없습니다. 겨울 내내 눈이 내린 데다가 매서운 추위까지 이어진 탓에 서비스에 문제가 발생했습니다. 게다가 석유 생산량이 예상 밖으로 급증했으므로 운송량을 대폭 늘릴 수밖에 없었습니다. 작년 업계 전체적으로 증가한 석유 운송량 82만 량 중 53%를 BNSF가 소화했습니다. 4월에는 운송량이 20만 6,000량을 넘어서면서 사업이 순조롭게 진행되고 있습니다.

버핏: 올해 BNSF는 50억 달러를 지출할 예정입니다. 지금까지 어떤 철도 회사도 지출해본 적이 없는 거액입니다. 현재 BNSF는 전보다 잘 돌아가고 있으며 이익도 증가할 것입니다. BNSF가 관리하는 철로는 2만 2,000마일

에 이르는데 지난 혹한과 홍수에 큰 피해를 입었습니다. 연말까지 BNSF의 재무 실적이 개선될 전망입니다.

Q 13. **버크셔의 전력회사**는 천연가스를 대량으로 사용해 전력을 생산하고 있습니다. 현재 천연가스를 충분히 확보하고 있는지, 그리고 천연가스 가격이 상승하더라도 만족스러운 수익을 유지할 수 있는지 궁금합니다.

버핏: 대체 에너지 공급 규모는 버크셔가 가장 큽니다. 버크셔는 2015년까지 아이오와 전력 수요량의 40%를 풍력 발전으로 공급할 것입니다. 버크셔 해서웨이 에너지의 CEO 그레그 에이블이 질문에 답해주시기 바랍니다.

그레그 에이블: 지난겨울 중서부 지역에 닥친 혹한에도 불구하고 우리는 자원을 매우 효율적으로 관리했습니다. 버크셔는 난방 및 조명용 전력 공급에 필요한 천연가스를 충분히 확보하고 있습니다. 우리의 풍력 발전 에너지는 계속 증가할 것이며 비용 대비 효율도 높을 것입니다. 천연가스 가격이 인상되더라도 규제 당국이 전력 요금 인상을 허용하기로 했으므로 문제가 없습니다. 버크셔 해서웨이 에너지는 건전한 재무 상태를 유지하면서 고객에게 장기간에 걸쳐 양질의 서비스를 제공할 수 있습니다.

버핏: 버크셔 해서웨이 에너지는 우리의 자랑거리입니다. 우리가 엔론으로부터 인수한 파이프라인회사는 당시 42개 파이프라인회사 중에서 42위였습니다. 현재 이 파이프라인회사는 1위입니다. 그레그 에이블의 훌륭한 리더십 덕분에 꼴찌에서 1위로 올라선 것입니다.

Q 14. **찰리 멍거**는 이제 90세인데 후임자가 있나요?

버핏: 찰리는 내게 탄광 속의 카나리아 같은 존재입니다. 이제 찰리는 90세가 되었으므로 그가 중년기를 어떤 식으로 헤쳐갈지 무척 기대가 됩니다.

누가 내 후임자가 되든 그 역시 긴밀하게 협력하는 사람을 두게 될 것입니다. 그러나 찰리 멍거 같은 사람은 어디에도 없습니다! 버크셔는 찰리와 내가 협력한 덕분에 더 좋은 실적을 기록했습니다. 우리 둘은 서로 훌륭한 보완 관계였으므로 버크셔 경영에 매우 유용했습니다. 지금까지 찰리의 후임자 문제를 거론한 사람은 아무도 없었습니다.

멍거: 크게 걱정할 필요 없습니다. 90세가 되면 대개 조만간 세상을 뜨니까요.

버핏: 카나리아가 한마디 했습니다!

Q 15. 보험 사업 부문 CEO **아지트 자인**에 대한 승계 계획이 있나요?

버핏: 방법은 환생뿐입니다! 아지트 같은 사람은 키워낼 수가 없으니까요. 그러나 아지트는 62세여서 비교적 젊은 나이이므로 오랜 기간 걱정할 필요가 없습니다. 나는 각 자회사 경영자로부터 자신의 후임자로 누구를 추천할지에 대해 서한을 받고 있습니다.

멍거: 현재 버크셔는 상태가 매우 좋아서 나는 승계 계획에 대해 전혀 걱정하지 않습니다.

Q 16. 2009년 금융 위기 기간에 당신은 전 재산을 한 기업에 투자한다면 주가가 BPS 밑으로 폭락한 **웰스 파고**를 선택하겠다고 말했습니다. 2014년에는 어떤 기업을 선택하겠습니까?

버핏: 훌륭한 질문이지만 대답하지 않겠습니다.

멍거: 정답입니다.

Q 17. 기업 대부분은 임원 중 상위 5명의 보수를 위임장 권유 신고서에 공개해야 합니다. 그러나 버크셔는 지주회사여서 임원 3명의 보수만 공개하고 있습

니다(버핏의 보수는 장기간 10만 달러를 유지하고 있어서 다른 CEO보다 훨씬 약소한 금액이다).

투명성을 높인다는 의미에서, 버크셔 **자회사 고소득 임원의 보수를 공개할 의사**가 있는지요?

버핏: 버크셔의 차기 CEO는 훨씬 높은 보수를 받아야 마땅합니다. 버크셔는 SEC의 규정에 따라 위임장 권유 신고서에 보수를 공개하고 있습니다. 규정 이상으로 보수를 공개하면 다른 자회사 임원의 연봉 협상에 악영향을 미칠 수 있습니다. 그래서 임원 중 상위 10명의 보수를 공개하는 일은 없을 것입니다. 살로먼에서 임시 회장으로 근무할 때 보니 모두가 보수에 불만이었습니다. 절대 금액이 적어서가 아니라 남들과 비교해 적다고 생각했기 때문이었습니다. 사람들은 질투심에 미친 듯이 화를 냈으므로 보수는 매우 심각한 문제가 되었습니다. 보수 공개가 주주에게 이로운 경우는 거의 없습니다. 오히려 보수가 위임장 권유 신고서에 공개되지 않으면 경영자의 보수가 감소할 것입니다. 컨설턴트는 위임장 권유 신고서에 공개되는 다른 경영자의 보수를 가리키면서 보수를 끊임없이 인상하도록 유도하니까요. 그 대가를 주주가 치르고 있습니다.

멍거: 투명성을 높인다는 뜻이 있더라도, 보수 공개는 주주에게 불리합니다. SEC가 요구하지 않는 한, 버크셔가 보수를 더 공개하지는 않을 것입니다.

버핏: 위임장 권유 신고서를 보고 나서 "내 보수를 낮춰야겠어"라고 말하는 경영자는 없습니다.

멍거: 질투심은 국가적으로 큰 해악입니다.

Q 18. BNSF는 초과 현금을 본사로 보내는데 왜 버크셔 해서웨이 에너지는 **초과 현금**을 계속 보유하나요?

버핏: 버크셔 해서웨이 에너지는 최근 네바다의 전력회사와 캐나다의 송전

회사를 인수했는데, 앞으로도 다른 대기업 인수 기회가 여럿 있을 것입니다. BNSF에는 그러한 기회가 없습니다. BNSF는 계속 대규모 자본적 지출을 하게 되지만 자금 조달에는 어려움이 없습니다.

버크셔 해서웨이 에너지는 장래에 인수 자금이 더 필요할 것입니다. 이 회사의 지분 90%는 우리가 보유 중이고, 나머지 10%는 그레그 에이블과 월터 스콧이 보유하고 있습니다. 수십억 달러짜리 전력회사들을 인수할 기회가 더 있으면 좋겠습니다. 작년 버크셔 해서웨이 에너지는 네바다 에너지 인수에 50억 달러, 자본적 지출에 28억 달러를 사용했습니다.

버크셔는 현금 쓸 곳을 찾는 중입니다. 그러나 현금 200억 달러는 항상 보유할 것입니다. 2008년처럼 금융시장이 혼란에 휩싸일 때, 타인의 친절에 기대고 싶지 않기 때문입니다. 우리는 은행 대출에 의지하고 싶지 않습니다. 나는 오랜 세월을 바쳐 키운 버크셔가 현금 부족에 시달리는 모습을 보고 싶지 않습니다.

우리는 충분한 현금을 보유하고 있었으므로, 금융 위기 기간에 현금이 절실하게 필요했던 우량 기업을 도울 수 있었습니다. 버크셔는 골드만삭스와 GE를 포함해서 할리데이비슨에도 연 15%에 자금을 빌려주었습니다. 현금은 산소와 같습니다. 사람들이 평소에는 산소의 존재를 모르고 지내지만 막상 산소가 부족해지면 오로지 산소만 찾게 됩니다. 올해 하반기에는 현금을 훨씬 더 지출할 전망입니다.

멍거: 버크셔는 매력적인 수익률로 막대한 자본을 투입할 사업이 있어서 참 다행입니다. 축복이지요. 금리가 이렇게 낮을 때 막대한 자본을 현명하게 투입할 수 있어서 기쁩니다.

버핏: 우리가 결국에는 높은 연복리 수익률을 유지하지 못하겠지만 지금은 아닙니다.

Q 19. 버크셔의 **자본 배분** 문제를 놓고 찰리와 다툰 적이 있나요?

버핏: 찰리와 나는 55년 동안 다툰 적이 한 번도 없습니다. 의견이 엇갈린 적은 많았지만 말다툼으로 이어진 적은 없습니다. 우리가 다른 사람들과 다툰 적은 있지만요.

멍거: 대개는 우리 둘의 생각이 일치합니다. 그래서 문제지요. 한 사람이 놓치면, 다른 사람도 놓치거든요.

버핏: 거래에 관해 논의할 때, 찰리는 지독하게 고집스럽습니다.

지금은 금리가 매우 낮아서, 자회사들이 초과 현금을 본사로 보내지 않고 보유하고 있습니다. 하지만 나는 현금이 어디에 있는지 알고 있으므로 필요할 때는 언제든 가져다 쓸 수 있습니다. 앞으로는 자동 이체 계정을 만들어 초과 현금을 본사에 모아두는 편이 타당하겠지요. 그러나 지금이라도 현금이 꼭 필요하면 재빨리 가져올 수 있습니다.

멍거: 그 정도면 충분합니다.

Q 20. **버크셔의 약점**은 무엇인가요?

버핏: 예를 들면 자동 이체 계정이 없는 것이지요. 우리는 관리가 다소 느슨한 면이 있습니다. 예컨대 경영자 교체를 미적거리기도 하지요. 다소 민감한 이야기이지만, 자회사 경영자였던 내 친구를 뒤늦게야 치매 환자 요양원으로 보내기도 했습니다.

자회사에 대한 감독이 부족한 탓에 손실이 발생하기도 합니다. 그러나 자회사 경영자에게 자율권을 주는 덕분에 얻는 이익이 더 큽니다. 지금까지 부정적인 측면보다 긍정적인 측면이 훨씬 많았습니다. 버크셔에는 사내 변호사와 인사부가 없습니다. 대부분 기업에서는 상상도 못 할 일이지요.

멍거: 우리는 사람을 지나치게 신뢰합니다. 그러나 우리 실적이 훨씬 좋습

니다. 버크셔는 신뢰하는 문화 덕분에 실적이 더 좋은 것입니다.

Q 21. **시즈캔디**는 1972~1992년에 강한 성장세를 보였지만 이제는 침체된 듯합니다.

버핏: 박스 초콜릿 산업 자체가 잘 성장하지 못하고 있습니다. 100년 전에는 사탕 가게가 많았습니다. 뉴욕에는 펩시의 전신이 보유한 사탕 가게가 가장 많았습니다. 그러나 박스 초콜릿은 짭짤한 스낵salty snack에 시장을 빼앗겼습니다. 그런데도 시즈캔디는 놀라운 실적을 유지했습니다. 하지만 시장 규모까지 키우지는 못했습니다. 시즈캔디는 기반이 확고한 서부 연안에 안주하지 않고 동쪽으로 시장 확대를 시도했지만 그 과정은 순탄치 않았습니다. 동부 연안 사람들은 다크 초콜릿을 선호했습니다.

우리는 시즈캔디가 벌어들인 이익으로 다른 기업에 투자할 수 있었습니다. 게다가 시즈캔디 덕분에 브랜드의 위력에 눈뜨게 되었습니다. 버크셔는 코카콜라에 투자해 막대한 돈을 벌었는데, 우리가 시즈캔디에 투자하지 않았다면 코카콜라에도 투자하지 않았을 것입니다. 나는 1972년 시즈캔디 인수로 자신감을 얻어 1988년 코카콜라에 대규모로 투자할 수 있었습니다.

멍거: 시즈캔디는 버크셔의 무지 퇴치에 크게 기여했습니다. 시즈캔디를 인수하던 무렵 우리는 매우 무지했습니다. 다행히 우리에게는 아직도 퇴치해야 할 무지가 많이 남아 있습니다.

Q 22. 최근 **뱅크 오브 아메리카**의 기본 자본tier 1 capital에 회계 문제가 발생했다고 들었습니다.

버핏: 하루는 뱅크 오브 아메리카의 CEO 브라이언 모이니헌이 내게 전화해서 제안했습니다. 우리가 보유한 뱅크 오브 아메리카 우선주를 누적적

우선주에서 비누적적 우선주로 전환하면 이 우선주에 대한 조기 상환권을 5년 동안 행사하지 않겠다는 제안이었습니다. 누적적 우선주를 비누적적 우선주로 전환하면, 뱅크 오브 아메리카가 기본 자본을 계산할 때 유리해집니다. 지금은 금리 0.05%가 아쉬운 저금리 환경이므로 나는 표면 금리 6%짜리 우선주를 5년 더 보유하려고 제안을 기꺼이 수락했습니다.

이 거래가 성사되고 나서 뱅크 오브 아메리카는 자사 기본 자본 계산에 회계 오류가 발생했다고 발표했습니다. 그러나 벌금은 낼지언정 GAAP 이익이 달라지는 것은 아니므로 나는 신경 쓰지 않았습니다.

멍거: 나도 신경 쓰지 않습니다.

Q 23. **넷젯**은 전망이 어떤가요?

버핏: 넷젯이 고성장 기업은 아니더라도 매우 훌륭한 기업인 것은 분명합니다. 2007~2008년 주식시장이 폭락해 헤지 펀드 매니저들이 타격을 입을 때부터 매출이 감소세로 접어들었습니다. 이후 항공기 분할 소유권 판매가 계속 감소했지만 6~8개월 전 다시 증가세로 돌아섰습니다. 넷젯이 제공하는 서비스는 최고지만 시장이 지금보다 2~3배 증가하지는 않을 것입니다. 유럽에서는 판매량이 여전히 감소세고 중국 시장이 성장하려면 앞으로도 오랜 세월이 흘러야 할 것입니다. 넷젯이 빠르게 성장할 것으로 기대하지는 않지만, 우리가 넷젯을 보유하고 있어 기쁩니다.

멍거: 나는 추가로 25시간 사용권을 구입했답니다.

Q 24. 대기업 인수 기회가 나타나면 웰스 파고, 코카콜라, IBM **지분 매각**도 고려할 건가요?

버핏: 그러한 종목을 매각해서 인수 자금을 마련할 수도 있겠지만, 그럴 가

능성은 낮습니다. 인수 자금이 필요하면 우선 소량 보유 종목부터 매각하기 쉽습니다. 우리가 추구하는 목표는 거대 기업을 인수해 수익력을 매일 높여나가는 것입니다. 그러나 거대 기업 인수 기회는 자주 오지 않습니다. 막대한 인수 자금이 필요하면 현재 보유 중인 현금 400억 달러 외에 유가 증권도 일부 매각할 수 있지만 아직 그러한 상황은 아닙니다. 버크셔는 유상 증자를 하지 않아도 지금 당장 500억 달러짜리 거대 기업을 인수할 수 있습니다.

멍거: 인수 기회가 자주 오는 것은 아니지만 우리 자본을 재치 있게 이용할 기회가 올 것입니다.

버핏: 우리가 정말로 흥미를 느끼는 기업은 10~20년 뒤에도 이익이 증가하는 기업입니다.

Q 25. 지금처럼 금리가 낮을 때 채권 수십억 달러를 발행해 **레버리지**를 확대하지 않는 이유는 무엇인가요?

버핏: 매우 타당한 질문입니다. 그러나 버크셔는 플로트를 이용해 무비용으로 자금을 조달하고 있습니다. 나는 버크셔의 재무 구조를 건전하게 유지하고 싶습니다. 만일 우리가 레버리지를 확대하면, 이미 발행한 채권에 악영향을 미칠 수 있습니다.

우리는 BNSF를 인수할 때 주식을 발행해서 인수 자금을 조달했습니다. 당시 발행한 주식이 인수에는 도움이 되었지만 다시 사들이지 않았던 점이 유감스럽습니다. 채권을 300~400억 달러 더 발행해도 큰 부담은 없겠지만, 지금은 그럴 계획이 없습니다. 나는 여전히 레버리지 확대가 달갑지 않습니다. 그러나 500억 달러짜리 기업 인수 기회가 나타난다면 채권을 발행할 수도 있습니다.

멍거: 레버리지 확대 제안은 훌륭하지만, 인수 기회가 오기 전에는 하지 않을 것입니다.

Q 26. **환경 보호**를 위해 BNSF의 석탄 운송량을 축소할 생각이 있나요? 기후 변화는 버크셔의 투자에 어떤 영향을 미치나요?

버핏: BNSF는 앞으로도 오랜 기간 석탄을 운송하겠지만 어느 시점에 이르면 운송량이 감소할 것입니다. 장래에는 대체 에너지 비중이 증가할 테니까요. BNSF는 일반 운수업자이므로 화물을 가려서 받을 수 없습니다.

기후 변화 확률이 대재해 보험료에 큰 영향을 미치지는 않습니다. 기후 변화는 투자 의사결정에도 중요한 변수로 작용하지 않습니다.

멍거: 기후 변화론자는 기후 변화가 미치는 영향을 과도하게 주장하는 경향이 있습니다. 대부분 허풍입니다. 우리는 불가지론자입니다. 기후 변화는 우리 포트폴리오 운용에 고려하는 변수가 아닙니다. 태양광 발전과 풍력 발전 비중을 높여야 한다는 점은 인정합니다. 버크셔는 태양광 발전과 풍력 발전 투자에서 막대한 수익을 거둘 것입니다. 그러나 이는 우리가 우연히 발견한 투자 기회일 뿐, 환경 보호에 기여하려는 의도는 아닙니다.

Q 27. **테드 웨슐러와 토드 콤즈**가 버크셔의 투자 포트폴리오를 각각 70억 달러씩 운용하고 있는데, 이는 전체 포트폴리오의 10% 미만입니다. 장차 버크셔의 거대한 포트폴리오를 물려받아 운용하게 되는 이들의 역할은 무엇인가요?

버핏: 질문자가 말한 대로 현재 두 사람은 각각 70억 달러를 운용하고 있으며 향후 운용 규모가 더 증가할 것입니다. 이들은 운용 자산 규모가 증가할수록 운용하기가 더 어려워진다는 사실을 실감하고 있습니다. 두 사람은 운용 능력도 뛰어나지만 다른 분야에서도 버크셔에 크게 기여하고 있습니

다. 둘 다 사업과 경영에 박식해 추가로 책임을 떠맡으면서 버크셔의 가치를 대폭 높여주고 있습니다. 두 사람은 버크셔에 큰 보탬이 되고 있습니다.

멍거: 더 보탤 말 없습니다.

Q 28. **저금리** 탓에 주택과 채권 가격에 거품이 형성될 위험이 있습니다. 금리가 인상되어야 할까요?

버핏: 저금리가 이렇게 장기간 이어질 것이라고 5년 전에 예상한 사람이 누가 있을까요? 내가 연준을 맡았더라도 통화 정책이 크게 달라지지는 않았을 것입니다. 연준의 통화 정책은 놀라울 정도로 성공적이었습니다. 금융 위기 발생 직후 벤 버냉키는 과감한 조처를 실행한 영웅입니다. 이렇게 장기간 이어지는 초저금리 상황이 어떻게 될지 모른다는 점에서 현재 상황은 여전히 흥미진진한 영화와도 같습니다. 금융 위기가 발생했을 때 연준 사람들 대부분은 상황을 파악하지 못했지만 벤 버냉키는 제대로 파악했습니다. 재닛 옐런도 파악했다고 생각합니다. 연준은 테이퍼링(tapering: 자산 매입 축소)을 하고 있지만 여전히 채권을 매입하고 있습니다.

멍거: 일본에서는 주가가 폭락하고 저금리가 20년이나 이어질 것이라고 아무도 생각하지 못했습니다. 간혹 이상한 상황이 발생합니다. 이러한 상황이 혼란스럽지 않다면, 십중팔구 상황을 제대로 이해하지 못하기 때문입니다. 우리는 장기 채권 보유량이 많지 않습니다.

버핏: 제로 금리 정책은 자산 가격에 막대한 영향을 미치면서 경기 회복에 크게 기여할 것입니다. 지금은 거품 상황이 아니라 특이한 상황입니다.

멍거: 나도 버핏만큼이나 혼란스럽습니다.

Q 29. 버크셔는 벽돌에서 초콜릿에 이르기까지 다양한 제품을 판매하는 자회

사 70여 개를 거느리고 있습니다. **버크셔의 비즈니스 모델**에 대해 설명해주기 바랍니다.

버핏: 지난 100년 동안 다우 지수가 66에서 시작해 1만 1,000을 넘어선 것을 보면, 미국 기업의 비즈니스 모델은 효과적이었습니다. 우량 기업을 다수 보유하는 비즈니스 모델은 나쁘지 않은 방식입니다. 과거에는 PER 20배로 주식을 발행해 PER 10배에 기업을 잇달아 인수하면서 재무 비율로 요술을 부리는 복합 기업이 많았습니다. 이는 기업을 성장시키는 것이 아니라, 행운의 편지 사기에 해당합니다.

반면 버크셔는 훌륭한 경영진이 운영하며 재무 구조가 건실한 우량 기업을 다양하게 보유하고 있습니다. 그래서 우리는 세금 부담 없이 기업 사이에서 자본을 배분할 수 있습니다. 예를 들어 시즈캔디가 창출한 현금을 자본 효율성이 더 높은 기업에 배분할 수 있습니다. 타이코 같은 기업은 계속 주식을 발행하면서 주가를 관리하지만 버크셔는 경영 원칙을 준수합니다. 행운의 편지는 항상 비극으로 막을 내립니다.

멍거: 버크셔는 다양한 투자 대안을 보유하고 있습니다. 우리는 인수할 만한 우량 기업이 보이지 않으면 유가 증권에 투자할 수 있습니다. 다른 기업이 인수 경쟁에 필사적으로 몰려들면 우리는 한발 물러서서 느긋하게 기다립니다. 버크셔는 통상적인 복합 기업이 아니며 앞으로도 계속 좋은 실적을 유지할 것입니다.

Q 30. **포리스트 리버**에 대해 설명해주기 바랍니다.

버핏: 포리스트 리버는 10년 전에 인수한 레저용 자동차 제조 업체입니다. 사모 펀드에 인수된 후 파산했던 기업입니다. 그동안 서너 번 전화만 받았을 뿐 사업장에는 가본 적이 없습니다. 올해 매출은 40억 달러로 예상되며

레저용 자동차 산업을 선도하고 있으므로 시간이 흐를수록 매출은 더 증가할 것입니다. 포리스트 리버 경영진은 사업 경험이 풍부한 데다가 낮은 마진으로도 회사를 잘 운영하고 있으므로 경쟁력이 막강합니다. 이러한 기업이라면 20개쯤 더 인수하고 싶습니다.

Q 31. **캐나다 오일샌드**(oil sand: 중질 원유가 10% 이상 함유된 점토나 모래)는 버크셔에 어떤 영향을 미친다고 보나요?

버핏: 우리 자회사 마몬은 오일샌드 개발용 크레인 사업을 하고 있습니다. 최근 오일샌드 부근의 송전선도 8,000마일이나 인수했습니다. 우리는 캐나다 오일샌드 사업에 참여한 엑슨모빌 주식도 보유하고 있습니다. 우리 철도회사가 매일 운송하는 석유도 70만 배럴에 이릅니다. 석유는 파이프라인보다 철도로 운송하는 편이 훨씬 유리합니다. 속도가 두 배나 빠르거든요. 최근 우리는 특수 첨가제 회사도 인수했는데, 파이프라인의 석유 운송 속도를 높여주는 제품을 생산합니다. 오일샌드는 인류에게 매우 중요한 자산이지만 버크셔에 엄청난 영향을 미치지는 않을 것입니다.

멍거: 오일샌드로 중유를 생산하려면 천연가스를 사용해야 합니다. 이 공정은, 유가는 상승하고 천연가스 가격은 하락해야 경제성이 있습니다. 묘한 상황이죠.

Q 32. 상황이 급변한 탓에 우리가 투자한 에너지 퓨처 홀딩스가 파산했는데, 이 밖에 버크셔에 악영향을 미칠 만한 다른 **변수**는 없나요?

버핏: 에너지 퓨처 홀딩스 투자는 전적으로 나의 판단이었으며 커다란 실수였습니다. 모든 기업은 자사의 비즈니스 모델을 무너뜨릴 수 있는 변수가 무엇인지 항상 생각해야 합니다. 나는 천연가스 가격이 유지되거나 상승하

리라는 전제하에 에너지 퓨처 홀딩스 채권에 투자했습니다. 그러나 천연가스 가격이 폭락했습니다.

1936년, 가이코는 비용을 절감해 그만큼 가격을 낮춘 자동차 보험 상품을 판매하기 시작했습니다. 초기에는 이 보험 상품을 공무원에게만 판매했습니다. 세월이 흐름에 따라 가이코는 비즈니스 모델을 수정하면서 대상 고객의 폭을 넓혔고, 판매 기법도 디렉트 메일에서 전화, 인터넷, 소셜 미디어로 발전시켜나갔습니다. 그러나 가이코는 한때 지나치게 공격적으로 사업을 전개하다가 파산에 직면하기도 했습니다. 상황이 급변하면 비즈니스 모델이 충격받을 수 있다는 사실을 우리 자회사 경영자는 항상 생각해주길 바라는 마음입니다. 예를 들어 BNSF는 액화 천연가스를 기관차 연료로 사용하는 방법을 검토 중인데, 이것도 새로운 변화입니다. 하지만 버크셔 자회사 대부분은 상황 변화에 큰 영향을 받지 않으므로 경영진은 안심하고 회사를 운영할 수 있습니다.

나는 장래에도 실수를 저지를 것입니다. 그러나 자회사에 극심한 고통을 안기는 결정은 하지 않을 것입니다. 1966년 우리가 인수한 볼티모어 백화점은 파산했습니다. 당시 백화점 인수 자금 600만 달러를 버크셔 주식에 투자했다면 지금은 450억 달러가 되었을 것입니다.

멍거: 우리는 무지를 퇴치하고 실수에서 벗어나야 합니다. 초창기에 버크셔는 직물회사, 경품권회사(블루칩 스탬프), 백화점 등도 인수했습니다. 초창기에 사업을 더 잘했다면, 우리 실적이 얼마나 좋아졌을지 생각해보십시오!

Q 33. 우리가 인수한 **하인즈**는 정상 수익력 전망이 어떤가요?

버핏: 하인즈는 10-Q 보고서를 제출할 예정인데, 세전 이익률이 15%로 상당히 양호한 식품회사입니다. 3G가 비즈니스 모델을 개조할 타이프로 몇

년 후에는 이익률이 대폭 증가할 것입니다. 하인즈는 브랜드가 과거 어느 때보다도 강력하며 원가 구조도 대폭 개선될 것입니다.

Q 34. 버크셔는 **금융 위기 기간**에 코카콜라나 무디스 같은 주식을 저가에 더 살 수 있었는데도 사지 않았습니다. 그 이유를 설명해주기 바랍니다.

버핏: 금융 위기 기간 중 시장이 바닥에 도달한 시점은 2009년 3월이었지만, 버크셔는 더 일찍 현금을 지출했습니다. 2008년 9~10월 리글리를 지원하려고 마스에 60억 달러를 제공했고 골드만삭스와 GE 등의 지원에도 160억 달러를 지출했습니다. 시장이 바닥에 도달했을 때 현금을 모두 투자했다면 훨씬 좋은 실적을 달성했겠지만 우리에게는 시점 선택 능력이 없습니다. 그래도 우리는 금융 위기 기간에 BNSF를 인수했으므로 꽤 괜찮은 성과를 올렸습니다.

버크셔가 추구하는 목표는 경영진이 훌륭한 거대 기업을 합리적인 가격에 인수해 장기적인 안목으로 계속 키워나가는 것입니다. 유상 증자를 하지 않고서 인수한다면 금상첨화겠지요. 이러한 투자 방식은 여전히 가능합니다.

멍거: 지금은 버크셔의 전체 자산 중 비상장 회사가 차지하는 비중이 상장 회사 주식보다 커졌습니다. 초창기에는 비상장 회사보다 상장 회사 주식의 비중이 더 컸습니다.

버핏: 앞으로도 계속해서 비상장 회사가 차지하는 비중이 상장 회사 주식보다 훨씬 더 클 것입니다. 앞으로도 우리가 우량 비상장 회사를 인수한다면 버크셔의 수익력이 계속 증가할 것이며 내재 가치도 오래도록 계속 증가할 것입니다. 그러나 손쉽게 매매 차익을 얻으려 한다면 상장 회사 주식에 투자하는 편이 낫습니다.

멍거: 기업을 인수하면 우리는 막대한 보유 현금을 활용할 수 있습니다. 그러나 상장 회사 주식에 투자하는 방식으로는 그만큼 현금을 활용할 수가 없습니다. 나는 앨버타(Alberta: 캐나다 중서부의 주) 송전회사 인수가 마음에 듭니다. 앨버타주에 볼일이 있는 것은 아닙니다!

버크셔도 변화를 피할 수는 없습니다. 변화에 어떻게 적응하느냐가 가장 중요합니다.

버핏: 지난 몇 년 동안 우리는 웰스 파고 주식을 상당량 매수했습니다. 이 기간에 경기가 회복되었으므로 웰스 파고보다 비우량 은행 주식을 매수했다면 돈을 더 벌었을 것입니다. 그러나 웰스 파고는 100% 확신할 수 있지만 다른 비우량 은행은 절반밖에 믿을 수가 없습니다.

Q 35. **보험료 종량제와 자율주행차**가 가이코의 해자에 악영향을 미치지 않을까요? 가이코를 매각할 생각이 있는지요?

버핏: 가이코를 매각하는 일은 절대 없을 것입니다. 프로그레시브가 스냅샷 보험 상품을 출시하면서 업계에서 보험료 종량제를 선도하고 있습니다. 보험업의 핵심은 손실 확률을 계산해서 적정 보험료를 산출하는 것입니다. 예를 들어 찰리 같은 90세 노인은 20세 청년보다 사망할 확률이 높지요. 보험료 산출에는 온갖 변수가 들어갑니다. 종량제는 수많은 변수 중 하나에 불과합니다. 가이코는 시스템이 매우 훌륭합니다. 경영진은 대단히 유능하며 위험 측정 능력도 우수합니다. 가이코보다 훌륭한 회사는 없습니다.

자율주행차는 자동차 보험사에 실제로 위협 요소가 될 수 있습니다. 교통사고 감소가 사회에는 이롭지만 자동차 보험사에는 해로운 일이 될 것입니다.

멍거: 세상만사가 기대하는 만큼 빠르게 진행되는 것은 아닙니다. 자율주행

차가 등장하려면 시간이 좀 걸릴 것입니다.

버핏: 우리 생각이 틀릴 수도 있지만 다른 보험사도 똑같은 생각입니다. 5~10년 뒤에는 가이코의 매출이 훨씬 증가할 것입니다. 30년 뒤라면 나는 세상에 없을 테니 내가 걱정할 일은 아니죠.

Q 36. **버크셔의 해외 투자 비중**이 매우 낮은 이유는 무엇인가요?

버핏: 나는 해외 기업 인수 제안을 거절한 적이 없습니다. 최근에는 앨버타 송전회사를 인수했습니다. 그러나 안타깝게도 해외 기업 소유주에게는 버크셔가 충분히 알려지지 않은 듯합니다. 미국 기업 소유주에게는 잘 알려져 있지만 말이지요. 불운하게도 해외에서는 좋은 인수 기회를 많이 찾지 못해 유감입니다.

우리가 인수한 이스라엘 기업 이스카는 지난 4월 재무 실적 신기록을 세웠습니다. 이는 세계 전역에서 기업의 실적이 개선되고 있다는 신호입니다. 제조업 부문에서 세계 기업의 실적이 개선되기 시작했습니다. 이스카 같은 기업을 더 발굴하면 좋겠습니다.

Q 37. 어떻게 하면 **자신의 능력범위**를 알 수 있나요?

버핏: 훌륭한 질문입니다. 좋은 방법 하나는 자신의 재능과 결점을 스스로 깨닫는 것입니다. 나는 자신의 능력범위를 상당히 잘 파악하고 있다고 생각했습니다. 그러나 소매 부문에 투자할 때는 능력범위에서 벗어나는 사례가 많았습니다. 나는 소매업을 잘 이해한다고 생각했지만 백화점에 투자하고 나서 내 생각이 틀린 것으로 밝혀졌습니다. 초창기 직물회사 투자도 내 능력범위 밖이었습니다. 결국 어리석은 결정이었음이 드러났습니다.

자신의 능력범위를 전혀 모르는 경영자도 많이 알고 있지만, 버크셔 자

440

회사 경영자는 모두 자신의 능력범위를 잘 알고 있습니다. 자신의 능력범위를 제대로 이해한 대표적인 경영자가 네브래스카 퍼니처 마트를 설립한 B 여사입니다. 여사는 회사를 버크셔에 매각할 때 자신은 주식을 전혀 알지 못하므로 매각 대금을 버크셔 주식으로 받고 싶지 않다고 말했습니다. 자신의 능력범위를 아는 것은 엄청난 재산입니다.

멍거: 자신의 능력범위를 파악하기는 어렵지 않습니다. 키가 160도 안 되는 사람이라면 프로 농구 선수가 될 생각은 하지 말아야 합니다. 나이가 95세라면 애정 영화의 주인공이 될 생각은 접어야 합니다. 체중이 150을 넘어간다면 발레는 포기해야 합니다. 카드 패를 보고 승산을 따질 줄 모른다면 포커를 해서는 안 됩니다. 능력은 상대적 개념입니다. 얼간이라면 떼로 덤벼들어도 우리가 손쉽게 물리칠 수 있습니다.

Q 38. 버크셔의 연간 실적을 평가할 때 **BPS 증가율을 S&P500 지수 상승률과 비교하는 근거**는 무엇인가요?

멍거: 내가 대답하겠습니다. 그 둘을 비교하는 것이 터무니없다는 말씀은 전적으로 옳습니다. 미친 짓이지요. 버크셔의 실적을 돋보이게 하는 방식이 아니니까요. 그러나 워런은 난제에 도전하길 좋아한답니다!

Q 39. **마몬과 이스카의 잔여 주식을 인수**할 때 치른 가격이 처음 지배 지분을 인수할 때 치른 가격보다 높습니다. 나중에 PER 배수가 높아진 이유가 무엇인가요?

버핏: 이스카의 잔여 주식 인수 가격 계산 방식은 처음 지배 지분을 인수할 때 적용한 가격 계산 방식과 똑같습니다. 잔여 주식 20%에 대해 소유주 가족은 풋옵션을 보유하고 버크셔는 콜옵션을 보유하기로 했으며 가격 계산

방식은 처음 지배 지분을 인수할 때 적용한 방식을 그대로 적용하기로 했습니다. 이후 소유주 가족이 잔여 주식 20%에 대해 우리에게 풋옵션을 행사했습니다.

마몬은 할부 방식으로 인수했습니다. 버크셔는 처음에 지분 64%를 인수했고 일정 계산 방식에 따라 잔여 지분을 인수하기로 했습니다. 회사의 실적이 개선되면 잔여 지분에 대해 더 높은 가격을 치르는 방식이었습니다.

멍거: 회사의 가치가 상승했으므로 가격도 상승했습니다.

버핏: 이 거래에 대해 당사자 모두가 만족했습니다.

멍거: 양쪽 가족 모두 상대 가족을 깊이 존중했습니다.

버핏: 두 회사 모두 장부 가치보다 내재 가치가 훨씬 높았습니다.

멍거: 마몬의 사업회사 유니언 탱크카는 존 록펠러가 처음 시작한 사업이었습니다. 훌륭한 사업은 놀라울 정도로 오래도록 유지됩니다.

Q 40. 당신이 다시 **23세가 된다면** 어떤 일을 하겠습니까?

버핏: 과거와 마찬가지로 투자 업계에 입문할 것이며 수많은 기업을 살펴보고 경영자를 방문해 다양한 질문을 던질 생각입니다. 예를 들어 전 재산을 한 회사(당신 회사는 제외)에 10년 동안 투자해야 한다면 어느 회사를 선택하겠습니까? 한 회사를 공매도해야 한다면 어느 회사를 선택하겠습니까? 그 이유는 무엇인가요? 이러한 질문을 통해 회사의 경제성을 많이 파악할 수 있습니다. 우리는 호기심이 풍부해야 합니다. 계속 파악해나가면 정말로 흥미로운 기업을 발견할 수 있습니다.

멍거: 래리 버드(프로 농구 선수)의 기법을 따라야 합니다. 그는 자신의 에이전트가 되겠다고 제안하는 모든 사람에게 "당신 다음으로 추천하고 싶은 에이전트는 누구입니까?"라고 질문을 던졌습니다. 모든 에이전트가 똑같은

사람을 추천했으므로 그는 그 사람을 고용했습니다. 이 에이전트는 그에게 생애 최고의 계약을 체결해주었습니다.

버핏: 살로먼 임시 회장이 되었을 때 나는 주요 임원에게 살로먼 경영자로 이상적인 인물이 누구이며 그 이유가 무엇인지 물었습니다. 질문을 던지면 많이 배울 수 있습니다. 사람들은 질문에 답하기를 좋아합니다.

멍거: 경쟁이 치열한 사업이라면 자질이 부족한 사람은 피해야 합니다. 나는 칼텍의 열역학 교수가 되려는 생각을 일찌감치 포기했습니다. 이렇게 포기를 거듭하다 보니 남는 대안이 몇 개 없더군요.

버핏: 나도 운동선수가 되려는 생각을 포기했습니다.

Q 41. 외지에서 4만 명이 오마하로 몰려드는 **주주총회 주간 오마하 호텔**이 숙박료를 대폭 인상합니다. 이러한 현상도 수요와 공급에 따라 자본주의 원리가 작동하는 것으로 보나요?

버핏: 이러한 현상은 바람직하지 않습니다. 주주총회 주간에 숙소 공급을 늘리려고 나는 에어비앤비(숙박 공유 서비스)를 오마하에 유치했습니다. 버크셔 주주총회에 충분할 정도로 오마하 호텔의 객실 수를 늘릴 방법은 없습니다. 정말로 당황스러운 점은 오마하 호텔이 3일 이상 숙박하는 조건으로만 예약을 받아준다는 사실입니다. 그렇더라도 호텔 객실이 더 많은 댈러스로 주주총회 장소를 옮기지는 않을 것입니다. 주주총회 덕분에 오마하가 호황을 누리니까요. 에어비앤비가 숙소를 더 공급할 것입니다. 그러나 오마하 호텔도 여전히 호황을 누리겠지요.

멍거: 보탤 말 없습니다.

Q 42. **가이코**는 보험 업계에서 광고 예산을 가장 많이 투입하면서 시장 점유

율을 10%까지 끌어올렸지만 스테이트 팜은 시장 점유율 19%를 유지하고 있습니다. 가이코가 스테이트 팜을 따라잡을 수 있을까요?

버핏: 작년 가이코는 올스테이트의 시장 점유율을 넘어섰습니다. 스테이트 팜은 보험업 경험이 전혀 없는 농부가 세운 유구한 기업입니다. 1920년에는 스테이트 팜의 비즈니스 모델이 가장 훌륭했습니다. 그러나 1936년, 더 나은 비즈니스 모델을 보유한 가이코가 등장해 업계 2위를 목표로 달리고 있습니다. 내가 100세까지 산다면 그 시점에는 가이코가 업계 1위가 될 것으로 예상합니다. 그래서 나는 가이코 직원에게 말했습니다. 어떻게든 100세까지 살아 내 몫을 다하겠다고 말이지요.

가이코의 CEO 토니 나이슬리는 명예의 전당에 오를 만한 인물입니다. 그는 1993년 1~2%였던 시장 점유율을 현재 10%까지 끌어올렸습니다. 스테이트 팜은 순자산이 600~700억 달러에 이르고 만족하는 고객도 많지만, 가이코의 시장 점유율은 계속 상승할 것입니다.

멍거: 가이코는 코스트코와 비슷합니다. 둘 다 싼 가격에 훌륭한 제품을 제공하는 '신성한 임무'를 수행한다고 믿습니다. 그리고 둘 다 실적이 좋으며 시장 점유율도 상승하고 있습니다. 이러한 사업 방식이 말하기는 쉽지만 실행하기는 어렵습니다.

버핏: 가이코는 직원 이직률이 낮습니다. 문화가 매우 건전하니까요.

Q 43. 당신과 멍거 중 누가 더 검소한가요? **검소한 삶**은 버크셔에 어떤 영향을 미치나요?

멍거: 버핏이 더 검소합니다. 지금도 1958년에 산 집에 살고 있으니까요.

버핏: 나는 더 원하는 것이 없습니다. 생활비를 더 많이 지출한다고 해서 생활 수준이 더 높아지는 것은 아닙니다. 내가 집을 6~8채 보유한다고 해서

444

더 행복해지지는 않습니다. 오히려 더 불행해질 것입니다.

멍거: 검소한 삶은 버크셔에 보탬이 됩니다. 버크셔에는 주주 여러분을 포함해 검소한 사람이 많습니다. 우리는 검소한 사람을 모읍니다.

버핏: 그러나 버크셔 주주총회 주간에는 검소하게 살지 맙시다. 더 많이 살수록 더 많이 절약하는 셈이니까요!

Q 44. **버크셔 본사**를 해외로 이전해 세금을 절감할 생각이 있는지요?

버핏: 없습니다. 미국이 아니었다면 버크셔는 지금과 같은 성과를 거두지 못했을 것입니다.

멍거: 우리가 이렇게 성공하고서도 세금을 한 푼도 내지 않으려 한다면 미친 짓이라고 보아야겠지요.

버핏: 우리는 2만 페이지짜리 소득 신고서를 제출하면서 세금을 꼭 필요한 만큼만 납부하고 있습니다. 이를테면 팁으로 20%를 얹어 납부하지는 않는다는 말입니다. 버크셔가 진행하는 풍력 발전과 태양광 발전은 세금 공제 혜택 덕분에 가능한 사업입니다. 만일 세금 공제 혜택이 없다면 이러한 사업은 타당성이 없습니다. 우리는 세금을 아까워하지 않습니다.

Q 45. 유니언 퍼시픽은 빠르게 성장하는 **멕시코 화물 운수 시장**에서 영업을 하고 있습니다. BNSF도 캔자스시티 서던을 인수해 멕시코 시장에 진출하는 방안을 생각해보았는지요?

버핏: 유니언 퍼시픽은 멕시코에서 큰 이점을 확보하고 있습니다. 지금 BNSF가 멕시코로 진출하는 것은 타당성이 부족합니다. BNSF에 유망한 분야는 따로 있습니다.

멍거: 누구나 쉽게 상상할 수 있듯이 기업의 규모가 일정 수준을 넘어가면

인수하기가 어렵습니다. BNSF는 홀로 유지될 수밖에 없습니다.

Q 46. 당신이 내재 가치를 계산하는 방식은 벤저민 그레이엄이 《증권분석 Security Analysis》에서 제시한 방식과 어떻게 다른가요? 경쟁사 중에서 가장 두려운 상대는 어느 기업인가요? **버크셔의 비즈니스 모델**을 모방하는 기업이 많지 않은 이유는 무엇인가요?

버핏: 내재 가치는 기업이 문을 닫을 때까지 분배하는 모든 현금을 현재 가치로 환산한 값으로 볼 수 있습니다. 그래서 "손안의 새 한 마리가 숲속의 새 두 마리보다 낫다"라는 이솝의 말이 옳습니다. 투자자는 숲속에 새 두 마리가 확실히 있는지, 그 숲이 얼마나 멀리 떨어져 있는지를 따져보아야 합니다. 숲속에 있는 새가 몇 마리인지 계산할 때, 필립 피셔는 질적 요소를 주목했고 그레이엄은 양적 요소를 주목했습니다. 처음에 나는 양적 요소를 더 중시했고 찰리는 질적 요소를 더 중시했습니다. 기본적인 내재 가치 계산 방식은, 금리를 고려하면서 투자 금액과 회수 금액을 비교하는 것입니다.

　마법의 탄환을 쏘고 싶은 버크셔의 최대 경쟁자를 꼽으라고 한다면, 실제로 우리가 두려워하는 경쟁자는 없습니다. 사모 펀드들이 기업 인수 시장에서 우리와 경쟁을 벌이고 있지만 이들은 대개 차입 자금으로 기업을 인수합니다. 지금은 차입 금리가 낮아서 이들이 기업 인수 경쟁에 더 유리합니다. 버크셔처럼 우량 기업을 인수하는 비즈니스 모델을 보유한 기업은 없습니다.

멍거: 우리 비즈니스 모델은 지속성이 있어서 오래도록 유지될 것입니다. 장점이 많고 믿을 만한 모델이어서 오래갈 것입니다. 스탠더드 오일을 제외하면 왕년에 잘나가던 거대 기업은 모두 사라졌습니다. 그러나 버크셔는 실수에서 배우면서 현재의 사업을 계속 유지할 것입니다. 우리는 탄력과

생태계를 보유하고 있습니다. 젊은 분들은 버크셔 주식을 지나치게 서둘러 팔지 않도록 유의하시기 바랍니다. 경영대학원에서는 버크셔의 비즈니스 모델을 가르치지 않으므로 우리를 모방하는 기업도 없습니다.

버핏: 우리 비즈니스 모델을 실행하려면 오랜 세월이 걸려 인내심이 필요하므로 사람들이 모방하려 하지 않습니다.

멍거: 실행에 오랜 세월이 걸리면 죽기 전에 성과를 누리지 못할 수도 있지요.

Q 47. 향후 **인플레이션과 금리 인상**이 버크셔에 어떤 영향을 미칠까요?

버핏: 인플레이션은 버크셔를 포함해 대부분 기업에 타격을 줄 것입니다. 예를 들어 드론이 모든 가구에 100만 달러씩 뿌려준다고 가정합시다. 그러면 심각한 인플레이션이 발생해 버크셔의 실적이 악화할 것입니다. 인플레이션은 가치를 창출하지 않습니다. 버크셔의 EPS와 명목상의 가치는 증가하겠지만 실질적인 내재 가치는 감소할 것입니다.

멍거: 독일은 초인플레이션에 극심한 고통을 겪고 나서 결국 히틀러 같은 독재자를 선택했습니다. 미국 정부가 막대한 돈을 찍어내는 모습이 나는 마음에 들지 않습니다. 경제 성장이 평균에 못 미치는 정도라면 감내할 수 있지만, 정치인이 돈을 마구 찍어내다가 경제를 무너뜨린다면 미친 짓입니다.

Q 48. **다른 기업을 인수한 기업**은 세후 수익률이 개선되고 있나요?

멍거: 전체적으로 보면 기업 인수 후 실적은 엉망이었습니다. 기업의 인수 거래 방식은 늘 어리석습니다. 과거 인수 거래 사례를 보면 대부분 실패작이었습니다.

버핏: 우리는 다른 기업이 기업을 인수한다고 발표하면 슬퍼집니다. 우리는 기업을 인수해도 경영에 개입하지 않지만, 다른 기업은 그렇지 않지요.

매우 성공적으로 운영되던 가이코는 1970년대부터 다른 기업을 인수했습니다. 이러한 인수 거래가 끔찍한 실패는 아니었지만 그렇다고 성공작도 아니었습니다. 인수 거래의 회계 원가가 만족스러운 수준은 아니었지만 끔찍할 정도도 아니었습니다. 그러나 간접적으로 미치는 영향이 매우 컸습니다. 경영진이 마땅히 벌어들여야 할 이익을 간과했으니까요. 하지만 버크셔에는 좋은 기회가 되었습니다. 가이코를 매우 싼 가격에 인수할 수 있었으니까요.

CEO는 대개 적극적인 성격이어서 사업 확장을 좋아합니다. 투자 은행 사람들이 매일 찾아와서 설득하면 CEO들은 보통 인수 거래를 거절하지 못합니다. 그러나 대부분이 어리석은 거래입니다.

멍거: 투자 은행 사람들은 기막히게 노련한 사람들입니다. CEO들은 도저히 상대가 되지 못하지요.

Q 49. 돈세탁, 리보 금리(런던 금융시장에 있는 우량 은행 사이의 단기 자금 거래에 적용하는 금리) 조작 등의 혐의로 투자 은행이 또다시 형사 고발을 당하고 있습니다. 이러한 **투자 은행의 비리** 탓에 또 금융 위기가 발생하지는 않을까요? 이번에도 투자 은행은 대마불사가 되고 투자 은행 간부는 유전무죄가 되지 않을까요?

멍거: 금융 위기 이후 월스트리트 사람들의 행태가 대폭 개선되었습니다. 물론 월스트리트 사람들의 행태가 절대 완벽해질 수는 없습니다. 규제 당국이 개인의 비리를 추적할 때에만 이들의 행태가 개선됩니다.

버핏: 살로먼에서 얻은 경험을 돌아보면 법인보다 개인을 기소하는 것이 더 효과적입니다. 개인을 기소하지 않으면 몇몇 암적인 존재가 수많은 사람의 인생을 망가뜨릴 수 있습니다. 그러나 검찰은 개인보다 법인을 기소하는 편이 훨씬 수월합니다. 법인은 남의 돈으로 벌금을 내면 되니까요.

멍거: 당국은 개인의 비리를 추적해야 합니다. 당국이 개인을 추적할 때는 가격 담합 사례가 감소했습니다.

버핏: 버크셔는 임직원이 30만 명에 이르므로 지금도 누군가는 모종의 비리를 저지르고 있을 것입니다. 그 비리가 회사 전체에 악영향을 미칠까 걱정됩니다. 우리는 비리를 가급적 초기에 발견해서 신속하게 대응하려고 합니다. 사람들의 행태를 바꾸는 효과적인 방법은, 비리를 저지르면 엄중한 처벌을 받는다는 경각심을 심어주는 것입니다.

Q 50. **최악의 철도 사고에 대비하는 보험 상품**도 있나요?

버핏: 아지트 자인이 철도 사고에 대해 보상 한도가 매우 높은 상품을 제안했지만, 철도회사들은 보험료가 비싸다는 반응이었습니다. 4대 철도회사는 최악의 철도 사고가 발생해도 충분히 보상할 능력이 있습니다. 이들은 독극물 보험에도 의무적으로 가입하고 있습니다. 그러나 변호사들이 몰려들어 악용할 수도 있으므로 보상 한도는 공개하지 않습니다. 핵이나 테러 사고가 발생하면 정부가 손실을 보상할 것입니다.

멍거: 멕시코만에서 일어난 BP의 원유 유출 사고에서는 수십억 달러에 이르는 손실이 발생했습니다. 유정 하나에서 이렇게 막대한 손실이 발생한다고는 아무도 상상조차 하지 못했습니다.

버핏: 지금까지 최악의 철도 사고에서 발생한 손실은 2억 달러였습니다. 철도는 일반 운수 업자여서 화물을 가려서 받을 수 없는데, 염소 등 독극물에 대해서는 충분한 운송료를 받지 못하고 있습니다. 그래도 철도 사고에서 떠안을 손실 걱정에 밤잠을 설치는 일은 없습니다. 그러나 테러가 발생하면 전례 없는 타격을 입을 수도 있습니다.

멍거: 요즘 세상에서는 이례적인 사건이 종종 발생합니다.

Q 51. 보험료가 정점에 도달한 시기에 **상업용 특종 보험**에 진출하는 이유는 무엇인가요?

버핏: 작년 버크셔는 상업용 특종 보험 사업을 시작했습니다. 이 사업에 합류한 탁월한 인재는 다른 어떤 회사보다 보험 영업을 총명하게 할 수 있습니다. 아지트가 이 사업을 감독하게 됩니다. 버크셔가 장기적으로 특종 사업을 크게 키워나갈 수 있는 훌륭한 기회입니다.

멍거: 이 사업은 타당성이 매우 큽니다. 우리는 경기 탓에 사업을 미루지는 않습니다. 먼 미래를 내다보고 하는 사업이니까요.

Q 52. **프로 스포츠팀**을 인수할 생각이 있나요?

버핏: 나는 개인적으로 마이너리그 야구팀 지분 25%를 보유하고 있지만 버크셔가 프로 스포츠팀을 인수하지는 않을 것입니다. 프로 스포츠팀을 인수하려면 우리 후계자부터 찾아야 하겠지요! 버크셔가 스폴딩과 러셀을 보유 중이긴 하지만, 스포츠 장비 제조업이 대단한 사업은 아닙니다.

　찰리, 자네는 LA 클리퍼스(프로 농구팀)를 인수할 생각이 있나?

멍거: …(고개를 가로저음).

버핏: 멍거는 인수할 생각이 있는가 봅니다.

멍거: 나는 워런만큼도 관심이 없습니다!

Q 53. **빌 애크먼**은 비밀리에 앨러간 지분을 확보하고 나서 밸리언트와 합세해 앨러간 경영권 인수를 시도했습니다. 당신이 코카콜라의 지분을 확보한 방식과 비슷하지 않나요?

버핏: 나는 코카콜라 지분을 공개 시장에서 매수했고 경영권 인수도 시도하지 않았으므로 어떤 면에서도 비슷하다고 생각하지 않습니다. 주주 행동주

의가 등장하면 경영자가 겁을 먹고 달아나게 되지만, 이러한 주주 행동주의는 사라지지 않을 것입니다. 주주 행동주의는 헤지 펀드 자금을 끌어들이고 있습니다.

멍거: 주주 행동주의가 등장하면 경영진은 동요하게 됩니다. 기업의 지분 20~30%는 손쉽게 움직일 수 있어서 아무도 안전하지 않으니까요. 주주 행동주의자는 큰 영향을 미치면서 막대한 돈을 벌어들이고 있습니다. 주주 행동주의는 여우 사냥처럼 먹지도 않을 동물을 사냥하는 못된 행위라 하겠습니다. 국가적으로도 유용한 행위가 아니지만 3년 뒤에는 더 증가할 것입니다.

Q 54. 성장 전망이 밝은 소기업을 다수 인수하는 편이 나은가요, 아니면 성숙기에 근접한 **거대 기업**을 소수 인수하는 편이 나은가요?

버핏: 나는 소기업도 인수 대상에서 배제하지 않습니다. 20~30억 달러짜리 기업이라면 기꺼이 인수하겠습니다. 작년 버크셔 자회사가 인수한 협력 회사는 25개에 이릅니다. 그러나 300억 달러짜리 기업 하나를 인수하면 30억 달러짜리 기업 10개를 인수한 것과 같습니다. 더 큰 기업을 인수하면 우리 수익력을 더 확대할 수 있습니다.

멍거: 소기업을 수백 개 인수하는 방식은 버크셔에 타당하지 않습니다.

버핏: 나는 사모 펀드를 부러워하지 않습니다.

Q 55. 유형 자산 이익률이 1%에도 못 미치는 **미드아메리칸**(버크셔 해서웨이 에너지)에 자본을 배분하는 이유가 무엇인가요?

버핏: 우선 유형 자산 이익률 분석에 대해 찬사를 보냅니다. 그러나 영업 이익을 볼 때는 감가상각비도 고려해야 합니다. 규제 당국은 미드아메리칸에

적정 수익률을 허용하고 있습니다. 전력 사업에는 반드시 순투자를 유지해야 하는데, 적정 수익률을 얻을 수 있다면 우리는 순투자를 마다할 이유가 없습니다. 버크셔는 대부분 전력회사보다 낮은 요금으로 전력을 공급하고 있습니다. 버크셔는 영업 실적과 안전성을 계속 개선하고 있으므로 규제 당국으로부터 호평을 받고 있습니다.

우리는 적정 수익률을 얻게 될 것입니다. 전력 사업에 투자해야 하므로 잉여 현금흐름이 상당 기간 마이너스가 될 수도 있지만, 장기적으로는 높은 수익을 얻을 것입니다.

멍거: 말씀하신 유형 자산 이익률 1% 미만이 백화점에서 나온 수치라면 우리도 매우 불쾌할 것입니다. 그러나 성장하는 전력 사업에서 나온 수치라면 마음에 드는 실적입니다. 장래에는 대폭 개선될 터이니까요.

그레그 에이블: 우리는 매우 낮은 원가로 전력을 제공하고 있습니다. 1998년에 요금을 인상한 이후 최근에야 다시 요금을 인상했습니다. 앞으로도 상당 기간 요금을 인상하지 않을 전망입니다. 지금은 수익률 11.6%가 기대되는 프로젝트에 19억 달러를 투자하고 있습니다. 버크셔 해서웨이 에너지는 자본적 지출을 감가상각비와 비슷한 수준으로 유지하려고 노력합니다. 이 자본적 지출 중 성장에 투입되는 비중이 가장 큽니다.

우리는 구글 데이터 센터에도 전력을 제공하고 있는데, 구글은 아이오와 센터 전력 사용량을 1,000메가와트로 늘리는 방안을 검토 중입니다. 우리는 재생 에너지로 매우 낮은 요금에 전력을 제공하고 있습니다. 구글은 세금 공제 혜택과 더불어 청정에너지 기업의 이미지를 얻고자 합니다.

Q 56. **중국의 교육과 미국의 교육**은 어떻게 다른가요?

멍거: 미국은 공교육을 망치는 커다란 잘못을 저질렀습니다. 그러나 아시아

는 공교육에 큰 문제가 없는 듯합니다. 미국도 공교육을 아시아처럼 하면 좋겠습니다.

Q 57. **미국인의 주택 자금 조달 방식**이 바뀌어야 할까요? 이 과정에서 버크셔가 일부 역할을 담당하게 될까요?

버핏: 지금까지 30년 만기 고정 금리 주택 담보 대출은 사람들의 주택 마련에 큰 힘이 되었습니다. 정부의 보증 덕분에 금리가 낮게 유지될 수 있었지요. 민간 기업은 할 수 없는 역할입니다. 문제는 정치인이 개입하면서 벌어졌습니다. 30년 전 저축 대부 조합이 붕괴했을 때 나는 〈워싱턴 포스트〉에 연방저축대부조합보험공사FSLIC에 관한 기명 칼럼을 썼습니다. 버크셔가 보증에 대한 보험료 산정에 역할을 맡을 것 같지는 않습니다.

멍거: 민간 기업이 주택 담보 대출을 맡게 되자 수많은 도둑과 얼간이들 탓에 하마터면 금융 시스템이 붕괴할 뻔했습니다. 당시 패니메이와 프레디맥은 보수적이었습니다.

나는 투자 은행들이 돌아와 경쟁적으로 허위 증권을 발행하면서 공멸의 길로 몰려가는 모습을 또 보고 싶지는 않습니다.

버핏: 패니메이와 프레디맥은 두 주인을 섬기려다가 타락했습니다. 이들은 사실상 미국 최대의 헤지 펀드가 되어버렸습니다.

멍거: 패니메이와 프레디맥은 이제 대출 포트폴리오를 관리할 필요가 없습니다. 단지 보험만 제공하면 됩니다. 두 기관의 민영화 실험은 완전한 실패였습니다.

Q 58. 버크셔는 **3G와 협력해 하인즈 인수**에 성공했는데, 그 비결이 무엇인가요? 버핏이 오랜 기간 유지해온 인맥이 사라지더라도 버크셔는 우량 기업을 인

수할 수 있을까요?

버핏: 내가 떠난 뒤, 버크셔는 이사회가 승인하는 우량 기업을 인수하게 될 것입니다. 내 후계자는 버크셔의 브랜드와 역량을 이용해 대규모 자금 지출 등 내가 하던 일을 똑같이 수행할 것입니다.

3G 사람들은 매우 똑똑하며 절대 현재 상태에 안주하지 않습니다. 이들은 매우 근면하고 거래에서 과욕을 부리거나 지키지 못할 약속을 하는 일도 없습니다. 우리가 이들과 인연을 맺게 된 것은 커다란 행운입니다. 훌륭한 동업자를 만나려면 자신도 훌륭한 동업자가 되어야 합니다. 많은 임직원 덕분에 버크셔는 훌륭한 평판을 쌓아 강력한 브랜드를 구축할 수 있었습니다.

멍거: 훌륭한 배우자를 얻으려면 자신이 그러한 자격을 갖추어야 합니다. 훌륭한 동업자를 만나려는 사람 역시 행실이 훌륭해야 합니다. 3G는 탁월한 비용 절감 능력으로 문명사회에 기여하고 있습니다. 비용 절감은 세심하게 실행해야 합니다. 우리는 3G로부터 배우고 있습니다.

Q 59. 20년 후에는 **버크셔의 시가 총액**이 1.2조 달러에 도달하게 될까요?

버핏: 어느 시점에 이르면 버크셔는 막대한 보유 현금을 효율적으로 사용하기 어려워질 것입니다. 나는 그 시점이 가까운 장래가 아니길 바라지만, 먼 미래가 되지도 않을 것입니다.

그 시점에 자사주를 매력적인 가격에 매입할 수 있다면 버크셔는 자사주를 적극적으로 매입할 것입니다. 어떤 대안을 선택하든, 주주에게 가장 유리한 대안을 선택할 것입니다.

멍거: 크게 성공한 탓에 이후 수익률이 하락하는 것은 비극이 아닙니다. 성공입니다!

Q 59. 우버나 에어비앤비 등 **신기술 회사**에 의해서 앞으로 경제가 어떻게 바뀔까요?

버핏: 이러한 기업에 의해 기존 시장이 와해될 것입니다. 택시회사와 호텔은 당국의 지원을 등에 업고 맞서 싸우는 중입니다. 1920년대에는 스테이트 팜의 대리점 시스템이 신성불가침이었습니다. 이후 가이코가 직접 판매 시스템을 가지고 등장했습니다. 결국에는 더 매력적인 신제품이 승리하게 됩니다.

우리는 변화가 많은 기업은 피합니다. 누가 승자가 될지 모르니까요. 그러나 철도회사와 전력회사 등 버크셔의 자회사들은 승자가 될 것이며 오래도록 유지될 것입니다.

멍거: 특히 소매 분야가 신기술에 의해 완전히 와해될 것입니다. 그레그 에이블도 언급했지만, 우리가 전력을 제공하는 구글의 서버 팜(server farm: 수많은 컴퓨터 서버를 한 곳에 모아 관리하는 시설)은 규모가 계속 확대되고 있습니다. 컴퓨터 용량이 이렇게 증가하면 세상이 바뀌게 됩니다. 그러면 수많은 사람이 타격을 입겠지요.

Q 60. **금융 이해력을 높이는 교육**이 표준 교과 과정에 포함되어야 한다고 보나요? 포함된다면 어느 단계에 포함되어야 한다고 생각하나요?

버핏: 금융 교육은 빨리 시작할수록 좋습니다! 습관의 힘은 강력하니까요. 금융 문맹 상태에 빠지면 벗어나기가 어렵습니다. 나는 어린이에게 금융 교육을 제공하려고 '백만장자 비밀 클럽'에 참여하고 있습니다. 나는 어린 시절 집에서 훌륭한 금융 습관을 배웠으므로 운이 좋았습니다. 그러나 어른이 되면 좋은 금융 습관을 익히기가 어렵습니다. 좋은 금융 습관은 정말로 중요합니다.

Q 61. 버크셔는 규모가 지나치게 커서 평가하기 어려운 탓에 저평가를 받고 있으며 나이 많은 주주는 배당을 원하고 있습니다. 버크셔를 **4개 회사로 분할**하면 이러한 문제가 개선되지 않을까요?

버핏: 버크셔는 자본 배분을 통해 가치를 창출하고 있으며 현재 구조 덕분에 세금 혜택도 받고 있으므로 4개 회사로 분할해도 가치가 더 창출되지는 않을 것입니다. 버크셔는 현재의 구조를 유지해야 가치가 더 높습니다. 버크셔는 올해 배당 지급에 대해 투표를 했는데 주주 절대다수가 배당을 원치 않았습니다. 연차 보고서에도 설명했듯이 배당을 원하는 주주는 보유 주식을 일부 팔면 됩니다. 버크셔는 분할해도 아무런 이점이 없으며 오히려 끔찍한 잘못이 될 것입니다.

생각만큼 쉽지 않은
가치투자

❖

2015년

장소: 센추리링크 센터

참석자: 약 4만 명

포춘 500 순위: 4위

버크셔 주가: $226,000

1964년 $1 → 2015년 $18,270

1964년 BPS $19.46 → 2015년 $146,186 (연 19.4%)

같은 기간 S&P500 수익률 연 9.9%

Q 1. 〈시애틀 타임스〉에는 클레이턴 홈즈의 '착취적 대출 관행predatory lending practices'에 대한 기사가 실렸고, 3G 캐피털은 버크셔와 함께 팀 호턴스와 하인즈를 인수하고 나서 두 회사에서 일자리를 대폭 축소했습니다. 지금까지 버크셔가 추구해온 **따뜻한 자본주의**가 변질된 듯해서 마음이 아픕니다.

버핏: 클레이턴 홈즈 관련 기사에는 중대한 오류가 있습니다. 클레이턴 홈즈는 탁월한 주택 건설 회사로 모범적인 모기지 사업 관행을 유지하고 있습니다. 2008년 주택시장 거품이 붕괴한 것은 주택 담보 대출 실행 기관과 주택 담보 대출 보유 기관의 완전한 분리에 기인합니다. 주택 담보 대출 실행 기관은 대출 자산을 전 세계에 팔아버렸으므로 대출 자산이 부실화되어도 손실을 보지 않았습니다. 그러나 클레이턴은 주택 구입자에게 직접 주택 담보 대출을 제공했고 대출 자산을 계속 보유했습니다. 약 30만 가구에 제공한 주택 담보 대출 약 120억 달러를 지금도 보유하고 있습니다.

주택 담보 대출이 부실화되면 주택 구입자는 집을 잃고 대출 자산 보유 기관은 손실을 봅니다. 클레이턴은 대출 자산을 100% 보유하고 있으므로 주택 구입자의 손실을 모두 떠안게 됩니다. 따라서 부도 위험이 큰 사람에게는 주택 담보 대출을 제공하려 하지 않습니다. 이에 따라 대출 기준 강화에 대해서도 많은 논의가 진행되고 있습니다. 그런데 클레이턴의 고객 대부분은 저소득층이어서 클레이턴이 대출을 제공하지 않으면 주택을 구입할 수가 없습니다. 그래서 클레이턴은 원리금을 상환할 수 있는 사람에게 신중하게 대출을 제공합니다. 그래도 사망, 이혼, 실직 탓에 약 3%는 원리금을 상환하지 못합니다.

우리 주주총회 행사장에 전시된 110제곱미터짜리 클레이턴 조립 주택을 둘러보시기 바랍니다. 6만 9,500달러면 가전제품까지 완비된 조립 주택을 배달해드립니다. 주택 구입자는 2만 5,000달러를 더 들여서 토지만 확보하면 됩니다. 이렇게 클레이턴은 저렴한 가격에 주택을 판매하면서 대출도 제공해, 고객의 내 집 마련을 지원하고 있습니다.

나도 〈시애틀 타임스〉를 읽었는데, 클레이턴의 주택 판매 이익률이 20%라는 기사는 터무니없는 오보입니다. 기사는 진술서를 인용하면서 클레이턴의 매출 순이익률이 20%라고 지적합니다. 그러나 매출 총이익을 순이익으로 혼동했습니다. 매출 총이익은 판매비, 일반 관리비, 법인세를 공제하지 않는 금액입니다. 따라서 클레이턴의 매출 총이익은 20%지만, 세전 순이익은 3%이고 세후 순이익은 2%에 불과합니다.

게다가 클레이턴 고객은 언제든 다양한 기관으로부터 대출을 받을 수 있습니다. 여기 클레이턴이 고객에게 제공하는 서류를 보면 대출 기관 4~5개가 작지 않은 글자로 열거되어 있습니다. 나는 지난 3년 동안 클레이턴 주택과 관련된 불만 전화를 받은 적이 한 번도 없으며 클레이턴의 대출 관행에 대해서 사과할 일도 없습니다.

클레이턴은 거의 모든 주에서 규제를 받고 있습니다. 지난 3년 동안 여러 주에서 91차례나 조사를 받았지만 납부한 벌금 중 최대 금액이 5,000달러였고 환불액도 11만 달러에 불과했습니다. 차입 고객 대부분은 신용 점수(FICO score: 신용 위험의 표준 척도)가 620 미만이고 원리금 상환액 평균이 월 600달러 수준입니다. 나는 고객 3만 명이 저렴하게 주택을 장만하게 해준 클레이턴에 긍지를 느낍니다. 이들 대부분은 십중팔구 20년 이내에 원리금을 모두 상환할 것입니다. 클레이턴 주택은 정말 저렴합니다.

멍거: 내가 대출 관행은 잘 알지 못하지만, 그동안 클레이턴은 조립 주택을 매우 효율적으로 생산하고 판매해 시장 점유율 50%를 달성했습니다. 클레이턴은 생산성이 매우 높았습니다. 그러나 저소득층 고객에게 대출을 제공해서 마침내 100%가 주택을 보유하게 할 수는 없습니다.

버핏: 사망, 이혼, 실직에 의한 연체는 저가 주택은 물론 고가 주택에서도 발생하는 현상입니다. 2008~2009년 침체기에 일반 주택의 연체율은 클레이턴 주택의 연체율보다 몇 배나 높았습니다.

3G 캐피털은 사업 능력이 탁월합니다. 3G는 유휴 인력이 많은 기업을 인수한 후 인력을 감축해 생산성을 높입니다. 예컨대 버거킹은 3G의 인력 감축 이후 경쟁자보다 성장률이 월등히 높아졌습니다. 내가 알기에 정책적으로 대규모 유휴 인력을 유지하는 회사는 하나도 없습니다. 우리 버크셔에도 유휴 인력이 많지 않기를 바랍니다.

멍거: 기업에는 적정 인력이 있어야 합니다. 러시아 노동자는 "기업이 급여를 주는 시늉만 하니까 우리도 일을 하는 시늉만 한다"라고 말합니다. 이러한 방식으로는 경제가 제대로 돌아가지 않습니다. 물론 버크셔는 적정 일자리에 적정 인력을 원합니다.

버핏: 과거 철도는 종업원이 160만 명에 이르는 비효율적인 사업이었습니다. 현재 철도는 종업원이 20만 명 미만인데도 훨씬 많은 화물을 훨씬 더 안전하게 운송하고 있습니다. 자본주의에는 효율성이 반드시 필요합니다. 나는 3G에 경의를 표합니다.

종업원이 3만 3,000명인 가이코에는 유휴 인력이 없어 3G가 더 손대기 어려울 정도로 효율성이 높다고 봅니다. 버크셔는 초창기 직물 사업에서 인력을 감축할 수밖에 없었고, 이후 신문 사업에서도 인력을 감축할 수밖에 없었습니다. 버크셔의 일부 자회사에는 유휴 인력이 있을지도 모르지만 비대한 수준까지는 아니라고 믿습니다. 버크셔 소유주 안내서에서는 과도한 유휴 인력 탓에 발생하는 손실을 절대 용납하지 않습니다. 우리 본사 인력은 25명에 불과합니다.

멍거: 이제 나올 이야기는 다 나온 듯합니다. 사람들은 해고를 두려워하지

만, 과거 농사짓던 사람들이 모두 일자리를 유지했다면 미국은 어떻게 되었을까요? 기업에는 적정 인력이 있어야 합니다.

Q 2. 밴튤은 전통적인 자동차 판매 방식에서 벗어나 **정찰제 판매 방식**을 도입할 필요가 없을까요?

버핏: 판매 방식 변경이 필요하면 변경할 것입니다. 흥정 대신 단일 가격을 제시하는 정찰제를 과거에도 시험한 적이 있습니다. 그러나 어떤 이유인지 정찰제를 도입하면 문제가 발생합니다. 지금은 흥정 방식이 널리 사용되고 있습니다. 밴튤은 고객이 원하는 방식에 순응할 것입니다. 세상의 흐름이 그 방향이라면 우리도 따라갈 것입니다. 그러나 흥정 방식이 5~10년 더 유지되더라도 놀랄 일은 아닙니다. 버크셔 해서웨이 자동차(밴튤의 새 회사명)는 수익성 높은 주요 자회사가 될 것입니다. 사람들은 자동차, 보석, 부동산 등 고가 상품을 거래할 때 흥정을 원합니다. 앞으로 세상 사람들이 흥정을 원하든 정찰제를 원하든 우리 사업은 잘될 것입니다.

우리 대리점 숫자가 대폭 증가해도 시너지 효과는 크지 않습니다. 미국 전역에서 운영 중인 대리점은 1만 7,000개입니다. 버크셔는 각 지역에서 대리점을 더 인수하겠지만, 늘어나는 대리점이 1개든, 100개든, 1,000개든 이익률이 대폭 증가하는 것은 아닙니다. 버크셔는 저금리로 자금을 조달할 수 있지만 자동차 금융 사업에는 진출할 계획이 없습니다. 웰스 파고 등의 은행처럼 낮은 금리로는 조달할 수 없기 때문입니다. 우리는 단지 각 지역 자동차 대리점을 잘 운영하고자 합니다.

멍거: 밴튤은 능력자에게 권한을 부여하는 능력주의를 채택하고 있습니다. 밴튤과 오마하 본사는 친척처럼 보일 정도로 기업 문화가 비슷합니다. 둘 다 능력자에게 성공할 기회를 주고 있으니까요.

버핏: 밴튤과 가이코 사이에서는 시너지 효과를 기대하기 어렵다고 생각합니다. 시너지를 창출하려면 보험을 판매하는 자동차 대리점에 보상을 제공해야 합니다. 그러나 가이코의 핵심 경쟁력은 저가에 일류 서비스를 제공하는 것입니다. 두 회사는 독립적으로 운영되는 편이 낫습니다.

멍거: 동의합니다. 시너지 효과를 기대한다면 어리석은 생각입니다.

Q 3. 10년 후 이익이 대폭 증가한다고 확신할 만한 **기업의 특성**을 5개 정도 알려주겠습니까?

멍거: 모든 기업에 적용되는 만능 공식은 없습니다. 산업마다 특성이 모두 다르며, 우리는 계속 배우는 중입니다. 우리의 능력이 10년 전보다 나아졌길 바랄 뿐입니다. 공식을 제시할 수는 없습니다.

버핏: 투자하기 전에 고려하는 항목이 많이 있습니다. 이러한 항목들로 종목을 걸러내는 과정에서 투자를 포기하는 사례도 많습니다. 기업별로 적용하는 항목은 매우 다르지만 5~10년 후 기업의 모습을 합리적으로 예측하려고 노력합니다. 그러나 "이 회사의 경영진과 정말로 동업하고 싶은가?"라는 질문에 "아니요"라는 답이 나오면 여기서 분석을 종료합니다. 5대 특성 같은 것은 없습니다. 있더라도 찰리는 나에게조차 알려주지 않을 것입니다.

우리는 미래의 모습을 예측할 수 있는 기업을 찾아다녔습니다. 그러나 자신의 한계를 알기 때문에 멀리한 기업도 많습니다. 초창기에는 판단을 내리기가 훨씬 쉬웠습니다. 우리는 계속 자료를 읽고 생각하면서 상황을 지켜보았습니다. 당시에는 자본이 부족했으므로 어떤 종목을 매수하려면 보유 종목 일부를 매도해야 했습니다. 우리는 대박을 추구하는 대신 적당한 실적이 확실시되는 종목을 주로 선택했습니다.

멍거: 우리가 가이코를 인수한 것은 어느 정도 행운입니다. 20세 청년이 워싱턴으로 가이코를 찾아간 것 자체가 행운이었습니다. 우리가 큰코다친 것도 행운이었고요.

버핏: 우리는 볼티모어 백화점을 많이 안다고 생각하고 투자했다가 큰코다쳤습니다. 부실 기업에 투자해서 많은 경험을 얻은 덕분에 우량 기업과 부실 기업을 잘 구분할 수 있게 되었습니다. 현재 하는 일을 즐기면 대개 실적이 더 좋아집니다.

멍거: 우리를 키워준 가족 덕택이기도 합니다.

Q 4. 초창기에 가족과 친구 외에 **고객**을 어떻게 확보했나요?

버핏: 좋은 실적을 기록하기 전까지는 고객을 확보하기가 어려웠습니다. 나는 20세 시절부터 주식 투자 사업을 했는데, 외모는 16세 중학생처럼 어수룩해 보였고 행동은 12세 초등학생처럼 어설펐습니다. 초창기에 확보한 고객은 나를 믿어주던 가족과 친구였습니다. 오마하대학교 학장이었던 장인도 온갖 도움을 주었습니다.

1956년이 되자 실적이 나왔습니다. 젊은 나이에 모은 돈이 17만 5,000달러에 이르렀으므로 사람들이 내 실력을 인정하고 돈을 맡겼습니다. 벤저민 그레이엄이 투자조합을 해산하면서 자신의 고객에게 나를 추천해주었습니다. 1~2년 뒤 친구였던 의사 가족이 찾아와서 찰리를 소개해주었습니다. 당시 찰리는 변호사로 활동하고 있었습니다. 사업성이 형편없어 취미에 불과한 변호사를 하는 이유가 뭐냐고 찰리에게 물었습니다.

멍거: 물론 초창기에 버핏에게 돈을 맡긴 사람들은 가족과 친구뿐이었습니다. 그러나 이후에라도 버핏에 합류해 그레이엄과 도드의 투자 방식을 따라간 사람들은 좋은 실적을 거두었습니다.

Q 5. 찰리에게 하는 질문입니다. 버핏에게 IBM에 투자하지 말라고 말한 적이 있나요?

멍거: 전혀 없습니다. 우리 보유 종목 중에는 일시적으로 실적이 저조한 종목이 많습니다. IBM은 매우 흥미로운 기업입니다. 기술 변화에 IBM처럼 잘 적응하는 기업도 매우 드뭅니다. PC 사업은 형편없었지만, 그래도 높이 평가받는 거대 기업입니다.

버핏: IBM 매수에 대해서는 서로 의견이 일치했습니다. 우리 보유 종목에 대해서 물어보는 사람들이 있습니다. 그러나 사람들에게 우리 보유 종목을 매수하라고 권유할 생각은 없습니다. 우리는 앞으로도 더 매수할 생각이므로 주가 상승을 바랄 이유가 없습니다. 특히 우리가 보유한 4대 종목은 모두 자사주를 매입하고 있으므로 주가가 더 내려가도록 비관적인 이야기를 늘어놓고 싶습니다.

멍거: 사람들이 자주 실수를 저질러주는 덕분에 우리가 돈을 벌지요.

Q 6. 버크셔는 어떻게 보험 사업에서 성공을 거두었나요?

버핏: 이례적인 행운을 세 번 만난 덕분입니다.

1) 20세 시절 어느 토요일 아침, 나는 워싱턴행 기차에 올라 가이코 본사를 찾아갔습니다. 그날 근무하던 유일한 사람이 나중에 CEO가 된 로리머 데이비드슨이었는데, 20세 풋내기에게 무려 4시간에 걸쳐 보험 사업을 설명해주었습니다. 어느 경영대학원에서도 이렇게 잘 배울 수는 없었을 것입니다.

2) 1967년 잭 링월트가 홧김에 회사를 매각하기로 결정한 덕분에 내셔널 인뎀너티를 인수했습니다. 링월트는 변덕이 심한 성격이었으므로 계약이 한 시간만 더 지체되었더라도 인수가 무산되었을 것입니다.

3) 1980년대 중반 어느 토요일, 보험 업무 경험이 없는 젊은이 하나가 일자리를 구하러 버크셔 사무실에 찾아왔습니다. 이렇게 고용한 젊은이가 아지트 자인이었으니, 이러한 행운이 또 있을까요?

이렇게 삼연승을 달성할 확률이 얼마나 되겠습니까? 보험 사업이야말로 내 적성에 가장 잘 맞는 사업이었습니다. 기회는 수시로 나타나므로 좋은 사업 아이디어에 항상 관심을 기울이고 있어야 합니다.

멍거: 오마하에서 창업한 재보험회사도 거대 기업으로 성장했습니다.

Q 7. 독일에서 왔습니다. 버크셔는 **기업 문화**를 어떻게 유지하나요?

버핏: 우리가 떠난 뒤에도 버크셔의 기업 문화는 훌륭하게 유지될 것입니다. 버크셔의 기업 문화는 어느 대기업보다도 뿌리가 깊습니다. 최근에는 독일 기업 하나를 인수했습니다. 35년 동안 가족이 소중하게 키운 오토바이 소매 회사입니다. 2년 전 남편이 죽자 아내는 기업 문화 때문에 회사를 버크셔에 매각하고자 했습니다. 30~40년 전이었다면 유럽인은 버크셔의 기업 문화를 알지 못했을 터이므로 이러한 일이 없었을 것입니다.

뿌리 깊은 기업 문화는 버크셔의 핵심 요소입니다. 주주의 97%가 배당에 반대했다는 사실도 버크셔의 기업 문화를 보여줍니다. 버크셔에서는 보수를 원하는 사람이 아니라 주주를 대표해 책무를 떠맡으려는 사람이 이사가 됩니다. 사람들은 기업 문화를 믿기 때문에 버크셔에 합류합니다. 버크셔의 기업 문화는 세월이 흐를수록 강해졌으므로 앞으로도 계속 더 강해질 것이라고 확신합니다. 우리 기업 문화는 제도로 자리 잡았습니다. 앞으로도 수십 년 동안 유지될 것이라고 모두가 믿어 의심치 않습니다.

멍거: 유럽 기업은 인수하기가 쉽지 않았습니다. 유럽의 전통은 미국 등 다른 나라와 다릅니다. 독일은 전통적으로 기술과 자본주의에 강점이 있습니

다. 우리는 독일인의 솜씨를 높이 평가합니다. 독일인은 더 짧은 시간에 더 많이 생산합니다. 물론 워런과 나도 생산성이 매우 높습니다. 우리는 특히 독일 엔지니어를 높이 평가합니다.

버핏: 이제는 기업을 버크셔에 매각하려는 유럽의 소유주가 몇 년 전보다 많아졌습니다. 5년 안에 우리가 독일 기업을 더 인수하지 못한다면 나는 뜻밖이라고 생각할 것입니다. 버크셔는 이해할 수 있는 기업을 인수할 것입니다. 우리는 자금이 많고 유럽 기업은 미국 기업보다 가격이 매력적이므로 적당한 기업을 찾을 가능성이 있습니다.

멍거: 우리가 떠난 뒤에도 버크셔는 잘 돌아갈 것입니다. 이익 성장률은 초창기에 절대 못 미치겠지만 이익 규모는 더 증가할 것입니다.

버핏: 버크셔는 수도원이 아니지만, 장담컨대 찰리, 나, 경영자들은 보수보다 일에 더 관심이 많습니다. 기업 문화는 최고 경영자가 주도해야 합니다. 기업 문화를 따를 때 보상하고 따르지 않을 때 처벌하면 세월이 흐를수록 강해질 수밖에 없습니다. 기업 문화가 튼튼해지려면 오랜 세월이 걸립니다. 부모의 행동을 따르는 어린아이처럼 기업 문화는 처음에 모래알만 한 존재에 불과합니다. 그러나 훌륭한 문화를 물려받으면 그 문화를 유지하기가 훨씬 쉽습니다. 그리고 규모가 작은 기업일수록 문화를 확립하기가 더 쉽습니다.

버크셔에서 일하는 종업원은 34만 명이 넘습니다. 현재 부당 행위를 하는 사람이 12명, 15명, 100명이 있을지도 모릅니다. 경영자는 부당 행위를 발견하는 즉시 조처를 해야 합니다. 커비 진공청소기를 인수했을 때 우리는 노인에 대한 불건전 영업 관행을 발견했습니다. 그래서 65세 이상 노인에 대해서는, 원할 경우 이유 불문하고 커비 진공청소기를 전액 환불해주도록 영업 정책을 변경했습니다.

가이코는 해마다 보험금 청구 수백만 건을 처리합니다. 자동차 사고가 발생하면 과실 책임에 대해 항상 합의가 이루어지는 것은 아닙니다. 가이코도 절대 완벽할 수 없으므로 입장을 바꿔서 상대를 이해하려고 항상 노력합니다.

멍거: 우리는 현실에 안주하지 않습니다. 계속 배우면서 성장할 때 기업 문화도 발전합니다. 우리가 한 시점에 멈춰버린다면 끔찍한 상황이 벌어질 것입니다.

Q 8. **설탕 소비**가 증가함에 따라 의료 비용도 증가하고 있습니다. 이 때문에 코크, 하인즈, 크래프트의 해자가 축소되지는 않을까요?

버핏: 현재 추세에도 불구하고 코크의 해자는 엄청나게 넓습니다. 오늘 세계에서 소비된 코크 제품이 8온스(230cc) 들이 19억 8,000만 개입니다. 식음료회사는 모두 소비자의 기호에 순응할 것입니다. 소비자를 무시하고서도 잘되는 회사는 없으니까요. 20년 후에는 코크 제품의 소비량이 더 늘어날 것입니다. 1940년대에도 사람들은 코크의 성장이 끝났다고 말했습니다. 1988년 우리가 코크 주식을 매수했을 때도 사람들은 코크의 수익성을 걱정했습니다. 나는 매일 소비 열량의 4분의 1을 코크에서 섭취합니다. 내가 브로콜리와 양배추만 먹었다면 이렇게 오래 살지 못했을 것입니다. 식사하러 갈 때마다 감옥 가는 기분이었을 테니까요.

멍거: 설탕은 동맥의 조기 연화를 방지해주는 엄청나게 유용한 물질입니다. 설탕 때문에 내 수명이 단축된다면, 양로원에서 침 흘리며 보내는 몇 달이 단축될 테지요.

버핏: 할아버지가 그놈의 망할 녹색 채소를 내게 억지로 먹이던 때를 제외하면, 나는 식사 시간이 항상 즐거웠습니다. 일부 음식에 대해서는 나의 기

호가 바뀐 적도 있지만, 일부 음식에 대해서는 놀라울 정도로 오래 유지되었습니다. 버크셔는 30여 년 동안 제너럴 푸즈의 최대 주주였습니다. 이 놀라운 브랜드가 바로 오늘날의 크래프트입니다. 하인즈는 1869년에 설립되었습니다. 케첩은 1870년대에 등장했고, 코크 브랜드는 1886년에 나왔습니다. 수십 년 뒤에도 사람들은 이들 제품을 좋아할 가능성이 매우 큽니다. 어떤 사람은 내게 코크 대신 홀푸드의 유기농 식품을 먹으라고 권하지만, 홀푸드를 바라보는 사람들의 얼굴에는 웃음기가 없더군요. 나는 우리가 투자한 브랜드를 좋아합니다.

Q 9. '시가 총액÷GDP'와 '기업 이익÷GDP' 등 당신이 언급했던 평가 지표가 높게 나옵니다. 현재 전반적으로 **주가**가 지나치게 높다고 생각하나요?

버핏: 일각에서는 '기업 이익÷GDP'가 높다고 우려할지도 모르겠습니다. 기업은 미국의 법인 세율이 터무니없이 높다고 주장하지만 최근 몇 년 동안 미국 기업은 좋은 실적을 기록했습니다. 사실 미국 기업은 믿기 어려울 정도로 성공했습니다. '시가 총액÷GDP'는 금리의 영향을 매우 많이 받습니다. 현재 미국은 초저금리, 유럽은 마이너스 금리로, 사람들이 상상하지 못했던 상황이 이어지고 있습니다.

국채 수익률이 1%일 때는 국채 수익률이 5%일 때보다 이익의 가치가 훨씬 높아집니다. 이자가 거의 안 나오는 채권을 보유하는 것보다는 훨씬 유리하기 때문입니다. 주식의 가치를 평가하려면 이러한 초저금리가 얼마나 오래 지속될 것인지 판단해야 합니다. 일본처럼 초저금리가 수십 년 유지된다면 주식이 싸 보일 것입니다. 그러나 금리가 정상 수준으로 돌아간다면 주식이 비싸 보일 것입니다.

멍거: 금리 예측에 실패한 우리에게 사람들은 왜 미래 금리를 예측해달라고

할까요?

버핏: 우리는 거시 변수를 기준으로 거래를 결정하지 않습니다. 버크셔는 거시 변수 때문에 기업 인수를 거절한 적이 없습니다. 우리는 12~24개월 뒤에 상황이 어떻게 될지 알지 못합니다. 그러나 훌륭한 기업을 보유하고 있다면 상황이 어떻게 되든 상관없습니다. 기업을 인수할 때 중요하게 고려하는 사항은 기업의 경쟁 우위가 얼마나 강한가, 장래 수익성 전망이 얼마나 밝은가, 두 가지입니다. 이코노미스트는 회사당 한 사람만 있어도 지나치게 많다고 생각합니다.

Q 10. 정부가 원유의 철도 수송 관련 **새 규정**을 발표한다고 하는데, 탱크차(액체·기체 수송 화차) 안전성 개선에 대해 설명해주기 바랍니다.

버핏: 이틀 전 300페이지짜리 새 규정이 나왔는데 아직 읽지 못했습니다. 버크셔는 철도의 안전성 개선에 관심이 있습니다. BNSF는 운송업자이므로 내키지 않는 화물도 운송해야 합니다. 가장 위험한 화물은 염소와 암모니아로, 원유보다 훨씬 위험합니다. 모두 새 규정에 불만이 있겠지만 운송 규정 제정은 정부의 업무입니다. 파이프라인 수송에도 문제는 있고 철도 수송에도 문제는 있습니다. BNSF는 안전도 실적이 해마다 개선되고 있으며 업계 최고입니다. 그러나 완벽할 수는 없으므로 여전히 탈선이 발생할 수 있습니다.

멍거: BNSF, 엑슨, 셰브론에는 안전성 전문 엔지니어가 많습니다. 안전성은 계속 개선될 것이며, 개선되어야 마땅합니다.

버핏: 버크셔 해서웨이 에너지 역시 안전도 실적이 탁월합니다.

멍거: 버크셔에 인수된 오마하 파이프라인 사람들은 버크셔 직원이 주야로 안전성 개선에 힘쓰는 모습을 지켜보았습니다. 이후 오마하 파이프라인의

안전도는 최하위에서 1~2위로 상승했습니다.

Q 11. 버크셔는 **도심 철도 사고 보험**도 판매하나요?

버핏: 버크셔는 일반 보험의 보장 한도를 초과해 50~60억 달러까지 거액을 보장하는 재보험을 4대 철도회사에 판매하고 있습니다. 상황이 잘못되어 최악의 시나리오가 발생할 가능성은 항상 존재하니까요. 철도 사고 위험을 최소화하기 위해 도심에서는 열차 속도를 시속 35마일 이하로 낮춰야 합니다. 철도회사는 안전성을 높이려고 항상 노력하고 있지만, 절대 완벽할 수가 없습니다. BNSF도 보험에 가입했으며 어떤 손실이 발생해도 버크셔가 감당할 수 있습니다. 버크셔는 다른 철도회사에도 보험을 제공할수 있지만 보험료가 비싸다는 이유로 외면당하고 있습니다.

버크셔는 철도 차량 5,000량을 사지 않기로 했습니다. 마몬이 새 설비를 인수했기 때문입니다. 마몬은 3교대로 철도 차량 개조 및 신규 차량 제작을 진행할 것입니다. 철도회사는 새 규정 발표를 기다리고 있습니다. 2015년 1분기에는 탱크차 주문이 거의 없었습니다. 지금까지 철도회사는 탱크차를 보유하는 대신 임차했습니다. 이러한 추세가 이어질 듯합니다.

Q 12. 좋은 평판을 얻고 영향력 있는 사람들과 **네트워크**를 구축하고 싶은데, 어떻게 해야 하나요? 친구와 동료에게 사랑도 받고 싶습니다.

멍거: 최선을 다해서 노력하세요. 좋은 평판을 쌓으려면 오랜 기간이 걸립니다. 사람들 대부분은 천천히 쌓아갈 수밖에 없지요. 살아가면서 바르게 처신하는 것이 가장 중요합니다.

버핏: 사람은 나이가 들면 자신에게 합당한 평판을 얻게 됩니다. 한동안은 사람들을 속일 수 있겠지요. 기업도 마찬가지입니다. 버크셔는 평판의 덕

을 아주 많이 보았습니다. 평판 덕분에 회사가 달라졌습니다. 정말입니다.

멍거: 젊은 시절 나는 무례한 질문을 함부로 던지는 밉상이었습니다. 나중에 큰 부자가 되어 후하게 인심을 쓰면서부터 비로소 호감을 얻게 되었습니다.

버핏: 초창기에는 찰리와 나 둘 다 밉상이었습니다. 그러나 아주 훌륭한 선생을 만났습니다. 내가 존경하는 분들이었습니다. 존경받고 싶다면 존경하는 사람을 닮으십시오. 주변에서 존경하는 사람을 찾아내 그들의 장점을 적고, 그들을 닮겠다고 결심하십시오. 다른 사람의 단점이 마음에 들지 않는다면 그와 같은 자신의 단점을 없애십시오. 결혼 상대를 고를 때 가장 중요한 것은 지성이나 유머가 아닙니다. 눈이 높지 않은 사람을 찾으세요.

멍거: 저축도 할 줄 모르는 사람은 도와줄 방법이 없습니다.

버핏: 어린 시절부터 저축 습관을 키워야 합니다. 그러면 인생이 엄청나게 달라집니다. 버크셔는 재미있는 만화 시리즈를 통해서 어린이에게 저축 습관을 키워주려고 노력하고 있는데 실제로 효과가 좋다고 생각합니다. 일찌감치 자녀에게 돈에 관해서 좋은 습관을 키워주면 인생이 달라질 수 있습니다. 자녀가 어릴 때 서둘러 시작하세요.

Q 13. 버크셔는 에너지, 부동산 중개, 자동차 판매 등 여러 사업의 브랜드를 변경하고 있습니다. 이러한 **브랜드 변경** 탓에 평판이 손상될 위험은 없을까요? 프루트 오브 더 룸은 회사명이 버크셔 해서웨이 가먼트(속옷)로 변경되나요?

버핏: 질문자가 말한 대로, 우리는 '버크셔 해서웨이 홈서비스'라는 프랜차이즈 회사를 만들었습니다. 2년 전 푸르덴셜 부동산 사업부로부터 이 회사의 지분 3분의 2를 인수했고 나머지 지분 3분의 1도 인수하기로 계약했습니다. 일정 기간 후에는 우리가 푸르덴셜이라는 명칭을 사용할 수 없으므

로 버크셔 해서웨이로 브랜드를 변경했습니다. 그레그 에이블도 에너지 사업부의 명칭으로 버크셔 해서웨이를 사용하게 해달라고 요청했습니다. 밴 튤도 전국 단위 자동차 판매 프랜차이즈 사업이므로 버크셔 해서웨이로 회사명을 변경하는 편이 합리적입니다. 그러나 사업부에서 브랜드를 오용하는 사례가 발견되면 브랜드 사용권을 박탈해 평판 손상을 막을 것입니다.

버크셔 해서웨이가 과연 유명 브랜드가 될 것인지는 전혀 모르겠습니다. 그러나 자회사 중에는 슬로건에 '버크셔 해서웨이 자회사'라고 표시하는 회사가 많습니다. 아마 버크셔 브랜드가 엄청난 자산이 되지는 않을 것입니다.

멍거: 버크셔 브랜드는 가치가 매우 높지만 이미 브랜드 가치가 높은 '시즈 캔디' 대신 '버크셔 해서웨이 땅콩 캔디'를 사용한다면 미친 짓입니다.

버핏: 소매상과 브랜드는 항상 서로 충돌합니다. 브랜드는 소비자의 마음을 사로잡으려고 애쓰고, 소매상은 항상 PB 상품을 팔려고 합니다.

샘 월튼은 내게 샘스콜라 6개 들이를 보내준 적이 있습니다. RC콜라는 1960년대에 처음 다이어트 콜라를 출시했습니다. 이러한 PB 상품에도 불구하고 질레트는 강력한 브랜드 덕분에 면도기 시장 매출액의 70%를 차지하고 있습니다. 브랜드는 모든 방법을 동원해서 보호해야 합니다. 강력한 브랜드는 생존합니다.

Q 14. **재생 에너지**가 버크셔 전력회사에 위협이 되지 않을까요?

버핏: 재생 에너지는 버크셔의 관심 분야입니다. 가장 좋은 방어책은 저원가 에너지를 확보하는 방법인데, 버크셔 해서웨이 에너지가 매우 잘하고 있습니다. 아직 태양광 에너지로 전환한 사람은 극소수에 불과합니다. 그러나 태양광 에너지 저장 기술이 개선되면 달라질 것입니다.

멍거: 앞으로 재생 에너지 사용량이 대폭 증가할 것입니다. 화석 연료는 언젠가 고갈됩니다. 버크셔는 재생 에너지 개발에 매우 적극적이며 유리한 위치를 선점하고 있습니다. 아이오와주에서는 풍력 발전의 비중을 20%로 끌어올리는 편이 좋습니다. 농부가 풍력 발전에서 부수입을 얻고 싶어 합니다. 저장 기술 개선이 필요하지만, 이 기술도 발전하고 있습니다. 재생 에너지는 버크셔에 위협이 아니라 엄청난 혜택입니다. 재생 에너지 기술을 충분히 확보하지 못한 상태에서 화석 연료가 고갈되면 어떤 일이 벌어질까요? 혼란이 발생하겠지요. 그러나 기회도 많을 것입니다.

버핏: 버크셔 해서웨이 에너지 대표 그레그 에이블이 이 주제에 대해서 논평해주기 바랍니다.

그레그 에이블: 최근 버크셔 해서웨이 에너지는 아이오와주에서 10차 풍력 발전 프로젝트를 발표했습니다. 아이오와주 고객에게 공급하는 전력 중 풍력 발전이 차지하는 비중을 2016년까지 58%로 끌어올리는 프로젝트입니다. 현재 우리가 재생 에너지에 투입한 자본적 지출이 180억 달러가 넘습니다. NV에너지는 2019년까지 석탄 발전소 76%를 재생 에너지로 대체할 계획입니다. 재생 에너지는 버크셔에 엄청난 기회를 가져다줄 것입니다.

버핏: 현재 풍력 발전과 태양광 발전은 경제성이 부족해 세금 혜택이 필수적입니다. 버크셔 해서웨이 에너지는 버크셔 해서웨이의 연결 납세 자회사이므로, 세금 혜택을 이용해 다른 전력회사보다 훨씬 많은 자금을 투자할 수 있었습니다. 버크셔 해서웨이 에너지는 미국 전력회사 중에서 매우 유리한 위치를 차지하고 있습니다.

Q 15. 지난 50년 동안 버크셔에서 가장 **기억에 남는 실패 사례**는 무엇인가요?

버핏: 연차 보고서에서 여러 번 논의했지만, 1990년대 중반 4억 달러에 인

수한 덱스터 슈입니다. 치열한 경쟁 탓에 이 회사의 가치는 결국 제로가 되었습니다. 게다가 덱스터 인수 대금을 버크셔 주식으로 지급했는데 현재 가치로는 60~70억 달러에 이릅니다. 이 어리석은 결정을 생각하면 지금 버크셔 주가가 하락하길 바랄 정도입니다. 덱스터는 나를 속이지 않았습니다. 단지 내가 잘못 판단했을 뿐입니다. 우리는 주식을 발행할 때마다 실패했습니다. 그렇지 않은가, 찰리?

멍거: 그래서 이제 웬만해서는 주식을 발행하지 않습니다.

버핏: 다른 실패 사례는 우리가 초창기에 더 적극적으로 투자하지 않은 것입니다. 그러나 나와 가족, 친구의 모든 재산이 버크셔에 들어가 있었으므로 매우 신중할 수밖에 없었습니다. 조금 더 적극적으로 투자할 수는 있었겠지요. 하지만 가족이 무일푼 될 확률이 1%에 불과하더라도, 좋은 기회를 놓칠지언정 더 위험을 떠안고 싶지는 않았습니다. 사람들은 우리가 과거에 큰 기회를 놓쳤다고 말할 것입니다.

멍거: 레버리지를 사용했다면 버크셔가 훨씬 더 커졌겠지요. 그러나 우리는 밤잠을 설쳤을 것입니다. 밤잠을 설치는 것은 미친 짓입니다.

버핏: 특히 돈 때문에 설친다면 말이지요!

Q 16. 향후 인플레이션 전망은 어떤가요? **인플레이션 환경**에서 보유하기에 가장 유리한 종목은 무엇인가요?

버핏: 나의 금리 전망은 심하게 빗나갔습니다. 나는 이러한 저금리나 마이너스 금리가 5~6년 이상 이어지리라고는 예상하지 못했습니다. 지금처럼 적자가 2~3% 수준이라면 감당할 수 있습니다. 그러나 금융 위기 이후 연준은 10조 달러였던 대차대조표를 40조 달러로 확대했습니다. 지금까지는 저축 생활자가 저금리 탓에 고생한 것을 제외하면 큰 문제가 없었습니다.

그러나 찰리와 나는 현재 상황을 제대로 이해하지 못하고 있습니다. 버크셔는 대부분 기업보다 실적이 좋을 것입니다. 우리는 만반의 준비를 갖추고 있습니다. 흔치 않은 기회가 나타나면 즉시 행동에 나설 것입니다. 현재 보유 중인 현금이 600억 달러가 넘습니다. 경제가 혼란에 휩싸이면 우리는 기꺼이 행동에 나설 것입니다.

멍거: 우리는 거시 경제 요소를 예측하려고 평생 노력했지만 거의 나아지지 않았습니다. 전문가가 경제 지표를 발표하면 사람들은 전문가가 어느 정도 안다고 착각합니다. 차라리 전문가가 "나는 모릅니다"라고 말하는 편이 낫습니다.

버핏: 어떤 일이 발생하든 버크셔는 심리적으로나 금전적으로나 준비가 되어 있습니다.

인플레이션 환경에서 보유하기에 가장 유리한 종목은 추가 자본이 필요 없는 회사입니다. 일반적으로 부동산이 대표적인 예입니다. 55년 전에 집을 지었거나 샀다면, 이후 추가 자본이 필요 없었으며 인플레이션에 의해서 가치가 상승했습니다.

반면 전력회사나 철도회사라면 인플레이션 기간에 감가상각비가 증가해 추가 자본이 들어갑니다. 대규모 자본 투자가 필요한 기업은 전반적으로 불리해집니다. 인플레이션 기간에는 유명 브랜드가 매우 유리합니다. 시즈캔디는 오래전에 브랜드를 구축했습니다. 인플레이션 기간에는 유명 브랜드 제품의 가격이 상승하므로 브랜드의 가치도 상승합니다. 질레트는 양키스와 레드삭스가 맞붙는 1939년 월드시리즈 라디오 중계권을 10만 달러에 사들였습니다. 이 기간에 각인된 질레트 제품에 대한 인상은 수십 년 동안 남았습니다. 질레트는 1939년에 효과적으로 투자한 덕분에 1960~1980년에 큰돈을 벌어들였습니다. 지금 수많은 사람들에게 비슷한 인상을 심어주려면 막대한 돈이 들어갈 것입니다.

멍거: 만일 인플레이션이 걷잡을 수 없이 치솟으면 어떤 상황이 벌어질지 알 수 없습니다. 대공황 이후 심각한 인플레이션이 두 번 발생하자 히틀러가 등장했습니다. 시즈캔디에 유리하더라도, 우리는 인플레이션을 원치 않습니다.

Q 17. 버크셔의 **이연 법인세 370억 달러**를 영구 플로트로 보아야 하나요?

버핏: 우리 이연 법인세에는 보유 증권의 미실현 이익이 포함됩니다. 미실현 이익은 언제든 실현될 수 있습니다. 그리고 공익사업에 대해서는 오래 전부터 가속 상각을 적용했습니다. 이연 법인세 덕분에 현금 유출이 감소하므로 버크셔의 차입금도 그만큼 감소하게 됩니다. 그러나 버크셔가 이연 법인세에서 얻는 혜택이 엄청나게 크다고 생각하지는 않습니다. 이연 법인세는 숨겨진 자기 자본이 아닙니다.

멍거: 법인 세율이 변경되면 장부에 표시되는 이연 법인세도 변경되겠지만, 큰 의미는 없습니다.

버핏: 보험 사업에서 창출되는 플로트는 훌륭한 자산이지만, 이연 법인세는 그렇지 않습니다.

Q 18. 복합 기업 **텔레다인의 해체**를 보고 무엇을 배웠나요?

버핏: 나는 텔레다인의 CEO 헨리 싱글턴을 지켜보면서 많이 배웠습니다.

멍거: 싱글턴은 워런과 나보다 훨씬 똑똑합니다. 눈을 가리고 체스를 둘 정도입니다. 그러나 투자는 버핏이 더 잘합니다. IQ는 싱글턴보다 낮아도 항상 투자만 생각하니까요. 싱글턴은 핵심 경영진에게 매우 교묘하게 성과 보수를 지급했습니다. 그는 결국 3개 부서를 동원해 비리를 저질렀습니다.

경영진은 비밀리에 성과 보수를 받고서 정부를 대상으로 로비 활동을 과도하게 했습니다.

버핏: 성과 보수는 영향력이 막강합니다. 그러나 비밀 성과 보수는 비리를 조장할 위험이 있으므로 경계합니다. 지금까지 나는 정말로 품위 있는 사람이 비리에 관여하는 사례를 두 번 이상 보았습니다. 이들은 CEO에게 충성하려고 실적을 조작했습니다. 버크셔는 악용될 위험이 있는 보상 제도를 폐지합니다.

멍거: 싱글턴은 텔레다인을 버크셔에 매각하고 인수 대금으로 버크셔 주식을 받고자 했습니다. 마지막까지 똑똑했던 인물이지요.

버핏: 내셔널 인뎀너티의 훌륭한 경영자 잭 링월트에 관한 이야기입니다. 링월트의 친구이자 테니스 파트너가 이 회사의 보험금 지급 업무 책임자였습니다. 친구는 링월트에게 2만 5,000달러짜리 보험금 청구가 들어왔다고 보고했습니다. 링월트는 보험금 청구 이야기만 들으면 골치 아파 죽겠다고 잔소리를 늘어놓았습니다. 잭은 농담으로 한 말이었지만 친구는 잔소리가 싫어서 보험금 청구 사실을 숨기기 시작했습니다. 이 때문에 회사가 발표하는 실적도 왜곡되었습니다. 친구는 별도로 금전적 보상을 받지 않았는데도 잔소리를 듣지 않으려고 비리를 저질렀습니다. 경영자는 사소해 보이는 메시지에도 주의를 기울여야 합니다. 경영자가 월스트리트 사람을 실망시키고 싶지 않다고 말하면, 직원은 실적을 조작합니다. 버크셔는 이러한 일을 방지하려고 노력합니다.

우리는 다음 100년을 생각하면서 회사를 운영합니다. 경영자는 장기적 관점으로 의사 결정을 합니다. 그렇다고 단기 실적을 무시하는 것은 아니지만, 정말로 중요한 것은 지금이 아니라 3~10년 후 회사의 실적이라고 생각합니다.

Q 19. 버크셔는 **대마불사 기업**인가요?

버핏: 유럽 규제 당국은 시스템적으로 중요한 금융 기관(Systemically Important Financial Institution: SIFI), 즉 대마불사형 기업을 주목합니다. 이러한 기업은 9개 정도입니다. 금융안정감시위원회Financial Stability Oversight Board는 미국 대형 은행과 GE, 메트라이프 같은 기업을 살펴봅니다. 엑슨모빌, 애플, 월마트 같은 대기업은 SIFI에 해당하지 않습니다. SIFI는 매출의 85% 이상이 금융 사업에서 나오는 기업으로 정의되기 때문입니다.

버크셔는 금융 사업에서 나오는 매출이 20%에 불과합니다. 실제 관건은 '버크셔에 문제가 발생하면 미국 금융 시스템이 위태로워지느냐'입니다. 버크셔는 SIFI 지정에 관해서 논의해본 적도 없고 SIFI로 지정될 타당한 근거도 없습니다. 버크셔는 다른 회사에 문제가 발생해도 큰 피해를 보는 일이 없도록 항상 신중한 방식으로 사업을 운영합니다. 금융 위기 기간에 금융 시스템을 지원한 유일한 회사가 버크셔였습니다. 우리는 금융 위기가 고조되었을 때 골드만삭스와 GE에 투자했습니다. 버크셔는 현금 등 모든 면에서 사업의 안전성을 확보한 독특한 기업입니다. 나는 버크셔가 SIFI로 지정될 가능성은 전혀 없다고 생각합니다.

멍거: 대규모 금융 거래는 여전히 매우 위험합니다. 파생 상품 거래는 무허가 중개업소나 도박장 운영만큼이나 위험합니다. 파생 상품이 위험 분산에 유용하다는 주장은 터무니없는 소리입니다. 금융 시스템은 여전히 위험합니다. 우리 경쟁자는 당국의 규제가 불필요하다고 생각하지만, 나는 그러한 생각 자체가 위험하다고 생각합니다. 오히려 규제가 부족하다고 봅니다.

버핏: 도드-프랭크법 탓에 2008년 연준과 재무부가 취한 조처들이 힘을 잃었습니다. 금융 시스템의 혼란을 막으려면 연준과 재무부는 조처를 취해야 합니다. 중앙은행이 필요한 조처를 모두 취하겠다고 말하면 사람들이 그

말을 신뢰해야 합니다. 재무장관 행크 폴슨이 MMF에서 원금 손실이 발생하지 않도록 정부가 보증한다고 말했을 때 사람들이 그 말을 믿었기 때문에 금융 시스템이 혼란에 빠지지 않았습니다. 사람들이 당국을 믿지 못하면 공황에 휩쓸리게 됩니다. 버냉키와 폴슨은 금융 위기 기간에 공황 확산을 막아냈습니다. 과거에 은행은 공황을 방지하려고 금을 쌓아두었습니다. 도드-프랭크법 탓에 정부가 하는 보증이 힘을 잃었습니다.

Q 20. 근래 주가가 두 배 상승한 **중국 시장**에서도 가치투자가 통할까요?

버핏: 투자의 원칙은 국경을 초월합니다. 중국 아니라 어느 곳에도 똑같이 통합니다. 투자자는 주식을 기업의 일부라고 생각하면서 5~10년 동안 경쟁 우위를 유지할 우량 기업을 찾아야 합니다. 그리고 주식시장의 변동성도 기회로 삼아야 합니다.

멍거: 중국 주식시장은 변동성이 매우 컸습니다. 중국 시장이 큰 폭으로 오르내릴 때는 실리콘 밸리처럼 보이기도 합니다. 버크셔의 투자 방식을 모방하는 중국인이 증가할수록 중국에 그만큼 더 유리해질 것입니다.

버핏: 한 걸음 물러서서 주식을 기업이라고 생각하면서 평가하십시오. 감정을 다스릴 수 있다면 어렵지 않습니다. 주식이 쌀 때 투자하고 남들이 열광할 때 매도하십시오. 중국 시장은 미국보다 투기성이 강해서 변동이 극심하겠지만 기회도 그만큼 더 많을 것입니다.

멍거: 중국은 투기 열풍을 가라앉히는 편이 현명합니다. 가치투자가 한물가는 일은 절대 없을 것입니다. 물건을 살 때 가치를 따지지 않는 사람이 있나요? 그러나 가치투자가 쉬워 보여도, 생각만큼 쉽지는 않습니다.

버핏: 투자는 장기 관점으로 해야 합니다. 1주일 만에 돈을 벌려고 농장을 사는 사람은 없습니다.

Q 21. CNBC 인터뷰에서도 말씀하셨듯이 미국은 **사이버, 핵, 생물학, 화학 공격을 받을 위험**이 있습니다. 그런데도 여전히 장래를 낙관하나요?

버핏: 실제로 미국은 많은 위험에 직면하고 있지만 탁월한 경제 시스템 덕분에 미국인은 재능을 마음껏 발휘하고 있습니다. 성장률이 2%이고 인구 증가율이 1%에 불과해서 실망스럽긴 하지만 말이지요. 그래도 미국의 미래는 밝습니다. 그러나 정신병자, 과대망상증 환자, 광신도가 대량 살상 무기로 공격하면 모두 물거품이 될 수 있습니다.

이미 수많은 사람이 미국을 공격하려고 기발한 방법을 찾고 있습니다. 이러한 사람들은 사라지지 않을 것입니다. 미국은 안보 태세를 계속 빈틈 없이 유지해야 합니다. 그렇더라도 세상에서 가장 운 좋은 사람은 오늘날 미국에서 태어나는 아이들입니다. 이러한 위험만 막아낸다면 미국은 계속 발전할 것입니다.

멍거: 미국은 축복받은 나라이며 우리는 이상적인 시대에 살고 있습니다. 그러나 지나치게 우쭐대면 안 됩니다. 중국이 매우 빠른 속도로 따라오고 있습니다. 앞으로 미국과 중국의 협력보다 더 중요한 일은 없다고 생각합니다. 우리는 신뢰와 협력을 바탕으로 우호 관계를 유지하면서 자칫 잘못해서 불상사가 발생하지 않도록 유의해야 합니다. 모두에게 안전과 혜택이 돌아가도록 협력하지 않는다면 그야말로 미친 짓입니다.

Q 22. CIO에게는 어떤 능력이 필요한가요?

버핏: 다양한 능력이 필요합니다. 그러나 오로지 투자만 해본 사람이라면 버크셔의 CIO로 뽑을 생각이 없습니다. CIO가 버크셔의 차기 CEO가 될 가능성은 희박하겠지만 말이지요. 물론 CEO는 회사 운영 경험이 풍부해야 합니다. 그러나 나는 투자 경험 덕분에 사업을 더 잘할 수 있었고 사업

경험 덕분에 투자를 더 잘할 수 있었습니다. 내가 평생 투자만 했다면 내 실적은 더 저조했을 것입니다.

멍거: 이제 버크셔에서는 회사 운영이 더 중요해졌습니다. 따라서 우리 CEO는 회사 운영 경험이 풍부해야 하지만, 투자도 깊이 이해해야 합니다.

Q 23. **토드 콤즈와 테드 웨슐러**는 투자를 어떤 방식으로 하나요?

버핏: 토드와 테드는 투자는 물론 사업에도 매우 능통합니다. 두 사람은 현실을 이해하며 경쟁 우위도 잘 파악합니다. 게다가 인품도 훌륭합니다. 나는 실적이 뛰어난 펀드 매니저 수십 명을 알고 있습니다. 세쿼이아 펀드를 운용한 빌 루안은 1만 달러를 400만 달러 넘게 키웠습니다. 그는 투자 솜씨도 탁월했지만 인품도 훌륭했습니다. 우리는 자기 몫 이상을 하면서도 공을 다투지 않는 사람을 원합니다. 토드와 테드가 그러한 사람입니다.

멍거: 토드와 테드는 이미 기업 인수와 자회사 관리에도 힘을 보태고 있습니다.

버핏: 우리는 인재 다루는 방법을 알고 있습니다. 토드는 필립스 66 거래에 참여했고, 테드는 최근 진행 중인 독일 기업 인수에 참여하고 있습니다. 내가 아는 사람 중에 IQ는 높지만 평판이 나쁜 사람도 있습니다. 이들은 일확천금을 시도하다가 자멸의 길로 들어섭니다. 토드와 테드는 자신보다 버크셔를 먼저 생각하는, 믿을 만한 사람입니다.

Q 24. **지구 온난화**는 버크셔 보험 사업에 위험 요소인가요? 트래블러스는 공식 보고서에서 기후 변화가 위험 요소라고 지적합니다.

버핏: SEC 규정에 의하면 기업은 공식 보고서에 위험 요소들을 기재해야 합니다. 변호사는 소송에 대비해서 위험 요소를 모두 기재하라고 권합니

다. 버크셔는 해마다 손해 보험의 보험료를 책정합니다. 그러나 생명 보험은 보험료에 미래를 반영하므로 해마다 보험료를 책정하지 않습니다. 기후 변화는 생명 보험 보험료를 매년 조정해야 할 정도로 커다란 위험 요소로는 보이지 않습니다.

지구 온난화가 중요하지 않다는 말은 아닙니다. 단지 1년 단위로 조사해서 상황에 반영할 요소는 아니라는 뜻입니다. 우리가 플로리다주에서 50년 만기 폭풍 보험을 판매한다면 지구 온난화가 미치는 영향을 고려해야 하겠지만, 1년 만기 보험이라면 고려하지 않을 것입니다. 버크셔가 10-K 양식에 기재해야 하는 위험 요소는 아니라고 봅니다.

멍거: 앞으로 지구 온난화가 어떻게 전개될 것인지는 확실치 않다고 생각합니다. 어림짐작이 난무하고 있습니다. 지구 온난화가 진행되지 않는다는 말은 아닙니다. 우리는 온갖 추정을 다 할 수 있지만 그러한 추정이 모두 정확하지는 않다는 뜻입니다.

버핏: 나는 우리 보험사가 상품을 판매할 때, 지구 온난화보다는 건물 소유주에 주목하길 바랍니다. 건물 소유주가 마빈 더 토치(Marvin the Torch: 악명 높은 방화 보험 사기범)라면, 지구 온난화가 아니더라도 그 건물은 소실될 것입니다.

Q 25. 버크셔는 코노코필립스, 엑슨모빌 등 여러 경기 순환 종목에 투자했다가 손실을 보았습니다. 향후 **에너지에 대한 투자**는 버크셔 해서웨이 에너지의 CEO 그레그 에이블이 해야 하지 않을까요?

버핏: 우리 자회사 버크셔 해서웨이 에너지에도 '에너지'라는 단어가 들어있지만, 코노코필립스나 엑슨모빌과는 성격이 전혀 다른 회사입니다. 버크셔 해서웨이 에너지는 에너지 분야에서 대규모 투자 기회를 찾고 있습니

다. 1995년 내가 미드아메리칸을 주당 35달러에 인수하겠다고 제안하자 그레그는 원래 요구했던 가격을 고수했습니다. 이후 계속 치열하게 협상한 끝에 나는 주당 35.05달러에 합의하면서 보유 자금을 마지막 한 푼까지 모두 털었다고 말했습니다. 현재 버크셔 해서웨이 에너지는 EPS가 30달러이며, 머지않아 35.05달러가 될 것입니다.

버크셔 해서웨이 에너지는 우리가 투자한 두 에너지 회사와 전혀 다릅니다. 코노코필립스는 감사 규정에 따라 상각했지만 실제로는 어느 정도 수익을 냈습니다. 엑슨모빌에서도 돈을 벌었습니다. 우리는 지금까지 석유회사 주식과 가스회사 주식을 구분하지 않았으며 앞으로 이러한 종목에 빈번하게 투자하지는 않을 것입니다. 기회를 보아 투자할 수 있지만 생각을 바꿀 수도 있습니다. 그동안 석유 주식과 가스 주식으로 어느 정도 수익을 냈지만 거액을 벌 기회를 한두 번 놓치기도 했습니다.

멍거: 현재의 저금리 환경을 고려하면 엑슨모빌 투자 실적은 나쁘지 않습니다.

Q 26. **미국 세법**을 단순화할 필요가 있지 않나요?

버핏: 세법을 변경하려면 하원의원 218명과 상원의원 51명이 찬성하고 대통령이 서명해야 합니다. 기업은 모두 현재 법인 세율에 대해 불평을 늘어놓지만, GDP 대비 기업 이익은 기록적인 수준입니다. 40년 전에는 법인세가 GDP의 약 4%였지만 지금은 약 2%에 불과합니다. 의회는 세법을 더 합리적으로 개정할 수 있습니다. 세출이 GDP의 21~22%라면 세입을 GDP의 19% 선까지 끌어올려야 합니다. 2~3% 적자는 감당할 수 있습니다. 그러나 17.5조 달러 경제 규모에서 19% 징세는 만만한 일이 아닙니다. 누구에게 얼마를 거두느냐를 놓고 전쟁이 벌어질 것입니다.

기업은 외국에 보유한 자금을 미국으로 들여올 때 법인세를 납부해야 합니다. 나는 법인세를 훨씬 더 공정하게 개정할 수 있다고 생각합니다. 그러나 미국 기업이 여전히 호황을 누리고 있으므로 현행 법인 세율을 인하해달라고 읍소하지는 않을 것입니다. 기업의 유형 자기 자본 이익률이 15%이므로 GDP의 2%는 무리한 수준이 아닙니다. CD 이자가 0.25~0.5%에 불과한 점을 고려하면 주식 투자자 역시 좋은 실적을 얻고 있습니다.

멍거: 내가 사는 캘리포니아는 자본 이득 세율이 13.5%입니다. 부자를 캘리포니아에서 내쫓는 터무니없는 세율입니다. 하와이와 플로리다의 부자는 범죄율을 낮추고(범죄를 덜 저지르고), 의료비 지출을 많이 해 병원의 수익성 개선에 기여하며, (자녀를 사립 학교에 보내기에) 공립 학교 운영비를 절감하게 해줍니다. 돈 많이 쓰는 부자를 환영하지 않는 주가 캘리포니아 말고 또 있을까요? 캘리포니아의 조세 정책은 어리석기 짝이 없습니다. 그러나 연방 조세 정책은 전혀 나쁘지 않다고 생각합니다.

버핏: 1년 안에 법인세가 개정될 가능성이 높다고 봅니다.

Q 27. 《국부론The Wealth of Nations》을 읽고 무엇을 배웠나요?

버핏: 《국부론》에서 경제학을 배웠습니다. 빌 게이츠가 준 책입니다. 아담 스미스, 케인스, 리카도의 저작과 프레드 쉐드의 《고객의 요트는 어디에 있는가Where Are the Customers' Yachts?》를 읽으면 지혜가 풍부해질 것입니다.

멍거: 아담 스미스는 시대를 초월한 인물입니다. 역사상 가장 현명한 사람 중 하나죠. 그는 자본주의 시스템에서 나오는 생산성의 위력을 보여주었습니다. 공산주의가 처절하게 무너질 때 사람들은 생산성의 위력을 뼈저리게 실감했습니다.

버핏: 자본주의 시스템에 의해서 생산성이 개선되었습니다. 자본주의는 사람들이 각자 가장 잘하는 일을 계속 할 수 있게 해줍니다. 우리는 각자 생산

성이 가장 높은 분야에서 일해야 합니다.

멍거: 버핏도 자신의 장 수술을 손수 하지 않습니다.

Q 28. **가이코의 보험 통계**에 대해 설명해주기 바랍니다.

버핏: 가이코가 제시하는 보험료 중 약 40%는 최저가입니다. 어떤 보험사도 항상 최저가를 제시할 수는 없습니다. 보험사마다 보험료 산정 기준이 다르기 때문입니다. 나이도 산정 기준의 하나입니다. 운전자를 평가할 때 가이코는 16세 소년을 가장 위험한 고객으로 간주합니다. 그러나 16세 소녀는 그렇게 위험하지 않다고 평가합니다. 그래서 가이코가 제시하는 보험료는 경쟁 보험사와 다릅니다. 가이코는 매주 전화로 보험료를 제시하며 최저가를 제시하는 사례가 보험사 중 가장 많습니다. 현재 가이코는 시장 점유율이 11%에 불과하므로 향후 점유율 확대의 여지가 많습니다. 15분이면 전화로 가이코의 보험료를 확인할 수 있으며, 확실히 그만한 가치가 있습니다.

Q 29. 이제 **재보험 사업**은 속성이 바뀌어 대체 투자 사업으로 간주됩니다. 이러한 상황을 어떻게 이용할 계획인가요?

버핏: 우리 경쟁자도 알고 싶어 하는 정보가 아닐까요? 그동안 막대한 자본이 재보험 업계로 유입된 탓에 보험료가 인하되면서 사업의 매력도 낮아졌습니다. 이제 재보험은 사람들에게 판매하는 유행 상품이 되었습니다. 재보험사는 재보험을 '시장과 상관관계가 낮은 자산'으로 포장해 연기금에도 판매하고 있습니다. 재보험을 판매하고 받은 자금으로 버뮤다에 가서 헤지 펀드를 운용할 수도 있습니다. 향후 10년 동안 재보험 사업의 수익성은 과거 30년 수준에 못 미칠 것입니다. 사업 전망이 전보다 어두워졌지만

버크셔가 할 수 있는 일은 많지 않습니다. 그러나 버크셔만 할 수 있는 거래도 있습니다. 지금까지 이루어진 10억 달러 규모 재보험 계약은 8건인데 모두 버크셔가 한 거래입니다.

멍거: 경쟁이 갈수록 치열해지면서 과대 선전이 판치고 있습니다.

버핏: 재보험 분야에서는 우리 평판이 최고이므로 나가서 적극적으로 홍보할 수도 있습니다. 그러나 버크셔에 어울리는 방식이 아닙니다.

Q 30. 회의장 밖에서 넷젯 조종사들이 피켓 시위를 하고 있는데, 장기간 이어지는 **넷젯 분규**에 대해서 설명해주기 바랍니다.

버핏: 넷젯은 좋은 회사입니다. 조종사도 훌륭하고요. 넷젯은 항공기 분할 소유권을 판매합니다. 따라서 분할 소유권을 구입한 고객이 이 회사의 주인인 셈입니다. 그동안 버크셔에는 노조가 수백 개 있었습니다. 그러나 지난 50년 동안 기억에 남는 파업은 세 건에 불과해서, 직물회사, 버펄로 뉴스, 시즈캔디에서 한 건씩 발생한 정도입니다.

버크셔는 노조 활동에 반대하지 않습니다. 넷젯 조종사는 매우 훌륭합니다. 나는 넷젯을 20년째 이용하고 있습니다. 급여에 대한 노사 간 견해 차이는 자연스러운 현상입니다. 넷젯 조종사가 7일 근무, 7일 휴식 방식으로 받는 평균 연봉은 14만 5,000달러입니다. 조종사가 공항으로 이동하는 시간도 근무에 포함됩니다. 경쟁사에 비해 보수가 좋은 편이지요. 넷젯은 운항 실적도 증가하고 있습니다. 넷젯은 안전에 주안점을 두므로 조종사가 경쟁사보다 더 많은 훈련을 받고 있습니다. 노사 분규는 조만간 타결될 것입니다.

멍거: 넷젯 조종사는 훌륭하고 성실하며 불만을 드러낸 사람이 없습니다. 노조가 조종사를 공정하게 대변하고 있는지 잘 모르겠군요.

Q 31. **듀라셀**의 핵심 배터리 사업이 쇠퇴하고 있습니다. 주식 교환 방식을 통해서 세금 혜택을 받지 못했더라도 이 거래를 할 생각이었나요?

버핏: 이 거래를 통해서 프록터 앤드 갬블과 버크셔 둘 다 세금 혜택을 받았습니다. 버크셔는 프록터 앤드 갬블 주식을 5년 이상 보유했으며 이 거래는 부동산 교환과 비슷합니다. 그러나 우리는 듀라셀 주식에 새 취득 원가를 적용하지 않고 기존의 낮은 취득 원가를 그대로 유지할 계획입니다. 이러한 주식 교환 방식이 아니었다면 우리는 거래를 하지 않았을 것입니다.

배터리 사업이 쇠퇴하고는 있지만 그래도 오랜 기간 유지될 것입니다. 실적도 좋을 것으로 기대합니다. 인수 작업은 아마 2015년 4분기에 완료될 것입니다. 프록터 앤드 갬블이 적극적으로 협조해주고 있습니다.

Q 32. 전에 **상속**에 대해 언급했을 때, 자녀들이 무슨 일이든 할 수 있지만 놀고먹지는 못할 만큼만 재산을 물려주겠다고 했지요?

버핏: 내 재산의 99% 이상을 자선 단체에 기부하겠다고 약속했습니다. 그동안 상속세 면세 한도가 인상되었습니다. 상속 계획은 개인적인 일입니다. 내가 소기업 하나만 소유하고 있다면 생각이 지금과 다를 것입니다.

재산을 어떻게 할 것인지 궁리해보면 선택 대안이 많지 않습니다. 찰리가 말했듯이 묘지에는 '미국의 400대 부자Forbes 400' 명단이 없습니다. 나는 더 필요한 것이 없으므로 안전 금고에 넣어둔 주식 증서가 아무 소용이 없습니다. 그러나 세상 사람에게는 이 주식 증서가 엄청나게 유용할 것입니다. 주식 증서를 지금 잘 사용할 수 있는데도 안전 금고에 계속 넣어두어야 할까요? 누구나 이 문제에 대해 생각해보아야 합니다. 내 돈을 어떻게 써야 가장 유용한지 자신에게 물어보아야 합니다. 내 돈은 수많은 사람에게 대단히 유용하게 사용될 수 있습니다. 찰리와 나는 아주 소박한 생활을 좋아합니다.

멍거: 정치인이 상속세 면세 한도를 500만 달러로 인상했습니다. 매우 건설적인 법 개정입니다. 미국 정치인이 항상 미친 짓만 하는 것은 아니군요.

Q 33. 향후 버크셔가 장기 투자 주식을 주주에게 **분배**할 수 있나요?

버핏: 세법에 의하면, 기업은 가치가 상승한 증권을 주주에게 분배할 수 없습니다. 기업 분할을 통해서 주식을 분배할 수는 있습니다.

Q 34. 버크셔는 **자선 활동**을 확대할 계획이 있나요?

버핏: 자선 활동은 주주가 각자 해야 합니다. 자선 활동은 기업보다 개인이 더 잘할 수 있습니다. 나는 자선 활동을 계속 하라고 우리 자회사에 권장하지만, 내가 회사 자금을 내 모교에 기부하는 것은 온당치 않다고 생각합니다. 과거에 우리는 주주 지정 기부금 프로그램을 도입한 적이 있습니다. 그러나 우리 자회사 중 일부에 악영향이 미쳤으므로 이 프로그램을 포기할 수밖에 없었습니다.

멍거: 나도 남의 돈으로는 함부로 기부하지 않습니다.

Q 35. **유럽 연합**(European Union: EU)이 유럽에 미친 영향은 긍정적인가요, 부정적인가요? 프랑스는 EU에서 탈퇴해야 하나요?

멍거: EU를 설립한 취지는 훌륭하지만, 차이가 매우 큰 국가들도 가입하다 보니 시스템에 무리가 갔습니다. 프랑스는 문제가 없지만 그리스와 포르투갈이 큰 부담을 주고 있습니다. 주정뱅이 처남과 동업하는 꼴입니다.

버핏: EU 통화 정책 아이디어는 훌륭하지만 아직 개선할 일이 많습니다. 결함이 있으면 보완해야 합니다. 우리도 헌법을 몇 차례 개정했습니다. EU

시스템이 완벽하지 못하다고 해서 포기해야 하는 것은 아닙니다. 미국은 캐나다와 통화를 통합할 수도 있었습니다. 그러나 아메리카 대륙 모든 나라와 통화를 통합할 수는 없었을 것입니다. EU는 원칙을 일관되게 유지해야 합니다. 초창기에 원칙을 위반한 국가는 그리스가 아니라 독일과 프랑스였습니다.

멍거: 일부 국가는 투자 은행과 함께 재무상태표를 조작해서 EU에 가입했습니다.

버핏: 더 화합적인 통화 정책을 편다면 EU가 생존할 수 있다고 생각합니다. 그러나 현재의 통화 정책은 효과가 없을 것입니다.

멍거: 내가 여러 사람 불쾌하게 했군요.

Q 36. 장래에 **행동주의 투자자**가 버크셔를 분할하려 하지 않을까요?

버핏: 우리가 올바르게 경영한다면, 행동주의 투자자가 버크셔를 분할해도 돈을 벌지 못할 것입니다. 버크셔는 부분의 합이 전체보다 크지 않습니다. 버크셔는 소득 신고서를 소속 자회사와 공동으로 제출하는 과정에서 많은 혜택을 받고 있습니다. 행동주의 투자자의 공격을 방어하는 최선책은 좋은 실적을 유지하는 것입니다.

최근 몇 년 동안 행동주의 펀드에 막대한 자금이 유입되었으므로 이들은 분할 대상 기업을 노리고 있습니다. 향후 내 주식은 기부금으로 사용될 것입니다. 그 무렵에는 버크셔의 시장 가치가 엄청나게 커질 터이므로 행동주의 투자자가 모두 힘을 모아도 버크셔를 분할하지 못할 것입니다. 행동주의 투자자를 떨어내고 싶은 기업은 버크셔에 합류하면 됩니다.

멍거: 행동주의 투자자는 주가가 내재 가치보다 높을 때도 기업에 자사주 매입을 종용하는데, 이는 매우 어리석은 짓입니다. 동업자가 실제 가치의

120%에 자기 지분을 사라고 제안하면 아무도 사지 않을 것입니다. 그러나 과거 자사주 매입 사례를 보면 주가가 낮을 때 오히려 자사주 매입이 감소했습니다.

버핏: 기업은 자금을 사업에 사용해야 하며, 주가가 내재 가치보다 훨씬 낮을 때만 자사주를 매입해야 합니다. 버크셔 주가가 BPS의 1.2배라면 우리는 버크셔 주식을 대규모로 매입하겠지만, BPS의 2.0배라면 매입하지 않을 것입니다.

멍거: 나는 행동주의 투자자를 사위로 삼고 싶지 않습니다.

Q 37. **아메리칸 익스프레스**는 고객이었던 코스트코를 잃었고 이제 모바일 결제와 경쟁해야 하는데, 경쟁 우위를 유지할 수 있을까요?

버핏: 아메리칸 익스프레스는 다양한 공격을 받고 있으며 많은 혁신이 필요합니다. 그러나 CEO 케네스 셔놀트는 이러한 변화를 예상하고 회사를 다른 시장으로 이끌고 있습니다. 아메리칸 익스프레스 카드 소지자는 충성도가 높습니다.

나는 아메리칸 익스프레스에 매우 만족하며 주가가 하락하면 더 행복합니다. 회사가 자사주를 더 많이 매입할 수 있기 때문입니다.

멍거: 나는 아메리칸 익스프레스가 지금처럼 심한 경쟁에 시달리지 않았을 때 더 좋아했습니다. 그래도 어쩌겠습니까?

버핏: 1960년대에 아메리칸 익스프레스는 버크셔에 기적을 안겨주었습니다. 지금까지 아메리칸 익스프레스는 변화에 놀라울 정도로 잘 적응했으며 카드 소지자에게 더 좋은 이미지를 확립했습니다. 온갖 난제에 매우 민첩하고도 현명하게 대처하고 있습니다. 우리가 지분 15%를 보유하고 있어서 매우 기쁩니다.

Q 38. 현재 **보유 중인 막대한 현금**으로 파생 상품 포지션을 청산하거나 부채를 상환할 생각은 없나요?

버핏: 언젠가 기업을 매각하겠다는 전화가 와서 보유 현금을 사용하게 될 것입니다. 전화가 자주 오지는 않지만 말이지요. 우리가 원하면 파생 상품 포지션을 청산할 수도 있지만 시간이 흐르면 포지션이 자연스럽게 청산될 것입니다. 버크셔는 사실상 채무가 없습니다. 지금처럼 저금리일 때는 오히려 채무를 늘리는 편이 합리적이겠지요.

멍거: 차라리 자금 부족 상태가 되면 매우 즐겁겠습니다. 아주 오래전 일이군요.

Q 39. **인터넷**을 많이 사용하나요?

버핏: 즐겨 사용하고 있습니다. 인터넷으로 검색도 하고 브리지 게임도 합니다. 연 100만 달러를 내고 사용하는 항공기와 연 100달러를 내고 사용하는 인터넷 중 하나를 포기해야 한다면 나는 항공기를 포기하겠습니다.

멍거: 나는 다중 작업을 좋아하지 않지만 인터넷을 이용하면 누구나 더 많은 일을 할 수 있습니다. 나는 매우 우둔한 탓에 한 가지를 오랫동안 생각해야 합니다. 좋든 싫든 인터넷은 우리 곁에 있습니다.

버핏: 인터넷에 의해 가이코가 극적으로 바뀌었습니다. 인터넷은 가이코의 사업 전반에 영향을 미칩니다. 사람들은 미국의 장래를 비관하지만 더 두고 보아야 합니다. 온갖 변화와 함께 우리의 삶이 나아질 것입니다.

Q 40. **소득 불평등**에 대해서 어떻게 생각하나요?

버핏: 현재 미국인의 평균 소득과 GDP는 내가 태어난 1930년보다 6배 증가했습니다. 당시 연 소득이 9,000달러였다면 지금은 연 소득이 5만

4,000달러입니다. 나는 미국에서 일하는 사람이라면 누구나 품위 있는 삶을 누릴 수 있어야 한다고 믿습니다. 나는 최저 임금 인상에 반대하지 않습니다. 그래도 수요와 공급은 생각해야 합니다. 소득 불평등을 축소하겠다고 최저 임금을 극적으로 인상하면 일자리가 감소해 품위 있게 살기가 더 어려워질 수도 있습니다. 근로 소득 세액 공제 제도를 개편하는 쪽이 더 효과적이라고 생각합니다.

멍거: 방금 버핏이 한 말은 민주당이 제시하는 소득 불평등 개선책입니다. 나는 공화당의 관점에 동의하는데, 최저 임금을 대폭 인상하면 빈곤층이 고통받습니다.

Q 41. **교육비**가 상승해서 대학에 가기가 어렵습니다.

멍거: 미국 평균 가구라면 교육비가 싼 대학에 다니면서 보조금을 받으면 됩니다. 대학이 멋대로 교육비를 인상하는 것은 큰 문제입니다.

버핏: 사람들 대부분이 교육비 때문에 고생합니다. 대공황이 닥쳤을 때는 모든 대학이 과잉 인력을 해고했습니다. 적절한 유인이 없으면 대학은 교육비만 계속 인상할 것입니다.

멍거: 사람들은 자신의 서비스가 가치 있다고 주장하면서 가격을 인상하려고 합니다. 나는 우리 고등 교육 시스템에 잘못이 많다고 생각합니다. 나는 규모 적정화가 필요하다고 보지만 이를 수용하려는 미국 대학은 하나도 없습니다. 학생이 최선의 대안을 찾아야 합니다. 적절한 유인이 없다면, 대학은 언제까지고 교육비만 계속 인상할 것입니다.

Q 42. **중국**에 구조적 변화가 필요할까요?

버핏: 장기적으로 보면 중국이 잘 해낼 것으로 생각합니다.

멍거: 나는 현재 중국의 변화를 적극 지지합니다. 최근 중국은 부패 척결 운동을 벌이고 있는데, 대국이 이렇게 현명한 정책을 펼치는 모습은 정말 오랜만에 봅니다. 국가가 도둑의 소굴이 되어서는 안 됩니다. 중국은 다방면으로 싱가포르를 모방하고 있는데 매우 좋은 정책입니다. 중국의 변화는 매우 고무적입니다. 중국은 총살도 몇 건 했습니다. 매우 효과적인 경고 방법입니다.

버핏: 지난 40년 동안 중국이 달성한 고도성장은 정말이지 기적입니다.

멍거: 이러한 대국이 이렇게 발전한 사례는 역사상 처음입니다. 내가 어린 시절에는 중국인의 80%가 문맹이었습니다. 싱가포르 정치인을 포함해서 몇몇 사람이 발전에 엄청나게 기여했습니다. 버크셔도 현인을 모방하고 있습니다.

버핏: 중국은 거의 200년 동안 잠들어 있었습니다. 지난 40년 동안 중국인은 새 시스템을 통해서 잠재력을 발산했습니다. 이 시스템은 중국의 장래에도 강력한 영향을 미칠 수밖에 없습니다. 200년 동안 잠들어 있던 중국인이 잠재력을 다시 폭발적으로 발산할 수 있다는 사실이 놀랍습니다. 중국과 미국은 오랜 기간 초강대국의 지위를 유지할 것입니다. 중국이 잠재력을 발휘하게 된 것은 좋은 일입니다. 두 나라는 서로 상대의 결점 대신 장점을 보아야 합니다. 상대가 잘되어야 둘 다 잘된다는 사실을 명심해야 합니다.

Q 43. 당신이 **성공을 거둔 가장 중요한 이유**는 무엇이라고 보나요?

버핏: 훌륭한 스승을 만났고 끝까지 초점을 잃지 않았기 때문일 것입니다. 그리고 이 게임이 엄청나게 흥미로워서 맘껏 즐겼습니다. 사실 투자는 매우 쉬운 게임이지만 심리적 안정을 유지할 수 있어야 합니다. 나는 7~19세

사이에 투자 서적을 탐독하면서 투자에 열을 올렸지만 원칙을 따르지 않았습니다. 그러다가 벤저민 그레이엄의 《현명한 투자자》를 읽으면서 전적으로 타당한 투자 철학을 배웠습니다. 이후 투자가 쉬워졌습니다.

멍거: 기질만 있으면 투자는 쉬운 게임입니다. 그러나 영리하게 투자해서 막대한 재산을 모으더라도, 그것만으로는 만족하기 어렵습니다.

버핏: 그동안 버크셔 경영이 투자보다 훨씬 재미있고 놀라울 정도로 만족스러웠습니다.

멍거: 자기 돈으로 투자를 잘한다면, 거기서 한 걸음 더 나아가 더 많은 일을 하시기 바랍니다. 나는 영화배우나 연극배우로는 절대 성공하지 못한다고 실감하고 나서 낙오자가 된 기분으로 투자계에 발을 들여놓았습니다. 나는 할아버지 덕분에 나의 본분이 최대한 합리적인 사람이 되는 것이라고 생각하게 되었습니다. 나는 오로지 합리적 사고에만 능숙했으므로 이러한 적성에 잘 맞는 분야를 찾아가게 되었습니다.

공자는 우리에게 합리적으로 행동할 도덕적 의무가 있다고 말했는데, 그래서 나는 공자를 좋아합니다. 나 역시 오래전부터 그렇게 생각하고 있습니다. 버크셔는 합리적 행동의 전당입니다. 우리가 무식한 상태에서 벗어나지 못한다면, 이는 더 무식해지는 것보다도 수치스러운 일입니다. 베풀어야 할 때는 베풀어야 합니다.

버핏: 이제 내게 가장 중요한 것은 수백만 주주를 위해서 버크셔가 잘되는 일입니다. 나는 해마다 버크셔를 성장시키고 개선하는 일이 엄청나게 즐겁습니다. 버크셔의 실적이 부진하면 나는 행복할 수가 없습니다.

멍거: 우리 돈은 다소 잃어도 상관없지만 남의 돈은 정말 잃고 싶지 않습니다. 매우 바람직한 태도지요.

버핏: 나는 버크셔의 장기 가치가 훼손될 때 괴롭습니다.

멍거: 환자가 밥 먹다가 죽어도 훌륭한 의사는 괴로워합니다.

Q 44. **〈월스트리트 저널〉**에 대해서 설명해주세요.

버핏: 〈월스트리트 저널〉은 다우존스 소유였습니다. 초창기에 〈월스트리트 저널〉은 신문 중에서 경쟁 우위를 확보하고 있었으며 자막 뉴스도 보유하고 있었습니다. 그러나 〈월스트리트 저널〉이 금융 뉴스 시장 지배 기회를 놓치자 마이클 블룸버그가 블룸버그 단말기를 개발해 금융 정보 시장을 차지했습니다. 〈월스트리트 저널〉은 가족 소유 기업이었지만 변호사들이 경영했습니다. 변호사들은 금융 정보를 전혀 활용할 줄 몰랐으므로 〈월스트리트 저널〉은 시대에 뒤처졌습니다. 가족은 60~70억 달러를 받고 회사를 루퍼트 머독에게 매각했습니다.

멍거: 회사 경영을 캐피털시티/ABC 전임 CEO 톰 머피에게 맡겼다면, 가족의 재산은 1,000억 달러가 되었을 것입니다.

2016~2018년
버크셔 해서웨이 주주총회
Q&A

이 책의 부록은 2016~2018년 버크셔 해서웨이 주주총회 Q&A의 핵심 내용을 요약·정리하는 방식으로 옮긴 것입니다. 번역 과정에서 현장 동영상을 포함해 다양한 매체의 보도 자료와 메모 자료를 이용했습니다.

2016~2018년 Q&A 중 상당 부분은 《워런 버핏 바이블》 및 《버핏클럽》에서 다룬 내용과 중복되는데, 1986년부터 2018년까지 33년 동안 진행된 버크셔 해서웨이 주주총회 Q&A를 한데 모은다는 의미에서 부록의 형식으로 정리한 것입니다.

2016~2018년 버크셔 해서웨이 주주총회 Q&A의 정확한 내용을 원하시면 야후 동영상을 이용하시기 바랍니다. https://finance.yahoo.com/brklivestream/

주가를 5년 동안
확인하지 마십시오

2016년

도입

버핏: 안녕하세요. 워런 버핏입니다. 이쪽은 찰리 멍거입니다. 내가 더 젊습니다. 그럼에도 불구하고, 홍보 영화에서 보셨듯이, 항상 여인을 차지하는 쪽은 찰리랍니다. 그 이유는 찰리보다 제가 더 정확하게 말씀드릴 수 있습니다. 알다시피 미국에서는 어머니가 딸에게 어릴 때부터 해주는 말이 있는데요. '매우 부유하지만 늙은 사람들 중에서 굳이 한 사람을 골라야 한다면 제일 늙은 사람을 골라야 한다'는 것입니다.

이번에 처음으로 우리 주주총회가 인터넷 생방송webcasting으로 중계되고 있습니다. 전 세계에 계신 주주 여러분 반갑습니다. 이번 주주총회는 표준 중국어로도 동시통역되고 있습니다. 찰리와 나는 우리가 하는 말이 얼마나 정확하게 통역될지 다소 걱정되기도 합니다. 가끔은 우리가 처음부터 부정확하게 말할지도 모르지요. 아무튼 전 세계에 계신 주주와 함께 주주총회를 진행하게 되어서 기쁩니다.

캐리 소바가 이 주주총회 준비를 총괄했습니다. 우리의 원더 우먼이 저기 서 있군요. 캐리는 약 6년 전 비서로 입사했습니다. 그는 버크셔 50주년 기념 도서 제작도 담당했습니다. 우리는 올해 이 책의 개정 증보판을 출간했고, 찰리와 내가 100부에 사인했습니다. 캐리는 지난 1월 말 둘째 아이도 낳았습니다. 그런데도 이 주주총회 준비를 앞장서서 지휘했습니다. 그에게 진심으로 감사합니다. 훌륭한 솜씨입니다.

깜짝 손님을 소개합니다. 생후 7개월 된 내 막내 증손자입니다. 아이가 많이 울더라도 양해를 부탁합니다. 내가 유산을 물려주지 않을 거라는 말이라도 들었나 봅니다. 우리 이사들도 이 자리에 참석했습니다.

1분기 실적

슬라이드 두 장을 보여드리겠습니다. 첫 번째는 1분기 실적 잠정치입니다.

버크셔 해서웨이 1분기 세후 이익 잠정치(단위: 100만 달러)	2016	2015
보험 – 보험 영업	213	480
보험 – 투자 소득	919	875
보험 소계	1,132	1,355
철도, 공익사업	1,225	1,466
제조, 서비스, 소매	1,266	1,123
금융	311	289
기타	−197	11
영업 이익	3,737	4,244
투자/파생 상품 손익	1,852	920
순이익	5,589	5,164

보다시피 보험 영업 이익은 다소 감소했습니다. 참고로 이 실적은 모두 세후 기준입니다. 그러나 가이코의 보험 영업 펀더멘털은 개선되고 있습니다.

분기 말 텍사스에 우박을 동반한 폭풍이 여러 건 발생했고 그 이후에도 발생했습니다.

올해 1분기에는 작년보다 재해 손실이 더 많았습니다. 철도에서도 이익이 대폭 감소했습니다. 주요 철도회사 모두 1분기 실적이 대폭 하락했으며 이러한 추세는 십중팔구 연말까지 이어질 전망입니다.

그동안 프리시전 캐스트파츠와 듀라셀 두 회사가 제조, 서비스, 소매 섹터에 추가되었습니다. 그러나 분기 중에 추가되었으므로 이익이 모두 반영되지는 않았습니다.

다른 섹터에 대해서는 자세히 설명하지 않겠습니다. 다음 주에 나오는 10-Q를 참고하시기 바랍니다.

다만 우리가 차입한 외환은 유로뿐이며, 우리는 유로 표시 자산도 상당 규모 보유하고 있다는 점을 밝혀둡니다. 회계 규정상 매 분기 외환의 평가액 변동은 이자 비용으로 나타납니다. 유로의 가치가 상승하면 이자 비용이 대폭 증가합니다. 그러나 실제 비용은 아니며 분기마다 비용이 변동합니다. 반면에 유로의 가치가 하락하면 이자 비용이 감소합니다.

이러한 이자 비용 감소는 우리가 보유한 유로 표시 자산이 많아서 나타나는 특별한 사항입니다. 유로 표시 자산은 평가액이 상승하면 손익 계산서에는 반영되지 않고 포괄 이익에 직접 반영됩니다. 그래서 실적이 다소 이상해 보일 수 있습니다.

늘 강조하지만 순이익에 주목하지 마세요. 분기마다 오르내리겠지요. 우리는 어떤 방식으로도 이익을 관리하지 않습니다. 관리하지 못해서가 아니라 쓸데없는 짓이기 때문입니다. 우리는 최선을 다해 투자를 결정할 뿐, 분기나 연간 이익에 미치는 영향은 고려하지 않습니다.

1년 전에 시작된 거래 한 건이 1분기에 완료되었습니다. 프록터 앤드 갬블 주식을 현금과 듀라셀 주식으로 교환하는 거래입니다. 주로 이 거래 때문에 1분기에 대규모 자본 이득이 발생했습니다.

실적 요약(17년 동안 발행 주식 수 증가율 8.2%)

두 번째 슬라이드는 1999년 시작됩니다.

세후 이익(단위: 10억 달러)

연도	영업 이익	투자/파생 상품 손익
1999	0.67	0.89
2000	0.94	2.39
2001	−0.13	0.92
2002	3.72	0.57
2003	5.42	2.73
2004	5.05	2.26
2005	5.00	3.53
2006	9.31	1.71
2007	9.63	3.58
2008	9.64	−4.65
2009	7.57	0.49
2010	11.09	1.87
2011	10.78	−0.52
2012	12.60	2.23
2013	15.14	4.34
2014	16.55	3.32
2015	17.36	6.73
		32.39

1998년 말에 제너럴 리 인수가 완료되었습니다. 이 시점부터 버크셔의 새로운 시대가 열렸습니다. 당시 우리 발행 주식은 A주 기준 150만 주 남짓이었습니다. 이후 17년 동안 우리 발행 주식 수 증가율은 8.2%에 불과했습니다. 그동안 발행 주식 수가 거의 바뀌지 않았다는 뜻입니다. 말씀드렸듯이, 버크셔의 목표는 정상 영업 이익을 매년 증가시키는 것입니다. 증가율이 낮은 해도 있고 꽤 높은 해도 있을 것이며 경기 순환 탓에 때로는 마이너스가 나오기도 할 것입니다. 침체기에는 호경기일 때보다 당연히 나쁜 실적이 나올 것입니다. 게다가 우리는 보험업 비중이 큽니다. 재해 때문에 실적이 크게 변동할 수 있습니다.

이 표에 1999년 이후 영업 이익이 나옵니다. 다시 말하지만, 이 기간에 발행 주식 수는 거의 증가하지 않았습니다. 2001년에는 9·11 테러 탓에 대규모 보험 손실이 발생해 영업 이익 적자를 기록했습니다. 실적은 매우 불규칙하지만 장기적으로는 이익이 대폭 증가했습니다. 그동안 신규 자회사 획득, 기존 사업 추가 개발, 협력 회사 인수, 유보 이익 재투자를 실행한 결과입니다. 투자 및 파생 상품 거래에서 얻은 자본 이득까지 포함하면 세후 이익이 약 320억 달러에 이릅니다.

이 자금은 온갖 용도로 사용될 수 있습니다. 특히 기업 인수에 사용할 수 있어 매우 유용하다고 생각합니다. 우리 자회사가 5년, 10년, 20년 후 대폭 성장할 것으로 기대합니다. 분기 단위 실적 관리는 전혀 하지 않습니다. 실적 예측도 절대 하지 않습니다. 실적 안내earnings guidance도 하지 않습니다. 어리석은 짓이라고 보니까요. 모회사가 예산을 관리하지도 않습니다. 우리 자회사 대부분이 예산 계획을 수립하지만 모회사에 제출할 필요가 없습니다. 우리는 매일, 매년, 매 10년 지속적인 수익력 증대에 노력을 집중할 뿐입니다.

질문은 하나만 해주기 바랍니다. 간혹 질문을 슬그머니 추가하는 분도 있습니다. 질문은 하나로 제한합니다.

Q 1. 당신은 **자본을 적게 사용하는 기업을** 인수하고 싶다고 말했습니다. 그러나 지금은 막대한 자본이 필요하고, 과도한 규제를 받으며, ROE도 낮은 기업에 투자하고 있습니다. 어떤 이유인지요?

버핏: 그동안 우리가 성공을 거둔 탓입니다. 이상적인 기업은 자본을 사용하지 않으면서 성장하는 기업입니다. 이러한 기업은 매우 드문데, 우리도 몇 개 보유하고 있습니다. 우리는 이익 성장률을 유지하기 위해, 자본을 사용하지 않으면서 성장하는 기업 중에서도 100억, 200억, 300억 달러 규모인 기업을 인수하고 싶습니다. 그러나 갈수록 어렵습니다.

이 같은 기업을 보유하면 이중 효과를 얻게 됩니다. 시즈캔디가 대표적인 사례입니다. 당시에는 신문사도 마찬가지였습니다. 버펄로 뉴스는 자본을 사용하지 않으면서 연 4,000만 달러를 벌어들였습니다. 우리는 그 4,000만 달러를 모두 다른 기업 인수에 사용할 수 있었습니다.

그러나 자본 규모가 증가하면 수익률이 낮아질 수밖에 없습니다. 예컨대 훨씬 고자본 기업에 투자하게 되니까요. 우리는 풍력 발전에 36억 달러를 투자하고 있습니다. 그리고 재생 에너지에 모두 300억 달러를 투자하기로 약속했습니다. 버크셔 해서웨이 에너지와 BNSF의 모든 사업에는 막대한 자금이 들어갑니다. ROIC가 괜찮은 수준이기는 하지만 저자본 기업에 비할 바는 못 됩니다. 실제로 우리 자회사 몇 개는 ROIC가 연 100%에 이릅니다. 부류가 다른 기업이지요. 버크셔 해서웨이 에너지의 ROIC는 11~12%로 꽤 괜찮은 수준이지만 저자본 기업과는 비교가 되지 않습니다. 찰리?

멍거: 우리는 상황이 바뀌었을 때, 생각을 바꿨습니다.

버핏: 마지못해 서서히 바꿨지요.

멍거: 초창기에는 우리가 인수한 기업 중 단기간에 연 100% 수익을 낸 기업이 많았습니다. 이러한 기업은, 할 수만 있었다면 당연히 계속해서 인수했을 것입니다. 그러나 불가능했기 때문에 대안을 선택했습니다. 대안도 꽤 효과적이어서 나는 이 방식이 여러모로 마음에 듭니다. 자네는 어떤가?

버핏: 동감이지. 피할 수 없다면 즐겨야지요. 이렇게 될 줄 알고 있었습니다. 관건은 환상적인 실적이 아닌 만족스러운 실적으로 눈높이를 낮추는 것입니다. 우리는 만족스러운 실적을 기꺼이 수용했습니다. 그 대안은 운용 자산을 매우 소규모로 축소하는 것이었는데, 찰리와 나는 진지하게 논의해보지 않았습니다.

Q 2. **프리시전 캐스트파츠**의 CEO 마크 도네건을 신뢰하겠지만, 이 회사에 이렇게 이례적으로 높은 PER을 지불할 만큼 당신의 마음을 사로잡은 장점은 무엇인가요?

버핏: 프리시전 캐스트파츠 인수 작업은 올해 1월 말에 완료되었습니다. 합의가 이루어진 시점은 작년 8월입니다. 질문자가 지적했듯이 프리시전 캐스트파츠의 가장 중요한 자산은 마크 도네건이라는 탁월한 경영자입니다. 그동안 나는 수많은 경영자를 보았지만 그를 거의 독보적인 인물로 꼽습니다.

그는 항공기 부품 제작에 지극히 중요한 역할을 하고 있습니다. 감히 말하건대, 그가 경영하는 회사가 상장 회사에서 비상장 회사로 바뀌면서 불리해진 것은 전혀 없습니다. 오히려 상당히 유리해질 것입니다. 예컨대 이제 그는 항공기 엔진 개선 작업에 시간을 100% 투입할 수 있습니다. 그는 처음부터 이 작업을 무척 좋아해 많은 시간을 투입했지만 애널리스트에게 분기 실적을 설명하거나 은행과 대출 협상을 벌이는 일도 해야 했습니다.

이제 그는 시간을 가장 합리적으로 사용할 수 있게 되었습니다. 10억 달러짜리 기업을 인수하려고 오마하로 와서 내게 설명할 필요도 없습니다. 비생산적인 업무에 시간을 낭비할 필요가 전혀 없습니다. 상장 회사를 경영하려면 비생산적인 업무에 많은 시간을 낭비할 수밖에 없지만요. 그는 원래 프리시전 캐스트파츠의 핵심 자산이었지만 우리가 이 회사를 인수하면서 더 값진 자산이 되었습니다.

프리시전 캐스트파츠도 그동안 많은 기업을 인수해왔지만, 이제 버크셔의 자회사가 되면서 더 많은 기업을 거의 무제한으로 인수할 수 있게 되었습니다. 그의 무대가 대폭 확장된 것입니다. 그에게 불리해진 면은 없다고 봅니다.

자본이 필요할 경우 내게 전화만 하면 됩니다. 지금까지 배당을 많이 지급한 편은 아니지만, 이제부터는 배당을 전혀 지급하지 않아도 됩니다. 프리시전 캐스트파츠는 지금까지 독자적으로도 매우 훌륭하게 운영되었지만, 앞으로는 더 훌륭하게 운영될 것입니다.

멍거: 초창기에는 우리가 주제넘은 말도 자주 했습니다. 워런은 바보도 경영할 수 있는 회사를 사야 한다고 말하곤 했습니다. 조만간 바보가 경영하게 될 터이니까요. 초창기에는 실제로 그러한 회사를 인수했습니다. 많았으니까요. 물론 우리는 계속해서 그러한 회사를 인수하고 싶습니다. 그러나 갈수록 경쟁이 치열해지고 있으므로 우리는 더 강력한 경영 기법을 계속 배워야 합니다.

프리시전 캐스트파츠 같은 기업은 장기간에 걸쳐 경쟁 우위를 유지해야 합니다. 이를 위해서는 매우 탁월한 경영진이 필요합니다. 우리는 이러한 기업의 비중을 점차 늘렸는데, 그 성과는 정말 놀랍습니다. 과거에 바보도 경영할 수 있는 기업을 찾아냈듯이 지금은 탁월한 경영자를 잘 발굴하고 있다고 생각합니다.

버핏: 프리시전 캐스트파츠 같은 기업을 더 찾아낼 수 있으면 좋겠지만, 이러한 기업은 정말 희귀합니다. 그래도 서너 개 더 찾아내면 좋겠습니다. 생산하는 제품의 품질이 엄청나게 중요하고, 고객이 절대적으로 의존하며, 계약이 장기간 이어지는 기업 말입니다. 그러나 제품 품질만으로는 부족합니다. 경영 능력이 탁월하고 동종 업계에서 평판이 절대적으로 높은 경영자를 반드시 확보해야 합니다.

Q 3. 런던에서 온 주주의 질문: 인생을 돌아볼 때, 다른 방식을 선택했다면 더 **행복**했을 것이라고 생각하는 부분이 있습니까?

버핏: 이제 내 나이가 85세인데 나보다 더 행복한 사람을 상상할 수 없습니다. 나는 내가 좋아하는 것을 먹으면서 내가 사랑하는 사람과 함께 내가 하고 싶은 일을 하고 있습니다. 정말이지 이보다 더 좋을 수 없습니다.

나는 어느 누구 밑에서도 일하지 않겠다고 일찌감치 결심했습니다. 그 결심 덕분에 나는 어떤 스트레스도 받지 않고 살았습니다. 찰리와 나는 정말로 축복받았습니다. 찰리는 92세인데도 매일 환상적인 일을 하고 있습니다. 그는 젊은 시절 못지않게 흥미롭고 매력적이며 보람 있는 일을 하고 있습니다. 우리는 이례적으로 운이 좋았습니다. 우리의 동업은 행운입니다. 함께 일하니까 더 재미있습니다. 나는 불만이 전혀 없습니다.

사업에 대해서 말하자면, 직물 사업은 시작하지 않았더라면 좋았을 것입니다. 멍거: 돌아보면, 돈을 더 많이 벌지 못한 것이나 더 유명해지지 못한 것은 후회되지 않습니다. 더 빨리 현명해지지 못해서 유감스러울 뿐입니다. 그래도 다행스러운 것은, 92세에도 여전히 무지해서 배울 것이 많다는 사실입니다.

Q 4. 독일에서 온 주주의 질문: 재보험업을 고수하면서 **뮤닉 리 주식**은 왜 팔아버렸나요?

버핏: 연차 보고서에도 밝혔지만, 나는 앞으로 10년 동안 재보험업의 실적이 지난 10년만큼 나오기 어렵다고 생각합니다. 내 생각이 틀릴지도 모르지만 현재 재보험업의 경쟁 역학을 10년 전과 비교해 내린 판단입니다. 우리는 보유하고 있던 상당량의 뮤닉 리 주식과 스위스 리 주식을 모두 처분했습니다. 둘 다 경영 상태가 양호한 훌륭한 기업입니다. 우리는 두 회사 경영진을 좋아합니다. 그러나 저금리 탓에 앞으로 10년 동안 재보험업의 전반적인 매력도는 지난 10년보다 낮다고 봅니다.

재보험사의 수입 중 상당 부분은 플로트 투자에서 나옵니다. 하지만 버크셔처럼 막대한 자본을 보유한 재보험사는 거의 없으므로 플로트 사용에 제약이 따릅니다. 다른 재보험사는 수익력도 버크셔에 못 미칩니다. 나는 두 회사를 부정적으로 평가하는 것이 아니라 재보험업을 다소 부정적으로 보는 것입니다.

우리 버크셔는 난관에 대처할 수 있습니다. 우리는 비즈니스 모델을 유연하게 수정할 수 있으며 실제로 그동안 보험업과 재보험업에서 비즈니스 모델을 수정해왔습니다. 그러나 우리를 제외한 모든 대형 재보험사는 기존 비즈니스 모델에 속박되어 있습니다. 실제로 이들은 자본 배분에 선택의 여지가 많지 않습니다. 앞으로도 좋은 실적을 내겠지만 지난 10년에는 미치지 못할 것입니다.

지난 10년과 같은 방식으로 사업을 한다면 우리의 실적 역시 좋지 않을 것입니다. 그러나 우리는 보험 영업에 유연성을 발휘할 수 있습니다. 우리에게는 다른 수단이 있습니다. 재보험 업계에 막대한 자금이 유입되면 기존 재보험사는 자금을 운용하기가 더 어려워집니다. 특히 유럽 투자처를 찾는 자금이 유입되면서 이제는 수익률이 마이너스로 바뀌었습니다. 앞으로 상당 기간 시장 전망이 (끔찍할 정도까지는 아니지만) 밝지 않습니다.

멍거: 재보험 상품 신규 공급이 많아 경쟁이 매우 치열합니다. 이미 경쟁이 치열한 재보험 업계에 금융계 관계자 다수가 새로 유입되었습니다. 프리시전 캐스트파츠는 품질이 뛰어나고 신뢰가 있어 고객의 충성도가 높지만, 재보험 업계 고객은 언제든 미련 없이 거래처를 바꾸려고 합니다. 우리는 경쟁 우위를 확보한 시장을 선호합니다.

버핏: 경제학 기본 용어로 표현하면, 재보험 상품의 공급은 증가했지만 수요는 증가하지 않았습니다. 공급을 늘린 주체는 펀드 매니저인데 이들은 비과세 혜택을 받으면서 해외에 투자하고자 했습니다. 재보험사는 (브로커가 소개하는) 극소수 거액 고객을 통해서 확보한 자금을 세금이 유리한 곳에서 운용하기도 합니다. 실제로는 재보험업의 탈을 쓴 투자 활동이지만 그 모습은 재보험 상품 공급으로 나타납니다. 이렇게 재보험 상품 공급이 증가한 데다가 플로트의 수익률도 저조하므로 재보험업의 전망은 예전 같지 않습니다.

Q 5. **가이코**가 작년에는 프로그레시브 다이렉트에 밀렸습니다. 갑자기 이 보험사에 밀린 이유가 무엇인가요?

버핏: 가이코의 1분기 성장률은 지난 2개 분기에는 못 미치지만 그래도 무척

만족스러운 수준이었습니다. 작년 사고 빈도와 사고 강도(사고 건당 비용) 모두 갑자기 대폭 증가했습니다. 프로그레시브의 실적을 보면 올스테이트나 가이코보다 손해가 적은 것으로 나옵니다. 이런 추세가 올해에도 이어질 것으로는 생각하지 않습니다.

작년에는 꽤 오랜만에 1억 마일당 사망자 수와 사고 건수가 증가했습니다. 1930년대 중반에는 1억 마일당 사망자가 15명에 육박했습니다. 지금은 1명 남짓이므로 15분의 1로 감소했습니다. 자동차가 훨씬 안전해졌다는 뜻이므로 좋은 일입니다. 현재 자동차 사고 사망률이 1930년대와 같은 수준이라면 사망자는 4만 명이 아닌 50만 명에 이를 것입니다.

작년에는 운전이 증가하면서 부주의 운전도 증가한 탓에 사고 빈도와 강도가 모두 증가했습니다. 가이코는 보험료를 인상했습니다. 따라서 올해는 가이코의 보험 영업 이익률이 작년보다 높을 것으로 예상합니다. 3월과 4월에는 영업이 활발했습니다. 나는 오래전부터 가이코와 프로그레시브의 실적 경쟁을 머릿속으로 그렸습니다. 몇 년 전만 해도 프로그레시브의 매출이 가이코보다 훨씬 많았지만 이제는 우리가 프로그레시브와 올스테이트를 앞질렀습니다. 내 100번째 생일에는 가이코가 스테이트 팜도 제쳤다는 소식을 듣고 싶습니다. 나는 100세까지 살아서 내 몫을 하겠습니다.

멍거: 우리 경쟁자의 분기 실적이 다소 개선되는 것은 비극이 아닙니다. 가이코는 우리가 인수한 이후 시장 점유율이 4배로 증가했습니다.

버핏: 5배라네.

멍거: 경쟁자의 분기 실적이 좋아도 걱정할 필요가 없다는 말입니다.

버핏: 내가 100세가 되기 전에 스테이트 팜을 제칠 것이라고 확신합니다.

Q 6. 당신은 항상 **직접 판매**를 좋아했습니다. 토네이도가 닥칠 때도 당신은 이발소에서 우리에게 당장 보험에 가입하라고 권했습니다.

버핏: 사람들이 이발소에 모여 있었지요. 당시 토네이도가 발생할 조짐이 전혀

없었으므로 내게 1달러를 주면 사고가 발생했을 때 100만 달러를 지급하겠다고 말했습니다.

Q 7. 아마존이 비상하면서, 푸시 마케팅(push marketing: 기업이 상품을 밀어내는 공급자 중심의 마케팅)이 **풀 마케팅**(pull marketing: 고객이 상품을 끌어당기는 수요자 중심의 마케팅)으로 바뀌고 있습니다. 이런 변화가 버크셔에 어떤 영향을 미칠까요?

버핏: 이 변화는 아마존에 국한되지 않는 거대한 추세입니다. 아마존은 놀라운 성과를 달성했습니다. 우리는 5년, 10년, 20년 뒤 세상의 모습(즉 강력한 추세 변화)에 대해 오랜 기간 숙고하고 나서야 상품 제조, 소매 등을 결정합니다. 우리는 아마존의 텃밭에 들어가서 그들과 대결할 생각이 없습니다. 베조스와 승산 없는 싸움을 벌이고 싶지 않으니까요.

프리시전 캐스트파츠에 대해서는 걱정하지 않습니다. 우리 자회사 절대다수에 대해서도 걱정하지 않습니다. 그러나 20년 전에는 사람의 관심을 끌지 못했지만 최근에 모든 사람의 관심을 끌어모으고 있는 거대한 추세가 있습니다. 사람들 대부분은 이 추세에 참여하거나 대응하는 방법을 찾아내지 못했습니다.

가이코가 이런 변화에 적응해야 하는 대표적인 사례입니다. 가이코는 인터넷에 신속하게 대응하지 못했습니다. 그동안 전화라는 전통적인 광고 방식이 매우 효과적이었으므로 새로운 광고 방식을 꺼렸습니다. 그러나 인터넷의 위력을 보고 나서 우리는 적극적으로 뛰어들었습니다.

자본주의 사회에서는 우리가 좋은 실적을 내면 항상 경쟁자가 더 좋은 방법을 개발해서 우리 몫을 빼앗으려고 공격합니다. 인터넷이 산업에 미치는 영향은 아직 제대로 드러나지 않았지만 그 막강한 영향력으로 이미 많은 사람을 무너뜨렸습니다. 다행히 버크셔는 여건이 매우 좋다고 생각합니다.

우리의 커다란 이점 하나는 한 가지 산업에 의존하지 않는다는 사실입니다. 우리는 백화점회사도, 타이어회사도, 철강회사도 아닙니다. 우리는 자본을 배분하는 회사입니다. 만일 우리가 처음부터 한 산업에만 집중했다면, 예컨대 더 좋은 타이어 제작에 모든 시간을 쏟아부었다면 축적한 거대 자본을 효율적으로 배분하기가 어려웠을 것입니다. 아마존도 정말로 중요한 우위를 확보하고 있다고 생각합니다. 상품을 편리하게 선택하고 신속하게 배달받게 해주는 서비스로, 충성도 높은 고객을 다수 확보했기 때문입니다. 내가 쇼핑몰을 다수 보유하고 있다면 10년이나 20년 뒤 쇼핑몰의 모습에 대해 심각하게 고민할 것입니다.

멍거: 우리는 젊은 시절 소매업에서 처절한 실패를 맛보았기 때문에 근래에 벌어진 최악의 문제를 잘 모면할 수 있었습니다. 우리가 보유한 거대 소매 업체는 매우 강하므로, 아마존의 공격을 끝까지 잘 버텨낼 것입니다.

Q 8. **코크**(코카콜라)는 건강에 해로운데 주주가 어째서 코크를 자랑스럽게 여겨야 하나요?

버핏: 나는 매일 코카콜라를 통해서 약 700칼로리를 섭취하므로 내 몸의 약 4분의 1은 코카콜라로 가동됩니다. 만일 인류에게 설탕 섭취가 금지된다면, 그때도 나는 내가 즐기는 음식으로부터 칼로리를 섭취할 것입니다. 이것이 나의 유일한 선택 기준입니다. 물론 나의 어머니나 할아버지가 좋아했을 만한 기준은 아니지요.

매일 소비되는 코카콜라 음료는 8온스(230ml) 용기로 19억 개가 넘습니다. 제품 종류도 엄청나게 다양합니다. (윤년을 제외한) 연간 소비량은 8온스 용기로 6,935억 개입니다. 세계 70억 인구 1인당 100개에 육박하는 소비량입니다. 코크는 1886년에 등장했습니다. 만일 어떤 사람이 매일 3,500칼로리를 섭취하고 2,700~2,800칼로리만 소모하면서 코크 탓에 비만 관련 질병에 걸렸다고 말한다면, 그의 주장은 매우 비논리적이라고 생각합니다. 선택은 스스로 하는 것이며, 내가 매일 코크에서 700칼로리를 섭취하는 것도 나의 선택입니다.

나는 땅콩 캔디 퍼지(말랑말랑한 캔디)를 매우 좋아합니다. 측정하기는 어렵겠지만, 우리가 매일 행복하게 지낸다면 더 오래 살 것이라고 생각합니다. 정말이지 나는 매우 행복한 사람입니다.

여러분도 매일 행복하게 지낸다면 더 오래 살 것입니다. 행복이야말로 장수의 비결일지도 모릅니다.

내게 쌍둥이 형제가 있다면 해보고 싶은 실험이 있습니다. 둘 다 똑같은 칼로리를 섭취하되 나의 쌍둥이 형제는 평생 브로콜리만 먹는 것입니다. 십중팔구 내가 더 행복하게, 오래 살 것입니다. 코크는 정말 놀라운 제품이라고 생각합니다. 그러나 비만이 되면 언젠가 우리 몸에 문제가 발생할 수 있으므로 칼로리 균형을 유지해야 합니다. 하지만 내가 지금부터 브로콜리와 물만 섭취한다고 해도 100세까지 산다는 보장은 없습니다.

포드 자동차 사장이었던 내 친구 밀러는 올해 3월 4일 100번째 생일을 맞이했습니다. 그는 내게 "미국에 100세 이상인 남성은 1만 명, 여성은 4만 5,000명"이라고 말했습니다. 인터넷에서 인구 조사 자료를 확인해보니 실제로 그러했습니다. 정말로 장수하고 싶으면 여성으로 성 전환을 하십시오. 그러면 100세까지 살 확률이 4.5배 증가합니다. 이것은 사실입니다. 먼저 찰리를 여성으로 전환해야 하겠습니다.

멍거: 나는 코크보다 땅콩 캔디를 더 좋아합니다. 다이어트 코크도 많이 마십니다. 코크가 건강에 해롭지 않으냐는 질문을 던지는 사람은 용납할 수 없는 엄청난 실수를 저지르는 것입니다. 장점은 고려하지 않고 단점만 따지는 식이지요. 어리석은 짓입니다. 항공기 추락 사고로 죽는 사람이 매년 100명입니다. 그래도 항공기는 그 정도 위험을 감수할 만한 가치가 있습니다. 사람이 생존하려면 물을 하루 8~10잔 마셔야 합니다. 여기에 아주 적은 비용으로 설탕, 톡 쏘는 자극, 칼로리를 첨가해 생활의 활력이 높아진다면 이는 엄청난 혜택이 됩니다. 도널드 트럼프의 표현 방식으로 말하면 '장점은 무시한 채 단점만 주장하는 것을 금지하는 법'이라도 만들어야 하겠습니다. 어리석고 유치한 발상이니까요.

Q 9. 버크셔 해서웨이 에너지는 전력을 모두 태양광과 풍력 같은 **재생 에너지만으**로 생산할 수 있나요?

버핏: 방금 영화에서 보여드린 결정을 포함해 발전에 관한 모든 결정은 이른바 공익사업위원회Public Utility Commission를 통과해야 합니다. 공익사업위원회가 승인하지 않으면 아무것도 변경할 수 없습니다. 퍼시피코프는 6개 주의 규제 탓에 재생 에너지를 도입할 수 없습니다. 6개 주는 우리 비용 편익 분석에 동의하지 않습니다. 그러나 아이오와주는 모든 면에서 재생 에너지를 적극 지원하고 있습니다. 소비자 집단과 주지사가 그 혜택을 이해하고 있습니다.

우리 주요 경쟁자 중에 얼라이언트가 있습니다. 이 회사는 우리와 다른 방식으로 재생 에너지를 생산하고 있습니다. 이 회사는 요금이 우리보다 훨씬 비싼데도 1년 이내에 요금을 인상해야 합니다. 반면 우리는 13년 동안 요금 인상이 필요 없습니다. 주 정부가 내린 결정입니다. 우리는 연방 정부로부터 세금 공제 혜택을 받은 덕분에 재생 에너지 프로젝트를 진행할 수 있었습니다.

탄소 배출량 감소의 혜택은 전 세계에 돌아가므로 그 비용을 시민 모두가 분담해야 마땅하다고 생각합니다. 그런데 아이오와에서는 주로 석탄을 대체하는 재생 에너지를 지원합니다. 천연가스에서도 탄소가 대량으로 배출되는데 말이지요. 나는 연방 정부가 세금 공제 혜택을 제공해 사회 전체가 비용을 분담하는 방식이 합리적이라고 생각합니다. 풍력 발전소를 세워 탄소 배출량을 줄이면 그 혜택이 아이오와 주민에게만 돌아가는 것이 아니니까요. 지금은 관할 지역에 따라 정책 지원 방식이 다르지만 지속적인 변화가 기대됩니다.

우리는 자본이 풍부합니다. 우리는 연결 기준 이익이 많아 연방 정부에 막대한 세금을 납부하고 있으므로 세금 공제 혜택을 이용할 수 있습니다. 그래서 대규모 사업에 유리한 상황입니다.

멍거: 우리는 재생 에너지 전환에 우리 몫보다 훨씬 많이 기여하고 있다고 생각합니다. 우리 고객에게 부과하는 전력 요금도 더 낮습니다. 다른 기업도 모두 우리처럼 한다면 세상이 훨씬 좋아질 것입니다. 내 견해는 기후 변화를

우려하는 사람과 다소 다릅니다. 나도 모든 재생 에너지 전환을 지지하지만 그 이유는 다릅니다. 나는 탄화수소를 보존해 화학 공업의 원료 물질 공급원 chemical feedstock으로 사용하자는 입장입니다.

버핏: 네브래스카주는 풍력 발전을 적극 지원하지 않고 있습니다. 여기서 2마일 떨어진 아이오와주의 전력 요금이 아마 오마하 요금보다 쌀 것입니다. 바람은 미주리강은 물론 네브래스카주 전역에도 불고 있습니다. 네브래스카주 전력 공사는 주의 지원 덕분에 비과세 채권을 발행하는데도 전력 요금이 강 건너 아이오와주보다 더 비쌉니다. 아이러니하게도 아이오와주는 우리가 훨씬 싼 가격에 전력을 제공하는 덕분에 전력 사용이 많은 기술회사의 거점이 되었습니다. 아이오와주에는 공장들이 잇달아 들어서고, 일자리가 줄지어 창출되며, 재산세 수입도 늘어나고 있습니다. 우리가 값싼 풍력 발전 전기를 제공하기 때문에 구글의 거대한 서버 팜이 들어서서 일자리를 창출하고 있습니다. 네브래스카주는 1930년대에 설립한 전력 공사를 자랑으로 여기지만, 최근에는 원가 경쟁력이 약해지고 있습니다.

Q 10. 버크셔는 파생 상품 계약을 맺은 **뱅크 오브 아메리카, 메릴 린치** 등 은행을 어떻게 분석하고 평가하나요?

버핏: 파생 상품은 지극히 복잡한 문제를 일으킵니다. 담보로도 문제가 해결되지 않습니다. 특히 거래가 중단될 수 있다는 점에서 매우 위험합니다. 9·11 테러가 발생했을 때 3~4일 거래가 중단되었고 제1차 세계대전 기간에는 여러 달 거래가 중단되었습니다. 1987년 10월 19일 블랙 먼데이 이튿날에도 증권 거래소 폐쇄가 진지하게 논의되었습니다. 폐쇄를 원하는 사람이 많았지만 거래가 이어졌습니다.

　미국이 대규모 사이버·핵·화학·생물학 공격을 받으면(언젠가 틀림없이 받겠지만), 많은 문제가 발생합니다. 거래가 재개되면 담보나 차액 결제 협약 등으로 안전하게 보호되리라 생각했던 포지션에서 커다란 손실이 발생할 수도 있습니다. 대규모 파생 상품 포지션은 위험하다고 생각합니다. 버크셔는 제너럴 리의 파생 상품 포지션을 좋은 상황에서 청산했는데도 4억 달러에 이르는 손실을 보았습니다. 찰리는 살로먼 감사 위원회에서 활동할 때 2,000만 달러나 잘못 평가된 포지션을 발견했습니다. 나도 평가가 터무니없이 잘못된 포지션에 대해 알고 있습니다. 트레이더가 평가했거나 영향을 미친 포지션입니다. 일부 파생 상품은 변수가 너무도 복잡해 평가하기가 매우 어렵습니다. 감사도 통제할 수 없습니다. 현재 미국에는 4대 감사 법인이 있습니다. 이들은 파생 상품 거래 계약을 맺은 기업 A와 기업 B의 감사를 동시에 담당하기도 합니다. 그런데 두 회사의 파생 상품 거래를 조사해보면 똑같은 거래에 대한 두 회사의 평가가 현저하게 다른 경우가 매우 많습니다.

대규모 파생 상품 거래는 여전히 위험합니다. 거래 중단 위험 때문에 우리는 담보부 파생 상품 거래를 하지 않습니다. 우리가 지급 불능 상태에 빠질 가능성이 있는 거래도 절대 하지 않습니다. 장기간에 걸쳐 포지션이 감소하는 파생 상품도 몇 건 있습니다. 그동안 우리에게 매우 유리했던 상품입니다. 그래도 시한폭탄이 될 가능성은 남아 있습니다.

쿠웨이트는 주식 매수 대금 결제를 연기했는데 여기서 온갖 문제가 발생했습니다. 6개월짜리 차용 증서를 써준 셈입니다. 이러한 거래가 많으면 여러 문제가 뒤따릅니다. 그러나 뱅크 오브 아메리카나 웰스 파고에 대해서는 전혀 걱정하지 않습니다. 세상에는 은행이 수없이 많습니다. 우리는 세계 50대 은행 중 45개 은행과 거래할 생각이 전혀 없습니다.

멍거: 우리는 오래전 체결한 파생 상품 계약 몇 건에서 약 200억 달러를 벌게 되는데, 마음이 편치 않습니다. 당시 이런 파생 상품 거래가 불법이었다면 차라리 나을 뻔했습니다. 그편이 미국에 더 좋았을 것입니다.

Q 11. 미국 금리가 마이너스로 바뀌어도 **플로트 운용**에서 이익이 나오나요?
버핏: 실제로 우리는 유럽에도 플로트를 보유하고 있는데, 이곳은 우량 등급

(AAA나 AA) 채권과 중기 채권의 수익률이 마이너스입니다. 우리는 막대한 자금을 보유하고 있으므로 항상 금리의 영향을 받습니다. 그러나 수익원이 매우 다양하므로 대부분 보험사가 생각하지 못하는 방식으로 플로트를 사용할 수 있습니다.

현재 보유 중인 단기 국채가 500억 달러가 넘는데, 6월에는 크래프트 하인즈 우선주에서 83억 달러가 들어오므로 다시 600억 달러가 넘어갈 것입니다. 금리가 0.25%에서 -0.25%로 바뀌는 정도라면 그다지 괴로운 수준은 아닙니다. 이제는 저금리 탓에 플로트의 가치가 10~15년 전에 못 미칩니다. 그래도 우리는 일반 보험사보다 훨씬 가치 있게 사용할 수 있습니다.

현재 저금리는 보험사만의 고민거리가 아닙니다. 은퇴자에게도 고민거리입니다. 지금 고정 금리 상품에 투자한 사람은 이자 소득이 미미하며 유럽에서는 마이너스가 될 수도 있습니다. 그래도 우리는 플로트 증가를 원합니다. 플로트는 오랜 기간 우리에게 매우 유용했으며 장래에도 매우 유용할 것입니다. 플로트는 재무상태표에 부채로 표시되지만 실제로는 엄청난 자산입니다.

멍거: 더 보탤 말 없습니다.

버핏: 전력을 다해 답변하는군요.

Q 12. **철도 산업의 매출**이 감소하는 듯합니다. 매출 감소를 경기 순환 탓으로 보나요, 장기 추세로 보나요? BNSF에는 어떤 영향을 미칠까요?

버핏: 매출 비중이 20%인 석탄은 확실히 운송 수요가 장기적으로 감소하는 추세입니다. 물론 다른 요소도 석탄 운송 수요에 영향을 미칩니다. 작년 전력회사는 한동안 석탄 공급이 부족했던 점을 고려해 재고를 필요 수준보다 더 많이 확보해두었습니다. 그런데 겨울 날씨가 춥지 않아 전력 사용량이 감소했습니다. 지금도 전력회사가 보유한 석탄 재고는 필요량을 웃도는 수준입니다. 따라서 석탄 주문량을 줄이고 있습니다. 석탄 수요 감소는 장기 추세입니다. 작년에는 철도주가 큰 인기를 끌었지만 올해는 철도 산업의 시가 총액이 30%

나 감소했습니다. 그래도 우리는 BNSF를 보유하고 있어 기쁩니다. 지금도 인수 가격이 매력적이었다고 생각합니다.

주가가 오르내리더라도 우리는 완전 소유 자회사의 평가액을 높이거나 낮추지 않습니다. 물론 주가가 우리의 생각에 어느 정도 영향을 미치긴 합니다. 우리는 BNSF가 훌륭한 기업이라고 생각하며 영원히 보유할 작정입니다. BNSF의 석탄 운송량은 장기적으로 감소하겠지만 다른 화물 중 일부는 운송량이 증가하고 일부는 운송량이 감소할 것입니다. 올해 BNSF는 돈을 많이 벌겠지만 작년 수준에는 미치지 못할 것입니다.

멍거: 더 보탤 말 없습니다.

Q 13. 세상 사람은 가치투자를 도무지 이해하지 못하는 듯합니다. 대중 매체에서는 매일 앞다투어 기업 공개를 보도하고 주가는 변덕스럽게 오르내립니다. 어린아이가 **건전한 투자**를 배우려면 어떻게 해야 하나요?

버핏: 월요일에 방영되는 어린이 프로그램 '백만장자 비밀 클럽'이 어린이에게 유용합니다. 제작자 앤디 헤이우드가 큰일을 해냈습니다. 어린이가 돈을 사용하고, 우정을 쌓으며, 훌륭한 시민이 되는 방법을 가르쳐줍니다.

우리는 기업 공개가 어떻게 진행되든 걱정할 필요가 없습니다. 복권 당첨자는 항상 나오는 법입니다. 부러워할 필요 없습니다. 사람들이 불건전한 행동을 하더라도 걱정하지 마십시오. 당첨자는 TV에 등장하지만 나머지 수많은 사람이 기부금을 내는 셈이며 실속은 주 정부가 챙깁니다. 우리는 어떤 투자가 합리적인지만 파악하면 됩니다. 주식을 살 때는 기업을 산다고 생각하십시오. 주가를 5년 동안 확인하지 마십시오. 농장, 아파트, 맥도날드 가맹점의 시세를 매일 확인하는 사람은 없습니다. 주식을 기업으로 생각하면서 그 기업의 실적에 관심을 기울이십시오. 세상 사람이 어떤 어리석은 게임을 벌이더라도 절대 휩쓸리지 말고 무시하십시오.

멍거: 올바르게 투자하는 사람을 찾아보라고 아이에게 말해보십시오. 아마 찾

지 못할 때가 더 많을 것입니다.

버핏: 이 문제는 해결하기 쉽습니다. 전체적으로 보면, 미국 기업은 장기적으로 실적이 좋을 것입니다.

멍거: 그러나 증권회사 고객의 실적은 좋지 않을 것입니다.

버핏: 찰리가 늘 하는 말이지만, 수많은 문제가 질투에서 비롯됩니다. 스스로 어떤 방법이 합리적인지 파악해서 그 방법을 따라가야 합니다.

Q 14. 네바다주가 태양광 발전에 관한 새 규정을 도입한 이유가 무엇인가요?

버핏: 다른 주와 마찬가지로 네바다주 공익사업위원회 역시 가격 정책만 제시합니다. 가격 정책을 결정하는 위원은 세 명입니다. 지난 몇 년 동안 네바다주는 지붕 태양광 발전을 장려했습니다. 지붕에 태양광 패널을 설치한 가구는 사용하고 남은 전력을 시장 가격보다 훨씬 비싼 가격으로 전력회사에 팔 수 있게 했습니다. 시장 가격이 킬로와트시당 약 3.5센트인데, 되파는 가격은 약 10센트이므로 1만 7,000가구는 정부로부터 보조금을 받은 셈입니다. 또한 전력회사는 1%의 고객에게 약 3배 가격에 전력을 사서 나머지 99%의 고객에게 되팔았으므로, 99%의 고객이 1%의 고객에게 보조금을 지급한 셈입니다. 99%의 고객이 과연 보조금 지급에 동의했을지 의문입니다.

원래 이 정책은 소규모 실험 차원에서 실행된 것입니다. 이후 공익사업위원회는 99%가 1%에 보조금을 지급해서는 안 된다고 판단했습니다. 그러나 태양광 발전이 경쟁력을 확보하려면 보조금이 필요합니다. 그 보조금을 누가 부담하느냐가 현실적인 문제입니다. 태양광 발전의 수혜자가 사회라면, 보조금도 사회가 지급해야 한다고 생각합니다. 네바다 주민이 이웃 주민에게 보조금을 지급해서는 안 된다고 생각합니다. 네바다의 100만 주민이 1만 7,000 주민에게 보조금을 지급하는 것은 옳지 않습니다. 공익사업위원회도 동의했지요. 그레그에게 마이크를 넘기겠습니다.

그레그 에이블: NV 에너지 사장 그레그 에이블입니다. 앞에서 언급했듯이 우

리는 재생 에너지를 전적으로 지지하며 특히 태양광 발전을 지지합니다. 우리는 재생 에너지를 시장 가격으로 사고 싶습니다. 고객 1%만 혜택을 보는 방식은 원치 않습니다. 지붕에 태양광 패널을 설치할 형편이 못 되는 네바다 주민이 이웃에게 보조금을 지급하는 것은 온당치 않습니다. 2019년까지 우리는 석탄 발전소 76%를 태양광 발전으로 대체할 계획입니다.

버핏: 슬라이드 7을 보면 현재 상황이 나옵니다. 버크셔 해서웨이의 에너지 사업 전체를 설명해주는 자료입니다. 우리는 20년에 걸쳐 석탄 사용량을 57% 감축할 계획입니다. 진행 속도가 빠릅니다. 우리는 이 사업과 관련된 사람을 공정하게 대우할 것입니다. 누군가 이 환경 보호 비용을 부담해야 하지만, 빠듯하게 살아가는 사람이 부담해서는 안 됩니다.

Q 15. 버크셔는 흔히 사람들이 생각하는 것보다 **유가**의 영향을 많이 받습니다. 최근 석유에 투자할 때 유가에 대한 장기 예측을 했나요?

버핏: 우리는 장기적으로 유가가 어떻게 될지 전혀 예측하지 못합니다. 유가를 예측할 수만 있다면 1~2년 만기 유가 선물에 베팅할 수도 있겠지요. 선물 거래로 돈을 번 적이 한 번 있기는 합니다. 원자재 가격을 예측할 수 있었기 때문이 아닙니다. 단지 선물을 매수했을 뿐입니다. 옥수수, 대두 등의 가격은 예측하지 못합니다. 질문자가 언급한 투자는 토드나 테드, 내가 했지만 원자재 가격을 예측해서 한 것은 아닙니다. 우리가 투자를 결정할 때는 다른 요소를 생각합니다.

멍거: 나는 '원자재 가격 예측에 대해서는' 질문자보다 더 무식합니다. 그렇게 무식하기도 어려울 것입니다.

버핏: 멍거가 이렇게 말하는 것은 처음 들었습니다. 멋진 표현입니다.

Q 16. **대학 교육비**가 상승하고 있습니다.

멍거: 미국 대학의 재정 관리가 매우 효율적일 것으로 기대한다면 그런 헛된

기대는 접기 바랍니다.

버핏: 찰리는 우리가 미국 대학에 기부를 더 많이 해야 한다고 말하는 것입니다.

멍거: 대학에 대한 기부는 워런보다 내가 훨씬 많이 하고 있습니다. 어느 곳이나 독점과 관료주의가 팽배하며 대학도 예외가 아닙니다. 누구든 대학에 기부를 더 하고자 한다면 나는 전적으로 찬성합니다.

버핏: (대학 교육비가 부담스럽다면) 매우 훌륭한 주립 대학을 선택할 수도 있습니다. 미국은 교육에 막대한 자금을 지출하고 있습니다. 유치원에서 12학년생까지 5,000만 어린이 교육에 미국이 지출하는 금액은 6,000억 달러에 이릅니다. 사회 보장 수급권에 대해 말하는 사람은 많지만 어린이의 수급권에 대해 말하는 사람은 많지 않은 듯합니다. 일반적으로 근로 연령층은 어린이와 노인을 부양합니다. 지출 금액으로 보면 우리 교육 시스템의 문제는 돈이 부족해서가 아닙니다. 문제의 원인은 다른 곳에 있습니다. 내가 이사로 참여하던 대학은 800만 달러였던 기금이 10억 달러를 넘어갔지만 수업료가 인하되지도 않았고 학생 수가 늘어나지도 않았습니다.

멍거: 오로지 총장 급여만 인상되었습니다.

버핏: 일부 명문대는 기금이 엄청나게 증가했습니다. 대학의 주된 목적이 기금 증식인 듯합니다.

멍거: 더는 언급하지 않겠습니다. 방금 내가 만들어낸 적을 감당하기도 어렵습니다.

버핏: 그래도 찰리는 공세를 늦춘 적이 없습니다.

Q 17. **도널드 트럼프**가 미국 대통령이 되면 버크셔에 어떤 위험이 있나요?

버핏: 큰 문제는 없을 것입니다. 정치는 우리를 포함해 모든 기업에 매우 중대한 요소입니다. 도널드 트럼프와 힐러리 클린턴 중 누가 대통령이 되더라도 버크셔의 실적은 계속 좋을 것으로 예상합니다.

멍거: 이 부분에 대해서는 언급하지 않겠습니다.

버핏: 우리는 가격 규제를 받아본 적도 있습니다. 장기간 연방 법인세가 52% 이상인 적도 있습니다.

다양한 규제도 받아보았습니다. 그런데도 미국 기업은 200년 동안 탁월한 실적을 냈습니다. 기업은 사회에 적응했고, 사회는 기업에 적응했습니다. 미국은 사업하기에 놀라울 정도로 좋은 곳입니다.

유형 자기 자본 이익률로 판단하면, 채권 투자자가 손실을 보는 동안에도 주식 투자자는 손실을 보지 않았습니다. 지난 몇 년 동안 농부는 소득이 감소했지만 기업 경영자는 소득을 걱정할 필요가 없었습니다. 내가 살아오는 동안 1인당 GDP는 6배 증가했습니다. 전반적으로 1인당 실질 생산량이 6배가 된 것입니다. 이 추세는 계속 이어질 것입니다. 20년 뒤에는 미국의 1인당 GDP가 훨씬 증가할 것입니다. 질도 더 높아질 것입니다. 어떤 대통령도 이 추세를 바꿀 수는 없습니다. 어느 정도 영향을 미칠 수는 있어도 추세를 중단시킬 수는 없습니다.

찰리, 이제 자네가 비관론을 제시하게.

멍거: 나도 낙관적인 이야기를 하겠습니다. 나는 우리 시스템의 실제 장점이 GDP로 나타난 실적보다 훨씬 크다고 생각합니다. GDP 실적도 좋긴 하지만 지난 100년 동안 우리가 이룬 실제 성과는 GDP 실적보다 훨씬 좋습니다. 장래에도 과거처럼 성과가 좋으리라는 보장은 없지만 반드시 과거만 못하리라고 볼 이유도 없습니다.

버핏: 내가 아는 탁월한 투자가 중 50년 전에 태어났더라면 더 좋았을 것이라고 말하는 사람은 없습니다. 그러나 미국인 대부분은 옛날이 나았다고 말하면서 요즘 태어나는 사람이 불운하다고 생각합니다. 잘못된 생각입니다. 지금처럼 혁신 속도가 빠른 적이 없습니다. 우리 생활 방식이 얼마나 달라졌는지 생각해보십시오. 20년 전에는 생각도 못 했던 방식을 지금은 자유롭게 선택하고 있습니다. 나는 지금도 유선 전화를 사용하고 있지만, 사람들은 훨씬 앞서가고 있습니다.

Q 18. 우리 철도회사가 다른 철도회사와 **합병**할 가능성이 있습니까?

버핏: BNSF 사장 매트 로즈가 답변해주기 바랍니다.

매트 로즈: 1999년 우리는 캐나다 내셔널 철도와 합병을 시도했으나 새 규제 탓에 실패했습니다. 다음에 우리가 합병을 시도할 때는 공익성 평가 기준이 달라질 것입니다. 우리 4대 이해관계자(고객, 노조, 지역 사회, 주주)를 고려하면 지금은 대규모 합병이 가능하다고 생각하지 않습니다. 주주를 제외하면 모두 합병에 관심이 없습니다. 만일 합병이 이루어진다면 화주(貨主)와 지역 사회의 효율성이 대폭 향상될 것입니다. 그러나 지금 당장은 합병의 가능성이 보이지 않습니다. 미국 인구가 3억 1,500만에서 3억 5,000만으로 증가해 운송 수단이 부족해지면 합병이 이루어질지도 모르겠습니다.

Q 19. **투자 은행에 대한 규제 강화**를 어떻게 생각하나요?

버핏: 정부는 2008년과 2009년부터 은행의 자기 자본 요건을 다양한 방식으로 규제해왔는데, 특히 소형 은행보다 초대형 은행의 수익성을 떨어뜨리는 방향으로 진행되었습니다. 정부는 자기 자본 규제만으로도 은행의 수익성을 얼마든지 조절할 수 있습니다. 예컨대 은행의 BIS 비율을 100%로 규제하면 이들은 돈을 한 푼도 벌지 못합니다. 그러나 은행의 BIS 비율을 1%까지 완화하면, 이들은 많은 돈을 벌 수 있지만 시스템에 온갖 문제가 발생합니다. 이 규제 탓에 대형 은행의 ROE가 하락했습니다. 은행업의 매력이 전보다 감소했고, 일부 투자 은행은 은행 지주회사 형태로 운영되고 있습니다.

웰스 파고는 투자 은행 업무도 하고 있는데, 주로 와코비아 은행과 합병하는 과정에서 추가된 업무입니다. 크래프트 하인즈를 제외하면 웰스 파고 주식이 우리가 보유한 유가 증권 중 최대 종목입니다. 우리가 지배 주주이기도 합니다. 나는 웰스 파고를 지극히 좋아합니다. 주가 상승 가능성이 가장 높은 종목은 아니지만, 우리가 비중을 확대할 가능성은 높습니다.

멍거: 웰스 파고는 투자 은행이 아니라 일반 상업 은행입니다.

버핏: 웰스 파고는 경영 상태가 매우 훌륭하다고 생각합니다. 우리가 투자 은행 업무를 보고 산 주식은 단 한 주도 없습니다. 웰스 파고는 방대한 저원가 예금 기반을 보유하고 있습니다. 그래서 경영 상태가 매우 훌륭하다고 생각합니다. 찰리와 나는 과거 은행에 투자한 경험에서 다소 영향을 받았습니다. 우리는 골드만삭스 우선주에 대규모로 투자했습니다. 2008년에 투자한 주식 중 일부를 지금도 보유하고 있습니다. 이 외에는 투자 은행 관련 주식에 투자한 기억이 없습니다.

멍거: 우리는 투자 은행을 두려워하는 편입니다.

Q 20. 장래에 **행동주의 투자자**가 버크셔 해서웨이 분할을 시도하면 어떤 방법으로 방어할 계획인가요?

버핏: 전에는 걱정을 했지만 지금은 그다지 걱정하지 않습니다. 지금은 우리 규모가 거대하기 때문입니다. 버크셔는 언제든지 자사주를 대규모로 매입할 수 있습니다. 우리가 내재 가치와 비슷한 가격에 자사주를 매입하는 한 주가가 내재 가치보다 크게 내려갈 수 없으므로 버크셔를 분할해도 큰 이익을 얻을 수 없습니다. 버크셔를 분할하는 과정에서 비용도 많이 발생합니다. 버크셔 해서웨이 에너지는 버크셔를 모회사로 둔 덕분에 지금까지 재생 에너지 사업을 진행할 수 있었습니다. 행동주의 투자자가 매력을 느낄 만한 수익 기회가 없을 것입니다.

물론 기업의 역사를 돌아보면 우량주가 이른바 내재 가치보다 훨씬 낮은 가격에 거래된 사례도 있습니다. 1973~1974년에는 일류 우량주인 캐피털시티의 주가가 내재 가치 훨씬 밑으로 내려갔습니다. 그러나 이러한 상황에서는 누구나 자금이 부족하므로 기회를 이용하기가 어렵습니다. 그래서 나는 그다지 걱정하지 않습니다. 내가 죽으면 주식 분배 방식 때문에 이후 몇 년 동안 내 유산이 버크셔의 최대 주주가 되겠지만 지금 걱정할 문제는 아닙니다.

멍거: 이 문제에 대해서는 걱정할 필요가 없다고 생각합니다. 타당한 걱정이고

버크셔에 유용하다고 생각하지만 말입니다. 나는 낙관합니다.

버핏: 왜 유용한지 설명해주겠나?

멍거: 버크셔가 사악한 행동주의 투자자에게 공격당하면 주주가 강하게 결집할 것입니다. 버크셔를 저버리고 저들 편에 설 사람이 얼마나 되겠습니까?

버핏: 나 워런 버핏의 이름으로 이 메시지에 동의합니다.

Q 21. **임대업**에서 버크셔가 보유한 경쟁 우위를 설명해주기 바랍니다.

버핏: 우리 트럭 임대 사업은 매우 훌륭합니다. 탱크차 임대 사업도 훌륭합니다. 최근 GE로부터 인수해 사업을 10억 달러나 확대했습니다. 일반적으로 임대업은 대단한 서비스 우위가 있는 사업이 아니므로 우리가 고유의 강점을 확보해야 합니다. 신차 임대 사업은 시장 규모가 크지만 우리에게 매력적인 사업이 아닙니다. 자금 조달 원가가 더 낮은 은행이 유리합니다. 웰스 파고는 원가가 약 10bp입니다. 원가가 10bp인 자금을 1조 달러 보유한 은행이 있다면 우리는 경쟁 상대가 되지 못합니다. 순수 금융 리스는 은행이 유리합니다. 그러나 철도 차량 임대업은 단순한 금융 거래가 아니어서 서비스가 필요하므로 우리에게 우위가 있습니다. 항공기 임대는 두려운 사업이므로 전혀 관심이 없습니다. 이러한 사업을 잘하는 사람은 따로 있습니다. 우리가 할 사업은 아닙니다.

Q 22. 은제 탄환이 한 발 있다면 **경쟁자** 중 누구를 제거하고 싶습니까? 그 이유는요?

멍거: 이 질문에는 우리가 대답할 필요가 없다고 생각합니다.

버핏: 찰리는 법률가입니다. 우리에게는 경쟁자가 많습니다. 그러나 사실은 우리 자신이 이들에게 여러모로 매우 골치 아픈 경쟁자입니다. 우리 경영자는 매일 더 강력한 경쟁 우위를 확보하려고 고민합니다. 이른바 해자를 확대하고 있지요. 우리는 제품 개선과 원가 절감에 노력하면서 1개월 뒤, 1년 뒤, 10년 뒤 고객이 무엇을 원하는지 파악하려고 고심합니다. 우리가 고객을 돌보면 고

객도 우리를 돌봅니다. 때로는 해결책을 도저히 찾을 수 없는 상황에 처할 수도 있는데, 이때는 사업을 접어야 합니다. 과거 우리는 볼티모어에 백화점을 보유한 적이 있는데, 계속 보유했다면 우리가 파산했을 것입니다. 현실 인식도 중요합니다. 해결할 수 없는 문제를 해결하려 해서는 안 됩니다.

우리는 남들이 은제 탄환으로 제거하고 싶어 하는 대상이 되기를 진정으로 바랍니다.

Q 23. 멍거는 **밸리언트**의 비즈니스 모델이 매우 부도덕하다고 말했습니다. 세쿼이아 펀드는 밸리언트에 포트폴리오의 30% 이상을 집중 투자했는데, 세쿼이아에 대한 견해가 바뀌었나요?

버핏: 어떤 면에서 보면 나는 세쿼이아 펀드의 아버지에 해당합니다. 1969년 나는 투자조합을 폐쇄하면서 막대한 자금을 파트너들에게 돌려주었습니다. 파트너들은 그 자금을 어떻게 운용할 것인지 고심했는데, 우리는 먼저 지방채에 투자하려는 사람을 도와주었습니다. 그러나 대부분은 주식을 선호하는 투자자였습니다.

당시 우리가 투자 업계에서 깊이 존경하는 인물이 둘이었는데, 우리 이사인 샌디 가츠먼과 빌 루안이었습니다. 두 사람은 서로 친구였습니다. 두 사람은 파트너들의 투자를 받아주었는데, 일부 파트너는 지금도 고객으로 남아 있습니다. 그러나 당시 자금 규모가 최소 투자액에 못 미치는 개인 고객도 많았습니다. 다행히 루안이 "내가 펀드를 만들겠습니다"라고 말했습니다. 루안의 사무실은 오마하에 있었는데, 존 하딩이 이곳 대표가 되었습니다. 펀드 매니저가 능력이 뛰어나고 정직한 데다가 소액 투자까지 받아주었으므로, 파트너 다수가 세쿼이아에 돈을 맡겼습니다. 루안은 2005년 사망할 때까지 세쿼이아 펀드를 운용하면서 환상적인 실적을 기록했습니다.

루안은 S&P500을 훨씬 뛰어넘는 실적을 냈는데, 이보다 실적이 좋은 펀드는 아마 한두 개에 불과할 것입니다. 2005년 루안이 죽은 뒤에도 이 펀드는

2015년까지 좋은 실적을 유지했습니다. 당시 담당 펀드 매니저는 일부 이사의 반대에도 불구하고 밸리언트 포지션을 이례적으로 크게 가져갔습니다. 이후 그는 포지션을 유지했을 뿐 아니라 더 늘리기까지 했습니다. 최근 밸리언트에서 문제가 발생했는데도 지금까지 세쿼이아 펀드의 실적은 평균을 훨씬 웃돌고 있습니다. 밸리언트를 과도하게 편입했던 펀드 매니저는 이제 운용에서 손을 뗐습니다. 그가 밸리언트의 비즈니스 모델을 과신한 것은 세쿼이아 펀드의 커다란 불운이었습니다. 그렇더라도 세쿼이아 애널리스트는 똑똑하고 훌륭한 사람들이어서 월스트리트의 일반 애널리스트보다 십중팔구 훨씬 성과가 좋을 것입니다.

이틀 전 나는 밸리언트 출신 세 사람이 상원 청문회에서 답변하는 모습을 지켜보았습니다. 그다지 보기 좋은 모습이 아니었습니다. 비즈니스 모델에 심각한 결함이 있었습니다. 이 사례가 말해주는 원칙이 있습니다. 경영자를 찾는다면 똑똑하고 열정적이며 정직한 사람을 골라야 하는데, 만일 정직하지 않은 사람을 선택해야 한다면 똑똑하지도, 열정적이지도 않은 사람을 선택해야 한다는 원칙입니다. 정직하지 않은 경영자가 똑똑하고 열정적이면 수많은 문제가 발생하기 때문입니다.

찰리와 나는 절대 완벽하지 않지만 사람과 기업을 평가하는 중요한 패턴을 가지고 있습니다. 그런데 똑같은 모습으로 되풀이되는 패턴은 하나도 없습니다. 보통 단기적으로는 지극히 좋아 보이지만 결국은 파국을 맞이하는 패턴이 계속해서 나타납니다. 작년에 내가 언급했던 패턴 하나가 행운의 편지 사기입니다. 이러한 사기는 친근한 모습으로 위장해서 다가오므로 처음부터 알아채고 놀라 도망가는 사람은 드뭅니다. 상원 청문회를 지켜본 사람은 밸리언트에서 그 패턴을 명확하게 인식할 수 있었습니다. 세쿼이아 사람들에게는 매우 고통스러운 일이었습니다. 지금은 좋은 사람들이 세쿼이아를 운영하고 있습니다.

멍거: 세쿼이아가 원래 모습을 되찾았다는 말에 전적으로 동의합니다. 이제는

훌륭한 펀드가 되었습니다. 평판 좋은 투자 전문가가 운용하고 있습니다. 원래 모습을 되찾았으므로 나는 수많은 친구와 고객에게 거래를 유지하라고 권유했습니다. 물론 밸리언트는 시궁창입니다. 밸리언트의 설립자는 온갖 비난을 받아 마땅합니다.

Q 24. **헤지 펀드**에 대해 어떻게 생각하나요?

버핏: 슬라이드 3을 올려주세요. 지난 8년 동안 뱅가드 S&P500 인덱스 펀드의 수익률은 65.7%였고, 5개 헤지 펀드의 수익률은 21.9%였습니다. 나는 자주 내기를 하는데, 8년 전 벌인 내기입니다. 이제 이 내기가 주는 명확한 교훈을 설명해도 좋은 시점인 듯합니다. 처음에 내가 제안한 내기는 누군가 선택한 5개 헤지 펀드의 수익률과 뱅가드 S&P500 인덱스 펀드의 수익률을 비교하자는 것이었습니다. 나는 10년이 지나면, 엄청난 보수를 받는 사람들이 적극적으로 운용하는 5개 헤지 펀드의 수익률보다 운용을 거의 하지 않는 인덱스 펀드의 수익률이 더 높다는 쪽에 돈을 걸었습니다. 롱벳은 내기를 다루는 매우 흥미로운 사이트입니다. 사람들은 먼 훗날 옳은지 그른지 판명될 제안을 이 사이트에 올려놓고 판돈을 겁니다. 내기를 하는 두 사람은 자신이 그렇게 예상하는 이유도 제시합니다. 이 사이트에 들어가면 온갖 종류의 내기를 볼 수 있습니다.

우리 내기는 매우 유명해졌습니다. 내 상대자는 5개 헤지 펀드를 선택했는데, 이른바 펀드 오브 펀드(다른 펀드에 투자하는 펀드)였습니다. 즉 모(母)펀드에 해당하는 한 헤지 펀드에서 유망하다고 판단한 5개 펀드를 편입한 펀드였습니다. 이 5개 헤지 펀드는 100~200개 헤지 펀드를 대표한다고 볼 수 있습니다.

모펀드를 운용하는 사람은 단지 유망 헤지 펀드를 선정하는 대가로 아마도 연 0.5%의 운용 보수에 더해 성과 보수까지 받고, 5개 헤지 펀드는 대략 운용 보수의 연 1.5~2%를 받는 구조였습니다. 따라서 모펀드 운용자는 실적 좋은 펀드를 고르려고 노력을 기울이게 됩니다. 8년이 지난 현재, 운용을 하지 않는 저비용 뱅가드 인덱스 펀드의 수익률이 5개 헤지 펀드보다 40%포인트 이상 높습니다. 헤지 펀드 투자자에게는 끔찍한 실적이지만 헤지 펀드 매니저에게 는 그렇지 않습니다. 모펀드 운용자는 보수 연 0.5%를 받고 5개 헤지 펀드 운용자는 연 1.5~2% 보수를 받아 매년 지갑을 두둑하게 채우기 때문입니다.

버크셔에는 펀드 매니저가 둘 있습니다. 이들은 90억 달러를 운용합니다. 이들이 버크셔에서 받는 보수가 헤지 펀드처럼 '2와 20'이라면 마냥 놀고먹어도 매년 받는 돈이 1억 8,000만 달러에 이를 것입니다. 나로서는 도저히 믿기 어려운 보상 체계입니다. 내가 이 내기를 하게 된 이유 중 하나이기도 합니다.

이 자리에 모인 주주 여러분이 미국 전체를 소유한다고 가정해봅시다. 1만 8,000명이 미국의 모든 부를 소유하게 되었다는 말입니다. 이 방을 둘로 나누면 약 9,000명이 미국의 부를 절반씩 소유하게 됩니다. 한쪽은 모 대통령 후보가 말하는 이른바 저에너지low energy 집단이어서 주가도 확인하지 않고, 케이블 TV도 보지 않으며, 〈월스트리트 저널〉도 읽지 않습니다. 이들은 게으른 탓에 미국 기업의 절반을 보유한 채 가만히 앉아서 세월을 보냅니다. 이들이 얻는 실적은 얼마일까요? 비용이 전혀 발생하지 않으므로, 평균이 됩니다.

나머지 한쪽은 극도로 활동적인 투자자입니다. 이들이 얻는 실적은 얼마일까요? 전체로 보면 수익은 평균으로서 똑같지만, 컨설턴트 고용과 매매에 막대한 비용이 발생합니다. 따라서 비용을 차감하면 저에너지 집단보다 실적이 나빠집니다.

나는 사례를 만들어내려고 이 내기를 제안했습니다. 10년 기간을 어떻게 잡더라도 나는 인덱스 펀드가 헤지 펀드를 능가할 가능성이 매우 크다고 생각 했습니다. 나는 지금도 똑같은 내기를 제안할 용의가 있습니다. 그러나 이렇게 10년 동안 앉아서 기다리는 투자 방식은 너무도 단순해 보이기 때문에 사람들이 좀처럼 따르려 하지 않습니다. 장담컨대 기부 기금, 공적 연기금, 거부 중에는 저에너지 집단처럼 가만 앉아서 지내려는 사람이 거의 없을 것입니다. 이들은 투자 자금이 막대한 탓에 초과 수익에 대한 미련을 버리지 못합니다.

그래서 노련한 부자는 컨설턴트를 고용합니다. 컨설턴트 중 S&P500 인덱스 펀드에 투자하고 50년 동안 기다리라고 말하는 사람은 아무도 없습니다. 그런 방식으로는 연간 보수를 절대 받지 못하기 때문입니다. 이들은 오랜 시간 온갖 이야기를 해주고 비싼 보수를 요구합니다. 그러고서 보수를 받는 다른 사람을 소개해줍니다.

나는 거대 연기금에도 이러한 이야기를 해주었습니다. 그러나 내가 떠나자 연기금은 수많은 컨설턴트를 고용해 많은 돈을 지급했습니다. 이 컨설턴트는 다양한 차트와 파워포인트를 제시하면서 해마다 펀드를 주무릅니다. 극도로 활동적인 투자자의 돈이 컨설턴트에게 흘러들어가는 모습이 인상적입니다. 전반적으로 미국 기업의 실적이 훌륭했다는 점을 여러분은 명심하시기 바랍니다. 우리는 편안히 앉아 미국 기업이 안겨주는 실적을 즐기면 됩니다. 투자 전문가를 이용하면 결국 엄청난 손실을 보게 됩니다. 광고에서는 이제 투자 방식을 바꿔야 한다고 압박하지만, 무시하십시오.

멍거: 버크셔 해서웨이 주주는 S&P500 지수 대비 초과 실적을 올리고 있으므로, 이 문제를 걱정할 필요가 없습니다. 정말로 훌륭한 펀드 매니저는 소수에 불과해서, 찾아내기가 건초 더미에서 바늘 찾기와 같습니다.

버핏: 세쿼이아 펀드를 장기간 계속 보유한 사람은 좋은 실적을 거두었습니다. 월스트리트에서는 투자 능력이 뛰어난 사람보다 판매 수완이 뛰어난 사람이 돈을 훨씬 많이 벌었습니다. 탁월한 실적을 낼 유능한 사람이 소수 있기는 하지만, 컨설턴트는 유능한 사람을 찾아낼 능력이 없습니다. 사람을 설득할 능력이 있을 뿐입니다.

Q 25. 버크셔 해서웨이는 'coveryourbusiness.com'이라는 **상업 보험 온라인 포털**을 보유하고 있습니다. 직접 판매 시장 기회가 있나요?

버핏: 기회를 찾아볼 것입니다. 사실 온라인 포털이 두 개 있습니다. 둘 다 구축이 완료되었는지는 아직 모르겠습니다. 하나는 도메인 이름이 BIG인데, 산재

보험을 판매하는 자회사 어플라이드 언더라이터스가 운영하는 포털입니다. 가이코도 상업 보험 포털을 운영합니다. 우리는 다양한 보험 상품을 취급하고 있으며 더 다양한 상품을 검토할 것입니다. 그동안 아마존이 이룬 성과를 보면 다양한 방식으로 시도해야겠다는 생각이 듭니다.

지금까지 자가용 자동차 보험에 대한 문의 경로는 전화에서 인터넷으로 놀라울 정도로 빠르게 전환되었습니다. 젊은 사람은 빠르게 전환하겠지만 나 같은 노인은 전환이 느릴 것으로 생각했습니다. 그러나 미국인의 적응 속도는 믿기 어려울 정도로 빨랐으며 느려질 조짐도 보이지 않습니다. 우리는 다양한 방법을 시도할 것이며, 실수도 다소 하겠지만 10년, 20년, 30년 뒤에는 많이 달라질 것입니다.

Q 26. 하워드 버핏도 역할을 그만두게 된다면, **버크셔의 기업 문화**를 어떻게 유지할 계획인가요? 수십 년 뒤에도 버크셔의 기업 문화가 유지되고 있는지 확인하려면 주주는 무엇을 보아야 하지요?

버핏: 하워드 버핏이 비상임 의장이 되길 바라는 것은, 후계자 선정 과정에서 실수가 발생하더라도 바로잡기가 쉬울 것으로 기대하기 때문입니다. 그러나 이러한 실수가 발생할 확률은 아마도 100분의 1이나 500분의 1에 불과할 것이기에 핵심 사안이 아닙니다. 버크셔의 기업 문화 유지에 훨씬 더 중요한 일은 이사회 구성, 후임 이사 선정, 경영자와 후임 경영자 선정, 버크셔의 독특한 기업 문화를 명확하게 이해하고 수용해온 주주 유지입니다.

그동안 소유 경영자들이 우리에게 기업을 매각한 것은 우리 문화에 합류하고 싶었기 때문입니다. 우리 문화도 이러한 경영자의 진가를 알아보고 기쁜 마음으로 받아들입니다. 이와 비슷한 문화를 갖추고 우리와 경쟁을 벌이는 기업은 많지 않은 듯합니다. 비상임 의장이 있든 없든 버크셔의 기업 문화가 탈선할 가능성은 매우 희박하다고 생각합니다. 버크셔의 가장 큰 문제는 '거대한 규모'가 될 것입니다. 나는 처음 자산 운용을 시작할 때부터 그렇게 생각했습니다. 규모는 실적을 저해하는 중요한 적이니까요. 나는 버크셔의 문화가 개별 구성 요소의 가치를 대폭 높여준다고 생각합니다. 지금까지 수십 년 동안 유지한 우리 문화에서 이사회 구성원이나 경영자가 이탈할 조짐은 전혀 보이지 않습니다.

멍거: 나는 버핏보다 더 낙관적입니다.

버핏: 그런 줄 전혀 몰랐네요.

멍거: 우리 문화가 얼마나 오래도록 유지되는지를 보며 모두가 놀랄 것이라고 생각합니다. 처음에 사람들은 우리 문화에 전혀 관심이 없었습니다. 그래서 더 잘될 것입니다.

버핏: 우리 자회사와 그 구성원에게는 장점이 너무도 많습니다.

멍거: 너무도 강력합니다.

버핏: 우리 이직률이 매우 낮다는 점도 흥미롭습니다. 지난 10년 동안 교체된 경영자는 극소수였습니다. 주주총회 때마다 더욱 실감하게 되지만, 우리 경영자는 자기 업무를 사랑하기 때문에 은퇴도 잊은 채 일합니다. 그래서 이직률이 낮지요. 우리 이사 역시 재임 기간이 매우 깁니다. 돈 때문에 책임을 맡은 사람들이 아닙니다. 이는 매우 큰 장점이며 오래도록 유지될 것입니다.

Q 27. 본사에 직원 20여 명이 함께 근무하고 있습니다. 그런데 **직원과 이사의 다양성**이 부족해 보입니다. 다양성을 높일 필요성을 느끼십니까?

버핏: 복수 질문이군요. 우리는 오래전부터 대부분 기업보다 훨씬 명확한 기준으로 이사를 선정하고 있습니다. 우리가 찾는 이사는 사업에 대한 이해가 깊고, 주주 지향적이며, 버크셔에 관심이 많은 사람입니다. 이런 사람을 찾아낸 덕분에 우리는 최고의 이사회를 구성했다고 생각합니다. 이들은 분명히 돈 때문에 이사회에 참여한 것이 아닙니다.

이사 후보를 찾아주는 컨설팅회사도 내게 전화합니다. 이들이 던지는 질문은 우리가 찾는 이사의 기준과 확실히 다릅니다. 컨설팅회사가 추천하는 이사

후보는 예컨대 테라노스(혈액 한 방울로 수십 가지 질병 검사가 가능하다고 발표했으나 사기로 드러난 기업) 같은 회사의 신뢰도도 높여줄 만큼 유명한 거물급 인사입니다. 그러나 우리는 자기 시간의 10%만 들여 매년 20~30만 달러를 받으려는 사람이나, 이름만 빌려주고 돈벌이를 하려는 저명인사에 관심이 없습니다. 우리가 원하는 이사의 기준은 여전히 사업에 대한 이해가 깊고, 주주 지향적이며, 버크셔에 관심이 많은 사람입니다.

우리 이사가 보유한 주식은 모두 다른 주주처럼 자기 돈으로 산 주식입니다. 그래서 우리 이사는 항상 주주와 똑같은 입장을 유지합니다. 그동안 내가 참여한 이사회 중 3~4곳에서 나는 마냥 놀고먹으면서도 주식을 받은 적이 있습니다. 우리는 관여해야 하는 일과 관여해서는 안 되는 일을 분별하는 현명한 이사회를 원합니다.

나는 올해 크리스마스 사진에도 작년 크리스마스 사진에 나왔던 직원 25명이 그대로 나오길 희망합니다. 우리 본사 직원은 정말 놀라운 사람들입니다. 예를 들어 이번 주주총회를 주주가 즐거워하는 성공적인 행사로 만들기 위해 본사 직원 25명 모두가 힘을 모아 끊임없이 일했습니다. 흔히 사람들은 많은 직원을 거느린 우리 주주총회 담당 부서의 책임자가 컨설턴트까지 고용해 행사를 준비했다고 짐작할지 모르겠습니다. 그러나 우리 직원은 모두가 서로 도우면서 직접 행사를 준비했습니다.

우리 직원 덕분에 나는 일하기가 정말 편합니다. 이는 우리 본사에 위원회가 없는 덕분이기도 합니다. 본사에 내가 모르는 위원회가 있을 수도 있지만 나는 한 번도 초대받은 적이 없습니다. 본사 어디에선가는 파워포인트를 사용할지 모르지만, 나는 파워포인트를 본 적도 없고 사용법을 배울 생각도 없습니다. 우리는 불필요한 일거리를 만들지 않습니다. 차라리 야구 경기 등을 함께 보러 갑니다. 다른 회사의 운영 방식도 보았지만 우리 운영 방식이 더 마음에 듭니다.

멍거: 오래전 천주교 LA 대주교의 일을 할 때, 내 선임 파트너가 대주교에게 허

풍 떨면서 말했습니다. "이런 일에 우리를 고용하실 필요가 없습니다. 신도 중에도 훌륭한 세무 변호사가 많습니다." 대주교는 한심하다는 듯이 그를 바라보면서 말했습니다. "작년 나는 중대한 수술을 받을 때도 성당에 다니는 외과 전문의를 찾지 않았다오." 우리가 이사를 선정하는 것도 이러한 방식입니다.

Q 28. 지난 1월과 2월 버크셔 주가가 BPS의 1.2배 밑으로 내려가는 등 지난 4년 동안 이러한 현상이 자주 발생했는데도 **자사주 매입**이 거의 없었습니다. 지금이 자사주 매입을 고려할 시점이 아닌가요?

버핏: 버크셔 주가가 BPS의 1.2배에 상당히 근접하긴 했지만, 장담컨대 1.2배에 도달하지는 않았습니다. 원하면 언제든 근거 자료를 보내드릴 수 있습니다. 찰리, 나, 이사회 모두 우리 주식의 내재 가치가 BPS의 1.2배보다 훨씬 높다고 봅니다. 그래서 주가가 BPS의 1.2배 이하가 되면 자사주 매입을 실행하려 하는 것입니다. 전에는 매입 기준이 BPS의 1.1배였지만 그동안 우리가 우량 기업을 더 인수한 덕분에 내재 가치가 상승해 BPS와의 격차가 확대되었으므로 매입 기준을 1.2배로 높였습니다.

자사주 매입 전반에 대해 나는 만감이 교차합니다. 엄격한 재무적 관점으로 보나 계속 남아 있을 주주의 관점으로 보나, BPS의 1.2배면 매력적인 가격이며 1.2배보다 다소 높아도 나는 자사주 매입에 매력을 느낍니다. 버크셔의 주당 가치를 높이는 가장 확실한 방법이기 때문입니다. 1달러짜리 지폐를 1달러 미만에 사는 것보다 더 확실한 돈벌이 방법은 없으니까요. 그러나 한편으로는 실제 가치보다 훨씬 낮은 가격에 동업자의 주식을 사들이는 셈이므로 유쾌하지가 않습니다. 주가가 BPS의 1.2배 이하가 되면 우리가 자사주를 대량으로 매입할 가능성이 지극히 높지만 이 과정에서 우리가 주가를 떠받치지는 않을 것입니다.

우리가 자사주를 매입하는 것은 주주가 예금을 하는 것과 같습니다. 주주가 배당이나 이자로 1달러를 받아 가면 그 돈은 1달러에 불과하지만, 1달러를 버크셔에 남겨두면 장담컨대 나중에 1.2달러를 받게 됩니다. 나중에 1.2달러를 받는 예금이라면 지금 1달러를 인출할 이유가 없습니다. 현재의 무배당 정책 덕분에 주주는 배당의 120% 이상을 받게 될 것입니다. 전적으로 보장할 수는 없지만, 그렇게 될 확률이 매우 높습니다. 자사주 매입 기준이 더 높아질 수는 없을까요? 언젠가 투자 아이디어가 바닥나고 우리가 벌어들이는 자금을 효과적으로 사용할 수 없음이 분명해지면 이 기준이 다소 높아질 수 있습니다. 막대한 자금이 계속 쌓여 우리가 돈을 써야만 하는 상황에 직면해서는 안 됩니다. 가득 찬 지갑은 가득 찬 방광과 같다는 말이 있습니다. 서둘러 배출하려는 충동에 시달리기 때문입니다. 우리 보유 현금이 1,000~1,200억 달러에 이르면 자사주 매입 기준 인상을 고려하게 될 것입니다. 내재 가치보다 낮은 가격이라면, 자사주 매입은 남아 있는 주주에게 항상 유리합니다. 그러나 내재 가치는 소수점 미만까지 정밀하게 계산할 수 없다는 점을 기억하시기 바랍니다.

멍거: 자사주 매입을 제멋대로 실행하는 기업도 있습니다. 자사주를 매우 높은 가격에 매입하는 기업도 아주 많습니다. 그러한 방식은 주주에게 전혀 이롭지 않습니다. 왜 그렇게 하는지 모르겠군요. 유행이 아닌가 싶습니다.

버핏: 유행입니다. 컨설턴트가 퍼뜨리고 있습니다. 가격에 상관없이 기업을 인수하겠다고 말하면서 돌아다니는 사람의 모습을 상상이나 할 수 있습니까? 아무 기준 없이 자사주를 매입하는 기업의 행태가 바로 이러한 모습입니다. 기업은 주가가 얼마 이하일 때 주주에게 유리할 경우 자사주를 매입하겠다고 말해야 합니다.

내가 참여한 여러 이사회에서는 자사주 매입의 목적이 희석 방지라고 말했습니다. 희석은 주식의 가치를 떨어뜨립니다. 그러나 지나치게 높은 가격에 자사주를 매입해도 주식의 가치가 떨어집니다. 자사주 매입 가격에 대해 언급하는 보도 자료는 흔치 않습니다. 제이미 다이먼은 JP모간에 유리할 때만 자사주를 매입하겠다고 말한, 흔치 않은 CEO입니다.

멍거: 우리 방식은 이른바 성공회 신도의 기도와 비슷합니다. 다른 열등한 종

교를 닮지 않게 해주신 주님께 항상 감사하니까요.

Q 29. **네브래스카 퍼니처 마트**가 댈러스 매장을 열고서 1년이 지났습니다. 매출 추세가 어떤가요?

버핏: 초기 매출이 지나치게 많아서 한때 배달이 지연되었습니다. 캔자스시티 매장을 열었을 때보다도 문제가 심각했습니다. 그래서 사업 속도를 늦출 수밖에 없었습니다. 배달에 문제가 있다는 첫인상만은 어떻게 해서라도 피하고 싶었으니까요. 다행히 지금은 배달이 훨씬 개선되어 오마하 매장 기준에도 부합하고 있습니다. 댈러스 매장은 미국 최대 가정용 가구 매장입니다. 우리는 운전기사를 최대한 훈련했다고 생각했지만 카펫 등 100여 개 품목에서 분실과 발송 사고 등 배달 문제가 발생했습니다. 그러나 이제는 해결되었습니다. 머지않아 매장의 연 매출이 10억 달러에 이를 것입니다.

댈러스·포트워스 지역에 있는 우리 자동차 대리점이 20여 개인데, 현재 우리 댈러스 가구 매장의 영업 지역 안에 포함되는 대리점이 3~4개 될 것입니다. 댈러스 매장은 더할 수 없이 빠른 속도로 영업을 확대해 이미 거대한 매장이 되었으며 앞으로 더 성장할 것입니다. 과장된 표현이 많아서 내 말이 도널드 트럼프가 하는 말처럼 들릴지도 모르겠습니다. 내년에는 이 매장의 모습이 정말 달라질 것입니다. 160만 제곱미터가 넘는 이 매장은 잘 돌아가고 있습니다. 다행히 고객이 매장을 가득 메우고 있습니다. 우리는 유례없이 싼 가격을 제시하고 있습니다. 이제는 유례없는 배달 서비스를 제공할 때입니다.

Q 30. 당신은 사이버·핵·생물학·화학 공격에 대해 우려를 표명한 적이 있습니다. 그러나 이러한 **참사 방지**에 대해 사람들은 큰 관심을 보이지 않고 있습니다. 관련 법안도 상원에서 보류된 상태입니다. 캠페인 기금을 조성해 산업 로비스트에게 대응하는 편이 좋을까요?

버핏: 사악한 국가, 조직, 개인의 사이버·핵·생물학·화학 공격처럼 심각한 위

협은 어디에도 없다고 생각합니다. 우리가 상상하는 온갖 사건이 벌어질 수 있습니다. 1945년 이후 이러한 사건이 발생하지 않은 것은 정부가 역할을 매우 잘 해준 것도 있지만, 운이 좋았던 것도 사실입니다.

쿠바 미사일 위기는 일촉즉발이었습니다. 누군가 케네디나 흐루쇼프(전 소련 공산당 서기장)를 대신했다면 결과는 전혀 달라졌을 것입니다. 이런 사건이야말로 장기적으로 버크셔의 안위를 좌우하는 유일한 위협입니다. 나는 세계 인구가 30억에 못 미쳤던 시절에 태어났습니다. 세계 인구가 70억이 넘어가는 오늘날, 남을 해치려고 날뛰는 정신병자, 과대망상증 환자, 광신도가 훨씬 많아졌습니다. 먼 옛날 정신병자가 옆 동굴에 사는 사람을 공격하는 방식은 돌을 던지는 것 정도였습니다. 그리고 이 공격에 비례해 정신병자도 피해를 보았습니다. 이후 활과 창이 등장했고, 대포 등 다양한 무기가 개발되었습니다. 1945년에는 처음으로 핵무기가 나타났습니다. 지금은 핵무기조차 장난감 총에 불과합니다. 미국에 막대한 타격을 가하려는 사람이 많습니다. 나는 20대에 자선 사업에 참여하면서 이러한 관점을 가지게 되었습니다. 자선 사업과 참사 방지가 2대 과제라고 판단했고 이후 온갖 활동에 참여했습니다.

멍거: 버핏은 한 해도 빠짐없이 퍼그워시 회의Pugwash conferences(핵무기 폐기 등을 논의하는 과학자 중심의 국제회의)를 후원했습니다.

버핏: 나는 핵위협방지구상Nuclear Threat Initiative에도 기부금을 내고 있습니다. 핵위협방지구상은 각국의 고농축 우라늄 개발을 저지하는 연방 준비 제도 같은 기구입니다. 핵 위협이야말로 대통령이 최우선적으로 대응해야 하는, 압도적으로 중요한 정부 과제라고 생각합니다. 정부는 사람을 불안에 빠뜨리고 싶지 않아서 관련 정보를 공개하지 않습니다. 그러나 내 보험 사업 경험에 비추어 보면, 언젠가는 누군가 거대한 참사를 일으킬 것입니다. 그리고 이 참사는 십중팔구 미국에서 발생할 것입니다. 물론 다른 많은 곳에서도 발생할 수 있습니다. 이는 혁신에서 비롯되는 심각한 부작용입니다.

멍거: 질문자는 참사 방지에 대해 우리가 정부에 더 많은 역할을 요구해야 한

다고 말했지요?

버핏: 요구해도 소용없을 듯합니다. 정부는 기존 업무 이외에는 무엇을 해야 할지 모릅니다. 실제로 정부가 한 일은 많지만 모두 공개되는 것은 아닙니다. 흐루쇼프는 쿠바에 미사일을 보내지 말아야 했습니다. 케네디가 쿠바로 향하던 민간 선박을 회항시켰을 때 흐루쇼프는 상황을 충분히 파악할 수 있었습니다. 앞으로 책임자들이 모두 케네디와 흐루쇼프처럼 행동할 것으로 기대할 수는 없습니다. 인간은 결함투성이여서 장기적으로 자신에게 불리한 결정을 내릴 때가 많습니다. 히틀러가 유대인을 그토록 배척하지 않았다면 최고의 과학자들을 내쫓지 않았을 것이고 미국보다 먼저 원자 폭탄을 개발했을 것입니다.

멍거: 그러나 히틀러는 멍청하게도 유대인을 모두 쫓아내야 과학이 더 발전한다고 생각했지요.

버핏: 리오 실러드는 20세기의 영웅이라 하겠습니다. 그는 아인슈타인과 함께 서명한 편지를 루스벨트 대통령에게 보냈습니다. 편지에서 그는 나치 독일이 핵무기를 개발할 수 있으므로 미국도 핵무기 개발을 추진해야 한다고 제안했고, 결국 미국이 먼저 핵무기를 개발하는 데 기여했습니다. 9·11 테러 이후에는 탄저균이 든 봉투가 등장하기 시작했습니다. 탄저균 봉투를 보내는 사람의 사고방식은 도저히 이해가 불가능합니다. 탄저균은 믿기 어려울 만큼 엄청난 피해를 줄 수 있습니다. 사이버·핵·생물학·화학 공격의 가능성을 5%만 낮출 수 있다면 나는 전 재산을 내놓겠습니다. 두말하지 않겠습니다.

멍거: 우리가 조언해도 정부는 들으려 하지 않았지요?

버핏: 이 문제는 중요합니다. 이론의 여지가 없습니다. 사람들은 한동안 노력하다 실망해서 포기합니다. 나는 한때 핵 과학자의 모임(명칭은 잊었습니다)에 참여했습니다. 이들의 아이디어는 소규모 국가의 선거에 영향을 미치자는 것이었는데, 주로 정부를 이용할 때 효과가 극대화된다고 보았습니다. 그러나 이들은 낙담했습니다. 나는 우리 지도자가 이러한 역할을 잘 해낼 것으로 생각합니다. 클린턴이든 트럼프든 이 문제를 가장 중요한 과제로 간주할 것이라

믿습니다. 공격이 방어보다 나은지는 모르겠습니다. 하지만 99.99% 승리할 수 있습니다. 발생 가능성이 조금이라도 있는 사건은 결국 발생합니다. 더 나은 답을 제시하지 못해서 유감입니다.

멍거: 나도 더 나은 답을 제시하지 못합니다.

버핏: 그래서 모두들 내게 물어보지요.

Q 31. **루브리졸**의 핵심 사업은 실적이 어떤가요? 인수한 회사 한두 곳의 실적에 대해서도 말해주기 바랍니다.

버핏: 루브리졸은 4개 자회사를 거느린 첨가제회사입니다. 성장성은 없지만 시장을 선도하는 매우 훌륭한 사업입니다. 실적은 우리가 기대하던 수준과 거의 일치했습니다. 루브리졸의 대규모 인수 한 건은 커다란 실수였습니다. 유전 전문 기업인데, 유가가 정점에 이르렀을 때 인수했습니다. 이후 유가가 폭락했습니다. 인수하지 말아야 했습니다. 그래도 첨가제 사업은 기본 수익력을 유지하고 있습니다. 성장성은 없지만, 실망을 안겨준 적도 없습니다.

Q 32. 버크셔 해서웨이는 투자 결정 근거 자료로 거시 경제 요소를 사용하지 않는다고 했습니다. 그러면 버크셔 자회사에서 나오는 **미시 경제 지표**는 사용하나요?

버핏: 찰리와 나는 독서를 많이 하며 경제 문제와 정치 문제에 흥미를 느낍니다. 우리는 거의 모든 거시 경제 요소에 매우 익숙합니다. 향후 제로 금리가 어떤 방향으로 흘러갈지는 모르지만, 현재 상황은 알고 있습니다.

멍거: 이 대목에서 혼동하기 쉬운데, 우리는 미시 경제 요소에 많은 관심을 기울입니다.

버핏: 우리는 주식을 살 때에도 기업을 산다고 생각하므로, 그 결정 과정이 기업을 인수할 때와 매우 비슷합니다. 그래서 미시 경제 요소를 최대한 파악하려고 노력합니다. 주식을 사든 안 사든 기업의 세부 사항을 즐겨 조사합니다. 나는 기업을 연구하는 일이 재미있습니다. 이는 매우 중요하며 아무리 연구해

도 질리지 않습니다.

멍거: 미시 경제보다 더 중요한 요소는 거의 없습니다. 미시 경제가 곧 기업이니까요. 미시 경제는 우리가 하는 일이고, 거시 경제는 우리가 받아들이는 변수입니다.

Q 33. **정박 효과**anchoring effect에 어떻게 대처하나요?

버핏: 우리는 정박 효과를 무시합니다. 찰리와 나는 모든 기업에서 나타나는 정박 효과에 흥미를 느낍니다. 그래서 미시 경제 요소를 즐겨 들여다봅니다. 1972년 시즈캔디를 인수할 때 보유 매장이 140개였습니다. 우리는 장기간에 걸쳐 모든 숫자를 지켜보았습니다. 기업을 이해하는 작업은 정말로 흥미롭습니다. 정보 중 일부는 유용하지 않은 것처럼 보이지만 실제로는 유용합니다. 언젠가 사소한 변수가 등장해 커다란 변화를 불러올 수도 있습니다. 마치 야구 경기를 지켜보는 것과 같습니다. 투수가 어떤 공을 던지든 공 하나하나가 흥미로운 것과 같습니다. 우리가 일하는 방식입니다.

멍거: 우리가 항상 피하려고 노력하는 최악의 정박 효과는 '직전에 내린 결론'입니다. 직전에 떠올렸던 아이디어에서 벗어나려고 정말로 노력합니다.

버핏: 찰리의 말에 의하면, 상대에게 반대하려면 상대의 논거를 더 잘 제시할 수 있어야 합니다. 그래야 상대에게 반대할 자격이 있습니다.

멍거: 상대의 논거를 더 잘 제시할 수 없다면 침묵을 지켜야 합니다. 모두가 이 방식을 따른다면 정치에 기적이 일어날 것입니다.

Q 34. 13-G 양식에 의하면 개인적으로 세리티지 그로스 프로퍼티와 필립스 66 등에 투자했는데, 버크셔의 투자와 관련해 **개인의 투자**는 어떤 방식으로 결정하나요?

버핏: 나는 필립스 66을 보유한 적이 없습니다. 아마 내가 버크셔의 CEO이기 때문에 내가 보유한 것으로 보고 양식에 표시된 듯합니다. 세리티지는 내가 매수한 시점의 시가 총액이 20억 달러 미만이었던 부동산 투자 신탁입니다.

내 재산은 99%가 버크셔고, 약 1%가 다른 자산입니다. 나는 버크셔가 투자하는 곳에 개인 재산을 투자할 수 없습니다.

세리티지는 시가 총액이 버크셔가 투자하는 기준에 못 미치는 데다가 버크셔는 부동산 투자 신탁에 투자한 적도 없습니다. 그래서 세리티지를 매수해도 이해 상충을 걱정할 필요가 없었습니다. 나의 투자 아이디어는 주로 버크셔에 적합한 대규모 투자이므로 개인적 투자에는 적합하지 않습니다. 매우 특이한 경우가 아니면 버크셔가 투자하는 대상은 시가 총액이 20억 달러 이상입니다. 그래서 가끔 시가 총액이 20억 달러 미만인 자산을 발견하면 내 재산을 투자하기도 합니다. 나는 오래전에 매수한 유정을 지금도 보유하고 있습니다. 버크셔와 이해 상충의 여지가 있는 자산은 멀리하고 있습니다.

멍거: 워런은 이해 상충을 정말로 원치 않으며 이해 상충처럼 보이는 것조차 원치 않습니다. 우리 둘 다 버크셔 주식을 제외하면 다른 주요 자산은 거의 없습니다. 나는 코스트코 이사이기 때문에 코스트코 주식을 다소 보유하고 있습니다. 버크셔도 코스트코 주식을 다소 보유 중입니다. 이런 식으로 겹치는 종목이 2~3개 있지만, 버크셔 주주는 걱정할 필요가 없습니다. 우리가 그러한 문제를 일으키지는 않을 것입니다.

버핏: 미친 소리처럼 들릴지 모르지만 감히 말할 수 있습니다. 나는 내 자신보다도 단연 버크셔에 돈을 벌어주고 싶습니다. 나는 이미 필요 이상으로 돈이 많아서 더 벌어도 소용이 없습니다. 게다가 돈을 모두 기부하기로 했으므로 버크셔가 더 잘되어야 합니다. 나는 결국 빈손으로 돌아가겠지만 버크셔는 빈손이 되어서는 안 됩니다. 나는 버크셔의 편입니다.

Q 35. 버크셔가 창출하는 **잉여 현금흐름**은 약 100~120억 달러고 이연 법인세가 약 200억 달러입니다. 잉여 현금흐름의 향후 전망은 어떤가요? 이런 추세가 앞으로도 비슷하게 이어질 것으로 기대하나요?

버핏: 보유 증권의 미실현 이익에서 비롯되는 이연 법인세 액수가 많습니다.

지금 정확한 숫자를 제시할 수는 없지만 증권의 미실현 이익은 600억 달러, 이연 법인세는 210억 달러 정도로 추정합니다. 추가 감가상각bonus depreciation 에서도 현금흐름이 발생합니다. 철도회사는 세무 회계용 감가상각비가 재무 회계용 감가상각비보다 훨씬 많습니다. 이연 법인세는 당장 납부할 필요가 없지만 임의로 사용할 수 있는 현금도 아닙니다. 대체로 버크셔의 현금흐름은 순이익에 플로트 증감분을 더한 금액이라고 생각합니다. 그동안 증가한 플로트가 800여억 달러였으므로 우리는 여기에 순이익을 더한 금액을 투자할 수 있었습니다.

앞으로도 철도 사업과 에너지 사업에는 장기간에 걸쳐 실제 감가상각비보다 훨씬 많은 금액을 지출할 것입니다. 다른 사업에서는 인플레이션이 발생하지 않는 한 감가상각비 규모가 크게 변동하지 않을 것입니다. 요컨대 자본 이득을 제외한 순이익 약 170억 달러에 플로트 증감분이 버크셔가 투자할 수 있는 현금이 됩니다. 물론 우리는 언제든 증권을 매도해서 현금을 확보할 수 있고, 자금을 차입할 수도 있습니다.

흔히 사람들은 플로트의 진가를 깨닫지 못하지만, 실제로 플로트는 대단히 중요합니다. 찰리와 나는 해마다 플로트를 늘려 버크셔의 주당 정상 수익력을 높이고 싶습니다. 우리는 매년 이익을 유보했습니다. 유보 이익이 대폭 늘어난 해도 있고 소폭 늘어난 해도 있었는데, 앞으로도 변동성이 클 것입니다.

멍거: 우리처럼 우위를 확보한 기업은 극소수에 불과합니다. 버크셔는 사업 기간 내내 쏟아져 들어오는 자금을 효율적으로 사용하면서 계속 성장했습니다. 우리 시스템은 매우 훌륭합니다. 이 시스템을 바꿀 생각이 없습니다.

버핏: 우리는 실수를 많이 했습니다. 그러나 미국 기업의 실적이 매우 훌륭했던 덕분에 아주 똑똑하지 않아도 근사한 성과를 거둘 수 있었습니다. 지능을 조금 더 보태면 우리는 정말로 훌륭한 실적을 얻을 수 있습니다.

멍거: 그러나 어리석은 행동을 해서는 절대 안 됩니다. 어리석은 행동만 하지 않으면 똑똑할 필요도 없습니다.

Q 36. 당신이 **대중보다 앞서간 비결**은 무엇인가요?

버핏: 나는 벤저민 그레이엄 덕분에 투자에 대해 많이 배웠고, 찰리 덕분에 사업에 대해 많이 배웠습니다. 나는 기업을 평생 들여다보면서 왜 어떤 기업은 잘되고 어떤 기업은 안되는지 패턴을 분석했습니다. 요기 베라는 "지켜보기만 해도 많이 배울 수 있다"라고 말했습니다. 바로 찰리와 내가 오랜 기간 지켜보면서 배웠습니다.

능력범위를 인식하는 것도 중요합니다. 우리는 특정 코스로 공이 들어올 때만 방망이를 휘둘렀습니다. 우리 비결은 이보다 더 복잡하지 않습니다. 투자에 다른 활동보다 더 높은 IQ가 필요한 것은 아닙니다. 그래도 감정 조절은 필요합니다. 매우 똑똑한 사람인데도 불필요한 위험을 떠안는 어리석은 짓을 하기도 하더군요. 이런저런 자멸 행위를 되풀이하는 사람이 많습니다. 천재까지는 필요 없지만, 자멸 행위는 하지 말아야 합니다.

멍거: 단순하면서 효과적인 방법이 있습니다. 인내심과 유연성을 겸비한 기질입니다. 기질은 대부분 유전이지만 어느 정도는 학습이 됩니다. 지금까지 버크셔가 매우 잘한 것 하나는 항상 올바르게 행동하려고 노력한다는 점입니다. 증조할아버지가 돌아가셨을 때 목사님이 말했습니다. "공정한 방법으로 성공하고 현명하게 소비해서 부자가 된 사람을 절대 시기해서는 안 됩니다." 이것이 바로 버크셔가 추구하는 바입니다.

사람들은 부자 대부분을 증오합니다. 돈을 번 방법이 옳지 않기 때문입니다. 우리는 도박회사와 담배회사 등 죄악 회사에는 투자하지 않습니다. 나는 버크셔가 단지 교활하기만 했다면 이렇게 성공하지 못했을 것으로 생각합니다. 우리는 공정한 방법으로 성공해 현명하게 소비하는 기업으로 인정받고 싶습니다.

버핏: 우리는 운 좋게도 좋은 시절에 좋은 곳에서 태어났습니다.

멍거: 프레드 삼촌처럼 훌륭한 친척을 둔 것도 워런의 커다란 행운입니다. 나도 프레드와 함께 일한 적이 있습니다. 친척 중에는 형편없는 분들도 많습니다.

버핏: 바로 어제 나의 사촌이 모두 모였습니다. 아마 40~50명 되었을 것입니다. 사촌들이 가리킨 오래된 사진에는 고모할머니 네 분이 계셨습니다. 고모할머니 한 분만 계셔도 행운인데, 내게는 네 분이나 계셨습니다. 고모할머니들은 여러모로 나의 부족한 점을 채워주시고 키워주셨습니다.

멍거: 고모할머니가 두 분 정도 더 계셨다면 우리는 더 잘되었을 것입니다. 워런은 민주당 지지자입니다. 나는 워런의 할아버지 어니스트 밑에서 일했는데, 이름처럼 성실한 분이었습니다. 할아버지는 사회 보장 제도가 자립심을 약화한다고 생각해 반대했지만, 법안은 통과·시행되었습니다. 당시에는 최저 임금이 없었는데도 할아버지는 10시간 근무 대가로 내게 2달러를 주었습니다. 10시간의 고된 근무가 끝나면, 할아버지는 내 임금 중 2센트를 사회 보장 분담금으로 원천 징수하면서, 민주당 지지자의 자립심이 부족하다는 등 사회 정책에 대해 잔소리를 길게 늘어놓았습니다.

버핏: 우리가 어린 시절 좋은 분들을 만난 것도 커다란 행운이었습니다.

Q 37. **실사**도 생략한 채 며칠 만에 인수 거래를 완료하면 위험하지 않은가요?

버핏: 변호사들이 내게 자주 하는 질문입니다. 우리가 실사를 했다면 변호사에게 값비싼 자문료를 지불했을 것입니다. 우리는 인수 과정에서 실수를 많이 했는데, 대부분이 인수하면 좋았을 기업을 인수하지 않은, 이른바 부작위의 실수였습니다. 모두 기업의 경제 환경이나 미래를 적절하게 평가하지 못한 실수였습니다.

정말로 중요한 것은 그 기업의 기본 경제성, 해당 산업의 진행 방향, 아마존 같은 경쟁자의 시장 지배 가능성 등입니다. 그러나 이러한 실제 위험이 기업 인수 점검 목록에 들어 있는 사례를 우리는 본 적이 없습니다. 우리가 기업 인수에서 저지른 부작위의 실수는 6건 이상입니다. 하지만 실사를 더 많이 한다고 해서 이런 실수를 줄일 수 있는 것은 아닙니다. 다만 우리가 조금 더 현명했다면 실수가 감소했을지 모르지요.

지극히 중요한 것은 10억 달러에 주식 증서를 양도할 소유 경영자가 앞으로도 변함없는 태도로 기업을 경영할 것인지를 판단하는 일입니다. 관련 항목이 점검 목록에 들어 있다면 당연히 확인해야 하겠지만, 점검 목록에 들어 있지 않더라도 기업의 미래 경제 전망 평가에 중요한 항목은 반드시 분석해야 합니다.

시즈캔디는 인수 당시 임차 매장이 약 150개였습니다. 프리시전 캐스트파츠는 인수 당시 공장이 170개였습니다. 일부 공장에는 공해 문제가 있었을 것입니다. 그러나 중요한 것은 개별 공장이 아니라 10~20년 후의 사업 전망입니다. 이렇게 실사를 생략하는 우리의 기업 인수 방식이 적어도 일부 사람에게는 유용할 것이라고 믿습니다. 사소한 일로 다투는 과정에서 자존심이 상하면 거래가 무산되는 사례를 나는 많이 보았습니다. 그러나 우리가 협상을 시작하면 대개 완결됩니다.

멍거: 임차 계약서를 꼼꼼하게 확인하는 것보다는 기업의 질 평가가 더 중요합니다. 기업을 계속 운영할 경영진의 자질도 매우 중요한데, 점검 목록을 사용한다고 확인이 될까요? 기업의 질과 경영진의 자질 평가 실적이 버크셔보다 좋은 기업을 나는 보지 못했습니다. 우리가 실사에 의지했다면 이렇게 평가하지 못했을 것입니다. 우리 방법이 옳다고 봅니다.

버핏: 협상이 길어지면 대개 무산됩니다. 사람들은 어리석은 짓인 줄 알면서도 사소한 일에 고집을 부리곤 합니다. 나는 협상이 진행되길 바라므로 상대에게 어느 정도 신뢰감을 표시합니다. 그러면 대개 상대도 내게 신뢰감을 표시합니다. 그러나 암적인 존재도 분명히 있습니다. 서류 검토로는 이러한 사람을 찾아낼 수 없습니다. 우리가 믿고 막대한 돈을 건네주는 사람이 장래에 어떤 행태를 보일 것인지 평가하는 작업이 가장 중요합니다.

우리는 회사의 실적과 인수 가격을 모두 알고 있으므로 협상이 순조롭게 진행되길 바랍니다. 나는 모든 면에서 우리에게 유리해야 좋은 거래라고 생각하지는 않습니다. 톰 머피는 모든 면에서 유리한 조건을 얻으려 하지 말고 단지 적당한 거래를 하라고 내게 가르쳐주었습니다. 상대가 부정직한 사람이면 거래 과정에서 징후가 나타납니다. 운이 좋으면 협상 초기에 이러한 징후를 발견하게 됩니다.

멍거: 이 자리에 계신 주주 여러분께 여쭤보겠습니다. 행복한 결혼 생활을 할 목적으로 배우자의 출생증명서를 꼼꼼하게 확인한 분이 얼마나 될까요? 우리가 사용하는 기법은 이미 널리 사용되는 듯합니다.

버핏: 동감입니다.

Q 38. **아지트 자인**이 태드 몬트로스로부터 재보험 사업을 넘겨받았는데, 승계 계획에 변화가 있나요?

버핏: 태드는 버크셔에서 놀라운 일을 해냈습니다. 제너럴 리는 한때 문제아였지만 지금은 우량 기업이 되었습니다. 나는 그를 더 오래 붙잡아두려고 노력했습니다. 그러나 재보험 사업은 아지트가 맡는 편이 타당합니다. 아지트는 가드라는 회사도 경영하고 있습니다. 몇 년 전에 인수했는데, 가드 본사는 펜실베이니아주 윌크스배리에 있습니다. 소기업 보험 분야에서 탁월한 실적을 내고 있습니다. 아지트가 2년 전 시작한 특수 보험specialty insurance이 대성공을 거두고 있습니다. 직원도 매우 유능해서 엄청난 일을 해내고 있습니다. 4만 명이 모이는 주주총회를 제대로 치르려면 수없이 회의를 거듭하면서 수백만 달러를 지출해야 할 듯하지만, 우리 유능한 버크셔 본사 직원이 큰돈 들이지 않고 거뜬히 해내는 것과 마찬가지입니다. 유능한 사람은 무슨 일이든 무한히 해낼 수 있습니다. 그리고 보험에 관한 일이라면 아지트가 얼마든지 다룰 수 있습니다.

나의 승계 계획은 늘 그랬듯이 월요일 이사회에서 다룰 예정입니다. 참석자 모두 무엇이 가장 타당한지 알고 있으므로 생각이 일치합니다. 그러나 5년 후에는 다른 방식이 타당할지도 모릅니다. 앞으로 언제 어떤 일이 벌어질지 누가 알겠습니까? 장래에는 이사회에 참여하는 사람이 바뀔지도 모르지요. 하지만 향후 제너럴 리를 아지트가 경영한다는 사실에는 변함이 없을 것입니다.

멍거: 유능한 사람은 많은 일을 해내지만 무능한 사람은 어떤 방법을 동원해도 바뀌지 않습니다. 빈틈없이 대응하려면 우리 시스템처럼 해야 합니다.

버핏: 조직에 대한 통설 따위는 따를 필요가 없다고 생각합니다. 우리는 가장 합리적으로 판단하려고 노력합니다. 우리에게 군대 조직과 같은 거창한 조직도는 지금도 없고 앞으로도 절대 없을 것입니다.

멍거: 전에 워런과 나는 어떤 일에 X달러 이상은 지출하지 않기로 결정했습니다. 그러자 한 중간 관리자가 우리에게 말했습니다. "두 분 다 제정신이 아니시군요. 정말 어리석은 결정입니다. 이렇게 수준 높은 사업에는 지출액을 높여야 합니다." 이 말에 우리는 서로 쳐다보았고, 결국 그가 말하는 방식을 따랐습니다. 우리는 직함을 따지지 않았습니다.

버핏: 그 중간 관리자의 말이 옳았습니다.

멍거: 그의 말이 옳았습니다. 그래서 그가 제시한 방식을 따랐습니다.

버핏: 하루는 여성 청소원이 내 사무실에 들어왔습니다. 루비라는 이 청소원은 내가 하는 업무가 의심스러웠던 모양입니다. 이날 그는 진상을 규명하기로 작정하고 말했습니다. "버핏 선생님, 말을 잘 고르시나 봐요?" 그는 내가 경마로 돈을 번다고 생각했나 봅니다.

Q 39. **버크셔 채권의 신용 등급**이 최고가 아닌 이유가 무엇일까요?

멍거: 신용 평가 기관의 평가 모형이 잘못된 방식으로 굳어졌기 때문입니다.

버핏: 버크셔가 그들의 모형에 잘 맞지 않습니다. 그들이 주로 다루는 기업과 다른 모습이기 때문이지요. 그들이 방문할 때마다 나는 AAAA등급 기준을 만들어보라고 말합니다. 그러나 전혀 반응이 없습니다.

Q 40. 버크셔는 3G와 공동으로 **크래프트 하인즈**를 인수했습니다. 3G가 원가를 절감하는데 크래프트 하인즈의 판매량과 매출액이 감소하는 이유는 무엇인가요?

버핏: 원가 절감은 반드시 해야 할 때도 있고 해서는 안 될 때도 있습니다. 톰

머피의 방식이 가장 좋습니다. 그는 필요 없는 사람은 절대 고용하지 않았으므로 해고할 필요도 없었습니다. 버크셔 본사에서 쓰는 방식도 비슷합니다. 지금 필요한 사람이 아니라면 처음부터 필요한 사람이 아니었습니다. 물론 철도처럼 경기 순환형 사업이라면 운송량이 감소할 때 해고가 필요할 수도 있겠지요.

아무 일도 하지 않거나 쓸데없는 일을 하는 사람으로 가득 찬 기업이 도처에 널려 있습니다. 그동안 3G의 원가 절감을 보고 내가 받은 인상은, 매출이 감소하지 않도록 지극히 현명한 방식으로 원가를 절감했다는 것입니다. 지금은 포장 소비재 산업의 매출 추세가 좋지 않습니다. 시간이 지나면 원가 절감이 성공적이었는지 밝혀질 것입니다.

과연 원가 절감 탓에 매출이 감소했을까요? 나는 그렇게 판단할 근거를 전혀 발견하지 못했습니다. 크래프트 하인즈에는 매출이 증가할 제품 라인도 있고 매출이 감소할 제품 라인도 있다고 생각합니다. 전체적으로 보면 포장 소비재 산업의 판매량은 크게 바뀌지 않을 것입니다. 약간 감소할 수는 있겠지만요. 나는 3G보다 더 합리적인 방법으로 인수 기업의 원가를 신속하게 절감한 회사를 본 적이 없습니다. 나는 매달 모든 경쟁사의 실적과 비교하면서 실적 부진의 조짐을 찾아보고 있지만, 아직 전혀 발견하지 못했습니다.

멍거: 때로는 매출 축소가 매우 현명한 선택이 될 수도 있습니다. 손실이 발생하는 매출은 포기하는 편이 나으니까요. 흔히 기업에 불필요한 종업원이 있는 것처럼, 고객 중에도 없느니만 못한 고객이 있습니다. 그러나 외부에서 보면 매출의 소폭 감소가 좋은 신호인지 나쁜 신호인지 판단하기 어렵습니다. 남아도는 종업원이 많을 때보다 없을 때 모든 면에서 기업에 유리하다고 생각합니다. 남아도는 종업원은 도움이 되지 않습니다.

버핏: 한 분야에서 사고방식이 느슨해지면 십중팔구 다른 분야에서도 느슨해지기 쉽습니다. 지금까지 나는 19개 기업의 이사회에 참여했는데, 그중에는 탁월한 기업도 있었고 느슨한 기업도 있었습니다. 둘의 차이는 엄청납니다.

탁월한 기업을 보유하면 느슨한 사고방식을 떨쳐낼 수 있습니다. 그러나 탁월한 기업이 없으면 자신의 사고방식이 느슨한지조차 깨닫기 어렵습니다. 예컨대 버크셔가 매년 10억 달러를 낭비해서 이익이 4% 감소해도 모르고 지나갈 수 있습니다.

멍거: 나도 모르고 지나갈 것입니다.

버핏: 찰리는 알아챌 것입니다.

오래전 담배회사가 전형적인 사례인데, 손쉽게 거금을 벌어들이던 회사는 돈을 함부로 낭비했습니다. 이들은 경영을 잘하지 않아도 돈벌이가 되었으므로 이 상황을 이용했습니다.

Q 41. 40억 달러에 인수한 **밴튤 오토모티브**는 경제성이 보기보다 좋던가요?

버핏: 질문자의 말대로 경제성이 보기보다 좋습니다. 41억 달러에 인수하면서 10억 달러 상당의 증권까지 보유하게 되었습니다. 이 10억 달러는 우리가 언제든 사용할 수 있습니다. 그러나 2년 동안 거액의 인수 회계 비용이 발생합니다. 밴튤의 경제성은 우리 예상과 거의 그대로 일치합니다. CEO도 일류입니다. 인수 가격에서 10억 달러를 차감하고 일부 항목에 상각비를 반영하면, 이익이 매우 낮긴 하지만 인수 가격과 비교해 적절해 보입니다.

지금까지는 인수가 일정대로 진행되어 매우 만족스러운 실적을 내고 있습니다. 그러나 불운하게도 인수하지 못한 자동차 대리점이 있습니다. 이 대리점들은 인수 가격으로 우리가 X를 지불할 것으로 기대하지만 우리는 그 가격을 지불하고 인수할 생각이 없었습니다. 그래도 우리는 자동차 대리점 가치 평가 방식을 변경하지 않을 생각입니다.

Q 42. **미국 금리**가 제로에서 마이너스로 내려가면 가치 평가에 어떤 영향을 미치게 되나요?

버핏: 미국에서는 금리가 마이너스로 내려간 적이 없지만, 금리가 0%에서

-0.5%로 내려가는 것은 금리가 4%에서 3.5%로 내려가는 것과 크게 다르지 않습니다. 물론 이자 0.5%를 지급해야 하는 사람이라면 기분이 다를 수는 있겠지요. 기준 금리가 0.5% 인하된다면 어느 정도 의미는 있겠지만 극적인 수준은 아닙니다.

그러나 저금리 환경이 사회 전반에 미치는 영향은 극적입니다. 우리 저금리 환경은 내가 예상했던 것보다 훨씬 장기간 이어지고 있습니다. 금리가 제로일 때는 금리가 15%에 이르던 볼커 시절보다 기업 인수 가격이 높아집니다. 과거 금리가 정상일 때나 높을 때보다 자금 조달 비용이 매우 낮기 때문에 기업 인수에 더 높은 가격을 치르는 것입니다. 2,600년 전 이솝이 말한 원칙이 "손 안의 새 한 마리가 숲속의 새 두 마리보다 낫다"입니다. 이제는 우리 손안의 새 한 마리가 유럽 숲속의 새 10분의 9마리와 같습니다. 지금은 매우 이례적인 시기입니다. 현재 금리가 제로에 가까워서 프리시전 캐스트파츠 인수에 내가 더 높은 가격을 지불했느냐고 묻는다면 그렇다고 답하겠습니다. 나는 지나치게 높은 가격을 지불하지 않으려고 노력하지만 그래도 금리의 영향을 받게 됩니다. 금리가 현재 수준으로 장기간 유지된다면 자산 가격에 엄청난 영향을 미치게 될 것입니다.

멍거: 마이너스 금리에 대해서 제대로 아는 사람이 없다고 생각합니다. 우리는 마이너스 금리를 경험해본 적이 없습니다. 대공황 기간을 제외하면 미국 경제가 정지한 적도 없습니다. 일본에서는 온갖 통화 정책을 동원했어도 경제가 수렁에 빠진 채 25년 동안 정지했지만 미국은 그런 적이 없습니다. 마이너스 금리를 연구하고 가르친 위대한 경제학자 중에도 제대로 이해하는 사람이 없습니다. 우리는 단지 최선을 다할 뿐입니다.

버핏: 경제학자는 여전히 이해하지 못하고 있습니다.

멍거: 우리는 자신이 이해하지 못한다는 사실을 알기 때문에 유리합니다.

버핏: 이 내용을 영화로 만들면 재미있겠습니다. 저금리는 기업 인수 가격에 어느 정도 영향을 미칩니다. 저금리가 이렇게 오랜 기간 지속되리라고는 아무

도 예상하지 못했을 것입니다.

멍거: 마이너스 금리가 혼란스럽지 않다면 마이너스 금리에 대해서 깊이 생각해보지 않은 것입니다.

Q 43. 가이코는 왓슨(인공 지능 컴퓨터)을 시험적으로 사용하면서 IBM과 협업하고 있습니다. IBM이 **가이코에서 입수한 데이터**를 다른 보험사에 판매할 가능성에 대해 생각해봤나요?

버핏: 양측 모두 이 문제에 대해 철저하고도 광범위하게 검토했습니다. 어느 쪽도 이 문제에 대해 말할 입장이 아닙니다. 나는 어떤 질문도 회피하고 싶지 않지만, 간혹 답변이 부적절한 경우도 있습니다. 내 말이 옳은가, 찰리?

멍거: 물론 옳지.

버핏: 다행이네.

Q 44. 장기적으로 보면 **아메리칸 익스프레스**는 재투자가 필요할 것입니다. 버크셔는 아메리칸 익스프레스 투자 포지션을 재평가해야 하지 않을까요?

버핏: 우리는 모든 투자 포지션에 대해 보유 근거를 지속적으로 재평가하고 있습니다. 보통은 보유 근거에 대해 의견이 대체로 일치하지만 간혹 의견이 매우 엇갈리기도 합니다. 결제 서비스는 똑똑한 거액 투자자 다수가 큰 관심을 보이는 분야입니다.

멍거: 빠르게 변화하는 분야이기도 하죠.

버핏: 나는 아메리칸 익스프레스 보유를 여전히 긍정적으로 생각합니다. 아메리칸 익스프레스는 수십 년 동안 공격받았고, 최근에는 더 집중적으로 공격받고 있으며, 앞으로도 계속 공격받을 것입니다. 아메리칸 익스프레스는 규모도 매우 큰 데다가 사업이 너무도 흥미롭고 매력적이어서 사람들의 관심을 끌지 않을 수 없습니다. 그래서 매우 똑똑한 사람들의 재능을 십분 활용하고 있습니다.

멍거: 위대한 기업 중에는 예전만 못한 기업이 많습니다. 프록터 앤드 갬블, 제너럴 밀스 등 포장 소비재 기업은 모두 과거 절정기보다 약해졌습니다.

버핏: 자동차회사도 그렇습니다.

멍거: 내가 젊은 시절 제너럴 모터스는 정말 막강했습니다. 경제를 지배하는 거인 같은 존재였습니다. 억수로 벌어들이는 현금 덕분에 천하무적처럼 보였습니다. 그러나 결국 파산하고 말았습니다. 세상이 바뀌었으니까요. 하지만 뭔가 전보다 다소 불리해졌다고 해서 매번 포트폴리오를 변경할 수는 없습니다.

버핏: 우리는 어떤 변수에 의해 게임의 양상이 대폭 바뀌는지를 지켜보면서 항상 생각해야 합니다. 그 대상은 아메리칸 익스프레스뿐만이 아닙니다. 우리는 가격도 인식하고 있지만, 이 변수가 사소한 문제인지 중대한 문제인지, 아니면 치명적인 문제가 될 것인지 그 확률도 평가하고 있습니다. 어려운 게임이지만 재미있습니다.

멍거: 현재 결제 서비스 회사는 모두 이런 위협에 직면하고 있습니다.

Q 45. 소를 사육하는 목장주입니다. 세계 인구가 증가하고 있으므로 **소에 대한 투자**가 유망하다고 생각하는데, 어떻게 보나요?

멍거: 우리 같은 사람에게는 최악의 사업 중 하나라고 생각합니다. 최악의 사업인 데다가, 우리 적성에도 맞지 않습니다. 20년마다 한 해 정도 좋은 실적이 나오겠지요.

버핏: 개인적인 감정은 없습니다. 소에 투자해서 좋은 성과를 내는 사람도 있습니다.

멍거: 20명 중 한 명 정도겠지요.

질문자: 두 분 모두 스테이크를 좋아한다고 들었습니다.

버핏: 실제로 목장을 운영해 꽤 좋은 성과를 거둔 사람을 몇 명 알고 있습니다. 그들은 대개 은행도 보유하고 있습니다. 하는 일이 잘되길 바랍니다. 내 사무실은 키위트 플라자이니까, 스테이크를 이쪽으로 보내주셔도 됩니다.

멍거: 경제가 돌아가려면 누군가 어려운 역할을 담당해야 합니다.

버핏: 당신 같은 분이 필요합니다.

Q 46. **성과 보상 제도**는 위력이 대단합니다. 버크셔의 차기 CEO에게 어떤 방식으로 보상할 계획인가요?

멍거: 나는 차기 CEO에 대해 걱정하지 않습니다. 우리 성과 보상 제도는 다른 회사와 달라, 각 자회사의 현실에 맞게 수립됩니다. 기본 원칙은 실제 성과에 맞게 보상한다는 것입니다. 성과 보상 제도가 부실하면 실적도 부실해집니다. 매우 흥미로운 성과 보상 제도가 바로 가이코의 사례입니다. 다른 회사와 달리, 가이코 직원의 성과 보상 기준은 이익이 아닙니다.

버핏: 가이코의 성과 보상 기준은 두 가지로, 2만 명이 넘는 직원에게 적용됩니다. 우선 1년 이상 근무해야 합니다. 그리고 직위가 상승할수록 승수 효과가 있어서, 기본 급여 대비 보너스의 비중이 커집니다. 그 비중이 항상 큽니다.

나는 사업을 성장시키되, 수익성 높은 사업으로 성장시키고 싶습니다. 우리 성과 보상 제도의 한 축은 보험 계약 증가율이고, 나머지 한 축은 1년 이상 경과한 보험 계약의 수익성입니다. 신규 계약 유치에는 많은 비용이 들어갑니다. 광고에도 많은 돈을 지출해야 합니다. 따라서 첫해에는 신규 계약에서 발생하는 비용 탓에 이익이 감소합니다. 그러나 직원이 수익성을 걱정하면 사업을 신속하게 성장시키기 어렵습니다. 그래서 1995년부터 신규 계약의 기여도를 다소 조정했고, 직원 모두 잘 이해하고 있습니다. 이렇게 조정한 성과 보상 제도에 의해 조직의 목표와 주주의 목표가 일치하게 되었습니다.

멍거: 흔히 다른 보험사는 오직 이익만을 기준으로 보상합니다. 그래서 이익을 떨어뜨리는 신규 계약을 기피합니다. 짧은 생각이지요. 워런은 성과 보상 제도 설계에 능숙합니다.

버핏: 이익에 대해 보상하는 것은 지극히 어리석은 방식입니다. 그러면 광고를 중단하게 되므로 사업이 축소됩니다. 반면에 가이코에서는 직원은 물론

CEO도 똑같은 기준으로 보상받고 있습니다. CEO라고 해서 보상 기준이 직원보다 넉넉하지 않다는 말입니다. 만일 우리가 보상 컨설턴트를 고용하면, 컨설턴트는 버크셔 전체에 맞춰 보상 계획을 수립할 것입니다. 그러나 자회사 70~80개에 두루 적용되는 성과 보상 제도를 수립하겠다는 것은 완전히 미친 생각입니다. 그래도 컨설턴트는 기본 계획과 하부 계획 방식으로 성과 보상 제도를 구상할 것입니다.

우리는 각 자회사에 적합한 성과 보상 제도를 찾아내려고 노력합니다. 우리 자회사 중에는 CEO가 지극히 중요한 회사도 있고 이미 시장을 지배하고 있는 회사도 있습니다. 한 소유 경영자는 회사를 버크셔에 매각하고 나서도 계속 경영하고 싶어 했습니다. 나는 회사를 인수하고서 그에게 말했습니다. "어떤 보상 제도가 필요한지 말해보세요." 그는 "나는 당신이 말해줄 것으로 생각했습니다"라고 대답했습니다. 그래서 내가 말했습니다. "나는 자회사 CEO가 타당하다고 생각하는 보상 제도를 도입하고 싶습니다." 그는 타당하다고 생각하는 보상 제도를 말했고 우리는 지금까지도 그 보상 제도를 사용하고 있습니다. 심지어 단어 하나도 바꾸지 않았습니다.

우리 자회사 중에는 사업하기 매우 어려운 회사도 있고 매우 쉬운 회사도 있으며, 자본이 많이 들어가는 회사도 있고 자본이 거의 들어가지 않는 회사도 있습니다. 단순한 보상 공식을 만들어 모든 자회사에 천편일률적으로 적용한다면 막대한 돈을 낭비하게 될 뿐 아니라 잘못된 유인까지 제공하게 됩니다. 나는 내 후계자에 관한 생각을 정리한 메모 두 건을 이사회에 보냈습니다. 어쩌면 세 번째 메모를 보낼지도 모르겠습니다. 그러나 메모 내용 공개는 현명하지 않다고 생각합니다.

멍거: 은행업과 투자 은행업에서 잘못된 유인의 사례가 많이 나옵니다. 만일 회계 관행에 의해 서류상으로만 존재하는 이익을 기준으로 직원에게 보상을 제공한다면, 직원은 잘못된 일을 벌여 은행을 위험에 빠뜨리고 나라에도 해를 끼치게 됩니다. 금융 위기가 발생한 주된 원인이 바로 이것이었습니다. 은행

은 이익을 내지 못했는데도 이익을 많이 냈다고 보고했습니다. 회계 규정 덕분에 대출에 과거 대손율을 적용할 수 있었기 때문입니다. "과거에 이러한 대출에서 손실이 발생하지 않았으니까 앞으로도 발생하지 않겠지"라고 말하면서 직원은 마구 고금리 대출을 제공하고 막대한 보상을 받아 챙겼습니다. 이런 규정을 만든 회계 당국 담당자는 제정신이 아니었습니다. 그런데 수치심조차 없습니다.

버핏: 매우 탐욕스러운 CEO는 피라미드식 보상 체계를 설계합니다. 겉보기에는 CEO가 자신의 배를 채우기보다 남에게 보상하는 것 같지만 사실은 많은 부정이 숨겨져 있습니다. 스톡옵션 가격 설정이 그 예입니다. 나는 이사회에서 오가는 대화를 들었습니다. 이사회는 스톡옵션을 터무니없이 낮은 가격에 발행했습니다. 여러 사람의 이익이 걸려 있으므로 이들은 종종 이러한 결정을 내립니다. 기업이 주식을 낮은 가격에 발행하는 것만큼 어리석은 일이 또 있을까요? 그러나 컨설턴트는 보상 제도가 매우 복잡하고 어려운 일인 것처럼 포장해 이러한 사실을 숨깁니다.

멍거: 우리는 단순하고도 올바른 보상 제도를 원합니다. 아이들이 잘못된 행동을 할 때마다 보상한다면 집안은 곧바로 난장판이 될 것입니다.

Q 46. BNSF의 자본적 지출은 매출의 약 20%입니다. 유지비는 얼마인가요?

버핏: 모든 철도회사는 감가상각비 지출만으로 현상 유지가 되지 않습니다. 2015년 우리가 문제 해결에 지출한 자금이 57억 달러였습니다. 실제 유지비는 이 금액보다 60% 많습니다. 이 숫자에 반영되지 않은 추가 비용도 있습니다. 실제 비용이 아닌 무형 비용도 많습니다. 버크셔의 수치는 대체로 보수적인 편입니다. 그러나 다른 철도회사의 수치는 보수적인 편이 아닙니다.

우리는 이른바 능동형 열차 제어Positive Train Control에도 투자합니다. 우리는 이 분야에 20억 달러를 투자해 앞으로 다른 철도회사를 더 앞서갈 수 있다고 생각합니다. 철도는 매우 자본 집약적인 사업입니다. 우리는 감가상각비보다 훨씬 많은 자금을 지출할 것이며, 매우 장기간 막강한 경쟁력을 유지할 것입니다. 우리는 자본적 지출을 통한 추가 사업 개발 기회를 항상 탐색하고 있습니다. 그러나 부정적인 소식도 있습니다. 우리는 배컨 지역에 거액을 투자해 유가가 상승할 때 혜택을 보았지만, 기대했던 수준에는 미치지 못했습니다.

석탄 수송량 감소는 우리 자본적 지출 예산과 아무 관계가 없습니다. 우리는 일관 수송(intermodal: 두 종류 이상의 운송 수단을 이용하는 수송)에 더 투자할 수도 있지만 우선 매출 증가 가능성이 충분히 보여야 합니다. 우리가 오래전부터 준비한 계획도 있는데, 승인받았다면 막대한 자금을 지출했을 것입니다. 그러나 법원에서 부정적인 판결이 나왔습니다.

멍거: 우리 경쟁자가 환경 보호론자 행세를 했습니다. 지금은 일반적 관행이 되었습니다. 우리는 올바른 일을 하려고 노력하고 있지만 지금까지는 법정에서 열세입니다.

Q 47. **유가 급락** 탓에 실직하는 사람이 많습니다. 이런 상황이 통화 정책에 영향을 미칠까요?

멍거: 큰 영향 없을 것입니다.

버핏: 석유는 중요한 산업입니다. 유가 하락은 많은 분야에 영향을 미칩니다. 소비자에게는 큰 호재가 되지만 우리가 보유한 루브리졸 등 일부 기업에는 큰 악재가 됩니다. 미국 전체로 보면 호재가 될 것입니다. 석유를 수입하기 때문이지요. 바나나 가격 하락이 미국에 유리한 것처럼 유가 하락도 미국에 유리합니다.

그러나 유가는 매우 많은 분야에 영향을 미치므로 유가 하락 탓에 피해를 보는 분야도 많습니다. 특히 자본적 지출에서 피해가 발생합니다. 2~3주마다 주유소를 찾는 소비자에게는 유가 하락이 이득입니다. 그러나 저유가가 이어질 것으로 예상되면 자본적 지출이 대폭 감소합니다. 하룻밤 사이에 유전의 가치가 절반으로 떨어지거나 제로가 되기도 합니다. 사람들이 즉시 주문을 중단하면 우리 화학 사업도 큰 영향을 받습니다. 미국은 형편이 더 나아지고 사우디아라비아는 형편이 더 나빠집니다. 유가 하락에도 불구하고 미국 경제는 계속 발전하고 있습니다. 그 영향은 지역에 따라 달라집니다.

멍거: 그 정도면 됐습니다.

Q 48. 버크셔 재무상태표의 제조, 서비스, 소매 섹션에 **초과 현금**이 그렇게 많은 이유는 무엇인가요?

버핏: 버크셔는 모든 자회사에 초과 현금이 있습니다. 지금은 초과 현금이 우리 자회사 중 어디에 있든 중요하지 않습니다. 우리 보유 현금은 절대 200억 달러 미만으로 감소하지 않을 것이며 실제로는 이보다 훨씬 많은 금액이 될 것입니다. 크래프트 하인즈 우선주의 만기가 도래하면 현금은 600억 달러가 넘어갈 것입니다. 이 현금을 어느 자회사가 보유하느냐는 크게 걱정할 문제가 아닙니다. 지금은 금리가 낮아서 어느 자회사가 보유해도 큰 차이가 없기 때문입니다.

금리가 상승한다면 우리는 각 자회사의 계좌를 정리할 것입니다. 그러나 버크셔 해서웨이 에너지와 BNSF가 보유한 현금에는 관심을 두지 않을 것입니다. 두 회사는 버크셔의 보증 없이 독자적으로 부채를 일으켜 자금을 조달합니다. 따라서 두 회사에 현금이 풍부해도 버크셔 본사에서는 관여하지 않을 것입니다. 그러나 금리가 일정 수준까지 상승하면 나머지 40~50개 자회사의 계좌는 정리할 것입니다.

멍거: 질문자의 아이디어는, 다른 기업처럼 우리도 공급 업체에 대한 대금 지급을 늦춰서 운전 자본을 더 확보하자는 뜻으로 보이는군요?

버핏: 요즘 기업의 관심사입니다. 작년 월마트는 우리를 포함한 모든 공급 업체를 방문해 6개 항목에 대해 동의해달라고 요청했습니다. 그중 하나가 지불 기간 연장이었습니다. 우리 자회사는 각자 독립적으로 결정했습니다. 내 짐작으로는 다른 공급 업체보다 지불 기간을 더 연장해주었습니다. 원래 요청한

연장 기간이 30일이었는지 60일이었는지는 기억하지 못하지만 충분히 연장 해주었습니다.

2년 뒤에는 월마트의 매출 대비 매출 채권 비율이 상승할 것입니다. 현재 월마트는 아마존 등과 경쟁하면서 많은 압박에 시달리고 있습니다. 우리 자회사 중 일부도 공급 업체에 대해 지불 기간 연장을 검토할 수는 있지만, 실행하지는 않을 것이라고 생각합니다. 버크셔는 현금 부족에 시달리지 않기 때문입니다. 우리 경영자 대부분은, 십중팔구 지불 기간 연장보다는 십중팔구 공급 업체와 관계 유지를 더 원할 것으로 생각합니다.

멍거: 우리가 현금이 풍부할 때 현금 부족에 시달리는 공급 업체를 배려해주면 호감을 살 수 있습니다. 공급 업체 및 고객을 배려해 항상 상생 관계를 유지하도록 노력하는 것도 좋은 방법입니다.

버핏: 우리 플로트는 순조롭게 증가하고 있습니다.

멍거: 우리는 필요 없으니 다른 회사가 플로트 부문에서 기록을 세우라고 합시다.

Q 49. 버크셔는 **구조 조정 비용**이 많지 않은데, 인수한 기업 대부분이 독자적으로 운영되기 때문인가요?

멍거: 인수 후 대량 해고와 매각·청산을 통해 구조 조정을 한다는 것은 마치 "어머니를 살해하고 보험금을 받으라"는 말처럼 들립니다. 우리는 그러한 짓을 하지 않습니다. 그러한 숫자 조작에는 관심이 없습니다. 우리는 그러한 구조 조정 비용을 지출한 적도 없고, 지출할 생각도 없습니다.

버핏: 우리 구조 조정 비용은 많지 않을 것입니다. 대부분 기업보다 더 보수적으로 잡았습니다. 그러나 우리 철도회사는 감가상각비가 과소 계상된 탓에 영업 이익이 과대 계상되었다고 봅니다.

멍거: 우리는 결점도 기꺼이 광고합니다.

버핏: 결점을 모두 광고하는 것은 아닙니다. 앞에서도 밝혔듯이, 우리는 실제로 비용이 아닌 상각과 무형 비용을 늘려 이익을 축소할 것입니다. 이 작업을

다른 기업보다 더 많이 할 것입니다. 조정 이익도 발표하지 않습니다. 버크셔는 숫자를 부풀려야 할 정도로 궁색하지 않습니다.

Q 50. 채권 펀드 매니저인데요. **버크셔의 신용 부도 스와프** 프리미엄을 알고 싶습니다.

버핏: 6~7년 전에 우리가 체결한 신용 부도 스와프 포지션 하나가 남아 있습니다. 만기에 액면 금액을 상환받는 제로 쿠폰 지방채를 판매하면서 체결했는데, 규모가 77억 달러 정도일 것입니다. 우리는 이 포지션이 마음에 들어 지금도 유지하고 있습니다. 버크셔의 신용 부도 스와프 프리미엄은 우리 부채 보증에 대한 보험료와 같습니다. 이 프리미엄은 가끔 큰 폭으로 변동합니다. 이는 우리가 계약할 때 지방채에 대해 담보를 제공하지 않았기 때문이기도 합니다. 일부 기업은 내부 규정에 따라 보증을 요구할 것이므로, 거래 상대방이 신용 부도 스와프 프리미엄을 지불해야 할 것입니다.

2008년과 2009년에는 우리 프리미엄이 터무니없는 수준까지 상승했습니다. 그래서 주주총회에서 나는 허용되기만 하면 내가 기꺼이 프리미엄을 받고 대신 보증하고 싶다는 말까지 했습니다. 실제로 나는 신용 부도 스와프 동향에 별다른 관심이 없습니다. 우리가 담보를 제공하지 않아서 비싼 값에 프리미엄을 사야 하는 사람에게는 유감이지만 말입니다. 우리 눈에는 그들이 돈을 낭비하고 있습니다.

멍거: 사실 우리는 단기간에 2bp 더 얻으려고 위험을 감수할 생각이 없습니다. 신용 부도 스와프는 우연히 등장한 역사적 산물이며 우리는 큰 관심을 두지 않습니다. 때가 되면 사라질 상품입니다.

버핏: 우리 계약은 모두 만기가 도래하고 있습니다. 두 곳에서 거래가 이루어지고 있지만 규모가 미미합니다. 내가 6~7년 전에 계약한 포지션은 규모가 대폭 감소했습니다.

멍거: 우리는 우리 신용 부도 스와프 포지션으로 장난치지 않습니다.

버핏: 사람들은 버크셔 파산에 대한 보험료로 5%를 지급한 적도 있습니다. 나는 당시 허용되기만 하면 그 기회를 이용하고 싶었습니다.

Q 51. **아지트 자인** 같은 인물이 버크셔에 또 있나요?

버핏: 없습니다. 아지트를 잃는다면 우리에게 엄청난 손실이 될 것입니다. 토니 나이슬리 등 다른 경영자도 버크셔에 수십억 달러를 벌어주었습니다. 그러나 아지트가 벌인 사업은 매우 극적입니다. 그는 겨우 30명을 거느리고 몇 년 동안 환상적인 수익을 올렸습니다. 유감스럽지만, 이러한 대성공을 또다시 맛보기는 어려울 것입니다. 그는 버크셔에 엄청난 기여를 했습니다. 많은 경영자가 버크셔에 수십억 달러를 벌어주었으며 아마 수백억 달러를 벌어주는 경영자도 나올 것입니다. 환상적인 경영자가 유망한 기업을 맡아 최대한 활용하면 장기적으로 엄청난 성과를 거두게 됩니다.

아마존의 자본 가치를 끌어올린 제프 베조스를 생각해보십시오. 베조스가 없었다면 현재의 아마존도 없었을 것입니다. 댄 버크와 톰 머피는 TV를 발명하지 않았지만 방송사를 탁월하게 운영했습니다. 정말로 탁월한 경영자는 더없이 소중합니다. 우리는 탁월한 경영자와 손을 잡고 싶습니다. 우리가 버크셔를 아끼듯이 경영자도 버크셔를 아껴주길 바랍니다.

멍거: 아지트는 우리보다 오래 활동할 것입니다. 그가 떠나면 모두가 매우 아쉬워하겠지요.

버핏: 지금 포기해서는 안 돼, 찰리. 그런 패배주의는 거부하겠네.

Q 52. 장기간 플로트를 사용하려고 손실을 감수하면서도 **재재보험 사업**을 하고 있습니다. 실제로 그만한 가치가 있나요?

버핏: 우리는 매우 장기간 자금을 사용하려고 손실 확률을 감수합니다. 현재는 금리가 낮아서 이 자금의 유용성이 높지 않습니다. 그러나 이 자금을 우리가 보유하는 기간은 매우 긴 반면 지금과 같은 저금리가 무한정 이어지지는 않을

것입니다. 그리고 저금리 상황에서도 수익률이 꽤 괜찮은 투자 기회가 가끔은 있을 것으로 생각합니다. 우리는 자본을 매우 유연하게 배분하므로 자금을 유리하게 사용할 수 있습니다. 장기적으로 보면 높은 수익률에 자금을 사용할 기회가 한두 번은 올 것입니다.

멍거: 정말로 매력적인 기회가 나타난다면 우리는 거금을 사용하는 대가로 어느 정도 비용을 치를 용의가 있습니다. 이 비용은 옵션 프리미엄인 셈입니다.

버핏: 2008~2009년에는 이 옵션이 매우 유용했습니다.

Q 53. 현재 **부동산시장**을 어떻게 보시나요?

버핏: 2012년만큼 매력적이지는 않습니다. 지금과 같은 저금리 환경에서 자본 환원율(capitalization rate: 부동산에서 나오는 연간 순수입을 부동산 가격으로 나눈 비율)이 매우 낮은 부동산을 사면 이익보다 손실 가능성이 더 높다고 생각합니다. 조달 금리가 매우 낮으면 부동산 구입 유혹이 커질 수 있는데 그래도 사면 안 된다고 생각합니다.

물론 내 생각이 틀릴 수 있습니다. 현재 미국 주거용 부동산 전반에서 거품은 보이지 않습니다. 오마하 등 미국 대부분 지역 주거용 부동산 가격에 거품이 끼지는 않았다고 생각합니다. 2012년과는 매우 다릅니다. 앞으로 거품이 터질 곳이 부동산시장이라고는 생각하지 않습니다.

Q 54. **토드와 테드**가 투자한 종목 중 최대 성공작과 최대 실패작은 무엇인가요?

버핏: 나는 투자든 기업 인수든 대규모 거래 기회를 찾으려고 노력합니다. 두 사람의 주된 업무는 투자며, 각각 90억 달러 규모의 포트폴리오를 운용하고 있습니다.

한 사람은 종목이 7~8개고, 한 사람은 13~14개입니다. 두 사람은 투자 기법이 매우 비슷합니다. 그리고 보상을 한 푼도 받지 못하는 여러 업무에도 큰 도움을 주고 있습니다. 버크셔 기업 문화에 완벽하게 맞는 사람입니다. 물론 주된 업무에도 탁월합니다. 버크셔의 소중한 인재입니다.

두 사람은 더 큰 규모로 투자할 수 있습니다. 좋은 아이디어를 찾아내면 5억 달러를 투자할 수 있습니다. 나는 수십억 달러 규모로 투자할 방법을 찾고 있습니다. 두 사람은 최근 10~15년 동안 발전한 특정 사업이나 산업의 동향을 더 광범위하게 파악하고 있습니다. 두 사람은 투자 기법이 비슷하며, 이해할 수 있고 가격이 합리적이면서 10~15년 후 이익이 대폭 증가한다고 생각되는 기업을 찾고 있습니다.

멍거: 성공 종목과 실패 종목에 대해서는 말하고 싶지 않습니다.

버핏: 버크셔는 90일마다 유가 증권 매매 현황 보고서를 제출합니다. 우리는 두 사람의 매매 내역을 따로 확인하지 않습니다.

Q 55. 금융 섹터에 추가된 **현금 35억 달러**는 어디에서 왔나요?

버핏: 그 돈이 어디에서 왔는지는 말할 수 없습니다. 우리는 각 자회사에 흩어져 있는 돈을 모회사와 금융회사로 모으는 중입니다. 이 돈은 프리시전 캐스트파츠 인수 대금 220억 달러 준비에 사용됩니다. 차입한 자금도 120억 달러 있습니다. 결국은 자금을 모두 모회사로 집중해 결제일에 220억 달러를 지급할 것입니다. 이 밖에 특별히 중요한 내용은 없습니다.

Q 56. **IBM의 해자**를 어떻게 평가하십니까?

버핏: 쉽지 않은 질문이군요. IBM은 강점도 있고 약점도 있습니다. 우리가 보유한 종목에 대해 투자 분석을 하고 싶지 않습니다.

멍거: IBM은 컴퓨터 업계의 커다란 변화에 대처하고 있습니다. 중요하고도 흥미로운 사업을 시도하는 중입니다. 적당한 성과가 나올지 매우 훌륭한 성과가 나올지는 아무도 모릅니다. 워런도 모를 겁니다.

버핏: IBM에 강점이 있는지는 나중에 드러날 것입니다.

멍거: 컴퓨터 업계는 수많은 영재가 대박을 노리는 곳입니다.

Q 57. 당신의 주주 서한과 인터뷰를 보면 항상 **유머 감각**이 빛납니다. 유머 감각을 어디에서 얻으시나요?

버핏: 유머는 내가 세상을 바라보는 방식에서 나옵니다. 세상은 매우 흥미로우면서도 우스꽝스러운 곳입니다. 유머 감각은 나보다 찰리가 더 좋습니다. 찰리는 유머 감각을 어디에서 얻는지 들어봅시다.

멍거: 세상을 정확하게 바라보면 웃을 수밖에 없습니다. 터무니없으니까요.

버핏: 멍거의 멋진 답변으로 Q&A를 마무리하겠습니다.

가장 좋은 해자는
경쟁력 우위

2017년

도입

버핏: 이쪽은 찰리고, 나는 워런 버핏입니다. 찰리는 귀가 멀쩡하고 나는 눈이 멀쩡하므로 우리 두 사람은 구분이 될 겁니다. 우리는 함께 일합니다. 각자 장기가 있죠. 멋진 도시 오마하에 오신 여러분을 환영합니다.

찰리는 지금까지 캘리포니아에서 약 70년을 살았지만 속은 여전히 오마하 사람입니다. 찰리와 내가 태어난 곳은 이 건물에서 2마일 이내입니다. 찰리는 여기서 약 1마일 거리에 있는 공립학교 센트럴 하이를 졸업했습니다. 나의 아버지, 첫 번째 아내, 세 자녀, 두 손자도 모두 같은 학교를 졸업했습니다. 실제로 내 손자들도 나의 아버지와 내가 배운 방식으로 배웠을 것입니다. 오마하는 훌륭한 도시입니다. 여기 머무는 동안 많이 구경하시기 바랍니다.

1분기 실적

어제 우리 실적 보고서가 발표되었습니다. 특정 기간의 실현 손익은 정말이지 아무 의미가 없습니다. 원하면 우리는 대규모 이익을 실현할 수 있고 대규모 손실을 실현할 수도 있습니다. 그러나 내재 가치와 관련된 경우가 아니라면 우리는 특정 시점을 선택해 손익을 실현하지 않습니다. 그리고 실적 예측도 하지 않습니다.

3월 31일 현재 우리 미실현 이익은 900억 달러가 넘습니다. 그런데 다른 조건이 모두 동일하다면 올해에는 미세하게나마 이익 실현보다는 손실 실현을 선호합니다. 세금 효과 때문이지요. 현재 우리 이익에 부과되는 법인 세율은 35%인데, 이는 우리 손실에 대해 감면되는 세금도 35%라는 뜻입니다. 내년부터는 법인 세율이 인하될 가능성이 다소 있는데, 그러면 손실에 대한 세금 혜택도 감소하게 됩니다. 물론 대수로운 일은 아닙니다. 그래도 세법이 개정될 것으로 추정되므로 이익 실현은 미루고 손실 실현은 올해 말 이전으로 앞당기는 방식을 미세하게나마 선호합니다.

1분기에는 보험 영업이 주요 변수였습니다. 우리 실적이나 사업 평가에 관심이 많다면 인터넷에서 우리 10-Q를 살펴보기 바랍니다. 요약 보고서로는 평가의 요점을 파악하기 어렵기 때문입니다.

보험 영업에 대해서는 두 가지 요소만 언급하고자 합니다. 올해 초 4개월 동안 가이코의 보험 계약자 순증 규모는 70만 명으로, 내가 알기로 최대 실적입니다. 작년에는 30만 명이었습니다. 올해 초 4개월 동안 가이코는 놀라운 실적을 기록했습니다. 그러나 우리 주요 경쟁사 다수는 자동차 보험 신규 판매 규모를 축소하기로 했습니다(경쟁사 다수가 이 사실을 공표했고, 한 회사는 반복해서 공표했습니다). 판매 첫해에는 상당한 손실이 발생하기 때문입니다. 첫해에는 신규 고객 획득 비용이 발생하는 데다가 신규 계약의 손해율은 갱신 계약보다 거의 10%p나 높거든요. 따라서 신규 계약이 대폭 증가하면 첫해 손실도 대폭 증가합니다. 그래서 경쟁사 둘 이상은 신규 판매를 줄인다고 발표했습니다. 이는 우리가 원하던 바였으므로 우리는 보험 판매를 최대한 늘리려고 박차를 가했습니다.

1분기 보험 영업의 두 번째 요소는 우리 플로트가 증가했다는 사실입니다. 슬라이드에서 보듯이 전년 동기보다 160억 달러가 증가했는데, 올해 1분기 증가분이 140억 달러입니다. 몇 년 전부터 나는 우리 플로트를 늘리기가 어렵다고 말했습니다. 10-Q를 보면 단기 국채를 포함한 현금성 자산이 900억 달러를 훨씬 넘는데, 우리 플로트가 증가한 결과입니다. 1분기 영업 이익은 다소 감소했지만 그래도 나는 기분이 매우 좋습니다. 정말로 중요한 것은 우리 기업의 내재 가치 증가이기 때문입니다. 나는 당기 실적에도 항상 관심을 두지만 항상 미래 실적을 꿈꿉니다.

잭 보글

오늘 소개하고 싶은 사람이 한 분 더 있습니다. 오늘 온다고 들었는데, 왔을 것입니다. 내가 연차 보고서에서 언급한 잭 보글입니다. 잭 보글은 미국 투자자를 위해 누구보다 큰일을 해냈습니다. 오래전 그는 인덱스 펀드를 만들어냈습니다. 그동안 인덱스 펀드를 언급한 사람이 잭 혼자는 아니었습니다. 폴 새뮤얼슨도 언급했고 심지어 벤저민 그레이엄도 논했습니다. 그러나 잭이 아니었으면 인덱스 펀드는 나올 수 없었을 것입니다.

사실 인덱스 펀드는 투자 산업에 도움이 되는 상품이 아니었습니다. 보수를 극적으로 인하할 수밖에 없었기 때문입니다. 그러나 전체적으로 볼 때 인덱스 펀드는 월스트리트 전문가보다 좋은 실적을 제공했습니다. 한 가지 이유는 비용을 대폭 절감한 것입니다. 잭이 인덱스 펀드를 개발했을 때 칭찬한 사람은 거의 없었습니다. 오히려 사람들은 그를 조롱하고 공격했습니다. 그러나 이제 인덱스 펀드의 규모는 수조 달러에 이르렀고 인덱스 펀드의 보수는 몇 bp 수준까지 떨어졌습니다. 잭은 투자자에게 양호한 실적을 제공하면서 지금까지 적어도 수백억 달러에 이르는 비용을 절감해주었을 것입니다. 그리고 장기적으로는 수천억 달러를 절감해줄 것입니다. 월요일은 잭의 88번째 생일입니다. 미국 투자자를 대신해 생일을 축하하고 감사합니다.

잭, 당신에게 좋은 소식이 있습니다. 2년만 더 지나면 90세가 되어 버크셔 경영진 적격 연령에 도달하니, 그때까지 잘 버티세요.

Q 1. 웰스 파고는 버크셔의 최대 보유 종목입니다. 근래에 웰스 파고에서 판매 실적 조작 행위가 드러났는데, 그 주된 원인은 은행의 **분권 구조**에 의해 지점장에게 자율권이 과도하게 부여된 것으로 밝혀졌습니다. 버크셔에는 이러한 위험이 없다고 생각하십니까?

버핏: 규모가 조금이라도 비슷한 기업 중 버크셔만큼 분권화된 기업도 드물 것입니다. 우리는 규정보다 기본 원칙을 훨씬 더 중시합니다. 그래서 우리 주주 총회에서 상영되는 버크셔 영화에는 해마다 살로먼이 등장합니다. 내가 우리 경영자에게 공문을 거의 보내지 않는 이유이기도 합니다.

나는 2년마다 보내는 메모에서 우리 경영자에게 이렇게 말합니다. 우리에게 돈은 충분합니다. 더 벌면 좋겠지만 반드시 더 벌어야 하는 것은 아닙니다. 그러나 평판은 단 한 치도 잃으면 안 됩니다. 버크셔의 평판은 바로 여러분에게 달렸습니다. 우리가 올바른 문화를 확립하고 이 문화를 바탕으로 이사와 경영자를 고용한다면, 1,000페이지짜리 규정집에 의존할 때보다 더 좋은 실적이 나올 것이라고 찰리와 나는 믿습니다. 그래도 문제는 발생할 것입니다. 이제는 우리 종업원이 36만 7,000명에 이릅니다. 이는 오마하 도심 인구와 맞먹는 규모입니다. 오늘 우리가 이야기하는 동안에도 누군가는 부당 행위를 하고 있을 것입니다. 관건은 '경영자가 부당 행위를 찾아내 바로잡으려고 하는가'이며, 경영자가 못하면 '오마하 본사에서 부당 행위 정보를 입수해 바로잡는가'입니다.

웰스 파고는 세 가지 심각한 잘못을 저질렀습니다. 그중 하나는 특히 심각한 잘못이었습니다. 성과 보상 제도는 거의 모든 기업에 있습니다. 성과 보상 제도 자체에 문제가 있는 것은 아닙니다. 다만 성과 보상의 기준에 대해서는 매우 주의해야 합니다. 부당 행위에 대해서 보상해서는 안 되니까요. 따라서 부당 행위를 찾아내는 시스템이 필요합니다. 사실 웰스 파고는 성과 보상의 기준이 교차 판매를 통해 제공하는 고객 1인당 서비스 건수였습니다. 그래서 웰스 파고는 분기마다 열리는 투자자 설명회에서도 고객 1인당 서비스 건수가 많다는 점을 강조했습니다. 이것이 회사의 중점 사업이었으므로 직원도 주로 이 숫자를 기준으로 보상받고 승진했습니다. 그러나 이 기준은 결국 부당 행위를 조장한 것으로 밝혀졌습니다.

우리는 잘못을 저질렀습니다. 어느 회사든 성과 보상 기준 설정에 잘못을 저지를 수 있습니다. 그러나 어느 시점에 이르면 그 잘못을 발견하게 됩니다. 웰스 파고 경영진이 이 잘못을 왜 발견하지 못했는지에 대해서는 나도 잘 모릅니다. 대개 중대한 문제가 발생하기 전에 CEO는 그 기미를 알아챕니다. 바로 그 순간 CEO는 반드시 행동에 나서야 합니다. 살로먼과 같은 전철을 밟지 않으려면 말이지요.

4월 28일, 살로먼의 CEO, 사장, 고문 변호사는 회의실에서 보고를 받았습니다. 존 메리웨더는 부하 직원 폴 모저가 어리석게도 재무부를 상대로 사기 친 과정을 설명했습니다. 실수가 아니라 악의로 벌인 일이었습니다. 그는 미국 국채에 대해 허위 매수 주문을 제출했습니다. 그날 회의 참석자들은 일이 매우 잘못되었음을 깨달았고 이 사실을 뉴욕 연준에 보고해야 했습니다. CEO는 보고하겠다고 말했습니다. 그러나 그는 즉시 보고하지 않고 뒤로 미루었습니다. 5월 15일 국채 경매가 열리자 폴 모저는 또다시 대규모 허위 매수 주문을 제출했습니다. 경영진은 알면서도 상습 방화범의 범행을 막지 못했으므로, 이제는 변명의 여지가 없었습니다. 상황은 내리막길로 접어들었습니다. 부당 행위를 발견한 순간 CEO가 곧바로 저지하지 않은 탓입니다.

이어서 세 번째 실수가 나왔습니다. 그러나 두 번째 실수에 비하면 대수롭지 않았습니다. 이 사건의 여파를 경영진이 전적으로 과소평가한 실수였습니다. 살로먼에 부과된 벌금은 1억 8,500만 달러였습니다. 잘못된 모기지 관행 등 온갖 잘못에 대해 그동안 각 은행에 부과된 벌금은 수십억 달러에 이르러서, 합계액은 300~400억 달러나 됩니다. 살로먼 경영진은 문제의 심각성을 벌금 액수로 판단했습니다. 이들은 벌금이 1억 8,500만 달러에 불과하므로 벌금 20억 달러짜리 사건보다 가벼운 문제라고 생각했으나 전적으로 잘못된 판단이었습니다. 가장 큰 문제는 사건을 파악하고서도 대처하지 않았다는 점입니다. 시스템 오류도 잘못이지만 이를 발견하고서도 대처하지 않은 것은 더 심각한 잘못이었습니다.

내가 자회사에서 벌어지는 부당 행위 정보를 입수하는 주된 원천은 직통 전화입니다. 직통 전화 통화는 연간 약 4,000건인데 대부분은 사소한 문제입니다. 예컨대 옆 사람 입 냄새가 심하다는 수준이지요. 그러나 몇몇 건은 심각한 사안이어서, 우리 내부 감사팀이 조사에 착수합니다. 대부분 무기명 제보이므로 내부 감사팀은 제보 내용을 각 자회사에 다시 조회합니다. 그러나 심각한 사안에 대해서는 나에게 보고합니다. 이에 대처한 사례가 두 번 이상 있었습니다. 일부 사안에 대해서는 비용까지 지출하면서 조사하기도 합니다. 모회사에서 절대 용납하지 않을 관행이 이 과정에서 밝혀지기도 했습니다. 완벽하지는 않겠지만, 훌륭한 시스템이라고 생각합니다.

웰스 파고에도 틀림없이 내부 감사팀과 직통 전화가 있을 것입니다. 장담컨대 이 문제에 관한 제보가 많았을 것입니다. 그러나 누가 언제 어떻게 대처했는지 모르겠습니다. 제보를 받고서도(틀림없이 받았을 것입니다) 무시하거나 접수를 거부했다면, 엄청난 잘못을 저지른 것입니다. 찰리, 자네 생각은 어떤가?

멍거: 이 문제를 법으로 해결할 수 있다고 생각하면 착각이지요. 직원이 많으면 부당 행위도 많은 법입니다. 그래서 준법 감시 부서compliance department가 있습니다. 증권회사는 모두 대규모 준법 감시 부서를 보유하고 있습니다. 우리도 준법 감시 부서를 둔다면 거대한 규모가 될 것입니다. 그렇겠지, 워런?

버핏: 물론이지.

멍거: 꼭 준법 감시 기능을 강화해야 문제가 해결되는 것은 아닙니다. 그동안 우리는 경영자 선발과 신뢰 중시 기업 문화 확립에 공을 들였고, 그 결과 문제가 감소했습니다. 우리는 다른 기업보다 문제가 적다고 생각합니다.

버핏: 그러나 앞으로도 간혹 문제가 발생할 것입니다.

멍거: 물론이지요. 언젠가 뜻밖의 문제가 발생할 것입니다.

버핏: 찰리가 존경하는 벤저민 프랭클린은 예방 한 숟가락이 치료 한 바가지보다 낫다고 말했습니다. 나는 신속한 치료 한 바가지가 뒤늦은 치료 한 양동이보다 낫다고 말하고 싶습니다. 문제는 쉽게 사라지지 않습니다. 살로먼의 존 구트프렌드는 이 문제를 교통 위반 딱지라고 불렀습니다. 결국 회사는 파산 직전까지 몰렸습니다. 다른 CEO는 직면한 문제를 가벼운 반칙 정도로 평가했습니다. 그 결과 회사는 엄청난 피해를 입었습니다. 우리는 즉각적으로 대처해야 합니다.

솔직히 말해서 나는 직통 전화와 익명의 투서보다 나은 시스템을 보지 못했습니다. 지난 6~7년 동안 내가 받은 제보 3~4건에 의해 커다란 변화가 이루어졌습니다. 이런 제보는 거의 모두 익명입니다. 그러나 누군가의 잘못을 지적했다는 이유로 보복당할 일은 없으므로 실명이더라도 별 차이는 없을 것입니다. 장담컨대 우리가 여기 있는 동안에도 버크셔에서 누군가는 십중팔구 부당 행위를 하고 있을 것입니다. 대부분은 소액을 훔치는 등 사소한 일일 것입니다. 그러나 그것이 웰스 파고에서 벌어졌던 것 같은 심각한 판매 실적 조작 행위라면, 우리 역시 심각한 피해를 입을 것입니다.

Q 2. 당신은 자율주행차가 가이코에 위협이 된다고 말했습니다. **자율주행 기술**이 BNSF에는 기회가 될까요, 위협이 될까요?

버핏: 자율주행 트럭이 BNSF에 미치는 영향은 기회보다 위협이 훨씬 크다고 봅니다. 언젠가 자율주행차가 널리 사용된다면, 이는 더 안전하고 자동차 사고 관련 손해도 감소한다는 뜻이므로 결국 가이코의 보험료 수입도 감소할 것입니다. 즉 자율주행 기술이 널리 보급되면 우리는 피해를 보게 됩니다. 자율주행 기술이 트럭에 널리 적용되면 우리 자동차 보험 사업은 타격을 입습니다. 먼 훗날이 되겠지만 이 날은 틀림없이 올 것으로 생각합니다. 아마 기술 시험 기간이 아니라 기술 도입 초기 몇 달 동안 성패가 결정될 것입니다. 이 기술에 의해 세상이 더 안전해진다면 사람들에게 매우 좋은 일이지만 자동차

보험사에는 좋은 일이 아니겠지요. 현재 트럭회사는 운전사가 부족한 상태입니다. 이 기술이 도입되면 철도 대비 트럭회사의 경쟁력이 확실히 개선될 것입니다.

멍거: 더할 나위 없이 명쾌한 설명입니다.

버핏: 오랜만에 멍거에게 인정받았습니다.

Q 3. HBO 다큐멘터리(Becoming Warren Buffett 2017: https://youtu.be/jXg0V2tyhXo)를 보니 당신은 투자를 야구에 비유하시더군요. 테드 윌리엄스(야구공 크기로 스트라이크존을 77개 칸으로 나눈 인물, 1997년 주주 서한)가 좋아한 코스는 중앙 바로 아래였습니다. 당신이 좋아하는 **투자 대상 기업의 특성**은 무엇인가요?

버핏: 질문자 마음에 쏙 드는 용어로 정의할 수 있을지 모르겠군요. 그런 기업은 우리가 보면 압니다. 대개 이렇습니다. 5년, 10년, 또는 20년을 내다볼 수 있고, 현재 보유한 경쟁 우위가 이 기간에 유지될지 판단할 수 있으며, 경영진이 믿을 만하고, 버크셔 문화에 어울릴 뿐 아니라 버크셔 문화에 합류하기를 갈망하며, 가격도 합리적이어야 합니다. 기업을 인수하면 우리는 그 기업이 장기간에 걸쳐 창출하리라 예상되는 자금을 기준으로 거액을 투입합니다. 우리는 확실한 예측이 가능할수록 더 좋아합니다.

우리가 처음으로 인수한 우량 기업은 시즈캔디였습니다. 규모는 비교적 작아도 버크셔에 일종의 분수령이 된 기업이지요. 1972년 시즈캔디를 보고, 우리는 사람들이 먹거나 선물할 때 다른 캔디보다 시즈캔디를 선호할 것인지 자문해보았습니다. 당시 시즈캔디의 세전 이익은 약 400만 달러였는데, 우리는 2,500만 달러를 지불했습니다. 이후 우리가 시즈캔디에서 벌어들인 이익이 약 20억 달러입니다. 우리는 사람들이 저가 캔디를 사지는 않을 것으로 생각했습니다. 밸런타인데이에 아내나 여자 친구(물론 두 사람은 동일인이겠지요?)에게 캔디 한 상자를 선물하면서, "싼 걸로 샀어"라고 말했다가는 본전도 찾기 어려울 것입니다. 우리는 시즈캔디가 특별한 상품이라고 판단했습니다. 2017년까지는 몰라도, 1982년과 1992년까지는 말이지요. 다행히 우리 판단이 적중했습니다. 우리는 시즈캔디 같은 기업을 더 찾고 있습니다. 단지 규모만 훨씬 크면 됩니다.

멍거: 당시 우리는 젊어서 무식했습니다.

버핏: 지금 우리는 늙었는데도 무식합니다.

멍거: 가격이 조금 더 높았더라도 우리가 시즈캔디를 인수했을까요? 그들이 더 높은 가격을 제시했다면 우리는 사지 않았을 것입니다. 그러나 가격이 더 높았더라도 인수하는 편이 훨씬 현명한 판단이었습니다.

버핏: 가격이 500만 달러 더 높았다면 나는 사지 않았을 것입니다. 그래도 찰리라면 기꺼이 샀을 것입니다. 다행히 우리는 그러한 결정을 내릴 필요가 없었습니다. 설사 가격이 더 높았더라도 찰리는 인수를 밀어붙였을 것이고 나는 가만있었을 것입니다. 시즈캔디를 매각한 사람은 창업자의 손자로 사업에는 관심이 없었는데, 하마터면 생각을 바꿀 뻔했습니다. 그는 여자와 와인에 더 관심이 많았는데, 한때 시즈캔디를 팔지 않으려 했습니다. 내가 없는 동안 찰리가 그에게 가서 캔디회사보다 여자와 와인이 더 낫다고 한 시간 동안 설득했습니다. 결국 그는 시즈캔디를 우리에게 넘겼습니다. 이러한 비상사태가 벌어지면 나는 찰리를 호출합니다.

멍거: 사업 초기에 단지 가격이 싸다는 이유만으로 끔찍한 기업을 인수했던 경험이 우리에게 큰 행운이 되었습니다. 가망 없이 망해가는 기업을 살려보려고 시도하면서 값진 경험을 했으니까요. 이후 우리는 가망 없는 기업을 능숙하게 피했습니다. 사업 초기에 저지른 실수가 유용한 경험이 되었습니다.

버핏: 돼지 귀로는 비단 지갑을 만들 수 없다는 사실을 배웠습니다.

멍거: 쓴맛을 보아야 제대로 깨닫게 되지요.

Q 4. 웰스 파고(판매 실적 조작), 아메리칸 익스프레스(거래처 코스트코 상실), 유나이티드항공(고객 서비스 문제), 코카콜라(탄산음료 매출 저하)의 현황을 보면서, 버크셔가 **보유 종목**

점검에 시간을 얼마나 들이는지 궁금해졌습니다.

버핏: 이들은 대규모 보유 종목입니다. 아메리칸 익스프레스와 웰스 파고는 둘 다 보유 평가액이 100억 달러가 넘습니다. 모두 우리가 무척 좋아하는 종목이지만 특성은 다릅니다. 우리는 유나이티드항공을 포함한 4대 항공사의 최대 주주이기도 합니다. 4대 항공사 모두 문제가 있지만, 그래도 일부 항공사에는 큰 장점도 있습니다. 아메리칸 익스프레스의 1분기 보고서를 읽어보면 플래티넘 카드의 실적이 매우 좋다고 나옵니다.

위 기업들은 모두 경쟁을 벌이고 있습니다. 우리가 이들 종목을 매수한 것은, 문제가 전혀 없거나 경쟁이 전혀 없을 것으로 생각했기 때문이 아니라 경쟁력이 강하다고 생각했기 때문입니다. 우리는 기업의 확고한 경쟁 우위가 무엇인지 살펴봅니다. 어떤 사업의 수익성이 매우 높으면 그 사업을 빼앗으려고 경쟁사가 몰려듭니다. 그러면 그 기업이 경쟁사를 물리칠 능력이 있는지 판단해야 합니다.

경쟁사는 좀처럼 물러나지 않습니다. 회사 명칭까지 밝히지는 않겠습니다. 그러나 우리가 투자한 기업은 경쟁력이 매우 강합니다. 훌륭한 기업은 시즈캔디처럼 규모가 작더라도 성처럼 견고합니다. 자본주의 체제에서는 그 성을 빼앗으려고 경쟁사가 몰려듭니다. 성을 지키려면 주위에 해자를 파고 용맹한 기사를 배치해 침략자를 가차 없이 물리쳐야 합니다. 그래도 침략자 중 일부는 절대 물러나지 않을 것입니다.

코카콜라는 1886년에 설립되었고, 아메리칸 익스프레스는 기억이 확실치 않지만 1851년이나 1852년에 설립되었으며, 웰스 파고의 설립 연도는 모르겠지만 아메리칸 익스프레스의 개업에도 참여했습니다. 이들 기업은 오랜 기간에 걸쳐 많은 난제를 극복했습니다. 우리 보험 사업도 난제를 겪었지만 토니 나이슬리와 아지트 자인 같은 경영자가 수백억 달러를 벌어주었습니다. 보험 사업에도 경쟁이 끊이지 않을 것입니다. 침략자를 물리치려면 다양한 일을 해야 합니다. 보유 종목 점검에 시간을 얼마나 들이느냐고 물었죠? 매일 점검

하고 있습니다.

멍거: 나는 보탤 말이 없습니다.

버핏: 이렇게 적극적으로 참여하지 않는다면 멍거의 급여를 깎아야 하겠습니다.

Q 5. AIG의 실적을 고려할 때 최근 실행한 **소급 재보험 거래**가 버크셔에 유리하다고 보시나요?

버핏: 우리가 하는 거래는 모두 유리하다고 판단해서 하는 거래입니다. 아마 이 소급 재보험 거래가 생소하게 들릴 것입니다. AIG는 보험 책임 200억 달러를 우리에게 떠넘기는 대신, 보험료 102억 달러를 선불로 지급했습니다. 이런 거래의 타당성은 아지트 자인이 평가합니다. 지금까지 버크셔에 내가 벌어준 돈보다 그가 벌어준 돈이 훨씬 많습니다. 우리는 오늘 102억 달러를 받는 대신 장기적으로 최대 200억 달러까지 지급하는 이 대규모 거래가 유리하다고 판단했습니다. AIG도 이런 거래를 할 만한 이유가 있었습니다. 그동안 AIG는 준비금 부족 논란에 시달렸는데, 이 문제를 종식하려고 우리에게 102억 달러를 지급한 것입니다.

관건은 우리가 보험금을 지급하게 되는 시점입니다. 이에 대해 99%는 아지트가 생각하고 1%는 내가 생각합니다. 이 거래를 우리가 어떻게 예측하든 그 예측은 빗나갈 것입니다. 지금까지 우리는 이러한 거래를 꽤 많이 했지만, 이 거래가 가장 큽니다. 그래서 더 보수적으로 접근하려고 했습니다. 과거 우리는 런던 로이즈와도 소급 재보험 거래를 했습니다. 10억 달러가 넘는 보험료를 받았지만 이 거래는 확실히 우리에게 불리한 거래였습니다. 해당 보험료로 얼마나 벌었느냐에 따라 달라지겠지만, 우리에게 불리할지 모르는 거래가 두 건 더 있습니다. 그러나 나쁘지는 않습니다. 이런 거래는 전반적으로 만족스러웠습니다.

하지만 우리 보유 현금이 900억 달러에 이른다는 점이 다소 문제입니다. 1분기에 받은 102억 달러가 지금 벌어들이는 돈은 푼돈에 불과합니다. 이 거래가 타당성을 갖추려면 이 돈을 잘 활용해야 합니다. 이 돈은 장기간 우리가 보유하게 될 것이며, 우리는 비교적 보수적으로 계산했다고 생각합니다. AIG의 계산 방식은 우리와 다릅니다. 보험 책임 200억 달러를 재무상태표에서 덜어냈으므로 AIG 관점에서는 매우 좋은 거래였다고 나는 생각합니다. 투자 업계도 AIG의 거래에 만족하리라 생각합니다.

멍거: 나는 본질적으로 위험해 보이는 거래가 결국 유리한 거래가 된다고 생각합니다. 이러한 거래에서 아지트와 워런보다 나은 사람은 세상에 없다고 생각합니다. 이렇게 경험이 풍부한 사람은 어디에도 없기 때문입니다. 이런 거래가 대폭 증가하더라도 나는 크게 걱정하지 않을 것입니다.

버핏: 우리는 이러한 대규모 보험을 고객에게 만족스러운 조건으로 판매할 수 있는, 사실상 세계 유일의 보험사입니다. 50년이 지난 뒤에도 200억 달러를 지급해줄 것으로 믿고 102억 달러를 기꺼이 건네줄 만한 보험사는 극소수에 불과할 것입니다.

멍거: 여기서 극소수는 하나뿐이라는 뜻입니다.

Q 6. 멍거 씨, 지금까지 한 거래 중 유난히 **마음에 든 거래**는 무엇인가요?

멍거: 유난히 마음에 든 거래가 있었다고는 생각하지 않습니다. 다만 학습 경험 면에서 가장 유용했던 거래는 확실히 시즈캔디였습니다. 브랜드도 강력했고 추가 자본을 투입하지 않아도 현금흐름이 끊임없이 증가하는 회사였으니까요. 우리가 시즈캔디를 인수하지 않았다면 코카콜라에도 투자하지 않았을지 모릅니다. 훌륭한 삶이란 항상 배우고 또 배우는 삶이라고 생각합니다. 나는 우리가 오랜 기간 끊임없이 배운 덕분에 버크셔에서 막대한 투자 수익을 올렸다고 생각합니다.

자본 배분 경험이 전혀 없는 사람을 CEO에 임명하는 것은 주사위를 던지는 것과 다르지 않습니다. 우리는 매우 오랜 기간 자본 배분을 했으므로 유리합니다. 그렇다고 우리 판단이 항상 옳은 것은 아닙니다. 그나마 심각한 피해를 모면하는 것은 우리가 끊임없이 배운 덕분입니다. 우리가 계속 배우지 않았다면 여러분은 여기에 있지 않을 것입니다. 그렇다고 여러분이 죽지는 않았겠지만, 여기에 모여 있지는 않을 것입니다.

버핏: 형편없는 기업을 경영하면서 맛보는 고통만큼 훌륭한 기업에 대한 안목을 키워주는 경험도 없을 것입니다.

멍거: 한 친구의 말에 의하면, 낚시의 첫 번째 원칙은 물고기가 있는 곳에서 낚시하는 것입니다. 두 번째 원칙은 첫 번째 원칙을 절대 잊지 않는 것이고요. 우리는 반드시 물고기가 있는 곳에서 낚시하고 있습니다.

버핏: 비유적으로 한 말입니다.

멍거: 바다에 낚싯배가 짜증 날 정도로 많아도, 물고기는 여전히 있습니다.

버핏: 1966년 우리는 볼티모어에서 백화점을 인수했습니다. 이때 정말이지 둘도 없는 경험을 했습니다. 아직 개발이 안 돼서 생존하기 어려운 지역인데도, 단지 경쟁자가 선점할지 모른다는 이유로 새 매장을 개설할 것인지를 결정하는 일이었습니다. 우리는 새 매장을 개설하기로 했습니다. 매장 하나도 버티기 힘든 곳에 두 개가 들어섰습니다. 이러한 게임을 해보면, 경험을 통해서 배우는 것이 많습니다. 정말로 배우는 것은, 어떤 것을 피해야 하는지 알게 된다는 것입니다. 끔찍한 기업을 피하게 될 때 비로소 우리는 제대로 시작하게 됩니다. 우리는 온갖 끔찍한 기업을 다뤄보았습니다.

Q 7. IBM과 애플은 다르다고 보시나요?

버핏: 둘은 다르다고 봅니다. 6년 전 IBM 매수를 시작했을 때 나는 지금보다 더 좋은 실적이 나올 것으로 기대했습니다. 애플은 소비재회사에 훨씬 가깝다고 생각합니다. 해자와 소비자 행동을 보면 애플은 온갖 기술을 보유한 회사입니다. 그러나 IBM과 애플의 미래 잠재 고객을 비교 분석하는 것은 전혀 다른 문제입니다. 두 분석은 성격이 달라 정확성을 기대하기 어렵습니다. IBM에 대한 나의 판단은 틀렸습니다. 애플에 대한 나의 판단이 옳았는지는 두고 보

면 알겠지요. 나는 두 회사가 똑같다고 보지 않지만 완전히 다르다고 보지도 않습니다. 그 중간 어디쯤이라고 생각합니다.

멍거: 우리는 기술주 분석에 대한 경쟁 우위가 없다고 생각했으므로 기술주를 피했습니다. 남보다 뒤떨어지는 분야에는 접근하지 않는 편이 낫다고 생각하니까요. 되돌아보았을 때 우리가 기술주 분야에서 저지른 최악의 실수가 무엇이냐고 묻는다면, 구글을 알아보지 못한 것이라고 생각합니다. 초창기 구글을 통해 광고했을 때 그 효과가 다른 어떤 매체보다도 훨씬 좋았습니다. 구글의 광고 효과가 뛰어나다는 사실은 파악하고서도 정작 구글은 알아보지 못한 것이지요.

버핏: 우리 가이코가 초창기 구글의 고객이었습니다. 오래전 데이터이지만, 내 기억에 우리는 클릭당 10~11달러를 지불했습니다. 우리가 비용을 전혀 부담하지 않으면서 고객 반응당 10~11달러를 지불하는 조건이라면 훌륭한 거래입니다. 라식 수술 광고의 경우 클릭당 60~70달러였던 듯합니다. 구글 투자 설명서를 작성한 사람들이 나를 찾아온 적도 있습니다. 그들은 버크셔 소유주 안내서를 조금 본떠 작성했다고 하더군요. 나는 얼마든지 질문해서 구글을 파악할 기회가 있었는데, 놓쳐버렸습니다.

멍거: 월마트도 기회를 놓쳐버린 사례입니다. 확실히 잡을 수 있는 기회였지요. 우리는 월마트를 제대로 파악하고서도 놓쳐버렸습니다. 우리 최악의 실수는 부작위의 실수입니다.

버핏: 중요한 것은 실행입니다. 내 생각이 옳은지는 모르겠지만, 다양한 기술 분야에서 승자를 예측하기도 어렵고 클라우드 서비스 같은 분야에서 가격 경쟁 강도를 예측하기도 어려울 것입니다. 그런데 한 사람이 매우 다른 두 분야에서 거의 동시에 이례적인 성과를 거두었다면, 이는 정말 놀라운 일입니다.

멍거: 빈손으로 시작했는데도 말이지요.

버핏: 아마존 CEO 제프 베조스는 다른 경쟁자처럼 풍부한 자본을 가지고 있지 못했지만 소매와 클라우드 서비스 양 분야에서 성공을 거두었습니다. 물론

멜론 같은 회사는 수많은 산업에 투자했습니다. 그러나 베조스는 백지상태에서 두 회사를 동시에 설립해 키워낸 CEO입니다. 앤디 그로브(인텔을 세계 최고의 반도체회사로 키워낸 CEO)가 즐겨 던진 질문이 있습니다. 경쟁자를 제거할 수 있는 은제 탄환이 한 발 있다면, 누구를 쏘고 싶으냐는 것입니다. 소매와 클라우드 서비스 분야라면, 베조스를 쏘고 싶은 사람이 많을 것입니다. 그가 가장 뛰어났기 때문이지요. 경쟁자가 두려워하는 기업을 둘이나 만들어낸 것은 놀라운 성과입니다. 그는 단지 자금만 공급한 것이 아니라 실제로 회사를 만들어 냈습니다.

멍거: 멜론과 마찬가지로, 우리도 마음에 드는 사람에게 자금만 공급한 구닥다리입니다. 그러나 베조스는 전혀 다른 별종(別種)입니다.

버핏: 우리는 아마존을 완전히 놓쳤습니다. 단 한 주도 보유하지 않았습니다.

Q 8. 지금까지 당신은 항공사에 대한 투자를 회피했습니다. 낮은 전환 비용, 연료비 상승, 치열한 가격 경쟁, 고객의 구매력 부족 때문이었습니다. 정리 기간을 거친 지금은 항공사가 많이 달라졌나요? 철도회사 대비 **항공사의 경쟁 우위**는 어떤 수준입니까?

버핏: 우리가 4대 항공사에 100억 달러를 투자한 것은 우리 철도 사업과 아무 관계가 없습니다. 물론 분류하자면 둘 다 운송 사업입니다. 우리가 보유한 가이코나 다른 자회사와 마찬가지로 둘은 아무 관계가 없습니다. 항공 산업처럼 힘든 산업도 드뭅니다. 차라리 라이트 형제가 비행기를 발명하지 않는 편이 나을 뻔했습니다. 인터넷에서 '항공사 파산'을 검색해보면 최근 수십 년 동안 파산한 항공사만 약 100개가 나옵니다. 찰리와 나는 한때 US에어 이사였는데, 지극히 어리석은 판단이었습니다.

멍거: 그래도 US에어로 돈 많이 벌었지요.

버핏: 사람들이 한동안 US에어에 열광해준 덕분에 돈을 많이 벌었습니다. 운이 좋았죠. 우리는 US에어 이사직을 사임하고서 보유 주식을 처분했는데, 이

후 US에어는 두 번이나 파산했습니다. 질문자도 열거했지만, 항공 산업에는 경제성을 해치는 요소가 많습니다. 과거에는 치열한 경쟁 탓에 자멸을 부르는 산업이었는데, 관건은 '지금도 여전히 자멸을 부르느냐'입니다. 주요 항공사가 거의 모두 파산하고, 소형 항공사도 수십 개가 파산한다면, 그 산업에는 투자하면 안 됩니다.

지금은 유료 승객 마일(revenue passenger mile: 유료 승객 1명 1마일의 수송 단위) 기준으로 가동률이 80% 이상입니다. 향후 가동률은 지켜보아야 합니다. 과거에는 낮은 가동률 탓에 거의 모든 항공사가 파산했지만 앞으로 5~10년은 가동률이 과거보다 높을 것이라고 생각합니다. 그러나 가동률이 80% 이상이더라도 가격 경쟁 탓에 항공사가 잇달아 파산할 것인지는 두고 볼 일입니다.

지금은 ROIC가 심지어 페덱스나 UPS보다 높을 정도입니다. 설사 항공사 사이에서 가격 경쟁이 벌어지더라도, 연료비가 하락하면 가격을 더 인하할 여지가 있습니다. 앞으로 10년 동안 가격 책정에 대한 항공사의 민감도가 과거 100년보다 높아질지는 확실치 않지만 상황은 개선되고 있습니다. 파산 사태를 겪고 나서 노사 관계도 안정되었습니다. 조종사는 다소 부족해 보입니다.

그렇더라도 항공사에 대한 투자는 시즈캔디 투자에 못 미칩니다.

멍거: 물론이지요. 투자 업계 역시 경쟁이 치열해졌습니다. 과거에는 안전 마진도 충분히 확보하면서 높은 수익을 매우 쉽게 얻을 수 있었습니다. 이제는 우리 우위가 감소한 탓에, 전반적인 환경이 예전만큼 유리하지 않습니다. 과거에는 어항 속에 든 물고기를 사냥하는 식이었지요. 이제는 자산 규모가 거대해졌으므로, 다소 사냥하기 어려워도 괜찮습니다.

버핏: 이런 면에서는 찰리가 나보다 좀 더 철학적입니다.

멍거: 쉽게 수익을 얻던 시절은 지나갔습니다. 이제는 계속해서 노력을 기울여야 합니다.

버핏: 앞으로 5~10년 동안 유료 승객 마일은 증가할 가능성이 매우 높습니다. 그리고 앞으로 5~10년 후 항공사 지분의 가치가 지금과 같더라도 적정 투자

수익률이 나올 수 있습니다. 회사의 가치가 같더라도 유통 주식의 수가 감소하면 근사한 수익이 나옵니다. 현재 4대 항공사 모두 자사주를 매입하고 있습니다.

멍거: 철도회사는 수십 년 동안 실적이 형편없었지만 이후 좋아졌다는 사실을 기억하기 바랍니다.

버핏: 나는 항공사 주식을 좋아합니다. 어느 항공사 실적이 가장 좋을지 알 수 없어 4대 항공사 주식을 모두 샀습니다. 나는 높은 수익률이 나올 가능성이 매우 크다고 생각합니다. 제트블루항공 등 저가 항공사도 있지만, 매출 증가율과 유통 주식 수 감소율 면에서 4대 항공사의 실적이 훨씬 좋을 것으로 추측합니다. 회사 지분의 가치가 현재 수준에 머물더라도 우리는 근사한 수익을 얻을 수 있을 것입니다.

Q 9. 오랜 시간 질의응답이 이어졌지만, 질문의 핵심은 **코카콜라** 주식 보유인 듯합니다. 코카콜라가 환경을 파괴하고 파렴치하게 노동자를 착취한다고 하더군요.

멍거: 질문이라기보다는 연설처럼 들리는군요.

버핏: 질문자가 인용한 말이 옳다고 생각하지 않습니다. 1달러짜리 지폐에는 연준을 신뢰한다고 쓰여 있습니다. 연준에서 발행했으니까요. 나는 질문자가 인용한 것처럼 말한 기억이 전혀 없습니다. 나는 평생 내가 좋아하는 음식을 먹었습니다. 12온스(340g)짜리 코카콜라를 하루 5개 정도 마십니다. 여기에 들어 있는 당분이 약 1.2온스(34g)입니다. 사람들은 온갖 음식으로부터 당분을 섭취합니다. 나는 코카콜라를 통해서 당분을 섭취하는 방식을 즐깁니다. 1886년 이래로 사람들은 이 방식을 즐겼습니다.

전문가가 가장 좋다고 추천하는 음식만 끼니마다 먹겠다면, 그렇게 하십시오. 내가 브로콜리와 아스파라거스만 먹으면 1년을 더 산다는 말을 듣더라도, 초콜릿 선디chocolate sundae, 코카콜라, 스테이크, 해시브라운 등 내가 좋아하는 음식을 평생 먹을 작정입니다. 선택은 내 몫이니까요. 당분이 해롭다고 믿는 사람이라면 당분 섭취를 금지하라고 정부에 요청하는 방법도 있습니다. 코카콜라에 들어 있는 당분은, 그레이프 너츠 시리얼에 타 먹는 설탕과 다르지 않습니다. 코카콜라는 오랫동안 미국 등 세계 전역에 매우 긍정적인 역할을 했습니다. 나는 코카콜라를 마시면 안 된다는 말을 듣고 싶지 않습니다.

멍거: 나는 코카콜라의 당분 문제를 다이어트 코크로 해결했습니다. 나는 버핏이 코카콜라와 견과류를 먹기 전부터 아침 식사에 코크를 마셨습니다.

버핏: 맛이 기막히지요.

멍거: 계속 그렇게 먹으면, 자네는 100세까지 못 살 텐데.

버핏: 장수의 비결은 행복한 생활이라고 생각하네.

멍거: 물론이지.

Q 10. **버크셔 내재 가치의 복리 증가율**이 과거에는 얼마였고 장래에는 얼마가 될 것으로 보십니까?

버핏: 내재 가치는 사후적으로만 계산할 수 있습니다. 내재 가치의 정의는 기업이 마지막 날까지 창출하는 현금을 적정 금리로 할인한 값입니다. 30~40년에 대해 내재 가치를 계산하면 그 값은 엄청나게 달라질 수 있습니다. 10년 전인 2007년 5월로 돌아가 계산해보면 그다지 만족스러운 실적이 아닙니다. 이후 버크셔 내재 가치의 복리 증가율은 약 10%였다고 볼 수 있습니다. 현재와 같은 저금리 환경이 계속된다면 앞으로는 10%도 거의 불가능하다고 생각합니다. 내게 장래 내재 가치의 복리 증가율을 묻는다면 내가 먼저 물어볼 것이 있습니다. 그것은 향후 GDP 증가율도 아니고 차기 대통령이 누가 될 것인가도 아닙니다. '향후 10~20년의 전반적인 금리가 어느 수준일 것인가'입니다.

만일 현재 금리 수준이 계속 이어진다고 가정하면 10%를 달성하기도 매우 어려울 것입니다. 그러나 만일 금리가 넓은 범위에서 형성된다고 가정하면 10% 달성이 가능하다고 생각합니다. 지금 같은 저금리가 장기간 이어질 수 없다고 말하는 사람이 있다면, 25년 전 일본을 돌아보기 바랍니다. 저금리가 그토록 장기간 이어질 수 있다는 사실을 우리가 무슨 수로 알 수 있겠습니까?

지금은 우리가 저금리를 경험하고 있습니다. 나는 금리 흐름 예측이 쉽다고 생각하지 않습니다. 그러나 질문에 제대로 답하려면 금리 예측이 필요합니다. 나는 버크셔의 실적이 엉망일 가능성은 희박하다고 봅니다. 하지만 버크셔의 실적이 환상적일 가능성도 희박하다고 봅니다. 내가 추측하는 복리 증가율은 10% 수준입니다. 향후 10~20년 금리가 지난 7년 동안 경험한 저금리보다 다소 높을 것으로 가정하고 추측한 실적입니다.

멍거: 현재처럼 자본 규모가 거대하면 장래 복리 증가율이 과거만큼 화려하기 어렵습니다. 우리는 계속 그렇게 말했고 실제로도 그렇게 드러나고 있습니다.

버핏: 마무리를 부탁하네, 찰리.

멍거: 평균적으로 보면 우리 자회사의 투자 가치가 S&P500 기업보다 높다고 생각합니다. 주주 여러분에게 심각한 문제는 없을 것으로 봅니다.

버핏: 우리는 S&P500 기업보다 더 주주 지향적입니다. 버크셔에는 기업 소유주가 직접 결정하듯이 의사 결정이 이루어지는 기업 문화가 있습니다. 다른 기업이 좀처럼 누릴 수 없는 호사입니다. 내가 상장 회사 CEO를 만나면 항상 던지는 질문이 하나 있습니다. "이 회사가 온전히 당신 소유라면 회사 운영을 어떻게 바꾸시겠습니까?" 그러면 대개 CEO는 이런 것 저런 것을 바꾸겠다고 말하면서 두어 가지를 제시합니다. 그러나 만일 내가 똑같은 질문을 받는다면, 나는 현재 운영하는 방식을 그대로 유지하겠다고 대답할 것입니다.

멍거: 우리에게는 이점이 또 하나 있습니다. 사람들은 회사를 탁월하게 운영하려고 노력합니다. 그러나 우리는 단지 합리적으로 운영하려고 노력합니다. 이것은 커다란 차이입니다. 탁월하게 운영하려고 욕심을 부리면 위험해집니다. 특히 도박을 하면 더 위험해집니다.

Q 11. **법인 세율 인하** 후 버크셔의 BPS는 얼마나 상승할까요?

버핏: 공익기업이라면 법인 세율 인하로 얻는 혜택이 모두 고객에게 돌아갑니

다. 공익기업은 ROE 기준으로 규제받는데 그 계산 기준이 세후 이익입니다. 공익사업위원회는 단지 법인 세율이 인하되었다는 이유만으로 공익기업이 돈을 벌도록 허용하지 않습니다(공익기업이라면 이연 법인세에 대해서도 생각할 필요가 없습니다). 우리 미실현 이익에 대한 이연 법인세는 900억 달러가 넘습니다. 따라서 법인 세율 등락에 따라 우리 주주의 BPS도 오르내립니다.

법인 세율 인하가 미치는 영향은 산업에 따라 달라집니다. 산업에 따라서는 법인 세율 인하 효과가 경쟁 과정에서 모두 사라지기도 하고 경쟁을 거치고서 일부 남기도 합니다. 경제 전문가는 이에 대해 다양한 주장을 펼치겠지만 나는 평생 이러한 사례를 수없이 경험했습니다. 나는 최고 52%에 이르렀던 것을 포함해 다양한 법인 세율을 경험해보았습니다. 법인 세율 인하로 얻는 혜택 중 일부는 주주에게 돌아가겠지만 일부는 경쟁 과정에서 사라질 것입니다. 결국 산업과 기업에 따라 그 차이가 매우 클 것입니다.

멍거: 우리 이연 법인세가 약 950억 달러이므로 법인 세율이 10% 인하되면 이연 법인세 약 95억 달러가 감소하는 셈입니다.

버핏: 법인 세율이 인상되더라도 당국이 그 혜택을 가져갈 수 있습니다.

멍거: 그렇습니다. 만일 경제가 엉망이 되었다가 점차 회복된다면 우리 실적이 다른 기업보다 더 좋을 것입니다. 그렇다고 미국에 경제 위기가 오기를 바라는 것은 아닙니다. 하지만 실제로 역경이 닥친다면 우리 실적이 더 좋을 것입니다. 우리는 역경을 매우 능숙하게 헤쳐나가기 때문입니다.

버핏: 미국은 가끔 경제 위기를 맞이할 것입니다. 대통령이 누구인가는 큰 상관이 없습니다. 가끔 닥치는 경제 위기는 시장 시스템의 고유한 특성입니다. 그 주기가 일정하지 않겠지만, 경제 위기는 틀림없이 닥칠 것이며 우리는 십중팔구 상당한 돈을 벌어들일 것입니다. 세계가 공포에 휩쓸려도 우리는 미국이 회복될 것을 알고 있습니다. 그래서 우리는 심리적으로 전혀 동요하지 않을 것입니다. 그러나 단지 기회가 많이 보인다고 해서 우리 회사를 위험에 빠뜨리는 일도 절대 없을 것입니다. 가능한 기회는 모두 잡겠지만, 우리는 단 하

루도 밤잠을 설치지 않을 것입니다.

Q 12. **중고 캐딜락**을 팔아서 큰 이익을 남겼다고 들었습니다.

버핏: 사실은 자선 단체 걸즈 잉크 오브 오마하에 기부했고, 그곳에서 팔았습니다. 아주 훌륭한 신사분이 10만여 달러에 사주었습니다. 그 돈은 걸즈 잉크가 받았습니다.

그는 번호판도 달지 않은 채 차를 몰고 갔습니다. 그러나 뉴욕주로 돌아가던 중 일리노이주에서 경찰에 붙잡혔습니다. 그는 걸즈 잉크에서 차를 샀으며, 집으로 돌아가던 중이라고 말했습니다. 게다가 잘생긴 가족이 함께 타고 있었는데도 경찰은 도무지 믿으려 하지 않았습니다. 그런데 그 캐딜락 계기판에는 내 서명이 적혀 있었습니다(거래 조건에 포함되어 있었습니다). 경찰은 서명을 보더니 "버핏이 주식 정보를 주던가요?"라고 묻고 나서 그를 보내주었습니다. 나는 중고차를 팔아 이익을 얻은 적이 없습니다. 소유물을 팔아본 적도 없습니다.

멍거: 자네는 변변한 소유물도 없잖아?

버핏: 멀쩡한 집이 한 채 있지. 언제든 매물로 내놓을 수 있다네.

Q 13. 버크셔의 실적이 S&P500보다 좋을 것입니다. 당신이 세상을 떠나면 **인덱스 펀드**에 투자하라고 부인께 조언했는데, 그 이유가 무엇인가요? 반면 멍거는 가족에게 "주식을 파는 바보짓 따위는 하지 마라"라고 조언했다고 합니다만.

버핏: 버크셔 주식을 팔아서 인덱스 펀드를 사라는 조언은 아니었습니다. 나는 버크셔 주식을 모두 자선 단체에 기부하기로 약정했습니다. 그래서 나는 버크셔 주식을 보유하고 있다는 생각조차 하지 않습니다. 지금까지 내 주식 중 약 40%가 이미 자선 단체에 분배되었습니다. 내 아내는 투자 전문가도 아닌 데다가 내 재산 기부가 완료될 시점에는 나이도 많을 터이므로, 아내에게는 인덱스 펀드가 가장 좋은 투자라고 생각했습니다.

가장 좋은 투자는, 자신도 크게 걱정할 필요가 없고 주위 사람도 찾아와서 크게 걱정해줄 필요가 없는 투자입니다. 아내에게 돈이 부족하지는 않을 것입니다. 아울러 돈이 고민거리가 되어서도 안 됩니다. 아내가 S&P500 인덱스 펀드를 보유하면, 돈이 필요할 때 언제든 쓸 수 있습니다. 물론 유동성 자금도 다소 보유할 것입니다. 증권 거래소가 문을 닫더라도 돈은 여전히 충분하다고 생각할 것입니다. 아내가 재산을 두 배나 세 배로 늘리는 것은 중요하지 않습니다. 아내가 투자하는 목적은 재산을 극대화하는 것이 아닙니다. 남은 생애에 돈 걱정을 전혀 하지 않는 것입니다.

나의 아주머니 케이티는 오마하에 살면서 평생 열심히 일했습니다. 8,000달러에 구입한 주택에 살았습니다. 아주머니는 버크셔 주식을 보유한 채 97세까지 살았으므로 재산이 수백만 달러로 불어났습니다. 그런데 4~5개월마다 내게 편지를 보내 물었습니다. "워런, 언젠가 내 돈이 바닥나지 않을까?" 나는 이렇게 답장했습니다. "훌륭한 질문입니다. 아주머니가 986년을 산다면 돈이 바닥나겠지요." 그러나 아주머니는 4~5개월 뒤에 똑같은 편지를 또 보내왔습니다.

돈이 너무 많아서 생활이 불편해지는 일은 절대 없어야 합니다. 그러나 돈 많은 사람 주위에는 (선의든 아니든) 조언자가 몰려드는 경향이 있습니다. 재산을 모두 버크셔 주식으로 보유하고 있다면, 주위 사람들은 버핏이 살아 있으면 이런저런 말을 했을 것이라고 조언할 것입니다. 심지어 버크셔 주식을 한 주만 갖고 있더라도 (선의든 아니든) 이웃, 친구, 친척의 조언 탓에 마음의 평정을 상실할 가능성이 있습니다. 기본 틀이 훌륭해야 결과도 훌륭한 법입니다.

멍거: 내 가족은 버크셔 주식을 보유하면 좋겠습니다.

버핏: 나도 버크셔 주식을 보유하고 싶습니다.

멍거: S&P500 대비 초과 수익을 내기가 매우 어렵다는 사실은 인정합니다. 대부분 사람들에게는 거의 불가능하지요. 그래도 나는 버크셔 주식을 보유할 때 마음이 편합니다.

버핏: 가족은 다를 수 있지요. 나이가 들면 약해지는 사람이 너무도 많더군요.

멍거: 남들의 어리석은 조언으로부터 상속인을 보호하려면 훌륭한 시스템이 필요하겠지요. 그러나 내 관심사는 아닙니다.

Q 14. 버크셔는 **3G와 제휴**해 유니레버 인수를 시도했습니다. 버크셔가 다시 3G와 제휴하게 될까요?

버핏: 크래프트 하인즈는 주식이 잘 분산된 회사였지만 지금은 우리와 3G가 지배 주주입니다. 원래는 유니레버와 우호적인 인수 계약이 이루어졌다면 우리와 3G가 각각 150억 달러씩 추가로 투자할 계획이었습니다. 크래프트 하인즈의 독립 이사들이 이 거래를 승인했더라도 우리는 150억 달러를 투자했을 것입니다. 거래 과정에서 부채가 발생하는 탓에, 크래프트 하인즈가 충분한 자기 자본을 확보하고자 했기 때문입니다. 처음에 우리는 크래프트 하인즈가 이 거래에 관심이 있을 것으로 생각했으므로 150억 달러를 투자하겠다고 비공식적으로 제안했습니다. 그러나 실제로는 관심이 없었으므로 우리는 제안을 철회했습니다.

Q 15. 투기가 만연한 중국에 **가치투자 철학**을 확산시키려면 어떻게 해야 하는지 조언을 부탁합니다.

버핏: 케인스는 1936년에 출간한 저서(《고용, 이자, 화폐의 일반 이론》) 중 투자를 다룬 12장에서 투자와 투기, 사람들의 투기 성향과 그 위험성에 대해 설명했습니다. 투기는 언제든 발생할 수 있습니다. 투기가 만연해 그것이 효과적이라는 사회적 증거social proof까지 등장하게 되면 사람들은 투기에 열광할 수 있습니다. 미국 시장에서도 때때로 이러한 현상이 발생합니다. 나보다 IQ가 30포인트나 낮은 이웃이 주식으로 돈 버는 모습을 지켜보는 것처럼 고통스러운 일도 없을 것입니다. 결국 사람들은 유혹에 굴복하고 맙니다.

역사가 짧은 시장은 역사가 유구한 시장보다 대체로 더 투기적입니다. 주위 사람들이 돈 버는 모습을 보면 사람들은 시장이 지닌 도박 속성에 강한 매력을 느낍니다. 거친 투기의 결과를 경험해보지 못한 사람들은 경험해본 사람들보다 투기에 휩쓸리기 쉽습니다.

1949년에 읽은《현명한 투자자》에서 벤저민 그레이엄은 투자를 하라고 권했습니다. 이 책은 지금도 매우 잘 팔리고 있습니다. 시장이 달아오르면 대출까지 받아 투자하는 사람들이 높은 실적을 냅니다. 사람들은 투기에 그치지 않고 이른바 도박까지 벌이게 됩니다. 미국에서도 이러한 모습이 나타납니다. 역사가 더 짧은 중국 시장에서는 더 많은 사람들이 투기에 휩쓸릴 수 있으므로 매우 극단적인 상황까지 경험하기 쉽습니다.

멍거: 확실히 동의합니다. 중국에는 문제가 더 많을 것입니다. 중국 사람들은 매우 똑똑하지만 더 투기적인 것도 사실입니다. 어리석은 짓이지요. 노력하면 올바른 편에 설 수 있지만, 운도 매우 좋아야 합니다.

버핏: 투기가 만연할 때도 침착하게 대응한다면 가치투자자는 더 많은 기회를 얻게 될 것입니다. 찰리가 말했듯이 시장에 심각한 위기가 닥칠 때도 버크셔의 실적은 꽤 좋을 것입니다. 우리는 공포감에 휩싸이지 않기 때문이죠. 공포감은 그야말로 들불처럼 퍼집니다. 몇 번 체험해보지 않고서는 믿을 수가 없습니다.

2008년 9월 초, 무려 3,800만 명이 MMF에 1조 달러를 투자하고 있었습니다. 당시에는 MMF를 환매하면 원금 손실이 발생한다는 사실을 걱정한 사람이 아무도 없었습니다. 그러나 3주 뒤 사람들은 모두 공포감에 휩싸였습니다. 3일 만에 MMF에서 1,750억 달러가 빠져나갔습니다.

시장에서 대중의 반응 방식은 그야말로 극단적일 수 있습니다. 이러한 반응이 가치투자자에게는 기회가 될 수 있습니다. 흔히 사람들은 경솔하게 행동하고 도박을 벌입니다. 쉽게 돈 버는 방법이 보이면 사람들은 앞다투어 몰려듭니다. 이들의 믿음은 자기 충족적 예언이 되고, 새로운 신도가 계속 늘어나지만, 결국은 심판의 날이 옵니다. 시장이 큰 폭으로 오르내리더라도 계속 가치

투자를 권유하면 여기저기서 가치투자자가 조금씩 늘어날 것이며, 이들은 시장에 휘둘리는 대신 시장이 주는 기회를 이용하게 될 것입니다.

멍거: 그동안 우리는 가치투자를 많이 권유했습니다.

Q 16. 발의된 **투자 세액 공제**investment tax credit안은 철도 사업에 어떤 영향을 미칠까요?

버핏: 미국에는 추가 감가상각과 투자 세액 공제 제도가 있습니다. 그러나 이 제도가 일반 기업에는 큰 영향을 미치지 않습니다. 물론 풍력 프로젝트와 태양광 프로젝트는 현행 세법에 의존하고 있으므로 이 제도의 영향을 받습니다. 세법이 주는 혜택이 없었다면 이들 프로젝트는 진행될 수 없었을 것입니다. 그러나 이중 감가상각을 허용하는 쪽으로 세법이 개정되더라도 철도의 안전성과 효율성 개선에 필요한 작업은 예전과 마찬가지로 진행될 것입니다. 운영 방식이 극적으로 달라지지는 않는다는 뜻입니다.

지금까지 나는 "세법이 개정될지 모르니 이렇게 합시다"라고 우리 경영자에게 메시지를 전달한 기억이 전혀 없습니다. 물론 법인 세율 인하가 예상될 때, 손실 실현은 앞당기고 이익 실현은 미룬 적이 간혹 있습니다. 그래서 조세 위원회가 유용합니다. 상원과 하원이 세법 개정안을 논의하면 의장은 "이 세법이 개정되면 발효일은 언제가 될 것입니다"라고 말해주니까요.

세금 혜택이 큰 분야는 풍력 발전과 태양광 발전입니다. 특정 분야만 지원하는 정책이지요. 전반적으로 우리는 운영 방식을 크게 변경하지 않을 것입니다. 세법 개정을 예상해서 운영 방식을 변경하는 행위는 매우 위험하니까요.

멍거: 더 보탤 말 없습니다. 세법이 조금 개정된다고 해서 철도 사업 운영 방식을 변경하지는 않을 것입니다.

Q 17. **석탄**이 종말을 맞이하면 BNSF는 어떤 영향을 받을까요?

버핏: 장기적으로 보면 석탄은 결국 종말을 맞이할 것입니다. 여기에는 이론의

여지가 많지 않다고 생각합니다. 해마다 석탄시장의 세부 상황은 천연가스 가격에 크게 좌우됩니다. 작년에는 천연가스 가격이 3.15~3.2달러여서 석탄 수요가 상당량 증가했습니다. 천연가스보다는 석탄을 사용할 때 발전 단가를 훨씬 낮출 수 있었으니까요. 그러나 장기적으로 보면 석탄이 철도 매출에서 차지하는 비중은 틀림없이 감소할 것입니다. 발전소를 하루에 지을 수는 없지만, 천연가스 가격이 많이 내려가면 다시 천연가스 사용량이 대폭 증가할 것입니다. 10년 후에는 석탄이 매출에서 차지하는 비중이 틀림없이 대폭 감소할 것입니다. 우리는 석탄 외의 성장 원천을 찾는 중입니다. 석탄에만 의존하면 곤경에 처합니다.

멍거: 지극히 장기적으로 보면, 나는 석탄을 포함한 모든 탄화수소가 소진될 것으로 생각합니다. 이 탄화수소는 인류에게 지극히 소중한 자원이라고 봅니다. 우리에게는 마땅한 대체재가 없습니다. 그러므로 차세대를 위해서 남겨두어야 합니다. 현재와 같은 대규모 소비 행태는 마음에 들지 않습니다. 그러나 지금까지 나는 평생 이런 행태를 보았습니다. 조만간 탄화수소가 모두 소진될 것이라고 생각합니다. 그 시점을 예측하기는 매우 어렵습니다. 예측할 자신도 없고요.

버핏: 몇 년 이내에 아이오와주에서는 풍력 발전량이 거의 전력 소비량 수준에 도달할 것입니다. 그러나 하루 중 바람이 부는 시간은 약 35%에 불과하고, 간혹 바람이 지나치게 강할 때도 있습니다. 전력은 주 7일, 하루 24시간 공급해야 하므로 생산 용량을 충분히 갖추고 있더라도 저장하기 어렵다는 점이 문제입니다. 우리 석탄 수송량이 작년에는 매우 적었지만 올해에는 대폭 증가했습니다. 이에 대해 찰리는 더 장기적으로 내다보지만 나는 10~20년 뒤에는 석탄 수송량이 지금보다 훨씬 적을 것으로 생각합니다. 그래도 장거리 수송 측면에서는 철도가 유망합니다. 산적(散積) 화물 장거리 수송 비용이 매우 낮기 때문이지요. 나는 철도의 사업성은 양호하지만 석탄의 비중은 감소할 것으로 생각합니다.

Q 18. 버크셔는 대규모로 현금흐름을 창출하고 있습니다. 버크셔가 계속 **저자본 기업**에 투자하는 편이 주주에게 유리하지 않을까요?

버핏: 우리도 계속 저자본 기업에 투자하고 싶습니다. 성장에 막대한 자본이 필요한 고자본 기업보다는 ROA가 높은 고성장 저자본 기업에 투자하는 편이 당연히 낫습니다. 그러나 이런 관점은 시대에 따라 바뀝니다. 미국 시가 총액 5대 기업(애플, 알파벳, 마이크로소프트, 아마존, 페이스북 - 버크셔는 간혹 포함되기도 하고 제외되기도 함)의 시가 총액 합계액은 2.5조 달러가 넘습니다. 미국 시장 시가 총액 합계액은 정확히 모르겠지만, 위 5대 기업이 차지하는 비중이 거의 10%에 육박할 것입니다. 위 5대 기업이라면 자기 자본이 전혀 없어도 기업 운영에 지장이 없을 것입니다. 전혀 없더라도 말이죠.

앤드류 카네기는 제철소를 지어 거부가 되었고 록펠러는 정유 공장을 짓고 탱크차를 사들여 거부가 되었지만, 지금은 세상이 많이 달라졌습니다. 그러나 자본주의의 역사를 돌아보면, 거액을 벌어들이려면 막대한 자기 자본을 투자하고 상당한 자본을 재투자해야 하는 환경이 매우 장기간 이어졌습니다. 철도가 대표적인 사례입니다. 하지만 이제는 세상이 정말로 바뀌었습니다. 나는 사람들이 그 차이를 제대로 이해한다고 생각하지 않습니다. 시가 총액 합계액이 2.5조 달러가 넘는 위 5대 기업은 운영에 자금이 필요하지 않을뿐더러, 지난 30~40년 동안 포춘 500에서 우리가 친숙하게 보았던 엑슨이나 GE 등 유명 기업을 넘어섰습니다.

우리는 이런 기업을 좋아합니다. 자기 자본도 필요 없고 추가 자본 없이도 거의 무한히 성장하는 기업이라면 무조건 이상적인 기업이니까요. 우리가 보유한 기업 중에도 몇은 자기 자본 이익률이 이례적으로 높지만, 성장성은 없습니다. 그래도 우리는 이런 기업을 좋아합니다. 그러나 성장성까지 있는 기업이 존재한다면, 장담컨대 우리 인수 대상 목록 1호로 올려놓을 것입니다. 아직 그런 기업은 보이지 않습니다. 질문자의 말씀이 절대적으로 옳습니다. 고자본 기업보다는 저자본 기업에 투자하는 편이 백배 낫습니다.

멍거: 한때는 고자본 미국 기업이 훌륭한 투자 대상이었습니다. 듀퐁은 PER 20배에 거래되기도 했습니다. 듀퐁은 복잡한 공장을 계속 짓고 박사와 화학자를 계속 채용하면서 세계를 통째로 사들일 기세였습니다. 그러나 이제 대부분 화학 제품은 동질재가 되어버렸고, 대형 화학회사는 고전하고 있습니다. 지금은 애플과 구글 같은 기업이 세계 정상을 차지하고 있습니다. 세상은 많이 바뀌었고, 정확한 판단으로 이러한 새로운 기업에 투자한 사람들은 탁월한 실적을 올렸습니다.

버핏: 앤드류 멜론(1855~1937, 전직 미국 재무장관)이 지금 자산도 없이 수천억 달러의 가치를 창출하는 위 시가 총액 5대 기업을 본다면 무척 당황할 것입니다. 지금은 이런 세상입니다. 과거에는 오랜 기간에 걸쳐 제철소를 짓고 사람을 고용해 훈련했으며, 철도로 운송해온 철로 철강을 생산했고, 이를 전국으로 공급해 돈을 벌었습니다. 그러나 지금 구글은 누군가 한 번 클릭할 때마다 가이코로부터 11달러를 받고 있습니다.

처음에는 세상이 우리 눈에 보였습니다. 우리 자본주의 시스템은 유형 자산을 바탕으로 발명, 혁신, 재투자를 거듭하면서 발전했습니다. 하지만 자본을 전혀 들이지 않고 무형 자산을 바탕으로 수천억 달러에 이르는 가치를 창출할 수 있다면, 이 방식이 훨씬 낫습니다. 과거에 존재하던 세상이 아닙니다. 앞으로는 이런 세상이 이어질 것입니다. 이 추세는 절대 꺾이지 않을 것입니다.

멍거: 요즘 벤처 캐피털 분야에서 이러한 추세를 열심히 따라가다가 큰 손실을 본 사람이 많습니다. 멋진 분야지만 모두가 크게 성공하지는 못할 것입니다. 승자는 몇몇에 그치겠지요.

Q 19. 애플은 아이폰을 제공하고, 가이코는 저비용 자동차 보험을 제공하며, 3G는 원가를 절감해 가치를 창출합니다. 버크셔가 통제권을 포기할 정도로 **권한을 위양하면서 창출하는 가치**는 무엇인가요?

버핏: 우리가 통제권을 포기할 정도로 권한을 위양한다는 질문자의 표현은 정

확하다고 생각합니다. 나는 이 권한 위양 덕분에 우리 자회사가 더 잘 운영된다고 주장합니다. 예컨대 행동주의 투자자나 단기 차익을 노리는 누군가의 표적이 될 수 있는 S&P500 상장 회사일 때보다 낫다는 말입니다.

나는 우리 권한 위양 방식이 실제로 자회사에 매우 긍정적인 가치를 제공한다고 생각합니다. 물론 자회사에 따라 차이는 있겠지요. 주주총회에 참석한 우리 자회사 경영자가 50명 정도일 것입니다. 이들이 TV에 출연해 공개적으로 발언하는 일은 없을 것입니다. 이들을 조용한 곳으로 데려가 물어보십시오. 버크셔가 권한은 전적으로 위양하면서 자금은 확실히 지원해주는 덕분에 회사가 더 잘 운영된다고 생각하는지 물어보십시오. 어떤 프로젝트든 타당성만 있으면 곧바로 자금을 지원받을 수 있고, 2008년 세계 금융 위기와 같은 상황은 걱정할 필요가 없다는 말입니다.

나는 이런 불간섭주의가 우리 자회사의 가치를 대폭 높여줄 수 있다고 생각합니다. 반면 자회사 경영자에게 우리가 개발한 더 훌륭한 시스템을 사용하라고 요구하거나, 우리가 토니보다 가이코를 더 잘 운영할 수 있다고 주장한다면 우리 자회사의 가치는 높아지지 않습니다. 그러나 자본 배분에 대해서는 우리가 매우 객관적입니다. 우리는 경영자의 업무 부담을 덜어줄 수 있습니다. 감히 말하건대, 우리는 자회사 경영자가 일반 상장 회사를 운영할 때보다 시간을 20% 이상 절감하게 해줄 수 있습니다. 애널리스트를 만나거나 은행과 상대하는 등 온갖 시간을 절감할 수 있으니까요. 이제 우리 경영자는 모든 시간을 자회사 운영에 투입할 수 있습니다. 그래서 나는 우리가 다리를 책상에 걸친 채 빈둥거리더라도 가치를 창출한다고 생각합니다.

멍거: 우리는 세상에 모범 사례가 되려고 노력합니다. 이 노력 때문에 이 같은 대규모 주주총회가 계속 열릴 수 있다고 생각합니다. 나는 오랜 기간 주주총회를 면밀히 지켜보고 나서 이렇게 주장하는 바입니다. 우리는 모범 사례가 되고, 항상 합리성을 유지하며, 정직하려고 노력하고 있습니다. 나는 버크셔를 자랑스럽게 생각합니다.

버핏: 우리 비상장 자회사 가이코는 실적이 탁월하며, 상장되더라도 이 실적을 유지할 것입니다. 그동안 가이코의 시장 점유율은 2.5%에서 12%로 급증했습니다. 훌륭한 비즈니스 모델과 토니의 경영 능력 덕분이지만, 다른 사소한 이유도 있습니다.

8~10개월 전 우리 주요 경쟁사 둘 이상이, 신규 보험 계약 비중을 줄이지 않으면 수익성 목표를 달성하기 어렵다고 발표했습니다. 반면에 가이코는 신규 계약 확대에 박차를 가하기로 결정했는데 훌륭한 판단이라고 생각합니다. 만일 가이코가 상장 회사였다면 그런 결정을 내리기가 어려웠을 것입니다. 우리는 가이코의 5~10년 뒤 모습만 생각합니다. 우리는 신규 계약 탓에 단기 실적이 악화되더라도 상관없다고 생각하지만, 경쟁 보험사는 단기 실적에 대해 압박을 받습니다. 가이코의 모회사 버크셔와 버크셔의 주주는 단기 실적에 집착하지 않지만, 경쟁 보험사의 주주는 생각이 다르기 때문입니다. 우리는 더 열심히 일하지 않습니다. 다만 시스템이 우수할 뿐입니다. 찰리와 나는 하는 일이 거의 없습니다.

Q 20. **구조화 연금 보험**structured settlement에 적용되는 금리 4.1%에 대해서 설명해주십시오.

버핏: 먼저 구조화 연금 보험에 대해 설명하겠습니다. 예컨대 젊은 사람이 교통사고로 장애인이 되어 보상금을 받게 되면, 법원이나 피해자 가족은 100~200만 달러에 이르는 거액을 일시금으로 받는 대신 여생 동안 정기적으로 지급해달라고 요구할 수 있는데, 우리가 다른 보험사를 대신해 이 계약을 체결할 수 있습니다. 때로는 법원이 계약 보험사로 버크셔를 지정하기도 합니다.

피해자의 여생은 30년, 40년, 50년이 될 수도 있습니다. 법원, 변호사, 피해자 가족은 계약 보험사가 먼 장래에도 생존해 약속을 반드시 이행해주길 바랍니다. 버크셔는 늘 그렇듯이 일시금을 먼저 받고 먼 장래까지 정기적으로 분할 지급합니다. 따라서 우리는 피해자의 여생 기간을 가정해야 하고 적용 금리를 결정해야 합니다. 4.1%는 장기간에 걸쳐 체결된 수많은 계약에서 적용된 금리를 계산한 것입니다. 예컨대 평균 여생을 15년으로 가정해 연금을 지급하면서 금리를 조정합니다. 이때 우리는 구조화 연금 보험으로 지불하는 금액보다 우리가 버는 돈이 더 많을 것으로 가정합니다.

현재 이 사업의 계약 규모는 60~70억 달러이며 우리는 이 사업을 계속 유지할 계획입니다. 지금까지는 지급한 금액이 미미해서 거의 모든 자금을 우리가 보유하고 있습니다. 물론 지불하는 금액이 더 많아지는 사례가 발생할 수도 있지만 이는 틀림없이 극단적인 사례이며 대개는 10~20년 뒤에나 발생할 것입니다.

우리는 다른 어떤 보험사보다도 신뢰받고 있으므로 구조화 연금 보험에 우위를 확보하고 있습니다. 관건은 '장기적으로 우리가 벌어들이는 돈이 우리가 피해자에게 지급하는 돈보다 많은가'입니다. 우리는 승산이 있다고 확신하지만, 장기간 저금리가 계속 이어지고 우리가 계속 채권에 투자한다면 손실이 발생할 것입니다. 그렇더라도 우리는 끝까지 연금을 지급할 것입니다. 우리는 피해자의 생존 여부도 계속 확인해야 합니다. 다달이 연금을 받던 가족은 피해자가 사망하더라도 이 사실을 곧바로 통보하지 않을 수 있기 때문입니다. 이러한 사례는 시간이 흐를수록 증가할 것입니다. 금리가 현재 수준으로 유지되더라도, 적용 금리 4.1%는 다소 인상될 것입니다.

Q 21. 2001년 USG가 파산하기 직전 이 회사에 처음 투자했지요?

멍거: 가격이 매우 저렴했습니다.

버핏: 석고 보드 매출이 침체한 탓에 투자 실적이 대체로 실망스러웠습니다. 내 기억이 옳다면 USG는 두 번 파산했습니다. 그다지 신통한 투자는 아니었지요. 석고 보드 가격이 몇 년 전 수준만 유지했더라도 실적이 훨씬 나을 뻔했습니다.

멍거: 그래도 형편없는 실적은 아니었지요.

버핏: 석고 보드 가격은 여러 번 폭락했습니다. 경영진이 장래 석고 보드 수요를 지나치게 낙관했습니다. 석고 보드 산업에서는 공급이 수요를 크게 넘어서는 해가 많았습니다. 2008년과 2009년 이후 주택 착공 건수는 사람들의 기대 수준까지 회복되지 않았습니다. 그동안 석고 보드 가격이 상승하긴 했지만 큰 폭은 아닙니다. 찰리는 이 결정에 참여하지 않았습니다. 나의 걸작은 아니지만, 그렇다고 실패작도 아닙니다.

Q 22. **아지트**가 은퇴하면 보험 사업이 어떤 영향을 받을까요?

버핏: 아지트를 대체할 사람은 없습니다. 그는 보험 사업에서 기막힌 실적을 달성했습니다. 그와 함께 일하면 기분이 기막히게 좋습니다. 우리 보험 업무 중 일부는 아지트만 할 수 있습니다. 그러나 이미 제도화된 업무도 많으며 매우 유능한 경영자도 여럿 있습니다.

몇 년 전 아지트는 펜실베이니아주 윌크스배리 소재 가드 인슈어런스를 인수했습니다. 이 보험사는 윌크스배리에서 미친 듯이 성장해 보석 같은 기업이 되었습니다. 현재 아지트가 훌륭한 경영자에게 운영을 맡겨 감독하고 있습니다. 몇 년 전 메디컬 프로텍티브도 인수했는데, 팀 키너지는 아지트 없이도 이 보험사를 잘 운영할 수 있지만, 현명하게도 아지트의 감독을 기꺼이 받기로 했습니다. 메디컬 프로텍티브는 훌륭한 실적을 내고 있습니다. 연차 보고서의 '기타 보험사들other insurance companies' 섹션을 참조하기 바랍니다. 가이코 역시 훌륭한 보험사입니다. 그동안 아지트가 버크셔에 벌어준 돈이, 내가 벌어준 돈보다 더 많을 것입니다. 아지트가 없었더라도 우리는 세계 최고 손해 보험사가 되었겠지만, 아지트가 있어서 다른 보험사는 우리 근처에도 오지 못한다고 나는 믿습니다.

멍거: 몇 년 전 캘리포니아주가 산업 재해 보상법을 소폭 개정했습니다. 아지트가 이에 즉각 대응한 결과 보험 영업 실적이 급증해 시장 점유율이 무려

10%에 도달했습니다. 순식간에 20억 달러를 끌어온 것입니다. 아지트 같은 사람은 정말 드뭅니다. 손가락을 튕겨 20억 달러를 끌어왔으니까요.

버핏: (손가락을 튕겨 딱 소리를 내면서) 가드 인슈어런스도 못지않은 실적을 냈습니다. 우리 보험 사업에는 훌륭한 경영자가 많습니다. 피터 이스트우드도 실적이 훌륭합니다. 아지트가 이러한 보험사를 여럿 발굴했습니다. 나의 행운이지요. 사람들은 우리에게 이렇게 훌륭한 보험사가 있는 줄 모릅니다. 우리가 보유한 보험 플로트가 1,050억 달러입니다. 우리는 이 돈으로 투자 수익을 얻으면서 고객에게 이자까지 받는 셈입니다.

몇 주 전 크래프트 하인즈로부터 제품 세 개를 받았습니다. 토핑을 얹은 치즈케이크인데 정말 맛있습니다. 170칼로리에 맞춤형 치즈케이크를 즐길 수 있습니다. 나는 찰리가 말하는 잠깐 사이에 다 먹어치울 수도 있습니다. 내가 500~600칼로리 디저트도 마다하지 않으니 여러분은 칼로리 걱정을 할 필요가 없습니다. 다른 사람들이 브로콜리를 먹더라도 나는 이 치즈케이크를 먹을 작정입니다. 우리 주주총회에 치즈케이크 8,000~9,000개를 가져왔다고 합니다. 모두 팔리지 않는다면, 나는 실망할 겁니다.

Q 23. 근래에는 연차 보고서에 **승계 계획**에 대한 언급이 많지 않았는데, 설명해주겠습니까?

버핏: 승계 계획에는 변화가 없습니다. 지금 우리에게는 과거 어느 때보다도 훌륭한 경영자가 많습니다.

멍거: 확실히 동의합니다. 버크셔에 풋내기 경영자는 많지 않은 듯합니다.

버핏: 앞좌석에 앉은 우리 경영자 중에는 확실히 풋내기가 없습니다. 모두 탁월한 경영자입니다. 그래서 우리는 통제권을 포기할 정도로 권한을 위양할 수 있죠. 우리 경영자는 모두 평생 원하던 일을 하고 있습니다.

토니 나이슬리도 가이코 경영에 애정을 느낍니다. 다른 경영자 역시 자신이 좋아하는 일을 하고 있습니다. 내가 세상을 떠나면 이들이 내 자리를 대신할 것입니다.

Q 24. 앞으로 5년 동안 어떤 **섹터**에서 낚시할 생각인가요?

버핏: 찰리와 나는 섹터나 거시 환경에 대해 그다지 논의하지 않습니다. 우리는 항상 모든 기업을 지켜봅니다. 일종의 취미지요. 우리는 어떤 기회가 오든 유연하게 투자하므로 항상 기업 인수 제안을 기다립니다. 그러나 다양한 필터를 적용해 기회를 걸러냅니다. 우리는 제안을 들어보면, 체결 가능성이 있는 거래인지를 십중팔구 5분 이내에 알아냅니다.

　우리가 던지는 첫 번째 질문은 '과연 우리가 이 기업을 제대로 파악해서 올바른 판단을 내릴 수 있는가'입니다. 이런 기업이 몇 개 있습니다. 우리는 해자를 갖춘 기업을 좋아합니다. 첫 번째 필터를 통과하면, 거래 가능성이 어느 정도 생깁니다. 우리는 먼 장래까지도 고객의 행동을 예측할 수 있는 기업을 좋아합니다. 그러나 갈수록 예측하기가 어려워지고 있으며 지금은 더 어렵습니다. 우리는 현재 ROE와 미래 ROE도 살펴봅니다. 사람들이 보내주는 신호를 보면 우리가 실제로 만족스러운 거래를 하게 될지 알 수 있습니다. 우리는 각 기업의 특성을 보고 인수 여부를 판단하는 것이지, 특정 섹터에서 인수 대상 기업을 찾는 것이 아닙니다.

멍거: 자회사 중 일부는 수시로 협력 회사를 인수합니다. 물론 이는 환영할 만한 일입니다. 그러나 기업 인수 시장 전반적으로 경쟁이 매우 치열해졌습니다. 과거 차입 매수를 주도하던 거대 시장이 지금은 이른바 사모 펀드로 불리고 있습니다. 이는 일개 경비가 최고 기술 책임자chief of engineering를 자처하는 것과 같습니다. 이들은 자금을 얼마든지 조달할 수 있으므로 매우 높은 가격을 제시할 수 있습니다. 따라서 우리가 이들과 경쟁해 기업을 인수하기는 매우 어렵습니다. 하지만 사모 펀드에 기업을 매각하지 않으려는 사람도 일부 있습니다. 이들은 자신의 기업을 매우 사랑하므로 사모 펀드를 거쳐 다시 팔려나가는 모습을 보려 하지 않습니다.

버핏: 몇 년 전 한 사내가 나를 찾아왔습니다. 당시 61세였던 그는 이렇게 말했습니다(실제로 이렇게 말한 사람은 또 있었습니다). "나는 돈이 남아돌 정도로 많습니다. 그러나 출근할 때마다 걱정하는 일이 하나 있습니다. 오늘이라도 내게 무슨 일이 생긴다면 아내가 회사를 맡게 됩니다. 그런데 임원들이 회사를 헐값에 인수하거나 경쟁사에 팔아넘기려는 사례를 나는 많이 보았습니다. 나는 회사를 아내에게 맡기고 싶지 않습니다. 인수해줄 기업을 내가 결정하고 싶지만, 이후에도 경영은 내가 계속 하고 싶습니다. 경쟁사에 매각하는 방법도 생각해보았습니다. 하지만 그러면 경쟁사의 CFO가 합병 회사의 CFO가 될 것이고, 지금까지 나와 함께 회사를 일군 사람은 모두 밀려날 것입니다. 나는 막대한 돈을 받고 떠나겠지만 이들 중 일부는 실직할 것입니다. 내가 원하는 모습이 아닙니다. 자칭 사모 펀드라고 하는 차입 매수자에게 매각할 수도 있습니다. 이들은 최대한 부채를 일으켜 회사를 인수하고서 치장해 다시 팔아넘길 것입니다. 결국 내가 키운 회사는 흔적도 남지 않을 것입니다. 나는 당신이 특별해서가 아니라 대안이 당신밖에 없어서 찾아왔습니다."

미래의 배우자에게 청혼한다면 그가 내게 한 마지막 표현은 사용하지 마십시오. 나는 그의 제안을 받아들여 거래를 체결했습니다. 그와 같은 사람이 없다면, 우리는 기업 인수 시장에서 번번이 패배할 것입니다. 우리는 순전히 자기 자본으로 기업을 인수하려 하지만 경쟁사는 매우 싼 금리로 거액을 빌릴 수 있습니다. 예컨대 경쟁사가 평균 금리 4%로 인수 대금 대부분을 조달한다면 우리는 경쟁하기 어렵습니다.

멍거: 주가가 하락해도 차입 매수자는 손실을 보지 않습니다. 그러나 주가가 상승하면 차입 매수자는 이익을 봅니다.

버핏: 차입 매수자가 계산하는 방식은 우리와 매우 다릅니다. 그는 자금을 얼마든지 조달할 수 있습니다. 비싼 가격에 매각하는 것이 유일한 소원이라면 우리에게 전화할 필요가 없습니다. 대신 우리는 색다른 제안을 할 수 있습니다. 앞에서 설명한 인수 사례는 소유 경영자 세 사람이 한 이야기를 거의 그대

로 전한 것입니다. 이들은 모두 거래에 매우 만족했습니다. 이들은 돈도 매우 많이 받았고 원하던 대로 지금도 기업을 계속 경영하고 있습니다. 가족은 물론 평생 함께 일한 임직원에게도 최선의 결정이었습니다. 그러나 다른 결정을 하는 소유 경영자도 많습니다. 차입 매수자가 제시하는 가격과 우리처럼 자기 자본으로 인수할 때 제시하는 가격 사이에 격차가 커지면, 소유 경영자의 고민도 커집니다.

멍거: 이런 결정은 오래전부터 어려웠습니다. 그래도 우리는 좋은 기업을 꽤 많이 인수했습니다.

Q 25. **후계자**에게 어떤 방식으로 보상할 계획인가요? 이에 대해 밝히겠다고 3년 전에 말했습니다.

버핏: 유감스럽게도 이 나이가 되면 3년 전에 한 말에 대해서는 걱정하지 않게 됩니다. 질문자는 훨씬 젊은 나이니까 당연히 기억하겠지요. 내가 그렇게 말했다는 사실은 인정합니다. 두 가지 보상 방식이 가능합니다. 나는 후계자가 다음 몇 가지 요건을 갖춘 사람이면 좋겠습니다. 후계자는 이미 거부이고, 오랜 기간 업무 경험을 쌓은 유능한 사람이며, 10배든 100배든 보수 증가가 진정한 동기 부여 요소가 아니어서 시장에서 자신이 받을 수 있는 보수보다 훨씬 낮은 보수도 기꺼이 받아들이려는 사람이면 좋겠습니다. 후계자가 이러한 요건을 갖추지 못할 수도 있지만, 갖춘다면 정말 좋겠습니다.

그러나 시장에서 자신이 받을 수 있는 보수를 원한다고 해서 그 사람을 탓할 수는 없습니다. 그때는 기본 보수를 매우 적게 지급하는 대신 버크셔의 가치 증가분에 대해 상당한 스톡옵션을 제공할 수도 있을 것입니다. 다만 매년 증가하는 유보 이익을 고려해서 옵션 행사 가격도 매년 인상해야 하겠지요. 이렇게 옵션 행사 가격을 인상한 기업은 거의 없지만, 워싱턴 포스트는 증가하는 유보 이익을 고려해 실제로 그렇게 했습니다. 이 보상 방식을 설계하기는 매우 쉽습니다. 비상장 회사는 실제로 이 방식으로 설계합니다. 그러나 상장 회사 경영자에게는 다른 방식이 더 유리하므로 이 방식을 채택하지 않습니다. 후계자는 은퇴 후에도 2년 정도 옵션을 보유해야 합니다. 그래야 자신에게 유리한 시점에 스톡옵션을 행사해 주식을 모두 처분하는 일이 없을 것이고, 따라서 장기적으로 주주 대다수가 얻는 수준의 실적을 얻게 될 것입니다. 훌륭한 보상 방식을 설계하기는 어렵지 않습니다. 관건은 후계자가 '이미 충분히 돈을 벌어서 보수 금액에 크게 연연하지 않는 사람인가'입니다.

멍거: 나는 평생 보상 컨설턴트를 피했습니다. 말로 표현할 수 없을 정도로 보상 컨설턴트를 경멸하니까요.

버핏: 내가 세상을 떠난 다음 이사회가 보상 컨설턴트를 고용한다면 나는 화가 치솟아 다시 살아 돌아올 것입니다.

멍거: 보상 분야에는 미신 숭배가 많습니다. 도무지 사라질 줄을 모릅니다.

버핏: 상황이 갈수록 악화하고 있습니다. 모든 경영자가 다른 경영자의 보상에 주목합니다. 그래서 인사부는 CEO에게 보상 컨설턴트를 고용하자고 제안합니다. 그런데 예컨대 회사의 실적이 하위 25%이므로 CEO가 받는 보상도 하위 25%가 되어야 한다고 제안한다면 그 보상 컨설턴트의 고용 계약이 연장될 수 있을까요? 상황이 악화하는 것은 사람들이 사악해서가 아닙니다. 그 상황에서 도출되는 결정이 주주의 이익과 일치하지 않을 뿐입니다.

멍거: 상황은 더 심각합니다. 자본주의는 우리 모두를 먹여 살리는 황금 거위입니다. 사람들은 급여 조건이 마음에 들지 않는다는 이유로 자본주의를 경멸합니다. 물론 자본주의 시스템에 문제가 많긴 하지만, 이래서는 자본주의가 오래갈 수 없습니다. 이는 황금 거위를 죽이는 행위와 같습니다.

버핏: 조만간 시행되는 제도가 있습니다. 기업은 CEO의 보수가 종업원 평균 보수의 몇 배인지를 위임장 권유 신고서에 명시해야 합니다. 그러나 이 제도로는 아무것도 바뀌지 않습니다.

멍거: 주요 뉴스로 취급되지도 않을 것입니다. 한쪽 구석에 처박히겠지요.

버핏: 우리는 많은 비용을 지출해야 합니다. 전 세계에서 우리가 고용한 종업

원은 36만 7,000명에 이르므로 종업원 평균 보수를 계산하기가 쉽지 않습니다. 간단하게 추정치를 산출할 수 있으면 좋겠습니다.

멍거: 바로 이 작업이 컨설턴트의 역할입니다.

버핏: 보상 문제는 인간의 본성이 빚어내는 결과입니다. 나는 자회사 경영자에게 2년마다 보내는 메모에서, 내가 받아들일 수 없는 유일한 변명이 "남들도 다 그렇게 해"라고 밝힙니다. 그런데 다른 경영자가 스톡옵션을 비용으로 처리하지 않으면서 늘어놓는 변명이 바로 "남들도 다 그렇게 해"입니다. 이들은 워싱턴으로 몰려가 상원을 압박해 88 대 9로 스톡옵션은 비용이 아니라는 표결을 받아냈습니다. 그러나 몇 년 뒤 스톡옵션은 명백히 비용임이 밝혀져 결국 비용으로 분류되었습니다. 갈릴레이가 떠오르더군요.

멍거: 훨씬 심각한 문제입니다.

버핏: 나는 현재 내정된 후계자나 다른 누구에 대해서 하는 말이 아닙니다. 버크셔 경영을 맡는 시점이 되면, 우리 후계자는 이미 거부가 되어 있을 것입니다. 따라서 그 시점에는 재산 증가에서 얻는 한계 효용이 제로에 근접할 것입니다. 이런 요소까지 고려한 새로운 평가 모형이 나올 수도 있겠지요. 그러나 나는 평가 모형에 유보 이익을 반영해도 문제가 없다고 생각합니다(나는 20명이 참여하는 이사회에서도 유보 이익을 반영해야 한다고 말하는 사람을 본 적이 없지만 말이지요).

예컨대 당신과 내가 동업하는 기업이 있고, 이 기업에 유보 이익이 계속 쌓이고 있는데, 내가 당신의 지분 일부를 인수하는 스톡옵션의 행사 가격을 고정해서 계속 보유하겠다고 말하면 당신은 순순히 허락하겠습니까? 현재 CEO가 받는 스톡옵션이 바로 이러한 방식으로 설계된 옵션입니다. 그리고 대개 CEO가 보상받는 방식과 이사회가 보상받는 방식 사이에는 상관관계가 있습니다. 현재 CEO의 보수가 실질 가치 기준으로 50년 전과 같은 수준이라면, 이사가 받는 보수는 50년 전보다 낮은 수준이 될 것입니다.

멍거: 버크셔 이사 중에 돈을 바라고 이사가 된 사람은 없습니다.

버핏: 모두 버크셔 주식을 대량으로 보유하고 있습니다.

멍거: 그야말로 옛날 방식이지요.

버핏: 내가 아는 어떤 회사는 이사가 7명인데, 이들은 자기 회사 주식을 한 주도 사본 적이 없습니다. 이들은 CEO 선정도 맡고 자신의 보수도 결정합니다. 이들은 회사 주식을 대량으로 받았는데도 자신의 보수가 과도하다는 생각을 전혀 하지 않습니다. 우리는 사람들이 본능적인 유혹에 넘어갈 때도 제대로 작동하는 시스템을 구축해야 합니다. 그런 면에서 미국의 시스템은 놀라울 정도로 훌륭하게 작동했습니다. 미국 기업의 시스템 역시 전반적으로 매우 훌륭하게 작동했습니다. 그러나 우리 자녀에게 가르쳐주고 싶을 정도로 모든 면에서 훌륭했던 것은 아닙니다.

Q 26. 트럭은 경쟁력이 강화되고, 파나마 운하는 폭이 확장되고 있습니다. 이 때문에 **BNSF의 매출**이 감소하지 않을까요?

버핏: 시카고에는 많은 문제가 있습니다. 철도의 발전 과정을 생각해봅시다. 시카고가 중심이 되어 철도를 놓으면 그 철도를 중심으로 도시가 성장합니다. 시카고는 커다란 문제에 직면할 수 있습니다. 일관 수송 화물량은 11년 전인 2006년에 정점을 기록했습니다. 1종 철도 5개사의 투자액은 감가상각액을 넘어서는 수백억 달러에 이르는데도 화물 운송량은 감소하고 있습니다.

그래도 철도는 여러 면에서 트럭보다 유리한 사업입니다. 철도 산업과 비교하면, 자동차 산업은 가솔린 세금 등 훨씬 많은 보조금 혜택을 받고 있습니다. 철도는 운송량이 크게 증가하지 않았지만 그래도 사업성은 양호하게 유지되기 쉽습니다. 나는 동부 지역보다 서부 지역을 낙관합니다. 동부 지역의 일관 수송 화물량 일부는 동부 지역 항구로 넘어갈 것입니다. 그런 면에서 우리 철도는 훌륭하며 양호한 실적을 유지할 것입니다. 우리 펀더멘털은 아주 좋다고 생각합니다.

우리 ROE에 한계는 있겠지만, 꽤 괜찮을 것입니다.

멍거: 더 보탤 말 없습니다.

Q 27. **자본 배분**이 먼 훗날에도 여전히 버크셔에 중요할까요?

멍거: 먼 훗날에는 중요하지 않겠지요.

버핏: 너무 패배주의적인 태도 아닌가, 찰리?

현재 내가 추천하는 후계자의 조건도 자본 배분 능력이 입증되어야 한다는 것이고, 찰리가 추천하는 조건도 그러하며, 우리 이사회가 가장 중시하는 조건 역시 분명히 자본 배분 능력입니다. 자본 배분은 버크셔에 믿기 어려울 정도로 중요합니다. 현재 우리 주주 지분은 2,800~2,900억 달러에 이릅니다. 지금 주주 지분이 매년 70억 달러 증가하고 있으므로, 정확하게 예측하기는 어렵지만 10년 후 차기 경영자가 배분해야 하는 자본은 약 4,000억 달러가 될 수 있습니다. 10년 뒤 버크셔 자회사의 유보 이익 합계액은 사상 최대 규모에 이를 터이므로 CEO가 자본을 매우 합리적으로 배분해야 합니다.

우리는 그런 CEO를 보유하게 될 것입니다. 자본 배분에 소질이 없는 사람을 우리 CEO로 둔다면 이는 끔찍한 실수가 될 것입니다. 다행히 버크셔는 자본 배분의 중요성을 잘 알고 있으므로 CEO의 자본 배분 능력에 관심을 집중할 것입니다.

사람들 중에는 영업 등 다양한 분야에서 능력을 발휘해 CEO가 되는 사례가 많습니다. 이들은 CEO가 되면 자본 배분을 결정해야 합니다. 전략 기획 본부를 만들거나 투자 은행의 조언에 귀를 기울일 수도 있지만 자본 배분은 본인이 직접 결정할 수 있어야 합니다.

멍거: 만일 CEO가 다른 분야 출신이어서 자본 배분을 해본 적이 없다면….

버핏: 그것은 카네기 홀에서 바이올린을 연주했던 사람에게 피아노 연주를 맡기는 것과 같습니다. 다른 분야에 재능이 많아도 자본 배분 능력이 없는 사람이 CEO가 된다면 버크셔는 좋은 실적을 내지 못할 것입니다. 나는 이 능력을 투자 감각money mind이라고 부릅니다. 사람의 지능 지수를 120이나 140으로 평가할 수 있듯이, 투자 감각도 비슷한 방식으로 평가할 수 있습니다.

대개 사람마다 능력이 뛰어난 분야가 따로 있습니다. 내가 아는 사람 중 일부는 매우 총명하지만 투자 감각이 없어 대단히 어리석은 결정을 내리기 쉽습니다. 이들은 사람들 대부분이 하지 못하는 온갖 일을 해낼 수 있지만 자본 배분만은 도무지 할 줄을 모릅니다. 또 내가 아는 사람 중 일부는 그다지 총명하지 않은데도 투자에 대해서는 어리석은 결정을 내린 적이 평생 한 번도 없습니다. 다른 재능도 많으면 더 좋겠지만, 우리에게는 투자 감각을 갖춘 사람이 꼭 필요합니다.

멍거: 주식 투자를 시켜보면 투자 감각을 확인할 수 있습니다. 어떤 방식으로든 그 사람의 투자 감각이 드러나니까요.

버핏: 투자 감각이 있으면 언제 주식을 사야 합리적인지를 인식합니다. 주식 투자에 대한 사고방식을 보면 그 사람의 투자 감각을 충분히 확인할 수 있습니다. 주식 투자에 대해 논리적으로 생각한다면 이는 그다지 복잡한 문제가 아닙니다. 사람 중에는 생각이 논리적인 사람도 있고 아닌 사람도 있습니다. 그런데 다른 분야에서는 무척 뛰어나지만 유독 주식 투자에 대해서는 명백한 사안에도 매우 어리석은 사람이 있습니다.

Q 28. 투자 자문사에 **보수**를 지급해야 하나요? 당신은 찰리 멍거가 대단히 소중하다고 말하는데, 그에게 자산의 1%를 보수로 지급하겠습니까?

버핏: 연차 보고서에서 밝혔듯이, 내가 지금까지 알고 지낸 사람 중 장기간 초과 실적을 낼 것으로 예상되는 사람이 10여 명입니다. 내가 모르는 사람까지 포함하면 수백 명이나 수천 명 있겠지요. 찰리도 그런 사람 중 한 명입니다.

나라면 그에게 보수를 지급하겠느냐고요? 물론 지급하죠. 그러나 다른 투자 자문사라면 보수 1%를 지급하지 않을 것입니다. 이들이 S&P500 대비 초과 수익 1%를 올리더라도 보수 1%를 제외하면 본전에 불과한데, 초과 수익 1%를 올리는 투자 자문사조차 거의 없기 때문입니다. 그러나 찰리에게 지급하는 보수 1%는 성격이 다릅니다. 이는 10만 달러를 주고 1919년 레드삭스에서 활약하던 베이브 루스를 양키스로 데려오는 것과 같습니다. 그야말로 횡

재에 해당합니다.

 내가 이런 식으로 양키스로 데려올 사람은 많지 않습니다. 투자 자문사의 실적이 형편없어서가 아닙니다. 보수를 지급하지 않고서도 누구나 그들보다 더 좋은 실적을 얻을 수 있기 때문입니다. 어떤 분야에서든 전문가는 우리가 직접 문제를 해결할 때보다 더 나은 가치를 창출해줍니다. 예컨대 임신부가 출산할 때는 배우자나 가족보다 산부인과 의사가 훨씬 도움이 됩니다. 그러나 투자 분야는 그렇지 않습니다. 적극 운용 전문가가 올리는 실적의 합계는 소극 운용 투자자가 올리는 실적 합계에 미치지 못합니다. 물론 적극 운용 전문가 중에 탁월한 실력자가 있다는 점에는 동의합니다. 그러나 그런 실력자가 누구인지 소극 운용 투자자는 찾아낼 수 없습니다.

멍거: 실제 상황은 더 나쁩니다. 정말로 실력 있는 전문가도 운용 자산 규모가 증가하면 실적이 심하게 악화합니다. 고정 보수 2%와 성과 보수 20%를 받는 헤지 펀드를 장기간 운용한 펀드 매니저의 실적을 분석해보면 드러납니다. 고객은 모두 손실을 봅니다. 일부 고객은 초기에 가입해 한동안 좋은 실적을 얻지만, 이후 자금이 유입되면 펀드의 실적이 악화하기 때문입니다. 투자 업계는 잘못된 유인, 왜곡된 보고, 심각한 망상이 가득한 수렁입니다.

버핏: 운용 자산 규모가 수천억 달러가 되더라도 내가 선택한 10여 명이 초과 수익을 낼 것으로 예상하느냐고 묻는다면, 나는 십중팔구 아무도 초과 수익을 내지 못할 것이라고 대답하겠습니다. 실제로 이들이 운용한 자산은 규모가 크지 않았습니다. 그리고 운용 자산 규모가 증가할수록 이들의 초과 수익은 감소했습니다. 내가 연차 보고서에서 설명한 (나와 내기를 한) 헤지 펀드 매니저는 물론 (내기를 회피한) 다른 헤지 펀드 매니저도 모두 마찬가지였습니다. 이러한 헤지 펀드는 적어도 200개가 있었습니다. 이들은 최고의 펀드를 선정한다는 명분으로 막대한 성과 보수를 받았지만 펀드의 장기 실적은 시장 평균에도 미치지 못했습니다.

 시장 전체로 보면 절대 나올 수 없는 초과 수익을 약속하면서 수많은 사람이 성과 보수를 받는다는 점에서, 헤지 펀드는 참으로 흥미로운 분야입니다. 그래도 이 시장은 계속 유지될 것입니다. 영업력이 탁월한 사람은 대부분 자금을 끌어모아 막대한 소득을 올릴 것입니다. 예컨대 의료계나 건설 업계 등 다른 분야에서는 상상도 못 할 거금을 벌어들일 것입니다. 이들은 자신이 마법이라도 부릴 것처럼 사람들을 설득합니다. 운용 자산 규모를 10억 달러로 늘리면, 실적이 형편없어도 고정 보수 2%에 해당하는 2,000만 달러를 받게 됩니다. 다른 어떤 분야에서도 상상하기 어려운 금액입니다. 그러나 투자 업계 사람에게는 익숙한 금액이지요.

버크셔에서는 두 사람이 210억 달러를 운용하고 있습니다. 기본 보수는 연 100만 달러고, S&P 대비 초과 수익 기준으로 성과 보수를 지급합니다. 이들은 실제로 가치를 창출해야 성과 보수를 받는데 그나마도 20%에 훨씬 못 미칩니다. 실제로 가치를 창출할 때만 보수를 받겠다고 말하는 헤지 펀드 매니저가 얼마나 있을까요? 고객이 벌 수 있는 돈 이상을 벌어줄 때만 보수를 받겠다고 말하는 헤지 펀드 매니저가 있을까요? 어떤 헤지 펀드 매니저에게 이렇게 물어본 적이 있습니다. "보수가 2%와 20%나 되면 양심 불량 아닌가요?" 그가 대답했습니다. "받을 수만 있으면 3%와 30%도 받을 겁니다." 찰리?

멍거: 그 정도면 충분히 두들겨 팼네.

Q 29. **프리시전 캐스트파츠**의 최신 정보를 부탁합니다.

버핏: 협력 회사를 둘 인수했습니다. 우리 경영자가 탁월하므로 앞으로 협력 회사를 더 인수할 계획입니다. 우리는 항공기 분야에서 강력한 지위를 확보하고 있습니다. 이미 둘을 인수했지만 합당한 인수 기회가 더 있을 것입니다. 장기간에 걸쳐 더 인수할 것입니다. 매수 가격 조정 중 주요 항목은 무형 자산 상각뿐인데, 연 4억 달러가 넘지만 비공제 항목입니다. 그래도 나는 4억 달러가 넘는 이익으로 생각합니다. 나는 프리시전 캐스트파츠의 경제적 영업권이 연 4억 달러씩이나 감소한다고 생각하지 않습니다. 이에 대해서는 어느 정도 설

명한 바 있습니다.

　매우 장기적으로 보면 3D 프린팅에 대해 걱정할 수도 있겠지만 항공기 제작 분야에서는 걱정할 필요가 없다고 봅니다. 항공기 공급은 변동성이 매우 커질 수 있습니다. 그러나 장기 수요에 대해서는 전혀 걱정하지 않습니다. 관건은 '경쟁사가 더 잘 만들거나 더 싸게 만드는가, 3D 프린팅이 우리 시장 일부를 빼앗아 가는가'입니다.

　나는 프리시전 캐스트파츠의 경쟁력이 매우 장기간에 걸쳐 대단히 강하다고 생각합니다. 프리시전 캐스트파츠를 이용하지 않는다면 신형 항공기 도입이 지연될 수도 있으니까요. 우리 전시장 옆방에 있는 엔진을 살펴보시기 바랍니다. 수백 명을 수송하는 내용 연수 20~25년 엔진을 조립할 때 항공기 제작 회사나 엔진 조립 회사는 작업의 품질은 물론 공급 업체의 신뢰성에 대해서도 걱정하게 됩니다. 부실한 부품 탓에 항공기나 엔진의 완성도가 99%에 그치면 곤란하니까요. 신뢰도는 지극히 중요합니다. 나는 프리시전 캐스트파츠만큼 평판 좋은 회사는 없다고 봅니다. 우리가 인수하길 정말 잘했습니다.

멍거: 우리는 적정 가격에 정말 좋은 회사를 인수했습니다. 싼 가격은 절대 아니었습니다. 옛날에는 좋은 기업도 싸게 살 수 있었지만 지금은 훨씬 높은 가격을 치러야 합니다.

버핏: 싼 가격이 절대 아니지요. 매년 4억 달러씩 오랜 기간 상각해야 합니다. 회계 처리 방식이 그렇다는 말인데 자세히 설명하지는 않겠습니다. 내년 1분기부터 기업들은 회계 탓에 악몽 같은 일을 겪게 됩니다. 월스트리트 증권회사처럼 기업도 보유 주식을 시가 평가해야 하니까요. 코카콜라나 아메리칸 익스프레스의 평가액 변동이 매 분기나 매일 손익 계산서에 반영된다는 말입니다. 그러면 정말 혼란스러워집니다. GAAP(일반회계원칙) 이익을 보고할 때는 우리가 설명하겠지만, 이제 GAAP 이익만 보는 것은 의미가 더 없어지게 됩니다.

멍거: 그다지 좋은 아이디어가 아닙니다.

버핏: 형편없는 아이디어지요. 그래도 우리는 잘 대처할 수 있습니다. GAAP가

버크셔 가치 평가에 얼마나 유용하며 언제 가치 평가를 왜곡하는지에 대해서는 내가 설명하겠습니다. 회계가 가치를 평가해주지는 않습니다. 그러나 제대로 이해하면 회계는 매우 유용한 도구가 됩니다. 그리고 회계 감사가 제 역할을 하지 못한다고 비난해서도 안 됩니다.

멍거: 회계 감사가 역할을 못 한다고 탓하는 것이야말로 정말 어리석은 짓입니다.

버핏: 동감입니다. 우리는 회계 감사 내역을 항상 제공할 것이며, 어느 방향으로든 결함이 있으면 설명할 것이고, 보유 주식을 평가할 때 어느 숫자는 이용해야 하고 어느 숫자는 무시해야 하는지도 설명할 것입니다. 우리는 여러분이 보유 주식을 제대로 이해하길 바랍니다. 그래서 회사의 가치 추정에 정말로 중요하다고 판단되는 사항은 자세히 설명할 것입니다. 2018년부터는 새 회계 규정이 시행되므로, 순이익만 보면 올해에는 순진한 사람이지만 내년에는 터무니없는 멍청이가 됩니다.

Q 30. **중국 주식시장**에 투자해도 누군가는 당신이 기록한 실적을 낼 수 있나요?

버핏: 찰리, 자네가 중국 전문가 아닌가?

멍거: 이와 벼룩 중 어느 쪽이 먼저 출현했는지 따지는 것과 같습니다. 나는 중국 주식시장이 미국 주식시장보다 확실히 저평가되었다고 생각합니다. 중국 주식시장은 장래가 확실히 밝지만 성장통(成長痛)도 당연히 있을 것으로 봅니다. 우리는 이런 기회에 유연하게 대응합니다. 특정 원칙에 따라 어느 시장에 진입할 것인지를 결정하지는 않습니다.

버핏: 어쨌든 찰리가 주요 뉴스를 전했습니다. "멍거는 중국 시장이 미국 시장을 능가할 것으로 예측!"

Q 31. 버크셔는 **3G**와 협력해 기업을 인수했습니다. 3G는 직원 수천 명을 해고하면서 원가를 극단적으로 절감했는데, 어떻게 생각합니까?

버핏: 그동안 나는 3G 경영진을 면밀하게 지켜보았는데, 이들은 본질적으로

기업의 생산성을 최대한 높여야 한다고 믿습니다. 또한 이 자리에 모인 우리 주주, 오마하 주민, 모든 미국인을 포함해 이 세상 사람이 그동안 얻은 혜택이 모두 생산성 향상에서 왔다고 믿습니다. 그동안 생산성이 향상되지 않았다면 우리 생활은 1776년에 살았던 사람과 똑같을 것입니다.

3G 경영진은 매우 신속하게 생산성을 향상하며 전보다 더 적은 인원으로 능숙하게 끌어올립니다. 미국인은 철강과 자동차를 포함한 모든 산업에서 생산성을 계속 끌어올렸습니다. 그래서 우리가 지금처럼 풍요로운 삶을 누리는 것입니다. 우리 버크셔는 인수 대상으로 이미 효율적으로 운영되고 있는 기업을 선호합니다. 솔직히 말해서 우리는 생산성 향상 작업이 전혀 즐겁지 않습니다. 유쾌한 작업은 아니지만 그래도 생산성 향상 덕분에 기업이 발전하게 됩니다. 사실 1인당 생산성을 높이지 않고 1인당 소비량을 늘리는 방법은 세상에 존재하지 않습니다. 물론 정치적인 문제로 기업이 타격을 입게 되면 전체적으로 손실이 발생할 수도 있으므로 그런 면에서 좋은 질문입니다.

내가 질문에 명확하게 답할 수 있을지는 모르겠지만, 3G 경영진은 매우 지능적으로 생산성 향상을 추구할 뿐 아니라 제품 개선, 혁신, 기타 사람들이 기대하는 온갖 업무에도 엄청난 노력을 기울이고 있습니다. 점심에 크래프트 하인즈 치즈케이크를 먹어보시면 3G 경영진이 생산성 향상 못지않게 제품 개선과 혁신에도 노력을 기울였다는 점에 동의하게 될 것입니다. 나는 2천 명을 고용한 섬유회사를 장기간 경영하다가 결국 폐업한 경험이 있습니다. 내가 경영하는 기업에서 종업원을 해고해야 한다면 종업원을 채용하는 것보다 괴로울 수밖에 없습니다. 그러나 찰리와 내가 종업원을 해고한 덕분에 버크셔는 우량 기업을 인수할 수 있었고 이들이 더 적은 인원으로 생산성을 향상시킨 혜택을 우리가 얻을 수 있었습니다.

나는 생산성 향상이 사회에 대한 기여라고 생각하며 3G는 생산성 향상에 탁월하다고 생각합니다.

멍거: 생산성 향상에는 아무 잘못이 없습니다. 오히려 생산성 저해 행위가 언

론의 주목을 받아서 문제입니다. 옳은 일조차 항상 할 수 있는 것은 아닙니다.

버핏: 동의합니다.

Q 32. 보유 현금이 1,000억 달러에 이르는데, **자사주 매입 기준**을 완화할 생각은 없는지요?

버핏: 때가 오면 기준을 완화할 것입니다. 그때는 곧 올 수도 있으며, 내가 버크셔에 있는 동안 올 수도 있습니다. 우리 마음에 드는 곳에 장기간 자금을 투자할 수 없다는 판단이 서면, 우리는 그 자금을 어떻게 사용할 것인지 재검토해야 합니다. 자금의 용도를 결정해야 하는데, 용도에는 자사주 매입과 배당이 포함됩니다.

그런데 배당을 결정하면 사람들은 이후 배당이 감소하지 않을 것으로 기대하므로 이런 기대도 충분히 고려해서 결정해야 합니다. 장기간 보유 자금의 사용 가능성이 낮고, 주가가 장기 주주에게 여전히 매력적인 수준이며, 타당한 규모로 주식을 대량 매수할 수 있다면 자사주 매입을 결정할 수 있습니다. 바로 지금 자사주를 매입해도 버크셔 주가가 내재 가치에 근접하지는 않을 것으로 낙관하지만, 그 입증 책임은 우리에게 있습니다.

우리가 어떤 경우에도 하고 싶지 않은 것은 이익 증가를 기대할 수 없는데도 PER이 100배에 육박하는 단기 국채 같은 증권에 900억 달러가 넘는 자금을 투자하는 일입니다. 그런 형편없는 사업에는 투자하고 싶지 않습니다. 여러분의 자금을 그런 방식으로 오랫동안 사용해서는 안 됩니다. 그러면 우리가 자금을 효율적으로 사용할 수 있을까요? 감히 말하지만 역사는 우리 편입니다. 그러나 단지 역사에 의존하는 것보다는 기업을 인수해달라는 전화를 받는 편이 더 재미있습니다.

향후 10년 이내에 (다음 주가 될 수도 있고 9년 후가 될 수도 있지만) 거대 기업 인수 기회가 올 것입니다. 그 시점이 9년 뒤라면 재미없겠지만 말이죠. 하지만 그 시점을 좌우하는 주된 요소는 사람, 정부, 세계의 움직임이 아니라 바로 우리

라고 생각합니다. 3년 뒤 우리가 현금 1,500억 달러를 보유한 채 다시 이곳에
올 수는 없습니다.

멍거: 어쩌면 1,500억 달러를 보유한 채 올지도 모르지요.

Q 33. 자회사 CBT가 제작하는 장비가 동물에게 해를 끼치지 않는지 설명해주겠습
니까? **친환경 투자와 핵전쟁**에 대한 설명도 부탁합니다.

버핏: 우리 자회사 CBT는 양계 장비를 제작합니다. 나는 질문에 구체적으로
답할 수 없으므로 빅을 직접 접촉하기 바랍니다. 그는 능력이 가장 훌륭한 경
영자 중 한 사람입니다. 빅은 양계 및 달걀 생산에 유용한 장비를 제작하려고
세심하게 노력하고 있습니다. 만나보면 알겠지만 그는 이 분야에 그야말로 정
통합니다.

　　나는 핵무기 같은 대량 살상 무기에 대해 매우 비관적입니다. 그러나 핵무
기보다는 생물학 무기나 사이버 위협의 가능성이 더 높으며 특히 사이버 위협
이 인류에게 가장 큰 문제라고 생각합니다.

멍거: 우리가 핵전쟁에는 반대하지만 도축까지 반대할 필요는 없다고 생각합
니다.

버핏: 사실 우리가 양계업을 하는 것은 아닙니다. 양계 장비를 판매할 뿐이지
요. 양계 장비는 그동안 대폭 변경되었는데 자세한 내용까지는 알지 못합니다.

Q 34. 버크셔의 보유 현금이 1,000억 달러나 되는데 토드 콤즈와 테드 웨슐러에게
운용 자금을 더 배분하지 않은 이유는 무엇인가요?

버핏: 더 배분했습니다. 내 기억으로는 토드가 합류해서 처음 운용을 시작한
금액이 20억 달러였습니다. 이후 상당한 금액이 추가되었습니다. 물론 그가
벌어들인 이익을 모두 유보했으므로 자체 자본이 계속 증가한 셈입니다. 두
사람의 운용 자산이 버크셔가 보유한 증권에서 차지하는 비중은 두 사람이 합
류한 시점과 비슷하거나 더 커졌습니다. 테드는 토드보다 1~2년 뒤에 합류했

습니다. 10~20억 달러보다는 100억 달러를 운용하기가 더 어렵다는 점에 두 사람 모두 동의할 것입니다. 운용 자산 규모가 커질수록 기대 수익률은 하락하는 법이니까요.

두 사람을 채용한 것은 탁월한 결정이었습니다. 둘 다 유가 증권을 훌륭하게 운용했습니다. 둘 다 20억 달러로 운용을 시작해서 약 200억 달러를 운용하고 있는데, 나도 그 정도로 많이 벌지는 못했을 것입니다. 이들은 자산 운용외에도 다양한 방법으로 크게 기여하고 있습니다. 이들은 현명한 데다가 투자 감각도 있습니다. 특히 자산 운용에 탁월하고, 인품이 매우 훌륭하며, 버크셔와 잘 맞습니다.

찰리는 토드를 높이 평가하고, 나는 테드를 높이 평가합니다.

멍거: 두 사람 모두 주주처럼 생각한다는 점에서 우리 주주는 운이 매우 좋다고 생각합니다. 직원은 누구나 주주처럼 생각하는 척하지만 실제로는 그렇지 않습니다. 하지만 두 사람은 실제로 주주처럼 깊이 생각하며 젊고 현명한 데다가 적극적입니다. 두 사람을 확보한 것은 우리 모두의 행운입니다.

버핏: 두 사람의 사고방식은 100% "버크셔가 나를 위해 무엇을 해줄 수 있는지 묻지 않고 내가 버크셔를 위해 무엇을 할 수 있는지 묻겠다"는 것입니다. 시간이 흐르면 사람들의 사고방식을 감지할 수 있습니다. 게다가 둘 다 재능이 탁월합니다. 젊고 의욕적이며 똑똑하면서도 자신을 내세우지 않는 사람은 찾기 어렵습니다. 지금까지 온갖 체험을 함께했지만 두 사람은 자신을 내세운적이 없습니다. 항상 버크셔가 우선이었습니다. 어느 방향으로든 사람들이 극단으로 치우칠 때 이런 성향이 감지됩니다. 자산 운용을 맡기기에 두 사람보다 나은 사람은 찾기 어렵습니다.

이런 질문도 나올 법합니다. "두 사람에게 각각 300억 달러를 더 맡기면 어떤가요?" 하지만 그렇게 한다고 두 사람의 생활이나 실적이 개선되지는 않을 것입니다. 시간이 흐를수록 두 사람의 운용 자산은 자연스럽게 증가할 것입니다. 더 심각한 문제는, 현재 우리 보유 현금이 900억 달러가 넘는 탓에 내가 감당하기 벅차다는 사실입니다. 이 현금의 용도를 찾아낼 가능성이 어느 정도는 있습니다. 그러나 나더러 오늘 당장 활용하라고 요구한다면 그 가능성은 낮습니다.

멍거: 확실히 동의합니다. 지금은 과거보다 투자하기가 훨씬 어렵습니다.

Q 35. 당신이 보유 중인 **클래스 A 주식**의 향후 계획을 알고 싶습니다. 기부 약정에 따라 대부분 게이츠 재단으로 간다고 들었습니다. 주가가 BPS의 1.2배가 넘을 때도 버크셔는 자사주를 매입하게 될까요?

버핏: 최근 2년 동안 내가 기부한 금액은 매년 약 28억 달러였습니다. 애플 주식의 하루 거래 금액 정도고 버크셔 시가 총액의 0.7% 수준입니다. 다시 말하지만 자사주 매입 여부는 버크셔가 개별적으로 협상한 가격에 따라 결정될 것입니다.

나는 클래스 A 주식을 8,000~1만 주 보유한 대주주 몇을 알고 있습니다. 전에 A 주식 1만 2,000주를 당시 시가에 대량 매매 방식으로 매수한 적이 있는데, 버크셔의 내재 가치가 대폭 증가할 것으로 생각했기 때문입니다. 주가가 BPS의 120% 이내라면 자사주를 더 매입할 수 있습니다. 만일 BPS의 124% 가격에 대규모 매물이 나왔는데 주가가 여전히 내재 가치보다 훨씬 낮은 수준이고 이사들이 아무 문제 없다고 판단하면 당연히 자사주를 더 매입할 수 있습니다. 이렇게 대량 매매 방식으로 진행하는 자사주 매입은 시장 흐름에 지장을 주지 않을 것입니다. 내가 매년 7월 기부 약정에 따라 제공하는 주식이 시장 흐름에 지장을 주지 않듯이 말이죠.

일부 자선 재단은 기부받은 주식을 한동안 상당 규모의 B 주식으로 보유할 수도 있지만, 자금이 필요하므로 결국은 팔아야 합니다. 내가 죽은 뒤 대규모 의결권이 일정 기간 유산 형태를 거쳐 신탁 재산으로 유지되겠지만 시간이 흐르면 감소할 것입니다. 장기적으로 버크셔의 지배 구조에 아무 문제가 없을 것입니다. 다행히 의결권 상당수는 버크셔의 문화를 굳게 믿으며 (누군가 어떤 계획을 제시해 주가가 20%쯤 폭등하길 바라길 등) 요행 따위는 기대하지 않는 사람에게 집중될 것입니다. 결국 내 의결권은 감소하게 됩니다.

현재 버크셔 주식은 유동성이 매우 양호합니다. 누군가 대규모 매물을 BPS의 122~124%에 내놓았는데 여전히 내재 가치보다 훨씬 낮은 가격이라면 나는 이사들에게 전화해서 우리 자사주 매입 기준을 변경해도 좋은지 물어볼 것입니다. 전에도 한 번 변경한 적이 있습니다. 장담하건대, 만일 변경이 타당하다면 이사들이 허락할 것이고 타당하지 않다면 허락하지 않을 것입니다. 우리는 대량 매매 방식의 자사주 매입에 아무 문제가 없으며 매도자 역시 거래에 아무 문제가 없다고 생각합니다. 아울러 우리의 자사주 매입 타당성 평가에도 문제가 없다고 봅니다.

멍거: 더 보탤 말 없습니다.

Q 36. 나는 15세부터 버크셔 주주인데, 뉴욕에 사는 좋은 신랑감이 있으면 소개해주기 바랍니다(농담조로 한 말). **뱅크 오브 아메리카** 우선주와 신주 인수권에 대해 설명해주고, 언제 보통주로 전환할 것인지도 알려주세요.

버핏: 주가가 7달러를 넘어간다면(가능성이 높다고 보는데), (전환 후 계속 보유하든 안 하든) 신주 인수권 만기 직전에 보통주로 전환하는 편이 타당할 것입니다. 이 신주 인수권은 우리가 만기 전에 우선주를 보통주로 전환하지 않으면 소멸해 버립니다. 연차 보고서에서 설명했듯이, 현재 우리가 뱅크 오브 아메리카 우선주에 대해 받는 배당은 연 3억 달러입니다. 그러나 분기 배당이 주당 11센트로 인상될 경우, 신주 인수권을 행사해 우선주를 보통주로 전환하면 우리가 받는 배당이 3억 달러를 넘어갑니다. 신주 인수권 만기인 2021년 이전에 분기 배당이 11센트가 될지는 알 수 없습니다. 만일 배당이 11센트로 인상된다면 우리는 우선주 500만 주를 보통주 7억여 주로 전환할 것입니다. 이후 이 보통주를 계속 보유할 것인지 여부는 따로 결정할 문제입니다. 만일 오늘 결정하게 된다면, 나는 확실히 보통주를 계속 보유할 작정입니다.

2021년에 어떤 대안이 나타날지는 아무도 알 수 없지만, 신주 인수권이 내일 소멸된다면 우리는 우선주를 보통주로 전환해 계속 보유할 것입니다. 분기 배당이 11센트가 될 때도 우리는 보통주로 전환해 계속 보유할 가능성이 매우 높습니다. 2021년이 되어 보통주가 7달러를 넘어갈 때도 신주 인수권을 행사할 것입니다. 질문자가 다른 목표도 달성하길 바랍니다. 장차 신랑 될 분도 십중팔구 판단력이 뛰어난 분일 것이라고 생각합니다.

멍거: 당신처럼 버크셔 주식을 보유한 미모의 여성이 사진을 공개하면, 훌륭한 신랑감이 줄을 설 것입니다.

버핏: 이제부터는 연차 보고서 광고 지면을 팔아야 하겠군요. 그런데 이 뱅크 오브 아메리카 우선주 인수 거래 아이디어는 내가 욕조에 앉아 있을 때 떠올랐습니다. 이후에도 나는 욕조에서 오랜 시간을 보냈지만 그런 아이디어가 떠오르지 않네요. 새 욕조를 장만하든가 다른 시장을 찾아보아야 하겠습니다.

Q 37. 버크셔 해서웨이는 3G와 손잡고 크래프트 하인즈에 투자했습니다. 그런데 3G는 합병 과정에서 2,500명을 **해고**했습니다. 이 결정이 버크셔에 악영향을 미치지 않을까요?

버핏: 버크셔도 직물 사업을 하던 시절 장기간에 걸쳐 2,000명을 해고했고(일부는 은퇴하거나 자발적으로 퇴사) 결국 직물 사업을 중단했습니다. 버크셔가 투자한 볼티모어 백화점도 문을 닫을 수밖에 없었습니다. 다행히 후임 경영자가 이 백화점을 매각했지만 결국 폐업했습니다. 볼티모어에서 경쟁하던 다른 백화점 역시 생존할 수 없었습니다. 당시에는 월마트가 등장했고, 지금은 아마존이 등장해 모든 것을 바꿔놓았기 때문입니다.

앞에서 양계 장비를 제작하는 우리 자회사 CBT에 대해 언급했는데, 우리 장비의 생산성이 높아질수록 농장의 일자리는 감소합니다. 100년 전에는 미국 근로자의 80%가 농업에 종사했습니다. 그동안 미국의 생산성이 향상되지 않았다면 지금도 미국 근로자의 80%는 농장에서 일하고 있을 것이며 우리는 훨씬 낙후된 생활을 하고 있을 것입니다. 지금 우리는 자동차를 포함한 모든 산업에서 생산성 향상에 노력을 기울이고 있습니다. 월마트는 백화점보다 생산성이 높았습니다. 생산성을 계속 높이지 않으면 생활 수준은 개선되지 않습니다. 미국은 생산성이 높아서 사람들이 수준 높은 생활을 하고 있습니다.

크래프트 하인즈는 더 적은 인원으로 270억 달러에 이르는 매출을 달성했습니다. 지난 200년 동안 미국 기업이 해온 일을 하고 있는 것입니다. 미국 기업은 생산성을 향상시켰고, 덕분에 우리는 풍요를 누리고 있습니다. 3G 캐피털은 매우 신속하게 생산성을 향상시킵니다. 한 사람이 할 수 있는 일을 두 사람에게 맡기지 않습니다. 대신 퇴직금은 후하게 지급합니다. 텍스터 슈도 곤경에 직면했습니다. 변화가 절실하게 필요했지요. 사람에게 변화는 고통스럽습니다. 나도 가능하면 변화를 피하고 싶습니다. 그러나 우리가 1인당 소비를 늘리는 유일한 방법은 1인당 생산성을 높이는 것뿐입니다.

멍거: 전적으로 옳은 말입니다. 우리가 농경 시대로 돌아갈 수는 없습니다. 나는 젊은 시절 네브래스카 서부 농장에서 1주일을 지낸 적이 있는데, 정말 싫었습니다. 온종일 엘리베이터 안에 앉아 크랭크를 돌리던 기사를 다시는 보고 싶지 않습니다. 그런 일이 얼마나 고역이겠습니까? 그런 반복 작업을 누가 하고 싶겠습니까? 과거 회사가 기울어갔을 때는 우리도 그렇게 할 수밖에 없었습니다. 나는 3G 캐피털에 도의적 책임이 전혀 없다고 봅니다. 누구에게도 이롭지 않은 정치적 반발에 불과합니다.

버핏: 밀턴 프리드먼이 어느 공산 국가에 대규모 건설 프로젝트를 권유했습니다. 공산 국가는 노동자 수백만 명을 동원해 삽으로 건설 공사를 진행했습니다. 이들은 보유 중인 토목 기계 몇 대를 사용하면 공사 기간을 20분의 1로 줄일 수 있는데도 그 기계를 사용하지 않았습니다. 프리드먼은 삽 대신 토목 기계를 사용하지 않는 이유를 물었습니다. 담당자는 노동자가 실직하기 때문이라고 대답했습니다. 그러자 프리드먼이 말했습니다. "그러면 노동자에게 삽 대신 숟가락을 쓰게 하죠."

Q 38. 버크셔는 **유동성**을 200억 달러 이상 유지하는 원칙을 고수 중인데, 매력적인 투자 기회가 나타나면 이 돈을 투자할 수 있습니까?

버핏: 우리 원칙은 채권을 제외한 현금으로 반드시 200억 달러 이상을 보유하는 것입니다. 트럭을 운전할 때 도로 표지판에 적힌 최대 하중이 14톤이라면 욕심내서 화물을 13.5톤까지 싣지는 않을 것입니다. 마찬가지로 우리가 정한 최소 현금은 200억 달러지만 내가 평소 보유하는 현금은 200억 달러보다 훨씬 많을 것입니다.

우리는 부채를 사용하지 않습니다. 급박한 상황에 처하면 부채를 사용할 수도 있겠지만 지금은 그럴 가능성이 낮습니다. 우리가 절대적으로 유지하는 유동성 최소 금액이 200억 달러지만, 매우 매력적인 기회가 나타난다면 대규모 거래를 할 수도 있습니다. 그러나 그런 기회는 매우 드뭅니다. 세계 금융 위기가 발생했던 2008년 가을 3주 동안 우리는 160억 달러를 투자했지만 이것도 우리가 밤잠을 설칠 정도로 큰 금액은 아니었습니다. 찰리, 이제 얼마 정도면 자네가 대규모 거래라고 할 수 있겠나?

멍거: 1,500억 달러 정도면 정말 대규모 거래가 되겠지.

버핏: 그 정도 금액이면 자네에게 전화하겠네. 나는 찰리보다 조금 더 보수적입니다. 우리는 매우 매력적이면서 규모가 큰 거래를 발견하면 실행할 생각입니다.

Q 39. 버크셔와 제휴한 3G의 설립자 **호르헤 파울로 레만**이 버크셔의 후계자나 이사회 구성원이 될 수도 있나요?

버핏: 그런 일은 없을 것입니다. 그렇게 되면 이사회 구성이 복잡해집니다. 우리는 앞으로도 기꺼이 3G 캐피털과 제휴할 수 있고 거래 규모도 더 키울 수 있습니다. 그러나 향후 몇 년 동안 우리 이사회 구성은 크게 바뀌지 않을 것입니다. 후계자는 십중팔구 내가 살아 있는 동안 선정될 것이며 우리 회사에서 장기간 근무한 사람이 되기 쉽습니다.

멍거: 이젠 허리가 아프다는 말밖엔 안 나옵니다. 그래도 내가 이 자리를 지키는 것은 앞으로도 족히 7년은 버핏이 계속 경영하리라는 사실을 동료 주주에게 보여주려는 뜻입니다.

버핏: 찰리는 항상 나를 격려해줍니다. 우리는 평생 정말 운이 좋았습니다. 우리의 행운은 지금까지 유지되는 듯합니다.

Q 40. **프루트 오브 더 룸**이 온라인 쇼핑 때문에 고전하고 있나요?

버핏: 아직까지는 그렇지 않다고 대답할 수 있습니다.

온라인이 소매업을 대규모로 변화시키지 않는다는 생각은 잘못된 것입니다. 그리고 온라인이 전체적으로 소매업과 단절되어 있다는 생각도 잘못된 것입니다. 세상은 크게 변하고 있습니다. 프루트 오브 더 룸은 실제로 많이 변하지 않았으며 우리 가구 사업은 올해 버크셔 주간에 매출 4,500만 달러를 달성해 또다시 신기록을 세웠습니다. 우리 가구 사업은 자체 온라인 사업을 제외하면 온라인으로부터 받는 영향이 거의 없습니다. 동일 매장 매출 실적도 매우 좋습니다.

10년 전에 우리가 예상하지 못했던 일도 많이 발생했습니다. 그 하나는 이곳 오마하 네브래스카 퍼니처 마트의 온라인 매출이 대폭 증가했다는 사실입니다. 전체 매출의 10%에 육박하는 수준입니다. 그래도 고객 대다수는 여전히 매장에 와서 직접 가구를 고릅니다. 그리고 매장까지 오가는 시간이나 계산대 앞에 줄서서 기다리는 시간을 절약하려는 고객은 온라인 쇼핑을 선택합니다. 우리는 계속 실적을 지켜보고 있습니다. 지금까지는 프루트 오브 더 룸이나 가구 사업이 온라인의 영향을 크게 받지 않았습니다.

그렇다고 해서 내가 10년 뒤에도 소매업의 모습이 지금과 비슷하리라고 착각하는 것은 아닙니다. 지난 수십 년 동안 소매업의 지형은 극적으로 변화해 백화점 매출이 온라인 매출로 진화했습니다. 과거 오마하 대형 백화점은 짜릿할 정도로 다채로운 옷 수천 벌을 보유했습니다. 당시 쇼핑센터는 획일적인 모습이었으나 이후 놀라울 정도로 다양성과 편의성을 갖추게 되었습니다. 이어서 사람들은 할인 매장으로 갔습니다.

지금은 싼 가격에다가 상품 구색이 극치에 이르고 집으로 배달까지 해주는 인터넷을 이용합니다. 이제 백화점은 온라인으로 연결되어 상품 구색이 확대되고 훨씬 편리해졌으며 서비스 속도도 극적으로 빨라졌습니다. 유명 브랜드는 다양한 방식으로 시험대에 오릅니다. 이들은 직접 온라인으로 판매할 것인지, 아마존에 입점할 것인지, 아니면 과거 유통 방식을 고수할 것인지 결정해야 합니다. 소매업과 브랜드 관리에는 매우 흥미로운 관심사가 많습니다. 장담하는데, 앞으로 10년 동안 놀라운 일들이 발생할 것입니다.

멍거: 우리가 지금도 백화점 사업을 하고 있다면, 마음이 영 불편하겠지요. 팔아버려서 다행이지 않은가, 워런?

버핏: 우리는 운이 아주 좋았습니다. 우리가 백화점을 운영할 때는 사업이 아주 엉망이었습니다. 사업이 그보다 조금 나았다면 계속 버텼을 겁니다. 당시 찰리, 나, 샌디 가츠먼이 동업 중이었는데, 이사였던 샌디 덕분에 백화점 사업에서 벗어날 수 있었습니다. 그에게 깊이 감사합니다. 당시 인수 가격이 주당 6달러였는데, 백화점 사업을 정리한 결정의 가치가 지금 주당 10만 달러는 될 것입니다. 당시 사업이 조금 더 나았다면 현재 주가는 10~12달러에 불과하겠죠. 가끔은 운이 따라줍니다. (멍거를 바라보며) 백화점에 대해 미련이 남아 있나?

멍거: 미련 없지.

Q 41. **버크셔의 내재 가치**는 주식 투자보다 사업회사의 실적에 더 좌우되는데, 버크셔의 가치 평가에 BPS가 여전히 타당한가요?

버핏: 전보다 타당성이 많이 감소하긴 했지만 그래도 어느 정도는 타당합니다. 나는 BPS를 버리고 싶지 않지만 세월이 흐를수록 시가 평가액이 더 중요해질 것입니다. 지금은 이러한 변화가 시작되는 단계입니다. 우리 투자 유가 증권의 가치는 장부에 표시된 금액을 넘어서지 않습니다. 반면에 우리 사업회사의

가치는 장부 가액을 넘어서며 특히 소규모 자회사 중 일부는 가치가 장부 가액의 10배에 이르기도 합니다. 그러나 가치가 장부 가액보다 낮은 부실 자회사도 있습니다.

물론 가장 좋은 평가 방법은 버크셔의 내재 가치를 계산하는 것입니다. 하지만 내재 가치 계산은 정확할 수 없습니다. 다만 버크셔의 내재 가치는 BPS의 120%를 초과할 가능성이 매우 큽니다. 만일 버크셔가 보유한 자산이 모두 투자 유가 증권이라면, 내재 가치가 BPS의 120%를 초과하기 어려울 것입니다. 지금까지 우리가 사업회사에서 인식하지 못했던 가치나 회계적으로 인식하지 않았던 가치가 있었다면 회사가 발전하는 과정에서 일부 인식될 수 있습니다. 만일 버크셔가 비상장 회사고 소유주가 10명에 불과하다면 매년 모여서 사업을 하나씩 평가하는 방식으로 회사의 가치를 계산할 것입니다. 그러나 지금처럼 보유 자회사가 많으면 이 방법은 매우 주관적일 수밖에 없습니다. 내가 생각하기에 가장 쉬운 방법은 현재 우리가 사용하는 기준을 그대로 사용하면서 그 한계를 분명히 인식하는 것입니다.

멍거: 나는 보험회사가 보유한 주식의 가치는 실제로 시가 평가액에 못 미친다고 생각합니다. 세금 탓에 장기간 보유해야 하니까요. 그동안 우리는 많은 투자 유가 증권을 비상장 회사로 대체했습니다. 그래서 우리 투자 유가 증권의 가치가 하락하고 완전 소유 자회사의 가치가 상승하면 기분이 좋습니다.

버핏: 지금까지 30년 동안 대체 작업을 진행하고 있습니다.

멍거: 잘한 일이 또 있습니다. 많은 시장성 유가 증권을 가치가 훨씬 높은 비시장성 유가 증권으로 대체했습니다.

버핏: 이 운용 방식이 더 재미있습니다.

멍거: 덕분에 좋은 사람을 많이 알게 되었습니다. 이 방식으로 운용하지 않았다면 알지 못했겠지요.

Q 42. 당신은 아는 기업에 투자하라고 항상 조언했습니다. 또한 **기술주** 전문가가 아

니라고 하면서도 요즘은 기술주에 투자하면서 기술주에 관한 이야기를 더 많이 하고 있습니다. 지난 4년 동안 트위터에 올린 글은 9건뿐입니다.

버핏: 내가 수도원에 가서 근신할 때가 되었나 보군요. 그동안 기술주에 관해서 그렇게 많이 언급한 것 같지는 않습니다. 나는 IBM에 거액을 투자했는데, 성과가 그다지 좋지 않았습니다. 손실을 보지는 않았지만 그동안 강세장이었으므로 상대적으로 많이 뒤처졌습니다. 최근에는 애플에 거액을 투자했습니다. 나는 경제 특성 면에서 애플을 소비재회사로 간주합니다. 물론 제품의 기능이나 기업 사이의 경쟁 면에서 보면 기술 요소가 매우 중요합니다. 나중에 밝혀지겠지만, 나는 IBM과 애플 두 종목에서 모두 실패할 것으로 생각하지 않습니다. 한 종목에서는 성공하겠지요.

나는 기술 분야에 관심 있는 15세 소년처럼 지식 수준을 과시할 생각이 전혀 없습니다. 대신 소비자 행동에 대해서는 내게도 어느 정도 통찰이 있을지 모르지요. 나는 소비자 행동에 관해서 입수한 정보를 바탕으로, 장래에 어떤 소비자 행동이 나타날지 추론합니다. 물론 투자에서는 다소 실수를 저지를 것입니다. 나는 기술 이외의 분야에서도 실수를 저질렀습니다. 하지만 어떤 분야에서 전문가가 되더라도, 타율이 10할에 도달할 수는 없습니다. 나는 보험 분야를 꽤 잘 알지만 그동안 보험주에 투자해서 한두 번 손실을 보았습니다. 게다가 나는 태어난 이후 기술 분야에서는 진정한 지식을 얻지 못했습니다.

멍거: 버핏이 애플을 매수한 것은 매우 좋은 신호라고 봅니다. 둘 중 하나를 가리키는 신호인데, 그가 미쳤거나 지금도 배우고 있다는 신호지요. 나는 그가 배우고 있다는 신호로 해석하고 싶습니다.

버핏: 나도 그 해석이 마음에 듭니다.

Q 43. **인공 지능**은 버크셔에 어떤 영향을 미칠까요?

버핏: 인공 지능에 대해서는 내게 별다른 통찰이 없습니다. 단언하건대 향후 20년, 아니 십중팔구 더 이른 기간 안에 인공 지능 분야에서 많은 사건이 발생

하겠지요. 내게 별다른 통찰이 없음을 거듭 밝히지만, 인공 지능 탓에 일부 분야에서는 일자리가 대폭 감소할 것이라고 생각합니다. 이것이 사회에는 좋은 일이지만 해당 기업에는 나쁜 일이 될지도 모릅니다.

극단적인 상황을 가정해봅시다. 한 사람이 버튼을 누르기만 하면 다양한 기계와 로봇이 우리나라에 필요한 재화를 모두 생산한다고 가정합시다. 지금 1억 5,000만 명이 하는 일을 한 사람이 해낸다는 말입니다. 그러면 우리 생활은 개선될까요, 악화될까요? 주당 근로 시간은 확실히 감소할 것입니다. 이는 좋은 일이긴 하지만 사람들 사이의 관계도 엄청나게 바뀌어야 하고 사람들이 정부 등 온갖 기관에 기대하는 바도 바뀔 것입니다.

현실적으로 말하면 한 사람만 일하게 되지는 않을 것입니다. 인공 지능이 사회에는 엄청난 혜택을 안겨주지만, 예컨대 민주주의에는 엄청난 문제를 안겨줄 수 있습니다. 무역이 미국에 미치는 영향과 비슷할 것입니다. 무역은 사회에 혜택을 안겨줍니다. 무역 덕분에 우리는 양말 등 온갖 수입품을 월마트에서 싼 가격에 살 수 있습니다. 이런 제품을 수입하는 대신 미국에서 생산한다면 우리는 더 비싼 가격을 지불해야 합니다. 그러나 사람들은 무역이 주는 이런 혜택을 일상생활 속에서는 간과하기 쉽습니다. 반면에 자유무역 탓에 피해를 보는 사람들은 그 고통을 뼈저리게 느낍니다. 그 고통이 정치적 반발로 나타납니다. 이른바 생산성 향상에 대해 세계가 어떻게 적응할지는 매우 불확실합니다. 나는 하나도 모르지만, 인공 지능이 사회에는 엄청난 혜택을 안겨주는 반면 정치에 미치는 영향은 예측하기 매우 어렵다고 생각합니다. 특히 인공 지능의 발전 속도가 빠르면 그 영향은 더 커질 것입니다.

멍거: 버핏은 모든 사람이 무역의 영향을 받는 흥미로운 세상을 묘사했습니다. 한 사람이 모든 재화를 생산하고 나머지 사람은 모두 여가를 즐긴다면 이는 국가에 이롭지 않다고 생각합니다.

버핏: 단기간에 생산성이 두 배로 높아져서 지금 1억 5,000만 명이 하는 일을 7,500만 명이 할 수 있다면 어떻게 될까요?

멍거: 사람들은 놀라울 정도로 빠르게 반응할 것입니다.

버핏: 어떤 방식일까요?

멍거: 호의적으로 반응할 겁니다. 실제로 일어났던 일인데, 모두 호시절로 기억할 것입니다. 사람들은 연 5% 성장을 기록하던 아이젠하워 대통령 시절을 좋아했습니다. 처음으로 에어컨을 사용하게 되었으므로 불평하는 사람이 없었습니다. 특히 남부 사람들은 땀과 악취에 밤잠 설치던 시절로 다시는 돌아가고 싶지 않을 것입니다.

버핏: 사람들의 근무 시간이 절반으로 감소할 수도 있지만 사람들 중 절반이 해고당할 수도 있습니다. 이는 예측하기 매우 어렵다고 생각합니다. 최근 대통령 선거 역시 예측하기 어려웠습니다.

멍거: 우리는 엄청난 생산성 향상에 잘 적응했습니다. 이후에는 연 몇 % 수준에 불과했습니다. 생산성 향상이 연 25%에 이르더라도 걱정할 필요가 없다고 봅니다. 그러나 연 2%에 못 미친다면 걱정해야 합니다. 우리가 걱정할 것은 생산성 저하입니다.

버핏: 인공 지능 관련 예측이 매우 매혹적인 주제이긴 하지만 실제로 예측하기는 매우 어렵습니다. 현재 가이코 종업원은 3만 6,000명입니다. 만일 5,000~1만 명으로도 똑같은 일을 해낼 수 있다면, 특히 다른 여러 분야에서도 갑자기 이런 일이 발생한다면, 우리는 엄청난 혼란에 휩싸이게 될 것입니다. 내가 인공 지능에 대해서는 잘 모르지만 지금까지 우리는 이런 일을 겪은 적도 없고 앞으로도 없을 것으로 생각합니다.

멍거: 자네는 걱정할 필요 없을 걸세.

버핏: 내가 86세라서?

멍거: 세상이 그렇게 빨리 바뀌진 않을 거야.

Q 44. 당신은 태양광 프로젝트 투자보다 **풍력 프로젝트 투자**를 선호합니까?

버핏: 우리 태양광 발전 용량이 과도하다고는 생각하지 않습니다. 관건은 '새로

등장하는 프로젝트가 풍력이냐 태양광이냐'입니다. 우리는 풍력이든 태양광이든 얼마든지 소화해낼 수 있습니다. 통계를 보면, 최근에는 풍력이 더 많았습니다. 그러나 우리가 어느 한쪽을 더 선호하는 것은 아닙니다. 우리는 50억 달러 규모의 프로젝트가 어느 쪽에서 나와도 마다하지 않을 것입니다. 어느 쪽에서 나오든 거대한 규모로 프로젝트를 소화해낼 것입니다.

전에도 말했지만, 우리는 납부하는 세금이 많기 때문에 매우 유리합니다. 태양광 프로젝트와 풍력 프로젝트 모두 세금 혜택이 크므로 우리가 다른 기업보다 훨씬 더 잘 수행할 수 있습니다. 대부분 전력회사는 배당을 지급하고 나면 남는 돈도 많지 않을뿐더러 현재 납부하는 세금도 많지 않습니다. 그러나 버크셔는 보유 자금도 많을뿐더러 현재 막대한 세금을 납부하고 있으므로 풍력이나 태양광 프로젝트에 따르는 세금 혜택을 잘 이용할 수 있습니다. 계산해보면 바로 답이 나옵니다.

운 좋게도 우리는 아이오와주에서 타당성 높은 프로젝트를 찾아냈습니다. 아이오와주에서 우리 전력 요금은 주요 경쟁자보다 훨씬 낮습니다. 인근 주의 경쟁자보다도 낮습니다. 우리는 아이오와 주민에게 장기간 전력 요금을 인상하지 않겠다고 약속했습니다. 지금까지 일이 매우 순조롭게 진행되었지만, 내일이라도 누군가 10~30억 달러 규모 태양광 프로젝트를 제안한다면 우리는 곧바로 수용할 것입니다. 규모가 크면 클수록 더 좋습니다. 풍력이 유리한가 태양광이 유리한가는 그 지역의 환경 특성에 따라 달라집니다. 아이오와주는 풍력 발전이 유리하고, 캘리포니아주는 태양광 발전이 유리합니다. 지역마다 지리적 이점이 다릅니다. 우리는 어느 곳에서든 어떤 방식이든 다 수용할 수 있습니다.

Q 45. 제프 베조스의 능력을 높이 평가하면서도 **아마존에 투자하지 않은 이유**는 무엇인가요?

버핏: 내가 너무 어리석어서 제대로 내다보지 못했기 때문입니다. 나는 오래

전부터 제프가 하는 일을 지켜보았고 그를 높이 평가했습니다. 그러나 그렇게 크게 성공할 것으로는 생각하지 못했고 아마존 웹서비스(클라우드 컴퓨팅)까지 성공할 것으로는 상상도 못 했습니다. 제프가 소매업 기반을 구축하던 시점, 그가 와해 기술 분야에서 성과를 거둘 가능성이 얼마나 되느냐고 내게 물었다면, 나는 희박하다고 대답했을 것입니다. 나는 그의 탁월한 실행력을 과소평가했습니다. 첨단 온라인 사업을 구상하기는 쉬워도 실행하려면 많은 능력이 필요하다고 생각했지요.

그는 1997년 연차 보고서에서 로드맵을 제시했습니다. 그는 해냈을 뿐 아니라 엄청나게 잘 해냈습니다. 3~4개월 전 그가 찰리 로즈와 한 인터뷰 (Charlierose.com)를 보지 못했다면 보시기 바랍니다. 여러분도 나처럼 많이 깨달을 수 있습니다. 나는 제프가 지금처럼 성과를 거두리라고는 전혀 생각하지 못했습니다. 그래서 주가는 항상 비싸 보였습니다. 그가 정말로 뛰어나다는 생각은 했지만 3년, 5년, 8년, 12년 전에는 이 정도로 성공할 줄 몰랐습니다. 찰리, 자네는 왜 놓쳤나?

멍거: 놓치기 쉬웠습니다. 제프는 매우 어려운 일을 해냈습니다. 당시에는 지금처럼 잘 해낼지가 불투명했습니다. 나는 아마존을 놓친 것을 안타깝게 생각하지 않습니다. 그러나 기가 막힌 투자 기회가 손바닥 안까지 들어왔는데 그 종목을 놓친 것은 다소 안타깝습니다.

버핏: 우리가 추구하는 방향은 아니잖아?

멍거: 구글 말일세.

버핏: 많은 기회를 놓쳤지.

멍거: 우리는 앞으로도 계속 기회를 놓칠 것입니다. 다행히, 기회를 모두 놓치는 것은 아닙니다. 우리의 비밀이지요.

버핏: 다음 질문으로 넘어갑시다. 더 구체적인 질문이 나올지도 모르겠습니다.

Q 46. 버핏이나 멍거가 세상을 떠난 뒤, 버크셔 주가가 매도 압박에 의해 **자사주 매**

입 적합 수준까지 하락한다면, 이사회는 자사주를 매입할까요? 주주를 이용하는 행위라고 생각하지는 않을까요?

버핏: 저평가되었을 때 이사회가 자사주를 매입하는 것은 주주를 이용하는 행위가 아니라고 생각합니다. 사실은 이사회가 자사주를 매입할 수 있는 유일한 방식입니다. 찰리와 내가 훨씬 젊었던 시절에는 사람들이 더 공격적으로 자사주를 매입한 사례도 있습니다. 당시에는 지금보다 자사주 매입이 훨씬 더 타당했습니다. 사람들은 주가를 압박하려고 다양한 기법을 동원했습니다. 잘못된 정보를 포함한 다양한 기법으로 동업자가 헐값에 주식을 팔도록 유도했습니다. 부끄러운 일이지요.

우리 이사회는 그런 짓을 하지 않을 것입니다. 나는 우리 주가가 더 상승할 것으로 봅니다. 오늘 내가 죽는다면 내일 주가는 상승할 것입니다. 기업 분할 등 온갖 추측이 난무할 것입니다. 월스트리트에서 그럴듯한 이야기가 돌겠지요. 기업의 일부를 분할하면 기업을 통째로 팔 때보다 더 높은 가격을 받는다는 이야기가 나오면서 주가가 일시적으로 상승할 것입니다. 나는 그렇게 추측합니다. 어떤 이유에선가 주가가 자사주 매입에 매력적인 수준까지 하락하더라도, 우리 이사회는 잘못된 정보를 퍼뜨리는 등 부끄러운 짓은 절대 하지 않을 것입니다. 매도하는 주주는 자사주 매입 덕분에 다소 높은 가격을 받을 것입니다. 그리고 계속 보유하는 주주는 혜택을 얻을 것입니다. 나는 자사주 매입이 틀림없이 주주에게 유리하다고 생각합니다. 이사회는 주주 친화적으로 행동할 것입니다.

멍거: 버핏과 내가 갑자기 멍청해질 수는 있어도 우리 이사회가 멍청해지지는 않을 것으로 생각합니다.

버핏: 나도 그렇게 생각합니다.

Q 47. 스톡옵션에 과도한 세금 혜택을 주는 **회계 기준**이 타당하다고 생각하나요?

버핏: 찰리, 나는 자네가 나보다 훨씬 많이 안다고 생각하네. 내가 이런 질문을

받으면 십중팔구 자네에게 전화해서 어떻게 대답할지 물어볼 걸세. 나는 회계 기준에 대해 조금 들어본 정도야.

멍거: 그다지 대단한 문제가 아니라네.

버핏: 그렇긴 하지. 회계 분야에서 우리가 정말로 동의하지 않는 사항이 몇 가지 있습니다. 버크셔의 가치 평가에 중대한 영향을 미칠 수 있는 사항인데, 주로 무형 자산 상각입니다. 이제 동업자 여러분께 자세히 설명하겠지만, 여러분이 모두 회계 전문가는 아닙니다. 그래서 마치 내가 가족 기업을 경영하면서 누이에게 설명하듯이 우리 견해를 명확하게 설명해보겠습니다. 중요한 사항이 아니라면 새 회계 기준에 대해 자세히 논의하지 않고, 중요한 사항이라면 우리 견해를 자세히 설명하겠습니다.

멍거: 버핏이 말하는 내용이 버크셔에 매우 중요한 것은 아닙니다.

버핏: 기업 인수 과정에서 발생하는 무형 자산의 상각 등 일부 회계 기준은 중요합니다. 프리시전 캐스트파츠는 상장 회사에서 비상장 회사로 전환된 탓에 보고 이익이 전보다 4억 달러 이상 감소했습니다. 그러면 프리시전 캐스트파츠의 소유권이 이전되는 과정에서 실제로 이익이나 현금흐름이 감소했을까요? 나는 감소했다고 생각하지 않습니다. 나는 이 생각을 주주 여러분에게 전달하고 싶습니다. 아무 설명도 하지 않고서 주주가 이해할 것으로 가정한다면 착각이라고 생각합니다. 타당성이 부족한 가정이지요.

Q 48. 중국 시장과 미국 시장을 비교할 때 가장 좋은 **가치 평가 기법**은 무엇이라 생각하나요? 시가 총액을 GDP로 나눈 비율인가요, 아니면 경기 조정 주가 수익 배수 (Cyclically Adjusted PER: CAPE) 기법인가요?

버핏: 질문자가 언급한 두 기법 모두 전혀 중요하지 않습니다. 기업의 가치 평가에 중요한 요소는 기업이 창출하는 미래 현금흐름의 현재 가치입니다. 사람들은 항상 공식을 찾아다닙니다. 그러나 완벽한 공식은 존재하지 않습니다. 어떤 변수를 입력해야 할지도 우리는 알지 못합니다. 모든 숫자에는 나름대로

어느 정도 의미가 있기 때문입니다. 따라서 간단한 공식에 변수들을 완벽하게 입력하는 식으로 기업의 가치를 평가할 수는 없습니다.

질문자가 언급한 공식 둘 다 많은 사람의 입에 오르내리고 있습니다. 두 공식은 매우 중요할 때도 있고 전혀 중요하지 않을 때도 있습니다. 공식 한두 개로 해결될 만큼 간단하지 않다는 말이지요. 가장 중요한 것은 미래 금리입니다. 흔히 사람들은 현재 금리를 최선으로 알고 사용합니다. 그러나 30년 국채 금리는 원금 손실 위험 없이 30년 동안 돈을 맡긴 대가로 기대하는 금리입니다. 내가 더 나은 금리를 제시할 자신은 없습니다. 그렇더라도 나는 현재 금리를 사용할 생각이 없습니다. 찰리도 질문자가 언급한 척도로 중국 시장과 미국 시장을 비교하지는 않을 것입니다.

멍거: 전에도 말했지만 물고기를 잡는 첫 번째 원칙은 물고기가 있는 곳에서 잡는다는 것입니다. 유능한 어부라면 지금은 중국에서 물고기를 더 많이 찾아낼 수 있습니다. 이것이 요지입니다. 중국에 물고기가 더 많습니다.

버핏: 투자자로서 기업의 가치를 잘 평가하고 싶다면, 형편없는 기업을 한동안 경영해보아야 합니다. 내버려 두어도 잘 돌아가는 훌륭한 기업보다는 형편없는 기업을 2년 정도 고생하면서 경영할 때 훨씬 많이 배우게 됩니다. 우리도 주로 이런 방식으로 값진 경험을 얻었습니다. 나는 우리가 형편없는 기업을 경영해본 덕분에 훌륭한 기업을 알아볼 수 있게 되었다고 생각합니다.

멍거: 정말 끔찍한 경험이었습니다.

버핏: 정말 끔찍했죠. IQ가 아무리 높은 사람도 문제를 해결하지 못합니다. 속수무책입니다. 유용한 경험이었지만 강하게 권할 생각은 없습니다.

멍거: 매우 유용한 경험이었습니다. 정말 배우고자 한다면, 고통스러운 경험만 한 것이 없습니다. 우리는 그런 경험을 충분히 했습니다.

Q 49. 어떤 사건이 발생하면 버크셔가 심각한 **타격**을 받을까요?

버핏: 외부에서 변화 촉진자가 침입해 우리 기업 문화를 변질시킨다면 타격을

받겠지요. 그러나 이런 일은 상상하기 어려울 정도로 비현실적인 가정입니다. 대량 살상 무기를 제외하면 버크셔에 영속적으로 심각한 타격을 줄 사건은 생각해낼 수 없습니다. 그리고 대량 살상 무기도 확률이 낮다고 봅니다.

경기 침체, 불황, 공황, 허리케인, 지진 등도 어느 정도 버크셔에 영향을 주겠지만, 경우에 따라서는 이들 덕분에 우리 실적이 더 좋아질 수도 있습니다. 그러나 사람들, 조직, 심지어 몇몇 국가가 핵·화학·생물학·사이버 공격을 감행해 미국 사회를 심각한 혼란에 빠뜨린다면 우리도 타격받을 것입니다. 그래도 우리는 다양한 이익 흐름, 자산, 철학을 갖추고 있으므로 그 영향이 가장 적을 것입니다. 하지만 누군가 미국인 수백만을 살해하고 사회를 완전히 파괴한다면, 모든 것이 원점으로 돌아갈 것입니다.

멍거: 버크셔가 타격을 받으려면 뭔가 극단적인 일이 발생해야 할 것입니다. BP는 유정 하나가 폭발한 탓에 막대한 손실을 보았습니다. 버크셔는 어디선가 끔찍한 사고가 발생하면 법적 책임 이상으로 배상금을 지불하게 될 수도 있고, 자회사에서 사고가 발생하면 막대한 손실을 볼 수도 있지만, 대부분의 기업보다 안전합니다. 버크셔는 온갖 압박에 잘 대처하도록 구성되었습니다.

버핏: 우리는 항상 사고에 대해 생각합니다. 내가 알기로 우리보다 역경에 더 잘 대처하는 기업은 없습니다. 그러나 대량 살상 무기는 우리가 예측할 수 있는 분야가 아닙니다. 만일 대량 살상 무기 공격을 받는다면, 버크셔 주가는 걱정거리도 못 될 것입니다.

Q 50. 작년 버크셔 **특수 보험**은 보험료 수입이 40% 증가해 13억 달러가 되었습니다. 결국 특수 보험을 선도하게 될까요?

버핏: 특수 보험의 성장 속도는 시장에 크게 좌우된다고 생각합니다. 우리는 가격이 매력적이지 않은 시장에서는 가격을 인하할 생각이 없습니다. 그동안 우리는 업무 능력을 대폭 늘려 사업을 세계적인 규모로 확장했습니다. 앞으로 우리는 대폭 성장하겠지만, 어떤 이유에서든 보험료 강세 시장hard market이 오

면 성장이 훨씬 빨라질 것입니다. 우리가 재보험 분야에서 세계적 강자가 되었고 특정 위험 유형에 대해서는 거의 유일한 재보험사가 되었듯이, 손해 보험 분야에서도 결국 세계를 선도하게 될 것입니다.

보험 업계에 우리보다 강한 회사는 없습니다. 우리에게는 인재가 있으니까요. 간혹 성장이 둔화하는 해도 있을 것입니다. 그러나 오래전 우리 재보험 사업이 그랬듯이, 특수 보험도 비약적으로 성장할 수 있습니다. 특수 보험은 버크셔에 매우 소중한 사업이 되었습니다. 더 일찍 시작했으면 좋을 뻔했습니다. 그러나 적합한 인물을 확보하느라 늦었습니다. 올해에는 매출을 늘릴 것입니다. 하지만 보험료 강세장을 맞이한 듯이 매출을 늘리지는 않을 것입니다.

Q 51. 찰리는 당신이 **학습 기계**라고 합니다. 지금까지 배운 것 중 무엇이 가장 흥미로웠습니까?

버핏: 찰리가 나보다 훨씬 대단한 학습 기계입니다. 나는 전문가입니다. 찰리는 내 전문 영역에 대해서도 나만큼 박식하며 세상사에 대해서는 나보다 학습 속도가 훨씬 빠릅니다. 세상은 항상 매력이 넘치는 곳입니다. 어떤 잘못을 깨달을 때 우리는 매우 즐거워합니다. 예컨대 낡은 아이디어가 실제로 옳지 않았음을 제대로 깨달았을 때입니다. 그러면 새로운 아이디어에 적응해야 합니다. 물론 쉬운 일은 아닙니다. 미국에서 진행되고 있는 일들, 특히 온갖 정치적 사건들이 나는 엄청나게 흥미롭습니다. 세상이 빠르게 펼쳐지듯이, 세상은 빠르게 움직이고 있습니다. 나는 미래 예측을 즐깁니다. 그러나 여러분에게 유용할 정도로 특별한 통찰이 있는 것은 아닙니다.

멍거: 버핏이 애플 주식을 매수한 것은 좋은 신호라고 봅니다. 그는 손자와 어울리면서, 태블릿 PC를 가져가도 좋은지 물어보기도 하고, 시장 조사도 했습니다. 나는 우리가 계속 배웠다고 생각합니다. 더 중요한 점은 우리가 과거에 배운 것을 잊지 않았다는 사실입니다. 이것이 정말 중요합니다. 예를 들어 돈을 마구 찍어내면서 거짓말을 해댄 푸에르토리코 사람들을 보십시오. 미국령

이 파산할 것이라고 누가 짐작이나 했겠습니까? 나라면 파산을 예측했을 것입니다. 그들은 천치처럼 행동했으니까요.

버핏: 우리는 푸에르토리코 채권을 사지 않았습니다.

멍거: 사지 않았지요. 우리는 유럽 시장에서도 국채로 포트폴리오를 구성합니다. 그리스 채권도 사지 않고, 오로지 독일 채권만 삽니다. 버크셔 사람들은 모두 합리적입니다. 게다가 항상 좋은 기회를 노립니다. 공황 같은 기회가 오면 남들은 한 손을 못 쓰는 상황에 처해도 우리는 양손을 사용합니다. 그리고 다양한 선택 대안을 이용합니다. 그동안 우리는 엄청나게 많이 배웠습니다. 최근 10년 동안 온갖 경험을 했죠. 20년 전에는 생각도 못 했던 일들이었습니다.

버핏: 최고의 투자서 중 하나가 1958년 필립 피셔가 쓴《위대한 기업에 투자하라》입니다. 나는 이 책에서 많은 질문을 던지는, 이른바 수소문 기법을 배웠습니다. 벤저민 그레이엄에게는 배우지 못한 기법입니다. 가끔은 이 기법이 매우 유용합니다.

멍거: 버핏은 이 기법을 샐러드유 스캔들 당시 아메리칸 익스프레스에 적용했고, 수십 년이 지난 지금은 애플에 적용하고 있습니다.

버핏: 일부 사례에서는 많은 질문을 던져 많이 배울 수 있습니다. 필립 피셔가 가르쳐준 기법입니다. 이 책은 매우 오래 전에 나왔습니다. 피셔가 영원한 승자로 꼽은 기업 중 일부는 계속 쇠퇴했습니다. 그러나 단지 질문을 던지는 것으로도 우리는 많이 배울 수 있습니다. 예를 들어 내가 훨씬 젊고 열정적인데 석탄 산업에 관심이 있어서 석탄회사 하나를 선택하려고 한다면, 10개 석탄회사를 방문해 사장에게 다음과 같은 질문을 던질 것입니다. "당신이 10년 동안 무인도에 가서 지내야 하고 그동안 가족의 돈을 경쟁사 중 한 곳에 모두 투자해야 한다면, 어느 회사를 선택할 것이며 그 이유는 무엇입니까?" 이어서 다음과 같은 질문도 던질 것입니다. "경쟁사 중 한 곳의 주식을 공매도해야 한다면, 어느 회사를 선택하겠습니까?"

사람들은 누구나 경쟁자에 대해 이야기하길 좋아합니다. 1개 회사 사람보다는 10개 회사 사람과 경쟁자에 대해 이야기할 때 우리는 석탄 산업의 경제성을 더 잘 파악할 수 있습니다. 그러나 어떤 기법이든 유용할 때도 있고 유용하지 않을 때도 있습니다. 그래도 나는 항상 배우겠다는 생각입니다. 특히 버크셔에 유용한 것을 배우고 싶습니다. 수소문 기법은 세상에 매우 유용한 태도입니다. 누가 한 말인지는 모르겠지만, 문제는 새로운 아이디어를 얻는 것이 아니라 낡은 아이디어를 버리는 것입니다.

멍거: 이스카나 프리시전 캐스트파츠가 10년 전에 나타났다면 우리는 절대 인수하지 않았을 것입니다. 우리는 배우고 있습니다. 세상에, 아직도 배우고 있답니다!

Q 52. **건강 보험**이 기업에 가장 중요한 문제인가요? 건강 보험 문제가 버크셔에도 영향을 미칠까요?

버핏: 1960년 무렵에는 법인세가 GDP의 약 4%였고 지금은 GDP의 약 2%입니다. 당시 건강 보험은 GDP의 약 5%였는데 지금은 GDP의 약 17%입니다. 미국 기업은 법인세 탓에 경쟁력이 저하된다고 말하지만 실제로 법인세는 GDP의 4% 수준에서 2% 수준으로 감소했습니다. 반면에 대부분을 기업이 부담하는 의료비는 GDP의 5% 수준에서 17% 수준으로 증가했습니다. 제대로 말하자면, 의료비는 미국 기업에 기생하면서 경쟁력을 갉아먹는 기생충 같은 존재입니다. 기업도 이 사실을 알고 있지만 대처 방안이 많지 않습니다.

이 조세 제도 탓에 버크셔의 경쟁력이 손상되지는 않습니다. 우리 의료비는 믿기 어려울 정도로 급증했고, 앞으로도 대폭 증가할 것입니다. 1960년 무렵 의료비가 GDP의 5% 수준이었던 나라는 6개였습니다. 지금 미국의 의료비는 GDP의 17%이지만, 6개국은 GDP의 10~11%입니다. 이들 국가의 의료비도 상당히 높은 수준이지만 그래도 미국보다 5~6%포인트 낮습니다.

멍거: 6개국은 사회 의료 보장 제도socialized medicine를 채택하고 있습니다.

버핏: 당시 내가 한 말은 무시당했지만 지금은 주목받고 있습니다. 의료비 문

제는 지금도 미국 사회의 골칫거리지만 향후 어느 정당이 집권하더라도 더 큰 골칫거리가 될 것입니다. 해결이 거의 불가능하지요.

오바마케어(Obamacare, 건강 보험 개혁법) 대체 목적으로 이틀 전 통과된 새 법안이 매우 흥미롭습니다. 트럼프가 제안한 이 건강 보험 법안이 만약 작년에 발효되었다면 내 연방 소득세가 17% 감소했을 것입니다. 나 같은 사람에게는 엄청난 감세입니다. 이 법안은 다른 영향도 미치겠지만, 만일 트럼프가 제안한 대로 통과된다면 조정 후 총소득이 연 25만 달러 이상이거나 투자 소득이 많은 사람이 엄청난 감세 혜택을 받게 됩니다. 이들이 감세 혜택을 받으면 재정 적자가 증가하거나 다른 사람의 세금이 늘어나게 됩니다. 지금은 이 정도가 이 법안이 통과될 때 예상되는 효과입니다. 상원에서는 다른 결정을 내리겠지만, 어떤 일이 벌어질지 누가 알겠습니까? 아무튼 이틀 전에 이런 법안이 통과되었습니다.

멍거: 건강 보험에 대해서는 확실히 같은 생각입니다. 나는 건강 보험이 마음에 들지 않습니다. 의료 서비스가 지나치게 많습니다. 거의 죽은 사람에 대해서도 과도한 화학 치료가 제공되고 건강 보험 등 의료 시스템에서 온갖 미친 짓이 벌어지고 있습니다. 뿌리 깊은 기득권 탓에 바꾸기는 매우 어렵겠지만, 외부에서 합리적인 사람이 객관적으로 보면 미국 의료 시스템에서 개선점을 찾아낼 수 있다고 생각합니다. 사람들은 모두 새 구명 치료법, 새 화학 치료법, 신약을 좋아하지만 이런 미친 시스템 탓에 비용이 걷잡을 수 없이 증가합니다. 그래서 미국 기업은 정부가 의료비를 지급하는 나라의 기업보다 훨씬 불리한 처지에 놓이게 됩니다. 나는 버핏의 견해에 전적으로 동의합니다.

버핏: 내기를 한다면, 10년 뒤 의료비는 GDP의 17%보다 높을까요, 낮을까요?

멍거: 현재 추세가 계속 이어진다면 갈수록 더 높아질 것입니다. 현재 추세가 계속 유지되어야 기득권자에게 매우 유리한데, 이들은 목소리도 매우 크고 활동적인 반면 나머지 사람들은 아예 무관심합니다. 그러므로 결과는 당연히 형편없을 것입니다. 이 문제에 대해서는 양대 정당이 서로 몹시 혐오하는 탓에

합리적으로 생각하지 못하므로 양당 모두 문제 해결에 도움이 되지 못할 것입니다.

버핏: 연방 정부 예산이 약 3.5조 달러 규모인데 미국 의료비 지출액이 약 3조 달러라는 사실이 흥미롭습니다. 누구나 최고의 치료를 원한다는 점은 충분히 이해할 수 있습니다. 그러나 연방 정부 예산과 비교해보아도 의료비 지출액은 거액입니다. 미국 기업의 세계 경쟁력에 대해 논하자면 의료비야말로 갈수록 미국 기업의 발목을 잡는 단연 가장 큰 변수라 하겠습니다. 양대 정당이 이 문제에 대처하기는 매우 어렵습니다. 근본적으로 정치적인 문제니까요.

멍거: 매우 부도덕한 행태입니다. 죽어가는 환자를 둘러싼 의료인을 보면 시체에 몰려드는 하이에나 무리가 연상됩니다.

버핏: 캘리포니아 의료인 사례를 설명해주겠나?

멍거: 레딩에서 있었던 일입니다. 내가 매우 즐겨 설명하는 사례지요. 레딩에는 매우 야심 찬 심장병 전문의가 많았는데, 이들은 심장병이 주요 사망 원인이라고 생각했습니다. 그래서 찾아오는 모든 환자에게 그의 심장이 위험하며 (아내를 과부로 만들 수 있으며), 치료할 수 있다고 말했습니다. 이들은 모든 사람에게 심장 수술을 권유했습니다. 당연히 심장 수술 건수가 엄청나게 많아졌습니다. 수술 결과는 탁월했는데, 처음부터 수술 필요성이 전혀 없는 사람들이었기 때문이지요. 덕분에 이들은 막대한 돈을 벌었습니다. 병원 경영진은 레딩 사례를 본받으라고 산하 계열 병원에 지시했습니다. 이것은 실화입니다. 계열 병원은 모두 레딩 사례를 따랐습니다. 그러던 중 한 병원에서 가톨릭 신부에게 심장이 위험하다고(아내를 과부로 만들지 모른다고) 말하면서 심장 수술을 권했지만, (걱정할 아내가 없기 때문에 냉정을 유지한) 신부는 병원을 믿지 않았고, 결국 비리를 폭로했습니다.

버핏: 폭로자는 신부였습니다. 신부가 병원의 말을 믿지 않은 이유는 짐작할 수 있습니다. 병원 사람들이 타성에 젖어 모든 사람에게 똑같은 말투로 설득했던 모양입니다.

멍거: 나중에 나는 비리 의료인의 면허를 박탈한 의사 중 한 사람을 만나 비리 의료인이 자신의 잘못을 알고 저지른 일이냐고 물었습니다. 그는 대답했습니다. "아닐세, 찰리. 그들은 자신의 행위가 환자에게 이롭다고 생각하고 있었다네." 그래서 과잉 진료 문제를 바로잡기가 그토록 어려운 것이겠지요. 그런 진료를 통해 돈을 많이 벌면서 좋은 일도 많이 한다는 착각에 빠진 것입니다. 그래서 그런 진료가 많습니다. 거의 광적인 수준이었습니다. 심장 수술 비율이 정상의 20배에 달했습니다. 병원 경영진은 이 상황을 간파하고서 계열 병원에 이 방식을 전파하고자 했던 것입니다.

버핏: 수술 성공률이 완벽한 수준이었습니다.

Q 53. 버크셔 해서웨이 에너지가 인수하려는 **자산의 핵심 특성**이 따로 있나요? 예컨대 배전(配電) 자산과 발전(發電) 자산 중 어느 쪽을 선호하나요?

버핏: 발전 자산은 세월이 흐르면 구식이 되므로 본질적으로 더 위험하다고 볼 수 있습니다. 게다가 자본 투자도 더 많이 해야 합니다. 그래서 발전 자산이 자본 기반의 대부분을 차지하는 경향이 있습니다. 우리는 전력 사업이 대체로 나쁘지 않다고 생각합니다. 전력 수요 증가세가 과거 수준에는 못 미칩니다. 일부 자산은 구식이 될 것입니다. 그러나 관리 부실 탓에 자산이 구식이 된다면 공익사업위원회는 이 부분에 대해서 전력 요금 인상을 허용하지 않을 것입니다. 우리는 전력회사가 여전히 매우 근사한 자산이라고 생각합니다. 하지만 가격이 매우 높습니다. 저금리 환경 때문이지요.

장담하건대, 10년 뒤에는 우리 풍력 및 태양광 발전 자산은 물론 일반 발전 자산도 지금보다 훨씬 증가할 것입니다. 여러 주의 공익사업위원회가 우리를 선호합니다. 슬라이드 자료를 보면, 우리 전력 요금이 다른 전력회사보다 쌉니다. 그레그 에이블이 이룬 탁월한 성과입니다. 안전성, 신뢰성, 가격, 재생에너지 등 모든 면에서 이룬 성과입니다. 버크셔 해서웨이 에너지보다 더 잘 운영되는 회사는 상상하기 어렵습니다. 실적이 이러하므로 우리를 원하는 주가 많습니다. 그러나 지금은 일부 전력회사의 인수 가격이 지나치게 높아서 버크셔 주주가 납득하기 어려운 수준입니다. 그래서 올해에는 인수하기 어렵지만, 내년이나 내후년에는 인수가 가능할지 모릅니다. 나는 기회가 있을 것으로 생각합니다.

멍거: 그레그가 우리 전력회사를 경영하는 방식은 예사롭지 않아서 모든 면에서 다른 전력회사보다 훨씬 낫습니다. 고객과 규제 당국도 우리를 높이 평가하고 있습니다. 경영진도 훌륭하고 자산의 질도 높으며 훨씬 더 안전합니다. 그러나 누군가 버크셔에 300억 달러 규모의 핵발전소를 건설해달라고 요청하면, 우리는 거절할 것입니다.

버핏: 네브래스카에는 공영 전력회사가 있습니다. 비상장 회사입니다. 이 회사는 ROE 규제를 받지 않습니다. 이들은 비과세 채권으로 자금을 조달할 수 있습니다. 그러나 우리는 과세 채권을 발행해야 합니다. 네브래스카는 여건이 아이오와와 크게 다르지 않습니다. 하지만 우리가 여기서 강 건너 몇 마일 거리에 있는 아이오와에서 판매하는 전력 요금이 네브래스카 전력 요금보다 쌉니다. 대단한 회사입니다. 18년 전 내게 버크셔 해서웨이 에너지를 소개해준 우리 이사 월터 스콧에게 감사합니다. 나는 전력 사업 자체가 대단하다고는 생각하지 않습니다. 내가 지금 주식 포트폴리오를 구성한다면 전력회사는 한 종목도 넣지 않을 것입니다. 그러나 우리가 버크셔 해서웨이 에너지를 보유하고 있어서 기쁩니다.

멍거: 일반 전력회사와 근본적으로 다르면서 더 좋은 회사입니다.

버핏: 훨씬 좋은 회사지요.

Q 54. **매클레인**은 매출 규모가 큰 자회사인데도 설명을 많이 듣지 못했습니다.

버핏: 매출에 관한 연방통신위원회(Federal Communications Commission, FCC) 규정에 의해 매클레인의 매출은 연차 보고서에 별도로 표시됩니다. 매클레인은 내재 가치나 순이익에 비해 매출이 이례적으로 많은 회사입니다. 유통회사이

기 때문입니다. 주요 고객은 식품회사, 캔디회사, 담배회사, 편의점 상품 공급 회사 등입니다. 우리 최대 고객인 월마트로부터 인수했습니다. 정확한 매출 규모는 모르겠지만, 월마트와 샘즈의 매출 합계가 전체 매출에서 차지하는 비 중이 20%를 초과합니다. 총이익률은 약 6%고 영업 비용은 5%입니다. 따라 서 재고 자산 회전율을 매우 높게 유지해야 ROA 1%(세전)를 얻을 수 있습니 다. 실제로 매클레인은 재고 자산을 매우 빠르게 반입·반출하면서 대단히 효 율적으로 관리하고 있습니다.

매클레인은 주류 유통회사도 몇 개 보유하고 있는데, 이익률이 더 높습니 다. 매클레인의 기본 매출은 450억 달러가 넘으며 세전 매출 이익률은 1%입 니다. ROE도 매우 양호합니다. 인수하기 전부터 탁월한 CEO 그레디 로지어 가 경영하고 있습니다. 나는 한 번 방문해보았습니다. 트럭 수천 대가 전국에 산재한 대형 유통 센터 사이를 오가면서 도매점에 상품을 유통하는 중추 역할 을 하고 있었습니다. ROIC와 인수 가격 대비 수익률도 훌륭합니다. 매출 채권 회전율도 이례적으로 높습니다. 매출이 매출 채권의 30배, 매입 채무의 30배, 재고 자산의 35배입니다. 상품을 대규모로 유통하는 사업이기 때문입니다. 중 요한 자회사이며, 매출만 보고 평가할 회사는 아닙니다.

멍거: 버핏이 모두 설명했습니다.

버핏: 월마트 CFO가 매클레인을 매각하려고 우리를 찾아왔습니다. 그는 우리 와 한동안 협의하고 다른 방으로 가서 CEO와 통화하더니 돌아와서 거래가 성사되었다고 말했습니다. 이번 거래처럼 빠르게 성사된 사례가 없었다고 말 하더군요. 우리는 대금을 현금으로 지급했습니다. 우리도 매우 신속하게 처리 했지만 월마트도 처리가 훌륭했습니다.

멍거: 우리는 신속하고 절차가 단순하며 약속을 잘 지킨다는 평판 덕분에 자주 좋은 인수 기회를 얻습니다.

버핏: 그런 평판이 없었다면 좋은 기업을 인수하지 못했을 것입니다.

멍거: 노던 내추럴 가스는 1주일 만에 인수했습니다. 그들은 월요일에 대금을

받고자 했습니다. 우리는 변호사가 법적 서류를 작성하기도 전에 대금을 지급했습니다.

버핏: 워싱턴의 승인이 필요했습니다. 나는 그들에게 워싱턴에서 서류 검토 후 승인해주지 않으면 거래를 취소하겠다는 편지를 보냈습니다. 그들은 자금이 절실하게 필요했으므로 승인을 전제로 자금을 지급하기로 한 것입니다. 절차상의 문제일 뿐 승인에는 문제가 없다고 생각했기 때문입니다. 그러나 대부분 기업은 이렇게 하지 못합니다. 하지만 우리에게는 융통성이 있습니다. 대기업은 결재 서류에 서명하는 사람이 너무 많습니다. 우리가 그런 방식을 가지고 있었다면 노던 내추럴 가스를 인수하지 못했을 것입니다.

멍거: 덕분에 멋진 회사를 보유하게 되었지요.

Q 55. 당신은 어떤 **인물**로 알려지고 싶습니까?

멍거: 내가 워런에게 자신의 장례식에서 듣고 싶은 말이 무엇이냐고 물었을 때, 그가 이렇게 말했던 기억이 납니다. "지금까지 본 시체 중 가장 늙어 보인다고 모두가 말하면 좋겠네."

버핏: 지금까지 내가 한 말 중 가장 재치 있는 말일 겁니다. 내가 원하는 것은 아주 단순합니다. 나는 가르치는 것을 좋아합니다. 평생 공식적으로든 비공식적으로든 가르치고 있습니다. 나는 가장 훌륭한 스승으로부터 배웠습니다. 나도 훌륭한 스승이었다고 누군가 생각해준다면 매우 기쁠 것입니다.

멍거: 가르침을 잊지 않게 하려면 어느 정도 굴욕감도 안겨주어야 합니다. 우리 둘 다 그렇게 했지요.

버핏: 과거에 농구 팬이었던 분들은 월트 체임벌린을 기억할 것입니다. 그의 묘비에는 "마침내 나 혼자 잠드는구나"라고 쓰여 있다고 합니다.

Q 56. 지금 당신의 **꿈**은 무엇입니까?

멍거: 내 꿈이오? 글쎄요….

버핏: 첫 번째 꿈은 건너뛰자고.

멍거: 가끔 다시 90세 시절로 돌아가고 싶은 마음이 간절합니다! 젊은이에게 해주고 싶은 말이 있습니다. 정말로 하고 싶은 일이 있으면 93세가 되기 전에 하세요.

버핏: 나도 똑같은 말을 학생에게 해주고 싶습니다. 세상에 나가면 여러분이 하고 싶은 일을 찾으십시오. 한두 번 만에 찾지는 못할 수도 있습니다. 그래도 그 노력을 미루지는 마십시오. 키르케고르는 말했습니다. 인생을 평가할 때는 뒤를 돌아보아야 하지만, 인생을 살아갈 때는 앞을 보아야 한다고. 찰리는 자신이 죽을 장소만 알면 그곳에는 절대 가지 않겠다고 말합니다. 사람들은 인생을 어느 정도 다시 구성하고 싶어 합니다. 그러나 인생에는 다시 구성할 수 없는 일도 있습니다. 나이가 들면 어떤 일을 할 때 기분이 좋은지 생각해보고 적어도 그 방향을 유지하도록 노력하십시오. 인생에는 행운도 어느 정도 필요하지만, 불운도 어느 정도 발생한다는 사실을 받아들여야 합니다.

멍거: 장례식에서 목사가 말했습니다. "이제 누구든 나와서 고인에 관한 미담을 말씀해주기 바랍니다." 그러나 아무도 나오지 않자 다시 말했습니다. "아무 미담이나 말씀해주시면 됩니다." 마침내 한 사람이 나와서 말했습니다. "그래도 고인이 자기 형만큼 못된 사람은 아니었습니다."

Q 57. 당신은 세계 수많은 사람에게 존경과 사랑을 받고 있습니다. 그리고 EBITDA는 기업의 가치 평가에 좋은 척도가 아니라고 믿습니다. 당신도 인생에서 **후회**하는 일이 있습니까? 인생, 가족, 개인사나 사업에서 후회하는 일은 무엇인가요?

버핏: 개인적 문제에 대한 답변을 기대하지는 않으리라 생각합니다. 사업 측면에서 볼 때, 내가 찰리를 더 일찍 만났으면 좋았을 뻔했습니다. 처음 만났을 때 나는 29세, 찰리는 35세였는데 이후 우리는 매우 즐거웠습니다. 더 일찍 만났더라면 더 즐거웠을 것입니다. 실제로 더 일찍 만날 기회가 있었습니다. 같은 식료품점에서 일했거든요. 그러나 일한 시점이 달랐습니다.

EBITDA는 비용 측면에서 최악의 수익 지표입니다. 우리는 플로트에 대해 즐겨 말합니다. 플로트는 돈을 먼저 받고 비용은 나중에 지급할 때 형성되는 자금입니다. 감가상각은 돈을 먼저 지출하고 비용은 나중에 기록할 때 나타납니다. 플로트와 정반대입니다. 좋은 것이 아니지요. 다른 조건이 모두 같다면 감가상각이 없는 기업을 사는 편이 훨씬 좋습니다. 고정 자산에 대한 투자가 없는 기업이기 때문이죠. EBITDA는 사람을 속여 심하게 해를 입힐 수 있는 통계입니다.

멍거: 실제로 EBITDA를 사업에 사용하는 사람들의 행태는 훨씬 더 역겹고 혐오스럽습니다. 이는 100제곱미터인 집을 임대하면서 200제곱미터라고 말하는 부동산 중개업자와 같습니다. EBITDA는 부정직한 용어인데도 지금은 널리 사용되고 있습니다. 그러나 제정신인 사람이라면 누구나 감가상각비가 비용이라고 생각합니다.

버핏: 월스트리트 사람들에게는 매우 유리한 용어입니다.

멍거: 그래서 그들이 이용하는 거죠. EBITDA로 계산하면 훨씬 싸 보이거든요.

버핏: 이 용어가 시장에서 수용된다는 사실이 정말 놀랍습니다. 그래서 그들이 이 용어를 사용하고 개념을 납득시키면서 이득을 얻는 것입니다. 헤지 펀드의 2% 및 20% 보수도 그런 식이지요. 시장이 수용하는 한 그들은 계속 이용할 것입니다.

멍거: 이제는 경영대학원에서도 EBITDA를 사용하고 있습니다. 더 소름 끼치는 일입니다. 도둑놈이 그 용어를 사용하는 것만으로도 유감스러운데 이제 경영대학원마저 그 용어를 따라 사용하니 대단히 유감스러운 일입니다.

Q 58. 미국에서 좋은 일자리가 사라지고 있습니다. 기업은 오로지 경제성만 고려해야 하나요? 버크셔의 자회사가 **해외 이전**을 요청하면 당신은 허락하겠습니까?

버핏: 사실 과거에 미국에서 생산되던 제품 상당수가 외국에서 생산된 수입품으로 대체되었습니다. 1955년 그레이엄-뉴먼이 프루트 오브 더 룸(당시 회사명

은 유니언 언더웨어)을 인수할 때 나도 그곳에 있었습니다. 당시 프루트 오브 더 룸 제품은 거의 모두 미국에서 생산되었습니다. 만일 지금도 제품을 모두 미 국에서 생산한다면 이 회사는 생존하지 못할 것입니다. 덱스터 슈에서도 똑같 은 일이 발생했습니다. 덱스터는 숙련된 근로자를 보유한 훌륭한 기업이었습 니다. 결국 우리는 신발을 원가에 팔았는데도 외국산 수입 신발과 경쟁할 수 가 없었습니다. 무역은 수출과 수입 양방향으로 이루어지며 규모가 커질수록 그 경제적 혜택도 커집니다. 무역은 생산성을 높여 세계 전체에 혜택을 안겨 줍니다.

그러나 이 과정에서 희생자가 나옵니다. 뉴베드퍼드 직물 공장 노동자와 덱 스터 신발 공장 노동자는 결국 일자리를 잃었습니다. 노동자의 일자리를 지키 려고 속옷이나 신발 가격을 5% 인하한다고 발표했더라도 미국 대중은 이 사 실을 전혀 몰랐을 것입니다.

나는 두 가지가 필요하다고 생각합니다. 미국은 엄청나게 부유한 국가입니 다. 1인당 GDP가 6만 달러에 육박합니다. 내가 태어난 시점보다 6배나 증가 했습니다. 이 번영을 뒷받침한 것이 바로 무역입니다. 1970년 미국의 수출은 GDP의 5%에 불과했습니다. 지금은 약 12%로 알고 있습니다. 우리는 우리가 가장 잘하는 일을 하고 있습니다. 우리에게는 최고 교육 책임자Educator in Chief 가 필요합니다. 그 자리는 대통령이 맡아야 마땅하며 특정 대통령이 아니라 앞으로 수십 년 동안 모든 대통령이 맡아야 합니다. 그는 자유 무역이 전체적 으로 미국에 이롭다는 사실을 대중에게 상세히 설명해야 합니다.

더 나아가 자유 무역 과정에서 발생하는 희생자를 돌보는 정책을 수립해야 합니다. 3억 2천만 미국 국민에게 조금이나마 이롭다면 나 자신은 자유 무역 과정에서 실직해 인생이 비참해지더라도 상관없습니다. 우리에게는 희생자를 돌볼 자원이 있습니다. 투자자는 분산 투자를 통해 무역이 주는 혜택을 얻을 수 있습니다. 이들은 특정 산업 탓에 희생될 위험도 없습니다. 그러나 노동자는 그런 위험을 피할 수 없습니다. 영어도 못하는 뉴베드퍼드 직물 공장의 55세

노동자에게는 다른 기술을 가르쳐줄 수도 없습니다. 공익을 증진하는 과정에서 이런 사람들이 희생된다면, 정부가 정책을 통해서 이들을 돌보아야 합니다. 미국은 부유하므로 이들을 돌볼 수 있으며 앞으로도 자유 무역을 통해서 계속 혜택을 얻을 것입니다. 우리는 3억 2천만 국민이 자유 무역의 혜택을 누리게 하는 동시에 이 과정에서 발생하는 희생자가 방치되지 않도록 해야 합니다.

멍거: 바로 이 이유로 실업 보험이 존재하는 것입니다. 유감스럽게도 자본주의 시스템은 진화하고 개선되는 과정에서 반드시 일부 사람에게 피해를 입힙니다. 그 피해는 막을 방법이 없습니다.

버핏: 자본주의 시스템은 잘못 사용된 자본에 대해서도 무자비합니다. 이러한 위험은 분산 투자를 통해 피할 수 있습니다. 자본주의 시스템은 수십 년 동안 기술을 연마한 불운한 사람에게도 무자비합니다. 그러나 우리 사회는 매우 부유하므로 이들을 돌볼 수 있습니다. 이틀 전 내 소득세를 17%나 줄여주는 법안이 통과되었습니다.

멍거: 그래도 나는 한 푼도 쓰지 않을 작정입니다.

버핏: 나도 그렇습니다. 법안이 어떻게 될지 누가 알겠습니까? 쇼핑센터를 지나가는 오마하 주민 수천 명에게 이 법안 덕분에 내 세금이 대폭 감소한다고 말해주어도 그들은 자신에게 어떤 영향이 미치는지 전혀 생각하지 못할 것입니다. 우리는 1인당 GDP가 5만 6,000~5만 8,000달러여서 4인 가족이면 23만 달러에 이릅니다. 불운한 희생자를 방치해서는 안 됩니다.

멍거: 비스마르크는 '법은 소시지와 같아서, 만들어지는 과정을 보지 않는 편이 낫다'고 말했습니다.

버핏: 그래도 누군가는 지켜보아야 합니다.

주주는
동업자입니다

2018년

도입

나의 과거 이야기를 하겠습니다.

화면은 1942년 3월 〈뉴욕 타임스〉 1면 기사입니다. 미국이 제2차 세계대전에 참전하고 3개월이 지난 시점이지요. 우리가 태평양 전쟁에서 밀리고 있었으므로 나쁜 소식을 전하는 기사가 넘쳤습니다. 당시에는 신문 1부가 3센트였습니다. 물론 주식시장은 이 상황을 반영하고 있었습니다. 나는 시티 서비스 우선주를 관심 있게 지켜보고 있었습니다. 전년도에는 주가가 84달러였고, 1942년 초에는 55달러였으며, 3월에는 40달러까지 내려갔습니다. 3월 11일 나는 아버지에게 3주를 사달라고 했습니다. 당시 11세였던 내가 가진 돈으로는 3주까지 살 수 있었습니다. 이튿날 확인해보니 다우 지수가 2.28% 하락하면서 100을 뚫고 내려갔습니다. 요즘 기준으로는 다우 지수가 500포인트 하락한 셈입니다. 나는 학교에서도 주가가 궁금했습니다. 아버지는 그날 고가인 38.25달러에 매수해주었는데, 종가는 37달러로 내려갔습니다. 그런데 이후 미드웨이 해전이 벌어질 때까지 미국이 고전하는 양상이었는데도 시티 서비스 주가는 계속 상승해서 200달러를 넘어갔습니다. 그러나 주가가 27달러까지 내려가는 모습을 보았던 나는 겨우 주당 1.75달러를 남기고 40달러에 팔아버렸습니다. 이 사례에서 얻을 만한 교훈은 무엇일까요?

우리가 1942년 3월 11일로 돌아갔다고 상상해봅시다. 당시 미국인은 누구나 우리가 전쟁에 승리할 것이라고 믿었습니다. 미국 시스템은 잘 돌아가고 있었습니다. 그 시점에 1만 달러를 인덱스 펀드에 묻어두었다면 지금 얼마가 되었을까요? 무려 5,100만 달러가 되었습니다. 다양한 미국 기업의 일부를 사서 계속 보유하기만 하는 것으로 충분했습니다. 회계를 공부할 필요도 없었고 주가 흐름을 지켜볼 필요도 없었습니다. 상승 종목을 가려낼 필요도 없었고 매수·매도 시점을 선택하려고 애쓸 필요도 없었습니다. 장기적으로 미국 기업이 난관을 극복하면서 성장하고 미국이 계속 발전한다고 믿기만 하면 됐습니다. 가장 중요한 질문은 '내가 투자하는 평생 동안 미국 기업이 좋은 실적을 낼 것인가'였습니다. 만일 그 무렵 비관론을 퍼뜨리는 사람의 말을 듣고 1만 달러를 금에 투자했다면 어떻게 되었을까요? 당시 1만 달러면 금 300온스를 살 수 있었습니다. 그 금은 지금도 300온스로 남아 있을 것입니다. 금을 안전 금고에 넣어두고서 들여다보거나 쓰다듬어도 산출물은 전혀 나오지 않습니다. 이 금의 가치가 지금은 40만 달러입니다. 이렇듯 생산적 자산(주식) 대신 비생산적 자산(금)에 투자했다면, 그 차이는 100배 넘게 벌어졌을 것입니다. 미국 기업에 투자한 사람이 1달러를 버는 동안 금 같은 '가치 저장 수단'에 투자한 사람은 1센트도 벌지 못했습니다.

그동안 미국은 우리가 상상하지도 못할 만큼 엄청난 순풍을 받으면서 성장해 놀라운 수익을 안겨주었습니다. 주식 매수·매도 시점을 선택하려고 애쓰거나 전문가로부터 유료 자문까지 받아 비생산적 자산에 투자해 얻은 수익으로는 비교가 불가능할 정도입니다. 만일 모든 사람이 주식을 사서 계속 보유했다면 주식 중개인은 굶어 죽었겠지요. 우리는 회계나 전문 용어를 알 필요도 없고, 연준이 무슨 일을 하는지도 알 필요가 없습니다. 올바른 투자 철학만 있으면 쓸데없는 일에 애태울 필요가 없습니다.

Q 1. 미국과 중국 사이에 무역 전쟁이 벌어지지 않고 원만한 **상생 관계**가 유지될 수 있을까요?

버핏: 8월이면 나는 88세가 됩니다. 올해는 8자로 끝나는 해이므로 8월에는 중국인에게 행운의 숫자인 8이 내게 넘치게 됩니다. 내가 인수할 만한 중국 기업이 있는지 찾아봐 주기 바랍니다.

미국과 중국은 경제 부문에서 초강대국 지위를 오랜 기간 누릴 것입니다. 미국과 중국은 여러 면에서 상생 관계입니다. 물론 긴장 관계가 될 때도 있습니다. 그러나 무역에서는 상생 관계이며, 세계 무역의 흐름을 좌우하는 2대 국가입니다.

다행히 민주당과 공화당 모두 자유 무역이 주는 혜택을 잘 알고 있습니다. 둘 사이에 의견 차이가 있긴 하지만 자유 무역이 주는 혜택은 너무도 크고 명백합니다. 세계가 발전하려면 무역에 의존할 수밖에 없습니다. 미국과 중국은 현명하므로 지극히 어리석은 일은 하지 않을 것입니다. 다소 어리석은 일을 벌이면서 타협할 수는 있겠지만요.

1970년 미국의 수출과 수입은 GDP의 5%였습니다. 지금은 수출이 GDP의 11.5%고 수입이 14.5%입니다. 나는 미국의 무역 적자가 너무 커지지 않기를 바랍니다. 미국이 원하는 상품을 수입하는 대가로 종이 쪼가리(채무 증서)만 지급하는 상황은 바람직하지 않습니다. 미국에 대한 외국의 청구권이 증가하고 있습니다. 이 청구권은 미국에 대한 외국의 투자로 바뀌고 있습니다. 지금까지 미국과 중국의 무역은 매우 훌륭하게 진행되었지만 한쪽이 지나친 욕심을 부릴 때는 문제가 발생합니다. 그러나 무역에 대한 견해 차이 때문에 세계 발전을 그르치는 일은 없을 것입니다.

멍거: 두 나라 모두 발전하고 있으며 중국이 더 빠르게 발전하고 있습니다. 중국은 오랜 기간 빈곤 상태에 머물렀으며, 높은 저축률 등 장점을 갖춘 덕분에 더 빨리 성장할 것입니다. 두 나라는 함께 잘 지낼 것이며 서로 반감을 품는 일만은 절대 피해야 합니다.

Q 2. **사이버 위험에 대해 보장하는 상품**을 고려해봤나요?

버핏: 나는 대재해로 인해 연간 손해액 4,000억 달러가 발생할 확률을 2%로 추정합니다. 그러나 사이버 위험에 대해서는 확률을 논할 수 있는 사람이 아무도 없다고 생각합니다. 우리는 사이버 위험을 설명할 수 없고 이와 연관해 어떤 사건이 벌어질지도 알지 못합니다. 사이버 사건에 대해 다양한 상상을 할 수 있겠지만, 마음이 비뚤어진 사람에게 아이디어를 제공하고 싶지는 않습니다.

우리는 지진이나 허리케인의 발생 확률은 계산할 수 있지만 사이버 위험은 계산할 수 없습니다. 그리고 사이버 위험은 보험 업계에서 미지의 영역이며 그 위험이 더 커질 터이므로 경쟁 상황을 고려하면 우리 진행 사항을 많이 노출할 수 없습니다. 여러분의 짐작이 더 정확할 수도 있습니다.

멍거: 증권 트레이딩을 하던 컴퓨터가 고장 나면 누군가 하루아침에 망할 수도 있겠지요. 우리는 컴퓨터를 이용한 증권 트레이딩을 하지 않습니다.

버핏: 우리는 그런 멍청한 방식으로 실수할 가능성이 낮지만 그런 실수로 많은 회사가 망할 수 있습니다. 우리는 초대형 재해가 발생해 한 해에 120억 달러에 이르는 손해가 발생해도 어느 정도 이익을 낼 수 있습니다. 하지만 그런 초대형 재해가 발생하면 다른 보험사는 대부분 파산할 것입니다. 대재해에 관한 한 우리는 다른 보험사와 완전히 차별화되어 있습니다.

멍거: 은퇴를 앞둔 사람이 한 발만 회사에 걸친 채 의사 결정을 해서는 안 됩니다. 버핏은 전 재산을 버크셔 주식으로 보유하고 있습니다.

Q 3. 상습적으로 물이 새는 배에 타고 있다면, 새는 곳을 막으려고 애쓰는 것보다는 배를 갈아타는 편이 낫다고 말했는데, **웰스 파고**는 물이 새는 배 아닌가요?

버핏: 웰스 파고는 성과 보상 제도가 잘못되어 있었습니다. 그러나 훨씬 더 심각한 문제는 성과 보상 제도가 잘못되었다는 사실을 알고서도 모르는 체했다는 점입니다. 버크셔에서 가장 심각한 죄는 잘못을 발견하고도 방관하는 행위

입니다. 이제 우리 종업원은 38만 7,000명에 이르므로 모두가 성인군자처럼 행실이 바를 수는 없습니다. 그러나 우리는 부당 행위에 대해서는 보상하지 않을 것이며, 부당 행위를 발견하면 즉시 대응할 것입니다. 이것이 핵심입니다.

하지만 살로먼과 웰스 파고는 즉시 대응하지 않았습니다. 1964년 아메리칸 익스프레스도 즉시 대응하지 않은 탓에 위기에 처했고 덕분에 우리는 헐값에 대규모로 투자할 수 있었습니다. 1970년대 초 가이코는 월스트리트의 비위를 맞추려고 손해액 준비금을 과소 계상하면서 실적을 부풀리다 파산 직전까지 몰렸습니다. 덕분에 우리는 헐값에 가이코 지분을 절반이나 확보하게 되었습니다. 이후 아메리칸 익스프레스와 가이코 둘 다 위기에서 벗어나 놀라울 정도로 건실한 회사가 되었습니다. 다른 대형 은행도 모두 많은 문제를 겪었습니다.

나는 어느 모로 보나 웰스 파고가 다른 은행만 못하다고 볼 이유가 없다고 생각합니다. 웰스 파고는 큰 실수를 저질렀고 큰 대가를 치렀습니다. 그래도 나는 웰스 파고에 투자하길 잘했다고 생각하며, CEO 팀 슬론을 좋아합니다. 찰리는 항상 이렇게 말합니다. "예방 한 숟가락이, 치료 한 바가지 정도가 아니라 치료 한 양동이보다 낫다." 우리는 모든 일이 잘 풀릴 때도 문제가 보이면 즉시 대응합니다.

멍거: 웰스 파고는 장래에 더 좋아질 것입니다. 하비 와인스타인(성추행 의혹으로 자신이 설립한 회사에서 해고된 영화 제작자)도 사람들의 품행 개선에 크게 기여했습니다. 웰스 파고는 분명히 잘못을 저질렀고, 그 잘못을 통감하고 부끄러워했으며, 재발 방지 대책을 세웠습니다. 장래에는 웰스 파고가 가장 모범적인 은행이 될 것입니다.

버핏: 1942년 〈뉴욕 타임스〉 구인 광고를 보면 남성 섹션과 여성 섹션으로 나뉘어 있습니다. 세상 사람은 멍청한 짓을 많이 저지릅니다. 가이코는 웰스 파고보다 훨씬 어리석은 잘못을 저질러 파산 직전까지 몰렸지만 지금은 시장 점유율이 13%에 이릅니다. 아메리칸 익스프레스가 샐러드유 스캔들로 위기에

처했을 때 주주총회에서 한 주주가 감사에게 질문했습니다. "당신은 보수를 얼마나 더 받아야 베이온 탱크 샐러드유 재고를 확인할 생각이었소?" 주주는 제보를 받고서도 수수방관하다가 위기에 처한 아메리칸 익스프레스를 강하게 질타했습니다. 그래도 아메리칸 익스프레스는 회복해 거대 기업으로 성장했습니다. 장담컨대 우리는 앞으로도 실수를 저지를 것입니다. 그러나 관건은 실수에 즉시 대응하는 것입니다. 여러분은 모르시겠지만, 찰리가 이 문제 해결에 크게 기여했습니다.

Q 4. 지금도 시즈캔디와 버펄로 뉴스 가격 결정에 **개입**하나요?

버핏: 한때 개입한 적이 있지만, 아주 오래 전 일입니다. 지금은 시즈캔디 파운드당 가격을 모릅니다. 내게 캔디 선물을 보내주는 분이 많거든요. 버펄로 뉴스는 가격 인상이 매우 어려운 처지이므로 가격을 고민할 필요가 없습니다. 나는 매우 거대한 위험을 인수할 때만 아지트와 가격에 대해 이야기합니다. 아지트와 나는 각자 머릿속으로 가격을 생각하고 나서 서로 비교해봅니다. 특이한 거대 위험에 대해서는 책을 찾아보아도 보험 통계 변수 관련 설명이 나오지 않습니다. 그래서 아지트와 나는 지난 30년 동안 이러한 방식으로 가격을 결정했습니다. 흥미로운 작업이었지요. 그러므로 시즈캔디 가격에 불만이 있으면 찰리에게 말씀하시기 바랍니다.

멍거: 버핏이 아지트와 함께 가격을 결정한 것은, 아지트가 그 방식을 원했기 때문입니다. 결정에 대해 협의할 것인지는 버핏이 아니라 주로 경영자의 뜻에 좌우됩니다. 그런 점에서 버크셔는 매우 별난 회사입니다.

버핏: 우리 경영자 중에는 지난 10년 동안 나와 세 번 이야기한 사람도 있습니다. 그는 매우 놀라운 실적을 올렸는데, 나와 한 번도 이야기하지 않았다면 실적이 더 좋았을지도 모릅니다. 아무튼 나는 아지트와 자주 이야기합니다. 일부는 책에 나오지 않는 내용입니다. 이 분야에서는 보험 통계 재능보다 판단력이 더 중요합니다.

Q 5. 3개 회사(버크셔, 아마존, JP모간)가 함께 **의료 시스템 개선**을 시도하는 이유는 무엇인가요?

버핏: 의료회사를 설립할 계획은 없습니다. 우리는 서로 존경하고 신뢰하는 3개 회사 CEO가 힘을 모아 의료 시스템 개선을 시도하려는 것입니다. 거의 불가능한 일이라는 찰리의 말이 옳을지도 모르겠습니다. 의료비가 1960년에는 GDP의 5%였지만, 지금은 18%입니다. 이는 세계 어느 나라와 비교해도 터무니없이 높은 수준입니다. 그래서 의료비는 미국 기업에 기생하면서 원가를 올리는 기생충 같은 존재입니다. 그동안 1인당 의사 및 간호사 수는 감소했는데도 의료비는 오히려 증가하고 있습니다. 우리는 이 분야 CEO를 발굴할 것이며 오랜 기간이 걸리지 않을 것입니다. 우리 목적은 이익이 아니라 종업원이 더 낮은 비용으로 더 좋은 의료 서비스를 받게 하려는 것입니다. 세 회사의 종업원 합계가 100만 명을 넘어가므로 개선책 마련에 큰 힘이 될 것입니다. 그러면 현재 GDP의 18%인 의료비가 우리 자녀 세대에 20~22%로 상승하지 않을 수도 있습니다. 우리는 남보다 좋은 여건을 확보하고 있으므로 시도해보려고 합니다.

멍거: 이 분야에 성공 사례가 있습니다. 존 록펠러가 의료 시스템을 대폭 개선했습니다. 그래서 우리는 의료 시스템 분야에서 그를 모방하려고 합니다.

버핏: 록펠러는 장수했으므로 우리는 장수 방법도 모방하려고 합니다. 한 CEO가 계약서를 작성하려고 했으나 다른 CEO가 반대해서 계약서는 작성하지 않기로 했습니다. 가능하면 형식적인 절차는 생략하려고 합니다.

Q 6. 도널드 트럼프의 정책 탓에 **무역 전쟁**이 벌어지지는 않을까요?

버핏: 미국과 중국 사이에 밀고 당기기는 있겠지만 무역 전쟁까지 가는 일은 없을 것입니다.

멍거: 미국 철강 산업은 믿기 어려울 정도로 불리한 처지에 놓였습니다. 심지어 트럼프도 옳은 판단을 내릴 때가 있지요.

버핏: 루스벨트 대통령이 화롯가 담화로 국민과 소통했듯이 대통령은 최고 교

육 책임자가 되어야 합니다. 무역이 주는 혜택은 눈에 잘 보이지 않으므로 설득하기가 어렵습니다. 무역 덕분에 제품과 서비스 가격이 얼마나 저렴해지는지를 우리는 알기 어렵습니다. 무역의 부정적인 면은 눈에 잘 보이며 사람들은 그 고통을 뼈저리게 느낍니다. 미국이 신발 제조 경쟁에서 밀리면 메인주 신발 공장에서 긍지를 느끼며 근무하던 노동자는 해고당합니다. 이들이 55세에 다른 일자리를 구해야 하는 처지가 되면 아담 스미스와 데이비드 리카도가 말하는 무역의 혜택 따위는 남의 이야기에 불과합니다.

혜택은 보이지 않고 비용만 보이는 문제는 정치적으로 해결하기가 어렵습니다. 그래서 대통령은 공동의 이익을 위해서 각 개인이 불편을 감수하지 않으면 우리 모두가 큰 대가를 치르게 된다는 사실을 설명해야 합니다. 그리고 우리는 공동의 이익을 추구하는 과정에서 희생당하는 사람들을 돌봐야 합니다. 우리는 정책을 통해서 경제적 성과를 거두되, 이 과정에서 희생당하는 사람들을 구제해야 합니다. 우리에게는 이 땅에 태어나는 모든 아이들을 교육할 책무가 있습니다. 경제활동에 종사하는 사람들은 청소년과 노인들을 돌봐야 합니다. 메인주 덱스터 신발 공장 노동자, 매사추세츠주 뉴베드퍼드 직물 공장 노동자, 오하이오주 영스타운 제철소 노동자들을 설득하기는 쉽지 않습니다.

Q 7. 보유 현금이 1,500억 달러 이상이고 인수할 기업이 없다면, **배당**을 지급할 생각인가요?

버핏: 그 시점에 가장 효과적인 방법이 무엇인지 생각할 것입니다. 버크셔 주가가 내재 가치보다 낮다면 자사주 매입이 배당보다 나을 것입니다. 반면 주가가 내재 가치보다 높다면 자사주 매입은 기존 주주에게 불리합니다. 우리는 어떤 방법이든 가장 합리적인 것을 선택하겠습니다. 과거 우리 B주 주주는 47 대 1로 배당 지급에 반대한 바 있습니다. 우리 이사들은 버크셔 주식을 대규모로 보유 중이고 경영자들 역시 그러하며, 모두 주인처럼 생각합니다. 장래에도 지금처럼 저금리가 계속 유지되지는 않을 것이며, 기업 인수 가격이 계속 높지도

않을 것이므로 기업 인수 기회가 나타날 것입니다. 우리가 대규모 특별 배당을 지급할 가능성은 매우 낮습니다.

멍거: 기존 시스템이 지금처럼 잘 작동한다면 바꿀 필요가 있을까요? 물론 상황이 바뀌면 우리도 생각을 바꿀 수 있습니다. 이미 여러 번 그런 경험이 있습니다. 그러나 쉽지는 않더군요.

Q 8. 포트폴리오 규모가 10억 달러 정도에 불과하다면, **신흥 시장**에도 투자하겠습니까?

버핏: 가능성을 배제하지는 않겠지만, 우리는 규모가 수천억 달러인 신흥 시장보다는 규모가 30조 달러에 이르는 미국 시장에서 우선적으로 기회를 탐색할 것입니다. 전에는 재미 삼아 주말에 한국 주식에 투자한 적도 있습니다. 포트폴리오 규모가 10억 달러라면 우선 미국 시장을 샅샅이 뒤져보고, 그 다음 다른 나라 몇 곳을 찾아볼지 모르겠습니다. 하지만 아주 작은 시장에는 들어가지 않을 것입니다. 중요한 것은 지역이 아니라 시장 규모입니다.

멍거: 내 포트폴리오에는 이미 중국 주식이 들어 있으므로 질문자에게 동의하는 셈입니다.

버핏: 찰리는 중국이 사냥터로 더 낫다고 말했지요. 아직 성숙기가 아닌데도 규모가 큽니다. 시장은 숙성될수록 효율성이 높아집니다. 30년 전에는 일본 워런트의 가격 흐름이 매우 이상했지만 지금은 그런 현상이 사라졌습니다.

Q 9. 향후 **장기 국채 발행량**이 증가하면 금리가 어떻게 될 것으로 예상하나요?

버핏: 나는 모릅니다. 다행히 연준을 포함해서 아무도 모릅니다. 우리는 현금성 자산을 모두 단기 국채로 보유 중인데, 평균 만기가 약 4개월입니다. 최근 금리가 상승한 덕분에 2018년에는 세전 이익이 작년보다 적어도 5억 달러는 증가할 것입니다. 현재 금리 수준에서 장기 국채를 매수한다면 끔찍한 투자가 될 것입니다. 현재 장기 국채 수익률은 연 3% 남짓이고, 세후 수익률은 2.5%

며, 연준은 인플레이션 2% 수준을 원하므로 인플레이션을 고려할 때 투자자가 기대할 수 있는 수익률은 연 0.5% 정도에 불과합니다. 그래서 나는 주식 등 생산성 자산을 훨씬 선호합니다. 수조 달러에 이르는 채권시장에서 투자자는 어떤 만기 채권이 가장 유리한지 파악하려고 호들갑을 떨지만, 우리는 전혀 관심이 없습니다.

멍거: 부당하게도 당국이 금리를 대폭 낮춘 탓에 예금 이자가 터무니없이 내려갔습니다. 그러나 대공황을 방지하려면 당국은 금리를 인하할 수밖에 없었습니다. 내가 이렇게 기묘한 저금리를 경험한 것은 평생 한 번뿐입니다. 하지만 여기 주주총회에 모인 분들은 모두 혜택을 보았습니다. 저금리 덕분에 버크셔 주식을 포함해 자산 가격이 상승했기 때문이지요. 우리 모두 부당하게 이득을 본 셈인데, 앞으로도 계속 보게 되길 기대합니다.

버핏: 1942년 18.75달러에 전시 공채를 매수했다면, 10년 뒤 원리금으로 25달러를 받았으므로 수익률이 연 2.9%였습니다. 따라서 전시 공채가 훌륭한 투자 대상이 아니었다는 사실은 초등학생도 알 수 있습니다. 정부는 전쟁 탓에 심각한 인플레이션이 발생하리라는 사실을 알고 있었습니다. 전쟁으로 인해 정부는 GDP의 120%에 이르는 막대한 재정 적자를 감수할 수밖에 없었으므로, 미국은 역사상 최대 규모로 케인스 경제 이론을 시험하게 되었습니다. 그래서 수익률이 연 2.9%에 불과한데도 국민 모두 전시 공채 매수에 적극적으로 참여했습니다. 하지만 이후 장기 국채는 수익률이 일시적으로 연 14%에 이르렀던 1980년대 초를 제외하면, 매력적이었던 적이 없습니다. 가끔은 정말로 이상한 사건이 발생하는데, 이때 잘 대응해야 합니다.

멍거: 당시 나는 돈이 없어서 전시 공채를 매수한 적이 없습니다.

Q 10. 전통적인 해자보다 **혁신**이 더 중요하다는 엘론 머스크의 주장이 옳은가요?

멍거: 엘론은 전통적인 해자가 물웅덩이에 불과하다고 말하면서 혁신에 의한 경쟁력 유지가 중요하다고 주장했습니다. 맞는 말입니다. 그러나 터무니없는

소리입니다. 버핏이 전통적인 해자를 만들려는 것은 아니니까요.

버핏: 최근 혁신 속도가 빨라지고 있습니다. 이에 따라 해자가 전보다 약해지는 측면도 많지만 사람들은 항상 해자를 구축하려고 노력합니다. 우리는 항상 해자를 개선하고 강화하도록 노력해야 합니다. 일부 분야에서는 엘론이 해자를 무너뜨릴 수도 있을 것입니다. 그러나 엘론이 캔디회사를 설립해서 우리와 대결을 벌이지는 않을 것입니다. 우리 해자가 매우 튼튼하니까요. 우리 자회사는 훌륭한 해자를 보유하고 있습니다. 낮은 생산 원가도 매우 중요한 해자입니다. 가이코를 보면 기술이 꼭 생산 원가를 낮춰주는 것은 아닙니다. 하지만 가이코는 대형 자동차 보험사 중에서 생산 원가가 낮아서, 핵심 보험 상품 판매에 유리합니다.

Q 11. **애플의 대규모 자사주 매입**에 대해 어떻게 생각하나요? 1,000억 달러는 막대한 금액인데요.

버핏: 나도 1,000억 달러는 막대한 금액이라고 생각합니다. 애플은 놀라운 제품을 보유하고 있습니다. 이 제품에 대해서는 나보다 여러분이 훨씬 잘 압니다. 자사주 매입은 주가가 내재 가치보다 낮고, 여유 자금이 있으며, 매력적인 기업 인수 기회가 없을 때만 해야 합니다. 현재는 500~2,000억 달러 규모로 애플이 적절한 기업을 합리적인 가격에 인수하기가 매우 어렵습니다. 그래서 우리는 애플의 자사주 매입을 환영합니다. 현재 우리가 보유한 애플 지분이 약 5%인데, 시간이 흐르면 자사주 매입 덕분에 6~7%로 증가할 수 있으니까요. 한 푼 안 들이고도 우리 지분이 늘어난다고 생각하면 기쁠 수밖에요. 이는 애플의 제품이 탁월하고, 애플의 생태계가 대단히 광범위하며, 원칙을 철저하게 고수하기 때문에 가능한 것입니다.

나는 애플 주가가 내려가서 우리가 더 매수할 수 있으면 좋겠습니다. 팀 쿡은 자사주 매입, 배당 지급, 기업 인수가 얽힌 복잡한 문제를 매우 간단하게 풀어낼 수 있습니다.

멍거: 일반적으로, 기업이 필사적으로 인수한 기업은 시간이 지나면 가치가 떨어집니다. 자사주 매입이 항상 옳다고 보지는 않지만 현금이 남아돌 때는 기업 인수보다 자사주 매입이 십중팔구 낫습니다. 물론 단지 주가를 높이려고 하는 자사주 매입은 미친 짓이며 부도덕한 행위지만, 그런 경우가 아니라면 자사주 매입은 좋은 일입니다.

Q 12. 가상 화폐 가격이 거품이라고 보는 이유는 무엇인가요?

버핏: 비생산적 자산은 가치가 거의 상승하지 않습니다. 예수가 활동하던 시대에 금을 사서 지금까지 보유했다면 수익률이 연 0.05%에 불과할 것입니다. 금 같은 비생산적 자산은 희소성이 있을지 몰라도 산출물이 없기 때문이지요. 이러한 자산을 보유한 사람은 나중에 다른 사람이 더 높은 가격에 사주어야만 돈을 벌 수 있습니다.

토지를 생각해봅시다. 미국은 800제곱마일에 이르는 루이지애나 토지를 1,500만 달러에 사들였습니다. 에이커(약 4,000제곱미터)당 3센트에 산 셈입니다. 당시에는 산출물이 없는 토지였지만 매우 훌륭한 투자였습니다. 빌 그로스처럼 우표를 산다면 나중에 누군가에게 더 비싸게 팔아야 돈을 벌 수 있지만, 농장 같은 생산적 자산이라면 그 농장에서 나오는 산출물로 가치를 평가할 수 있습니다. 이것이 바로 투자입니다.

가상 화폐는 비생산적 자산이라서 일시적으로 재미를 볼 수 있겠지만 끝은 안 좋을 것입니다. 세상에는 이상한 것들을 만들어내는 사기꾼이 많습니다. 순진한 사람은 이웃이 돈 버는 모습을 보면 영문도 모르는 채 자기도 부자가 되려고 덤벼드니까요.

멍거: 나는 가상 화폐를 버핏보다 더 싫어합니다. 그저 광기일 뿐입니다. 남들이 똥을 구매하는 모습을 보고서 자기도 빠질 수 없다고 구매하러 뛰어드는 꼴입니다.

버핏: 현재 전 세계로 방송되고 있으므로 이 대목은 통역되지 않길 바랍니다.

Q 13. **버크셔의 문화**는 계속 유지되고 강화될 수 있나요?

버핏: 우리 문화는 매우 강하며 주주 덕분에 더 강해지고 있습니다. 우리 주주는 다른 기업의 주주와 다르며, 우리가 주주를 대하는 관점도 다릅니다. 일부 기업은 주주를 귀찮게 생각합니다. 하지만 우리는 주주가 있어서 기쁩니다. 우리는 개인 주주를 좋아하며 기관 투자가를 별도로 우대하지 않습니다. 우리는 동업자가 될 주주를 원합니다.

이사도 마찬가지입니다. 나는 19개 이사회에 참여해보았지만 버크셔 이사회와 비슷한 곳은 하나도 없었습니다. 우리 이사는 버크셔 주식을 대량으로 보유하고 있으며 특별한 대우를 받지 않습니다. 모두 주주 지향적이고, 항상 버크셔를 생각하며, 버크셔를 잘 압니다. 이들은 자신과 동업자를 위해 버크셔를 운영합니다. 우리 경영자도 마찬가지입니다. 우리 경영자 중에는 2세, 3세, 4세까지 있습니다. 물론 완벽한 사람은 아닙니다. 그러나 개성이 매우 다양하고 강력하면서도 긍정적인 문화를 갖추고 있습니다. 사람들은 우리 문화를 자발적으로 수용하고 확산하므로, 우리 문화는 지속될 것입니다.

우리는 언행도 일치합니다. 말로는 모든 임직원이 훌륭한 동업자라고 주장하면서 막대한 스톡옵션을 나누어 가지는 이사회도 많지만, 우리는 그렇게 하지 않습니다. 우리 문화는 계속 강해지고 있으며, 우리는 문화를 계속 더 강화하려고 노력합니다.

멍거: 주주총회에 참석하고 경영자 점심 모임에 참석할 때마다 나는 현재 우리 경영자가 모두 떠난 뒤에도 우리 문화와 가치가 오래도록 유지될 것이라고 확신하게 됩니다. 우리 문화는 잘 작동하면서 오래도록 유지되겠지만 이 문화를 복제하기는 절대 쉽지 않습니다. 버크셔 모델을 모방한 사례가 거의 없다는 사실을 생각하시기 바랍니다. 버크셔는 오래도록 유지될 자격이 있습니다.

Q 14. 당신은 1999년 〈포춘〉 기고문에서 **미국 기업의 세후 이익**이 GDP의 6%를 계속 초과하지는 못할 것이라고 했는데, 2008년 이후 미국 기업의 세후 이익이

GDP의 8~10% 수준으로 상승했습니다. 그 이유가 무엇이라고 생각하나요?

버핏: 미국의 시가 총액 4대 기업은 사업에 순유형 자산이 필요하지 않습니다. 과거 AT&T, GM, 엑슨모빌 등은 막대한 자본을 투입해야 이익을 낼 수 있었지만, 이들은 그렇지 않습니다. 지난 20~30년 동안 미국 산업의 수익성이 전반적으로 훨씬 높아졌습니다. 미국 산업이 경자산(輕資産, asset-light) 경제로 바뀐 덕분에 ROE가 상승한 것입니다. 게다가 그동안 세율도 인하되었습니다.

과거 카네기는 제철소를 짓고 나면 여기서 돈을 벌어 다른 제철소를 짓는 방식으로 사업을 확장했습니다. 막대한 자본이 들어가는 방식이었지요. 그러나 요즘은 경자산 기업이나 마이너스 자산 기업이 돈을 법니다. IBM은 순자산 가치가 마이너스입니다. 지금 우리가 사는 세상은 30년 전과 다릅니다. 30년 전 나는 이런 세상이 올 줄 몰랐기 때문에 〈포춘〉에 그렇게 쓴 것입니다. 그러나 구식 중자산(重資産) 산업도 여전히 수익성을 유지하고 있습니다.

멍거: 버핏이 투자는 잘했지만 예측은 잘 못했습니다. 특히 〈포춘〉 기고문은 그다지 정확하지 않았습니다.

버핏: 내 예측이 틀렸지만, 그럴 만한 이유가 있었지요.

Q 15. 당신은 다이너스클럽 대신 **아메리칸 익스프레스**를 선택했고 RC콜라 대신 **코카콜라**를 선택했는데, 이런 제품이 성공할 줄 어떻게 예측했나요?

버핏: 신용카드시장에 먼저 진출한 회사는 다이너스클럽이었습니다. 아메리칸 익스프레스는 여행자 수표 사업이 향후 어떻게 될지 모른다는 두려움 때문에 뒤늦게 신용카드 사업에 진출했습니다. 아메리칸 익스프레스는 다이너스클럽과 경쟁을 벌이면서 수수료를 더 높게 책정했습니다. 신용카드의 가치를 더 높이고 더 근사한 이미지를 연출했습니다. 그래서 아메리칸 익스프레스 카드를 사용하는 사람은 근근이 살아가는 서민이 아니라 부유층처럼 보였습니다. 반면 랠프 슈나이더가 이끄는 다이너스클럽은 신용카드 사업에 먼저 진출했지만 큰 성과를 내지 못했습니다.

그동안 온갖 콜라가 쏟아져 나왔지만 진짜는 코카콜라입니다. 나는 RC콜라가 코카콜라의 절반 값이더라도 마실 생각이 없습니다. 1900년에는 6.5온스(180ml)짜리 코카콜라가 5센트였는데 인플레이션을 고려하면 그동안 가격이 엄청나게 내려간 셈입니다. 코카콜라는 정말로 싼 제품입니다. 시즈캔디처럼 말이지요. 10대 소년이 시즈캔디를 선물하고서 여자 친구로부터 키스를 받을 수만 있다면 캔디 가격은 전혀 문제가 되지 않겠지요. 우리는 사람들이 따귀 때리고 싶은 제품이 아니라 키스해주고 싶은 제품을 원합니다. 우리는 애플의 생태계도 높이 평가했지만 제품 특성도 비범하다고 생각합니다. 1963년 샐러드유 스캔들이 터지고 나서 사람들은 아메리칸 익스프레스의 생존을 걱정했지만, 카드 사용을 중단한 사람은 아무도 없었습니다.

멍거: 한마디만 보태겠습니다. 코카콜라가 처음 개발된 직후 누군가 우리에게 투자를 권유했다면, 우리는 거절했을 것입니다.

버핏: 우리는 다양한 환경에서 소비자가 제품에 반응하는 모습을 보려고 합니다. 필립 피셔의 《위대한 기업에 투자하라》에 수소문 기법이 나오는데, 돌아다니면서 소문을 수집하기만 해도 많이 배울 수 있습니다. 이런 기법을 요즘은 채널 점검channel checks이라고 하지요. 제품에 대해 실제로 감을 잡을 수 있는 좋은 기법입니다. 토드와 테드도 이 기법을 많이 사용해서 사람들에게 큰 도움을 줍니다. 찰리는 이 기법을 코스트코에 적용합니다. 코스트코 제품은 고객에게 엄청나게 매력적입니다. 코스트코는 고객에게 놀라움과 기쁨을 선사하는데, 사업에 이렇게 좋은 방법은 없습니다.

Q 16. **경영대학원 교육**이 실제로 투자에 도움이 되나요?

버핏: 나는 경영대학원 세 군데를 다녔는데 그중 한 곳에서 훌륭한 스승을 만나 많이 배웠습니다. 30~40년 전에는 경영대학원이 투자 현실과 동떨어진 효율적 시장 가설을 가르치는 종교 집단 같았습니다. 우리는 일류 경영대학원 졸업생보다는 《현명한 투자자》의 8장을 깊이 이해하는 똑똑한 사람을 뽑겠습

니다. 투자는 그다지 복잡하지 않지만 절제력이 중요하며, IQ가 아주 높을 필요는 없습니다. 펀더멘털이 중요하고, 회계를 이해해야 하며, 소비자처럼 생각하고 말할 수 있어야 하지만 고등 교육이 꼭 필요한 것은 아닙니다.

나는 대학에 진학하고 싶은 마음이 없었습니다. 내가 고등학교만 졸업하고서 대학 진학은 포기한 채 독서를 했다면 내 실적은 더 좋았을지도 모릅니다. 훌륭한 스승을 몇 분 만나 생각하는 방식을 바꾸게 된다면 그 사람은 정말 행운아입니다. 찰리는 내게 훌륭한 스승입니다. 그런 스승은 학계는 물론 일상생활에서도 만날 수 있습니다. 덕분에 우리는 통찰을 배울 수 있고 더 나은 사람으로 성장할 수 있습니다.

멍거: 벤저민 그레이엄은 관습에 얽매이지 않는 탁월한 스승이었습니다. 덕분에 버핏은 가만 앉아서도 거액을 벌 수 있다는 사실을 깨달았습니다. 그러나 이 기법이 어느 상황에서나 항상 통하지는 않는다는 사실도 알았습니다. 그레이엄은 운이 좋아서 순운전 자본 3분의 1 가격에 주식을 살 수 있었습니다. 하지만 이후 상황이 바뀐 탓에 버핏은 다른 기법을 배워야 했습니다. 오래도록 살아갈 사람이라면 계속 배워야 합니다. 이전에 배운 것으로는 부족하기 때문입니다. 내가 항상 즐겨 쓰는 비유를 들자면, '엉덩이 걷어차기 시합에 출전한 외다리'와 같기 때문입니다.

버핏: 다른 비유도 있으면 주주 여러분이 알려주기 바랍니다. 그레이엄은 운용 자산이 모두 1,200만 달러에 불과했으며 더 늘릴 수 없었습니다. 그러나 그는 큰 부자가 될 생각이 없었으므로 신경 쓰지 않았습니다. 《현명한 투자자》8장은 주식을 기업의 일부로 보게 해주고 20장은 안전 마진을 가르쳐주므로 엄청나게 값진 내용인데도 복잡하지 않습니다.

멍거: 기업 금융 교수는 잘못된 내용을 가르칩니다. 학계에서 사용하는 근사한 공식과 멋진 교수법은 모두 허튼소리입니다.

버핏: 누군가 '우아한' 이론을 설명하면 조심하십시오.

버크셔와 S&P500의 실적 비교(연간 변동률)

연도	버크셔의 BPS 증가율	버크셔의 주가 상승률	S&P500의 상승률(배당 포함)
1965	23.8	49.5	10.0
1966	20.3	−3.4	−11.7
1967	11.0	13.3	30.9
1968	19.0	77.8	11.0
1969	16.2	19.4	−8.4
1970	12.0	−4.6	3.9
1971	16.4	80.5	14.6
1972	21.7	8.1	18.9
1973	4.7	−2.5	−14.8
1974	5.5	−48.7	−26.4
1975	21.9	2.5	37.2
1976	59.3	129.3	23.6
1977	31.9	46.8	−7.4
1978	24.0	14.5	6.4
1979	35.7	102.5	18.2
1980	19.3	32.8	32.3
1981	31.4	31.8	−5.0
1982	40.0	38.4	21.4
1983	32.3	69.0	22.4
1984	13.6	−2.7	6.1
1985	48.2	93.7	31.6
1986	26.1	14.2	18.6
1987	19.5	4.6	5.1
1988	20.1	59.3	16.6
1989	44.4	84.6	31.7
1990	7.4	−23.1	−3.1
1991	39.6	35.6	30.5

연도	버크셔의 BPS 증가율	버크셔의 주가 상승률	S&P500의 상승률(배당 포함)
1992	20.3	29.8	7.6
1993	14.3	38.9	10.1
1994	13.9	25.0	1.3
1995	43.1	57.4	37.6
1996	31.8	6.2	23.0
1997	34.1	34.9	33.4
1998	48.3	52.2	28.6
1999	0.5	−19.9	21.0
2000	6.5	26.6	−9.1
2001	−6.2	6.5	−11.9
2002	10.0	−3.8	−22.1
2003	21.0	15.8	28.7
2004	10.5	4.3	10.9
2005	6.4	0.8	4.9
2006	18.4	24.1	15.8
2007	11.0	28.7	5.5
2008	−9.6	−31.8	−37.0
2009	19.8	2.7	26.5
2010	13.0	21.4	15.1
2011	4.6	−4.7	2.1
2012	14.4	16.8	16.0
2013	18.2	32.7	32.4
2014	8.3	27.0	13.7
2015	6.4	−12.5	1.4
2016	10.7	23.4	12.0
2017	23.0	21.9	21.8
연복리 수익률 (1965~2017)	19.1	20.9	9.9
총수익률 (1964~2017)	1,088,029	2,404,748	15,508

주: 실적은 역년(曆年: 1월 1일 ~ 12월 31일) 기준이나, 1965년과 1966년은 9월 30일 결산 기준이고, 1967년은 12월 31일 결산이되 15개월의 실적임. 1979년부터 회계 규정이 변경되어 보험회사가 보유 주식을 시가(市價)로 평가하게 되었음. 이전까지는 취득 원가와 시가 중 낮은 가격으로 평가했음. 위 표에서 1978년까지의 버크셔 실적은 변경된 규정에 따라 수정했고, 나머지 실적은 모두 원래 보고했던 숫자로 계산했음. S&P500의 실적은 세전 기준이나, 버크셔의 실적은 세후 기준임. 만일 버크셔가 자산을 모두 S&P500으로 보유하고 세금을 냈다면, 지수 수익률이 플러스인 해에는 실적이 S&P500에 뒤처졌을 것이고, 지수 수익률이 마이너스인 해에는 S&P500을 앞섰을 것임. 그러나 장기적으로는 세금 비용 때문에 실적이 지수보다 상당 폭 낮았을 것임.

– 자료: 워런 버핏, 주주 서한, 2017년 버크셔 해서웨이 연차 보고서

버크셔 주가 그래프

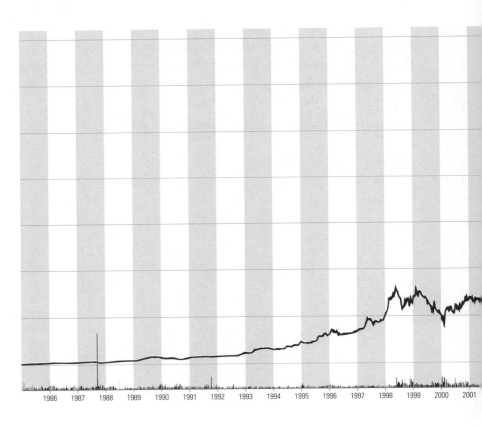

1986 1987 1988 1989 1990 1991 1992 1993 1994 1995 1996 1997 1998 1999 2000 2001

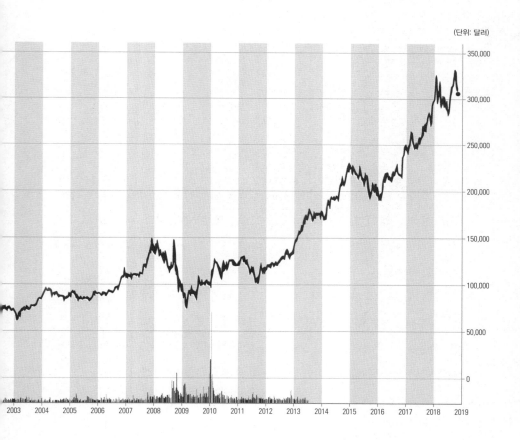

(단위: 달러)

버핏과 멍거가 함께 진행한 '투자 특강'

아직까지 워런 버핏이 직접 저술한 책은 없습니다. 버핏이 직접 쓴 글은 버크셔 해서웨이의 주주에게 보내는 '주주 서한'뿐입니다. 버핏의 투자 철학과 개별적인 투자 건에 대한 구체적인 투자 이유 등은 주주 서한을 통해 확인할 수 있습니다.

그런데 주식 투자를 통해 세계 최고의 부자가 된 버핏에 대해 궁금한 점은 저부터도 한두 가지가 아닙니다. 그래서 수만 명에 달하는 주주가 상당한 비용을 부담하면서까지 오마하의 현인 버핏을 직접 보고 궁금한 내용을 질문하러 오마하에서 열리는 주주총회에 참석하는 것이겠지요.

우상을 영접하는 시간
주주총회에서는 실적 개선을 촉구하거나, 배당금 인상을 요구하거나, 심지어 임원진 선임에 반대하는 등 드라마 같은 장면이 연출되기도 합니다. 특히 최근에 나타나고 있는 행동주의 투자자는 더 적극적으로 주주권을 행사하기도 합니다. 그러나 버크셔의 주주총회에 참석한 주주는 잘못을 따지거나 무언가를 요구하지 않습니다. 말하자면 '주주 또는 투자자의 축제'라고나 할까요. 주주는 회사의 소유주처럼 행세하지 않습니다. 그들은 버핏의 광팬이 되어 자신의 우상을 '뵙기' 위해 먼 길을 마다않고 달려왔을 겁니다. 그들에게 버핏은 우상이자 단어 그대로 '아이돌idol'입니다. 그들 앞에는 젊은 청년 대신 90대 노인 두 명으로 구성된 '백발의 보이 그룹gray boy group'이 있지만요.

버크셔 주주총회의 하이라이트는 대여섯 시간에 걸쳐 이루어지는 '버핏과 멍거가 주주의 질문에 대답하는 시간'입니다. 이 시간은 세상 여느 아이돌 그룹의 콘서트가 부럽지 않습니다. 참석한 모든 주주, 그리고 아쉽게 참석하지 못했지만 인터넷 생중계를 통해 지켜보는 주주, 두 사람을 마음속 진정한 스승으로 여기는 이름 모를 수많은 제자가 두 사람의 모든 말에 집중합니다. 숨소리도 죽여가면서, 화장실 가는 것도 참으면서, 말 한마디에 감탄하고, 울고, 웃습니다. 이렇게 버크셔 주주총회는 한 기업의 사업 결산 내역을 보고하고 주요 사안을 결정하는 딱딱한 업무 처리 과정이 아닙니다. 주주와 투자자가 함께 참여하고, 배우고, 감사하는 자리입니다. 주주총회가 아니라 콘서트 같은 문화 행사이자, 이제는 우상을 영접하는 종교 행사가 되었습니다.

'어떻게 버는지'를 넘어 '어떻게 살아야 하는지'까지

인터넷을 통해 버크셔의 주주총회 현장이 중계된 것도 비교적 최근의 일입니다. 예전에는 녹음 장비 반입이 허가되지 않았다고 합니다. 그래서 버크셔의 주주총회 답변이 온전하게 기록되거나 보관되지 못한 점은 너무나 아쉽습니다. 버핏이 지금처럼 세계 최고의 부자가 되기 훨씬 전에는 어떤 생각을 했을까, 제 자신부터 많이 궁금했습니다. 그런데 아주 오래 전부터 주주총회 답변을 기록하고 수집한 책, 《워런 버핏 라이브》가 있다는 사실을 알고 너무나 반가웠습니다.

마치 아버지의 오래된 일기장을 훔쳐보는 기분으로, 우연히 발견한 할아버지의 낡은 사진첩을 들쳐보는 기분으로 한 쪽 한 쪽 가슴 설레며 읽었습니다. 비록 녹음처럼 완전체는 아니지만, 우리 가치투자자에게 소중한 역사가 이렇게라도 보존되었다는 사실에 천만다행이라는 안도감이 들었습니다. 두 편저자는 버핏이 오늘날 이렇게 될지 어찌 알고 주주총회 Q&A를 이렇듯 정성스럽게 기록해두었을까요? 이들의 안목에 감탄하는 한편 커다란 빚을 졌다는 느낌이 듭니다. 이 자리를 빌려 두 편저자에게 정말 감사하다는 말씀을 전합니다.

버핏이 한 글자 한 글자 공들여 쓴 주주 서한이 '교과서'라면, 이 책은 버핏과 멍거가 함께 진행한 '투자 특강'이라고 할 수 있습니다. 벤저민 그레이엄처럼 경영대학원에서 강좌를 진행하지는 않았지만, 매년 주주총회 답변을 통해 특강을 진행해온 셈입니다. 더구나 이 특강에는 투자의 지혜는 물론이고 인생의 지혜가 가득합니다. 그리고 쉴 새 없이 쏟아내는 촌철살인의 유머는 덤입니다. 노인네들이 어쩌면 이토록 유쾌한 유머 감각을 유지할 수 있을까요?

이 책을 통해 우리는 '어떻게 버는지'뿐 아니라 '어떻게 살아야 하는지'에 대한 중대한 통찰을 얻게 됩니다. 수십 년에 걸친 버핏의 진정성 있는 지혜를 통째로 접할 수 있게 된 우리는 행운아임에 틀림없습니다. 투자 분야 최고의 번역가인 이건 선생님의 탁월한 번역 솜씨로 이 책이 재탄생한 점도 너무 감사한 일입니다.

1986년부터 2018년에 이르기까지 수십 년에 걸쳐 이루어진 버핏의 특강을 압축해서 듣게 된 여러분께 같은 수강 동기로서 축하 메시지를 보냅니다. 투자의 지혜, 인생의 지혜 그리고 유쾌한 유머를 버핏의 육성으로 생생하게 듣고 싶다면 이 책《워런 버핏 라이브》를 꼭 읽어보길 바랍니다.

신진오(밸류리더스 회장)

찾아보기

워런 버핏 라이브

초판 1쇄 2019년 2월 25일
　　6쇄 2022년 12월 20일

편저　　│ 대니얼 피컷, 코리 렌
편역　　│ 이건
감수　　│ 신진오

펴낸곳　│ 에프엔미디어
펴낸이　│ 김기호
편집　　│ 김형렬, 양은희
디자인　│ 채홍디자인

신고　　│ 2016년 1월 26일 제2018-000082호
주소　　│ 서울시 용산구 한강대로 295, 503호
전화　　│ 02-322-9792
팩스　　│ 0303-3445-3030
이메일　│ fnmedia@fnmedia.co.kr
홈페이지│ http://www.fnmedia.co.kr

ISBN　　│ 979-11-88754-11-3

이 도서의 국립중앙도서관 출판예정도서목록(CIP)은
서지정보유통지원시스템 홈페이지(http://seoji.nl.go.kr)와
국가자료공동목록시스템(http://www.nl.go.kr/kolisnet)에서 이용하실 수 있습니다.
(CIP제어번호: CIP2019004522)